RISK MANAGEMENT AND FINANCIAL INSTITUTIONS

Fifth Edition

风险管理与金融机构

（原书第5版）

[加] 约翰·赫尔（John C. Hull）◎著

多伦多大学

王勇 天风证券　董方鹏 加拿大皇家银行　张翔 西南财经大学 ◎译

机械工业出版社

China Machine Press

图书在版编目（CIP）数据

风险管理与金融机构（原书第5版）/（加）约翰·赫尔（John C. Hull）著；王勇，董方鹏，张翔译．—北京：机械工业出版社，2021.1（2024.6重印）
（华章教材经典译丛）
书名原文：Risk Management and Financial Institutions

ISBN 978-7-111-67127-5

I. 风… II. ①约… ②王… ③董… ④张… III. 金融机构－风险管理－教材 IV. F830.2

中国版本图书馆CIP数据核字（2020）第265118号

北京市版权局著作权合同登记　图字：01-2020-6373号。

John C. Hull. Risk Management and Financial Institutions, Fifth Edition.

ISBN 978-1-119-44811-2

本书侧重讲述银行和其他金融机构所面临的风险，首先从风险与回报的替代关系入手，逐步深入地讨论了市场风险、信用风险和操作风险等。在讨论基础风险类型的同时，本书还用大量篇幅讨论了《巴塞尔协议Ⅲ》，并列举了近年来发生在金融界的重大损失案例。此外，本书章后习题能帮助学生进一步理解概念、掌握操作程序及流程。

本书适合金融专业以及相关经济专业的师生作为教材使用，也适合作为专业人士的参考用书。

出版发行：机械工业出版社（北京市西城区百万庄大街22号　邮政编码：100037）

责任编辑：施琳琳	责任校对：李秋荣
印　　刷：北京机工印刷厂有限公司	版　　次：2024年6月第1版第7次印刷
开　　本：185mm×260mm　1/16	印　　张：36
书　　号：ISBN 978-7-111-67127-5	定　　价：99.00元

客服电话：（010）88361066　68326294

The Translators' Words | 译者序

一本好书可以改变你的人生方向，助你成就事业。约翰·赫尔教授的著作对于金融从业者，尤其是对于金融衍生产品以及风险管理领域的从业者，有着持续、广泛而深入的影响。对这种影响，我们三位译者有着切身的体会。尽管前后相差数年，但我们都是循着赫尔教授的著作，先后跨进了金融业的大门。时至今日，在我们的日常工作中，他的著作仍在很多方面时时影响、帮助着我们。在当前信息爆炸的时代，找书读似乎变得异常容易，但事实上，寻觅一本好书却更加困难了。赫尔教授的这本《风险管理与金融机构（原书第5版）》无疑是金融风险管理类著作中的精品。

本书内容深入浅出，作者巧妙地避免了枯燥地讲述金融学中常见的数学理论、定理和公式，而是将它们与业务直观的、具体的例子结合在一起。本书可以作为高校金融专业的教材，在传授知识之余，更能帮助学生开拓思维并学以致用。特别是作者对书中所列举的业界事例（Business Snapshot）及其借鉴意义的透彻分析，会成为金融专业毕业生进入风险管理领域的敲门砖。书中的练习题以及作业题会帮助学生进一步理解概念并掌握操作流程。我们相信本书会成为高校学生的良师益友。

我们对于很多术语的翻译，力求做到与国内业界普遍采用的术语保持一致；对一些较新出现的概念，我们在给出自己的翻译的同时，还保留了英文原文，以避免不必要的误解。同时，对本书之前版本中的错误和笔误，我们也竭力进行了排查和纠正。

在本书的翻译过程中，我们的家人给予了巨大的支持、体谅和关怀，对此，我们铭记在心。我们还得到了许多人的热情帮助，他们分别是欧伊露、黄昕和沈佳磊，在此我们向他们表示感谢。

我们还要特别感谢机械工业出版社的编辑，他们对于本书的翻译提供了帮助，并对译稿提供了宝贵的意见及建议。本书的中文翻译肯定会有不尽如人意之处，衷心希望读者批评和指正。

王　勇　董方鹏　张　翔

作者简介 | About the Author

约翰·赫尔 衍生产品及风险管理教授。他是一位享有国际盛誉的金融学教授，现任职于多伦多大学约瑟夫·罗特曼管理学院，关注的领域侧重于应用。他曾在衍生产品以及风险管理领域出版过多本著作，发表过多篇文章。1999年，他被国际金融工程师协会（International Association of Financial Engineers）评为“年度金融工程大师”（Financial Engineer of the Year）。他曾为北美、日本和欧洲的多家金融机构提供金融咨询。赫尔教授曾荣获多项大奖，其中包括多伦多大学著名的Northrop Frye教师大奖。

About the Translators 译者简介

王　勇　博士，国家千人计划专家，上海市千人计划专家，现任天风证券首席风险官和首席信息官，曾任光大证券首席风险官、加拿大皇家银行风险管理部董事总经理。王勇博士持有加拿大达尔豪斯大学数学博士以及特许金融分析师（CFA）和金融风险管理师（FRM）证书。

王勇博士著有《金融风险管理》（升级版），并且翻译了《期权、期货及其他衍生产品》《区块链：技术驱动金融》《数字化金融》《商用机器学习》《金融数智化未来》等多部颇具影响力的著作。

董方鹏　博士，现任加拿大皇家银行资本市场量化分析总监。他曾任职于加拿大皇家银行市场风险部、蒙特利尔银行、德勤等机构，从事金融工程、衍生产品定价、风险管理、数据分析等工作。董方鹏博士是注册金融风险管理师（FRM），他曾与王勇博士合作翻译了《风险管理与金融机构（原书第4版）》和《价值投资：原理与实践》。

张　翔　博士，副教授，现任西南财经大学大数据研究院副院长、博士生导师，中国系统工程学会金融系统工程专业委员会委员、中国通信学会金融科技委员会委员、中国金融四十人论坛（CF40）青年会员、四川省天府万人计划专家。他曾任美国加州大学伯克利分校哈斯商学院访问教授。他的主要研究方向为资产定价、金融风险管理以及金融大数据在衍生产品市场、量化投资与监管创新中的应用。

前　言 | Preface

在过去3年中，金融机构的风险管理实践及其面临的监管要求都在不断变化，为了反映这些变化，我在《风险管理与金融机构》一书的新版中，对于相应的内容进行了扩充和更新。该书和我的另外一本畅销书《期权、期货及其他衍生产品》[一]（*Options*, *Futures*, *and Other Derivatives*）一样，其目的是为风险管理从业人员和相关专业学生提供帮助，准备 FMA 和 PRM 考试的专业人士会发现这本书尤其有用。

本书可用作风险管理或金融机构课程的教材，学生在选修以本书为教材的课程之前，无须先修有关期权和期货市场的课程，但如果学生确实已经学过这类课程的话，那么本书前9章的某些内容在课程中就可以跳过。

在对书中的内容进行扩充时，为了使尽量多的读者读懂本书，我尽量做到深入浅出，尽力降低书中数学知识内容的复杂度。例如，在第11章中讲述 Copula 函数内容时，我首先将 Copula 这个概念直观化，然后举出一个较为详细的数值例子；在第10章中讲述极大似然方法以及在第13章中讲述极值理论时，我尽可能给读者提供详尽的数值例子，以使读者可以根据这些例子开发出自己的 Excel 表单。我也提供了很多相关应用的 Excel 计算表单，读者可以从我的网站 www-2. rotman. utoronto. ca/ ~ hull 上下载。

本书的主题是风险管理，因此涉及衍生产品定价的内容比较少（这是我的另外两本书《期权、期货及其他衍生产品》和《期权与期货市场基本原理》[二]（*Fundamentals of Futures and Options Markets*）的主要内容）。但在本书后面的附录中，我会简要描述一些在风险管理实践中有重要意义并与定价相关的重点内容，这其中提到的 RMFI（1.00 版本）软件可以从我的网站上下载。

[一][二] 中文版已由机械工业出版社出版。——译者注

本版新增的内容

我对第5版的内容做了全面的更新，更新内容中包含了许多崭新的内容，特别是：

（1）新增了一章讲述金融创新（第28章）。

（2）新增了一章讲述对场外衍生产品市场的监管（第17章），包括已清算和未清算的交易，同时还解释了什么是标准初始保证金模型（SIMM）。

（3）重写了第18章关于交易账户基本审查（FRTB）的部分，以便提供更完整的描述并反映最新的变化。

（4）重写了第14章关于运用模型构建方法估计在险价值和预期亏空的部分，以更好地反映市场变量对利率的反应，以及在SIMM和FRTB下使用模型构建的方法。

（5）重写了第23章关于操作风险的部分，以反映这方面的监管发展。

（6）重写了第25章关于模型风险管理的部分，不仅仅涵盖了估值模型，还包括诸如SR11-7之类的监管要求。

（7）在本书的不同章节中，还介绍了诸如IFRS 9和SA-CCR等监管的最新发展。

幻灯片

在我的个人网站或Wiley高教（Wiley Higher Education）网站上，读者还可以下载数百张幻灯片。欢迎采用本书的教师对这些幻灯片进行适当修改，以用于教学。

问题解答

每章最后的问题被分为练习题（Practice Questions and Problems）和作业题（Further Questions）两组，并在本书的最后为练习题提供了解答。对于作业题及相关软件，采用本书的教师可以从Wiley高教网站上获取解答手册。

教师手册

Wiley高教网站还为采用本书作为教材的教师提供了教学手册，其中包括作业题的答案以及相关的Excel工作表、对每章教学内容的注解和对课程组织的一些建议。

鸣谢

在本书的写作过程中，许多人提供了帮助，我在此表示感谢。在与许多学术界及金融风险管理从业者的交流中，我受益匪浅。我要感谢选修我在多伦多大学MBA和金融硕士项目中开设的金融风险管理课程的学生，这些学生提出了很多有益的建议，这些建议使得本书内容更加完善。

我要特别感谢我在多伦多大学的同事艾伦·怀特（Alan White）教授，艾伦和我在一起共事了大约30年。在此期间，我们在衍生产品以及风险管理方面有许多合作研究，同时我们也一起给其他机构提供过许多咨询服务。在这个过程中，我们花了大量的时间共同探讨一些关键性问题。本书中的很多新想法以及用来解释已有概念的新方法是艾伦和我共同拥有的，艾伦还是RMFI软件的主要开发者。

我还要特别感谢Wiley出版社的许多工作人员，尤其是本书编辑Bill Falloon、Mike Henton、Kimberly Monroe-Hill、Judy Howarth和Steven Kyritz。我衷心感谢他们给予的热情帮助，非常感谢他们提供建议和鼓励。

欢迎读者对本书提出建议，我的e-mail地址是：hull@ rotman. utoronto. ca。

约翰·赫尔

多伦多大学约瑟夫·罗特曼（Joseph L. Rotman）管理学院

Contents | 目录

第三部分 监管规则

第四部分 信用风险

第五部分 其他内容

第六部分 附录

第1章 引言

CHAPTER1

假如你是一家大公司的首席风险官（Chief Risk Officer，CRO），公司首席执行官（CEO）想了解你对一个项目的看法。呈现在你面前的大量风险报告显示这个项目的当前价值为正，同时该项目也会提升股价，那么公司 CEO 想从你这里得到什么样的分析和建议呢？

作为 CRO，你需要考虑的是如何将该项目融入公司现有投资组合之中，找出该项目与公司其他业务的关系。你要回答当公司的其他业务表现欠佳时，该项目的回报[⊖]是会同样变得很差，还是会在其他业务上下波动时，起到抑制震荡的作用。

公司为了生存发展必须承担风险，风险管理部门的主要责任就是要了解公司现有业务组合的风险以及将来发展计划可能带来的风险，风险管理部门必须判别当前持有业务的风险是否可以接受。如果风险不能接受，则应提出相应的解决措施。

本书主要是讨论银行以及其他金融机构的风险管理方法，当然，我们在此将要讨论的很多想法和方法也同样适用于其他行业。在过去几十年中，风险管理在所有企业的管理行为中变得越来越重要。尤其金融机构发现自己必须加强对风险管理的投入。如果银行能够建立较为完善的交易数据管理流程，那么诸如 1995 年巴林银行（Barings Bank）、2002 年爱尔兰联合银行（Allied Irish Bank）、2007 年法国兴业银行（Société Générale）及 2011 年瑞银（UBS）等因为无赖交易员（rogue trader）所造成的重大金融损失则完全可以避免。如果风险管理人员确实能做到说服公司高管拒绝承担那些不可接受的风险，类似花旗集团（Citigroup）、瑞银、美林（Merrill Lynch）在次债危机中的损失也许可以大大降低。

⊖ return，也称收益。——译者注

本章的主要目的是为我们今后将要阐述的问题介绍背景知识。在本章的开头，我们将对投资者的股票以及债券组合中风险 - 回报的替换关系这些经典理论进行回顾，然后讨论这些经典理论是否也适用于一些新项目的判别，以及这些经典理论是否可用于管理风险头寸。在本章的最后，我们将给出几个原因来说明公司（特别是银行）应注重管理自身面临的整体风险，而不只是关心那些已经做到风险分散的投资者所看到的风险。

1.1 投资者的风险 - 回报关系

所有的基金经理都知道，投资时风险和回报之间有一个替换关系：风险越大，可能实现的回报越高。事实上这种替换关系介于风险和预期回报之间，而并非风险与实际回报之间，“预期回报”一词有时会使人产生误解，在日常生活中“预期”一词通常被理解为非常可能发生的事情，但统计学家却将某一变量的预期值定义为其平均值。因此预期回报是指对投资回报的加权平均，这里的权重对应于这一投资回报所出现的各种可能的概率。可能的回报及相应的概率可以从历史数据中估计，或者通过主观估计。

表 1-1 将 10 万美元资金投资于股票在 1 年后所得的回报

概率	可能的回报
0.05	+50%
0.25	+30%
0.40	+10%
0.25	-10%
0.05	-30%

例如，假定你用 10 万美元资金进行投资，投资期限为 1 年。一种可能是将所有资金投资于国债，其相应的年回报率为 5%[⊖]，此项投资无风险，但预期回报率只有 5%。另外一种可能是将所有资金投入某只股票。为简单起见，我们用表 1-1 来显示该股票各种可能的回报以及相对应的概率。表中回报率 +50% 所对应的概率为 0.05，回报率 +30% 出现的概率为 0.25，其他不同的回报率以及概率在表中均有显示。将回报率记为小数点形式，股票的预期回报率为

$$0.05 \times 0.50 + 0.25 \times 0.30 + 0.40 \times 0.10 + 0.25 \times (-0.10) + 0.05 \times (-0.30) = 0.10$$

计算结果显示，当你愿意承担一定的风险时，投资的预期回报率可以由投资国债的 5% 提高到 10%。如果投资一切顺利，你的回报也可能达到 +50%，但如果投资不顺利，也可能是 -30%，其相应损失为 3 万美元。

马科维茨（Markowitz，1952）是研究投资风险 - 回报替换关系的先驱之一，后来夏普（Sharpe，1964）及其他人以马科维茨理论为基础，进一步发展了资本资产定价模型（capital asset pricing theory）。资本资产定价模型显示了预期回报和系统性风险的关系。1976 年，罗斯（Ross）发表了风险套利定价理论（arbitrage pricing theory），这一理论将资本资产定价理论中单一系统性风险假设延伸到多系统性风险。这些颇具洞察力的理论研究成果对投资组合管理人理解和分析风险 - 回报关系产生了巨大影响，在下一节中我们将回顾这些重要理论。

1.1.1 风险量化

当你选定某一投资后，如何将所面临的风险进行量化呢？一种便捷的方式是将风险量定义

⊖ 这一数值比较接近历史平均值，但显著高于 2008 年以来美国国债及其他一些国债的收益率。

为年回报率的标准差，也就是

$$\sqrt{E(R^2) - [E(R)]^2}$$

其中 R 指年回报率，E 为预期符号，$E(R)$ 代表年回报率的期望值。由表 1-1 可知，我们可以算出 $E(R)$ 为 0.1。为了计算 $E(R^2)$，我们必须以概率为权重对回报率的平方进行加权平均：

$$E(R^2) = 0.05 \times 0.50^2 + 0.25 \times 0.30^2 + 0.40 \times 0.10^2 + 0.25 \times (-0.10)^2 + 0.05 \times (-0.30)^2 = 0.046$$

故年回报率的标准差为 $\sqrt{0.046 - 0.1^2} = 0.1897$，即 18.97%。

1.1.2　投资机会

假定用期望值及标准差来描述完全不同的投资机会，我们可以用图 1-1 来表示具有不同风险的投资可能，其中横轴表示回报率的标准差，纵轴表示预期回报。

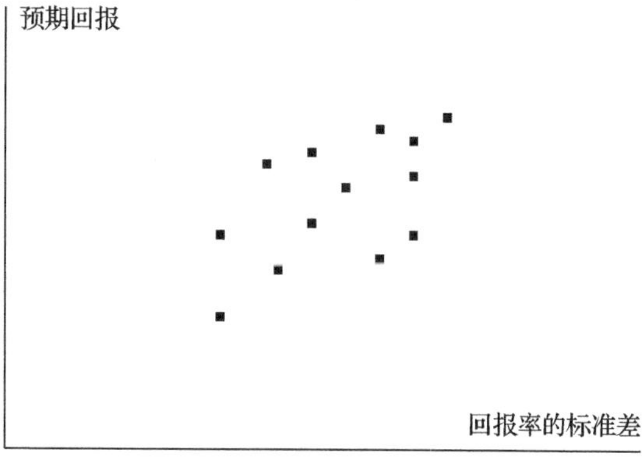

预期回报

回报率的标准差

图 1-1　具有不同风险的投资资产

当得出某些投资回报率的标准差以及预期回报后，我们自然会想如果将这些投资进行不同的组合又会产生什么效果呢？假设两种投资资产的回报率为 R_1 和 R_2，如果我们按 w_1 的比例投入第一种资产，按 $w_2 = 1 - w_1$ 的比例投入第二种资产，这样所产生的投资组合的回报率为

$$w_1 R_1 + w_2 R_2$$

投资组合的预期回报为

$$\mu_P = w_1 \mu_1 + w_2 \mu_2 \tag{1-1}$$

其中 μ_1 为第一种资产的预期回报，μ_2 为第二种资产的预期回报。投资组合回报率的标准差为

$$\sigma_P = \sqrt{w_1^2 \sigma_1^2 + w_2^2 \sigma_2^2 + 2\rho w_1 w_2 \sigma_1 \sigma_2} \tag{1-2}$$

其中 σ_1 与 σ_2 分别为 R_1 和 R_2 的标准差，ρ 是 R_1 和 R_2 的相关系数。

假定 μ_1 为 10%，σ_1 为 16%，μ_2 为 15%，σ_2 为 24%；R_1 和 R_2 的相关系数为 0.2。表 1-2 显示出在不同比例投资下投资组合的预期回报以及回报率的标准差。以不同比例投资于两种资产会给投资者带来范围广泛的回报组合，图 1-2 是其图形显示。

表 1-2　由两种投资资产构成的投资组合的预期回报以及回报率的标准差

w_1	w_2	μ_P	σ_P
0.0	1.0	15%	24.00%
0.2	0.8	14%	20.09%
0.4	0.6	13%	16.89%
0.6	0.4	12%	14.87%
0.8	0.2	11%	14.54%
1.0	0.0	10%	16.00%

注：两种资产的预期回报分别为 10% 及 15%，回报率的标准差分别为 16% 及 24%，两种资产回报的相关系数为 0.2。

大多数投资者都厌恶风险（risk-averse），他们希望在增加预期回报的同时也减少回报率的标准差，体现在图1-1及图1-2中，他们希望自己的投资回报曲线朝“西北”（左上角）方向移动。从图1-2中我们可以看到，对两种投资进行不同的组合可以帮我们达到目的。例如，在第一种资产中投入60%的资金，而在第二种资产中投入40%的资金，这样做投资的预期回报率可以达到12%，其所对应的回报率的标准差为14.87%。这种组合比只投资于第一种资产的效果要好（预期回报提高了2%，而回报率的标准差降低了1.13%）。

1.2 有效边界

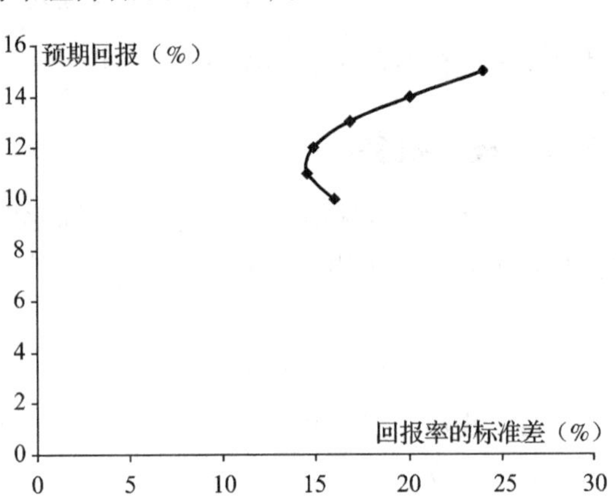

图1-2 表1-2计算出的两种资产构成的投资组合的不同的风险－回报

在这里我们引入第三种投资资产。这种资产可同前面的两种资产进行任意组合，这样做可以进一步产生不同的风险－回报组合，使我们的投资回报率进一步往“西北”方向移动。在这之后我们又可以引入第四种资产，而这第四种资产又可以同前面3种资产进行不同的组合而产生新的投资机会，我们继续这一过程，当我们考虑了所有由图1-1所显示的风险投资资产以后，我们就可以构造出所谓的**有效边界**（efficient frontier）。在图1-3中，有效边界是我们的回报曲线朝西北方向移动的极限。对应有效边界的任意一点，我们不可能找到某种投资会比其更优化。这句话是指我们不可能会找到某一资产投资回报比有效边界的点所对应的投资回报更高，而同时所对应的标准差更低。图1-3中有效边界的东南方向代表所有不同的投资可能，对应于有效边界的“东南”（右下角）方向的任何一点A，我们都可以在有效边界中找到一点并使其风险－回报替换关系比所对应的点A的风险－回报替换关系更好。

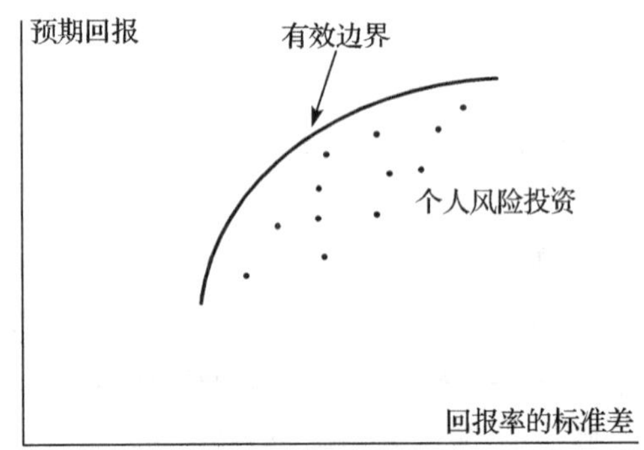

图1-3 由具有不同风险的投资资产所产生的有效边界

在图1-3中我们只考虑了具有风险的投资。如果引入所有可能投资的话，那么有效边界又会变成什么样子呢？特别地，当我们引入无风险投资时，会发生什么情况呢？假定无风险投资所对应的回报率为R_F，在图1-4中，我们用F点来代表无风险投资，从F点开始我们引入同原有效边界相切的一条直线，M代表切点。以下我们将要说明，直线FJ将会是新的有效边界。

如果将占整体资金百分比$\beta_I(0<\beta_I<1)$的资金投入风险投资组合M，然后将其他所有资金投放于无风险资产之中，这样做会带来什么效果呢？如式（1-1）所示，我们进行这样的组合之后，投资组合的预期回报$E(R_I)$由下式给出

$$E(R_I) = (1-\beta_I)R_F + \beta_I E(R_M)$$

由式（1-2）可知，我们得出投资组合回报率的标准差为$\beta_I\sigma_M$[⊖]，这里σ_M代表投资组合M的标准差。在图1-4中，我们用I点来代表以上表达式所阐明的风险－回报关系，从预期回报以及标准差两方面来看，点I与F的距离与点M与F的距离的比例为β_I。

直线FM上的所有点均可以由投放一定数量资金在M投资组合以及一定数量资金在无风险资产F来取得，此直线上任意一点所对应的风险－回报关系要优于我们之前所讨论的有效边界上的风险－回报关系，直线FM也因此成为新的有效边界。

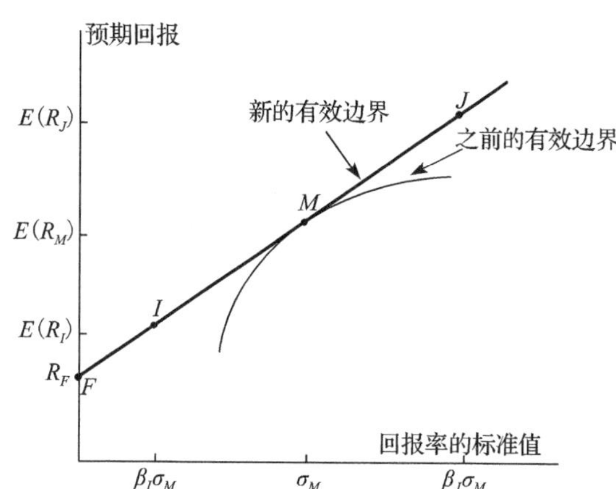

图1-4 包含所有投资资产的有效边界

注：I点所对应的投资由投入百分比为β_I数量的资金在投资组合M中和$1-\beta_I$数量的无风险资产所组成，J点所对应的投资是以无风险利率借入的β_J-1数量资金，然后将所有的资金（拥有的和借入的）全部投入投资组合M中所组成的。

假定我们可以按利率R_F借入及借出资金，我们因此可以构造出从F点至M点以至于超出M点的射线。假定我们的目的是构造出由图中J点所表示的组合投资，J点至F点距离是M点至F点距离的$\beta_J(\beta_J>1)$倍。我们首先借入β_J-1数量的资产，然后将所有资产投入M点投资组合之中。去掉应付利息之后，新的投资组合J所对应的预期回报为

$$E(R_J)=\beta_J E(R_M)-(\beta_J-1)R_F=(1-\beta_J)R_F+\beta_J E(R_M)$$

J点的标准差为$\beta_J\sigma_M$。这样我们清楚地展示了J点所对应的风险－回报关系。

这里的讨论说明：当引入无风险投资后，有效边界变成一条直线。换句话说，在由图1-4所示的有效边界上，预期回报与标准差之间一定有一种线性的替换关系。所有的投资者都应选择同样的风险性资产，即M点所对应的投资组合，然后将风险性资产与借入或借出的无风险资金进行不同比例的组合来体现他们的风险偏好。

现在要简要说明一下投资组合M必须包含所有可能的风险投资资产。假设某个特殊的投资资产没有含于投资组合M之中，这样就会造成没有投资者持有这一资产，其价格会下跌，预期回报会增加，最终成为组合的一部分。我们还可以进一步说明，为了保证每种投资资产的供需关系，每个风险投资资产的价格会得到调整，因此组合M中的各个风险资产数量必须同整个经济中所有可能投资资产成一定比例，这样的投资组合M通常被称为**市场投资组合**（market portfolio）。

1.3 资本资产定价模型

当投资者投资于某些资产时，他们如何判定自己需要的预期回报呢？我们的以上分析说明，市场投资组合会起一个决定性的作用，投资者对于某资产回报所需要的预期回报在一定程度上要反映此资产对市场投资组合风险的奉献量。

一个较常用的方式是以投资资产的回报及市场投资组合回报的历史数据来得出某种最佳线

⊖ R_F是无风险利率，为常数，$E[R_F]=R_F$，$\sigma_F=0$。——译者注

性回归关系。这种线性回归关系式可表达为

$$R = \alpha + \beta R_M + \varepsilon \tag{1-3}$$

其中 R 代表投资资产的回报，R_M 代表市场投资组合的回报，α 和 β 都是常数，ε 是指回归误差，为随机变量。

式（1-3）显示了除了常数项 α 以外，资产回报有两个组成部分。

（1）一部分对应于 βR_M，此项为市场投资组合回报的某种倍数。

（2）另一部分对应于 ε，此项与市场投资组合的回报无关。

这里对应的风险，第一部分被称为**系统性风险**（systematic risk），而第二部分被称为**非系统性风险**（nonsystematic risk）。

首先让我们考虑非系统性风险。如果我们假定对应于不同投资资产的 ε 项相互独立，在大型投资组合中，非系统性风险几乎被分散殆尽，因此投资者不应该关心非系统性风险，也就是说投资者不应该因承担非系统性风险而索取高于无风险利率之上的回报。

系统性风险是投资者应该关心的内容，当持有一个大型而风险分散均衡的投资组合时，由 βR_M 表示的系统性风险并没有消失，因此承担这一系统性风险，投资者应索取补偿。

由图 1-4 可知，我们可以看到预期回报与系统性风险之间的关系，$\beta=0$ 对应于非系统性风险，其所对应投资回报为 R_F。当 $\beta=1$ 时，投资资产的回报与 M 点对应，此时的预期回报为 $E(R_M)$。一般来讲，我们有关系式

$$E(R) = R_F + \beta[E(R_M) - R_F] \tag{1-4}$$

式（1-4）就是所谓的资本资产定价模型，这一公式说明某投资的预期回报超出无风险投资回报的数量等于市场投资组合的预期回报超出无风险投资回报的数量与 β 的乘积。图 1-5 中显示了这一关系式。参数 β 被称为是投资的 β 系数。

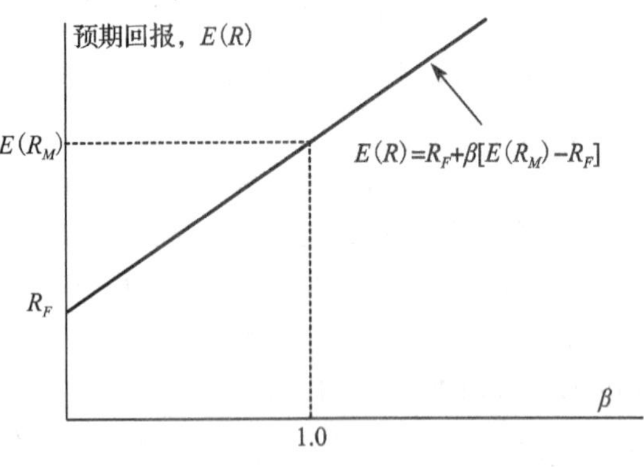

图 1-5 资本资产定价模型

【例 1-1】 假定无风险投资利率为 5%，市场投资的预期回报率为 10%。如果一项投资的 β 为 0，那么该投资的预期回报为 5%，这是因为投资中的风险可以被完全分散；如果一项投资的 β 为 0.5，那么该投资的预期回报为

$$0.05 + 0.5 \times (0.1 - 0.05) = 0.075$$

即 7.5%；如果一项投资的 β 为 1.2，那么该投资的预期回报为

$$0.05 + 1.2 \times (0.1 - 0.05) = 0.11$$

即 11%。

系数 β 被称为投资组合的 beta 系数，等于 $\rho\sigma/\sigma_M$，其中 ρ 是投资资产与市场投资组合的相关系数，σ 是指投资资产回报率的标准差，σ_M 是市场投资组合回报率的标准差，beta 系数体现了投资组合对于市场投资组合的敏感性，我们可以用式（1-3）来定义任何一种投资组合的

beta 系数，而资本资产定价模型式（1-4）中对应于这一投资组合的回报率 R。在图1-4中，由 M 点所代表的市场投资的beta系数为1.0，由 F 点所代表的无风险投资的beta系数为0，而由 I 和 J 所代表的投资资产的beta系数分别为 β_I 及 β_J。

1.3.1 假设

以上分析带给了我们一个惊人的结论，那就是所有的投资者均想持有一个同样的投资组合（即图1-4中 M 点所表示的投资组合），这一结论显然不成立。如果以上结论成立，那么投资者相互之间不会再进行交易，市场也会停止运作。在实际中，不同的投资者对于股票及其他风险投资产品有着不同的看法，正因为如此，投资者之间才相互进行交易，从而促成了市场价格的产生。

在以上分析中，我们采用了多个隐含假设，这些假设造成了其得出的结论与现实市场有所出入。假设包括：

（1）我们假设投资者只关心他们投资组合的预期回报及回报率的标准差，换句话讲，投资者只关心回报分布中的前两阶矩（first two moments）。如果回报服从正态分布，那么投资者这么做确实合理，但是，我们知道许多投资组合的回报并非服从正态分布。事实上，许多投资组合的分布具有**偏态**（skewness）以及**超额峰度**（excess kurtosis）特性。偏态与分布的第三阶矩有关，峰度与分布的第四阶矩有关。与正态分布相比，具有正偏态的分布会产生更多的高回报和更少的低回报，具有负偏态的分布会产生更多的低回报和更少的高回报。超额峰度分布产生高回报和低回报的机会均多于正态分布。许多投资者对出现极端负回报的可能性非常担心，他们可能愿意在具有负偏态或具有超额峰度的投资组合里得到更高的预期回报。

（2）我们假设在式（1-3）中对应于不同投资的 ε 项为相互独立，这等于是说投资回报的相关性完全取决于投资本身与市场组合的相关性，这一假设显然不成立。福特和通用汽车同属于汽车行业，两家公司的股票会有一定的相关性，这一相关性并非来自它们与市场的相关性。以上讨论说明对应于不同投资的 ε 项并非相互独立。

（3）我们假设投资者只关心某一特定时段的投资回报，而且我们假设不同投资者所选定的时段均相同，这一假设显然不成立。有些投资者（如养老基金）的投资期限很长，而有些投资者（如当日交易员（day trader））的投资期限很短。

（4）我们假设投资者可同时以相同的无风险利率借入或借出资金。在正常的市场条件下，对于信誉好的大型金融机构而言，以上假设近似成立；对于小投资者而言，这一假设不成立。

（5）我们在分析中不考虑税收。我们知道，某些地区对资本收益（capital gain）的税收处理不同于对股息和其他收入，而某些投资产品会有特殊的税收优惠；还有，并非所有的投资者均会受同一税率的制约。在实际中，投资者进行投资会将税收考虑在内。对免税的养老基金适用的投资可能并不适用于需要支付很高税率的某纽约居民，这一说法反过来也成立。

（6）最后，我们假设所有投资者对任意给定的投资资产的预期回报、回报率的标准差的估算，以及对投资产品之间的相关系数的估算相同。换句话讲，我们假设投资者具有**一致性预期性**（homogeneous expectations），这显然不成立。事实上，正如以上讨论所示，在一致性世界里不会出现交易行为。

即使如此，资本资产定价模型已经被证明是管理人员进行投资组合管理的强有力的工具。

关于股票的beta估计已经非常容易取得，同时由资本资产定价模型所计算出的投资期望值通常被管理人员用来当作检验投资好坏的标准，我们接下来将进一步解释这一点。

1.3.2 alpha

当我们观察市场回报为 R_M 时，我们对一项beta值等于 β 的投资组合的预期为多少？资本资产定价模型将投资组合的预期回报与市场的预期回报联系在一起，同时模型也将投资组合的预期回报与市场的真实回报联系到一起

$$E(R_P) = R_F + \beta(R_M - R_F)$$

其中 R_F 为无风险利率，R_P 为投资组合的回报。

【例1-2】 考虑一个beta为0.6的投资组合，无风险利率为4%。

当市场回报为20%时，投资组合的预期回报为

$$0.04 + 0.6 \times (0.2 - 0.04) = 0.136$$

即13.6%；当市场回报为10%时，投资组合的预期回报为

$$0.04 + 0.6 \times (0.1 - 0.04) = 0.076$$

即7.6%。当市场回报为−10%时，投资组合的预期回报为

$$0.04 + 0.6 \times (-0.1 - 0.04) = -0.044$$

即−4.4%。投资组合的预期回报与市场回报的关系如图1-6所示。

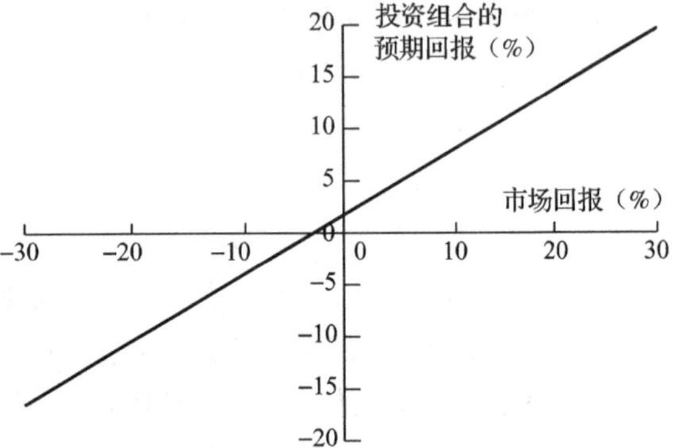

图1-6 投资组合的预期回报与市场真实回报的关系（组合的beta为0.6，无风险利率为4%）

假定投资组合的真实回报大于预期回报，即

$$R_P > R_F + \beta(R_M - R_F)$$

我们可以说，对于一定数量的系统性风险而言，投资组合经理产生了更为突出的回报，而额外回报量为

$$\alpha = R_P - R_F - \beta(R_M - R_F)$$

该额外回报通常被称为是由投资组合经理产生的alpha。[⊖]

【例1-3】 某投资组合的beta为0.8，1年期无风险利率为5%，市场在1年内的回报为7%，投资组合经理的回报为9%，该经理产生的alpha为

$$\alpha = 0.09 - 0.05 - 0.8 \times (0.07 - 0.05) = 0.024$$

即2.4%。

⊖ alpha也被称作詹森阿尔法，因为它是由迈克尔·詹森（Michael Jensen）在衡量对冲基金表现时首先引入的，见第4.3节。

投资组合经理会不断地努力来产生正的alpha，其中一种做法是寻找比市场表现更好的股票，另一种方法是**市场择时**（market timing）。这一做法涉及对市场变化做出预测，当预计市场会上涨时，投资经理会将资金从保守的国债投资转移到股票市场；当预计市场会下跌时，投资经理会将资金从股票市场转移到保守的国债投资。在第4章中，我们解释了对冲基金生成正的alpha的投资策略。

虽然资本资产定价模型采用了一些简化的假设，但是由模型产生的alpha和beta参数被广泛应用于描述投资的特性。beta描述了由于承担系统性风险取得的回报，beta值越高，投资组合所承担的系统性风险也越高，回报中有更多的成分取决于市场回报；alpha代表了投资组合管理得当（或者是因为运气好）所带来的额外回报。一个投资者取得正的alpha一定是建立在另一个投资者取得负的alpha的代价之上，所有投资者的alpha的加权平均为0。

1.4 套利定价理论

套利定价理论（arbitrage pricing theory）可以被看作对资本资产定价模型的扩展。在套利定价理论中，投资者的回报被假设取决于多种因素（这些因素可能是国民生产总值（GNP）、国内利率以及通货膨胀率）。通过构造与这些风险因素呈中性的投资组合，套利定价理论展示投资资产的预期回报同这些因素呈某种线性关系。

式（1-3）中投资资产的ε项相互独立这一假设保证了资本资产定价模型中投资的预期回报取决于单一因素（因此也就只有一个系统性风险因素），这一因素就是市场投资组合的回报。在套利定价理论中有多种因素决定投资的回报。这些因素中的每一项都是一个系统性风险源。套利定价理论中的非系统性风险（即可分散的风险）是与以上多种因素无关的风险。

1.5 公司的风险以及回报

我们现在进一步考虑某一公司的风险与回报的替换关系，一家公司如何来判别某项投资所带来的回报可以足够补偿其带来的风险呢？

一家公司的最终拥有者是其股东，公司管理的最终目标是股东利益最大化。因此，一个新的项目可以自然地被理解为在股东投资组合之上的叠加。公司应该计算一个投资项目的beta系数及其预期回报。如果此项投资的预期回报高于由资本资产定价模型所决定的预期回报，那么该投资会给股东带来好处，因此该投资可以被接受，否则该投资应该被否决。

这个观点说明在决定是否接受某种投资时，非系统性风险因素不应该在考虑之列。在实际中，公司既应考虑系统性风险又应考虑非系统性风险。例如，大多数公司会为其公司的建筑物购买火灾保险。即便这种风险完全是非系统性的，而且可以通过股东分散投资得以缓解。企业为了回避高风险，会对它们所面临的汇率、利率、商品价格及其他市场因素所带来的风险进行对冲。

收益的稳定性、公司的生存能力都是公司管理的目标，公司在运作过程中会尝试新的业务，并试图保证新业务的预期回报与股东既定的风险－回报关系相一致，但无论如何承受的风险量不能过大。

大多数投资者对他们所投资公司的整体风险的大小也会关心。投资者不喜欢被惊吓，他们喜欢将资金投放于有强劲增长并能达到预期目标的公司。投资者喜欢将资金投放于那些能够小心管理及控制自己面临的包括系统性及非系统性风险等整体风险的公司。

第1.1~1.4节中的理论结果指出的投资者的行为应同以上的讨论截然不同，当预期回报同系统性风险替换关系对于公司可以接受时，投资者应该鼓励公司尽可能投资于高风险项目。在投资者的投资组合中，某些公司会破产，某些公司会生存得很好，对投资者来讲，投资的最终目的是保证整体回报的优良。

投资者的行为有时会不追求最佳结果吗？由于投资者有分散风险的需要，公司承担了更多非系统性风险是否会给投资者带来更多的好处呢？一种著名的理论指出事实并非如此，该理论被称为“破产成本”理论。这一理论不但可以用于解释一家公司为什么会约束自己所发行的债券量，而且也可以被延伸到整个风险领域。

1.5.1 破产成本

在一个完美的世界里，破产应该是一个非常简捷的事件，公司的有形及无形资产都以一个公平的市场价格被出售，所得的资金会在一个完善规则之下在债券持有者、股权持有者及其他公司权益持有者之间进行分配。如果我们生活在这样的完美世界中，破产应该不会破坏股东的价值。不幸的是我们生活的世界并不完美，破产过程会触发**破产成本**（bankruptcy cost）。

破产成本的实质是什么呢？当一家公司宣布破产时，公司的顾客及供应商不再愿意同公司进行业务接触；此时公司资产会不得不以低于破产前的价格被出售；此时公司的无形资产，例如公司的商标价值及市场名声均受到了损害；公司已经不能在保护股东利益前提下进行运作，此时公司往往会支付大量的手续费给会计师及律师；此时公司的厄运接连不断。虽然业界事例1-1中所讲的故事是虚构的，但其代表性同实际生活相差并不太远，这一事例显示，某一高风险决策的失败给公司带来的后果可能是毁灭性的。

业界事例 1-1　　隐含的破产成本

几年前某一公司拥有市价为20亿美元的资本金，同时其发行债券总数为5亿美元。公司总裁决定以10亿美元现金收购一公司，这里的现金由银行贷款及发行债券的融资所组成。收购该公司的价格与市场价格相近，同时买入价格体现了在成交时买入公司的预期回报及市场的系统性风险，但是，那些关键的会给公司盈利带来威胁的因素被忽略了。

在此之后，此项交易的许多促成因素都没有得以实现，买入的业务没有盈利。3年之后公司CEO被迫辞职。公司新任CEO以1亿美元（原价格的10%）卖出了此项投资，同时公司也宣布其业务将集中于某核心业务。此时公司的债务杠杆比率大大提高，经济周期中的一个暂时下滑就促成了公司不能偿还债务，公司宣布破产。

此时公司里充斥了大量形形色色的会计师及律师，这些人代表不同人（像贷款银行、不同证券持有者、股东、公司及公司董事会）的利益。这些会计师及律师给公司每月带来了大约1 000万美元的费用，此时因无人愿意同一家破产公司进行业务往来，所以公司丧失了销售能力，公司的其他主要高管也辞职了，公司的股票价格暴跌。

两年又过去了，经过3次改组，公司终于在诸多参与者之间达成一个协议，并成立了一家市价为70万美元的新公司，新公司将继续经营其盈利业务，此时新公司的拥有者为贷款银行及债券持有者，原公司的股东利益损失殆尽。

发生在2008年9月15日的雷曼兄弟破产是迄今美国历史上最大的破产案例。在雷曼兄弟破产两年后，即2010年9月14日，《金融时报》（*Financial Times*）报道称，在美国和欧洲，与雷曼控股公司所有分支机构破产程序有关的法律和会计费用已经达到20亿美元，尽管其中一些服务的收费已经打了折扣。

我们前面指出，公司的生存是公司管理的一个主要目标，权益持有者不希望公司本身承担过多的风险，现在我们明白了这样做的原因。国与国之间的破产法可以相差甚远，但这些法律的共同效果是：公司的价值在债权持有者为获得补偿而进行的争斗中受到了损害。如果公司选择风险很高的项目（但预期回报高于图1-4中的有效边界），那么公司破产的可能性很大。当考虑预期破产成本时，总风险（系统性和非系统性）较高的项目可能会被拒绝。这就解释了为什么股东喜欢公司限制其承担的总风险，并投资那些能控制风险以满足盈利预期的公司。

当一个新的项目在酝酿之中时，决策人要考虑的一个关键问题是新项目是否同公司的其他风险相匹配。由于分散化带来的好处，一个相对较小的投资往往会有减少整体风险的效果，但一个大的投资可能会大大地增加整体风险。许多投机型公司的失败（见业界事例1-1）往往可以归咎于公司CEO在较大的收购（常常使用较高杠杆）决策上的失误。

1.5.2 金融机构

与非金融企业相比，在金融机构的决策中破产成本的重要性尤为突出，比如一家银行必须保证其破产概率非常小。大的银行依赖批发存款和诸如商业票据等工具来融资。信心是银行得以生存的根本。如果市场认为某家银行违约的风险不够低，就会对其丧失信心，而银行的资金来源也就因此而枯竭。银行会陷入被迫清算的境地，即便此时它仍可能具有正的所有者权益从而具备偿付能力。雷曼兄弟的破产是美国历史上最大的破产案例；在英国，北岩银行（Northern Rock）的破产也是一个轰动的案例。在这两个案例中，导致其破产的元凶都是信心崩溃及传统资金来源枯竭。

1.5.3 监管机构

即便银行的管理层不顾以上所讨论的风险，并且希望能够承担更多的风险，他们也不被允许这样做。与其他企业不同的是，金融机构要接受严格的监管。世界上任何一国政府都希望本国有一个稳健的金融体系。个人和企业对与其进行业务往来的银行和保险公司应具有足够的信心，这一点非常重要。监管措施的设计要确保银行和保险公司遭遇严峻财务困难的概率很小。在2008年次债危机中，各国政府对金融机构的救助说明了政府非常不情愿让大的金融机构破产，而受监管的金融机构必须考虑整体风险（系统性的及非系统性的）。

显而易见，破产往往是由于银行正在遭受亏损。监管机构的目标是保证银行持有的用于缓冲损失的资本金达到一定水平，在很高的概率下，足以应付损失。例如，假定金融机构在1年内出现损失超出20亿美元的概率为0.1%，监管机构也许会要求银行持有20亿美元的股权资本金，这样会保证股权资本可以承担损失的概率为99.9%。在以后的章节中我们将讨论监管机构所采用的模型。

这里的重点是，监管机构最为关心的是整体风险，而不仅仅是系统性风险。监管人员的最终目标是使发生破产事件的可能性非常小。

1.6 金融机构的风险管理

对金融机构（及其他机构）来讲有两大类风险管理策略：一是对每一种风险进行识别，然后对各类风险单独管理，这种管理方式有时被称为**风险分解**（risk decomposition）；二是用多元化的管理方式来缓解风险，这种方式有时被称为**风险聚集**（risk aggregation）。在实践中，银行采用这两种方式来管理以下将要讨论的市场风险与信用风险。

作为实例，我们考虑一家美国银行交易业务所面临的市场风险。市场风险起源于多个市场变量（利率、汇率、股价）在将来的变化的不确定性。为了实施风险分解模式，交易平台会指定交易员来管理某一特殊市场变量（或一定小数量的市场变量）。例如，交易平台可能指定一个交易员（或一组交易员）来管理所有美元/日元汇率交易，在每个交易日结束时，交易员要保证相关的交易额度要在事先由银行设定的额度之内。在一天的交易即将结束时，交易员如果发现某个或多个交易额度将超出银行规定，交易员或要取得批准来持有当前头寸，或进行新的对冲交易来减持头寸以保证额度要求（在第 8 章中，我们将讨论交易员计算风险额度的方法）。

风险管理人员在银行的中台（middle office）对市场风险实施风险聚集管理，管理过程涉及在每天结束时将银行市场风险进行汇总，来计算银行所面临的由于市场变动所触发的整体风险。对风险进行汇总后，银行希望自身所面临的风险已被有效地分解，并希望自身面临的市场风险足够小。当风险达到不可接受的程度时，银行必须找出根源并采取相应措施。我们将在第 12 ~ 14 章中讨论对风险进行汇总计算的模型。

风险聚集管理模式是保险公司采用的重要管理工具。考虑某汽车保险公司，单一保单所对应的赔偿数量具有不确定性，但是，保险公司可以做到在一定的精度下对 100 000 个保单的整体赔偿进行预测。

信用风险的传统管理方式是对信用组合进行多元化管理（也就是风险聚集），如果银行将其 40% 的资金借给某个单一借贷人，这样做会使得风险没有得以分散，其后果将是银行面临巨大风险。当借贷人的自身财务状况出现问题以至于不能支付贷款利息及本金时，银行可能会解体。

当银行选择另外一个多元化的政策，例如，将 0.01% 的资金分别借给 10 000 个不同的借贷人时，银行会处于一个相对更为安全的位置。假设在某一年，借贷人的违约概率为 1%，这样在这一年我们将看到大约有 100 个信贷人违约，而由此所造成的损失会被其他 99% 的贷款的盈利所弥补。为增大风险分散的效果，银行应在不同的地区及不同的行业选择借贷人，一个在全球范围有不同借贷人的国际性银行的风险要比一个只在得克萨斯州对石油公司进行放贷的区域性银行的风险分散性好。

当然无论如何分散风险，银行仍然不能完全消除系统性风险。该风险会造成所有借贷人的违约概率随时间而变化。我们的例子中采用的 1% 的违约率是正常年份所见的。当经济形势很好时，违约概率会小于这个数字，而当经济转入下滑时，则会显著高于这个数字。我们会在以后的章节中讨论用于捕捉系统性风险的模型。

从 20 世纪 90 年代后期开始，我们看到信用衍生产品市场的勃然兴起，信用衍生产品可以使得银行对信用风险一一进行化解（也就是风险分解），而不是仅仅依靠风险分散的手段。衍生产品市场也给银行提供了对于宏观经济中整体违约的保护产品。但是，对应于每个信用买入方，总会有一个卖出方。许多信用保护的卖出方（无论是单个公司还是公司的投资组合）在2007年的信用紧缩中蒙受巨大损失，我们将在第6章中对信用紧缩做进一步的讨论。

1.7 信用评级

信用评级被金融市场的参与者广泛地用于信用风险管理。信用评级是对债务类金融工具如债券的信用质量的度量。然而，企业或者主权债券的评级通常被当作一个关于债券发行者而不是债券本身的属性。因此，如果一家公司发行的债券拥有一个AAA评级，该公司通常也被称作一家AAA评级的公司。

穆迪、标准普尔和惠誉是三家最主要的评级机构。穆迪评级中最好的级别是Aaa。拥有该评级的债券被认为是几乎不可能违约的。次优级的评级为Aa，接下来依次是A、Baa、Ba、B、Caa、Ca和C。与穆迪评级依次对应的标准普尔评级分别是AAA、AA、A、BBB、BB、B、CCC、CC和C。为更加细致地区分评级，穆迪还将Aa级细分为Aa1、Aa2和Aa3；将A级细分为A1、A2和A3，依此类推。类似地，标准普尔将其AA级细分为AA+、AA和AA-；将A级细分为A+、A和A-，依此类推。穆迪的Aaa级和标准普尔的AAA级没有再细分，通常最低的两个级别也不会再细分。惠誉的评级跟标准普尔类似。

通常，不同评级机构给出的信用等级存在相互对应的关系。比如，标准普尔的BBB+级被认为对应于穆迪的Baa1级。评级为BBB-（Baa3）以上的证券被认为**具有投资级别**（investment grade）。评级为BBB-（Baa3）以下的被称作是**非投资级**（noninvestment grade）或**投机级**（speculative grade）或**垃圾债**（junk bonds）。2012年8月，标准普尔将美国国债的评级从AAA级降到了AA+级，这在市场上引起了不小的震动。

在后面的章节中，我们还将对信用评级进行更深入的探讨。例如，第6章讨论了在2007年开始的信用危机中信用评级扮演的角色。第15章和第16章介绍了信用评级是如何在监管规则中使用的。第19章给出了拥有不同信用评级的公司违约率的统计数据。第21章描述了公司的信用评级是如何随时间而变化的。

小 结

金融理论中一个非常重要的原则是风险和回报有一种替换关系，要取得高回报通常要以承担高风险作为代价。投资者在理论上讲不应担心那些可以被分散的风险。投资者所期望的回报应反映在他们所承担的不可以被分散的系统性风险中。

公司在进行风险管理时，不仅要考虑其股东对系统性风险的承受能力，也要考虑整体风险。股东个人可以通过投资多元化来分散非系统性风险，但对公司来说仍不可以忽略这一风险，其中的一个原因是破产成本的存在——股东必须为破产过程埋单。

对银行和保险公司等金融机构而言，另一个需要考虑的因素是监管法规。最大限度地降低受监管的金融机构破产的可能性是监管机构最关注的议题。破产可能性依赖于承受的整体风险，而不仅仅是股东不能分散的风险。在后面的章节中，我们将会看到，监管机构的目标是保证金融机构对自己整体的风险敞口持有足够的资本金。

管理风险的两个重要方式是风险分解及风险聚集（集中），风险分解管理将风险一一分解，并针对单一风险进行管理；风险聚集借助于风险分散的效果达到减少风险的目的。银行采用以上两种方式来管理市场风险。管理信用风险传统上是采用风险聚集的方式，但随着信用衍生产品的发展，风险分解的方式也逐渐被用于信用风险管理过程之中。

延伸阅读

Markowitz, H. "Portfolio Selection." *Journal of Finance* 7, no. 1 (March 1952): 77–91.

Ross, S. "The Arbitrage Theory of Capital Asset Pricing." *Journal of Economic Theory* 13, no. 3 (December 1976): 341–360.

Sharpe, W. "Capital Asset Prices: A Theory of Market Equilibrium." *Journal of Finance* 19, no. 3 (September 1964): 425–442.

Smith, C. W., and R. M. Stulz. "The Determinants of a Firm's Hedging Policy." *Journal of Financial and Quantitative Analysis* 20 (1985): 391–406.

Stulz, R. M. *Risk Management and Derivatives*. Mason, OH: South-Western, 2003.

练习题[㊀]

1.1 某项投资的不同的回报率为40%，30%，15%，-5%；-15%；其对应的概率分别为0.1，0.2，0.35，0.25及0.1，这一投资所对应的期望值及标准差为多少？

1.2 假定某两项投资的回报及所对应的概率如练习题1.1所示，两项投资的相关系数为0.15，将资金以均等方式分别投入两项投资后所产生的组合投资资产的预期回报及标准差为多少？

1.3 两项投资如图1-2及表1-2所示，对于以下列举的相关系数，计算风险-回报的不同组合关系：(a) 0.3；(b) 1.0；(c) -1.0。

1.4 系统性风险与非系统性风险有何区别？对投资者来讲哪一项更为重要，这两项风险中哪一项会引发企业破产成本？

1.5 投资者选择相同市场投资组合的主要理论依据及假设前提是什么？

1.6 某一投资组合的预期回报为12%，无风险投资回报率为6%，beta系数分别等于(a) 0.2；(b) 0.5；(c) 1.4的投资的预期回报各为多少？

1.7 "套利定价理论是资本资产定价理论的延伸。"请解释这一观点。

1.8 "一家公司所采用的资本结构取决于破产成本及债券所带来税率优势的替换关系。"请解释这一观点。

1.9 风险分解和风险聚集管理方法的含义是什么？哪一种方法需要对单一风险深入了解？哪一种方法需要风险相关性的详细信息？

1.10 一个银行的操作风险的起因包括雇员诈骗、自然灾害、诉讼费用等。管理操作风险最好应采取风险分解还是风险聚集方式（操作风险在第13章中会有所讨论）？

1.11 一个银行在下一年盈利的回报服从正态分布。回报期望值为整体资产的0.6%，而标准差为整体资产的1.5%。银行的股权资本占整体资产的4%。在忽略税收情况下，银行在下一年仍有正的股权资本的概率为多大？

㊀ 各章练习题答案见本书最后。

1.12 为什么银行监管要保证银行不能承担过多风险，而对其他行业公司（例如制造业和零售业）没有此项要求？

1.13 请列举业界事例1-1中的破产成本。

1.14 去年的市场回报为10%，无风险利率为5%，某对冲基金的投资组合的beta为0.6，alpha为4%。对冲基金经理的回报为多少？

作业题

1.15 假定某一项投资的预期回报为8%，标准差为14%；另一项投资的预期回报为12%，标准差为20%。两项投资相关系数为0.3。请构造一个类似图1-2的风险－回报组合情形。

1.16 市场的预期回报为12%，无风险利率为7%，市场回报率的标准差为15%。一个投资者在有效边界上构造了一个投资组合，预期回报为10%；另一个投资者在有效边界上构造了另一个投资组合，预期回报为20%。两个投资组合的标准差各为多少？

1.17 一家银行在下一年度的盈利服从正态分布，其期望值及标准差分别为资产的0.8%及2%。在99%及99.9%置信度下，为使年终时股权资本为正，银行的资本金持有率（以资产作为分母）分别应为多少？（在分析中忽略税收。）

1.18 一个投资组合经理主动地管理某投资组合，投资组合的beta系数为0.2。在去年，无风险利率为5%，主要股指的表现都很差，回报大约为－30%。投资组合经理的回报为－10%，投资组合经理自称在这样的市场条件下，自身表现很好。请对投资组合经理的观点进行讨论。

PART 1

第一部分

金融机构及其业务

CHAPTER2

第 2 章 银行

“银行”这一词汇源于意大利语中的“banco”，指在几百年前意大利佛罗伦萨银行家所用的盖了一个绿色桌布的桌子或长凳。银行的传统角色是吸收存款并发放贷款，贷款的利息大于存款的利息，这两个利息之间的差额用于支付管理费用以及贷款损失（即借款方未按约定偿还利息和本金所触发的费用），同时提供令人满意的股权收益率。

今天的多数大型银行既参与商业银行业务，也参与投资银行业务。商业银行业务包括我们以上提及的吸收存款、发放贷款以及一些其他基本业务；投资银行业务包括帮助企业客户发行证券和股票、为企业并购和重大公司重组提供咨询以及其他融资业务。大型银行一般还参与证券交易业务（例如，提供经纪服务）。

商业银行业务可划分为零售银行业务及批发银行业务。顾名思义，**零售银行业务**（retail banking）涉及从个人或小企业客户中吸收小额存款，并同时向这些客户发放小额贷款；**批发银行业务**（wholesale banking）涉及向大中型客户提供银行服务。批发银行业中的存、贷款量远大于零售银行业中的存、贷款量。有时某些银行完全通过在金融市场的拆借来支撑自身的批发及零售银行业务。

批发银行贷款利率与资产费用利率的利差通常比零售银行的利差要低，但这一不利条件常常被低费用而弥补（比较相同数量的批发银行贷款和零售业务贷款，我们通常会发现批发银行贷款的预期损失及管理费用要低很多）。那些主要依赖批发银行业务并同时通过金融市场拆借来支撑其运作的银行被称为**货币中心银行**（money center bank）。

在这一章中我们将讨论在过去的100年中美国商业银行及投资银行的进化过程，我们将会讨论银行的监管方式、银行面临的各种风险以及为损失提供缓冲的资本金的关键作用。

2.1 商业银行

几乎世界上所有的国家都设定了严格的银行监管法规，这是因为大多数国家的政府都认为无论个人或者企业都应该对银行系统持有信心。监管法规涉及的事项包括：银行必须持有的资本金数量、银行所能经营的业务范围、存款保险、允许并购的范围及外资持股比例等。在20世纪，各国银行监管法规的特点影响了不同国家的商业银行结构，为了说明这一点，我们将以美国为例。

美国的特点是其银行数量巨大（2017年共有5 060家）。因此，与那些银行数目较少的国家相比，美国的银行支付系统相对复杂。美国有一些规模较大的货币中心银行，比如花旗银行以及摩根大通；美国也拥有数百家地区性银行，其业务涵盖了零售和批发两种形式；另外，美国还有数千家社区银行，其业务形式主要是零售。

表2-1综述了1984年及2017年美国银行规模的分布情况。这期间，美国银行的数目下降了超过65%。与1984年相比，在2017年，小型社区银行数量减少，而大型银行数量增加。虽然在2017年资产超过100亿美元的银行只有102家（占整体数量的2%），但这些银行持有的资产占整个银行系统的84%。

表2-1 1984年及2017年美国银行规模的分布情况

规模（资产）	1984年			
	数量	数量比率（%）	资产（10亿美元）	资产比率（%）
1亿美元以下	12 044	83.2	404.2	16.1
1亿~10亿美元	2 161	14.9	513.9	20.5
10亿~100亿美元	254	1.7	725.9	28.9
100亿美元以上	24	0.2	864.8	34.5
总计	14 483		2 508.8[㊀]	
规模（资产）	**2017年**			
	数量	**数量比率（%）**	**资产（10亿美元）**	**资产比率（%）**
1亿美元以下	1 318	26.0	78.6	0.5
1亿美元~10亿美元	3 123	61.7	988.5	6.3
10亿~100亿美元	517	10.2	1 441.5	9.1
100亿美元以上	102	2.0	13 281.2	84.1
总计	5 060		15 789.8[㊁]	

资料来源：FDIC Quarterly Banking Profile，www.fdic.gov.

美国银行系统结构的特点主要是源于监管法规中关于跨州经营的限制。20世纪初期，大多数美国银行只开设一个营业部给客户提供服务。20世纪早期，许多银行纷纷开始增设分行以保证更好地为客户提供服务。这样做受到两种不同的阻力。首先，那些只有单个营业部的小银行担心它们会失去市场份额；其次，那些大的货币中心银行担心多分支银行将会提供支票清算（check-clearing）及其他支付业务，从而侵蚀它们在这些业务中的利润。以上阻力对社区银

㊀ 原书为2 508.9，疑有误，更正为此。——译者注
㊁ 原书为15 789.5，疑有误，更正为此。——译者注

行的扩展产生了压力。随之有若干个州通过了法律，对银行在一州之内开设多家分行的能力做出了限制。

《麦克法登法案》（McFadden Act）在1927年通过，其修正案在1933年通过。该法案对银行在多个州开设分行做出了限制。法案适用于全部全美注册及州内注册的银行。一种绕过《麦克法登法案》的做法是成立多银行控股公司（multibank holding company），即成立一家母公司并收购多家银行作为其子公司。截至1956年，美国共有47家多银行控股公司，这导致了在后来通过了针对《银行控股公司法》（Bank Holding Company）的《道格拉斯修正案》（Douglas Amendment）。该修正案不允许银行控股公司在禁止州外并购（out-of-state acquisition）的州收购银行，但是在1956年前的收购仍然有效（也就是说，多银行控股公司并不一定要将1956年前收购的子银行进行剥离）。

银行在试图摆脱监管限制方面很有创造力，当有利可图时，这一创造力表现得尤其明显。1956年后，一种做法是成立一家银行控股公司，这家公司只将一家银行作为子公司，而在其他州成立非银行子公司，这些非银子公司提供的金融服务包括客户融资、数据处理、租赁等业务，这么做的实际效果是在其他州也实现了银行的存在。

1970年的《银行控股公司法》进一步对单银行控股公司的行为实行了限制。在这一法案下，控股公司只允许从事那些与银行业务密切相关的经营活动，控股公司收购其他公司要经过美联储的批准，控股公司必须对那些不符合该修正案的子公司进行剥离。

20世纪70年代以后，对于跨州银行的限制逐渐消失。各州纷纷通过法律允许其他州的银行进入并收购本地银行（1978年缅因州首先通过了这样的法令）。其中有些州允许外州的银行自由进入，而其他一些州虽允许外州的银行进入，但条件是其所在州须制定互惠协定（reciprocal agreement，即如果州B的银行可以进入州A，那么州A的银行也可以进入州B）。还有些州共同建立了区域性银行群，从而将跨州银行业务合法化。

1994年美国国会通过了《里格尔－尼尔州际银行及分行效率法》（Riegel-Neal Interstate Banking and Branching Efficiency Act，简称《里格尔－尼尔法案》），将全面跨州银行变成了现实。该法案允许银行控股公司在其他州收购分行，并废除了以前各州订立的基于州际互惠协议或区域性协议的跨州银行法案。从1997年开始，银行控股公司可以将本州外的银行子公司转为在同一银行下的分行。许多人认为这种整合方式对于扩大美国银行规模，从而能够在全球范围内进行竞争十分有必要。《里格尔－尼尔法案》为美国银行的合并潮提供了基础（例如，摩根大通收购了化学银行、大通银行、贝尔斯登以及华盛顿互惠银行）。

2007年开始的信用危机导致了一大批银行的破产。危机爆发后，2010年7月21日，奥巴马总统签署了《多德－弗兰克华尔街改革与个人消费者保护法案》（Dodd-Frank wall street Reform and Consumer Protection Act，简称《多德－弗兰克法案》）。第16.5节将对此进行了详细讨论。

2.2 小型商业银行的资本金要求

为了说明资本金在银行业务中的作用，在这里我们假想出一个名叫DLC的银行（Deposits and Loan Corporation），DLC银行只经营传统的存贷款业务，表2-2是该银行在2018年年末的资产负债表，表2-3是其在2018年的利润表。

表 2-2 DLC 银行在 2018 年年末的资产负债表 （百万美元）

资产		负债及净值	
现金	5	存款	90
有价证券	10	次优先级长期债券	5
贷款	80	股权资本	5
固定资产	5		
总计	100	总计	100

表 2-3 DLC 银行在 2018 年的利润表 （百万美元）

净利息收入	3.00
贷款损失	(0.80)
非利息收入	0.90
非利息费用	(2.50)
税前营业收入	0.60

表 2-2 显示这家银行有 1 亿美元的资产，其中大部分（占 80%）是银行发放给私人及小型企业的贷款。现金及有价证券占总资产的 15%，另外 5% 的资产由一些固定资产（建筑、设备等）组成。可见，DLC 90% 的支撑资产的资金来源于客户各种形式的存款，另外 5% 的资金来源于次优先级长期债券（subordinated long-term debt，这种债券由银行发行，破产清算时其优先级低于银行吸收的存款）。最后 5% 的资金来源于股东拥有的股权资本。股权资本由股东最初的现金投资及银行的留存收益（retained earning）所组成。

现在让我们考虑表 2-3 所示的 2018 年的利润表。表中第一项收入为净利息收入，此项收入为利息收入与利息费用的差，这项收入占总资产的 3%。管理利息收入并在不同利息环境下达到利息收入平稳对银行至为重要，在第 9 章中我们将进一步讨论这一点。

表中第二项为贷款损失。这里的损失量占当年总资产的 0.8%。显然，信用风险的管理及其量化对银行至关重要。但在贷款前，无论银行如何谨慎地评估客户的财务状态，部分客户仍然会违约，从而造成贷款损失。在不同的经济条件下，贷款的违约率会有所浮动。在某些年，贷款违约率会较低，而在其他年，违约率会较高。

下一项内容为非利息收入。这项内容是银行非信贷业务所带来的收入，其中包括为客户提供服务收取的各种费用。在 DLC 银行的利润表中，非利息收入占总资产的 0.9%。

表中最后一项为非利息费用，在这个例子中，该项占整体资产的 2.5%。非利息费用包括利息以外的其他所有费用，其中包括薪水以及同技术有关的其他开销等。在一些大型企业中，如果不小心控制，此项费用将会有逐年增长的趋势。银行应尽量避免诉讼、业务停顿、雇员欺诈等事件造成的损失。与这些损失相关的风险被称作**操作风险**（operational risk）。在第 23 章中，我们将对此项风险进行讨论。

资本充足率

衡量银行表现的一个指标是净资产收益率，即股权收益率（return on equity，ROE）。如表 2-2 和表 2-3 所示，DLC 银行的税前 ROE 为 0.6/5 或 12%。如果这个表现不能令人满意，DLC 银行可采用以下手段改善 ROE：回购部分股票，并以吸纳的存款替换它们。这样股权资本降低从而导致 ROE 提高。例如，如果采用表 2-4 所示的平衡表，将股权占总资产的比率降低为 1%，并将存款提高为总资产的 94%，则 DLC 银行的税前 ROE 会猛增到 60%。

表 2-4 DLC 银行对应于资本充足率为 1% 情形下的资产负债表 （百万美元）

资产		负债及净值	
现金	5	存款	94
有价证券	10	次优先级长期债券	5
贷款	80	股权资本	1
固定资产	5		
总计	100	总计	100

DLC 银行到底需要多少股权资本呢？一种回答这一问题的方法是考虑在极端条件下，银行是否可以生存。假定在第二年经济极为萧条，银行的贷款损失占资产的比率上升了 3.2%，达到 4%。我们假定银行的其他收入没有受到影响。在此情形下银行的税前运营损失占资产的 2.6%（0.6% −3.2% = −2.6%）。假定税率为 30%，在此税率下，税后损失占资产的 1.8%。[㊀]

表 2-2 显示出股权资本占资产的 5%，占资产 1.8% 的损失虽然令人失望，但对银行来讲，仍然可以承担得起，资本充足率这时会减至 3.2%，即使第二年有一个类似的损失，资本金也不会被彻底耗尽。

如果 DLC 银行采用了如表 2-4 所示的更加激进的资本结构，则其生存的可能性会大大降低。在这种情形下，损失为资产 4% 会彻底耗尽股权资本，这样的损失会使银行陷入巨大的财务困境之中。毫无疑问，在困境之中银行希望提高资本金持有率，但在一个虚弱的财务状况下，银行几乎不可能找到自己所寻求的资本。在银行危机到来时，会造成存款人的“挤兑现象”（run on deposit，这时所有的存款人可能会同时提取存款）。这样的事件可能会造成银行破产，如果所有资产可以以账面价格卖出（这是一个很乐观的假设），长期债权人可以收到 420 万美元而不是 500 万美元的本金（长期债权人吸收了超出股权资本部分的损失），而存款人能得到全额的存款。

显然，银行的股权资本只占资产的 1% 是不充足的。如表 2-2 所示，股权资本占资产的 5% 更为合理一些。我们注意到股权资本及次优先级长期债券都是资本的来源，股权资本给银行在不利情形下提供了最好的保护（在我们的例子中，当持有 500 万美元而不是 100 万美元的资本时，银行是不太可能会破产的），次优先级长期债券在破产时排名低于存款，但是次优先级长期债券抵御风险的效果不如股权资本，我们的例子显示次优先级长期债券并不能抵御银行破产。

在第 15 ~ 18 章中，我们将会看到银行监管机构一直在积极地参与银行资本金充足率的管理，以保证银行有足够强的能力抵御风险。风险类型包括市场风险、信用风险及操作风险。股权资本为**第一类资本**（tier 1 capital），而次优先级长期债券为**第二类资本**（tier 2 capital）。

2.3 存款保险

为了保证储户和投资者对银行系统的信心，许多国家的政府监管机构引入了担保制度。在

㊀ 假设税收损失可以结转以抵消以前的利润。

担保制度下，储户的存款在一定数额内受到保护。

拥有大量小型银行的美国尤其会出现银行破产现象。在1929年股票市场暴跌之后，美国经历了一场十分严重的大萧条，1930～1933年有近万家银行破产，银行挤兑及市场恐慌现象十分普遍。1933年，美国政府成立了联邦存款保险公司（Federal Deposit Insurance Corporation，FDIC)，其目的是保护存款人。最初，存款所受保护的最高数额为2 500美元。其后，这一受保水平几次得以提高。到2008年10月，每个储户在每家银行的受保储蓄额最高可达250 000美元。为了得到保护，银行须支付保险费，保费为其吸收的国内存款的一定比例。自2007年后，保费的数额同资本金及与监管机构认定的银行风险承受能力挂钩。对资本金充足的银行，保费可低至受保金额的0.1%；对资本金不足的银行，保费可高至受保金额的0.35%。

截至1980年，这套系统运作良好。市场上没有出现银行挤兑现象，银行破产也十分罕见。但是在1980～1990年，银行破产数量显著增长。这10年间银行破产数量超过了1 000家（超出了1933～1979年的总和)。造成银行破产有几个原因，其中一个原因是银行管理利率风险不当。对这一话题，我们将在第9章中进行讨论。另一个原因是石油及商品价格的下滑触发了许多石油、天然气及从事农业生产的公司的贷款违约。

造成银行破产的进一步原因是存款保险制度的存在造成了银行过分追求高风险策略，这些策略在没有存款保险的前提下是不可行的。例如，银行为了吸引存款客户，可以提高存款利率，并将存款用于发放高风险贷款。在没有保险的前提下，银行不能实施这样的策略，因为储户可以看到银行的所作所为，他们可以认定银行风险太高，从而撤回资金，而在有了保险的前提下，银行可以实施这样的高风险策略。因为储户认为在最糟的情况下，他们的存款仍受到FDIC的保护。这一现象就是所谓的**道德风险**（moral hazard)。我们将在第3章中对道德风险进行深入的讨论。道德风险可以被定义为因为保险的存在，受保方改变其行为的可能性。以前介绍的以风险为基础的存款保险定价方式在某种程度上可以降低道德风险。

20世纪80年代，FDIC的资金受到严重消耗，它不得不从美国财政部借入300亿美元资金。1991年12月，美国国会通过《FDIC改善法案》(FDIC Improvement Act)，消除了FDIC在将来的任何破产可能。1991～2006年，美国银行破产事件相对罕见，到2006年为止，FDIC的储备金已经达到500亿美元。可是2007年信用危机爆发后，因为银行破产的增加，FDIC再次陷入资金不足的窘境。

2.4 投资银行业

投资银行从事的主要业务是为政府及企业发行证券和股票进行融资，其业务包括证券的发行、承销以及向投资者配售。在一个典型的企业与投行的合约中，企业会注明其融资形式，即债券、股票或混合金融工具，例如可转换债券（convertible bond)。发行证券要附有法律文件，法律文件中要阐述证券持有者的权利。通常还需要制作说明公司过去以及将来表现的招股说明书（prospectus)。发行证券的公司所面临的风险包括重大法律诉讼等要被阐述清楚。证券发行过程中要有“路演”（road show)。在路演中，投行以及公司高管将会竭力争取得到大型基金经理的青睐。投行与公司之间会对所发行的证券的价格达成协议，然后投行将证券在市场上进行销售。投行与企业之间的协议可以有多种形式。有时发行证券是以**私募**（private placement）的形式。在私募形式中，证券将被卖给少数人寿保险公司或养老基金等大型机构投资客户，投行从中收取手续费。另一种发行方式为**公开发行**（public offering）。在公开发行中，发行对象是一般的投资者。公开发行可以是**代销**（best effort）模式或**包销**（firm commitment）模式。在代销模式中，投行尽其所能将证券在投资者中进行销售，投行所得的收入与证券销售量挂钩；在包销模式中，投行同意从证券发行人手中以固定价格买入证券，然后再以稍高的价格在市场上销售。投行的盈利取决于证券售出价格和买入价格的差。如果因某种原因投行没有将证券全部卖出，投行就只能持有这些证券。例2-1对以上两种销售模式的差别做了进一步说明。

【例2-1】 一家投行同意对ABC公司发行的5 000万份股票进行承销，投行与ABC公司通过谈判商定股票的目标价格为每股30美元，这意味着公司将取得30×5 000万=15亿美元的资金。投行可以给客户提供代销模式。在这一模式中，投行每销售1股将收取0.30美元的手续费，因此假定所有的股票均能在市场上售出，投行的收入为0.3×5 000万=1 500万美元；投行也可以提供另外一种销售模式，即包销模式。在这种模式中，投行以每股30美元的价格从ABC公司买入股票。

投行有信心可以卖出全部股票，但对卖出股票的价格没有把握。为了保证对销售风险有所认识，投行可以考虑两种不同情形。在第一种情形下，投行可以以每股32美元的价格卖出股票；在第二种情形下，投行可以以每股29美元的价格卖出股票。

在代销模式中，无论在哪种情形下，投行所取得的收入均为1 500万美元，在包销模式中，投行的收入与其卖出股票的价格有关，如果投行能够以每股32美元价格卖出所有的股票，因为投行可以从ABC以每股30元的价格买入股票，所以其盈利为（32－30）×5 000万=1亿美元；如果投行只能以每股29美元卖出股票，投行仍需以每股30美元的价格从ABC公司买入股票，其损失为（30－29）×5 000万=5 000万美元。以上不同情形所对应的结果在下表中给出。投行的销售决策取决于投行对于不同情形所认定的概率以及投行自身的“风险偏好”（risk appetite）。

（美元）

	代销模式的盈利	包销模式的盈利
能够以29美元出售	+1 500万	−5 000万
能够以32美元出售	+1 500万	+10 000万

如果一家公司已经是上市公司，在进行股票融资时，投行可以用新股发行前几天的股价作为基准来确定新股出售的价格。一般增发股票的价格比当前股票价格要稍低一些，这时最大的风险来自增发之前股价大幅下跌。

2.4.1 首次公开募股

当一家非上市公司希望上市时，其发行的股票被称为**首次公开募股**（initial public offering，IPO）。IPO股票的承销一般是代销模式。最初的合理发行价格难以确定，一般取决于投行对发行股票公司价值的估计。投行对公司市场价格的估计等于公司价值除以发行股票的数量。但一般来讲，投行设定的价格会低于其市场价格。这是因为投行不想承担股票不能卖出的风险（一般来讲，投行每卖出一股，就会得到手续费，而与卖出的股票价格无关）。

市场上常常看到的一种情况是当股票在最初发行后，股票价格马上会显著上涨（有时会高达40%），这说明公司原本可以将股票价位定得更高来取得更多的资金。正因为如此，IPO对于许多投资者而言具有吸引力。投行常常将IPO分配给基金经理以及其他大公司的高管。投行这么做的目的是在将来赢得更多的业务（投行的这一做法被称为“违规派送行为”（spinning），通常监管人员对这一行为嗤之以鼻）。

2.4.2 荷兰式拍卖

一些公司用荷兰式拍卖（Dutch auction）的方式来进行IPO发行。在一个常规的IPO发行过程中，发行公司要提供一个招股说明书并进行路演，购买股票的个人或机构客户要表明希望买入股票的价格和数量。股票首先分配给出价最高的客户，然后分配给出价次高的客户，依此类推，直到股票全部售完为止。全部成功中标者所需支付的最后价格为所有股票分配完时，最后一个投标者所出的价格。例2-2说明了荷兰式拍卖过程。

【例2-2】 一家公司想在IPO中卖出100万份股票，该公司决定采用荷兰式拍卖形式进行发行。下表显示了投标人所给出的价格。在这一例子中，股票会首先分配给C，然后是F，然后是E，然后是H，然后是A。到此为止800 000份股票已全部被分配，接下来最高的竞标价由D给出，投资者D想买入300 000份股票，因为这时只有200 000份股票没有被分配，投资者D只能买入其竞标数量的2/3。最终，所有投资者需要付出的价格与D的竞标价相同，即29美元。

竞标者	股票数量	价格（美元）
A	100 000	30.00
B	200 000	28.00
C	50 000	33.00
D	300 000	29.00
E	150 000	30.50
F	300 000	31.50
G	400 000	25.00
H	200 000	30.25

荷兰式拍卖解决了传统IPO过程中的两个潜在问题。首先，市场的出清价（例2-2中的29美元）相当于所有的潜在投资者进行竞标后的市场价；其次，避免了投行进行IPO发行时给予某些客户不当优惠的现象。但是，在这一过程中，IPO公司不能充分利用投行与其大型客户之间的业务关系，而这些关系通常可以帮助投行快速地完成IPO股票销售。一个非常著名的使用荷兰式拍卖的IPO案例是2004年谷歌的上市，其过程在业界事例2-1中进行了讨论。

业界事例 2-1　　谷歌的首次公开募股

著名的网络搜索公司谷歌决定在2004年公开上市发行股票。该公司选择了荷兰式拍卖形式。其IPO过程由两家投行，即摩根士丹利（Morgan Stanley）及瑞士信贷第一波士顿（Credit Suisse First Boston）来协助。美国证券交易委员会（SEC）批准谷歌的融资限额为2 718 281 828美元（为什么是这么怪的数字？因为数学常数 $e=2.718\,281\,8\cdots$）。谷歌采用的IPO方法并不是纯粹的荷兰式拍卖，因为谷歌保留了权利，在看到投标结果后，可以改变发行股票的数量以及给每一个投标者分配的股票比例。

有些投资者认定股票的预期价格会高达120美元。但是当谷歌看到投标后，决定发行股票的数量将为19 605 052股，每股价格为85美元（这意味着谷歌所取得的资金总额为19 605 052×85，即16.7亿美元）。竞标价为85美元或更高的投资者取得的股票数量为其投标数量的74.2%。谷歌IPO的日期为2004年8月19日。许多公司很可能会给出价85美元及以上的竞标者分配其初始竞标数量100%的股票，并因此取得22.5亿美元而不是16.7亿美元的资金。谷歌之所以给竞标人分配的股票份额这么低，也许是因为它（股票代号为GOOG）准确地估计到自己可以在市场上以更高的价格出售剩下的股票。

谷歌最初的市值为231亿美元，其中的90%由雇员持有，雇员包括公司的创立者谢尔盖·布林、拉里·佩奇和公司首席执行官埃里克·施密特。在股票发行后第一个交易日，谷歌的收盘价达100.34美元，比最初发行价高出了18%。在第二个交易日，股票又上涨了7%。谷歌的最初发行价确实是低估了，但其低估的程度比利用传统IPO方法发行股票的其他高科技公司要小。

谷歌IPO的费用（即向投行支付的费用）为其所得融资量的2.8%，其他采用常规IPO的公司所支付费用平均为4%。

谷歌IPO过程中出现了一些错误，但幸运的是这些错误没有对谷歌的上市计划造成影响。谢尔盖·布林和拉里·佩奇在2004年4月接受了《花花公子》（*Playboy*）杂志的采访，采访内容发表在《花花公子》9月期杂志上。这违反了SEC的规定。SEC要求在IPO之前，要有一个“静默期”（quiet period）。在静默期内，公司不能进行任何股票促销活动。为了避免SEC的处罚，谷歌在向SEC递交的申请中附上了《花花公子》杂志的采访内容（并附上了一些关于实际情况的说明）。谷歌还曾“忘记”对2 320万份股票和560万份股票期权进行登记。

谷歌股票价格在IPO后一路攀升。在1年后（2005年9月），谷歌又增发14 159 265股，每股价格为295美元，共融资41.8亿美元（为什么数字又是这么怪？因为数学常数 $\pi=3.141\,592\,65\cdots$）。

2.4.3 顾问服务

除了帮助公司发行证券，投资银行也为企业并购、退出、重大重组等活动提供咨询服务。投行可以帮助企业寻求并购合伙人、收购对象，也可以帮助希望出售某些分支机构或子公司，从而从投资中退出的企业中寻找潜在买家。投行还可以为已成为并购目标的公司提供顾问服务。在某些情况下可以为公司提供避免被并购的应对措施。这些措施被称为**毒丸**（poison pill）。毒丸的例子如下：

（1）一家潜在的目标公司可以在其公司章程中加入如下条款：当另一家公司持有的股份数量超过全部股份的1/3时，其他持股人有权以最近市场平均成交价两倍的价格向该公司出售自己持有的股票。

（2）一家潜在的目标公司可向其核心雇员发放雇员股票期权。当公司被收购时，期权持有者可以马上行使期权。这种做法可以使核心雇员在公司被收购时立刻出走，从而给公司新主人只留下一个空壳。

（3）一家潜在的目标公司可以在其公司章程加入新的条款，规定新拥有者不能在买入公司后的1年或2年内更换现任董事会成员。

（4）一家潜在的目标公司可以发行优先股（preferred share），这些优先股在公司的控制权变更时自动转换为普通股。

（5）一家潜在的目标公司可以在其公司章程中加入新条款，规定现有持股人有权在公司被收购时或收购后，以低价买入公司股票。

（6）一家潜在的目标公司可以改变其投票制度，使得管理层持有的股票所对应的投票权大于其他持股人所拥有的股票。

毒丸方案在美国之外的许多国家是违法的，该方案的执行一定要获得股东批准。一般来讲，股东会反对毒丸方案，因为这类方案以公司管理人员的利益为出发点。在业界事例2-2中我们讨论了仁科公司所提出的异乎寻常的毒丸计划。

业界事例2-2　仁科公司的毒丸计划

2003年，经营人力资源系统的仁科公司（People Soft）对甲骨文公司（Oracle）的收购意向十分担忧。甲骨文公司的业务专长是数据库管理系统。为了避免被收购，仁科公司向其客户提供了非同寻常的担保。担保声明如果在2年内仁科公司被收购，并且在4年内公司提供的客户支持服务有所减少，客户可以提出退款，退款数量为客户付出的软件使用授权费的2～5倍。这一担保可能会给甲骨文公司带来高达15亿美元的费用。仁科公司提出的担保遭到了股东的反对（因为这一担保明显与股东利益不一致）。仁科公司在2004年4月终止其担保承诺。甲骨文公司最终在2004年12月买入了仁科公司。虽然仁科公司的某些职位被撤销，但甲骨文公司还是保留了仁科公司产品开发部以及产品支持部门90%的职位。

估值、战略和战术是投资银行提供咨询服务的几个关键层面。例如，某投行为公司A提供关于买入公司B的咨询服务，投行首先要对公司B有一个合理估值，并为公司A估测在两家公司合并后的增效作用（synergies），同时投行也要替公司A考虑应向公司B的股东提供现金还是换股交易（share for share exchange，即以一定数量公司A的股票换取公司B的股票），最初的出价应为多少？为了保证交易成功，最终的底价应为多少？投行要考虑以什么方式接触公司B的高管，以及高管会被什么样的条件打动。投行要判断出这项收购协议是否会被认为是恶意的（即公司B的管理层会反对）或者是善意的（即公司B的管理层会支持）。在某些情况下的并购会涉及反垄断法律问题，这时的收购定要有政府有关部门的批准。

2.5 证券交易

证券交易、经纪服务以及为某些证券进行做市是银行常见的业务。在这些领域，银行与那些不从事其他非银业务的较小规模的证券公司进行竞争。[⊖]前面已经提过，美国的《多德 - 弗兰克法案》不允许银行进行自营交易。在其他一些国家，自营交易虽然是被允许的，但通常需要在架构上保证自营交易的损失不能对储户产生影响。

大部分大型投资和商业银行都有大量的交易活动。除了自营交易外（合规与否暂且不论），很多交易是为了给客户提供服务。例如，一家银行可能会跟自己的一个企业客户进行一笔衍生产品交易，帮助客户降低汇率风险。同时，银行也会为了对冲自身的风险进行交易（这类交易通常在同业之间）。

在证券交易中，经纪商扮演的角色是从其客户处收取交易指令，并提交到交易所执行完成交易。有些经纪商可在全国范围内经营业务，而其他一些经纪商只在某个特定的区域内从业。有些经纪商可以为客户提供投资研究和顾问服务，这类经纪商被称作全套服务经纪商。还有一类折扣经纪商（discount broker），他们收取的手续费较低，但不提供顾问服务。有些经纪商提供在线服务（online service），还有些经纪人提供电子交易（如E*trade）平台，客户可以在没有经纪商协助的情况下通过交易平台进行交易。

在证券交易中，做市商的作用是随时向市场提供证券的买入价以及卖出价。做市商接受询价时，通常不必知道对方是要卖出还是要买入。做市商的利润来自买卖证券的价差，但其面临的风险有时会高至不可接受。

许多股票、期权、期货交易所采用做市商制度。交易所通常会规定做市商可收取的最大买卖价差。除了交易所内交易的产品，长期以来，银行还为其他许多场外交易（OTC）市场产品（例如远期合约、互换合约以及期权）做市（见第5章关于这些产品及场外交易市场的讨论）。目前，这些产品的交易和做市活动越来越多地在电子平台上进行，例如美国的互换执行设施（Swap Execution Facility，SEF）及欧洲的有组织交易设施（Organized Trading Facility，OTF）（见第16.5节和第17.2节）。

2.6 银行内部潜在的利益冲突

在同一家企业旗下，银行的商业银行业务、证券服务业务及投资银行业务之间存在许多潜在的利益冲突，例如：

（1）当某投资者向银行咨询理财业务时，银行往往可能向客户推荐其投行部门正在销售的证券。当银行持有某个托管账户（fiduciary account，即银行代理客户进行交易的账户）时，银行可能将那些难以卖出的证券硬塞到这些账户下。

（2）银行向某客户提供贷款时，往往会取得一些关于该客户的保密信息。之后银行可能会将这些信息传递给自己投行的并购部门。并购部门就可以利用这些信息，帮助其正在提供并

⊖ 这种说法对欧美混业经营的银行来说没有什么问题，但并不适合用来描述当前中国的银行。——译者注

购咨询服务的客户寻找潜在并购目标。

(3) 证券研究部门可能会刻意将某公司的股票推荐为“买入”级，以取悦该公司的管理层，从而获取投资银行业务。

(4) 假定某商业银行在取得了关于某公司的保密信息后，认定这家公司破产的可能性在增大，银行因此不准备继续持有并为该公司提供贷款。这家商业银行可能要求其投行部安排该企业发行债券，然后利用发行债券融来的资金偿还贷款。这么做的效果是利用那些信息不灵通的投资者的投资替换了自己发放的贷款。

正是由于这些潜在的利益冲突，过去有些国家试图将商业银行和投行分业经营。美国在1933年通过的《格拉斯-斯蒂格尔法案》(Glass-Steagall Act) 限制商业银行及投行业务的交叉运作。商业银行可以继续承销某些国债或地方政府债券，它们也允许进行私募交易，但不得从事诸如公开发行股票等业务；类似地，投行也不能吸收存款以及发放商业贷款。

1987年，美联储在一定程度上放松了监管规则，即允许银行控股公司有两个分支来从事投行及商业银行业务，但投行业务的收入占集团整体收入的比率要在一定水平之下。

1997年，银行监管法规进一步放松，商业银行可以收购已存的投资银行。最终在1999年，美国通过了《金融服务现代化法案》(Financial Services Modernization Act)。该法案事实上消除了银行、保险公司以及证券公司运作上的限制。2007年，美国有5家（几乎）不从事商业银行业务的大型投行，它们分别是高盛集团、摩根士丹利、美林、贝尔斯登以及雷曼兄弟。2008年的信用危机导致了雷曼兄弟的破产，贝尔斯登被摩根大通收购，美林被美国银行（Bank of America）收购，高盛集团及摩根士丹利变身为既从事商业银行业务也从事投行业务的银行控股公司（因此，这两家银行必须降低杠杆比率，并且要受到更多的监管审查）。2008年宣告了美国投行时代的结束。

我们还没有重回商业银行和投行必须分业经营的《格拉斯-斯蒂格尔法案》时代，但是越来越多的银行被要求对存款业务进行绝缘防护，保证其不被投行业务的损失波及。

2.7 今天的大型银行

今天的大型银行在全球范围内运作，其业务往往涉及不同地区。这些银行仍然从事传统商业银行业务，例如吸收存款、发放贷款并进行支票结算（国内及国际）。这些银行也向客户发放信用卡、提供电话银行服务、网络银行服务、自动取款机（ATM）服务，同时这些银行还为企业提供工资支付服务，它们还进行规模巨大的交易活动。

银行为企业及私人客户提供信用额度（line of credit），也为从事出口的企业提供各类不同的服务。企业可以同银行之间进行交易以对冲自身面临的由于外汇、商品价格、利率以及其他市场变量引起的风险，我们将在后面几章中对这些合约进行讨论。在此，我们想指出，一些甚至与气候有关的风险也可以被对冲。

从事证券研究的银行可以对各只股票给出“买入”“卖出”以及“持有”的不同评级，这些银行同时从事经纪服务（折扣经纪及全面服务经纪）。它们也从事信托服务，即替客户管理投资组合。银行内部设有经济部，其职责是研究宏观经济走向以及中央银行相关的政策。经济部对利率、汇率、大宗商品价格及其他市场变量的走向提供预测。银行还提供不同类型的共同基金。有些银行本身也拥有对冲基金，现在有越来越多的银行还提供保险产品。

银行的投行部可以畅通无阻地承销政府及企业发行的证券，还可以向客户提供关于并购以及其他与企业融资有关的咨询服务。

第2.6节所描述的利益冲突又是怎么被合理管理的呢？解决办法就是被称为“防火墙”的职能分管制度。职能分管制度是指为了防止不利于银行客户的信息从银行的一个部门传播到另一个部门而设定的内部障碍。在一些大银行中曾发生过一些著名的违规事例，这些违规事件导致了巨额罚款以及法律诉讼。银行最高管理层有加强职能分管制度实施力度的动机，这不只是由于罚款及法律诉讼，而且也是因为银行的名誉是其最宝贵的资产。有关利益冲突的反面报道会让投资者对银行的信心产生损害，从而使银行在很多领域丧失业务机会。

2.7.1 会计规则

现在是一个很好的时机来简要讨论一下银行如何计算各种业务的盈利与亏损。对那些收取手续费的大多数投行业务活动，计算盈亏十分简单。计算方式为应计制会计规则（accrual accounting），这与其他行业相应的会计规则十分相似。

对于银行的其他业务，我们应该认识到“银行账户”（banking book）与“交易账户”（trading book）的区别。顾名思义，交易账户包括所有银行的交易行为产生的资产和负债。这些资产及负债的价值均以每天盯市计价的方式进行计量。这意味着该账户中每天的价值变化均反映市场价格的变化。如果一个银行交易员在某天以100美元的价格买入某资产，假定在第二天价格下跌至60美元，银行马上会计入40美元的损失，即使在短期内无意卖出该资产，损失仍然会出现在账面上。有时因为市场没有相似交易，所以某些资产的价值并不是十分容易估计。例如，市场上可能没有足够的流动性，或者某种复杂的非标准衍生产品交易频率很低，不足以生成市场参考价。即使在此类情况下，因为财会准则的要求，银行还是必须得出一个市场价格。常见的做法是引入模型。这种通过模型得出市场价格的过程也被称为**以模型定价**（marking to model）（在第25章中我们将进一步讨论模型风险及会计准则存在的问题）。

银行账户包括银行向企业及个人客户发放的贷款。对这些产品，银行不需要盯市计价。然而，由于国际会计准则理事会颁布了新的会计准则IFRS 9，以及美国财务会计准则理事会的类似会计准则更新，这种情况正在发生改变。新的会计准则要求贷款机构估计其贷款组合中预期的信贷损失金额，并相应地调整贷款组合的价值。新规定部分是由于2007年开始的金融危机所致，银行的次级抵押贷款投资组合表现不佳，但在实际发生之前不必报告损失。

如业界事例2-3所示，有时银行会采用一些人为的方式来避免认定已发生的贷款损失。

业界事例2-3　　如何维持良好的贷款质量

当贷款人面临财务困难并且不能支付到期贷款的利息及本金时，银行有可能会给借款人发放更多的贷款以保证借款人能够按时偿付既存贷款。这是一种财会游戏，也被称为**债务重新安排**（debt rescheduling）。通过这种做法，应收贷款利息能够继续累计，并且可以避免（至少可以延迟）对贷款损失的认定。

20世纪70年代，美国以及其他国家向东欧、拉丁美洲和其他欠发达国家发放了大量贷款，这些贷款的一部分是用于这些国家的基础设施建设，但有些贷款的目的并不十分正当（例如，有一项贷款是为了帮助非洲的某个统治者执政），有时这些款项进入了一些独裁者的腰包，例如，菲律宾的马科斯家族被控将数十亿美元转入了自家的银行账户。

20 世纪 80 年代初期，许多欠发达国家难以继续偿付贷款，这些国家的一种选择是**债务拒付**（debt repudiation），但另一个更诱人的做法是债务重新安排。事实上，债务重新安排的实质是将利息计入资本金，因此银行为支撑贷款所需的资金会进一步增加。

1987 年，花旗银行（现在的花旗集团）首先站出来拒绝给这些欠发达国家提供贷款重新安排。花旗银行在对预期贷款损失进行了重新认定以后，将其贷款损失储备上调了 30 亿美元，随后其他对欠发达国家有较大敞口的银行也纷纷效仿这种做法。

2.7.2 发起－分销模式

我们在表 2-2 ~ 表 2-4 中所讨论的虚拟小银行 DLC 的业务模式是吸收存款并使用存款资金来发放贷款。另外一种模式被称作**发起－分销模式**（originate-to-distribute model）。在这种模式下，银行仅发放贷款，但并不一直持有该贷款。银行将贷款打包、分级，然后再将各分级销售给投资者。

美国住房按揭市场采用发起－分销模式由来已久。为了增加按揭市场的流动性，并保证住房拥有率的增长，美国政府成立了 3 个由政府支持的机构：政府国民抵押贷款协会（Government National Mortgage Association，GNMA，简称“吉利美”（Ginnie Mae））、联邦国民抵押贷款协会（Federal National Mortgage Association，FNMA，简称“房利美”（Fannie Mae））以及联邦住房抵押贷款公司（Federal Home Loan Mortgage Corporation，FHLMC，简称“房地美”（Freddie Mac））。这些机构从银行或其他发放住房按揭贷款的机构买入按揭池，并对按揭的利息及本金偿还提供担保，然后将现金流打包，再卖给投资者。投资者一般承担提前偿付风险（prepayment risk）。这类风险是由利息下降时，按揭会被提前偿还而造成的风险。但投资者并不承担信用风险，因为这些按揭贷款是由 GNMA 或 FNMA 或 FHLMC 担保的。从 1999 年起，FNMA 及 FHLMC 开始为次级贷款提供担保，结果造成这两家机构陷入了严重的财务危机。[⊖]

长期以来，发起－分销模式一直被银行用来处理各种形式的贷款，其中包括学生贷款、商业贷款、商业按揭、个人住房按揭以及信用卡应收款项等。在很多情况下，这些贷款是没有担保的，因此贷款被打包销售后，投资者将承担信用风险。

发起－分销模式也被称为**证券化**（securitization），因为从银行发放的贷款产生的现金流中生成了证券。这种模式对银行具有吸引力。通过证券化，银行可以将贷款从资产负债表上分离，因此可以腾出更多的资金来发放更多的贷款。这么做也可以将资本金释放出来，用于覆盖银行其他部门的风险（当银行认为监管部门对贷款所要求的资本金过高时，这么做尤其有吸引力）。银行在发放贷款时会挣得手续费，在贷款被卖出后，如果仍对贷款进行日常管理，那么银行还可以继续收取手续费。

⊖ GNMA 一直由美国政府拥有，而 FNMA 及 FHLMC 是由权益人所拥有的私有化公司。在 2008 年的危机中，美国政府不得不采取紧急措施来接管 FNMA 及 FHLMC。

如我们在第6章中将要讨论的，发起－分销模式在2000～2006年失去了控制。银行放松了按揭贷款发放标准，因此证券化后的证券信用质量大幅下滑。由此导致了一次严重的信用危机。在这期间发起－分销模式没有任何市场，因为投资者对证券化产品完全丧失了信心。

2.8 银行面临的风险

银行的业务运作会触发许多不同类型的风险，在本书后面的内容中我们将会详细讨论。

中央银行的监管人员要求银行必须持有足够的资本金以应对自身的风险。1988年，一种决定资本金的国际规则终于诞生。在第15～17章中，我们将讨论这些规则以及其进化过程。目前，银行持有的资本金应能应对3种风险，即信用风险、市场风险及操作风险。

信用风险是指贷款业务及衍生产品交易中对手违约所触发的风险。传统上该类风险是银行所面临的最大风险类型，因此相应的监管资本金数量也最高。市场风险主要来自银行的交易业务，该类风险与银行交易账户上资产价值下跌的可能性有关。操作风险是指由银行内部系统失效或外部事件造成损失的风险。在考虑信用风险及操作风险时，我们设定的展望期为1年，而市场风险所对应的展望期通常要短得多。监管机构设定资本金的目的是保证银行的资本金数量足够大，从而使银行破产的可能性变得很小。例如，在考虑信用风险及操作风险时，资本金设定的要求是使非预期损失超过资本金数额的概率仅为0.1%。

除了计算监管资本金，大多数银行还设定系统来计算经济资本金（见第26章）。经济资本金是银行使用自有模型，而不是监管部门所设定的模型计算出的银行自认为所需的资本金。经济资本金一般会小于监管资本金，但是银行必须保证所持有的资本金要高于监管资本金。资本金的构成类型（股权资本、次优先级债券等）要由监管机构来定义。为了避免陷入不得不在短期内筹措大量资本金的境地，银行一般会将持有的资本金数额设定在远高于最小监管资本金要求的水平。

在2007年及2008年，银行纷纷公布其次债组合的巨额损失，其中很多不得不紧急筹集新的股权资本。由多个国家政府掌握的主权财富基金（sovereign wealth fund）为银行注入了一定的资本金。例如，在花旗集团公布其遭受了400亿美元的损失后，2007年11月阿布扎比投资局（Abu Dhabi Investment Authority）对其投入了75亿美元的股权资本金。接下来在2008年1月新加坡及科威特政府又投入了145亿美元的资本金。之后，花旗集团及其他银行为了生存又不得不从自己的政府请求注入资金。

小结

大银行是从事各种不同业务的全球性机构。今天世界上最大型的银行从事的业务包括存款、贷款、证券承销、交易、提供经纪和托管服务、为各类企业融资行为提供咨询、设立共同基金、为对冲基金提供服务等。银行内存在潜在的利益冲突，为此银行设定了内部管理规定。公司管理层要强化管理力度以确保雇员服从这些管理规定。由于不当行为造成的名誉、法律诉讼方面的损失以及罚款可能使银行付出高昂的代价。所谓不当行为一般是指为个别客户（或银行自身）谋利而使其他客户（或银行）的利益受到损害的行为。

现在针对银行的监管，已有国际协议。这意味着银行在不同国家经营业务时，对银行所持有的资本金要求不会因业务所在国家的不同而有显著差别。许多国家为小额存款提供了存款保险制度，这对确保公众对银行系统的信心，避免出现因为银行负面消息（或许只是谣言）的公布而导致的挤兑现象非常关键。

延伸阅读

Saunders, A., and M. M. Cornett. *Financial Institutions Management: A Risk Management Approach*. 9th ed. New York: McGraw-Hill, 2017.

练习题

2.1 美国银行系统的分布情况在1984～2017年产生了什么样的改变？

2.2 美国政府通过什么样的政策造成了大量小型社区银行的出现？

2.3 银行以短期存款支撑长期贷款会有什么样的风险？

2.4 假定一个名为DLC银行（见表2-2和表2-3）的失控交易员在进行外汇交易时损失了700万美元，你认为由此会触发什么事情？

2.5 利息收入的含义是什么？

2.6 第2.2节的DLC银行收入中哪一项会主要受到以下风险的影响？(a) 信用风险；(b) 市场风险；(c) 操作风险。

2.7 解释名词“私募”及“公募”的含义。在公募中“代销”及“包销”的含义是什么？

2.8 一个荷兰式拍卖的竞标价如下。

竞标者	股票数量	价格（美元）
A	20 000	100.00
B	30 000	93.00
C	50 000	110.00
D	70 000	88.00
E	60 000	80.00
F	10 000	105.00
G	90 000	70.00
H	80 000	125.00

如果拍卖股票数量为150 000股，投资者所付的价格为多少？每个投资者会被分配多少份股票？

2.9 荷兰式拍卖与正常IPO比较的好处是什么？谷歌的IPO过程与标准荷兰式拍卖过程有哪些不同？

2.10 企业高管有时认为毒丸计划符合股东的最大利益，因为这可以使高管从可能的并购中套取更高的股价，讨论这一观点。

2.11 给出一个大银行内3个潜在的利益冲突，对这些冲突应该如何处理？

2.12 银行账户与交易账户的区别是什么？

2.13 在2007～2008年金融危机后，贷款账户发生了什么变化？

2.14 什么是发行－分销模式？

作业题

2.15 监管人员在计算DLC银行（见第2.2节）时，假定收入回报服从正态分布，均值为60万美元，标准差为200万美元。除了表2-2给出的资本金，银行还需要多少股权资本以保证在99.9%的把握之下，银行的资本金不会被完全消除？

2.16 解释在存款保险机制下的道德风险，

如何克服这一类风险？

2.17 某荷兰式拍卖的竞标价如下。

竞标者	股票数量	价格（美元）
A	60 000	50.00
B	20 000	80.00
C	30 000	55.00
D	40 000	38.00
E	40 000	42.00
F	40 000	42.00
G	50 000	35.00
H	50 000	60.00

拍卖股票数量为210 000，投资者最终所付价格为多少？每个投资者所分配的股票数量为多少？

2.18 某家投行要为某公司发行1 000万份股票，投行试图确认是以包销或是非包销的形式来实施股票发行，包销形式中每份股票价格为10美元，非包销形式中每销售1份股票，收费为20美分，比较两种不同承销方式的优缺点。

CHAPTER3

第3章 保险公司和养老基金

保险公司的作用是为不利事件提供保护。寻求保护的公司或个人被称为**投保人**(policyholder)。投保人向保险公司定期支付保费（premium），并在某一约定的受保事件发生后从保险公司取得赔偿。保险一般可分为人寿保险及非人寿保险，而健康保险常常被认为是保险中的独立分支。非人寿保险有时也被称为财产及意外伤害险，我们在今后将沿用这个词。

人寿保险一般持续时间较长，保险公司在投保人死亡后会向受益人支付赔偿。财产及意外伤害险的合约期限通常为1年（虽然合约一般可以延续），这类保险在出现事故、火灾、被盗或其他类似事件时会向受保人支付赔偿。

保险合约已存在多年。远在公元前200年，古希腊就存有一种形式的保险合约，在这种合约中，个人可以一次性支付一笔款项（数量与年龄有关）。在付款之后，这个人在其余生内每个月均可收到一定的收入。古罗马有一种不同形式的合约，在合约中投保人可以买入某合同，而当投保人死后，他的亲戚可以收到一定的赔偿。在中国古代也存在一种财产灾害保险合约，合约是在商人群体之间达成的，合约注明如果某个商人的商船不幸沉没，那么其他商人需要提供赔偿。

养老基金计划是由公司雇主为其雇员安排的一种保险合约，其设计是为了保证在雇员退休后，保险计划将在雇员的余生内为其提供收入。一般雇员及雇主每个月都要定时向养老基金计划进行供款，计划中的基金将这些资金进行投资，为退休人员提供收入。

在本章中，我们将讨论保险公司合约的运作方式，还将讨论保险公司所面临的风险以及对其的监管方式。此外我们还将讨论与养老金有关的一些其他关键问题。

3.1 人寿保险

在人寿保险合同中，保险公司向投保人支付的赔偿在一定程度上与投保人的死亡时间有关。在美国以外的地区，**人寿定险**（life assurance）是用来描述在将来某一时刻，受保事件必定发生后，为受保人所提供保护的合约（例如，在投保人死亡后，保险公司将赔偿100 000美元的合约）。**人寿保险**（life insurance）是指为将来有可能发生，也有可能不发生的事件所提供的保险合约（例如，在受保人意外死亡时提供回报的合约）。[㊀]在美国，这两类保险都被称为人寿保险（即life insurance）。本书中提到的人寿保险也将采用这个定义。

根据国家的不同，市场上有许多不同的人寿保险产品，我们在下面将介绍常见的几种。

3.1.1 定期寿险

定期寿险（term life insurance）有时也被称为**暂时寿险**（temporary life insurance），这种合约只持续一定的年限。如果投保人在保险期限内死亡，那么保险公司会向合约中指定的受益人支付赔偿，赔偿数量等于保单面值所示的赔偿额；如果投保人在合约期限内没有死亡，那么保险公司不会支付任何赔偿。保险投保人要每月或每年定期向保险公司支付保费，保费一直要支付到合约的到期日或投保人的死亡日（以两个日期中较早的一个为准）。保单的保额一般为恒定或随时间而递减，保费一般为恒定或随时间而递增。有一种合约被称为**每年可续签**（annual renewable term）合约。在这种合约中，保险公司保证保险可以按年续签，但收取的保费会随投保人的年龄增长而增长，而与投保人的健康状况无关。

定期寿险存在的原因往往是按揭贷款。例如，某个年龄为35岁的人可能持有一个25年的按揭，他可能会买入一个25年期限的保险合约（保额逐渐降低），合约阐明当投保人死亡时，保险公司会为其子女提供赔偿来还清按揭贷款。

3.1.2 终身寿险

终身寿险（whole life insurance）有时也被称为**永久寿险**（permanent life insurance），这种保险合约为投保人终生提供保险，投保人在其余生内每月或每年定期向保险公司支付保费，在投保人死后，保险公司向投保人指定的受益人提供赔偿。在定期寿险中，最终保险公司会不会支付赔偿具有不确定性，但在终身寿险中，只要投保人一直支付保金，最终的赔偿没有不确定性，唯一不确定的是赔偿时间。终身寿险的费用要远高于定期寿险，这一点不出所料，通常在终身寿险中，保额以及保金数量不随时间变化而变化。

投保人常常会提前退保（redeem或surrender），或者以保单作为贷款的抵押物。当投保人想提前退保时，有时其他投资者能够以高于保险公司支付的退保额的价格从投保人手中买入保单。然后，投资者继续支付保费，并且在投保人死亡时会从保险公司收到赔偿。

㊀ 从理论上讲，英文中的人寿定险合约是指那些投保事件一定会发生，但合约是否会提供赔偿具有不确定性的保险合约。因此，为一个投保人在今后10年内死亡提供保险的合约属于这种类型。在实际中，合约的区分（即life assurance与life insurance的区分）并不是十分严格。——译者注

我们可以将终身寿险的年度保费与当年的定期寿险成本进行比较。假定一个40岁的男性买入面值为100万美元的终身寿险，每年所付的保费为20 000美元。我们在今后将看到，一个40岁男性在一年内死亡的概率为0.002 09，这说明一年的保险的公允价值为2 090美元，这意味着在第一年的保费中有17 910美元的**盈余数量**（surplus premium）可被用于投资。一个41岁男性在一年内死亡的概率为0.002 24，这说明第二年保险的公允价值为2 240美元，这意味着在第二年的保费中有17 760美元的盈余数量可被用于投资。每年保险成本随着投保人年龄的增大而逐渐增长。在某一个时间段，保险成本会超过保费。在我们的例子中，在投保30年后，每年的保险成本将超过保费。男性在70岁时，一年内死亡的概率为0.023 53（在第30年时，保险的公允价格为23 530美元，这比保险公司每年收入的20 000美元保费要大）。图3-1比较了保费数量与每年的保险成本。在受保前期，保险公司将盈余保费进行投资，投资回报可以用于弥补保费与后期成本的差距。图3-1显示了保费中有一个储蓄的成分（saving element）。在受保前期，保险公司代表投保人将保费中超出覆盖保险支出风险的那一部分资金进行投资。

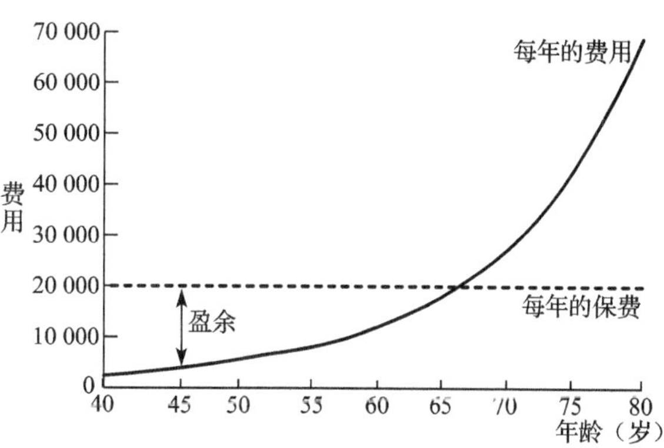

图3-1 人寿保险每年的成本与终身寿险年度保费的比较

在许多国家，保险合约可以享受税务优惠。如果投保人将盈余保费另外进行投资，那么投资回报通常要被征税。但是当盈余保费作为保单的一部分进行投资时，税收政策往往对受益人更为有利。只有在投保人死亡后，投资回报才被征税。在有些情况下，保险受益人得到的赔偿金是不用缴纳所得税的。

3.1.3 变额寿险

终身寿险合约要涉及将投保人的资金进行投资，对该类保险的一个自然扩展是允许投保人指定资金的投资方式。**变额寿险**（variable life（VL）insurance）是终身寿险的一种特殊形式，在该险种中，以上讨论过的盈余保费投资于投保人指定的基金。基金可以是股票型基金、债券型基金以及货币市场基金。在投保人死亡时，赔偿数额有一个最小保证，但如果基金表现良好，赔偿数额可能会很高，投资所得可用于作为保费，投保人也可以随时将资金在基金间进行转换。

3.1.4 万能寿险

万能寿险（universal life（UL）insurance）也是终身寿险的一种形式。在这种保险中，投保人可以将保费减至不造成保险失效的某个最低水平。以上讨论的盈余保费被保险公司投资于债券、按揭和货币市场产品之中。保险公司将担保最低回报率，例如4%。投保人有两种选择：一是在死亡时，保险受益人得到固定收益；二是受益人可以在投资回报高于担保最低收益时，得到更多的赔偿额。显然，对应于第一种选择，投保人须缴纳的保费会更低。

3.1.5 变额－万能寿险

变额－万能寿险（variable-universal life（VUL）insurance）综合了变额寿险及万能寿险的不同特性。投保人可以将盈余保费投资于不同形式的投资产品之中。保险公司对于投保人死亡的赔偿额底线提供担保，投资的回报可用于支付保费，保费也可减至为保证保单仍然有效的一个最低数量。

3.1.6 储蓄寿险

储蓄寿险（endowment life insurance）有一定期限，赔偿金在投保人于合同期内死亡或于合同到期时一次性支付。市场上存有不同形式的储蓄寿险。储蓄寿险的最终支付额可以被提前说明，而与投保人在保险到期时是否健在无关。有时保险的支付与投保人有重大疾病有关。在**带利储蓄寿险**（with-profit endowment life）合约中，保险公司可以定期根据投资的表现来定出合约的分红数量，分红会逐渐累积。假定投保人的寿命超出了保险期限，累积分红可以增大最终向投保人所支付的赔偿金额。在投资联结储蓄寿险（unit-linked endowment insurance）中，保险最终支付的金额与投保人选择的基金的表现有关。在一个生存储蓄寿险（pure endowment insurance）合约中，保险最终的支付是建立在合约到期时投保人仍然健在的条件上。

3.1.7 团体寿险

团体寿险（group life insurance）在一个合约下为许多人提供保险，这种保险常常是公司雇主为其雇员购买，合约的形式可能是参与型（contributory）或非参与型（noncontributory）。在参与型团体寿险中，雇主和雇员共同支付保费；在非参与型团体寿险中，雇主支付全部保费。团体寿险有一定的规模经济（economy of scale）效应，出售和管理保单的成本会较低。在单人寿险中，投保人要做身体检查，而对团体寿险一般没有这个要求。保险公司清楚，在某些受保人身上承担的风险会低于平均水平，而在另外一些受保人身上承担的风险会高于平均水平。

3.2 年金

许多保险公司提供年金合约，人寿保险合约的效应是将许多定期缴纳的保金转化为一次性偿付，而年金的效应正好相反，即将一次性缴纳的保金转化为定期的偿付。在一个典型的年金合约中，投保人向保险公司进行一次性付款，然后保险公司向投保人支付年金，支付从某一个特定的时间开始，一直到投保人生命的结束。在有些情况下，年金支付在投保人一次性缴纳保金后马上开始。更为常见的形式是投保人在年金付款开始的几年以前进行一次性缴纳，保险公司在收到年金后马上进行投资来保证年金付款（这样的年金被称为**延迟年金**（deferred annuity））。有时投保人不采用一次性缴纳的形式，而是按月、季度或年缴费，相当于将储蓄转化成了年金。

与人寿保险类似，年金常常可以给投保人带来税务延迟方面的好处。这是因为在通常情况下，投保人收到年金后才需要缴税。由保险公司代表投保人进行投资的资金所取得的收益被称为**累积结余**（accumulated value）。一般来讲，投保人可以提前提取资金，但通常会伴有罚款。

换句话讲，年金合约的提前退保价值（surrender value）往往小于累积结余，这是因为保险公司必须收回卖出及管理资产的成本。有些合约允许投保人在一年内提取累积结余或初始投资的一定比例，而无须缴纳罚款。如果在开始支付年金前，投保人死亡（或者在某些情形下，投保人住进了有全职护士服务的养老院（nursing home）），则累积结余也可被提取，而无须缴纳罚金。

美国的一些延迟年金产品中内含期权。累积结余有时会与股指挂钩，例如标准普尔500指数。收益增长的上下限会被指明，如果指数在某年的增长率低于某个下限，累积结余的增长率就以下限增长率为准；如果指数在某年的增长高于某个上限，累积结余的增长率就以上限增长率为准；否则累积结余的增长率就以标准普尔500指数的增长率为基准。假定累积结余的增长率下限为2%、上限为8%，这说明投保人的累积结余在任何一年增长率的下限为2%，但同时也放弃了增长率超过8%以上的超额收益。在该类合约中，投保人不会如股票市场投资者一般得到股指中的股息分红，同时保险公司也有权改变某些年累积结余的增长率的上下限。这类产品对那些想取得股票市场收益，但又不想承担累积结余下跌风险的投资者十分有吸引力。有时累积结余的年度增长率会是股指回报的一个复杂函数。

过去，英国保险公司提供的年金合约通常会提供一个用于计算累积结余支付额的最小保底利率。许多保险公司将这些保证（实际上是投保人持有的利率期权）当作市场营销的必要费用，因而没有计算这些期权的费用，也没有对其风险进行对冲。当利率降低并且投保人的寿命延长时，许多保险公司就会陷入财务困境，如业界事例3-1所示，一家保险公司因此而倒闭。

业界事例3-1　公平人寿保险公司

英国公平人寿（Equitable Life）保险公司成立于1762年，在其最鼎盛时期，该保险公司共有150万投保客户。从20世纪50年代开始，公平人寿保险公司开始出售年金产品。在年金产品中，公平人寿保险公司为计算年金的利率下限提供担保（这种产品被称为保本年金期权（guaranteed annuity option））。由于竞争以及利率的提高，年金产品的保底利率逐渐升高。1993年年底，利率开始下降，同时人类的寿命预期也开始升高，保险公司不得不增大拨备以应对将来高年金的支出。公平人寿保险公司没有采取任何措施，反而为了增长卖出保底利率更高的新产品。2000年，公平人寿保险公司不得不停止出售新的保单。Ann Abraham[㊀]在2008年7月发表的报告对监管局提出了强烈批评，该报告还要求对投保人提供赔偿。

这个故事的有趣一面是监管人员曾要求提供保本年金期权的保险公司对利率下跌这一风险进行对冲。因此，许多保险公司纷纷开始与银行进行交易，确保在利率下跌时自身会得到保护，而银行为了对冲风险纷纷买入债券。这些债券在利率下跌时，价值会有上涨。市场上有太多的银行和保险公司都这么做，以至于市场对债券的需求大幅增长。长期利率急速下跌（这从而加大了保险公司的风险敞口中未对冲部分的损失）。这个故事说明，当大量不同的公司持有相似风险时，如果这些公司同时想对冲风险，就会出现问题。在市场价格不变的情况下，往往不会有足够多的投资者愿意进行相反的交易。

㊀ 时任英国议会医疗服务监察员。——译者注

3.3 死亡率表

死亡率表是人寿保险合约定价的关键，表 3-1 是美国社会保障部（Department of Social Security）给出的 2013 年的人类死亡率表。为了理解这一表格，我们考虑对应于年龄为 31 岁的一行，表中第 2 列显示一个 31 岁男性在 1 年内死亡的概率为 0.001 505（即0.150 5%）。第 3 列显示了一个男性能够活到 31 岁的概率为 0.973 76（即 97.376%）。第 4 列显示一个 31 岁男性的剩余预期寿命（remaining life expectancy）[⊖]为 46.89 年。这意味着平均来讲，一个男性的预期寿命为 77.89 岁。表中的其他 3 列是关于女性的数据，一个 31 岁女性在 1 年内死亡的概率为 0.000 705（即 0.070 5%），一个女性能活到 31 岁的概率为 0.985 69（即 98.569%），31 岁女性的剩余预期寿命为 51.04 年。

表 3-1 死亡率表

年龄（岁）	男性			女性		
	1 年内死亡的概率	生存率	预期寿命	1 年内死亡的概率	生存率	预期寿命
0	0.006 519	1.000 00	76.28	0.005 377	1.000 00	81.05
1	0.000 462	0.993 48	75.78	0.000 379	0.994 62	80.49
2	0.000 291	0.993 02	74.82	0.000 221	0.994 25	79.52
3	0.000 209	0.992 73	73.84	0.000 162	0.994 03	78.54
⋮	⋮	⋮	⋮	⋮	⋮	⋮
30	0.001 467	0.975 19	47.82	0.000 664	0.986 35	52.01
31	0.001 505	0.973 76	46.89	0.000 705	0.985 69	51.04
32	0.001 541	0.972 30	45.96	0.000 748	0.985 00	50.08
33	0.001 573	0.970 80	45.03	0.000 794	0.984 26	49.11
⋮	⋮	⋮	⋮	⋮	⋮	⋮
40	0.002 092	0.959 08	38.53	0.001 287	0.977 53	42.43
41	0.002 240	0.957 08	37.61	0.001 393	0.976 27	41.48
42	0.002 418	0.954 93	36.70	0.001 517	0.974 91	40.54
43	0.002 629	0.952 62	35.78	0.001 662	0.973 43	39.60
⋮	⋮	⋮	⋮	⋮	⋮	⋮
50	0.005 038	0.929 40	29.58	0.003 182	0.958 29	33.16
51	0.005 520	0.924 72	28.73	0.003 473	0.955 24	32.27
52	0.006 036	0.919 61	27.89	0.003 767	0.951 93	31.38
53	0.006 587	0.914 06	27.05	0.004 058	0.948 34	30.49
⋮	⋮	⋮	⋮	⋮	⋮	⋮
60	0.011 197	0.861 12	21.48	0.006 545	0.915 26	24.46
61	0.012 009	0.851 47	20.72	0.007 034	0.909 27	23.62
62	0.012 867	0.841 25	19.97	0.007 607	0.902 87	22.78
63	0.013 772	0.830 42	19.22	0.008 281	0.896 00	21.95
⋮	⋮	⋮	⋮	⋮	⋮	⋮
70	0.023 528	0.734 61	14.24	0.015 728	0.828 64	16.43
71	0.025 693	0.717 32	13.57	0.017 338	0.815 61	15.68
72	0.028 041	0.698 89	12.92	0.019 108	0.801 47	14.95
73	0.030 567	0.679 30	12.27	0.021 041	0.786 16	14.23
⋮	⋮	⋮	⋮	⋮	⋮	⋮

⊖ 即在给定年龄下，一个人继续生存的年限。——译者注

（续）

年龄（岁）	男性			女性		
	1年内死亡的概率	生存率	预期寿命	1年内死亡的概率	生存率	预期寿命
80	0.059 403	0.506 29	8.20	0.043 289	0.638 80	9.64
81	0.065 873	0.476 21	7.68	0.048 356	0.611 14	9.05
82	0.073 082	0.444 84	7.19	0.054 041	0.581 59	8.48
83	0.081 070	0.412 33	6.72	0.060 384	0.550 16	7.94
⋮	⋮	⋮	⋮	⋮	⋮	⋮
90	0.167 291	0.177 35	4.03	0.132 206	0.291 04	4.80
91	0.184 520	0.147 68	3.74	0.147 092	0.252 57	4.45
92	0.202 954	0.120 43	3.47	0.163 154	0.215 42	4.13
93	0.222 555	0.095 99	3.23	0.180 371	0.180 27	3.84

资料来源：美国社会保障部，www.ssa.gov/OACT/STATS/table4c6.html.

表格数据显示，在生命的前10年，一个人在下一年死亡的概率是年龄的递减函数；在10年之后，死亡的概率是年龄的递增函数。女性的死亡率数据比男性好看一些，如果一位男性能活到90岁，他在下一年的死亡概率为16.7%；数据还显示当男性活到100岁时，他在下一年死亡的概率为35.4%；活到110岁时，下一年死亡的概率为57.6%。对于女性而言，相应的概率为13.2%、30.5%及54.6%。

表3-1中的所有数据都可以从“一年内死亡的概率”这一列中的数据计算出来。一个人活到$n+1$岁的概率是这个人活到n岁的概率与1减去一个n岁的人在下一年内死亡的概率的乘积。例如，男性活到61岁的概率可以计算为$0.861\,12\times(1-0.011\,197)$。

接下来考虑某个年龄段的人的预期寿命。这可以根据第1年、第2年、第3年以及往后年份的死亡概率来确定。从表3-1中来看，一个现年90岁的男性在1年内死亡的概率是0.167 291。他在第2年（介于91岁和92岁之间）死亡的概率等于他在第1年仍然活着的概率乘以他在91岁后1年内死亡的概率。根据表格第2列的数字，可以表示为

$$(1-0.167\,291)\times 0.184\,520=0.153\,651$$

类似地，一个现年90岁的男性在将来的第3个年间（即介于92岁和93岁）死亡的概率为

$$(1-0.167\,291)\times(1-0.184\,520)\times 0.202\,954=0.137\,817$$

假设死亡平均发生在每年的年中，一个90岁男性的预期剩余寿命为

$$0.5\times 0.167\,291+1.5\times 0.153\,651+2.5\times 0.137\,817+\cdots$$

【例3-1】 假定对应于所有期限的利率均为4%（每半年付息一次），保险的保费在年初时支付，为一个具有平均健康状态的90岁男性投保一个保额为100 000美元的人寿保险的盈亏平衡保费（break-even premium）为多少？假定保险期限为1年，预期赔偿值为$0.167\,291\times 100\,000$，即16 729美元。假定赔偿支付时间在年正中（在平均意义上，这是一种准确的估计）；保费等于预期赔偿以6个月的利率进行贴现得到的当前值，我们已知贴现利率为4%，利率一年复利两次，赔偿值的贴现值等于16 729/1.02，即16 401美元。

接下来假定保险的期限为2年，在第1年的预期赔偿贴现值如上所述，即为16 401美元。受保人在第2年死亡的概率为$(1-0.167\,291)\times 0.184\,520=0.153\,651$，因此在第2年的预期赔偿为$0.153\,651\times 100\,000=15\,365$美元。假定赔偿支付时间在第18个月，预期赔偿的贴现值为

$15\,365/1.02^3 = 14\,479$ 美元。因此整体预期赔偿的贴现值为 $16\,401 + 14\,479 = 30\,880$ 美元。

接下来我们计算保费的支付。首先我们知道第 1 次保费一定会在第 1 年年初被支付；第 2 次保费在第 2 年发生的概率为男性在第 1 年内仍然生存的概率，即 $1 - 0.167\,291 = 0.832\,709$。如果保费数量每年为 X，所有保费支付的贴现值等于

$$X + \frac{0.832\,709X}{(1.02)^2} = 1.800\,374X$$

盈亏平衡保费 X 会保证预期保费支付的贴现值等于预期赔偿的贴现值，即

$$1.800\,374X = 30\,880$$

即 $X = 17\,152$，因此盈亏平衡保费为 17 152 美元。

3.4 长寿风险和死亡风险

长寿风险（longevity risk）是指医学进步以及生活方式的改变使人类寿命延长，从而给保险公司业务带来的风险。寿命的延长会给大多数年金合约的盈利带来不利影响（因为年金支付时间会加长），但大多数人寿保险合约的盈利会增加（因为保险的最终赔偿被延迟了，而对于定期寿险，最终支付赔偿的可能性减小了）。不同国家人口的预期寿命各不相同，世界大多数地区的人类预期寿命都在逐渐增长。在美国，生于 2013 年的人比生于 1929 年的人的平均预期寿命增加了差不多 20 岁。表 3-1 中的统计数据基于 2013 年不同年龄人群的死亡率得出。如果人类预期寿命继续增加，表 3-1 的数据就会变成低估值。

死亡风险（mortality risk）是指战争、艾滋病（AIDS）等传染病、“西班牙型流行性感冒”（Spanish Flu）等流行病事件使人类寿命低于预期而引发的风险。这些事件会给大多数保险合约带来不利影响（因为保险赔偿金会被提前支付），但这些事件会增大年金合约的盈利（因为年金支付的时间缩短了）。在计算某种事件对死亡风险的影响时，我们一定要考虑事件对人口中哪些年龄层次的人群影响最大。

从某种程度上讲，长寿和死亡风险对于保险公司的年金业务影响会中和这些风险对于常规人寿保险业务的影响，保险精算师必须仔细评估保险公司的业务在不同情形下的净敞口。我们可以采用再保险（reinsurance）合约或长寿衍生产品（longevity derivatives）来对冲长寿风险，我们接下来将要讨论长寿衍生产品，在本书后面的一些章节中我们将会讨论再保险合约。

长寿衍生产品

长寿衍生产品为保险公司和养老基金公司提供对冲年金及养老基金产品所面临的长寿风险的工具。一个典型的合约是**长寿债券**（longevity bond），也称为**生存者债券**（survivor bond）。这类债券在 20 世纪 90 年代末首先被引入市场。在这种债券中，首先要定义一个年龄段的群体，债券在某个给定时刻的券息与定义群体中生存的人数成正比。

谁会卖出这样的债券给保险公司或养老基金公司呢？答案是某些投机者认为这类债券很吸引人，因为它们几乎不具有任何系统性风险（见第 1.3 节）。支付的债券券息只与某些人的寿命有关，而与市场回报基本没有任何相关性。

3.5 财产及意外伤害险

财产及意外伤害险（property-casualty insurance）可细分为财产险和意外伤害险，财产险为投保人的财产损失（由于火灾、水灾、盗窃等）提供保险；意外伤害险为投保人的法律责任（例如，对第三者身体的意外伤害而导致的）提供保险。有时财产及意外伤害险被包含在同一个保险合约之中，例如，某个住房拥有者可能买入为不同损失提供保险的合约，损失种类包括住房被损坏及被偷窃，以及其他人在其房产中受伤所带来的法律责任等。类似地，汽车保险所投保的损失包括自身汽车被盗、受损以及其他人受伤带来的法律纠纷等。

一般来讲，财产及意外伤害险每年要进行更新。如果保险公司评估预期赔偿将升高，就会在保险更新时提高保费（这与人寿保险中的保费有所不同，人寿保险中的保费在许多年内为恒定的）。财产保险公司的业务面较宽，其业务经营有一种自然的风险分散效应。对于某些风险，大数定理（law of large numbers）会起作用，例如某保险公司为250 000个家庭提供了失窃和火灾险，我们可以较为准确地预报预期赔偿数量，这是因为保险公司是在为一个大数量的独立（或几乎独立）事件提供保险（当然，损失事件及平均赔偿数量可能会有某种趋势，保险公司应该跟踪这些趋势，并对保费数量做出相应调整）。

由类似于飓风这样的自然灾害所带来的财产损失对保险公司而言十分难以预测，例如，2005年夏天发生在美国的“卡特里娜飓风”（Hurricane Katrina）以及2007年1月发生在欧洲西北部的12蒲福氏风级㊀暴风雪所带来的损失十分巨大。这类风险被称为**灾难风险**（catastrophic risk）。灾难风险的难以处理之处在于不同的投保人并不相互独立。保险公司要面对两种情形：一种情形是飓风在某年发生，保险公司因而必须应对大量与飓风有关的索赔；另一种情形是飓风根本就没有发生，因此也没有任何索赔。许多大的保险公司拥有与地理、地震和气象数据有关的模型来估算灾难发生的概率以及相关损失，这些模型为确定保费数量提供了基础，但模型本身没有改变保险公司所面临的“全有或全无”（all-or-nothing）的风险特性。

与灾难保险类似，责任保险每年所付出的赔偿有所不同，赔偿量十分难以估计。例如，由于石棉对工人的危害而触发的索赔为美国的保险公司带来了十分昂贵的费用。责任保险的一个特性被称为**长尾风险**（long-tail risk）。长尾风险是指在投保期过后的若干年出现索赔的可能性。对于石棉一例，健康危害是在接触石棉多年以后才表现出来的。因此，保险索赔往往是与几年以前的保险合约有关。这一特性为精算师和会计师带来了麻烦，保险公司不能在每年年末马上结账并计算盈亏，而必须考虑那些现在并没有出现，但在今后的某一段时间可能会出现的索赔。

3.5.1 巨灾债券

衍生产品市场已经出现了若干种不同的产品可以用来对冲灾难风险，最为流行的产品是**巨灾债券**（CAT bond）。这些债券通常由保险公司的子公司发行，其券息比一般债券要高。为了收入高券息，债券的持有者必须在某种类型的灾难事件发生时承担损失。根据CAT债券条款的不同，债券的券息以及本金（或者两者）都可能被用来支付保险索赔。

㊀ 蒲福氏风级由爱尔兰人法兰西·蒲福海军上将在1805年左右制定，是划分风力等级的方法，按强弱将风力划分为0~12级，共13个等级。——译者注

假定某保险公司在加州对地震有7 000万美元的风险敞口。这家公司想对损失中超出4 000万美元的部分进行保护。保险公司可以发行巨灾债券，面值为3 000万美元，当地震发生时，如果保险公司在加州的损失超过了4 000万美元，债券持有者将失去其部分或全部本金。另一个做法是，保险公司可以发行一个更大数额的债券，使得只有券息会受到地震损失的影响。还有一种做法是发行3只不同的债券，其承担损失范围分别为4 000万~5 000万美元、5 000万~6 000万美元、6 000万~7 000万美元。

巨灾债券的特性是其投资者有很高的概率获取高券息，而蒙受高损失的概率比较低。为什么有投资者对以上产品感兴趣呢？原因在于类似长寿债券，巨灾债券风险与市场风险之间没有统计上的强相关性，[⊖]正因为如此，对投资者来说，巨灾债券往往是一个可以添加到投资组合中的具有吸引力的选择。这些债券没有系统性风险，它们的整体风险完全可以在一个大的交易组合中得以分散。如果一个巨灾债券预期回报大于无风险利率（通常是这样），那么这种债券可以用于改善风险与回报的替换关系。

3.5.2 财产保险公司盈亏比率的计算

保险公司对于不同类型的保险要计算**赔付率**（loss ratio），等于1年内赔偿数量与全部保费的比。一般来讲，这一赔付率在60%~80%，A. M. Best所发表的统计数据显示，这一比率在美国正在逐渐升高。保险公司的**费用比率**（expense ratio）是指每年费用与全部保费的比，保险公司的两个最大费用是理赔费用及销售费用。**理赔费用**（loss adjustment expense）是指为了确认索赔是否合法以及确认索赔数量所触发的费用，**销售费用**（selling expense）包括对保险经纪的支付以及购买其他业务所带来的费用。在美国，销售费用比率在25%~30%，这一费用每年都有减小的趋势。

综合赔付率（combined ratio）是赔付率与费用比率的和。假定对于某个保险合约，在某年的赔付率为75%，费用比率为30%，综合赔付率便为105%。有时保险公司会支付一定小数量的分红给投保人。假定分红为保费的1%，将分红考虑在内，我们可以求得**分红后的综合赔付率**（combined ratio after dividends）。在我们的例子中，这一比率为106%，该比率说明保险公司对于这一保险合约的税前损失为6%。但事实并非如此，因为保费是在每年的年初由投保人向保险公司支付，而索赔赔偿是在一年中，或在之后的一年由保险公司向投保人支付，保险公司因此可以挣得在收入保费及支付赔偿损失之间的利息。假定在我们的例子中投资收益为保费的9%。将投资收益考虑在内，我们求得的比率为106% - 9% =97%，该比率被称为**经营比率**（operating ratio），表3-2是对这一例子的总结。

表3-2 一家财产保险公司计算其经营比率的过程

赔付率	75%
费用比率	30%
综合赔付率	105%
股息分红	1%
分红后的综合赔付率	106%
投资收益	(9%)
经营比率	97%

3.6 健康保险

健康保险（health insurance）具有某些财产及意外伤害险的特性，也具有人寿保险的特性。

⊖ See R. H. Litzenberger, D. R. Beaglehole, and C. E. Reynolds, "Assessing Catastrophe Reinsurance-Linked Securities as a New Asset Class," *Journal of Portfolio Management* (Winter 1996): 76-86.

有时这类保险被列为一个单独的保险类型。不同国家政府所提供的健康服务有所不同。在美国，传统上政府提供的公众健康服务十分有限，因此选择保险公司是大多数人考虑的一项重要事项。加拿大是另一个极端，几乎所有的健康服务均是由政府资金来支持的，医生基本不能私下行医。加拿大健康保险的主要作用是为了担负政府不承担的处方药费及牙医费用。在其他大多数国家，公共医疗体系及私立医疗体系共存。例如，英国有一个公共医疗体系，但人们在买入保险后也可以得到私立医疗服务。英国的私立医疗设施与公共医疗设施共同为患者提供服务（拥有私立医疗体系的优点是患者可以缩短非紧急外科手术的等待时间）。

2010 年奥巴马总统签署了《患者保护与平价医疗法案》（*Patient Protection and Affordable Care Act*），致力于改革美国的医疗体系并增加医保覆盖的人口。医疗救助项目（Medicaid，一个针对低收入者的项目）的申请条件被放宽了，政府同时对中低收入家庭提供补助以帮助他们购买医疗保险。法案禁止医疗保险公司考虑投保人投保前的健康状况，并强制雇主为雇员购买医疗保险，否则需要缴纳额外的税项。美国和其他很多国家的不同之处在于美国医疗服务的提供者多数为私立机构而不是公共部门，这一点在医改后不会有大的变化。

与其他保险类似，健康保险的投保人需要按期支付保费，在一定投保事件发生后，保险公司要进行赔偿。在健康保险中，投保事件包括投保人的医疗检查、购买药品以及住院等。通常当整体医疗体系费用增加时，投保人的保费会增大，但如果只是投保人的健康状态恶化，那么保险公司不能增加保费。关于这一点，我们可以比较健康保险、汽车保险以及人寿保险运作的不同。如果投保人的驾驶记录显示将来赔偿的可能性增大，或者是汽车修理费用增大，保险公司可以提高投保人的保费（保险公司确实是这么做的）；在人寿保险合约中，即使投保人被诊断患有严重甚至影响寿命的疾病，人寿保险的保费也不会增长；健康保险的保费与人寿保险类似，即保险公司对赔偿风险的预测的改变不会影响保费，但是，类似于汽车保险，整体索赔数量的增长会触发保费的增长。

当然，在最先开出保单时，保险公司会尽力去确认自身承担风险的大小。在人寿保险方面，保险公司会质询投保人的健康状态，并且要求投保人的身体健康要满足一定的条件，保险公司会要求投保人进行体检；在汽车保险方面，投保人的驾驶记录要被调查；对于人寿保险及汽车保险，保险公司可以拒绝投保人的投保申请；在健康保险方面，保险公司要依据法律规定来确定是否拒绝投保人的申请。如前面所述，《患者保护与平价医疗法案》使得美国的医疗保险公司很难再以投保人的健康状况不佳为由拒绝受理保险申请。

健康保险常常是以雇主所提供的**团体健康保险计划**（group health insurance plans）而给出的。这些计划覆盖的对象通常包括雇员及雇员的家属，通常雇员并不会因为其健康条件差而遭到拒绝。保险费用通常是由雇主及雇员共同承担，不同计划的费用有所不同。在美国，大多数健康保险计划会覆盖投保人基本的体检费用和对一些常见病的治疗所带来的费用、外科手术以及住院费用。怀孕的费用可能在也可能不在保险覆盖范围之内，而美容手术的费用一般不在健康保险覆盖范围之内。

3.7 道德风险以及逆向选择

我们接下来讨论保险公司所面临的两类风险：道德风险和逆向选择。

3.7.1 道德风险

道德风险（moral hazard）是指因为保险合约的存在造成投保人的行为与不持有保险时的行为有所不同，从而触发的风险，这种行为的不同往往会增大保险公司的风险，预期赔偿也会增加。道德风险的实例包括：

（1）一个车主买入了汽车失窃保险，因此，这位车主不锁车门的可能性会更大；

（2）某人买入一种健康保险，正是因为保险的存在，投保人可能会更多地利用医疗服务设施；

（3）因为政府资助的存款保险的存在，银行可能会承担更多的风险，因为银行认为这么做并不会失去存款人（我们在第2.3节中曾讨论过这一点）。

道德风险并不是人寿保险公司面临的一个大问题，传统上，保险公司采用几种办法来应对财产及意外伤害险以及健康险中的道德风险问题。一般来讲，保险公司在进行理赔时要求投保人首先支付**免赔额**（deductible），这意味着投保人首先要承担损失的第一部分，有时保险合约中会阐明**共保条款**（co-insurance provision），保险公司只是支付损失超出免赔额之上损失的一定比例（而不是100%）。另外，保险合约中一般会设定一个**上限**（policy limit，即赔偿的上限），这些条款的目的是保证投保人与保险公司利益的一致性。

3.7.2 逆向选择

逆向选择（adverse selection）是用来描述保险公司在提供保险之前不能区分好的风险和坏的风险而带来的问题。对于不同客户，如果保险公司为所有投保人提供的产品价格相等，就会给保险公司带来更多坏的风险。如果一家保险公司不能区分好的驾驶员和坏的驾驶员，从而给两类驾驶员提供的保险价格相同，就会吸引更多坏的驾驶员来投保；如果一家保险公司不能区分健康和不健康的投保人，从而给他们同样价格的健康保险，这家保险公司肯定会吸引更多不健康的投保人。

为了减小逆向选择的不利影响，保险公司在提供保险之前尽量会找出投保人的信息。在提供人寿保险之前，保险公司常常要求投保人在指定的医生那里进行体检；在提供汽车保险之前，保险公司会尽量取得投保申请人的驾驶记录。而在汽车保险投保后，保险公司也会继续收集投保驾驶员风险的信息（如车祸的次数和超速驾驶的次数等）。根据这些信息，保险公司会对每年保费的数量做出相应的调整。

逆向选择问题不可能完全被克服。有趣的是，即使要求强制体检，买入人寿保险的投保人死亡的时间往往还是会早于死亡率表给出的预计时间。相反地，买入年金产品的投保人长寿的概率平均比死亡率表中所反映的概率要大。

3.8 再保险

再保险（reinsurance）是保险公司从其他保险公司买入保险，来使得自己免受巨大损失的一种手段。卖出保险的第二家保险公司会得到一定的手续费，但要为第一家保险公司的投保事件出现损失时提供赔偿。与没有再保险的情况相比，再保险合约可以使得保险公司承销更多的保险合约。再保险合约的对手往往是其他保险公司或一些私人企业，还有一些对手是专门经营再保险业务的公司，例如瑞士再保险（Swiss Re）以及巴菲特的伯克希尔 - 哈撒韦（Berkshire Hathaway）公司等。

再保险合约有若干种形式，假定一家保险公司对于佛罗里达州有 1 亿美元关于飓风的风险敞口，这家公司想将其风险敞口降至 5 000 万美元，该公司的一种选择是进入一个再保险合约，对手将按比例承担 50% 的损失（对手因此也会收到保费的 50%）。如果在某一年飓风所带来的损失为 7 000 万美元，那么保险公司支付的赔偿只是 $0.5 \times 7\,000 = 3\,500$ 万美元，再保险公司支付的赔偿也是 3 500 万美元。

另外一种更为流行的做法所涉及的再保险保费会更低一些，保险公司可以买入再保险来应对**额外损失层**（excess cost layers）。例如，第一层的赔偿是为了覆盖 5 000 万 ~ 6 000 万美元的损失；第二层的赔偿是为了覆盖 6 000 万 ~ 7 000 万美元的损失；依此类推。每一个再保险合约均被称为**超额损失**（excess-of-loss）再保险合同。

3.9 资本金要求

人寿保险公司（life insurance companies）以及财产保险公司（property-casualty insurance companies）的资产负债表有所不同，这是因为这两类保险公司所面临的风险各不相同，因此为将来的赔偿所设定的储备金也会有所不同。

3.9.1 人寿保险公司

表 3-3 展示了一家人寿保险公司简要的资产负债表。人寿保险公司的大多数投资为企业债券，保险公司会尽量将其资产与负债的期限进行匹配，但是该类保险公司会承担信用风险，因为债券的违约率可能会比预期得更高。

表 3-3 一家人寿保险公司简要的资产负债表

资产		负债与净值	
投资	90	赔付准备金	80
其他资产	10	次优先级长期债券	10
		股权资本	10
总计	100	总计	100

与银行有所不同的是，保险公司的资产和负债都会给公司带来风险，损失储备金（资产量的 80%）是由精算师基于赔偿数量而得出的，当人寿保险投保人的死亡时间提前或年金持有者的寿命延长较长时，这一估计值可能会太低。资产负债表中 10% 的股权资本包括最初股权人投资以及留存收益（retained earnings），股权为损失提供了缓冲，例如，如果赔偿数量超出储备金的数量达到资产总量的 5%，股价会下跌，但保险公司不会破产。

3.9.2 财产保险公司

表 3-4 展示了一家财产保险公司简要的资产负债表，表 3-3 与表 3-4 最重要的不同之处在于经营财产保险公司的股权占资产的比率要远高于人寿保险公司的股权占资产的比率。这个不同是由于这两类保险公司所持有的风险不同。财产保险公司所面临的赔偿要远比人寿保险公司

难以预测，谁会知道飓风袭击迈阿密的具体时间？谁能预测下一个因石棉事件所触发的索赔额有多大？资产负债表中负债部分中的**未期满保费**（unearned premium）是指今天已经收到的保费，但这些保费适用于将来时间段。如果一个投保人在6月30日付清了一年的保费，为2 500美元，那么截至12月31日，保险公司只挣得了1 250美元。表3-4中的投资主要是由流动性好的债券构成的，表中债券的期限比表3-3中债券的期限要短。

表3-4 一家财产保险公司简要的资产负债表

资产		负债与净值	
投资	90	赔付准备金	45
其他资产	10	未期满保费	15
		次优先级长期债券	10
		股权资本	30
总计	100	总计	100

3.10 保险公司面临的风险

保险公司所面临的最显著的风险是其储备金总量不能满足投保人的索赔数量。虽然保险精算师的估计通常十分保守，但赔偿总量超出估计数量的可能性仍然存在。除了以上风险，保险公司还会面临自身投资资产表现不佳的风险。保险公司的大多数投资资产为企业债券，如果企业债券的违约高于平均值，那么保险公司的盈利一定会受到不利影响。保险公司的债券组合要做到在不同的业务行业及区域进行多元化，保险公司也要监测自身投资资产流动性的表现。与上市或交易活跃债券相比，流动性差的债券（illiquid bond，例如保险公司买入的私募基金）通常会提供较高的收益率，但是，这些债券并不易于转换为现金并用于支付没有预计到的高数量的索赔。保险公司要与银行及再保险公司进行业务往来，这会给保险公司带来信用风险。同银行类似，保险公司从事业务也会面临操作风险及业务风险（business risk）。

监管部门一般会阐明保险公司的最低资本金要求，这些资本金为保险公司所面临的风险提供缓冲。与银行类似，保险公司也纷纷研发了内部模型来计算经济资本金（即保险公司自身所估计的应持有的资本金数量（见第26章））。

3.11 监管条款

美国和欧洲对于保险公司有非常不同的监管方式。

3.11.1 美国

美国在1945年通过的《麦卡伦－弗格森法案》（*McCarran-Ferguson Act*）确定了保险公司的监管职责归各个州，而不是在联邦范围（与这一点不同的是，银行监管是在联邦范围）。各州的监管者关注保险公司的偿付能力以及它们应付保险合约持有者索赔要求的能力。他们同时也关注各保险公司的业务操守（如保费如何确定、广告、保险合约条款、保险经纪和代理人资质的发放等）。

美国保险监理官协会（National Association of Insurance Commissioners，NAIC）是一个由50个州的保险业监管当局主管官员组成的组织。该组织为保险监管者讨论共同面临的问题提供一个全国性的机制。有时该组织也会为各州的监管当局提供服务。例如，该委员会提供所有的经营财产及意外伤害保险业务的公司的赔付率统计数据。这样做可以帮助各州的监管当局识别那些赔付率超出正常范围的保险公司。

保险公司要向各州监管机构提供详细的财务报告，各州的监管人员还要定期现场检查。监管当局采用由 NAIC 确定的、经风险调节的标准来确定资本金的数量。资本金设定的数量的大小是为了应对以下风险：保险储备金的设定不足、交易对手违约以及投资资产收入低于预期。

投保人的利益在保险公司破产时（因而不能支付索赔时）受到保险担保协会的保护。一家保险公司想在某一州取得业务执照，首先得成为该州保险担保协会的成员。当该州内的一家保险公司破产时，这个州内的其他保险公司必须向该州保险担保基金（state guaranty fund）支付一定的资金，支付资金数量与保险公司在这一州内收入的保费有关。保险担保基金首先用于支付破产保险公司的小额投保人（小额投保人的定义在不同州的含义也各不相同）。保险公司每年度向担保基金所支付的资产可能会有一个上限，这一规定可能会造成投保人要等上若干年才能拿回担保基金支付的全部赔偿。对于人寿保险的情形，保单会持续很多年，破产保险公司的投保人往往会由其他保险公司接管，但是接管保险公司可能会对保单进行修改，修改后的保单对投保人可能会变得更加不利。

由上所述，美国保险公司的担保系统与银行担保系统存在不同。在银行系统中，银行通过向 FDIC 支付保金，以保护存款，从而建立了一个永久性的基金。保险系统中没有这样的永久基金，在某家保险公司解体后，其他保险公司才必须贡献一定的资金。只有纽约州的财产意外险保险公司是一个特例，它设定了一个永久保险担保基金。

州一级对保险行业进行监管在一些方面并不能令人满意。各个州之间的监管规定并不一致。这意味着一个在全美国范围内经营业务的大型保险公司必须要应对很多个不同的监管当局。还有一些保险公司像银行一样进行衍生产品交易，却不受类似银行业所受到的监管。这就可能带来麻烦。2008 年，一家大型保险公司 AIG（American International Group）在信用衍生产品的交易中遭受了巨额损失，因而不得不接受联邦政府的救助。

2010 年通过的《多德 - 弗兰克法案》成立了一个归财政部领导的联邦保险办公室（Federal Insurance Office，FIO），负责监督保险行业和识别各州监管制度中的差别。它可以向金融稳定监督委员会（Financial Stability Oversight Council）提出建议，使类似 AIG 的大型保险公司作为非银金融公司受到美联储的监管。同时它也与全球其他国家的监管机构（特别是欧盟国家的监管机构）建立联系，以便于建立趋同的监管规则。《多德 - 弗兰克法案》要求 FIO“进行研究并向国会提交一份如何现代化及改进美国保险业监管体系的报告”。FIO 于 2013 年 12 月向国会递交了该报告。[⊖]报告中提出了为改进美国保险业监管体系而需要做出的改变。从中看来，美国要么将保险监管规则的制定放在联邦层面而把日常管理仍放在州一级，要么把二者都收归联邦层面。

3.11.2 欧洲

欧洲的保险公司由欧盟集中监管，这意味着从理论上讲，一个统一的保险监管框架适用于

⊖ See “How to Modernize and Improve the System Insurance Regulation in the United States,” Federal Insurance Office, December 2013.

欧盟成员国的所有保险公司。这一框架最先创立于20世纪70年代，被称为《偿付能力法案Ⅰ》（Solvency Ⅰ）。该法案的内容受荷兰Campagne教授的研究结果影响很大，Campagne教授的研究结果显示，如果资本金等于保额的4%，那么人寿保险公司将有95%生存的机会。投资风险没有被明确包括在《偿付能力法案Ⅰ》中。

欧洲的若干国家（像英国、荷兰及瑞士等）均提出了本国的计划以应对《偿付能力法案Ⅰ》中的不足。欧盟现在正在致力于《偿付能力法案Ⅱ》（Solvency Ⅱ）的研究。该法案设定的资本金覆盖的风险类型比原法案更广泛，并在2016年开始实施。我们将在第15章中进一步讨论《偿付能力法案Ⅰ》和《偿付能力法案Ⅱ》。

3.12 养老金计划

养老金计划是公司为其雇员设立的。一般来讲，在雇员为公司工作的时间内，雇主和雇员都要为养老金计划供款。当雇员退休以后，他在其余生内将得到养老金收入。因此，养老基金的实质是通过定期供款计划来创立一个雇员余生内的年金产品。这与人寿保险公司提供的产品十分相似。市场上有两种养老金计划，即固定收益计划和固定供款计划。

在**固定收益计划**（defined benefit plan）中，雇员在退休后所得到的养老金数量由该计划事先定义。通常的计算方式是一个与雇员为公司服务的时间以及雇员的工资有关的公式。例如，每年的养老金数量等于雇员最后为公司服务的3年的平均工资乘以雇员为公司服务的时间的长度，然后再乘以2%。如果雇员先于其配偶辞世，那么其配偶仍有可能拿到养老金（数量有所减少）；如果雇员在受雇期间辞世，那么养老金计划通常会向经济上依赖该雇员的亲属一次性支付一笔款项，而雇员的配偶和未独立子女每月可能还会得到一笔收入。有时养老金要随通货膨胀每年进行调整，这种调整被称为指数化（indexation）。例如，一个固定收益养老金计划每年的指数化可以是按消费者价格指数（consumer price index）增量的75%进行递增。由政府支持的养老金计划（如美国的社会保险）与固定收益计划类似，它们都要求参与人定期供款到一定年龄，然后才可以在余生中享受养老金。

在一个**固定供款计划**（defined contribution plan）中，雇主及雇员的供款均以雇员的名义进行投资。当雇员退休时，雇员有几种选择将供款的最后数量（包括投资增量）转换为年金产品。有时雇员可以选择收到一次性付款而不是年金。

固定供款计划与固定收益计划的区别在于固定供款计划的资金与雇员个人挂钩。在固定供款计划中，每个雇员均有一个投资账户，雇员所收到的养老金的数量均以雇员个人账户中的资产数量为基准。与此相反，在固定收益计划中，所有的供款均被集中于一个投资组合中，给退休雇员支付的养老金均来自这个投资组合。美国的401(K)计划是一种形式的固定供款计划，雇员可以选择将其一定数量的收入直接投放这一计划中（可能还会有来自雇主的相同数量的供款)，雇员可以在不同类型的投资产品（如股票、债券、货币市场产品等）中进行投资。

固定收益及固定供款计划的一个关键特性是雇员的收入税被延迟了。雇员向养老金支付的款项是免税的，并且雇主向养老金的支付可以在收入表中减除，雇员只有在收到养老金收入时才需要缴税（而此时雇员收入的边际税率往往已经变低了）。

固定供款计划对于雇主而言几乎没有风险。如果养老金计划的投资比预期的差，那么雇员将承担所有的损失；与之相反，固定收益计划为雇主带来了非常大的风险，因为雇主最终要负责支付承诺的养老金数量。我们假定一个固定收益计划中的资产数量为 1 亿美元，但精算师估算出的养老金义务的贴现值为 1.2 亿美元，该养老金资金不足数量达 2 000 万美元，雇主必须补齐这个资金缺口（通常需要若干年），固定收益给公司带来的这种风险造成了有些公司逐渐将固定收益计划转化为固定供款计划。

对固定收益计划的债务的贴现值进行估算不是一件容易的事情。估算中最重要的一点是如何选取贴现利率。贴现利率越高，养老金债务的贴现值越低。以往，一种经常使用的计算贴现率的方法是以养老金资产中的平均回报率作为贴现率。这种做法会鼓励养老金将资产投资于股票，因为股票市场的平均回报高于债券市场，这么做会将养老金债务压得很低，从账面上，这很好看。现在的会计准则已经意识到企业对养老金计划中负债的义务类似于债券。因此，准则要求非上市公司的养老金义务应以 AA 级债券的收益率进行贴现，固定收益计划的资产价值与其债务的差别必须以资产或负债的形式纳入公司的资产负债表。因此，如果一家公司的养老金有资金不足的现象，那么公司的股权值会被相应地减少。如果养老金资产价值大幅下跌，同时用以计算义务的贴现率也大幅下跌，那么公司的债务状况就会产生一个“完美风暴”（perfect storm）（见业界事例 3-2）。

业界事例 3-2　　一个完美风暴

1999 年 12 月 31 日 ~2002 年 12 月 31 日，标准普尔 500 指数由 1 469.25 点跌至 879.82 点，跌幅达 40%；同时 20 年期的美国国债收益率由 6.83% 跌至 4.83%，跌幅达 200 个基点。这些事件的第一个影响是养老金资产的市价大幅下跌，另一个影响是养老金负债的贴现率下降，因此由精算师估算出的负债的公允价值（fair value）上涨。对于一个固定收益计划而言，以上两个效应促成了一个完美风暴。许多资金盈余的养老金一下子变得资金不足，一些原本资金稍稍不足的养老金一下子变得资金严重不足。这 3 年间的股票价格与利率的下跌为管理固定收益养老基金的经理带来了噩梦。

一家公司如果持有一个固定收益养老金计划，新的会计规则会要求养老金计划的盈余或亏损情况应在该公司的股权价值上反映出来。因此，对于很多公司试图将固定收益计划转化为固定供款计划，以防止股权价值被侵蚀的做法，我们也就不必感到吃惊了。

固定收益计划能行得通吗

一个典型的养老金计划会为其雇员提供最终工资的 70%，并且公司要对养老金计划进行通货膨胀指数化调整。我们要将雇员工作期收入的多大比率作为储备，才能保证养老金支出呢？对于这个问题的回答取决于我们对于利率的假设，以及雇员收入的增长幅度等。如果我们咨询一家保险公司对所提供的养老金的报价，保险公司给出的报价会是：供款占工资收入的比率大约为 25%（练习题 3.15 及作业题 3.19 给出了计算过程提示）。保险公司会将保费投资于企业债券（这与保险公司对人寿保险保费以及年金合约的投资形式一致），因为投资于企业债券可以最好地将投资收入与赔偿进行匹配。

事实上，固定收益计划的供款（雇主加上雇员）远低于收入的 25%，在一个典型的固定收益计划中，雇主和雇员的供款分别只占收入的5%，因此整体供款只是保险精算师所求得保费的40%，许多养老金资金不足的现象也就不足为奇了。

与保险公司不同，养老基金会将资产的一大部分投放于股票市场（一个典型养老基金的投资组合由60%股票及40%债券组成）。通过投资股票，养老基金为补齐资金缺口并达到资金盈余创造了机会，但同时也留下了资金严重不足的隐患。如果股票市场表现好，例如，在1960~2000年，世界上许多地区的股票市场表现甚佳，养老金完全可以应付自身的负债；但是如果股票市场表现不佳，养老金可能就会出现问题。

以上的讨论引出了一个有趣的问题：谁要为资产不足的养老金买单呢？答案是：第一个买单的会是公司的股权持有者；进一步，如果公司宣布破产，政府则可能以养老金计划担保的形式承担损失。[㊀]以上两种情形，均存在将财富由下一代转移到退休人员中的现象。

许多人认为将财富由下一代转移给上一代的做法不可取，将养老金的供款比率提至25%也是不可接受的做法。如果固定收益的养老金计划仍然持续的话，那么这种计划的条款一定要得到改革，来由退休人员和下一代共同承担风险。如果在受雇期内，市场表现不佳，则雇员必须接受退休后养老金收入较低这一现实；如果市场表现好，退休人员可以收到全额养老金收入，并且可以将养老基金的额外收入转移给下一代。

长寿风险是养老金面临的主要风险，我们曾在前面指出，1929~2013年，人类平均寿命延长了20年。如果这种趋势继续延续，到2029年，人类寿命将还要延长5年，固定收益计划中的资产不足问题（包括公司管理的以及政府管理的养老金）会变得更加严重。许多国家的雇员在超出正常退休年龄后仍然可以工作。这一点不奇怪，这样可以缓解养老基金面临的资金短缺问题。一个雇员决定在70岁而不是在65岁退休可以为养老金继续供款5年，另外，其接受养老金收入的退休期也缩短了5年。

小 结

保险公司经营业务有两类：人寿保险和财产及意外伤害险。人寿保险公司提供一系列产品，这些产品在投保人死亡后会提供赔偿。定期寿险只有在投保人在一定时间段内死亡才提供赔偿；终身寿险不管投保人在什么时刻死亡，均会提供赔偿。终身寿险中有一个储蓄因素。通常来讲，早期的保费中超出预期赔偿的那一部分被用于投资，投资所得是为后期的预期赔偿提供支持。终身寿险会给投保人带来税务优惠，因为投资回报的应缴税款一直被推迟到赔偿的支付日。

人寿保险公司也提供年金合约，年金合约的持有者首先支付一笔款项，之后保险公司在一定时间以后为投保人提供终身支付。死亡率数据为保险公司的人寿保险及年金产品定价提供了重要依据，但是保险精算师还必须考虑以下风险：①长寿风险（即投保人比预期寿命活得更久）；②死亡风险（由于艾滋病及西班牙流感等传染病和流行病造成某个人口群体寿命缩短的可能）。

财产及意外伤害险是为了财产损失提供保险，同时也为个人及公司的法律责任提供

㊀ 例如，美国的养老福利担保公司（Pension Benefit Guaranty Corporation，PBGC）为私立固定收益养老金提供担保，但如果该公司从不同养老金计划所收到的保费不能满足索赔数量，则政府必须介入。

保险，最难以估计赔偿数量的事件是那些与同一事件有关，但会触发众多投保人同时索赔的事件，这类事件包括地震和飓风。由法律责任所触发的赔偿数量通常也难以估计。

健康保险具有人寿保险及某些财产及意外伤害险的特性，健康保险的保费与人寿保险的保费类似，即保险公司对赔偿风险估计的改变不会触发保费的改变，但是如果整体健康系统的费用增大时，保费也像在财产及意外伤害险中那样会有所增长。

保险公司面临两类重要风险，即道德风险及逆向选择。道德风险是指持有保险的个人及公司在投保后，行为有所改变而触发的风险；逆向选择是指买入保险的个人或公司所对应的预期赔偿相对较高而触发的风险。保险公司会采取措施尽量减少以上两类风险，但无论如何，保险公司不可能将两类风险同时消除。

与银行不同的是，保险公司的资产及负债均面临风险。一家财产保险公司的股权资本对总资产比例要比人寿保险公司更高。在美国，对保险公司的监管由各州负责，而不是由联邦负责，这一点也和银行业的情况不一样；在欧洲，保险公司受欧盟及各国政府的监管。欧盟现在正在致力于制定一套新的资本金管理规则，即《偿付能力法案Ⅱ》。

市场上有两类养老基金计划：固定收益计划及固定供款计划。固定供款计划十分简单，由公司及雇员所支付的供款以雇员名义被存于某个单独账户，资金以雇员名义投资，在雇员退休后，投资回报以及本金将被转换为年金；在固定收益计划中，雇员和雇主的供款被存入同一个资金池中，然后进行投资。退休人员所得到的养老金数量取决于其受雇时的工资。固定收益计划的可行性现在已经受到一定质疑，许多固定收益计划资产不足，只有在股票市场表现异常出色的情况下，养老金才能满足当前退休人员及将来退休人员的养老金支付。

延伸阅读

Ambachtsheer, K. P. *Pension Revolution: A Solution to the Pensions Crisis*. Hoboken, NJ: John Wiley & Sons, 2007.

Canter, M. S., J. B. Cole, and R. L. Sandor. "Insurance Derivatives: A New Asset Class for the Capital Markets and a New Hedging Tool for the Insurance Industry." *Journal of Applied Corporate Finance* (Autumn 1997): 69–83.

Doff, R. *Risk Management for Insurers: Risk Control, Economic Capital, and Solvency* Ⅱ. London: Risk Books, 2007.

Federal Insurance Office, "How to Modernize and Improve the System of Insurance Regulation in the United States." Report, December 2013.

Froot, K. A. "The Market for Catastrophe Risk: A Clinical Examination." *Journal of Financial Economics* 60 (2001): 529–571.

Litzenberger, R. H., D. R. Beaglehole, and C. E. Reynolds. "Assessing Catastrophe Reinsurance-Linked Securities as a New Asset Class." *Journal of Portfolio Management* (Winter 1996): 76–86.

练习题

3.1 定期寿险和终身寿险的区别是什么？解释终身寿险在税务处理方面的优势。

3.2 解释变额寿险和万能寿险的含义。

3.3 一家保险公司同时提供终身寿险和年金产品，这两种合约哪一种对以下风险会有风险敞口：(a) 长寿风险；(b) 死亡风险。

3.4 “公平人寿保险公司给持保者发放了免费的期权。”讨论这一期权的特性。

3.5 利用表3-1计算保险公司给出的一个关

于50岁女性、面值为100万美元、2年期的人寿保险最低保费，假定保费是在年初支付，利率为0。

3.6 由表3-1来计算一个30岁男性能活到90岁的概率为多大？同样，一个30岁女性能活到90岁的概率为多大？

3.7 财产保险公司保单上的哪一个条款会触发最大的风险？

3.8 解释巨灾债券的运作。

3.9 考虑两个债券，它们具有同样的券息、期限以及价格，一个债券为B级企业债券，另一个为CAT债券，历史数据显示这两个债券的预期风险相同，假定你为组合资产经理提供咨询，你将推荐哪一个债券，为什么？

3.10 美国的保险公司与加拿大及欧洲保险公司的不同之处在于哪里？

3.11 一家保险公司决定是否为某人失去工作提供保险，保险公司面临的问题是什么？

3.12 为什么财产保险公司持有的资本金要高于人寿保险公司？

3.13 财产保险公司所计算的“赔付率”和“费用比率”的含义是什么？如果一家保险公司盈利，那么其赔付率加上费用比率一定会小于100%，讨论这个观点。

3.14 固定收益及固定供款养老基金计划的区别是什么？

3.15 假定在一个固定收益养老计划中：

(a) 雇员为公司工作40年，工资随通货膨胀而增长；

(b) 雇员退休时所得养老金为工资的75%，养老金随通货膨胀而增长；

(c) 退休人员将收入20年养老金；

(d) 养老金的收入将投资于债券，债券收益等于通货膨胀率。

如果公司没有破产（即仍支持养老金），雇员的供款作为工资的比率至少为多大？（提示：在计算中采用实际货币量（real dollar）而不是名义货币量（nominal dollar）。）

作业题

3.16 采用表3-1来计算保险公司为一个60岁男性提供的面值为500万美元、期限为3年的保险的最低保费。假定保费是在每年年初支付，死亡发生在年中，无风险利率为每年6%（每年复利2次）。

3.17 某保险公司假定某类损失的分布可以被合理地估计为正态分布，均值为1.5亿美元，标准差为5 000万美元（假定风险中性的损失与真实世界的损失没有差别），1年的无风险利率为5%，估计以下合约的费用：

(a) 一个按比例承担保险公司1年内60%损失的合约；

(b) 在1年内，当损失超过2亿美元时，合约将承担1亿美元的损失。

3.18 假定在某年，利率降低了200个基点（2%），股票价格没有变，讨论这个市场变化对一个将60%资产投资于股票市场，同时将40%资产投资于债券市场的固定收益养老金计划的影响。

3.19 假定在一个固定收益养老金计划中：

(a) 雇员为公司工作45年，工资以实际利率2%递增。

(b) 退休人员收入的养老金为最终工资的70%，养老基金递增比率为通货膨胀率减去1%。

(c) 在18年后收到养老金付款。

(d) 养老基金的收入将被投资于债券市场，回报率等于通货膨胀率加上1.5%。

假定公司仍不破产，计算雇员供款应占工资的比率（提示：在计算中采用实际货币量，而不是名义货币量）。

第 4 章 共同基金和对冲基金

CHAPTER4

共同基金（mutual fund）、交易所交易基金（ETF）和对冲基金（hedge fund）代表个人与企业进行投资，在这3种投资方式中，不同投资者的资金被汇集到一起来进行投资，投资资产的选择由基金经理来确定，投资的原则是达到某个事先阐明的目的。某些国家将共同基金称为“单位信托”（unit trusts），共同基金和交易所交易基金的目的是满足一些相对较小规模的投资者的需求，对冲基金是为了吸引一些富有的个人以及类似于养老基金的机构投资者。对冲基金所受的监管规定要远远弱于共同基金和交易所交易基金，同共同基金相比，对冲基金可以实施较大范围的投资策略，对冲基金的运作透明度相对较差。共同基金和交易所交易基金需要在投资者可获得的招股说明书中解释其投资策略。

在本章中，我们将讨论不同形式的共同基金和交易所交易基金及对冲基金，我们将讨论对于这些基金的监管方式以及基金的收费形式，我们还将讨论这些基金如何做到为投资者提供丰厚的回报。

4.1 共同基金

对于小客户而言，共同基金所提供的一个投资亮点是基金提供的分散投资机会。如我们在第1章中看到的那样，分散投资会改善投资者风险与回报的平衡关系，但一个小投资者很难持有足够大数量的股票来保证投资组合实现充分的风险分散，另外，持有一个良好的多元化投资组合可能会触发较高的交易费用。共同基金为投资者提供了一个好的投资途径，许多小投资者将资金汇集到一起进行投资，因此在付出较少费用的前提下达到了分散风险的效应。

共同基金的投资者拥有该基金一定数量的股份。最常见的共同基金是**开放式基**

金（open-end fund）。这意味着，当投资者购买更多股票时，流通在外的股票总数上升，而当股票被赎回时，流通在外的股票总数下降。自第二次世界大战以来，开放式共同基金发展非常迅速。表4-1是对自1940年以来美国开放式共同基金持有资产规模的估计。截至2016年，共同基金资产规模已经超过了16万亿美元，大约有44%的美国家庭拥有共同基金。有些共同基金由专长于资产管理的公司提供，例如富达基金（Fidelity Company）。其他基金由银行提供，例如摩根大通。有些保险公司也提供共同基金，例如，在2001年，美国大型保险公司州立农业保险公司（State Farm Insurance Company）在美国开始提供10种不同的共同基金，客户可以通过网络、电话或从州立农业保险公司的代理人那里购买基金。

表4-1 美国开放式共同基金资产的增长幅度

年份	资产（10亿美元）
1940	0.5
1960	17.0
1980	134.8
2000	6 964.6
2016	16 343.7

资料来源：Investment Company Institute.

货币市场共同基金投资于1年以内到期的附有利息的金融产品，例如国债、商业票据和银行承兑汇票。这些产品是付息银行存款账户的另外一种选择，而且这些产品的利息通常会更高一些，因为政府的存款保险机构并不对此类产品承保。有些货币市场基金还提供支票账户的功能，这与银行账户很类似。货币市场投资者一般厌恶风险，不希望投资的本金遭受损失。也就是说，投资者希望在扣除了管理费后，得到正收益。[⊖]在正常市场条件下，做到这一点不太难。但有时负收益的情况会发生，并导致投资者损失部分本金。这种情况也被称作“跌破净值”（breaking the buck），因为1美元投资的净值低于了1。2008年9月雷曼兄弟破产后，美国历史最悠久的货币市场基金首要储备基金（Reserve Primary Fund）就面临这种局面，因为该基金不得不注销雷曼兄弟发行的短期债务。为了防止出现对货币市场基金的挤兑情况（这意味着即使是财务状况健康的公司的债券也会面临无人问津的局面），政府推出了一个由政府支持的担保项目。该项目执行了大概1年左右。

投资期限较长的基金主要有三类：

（1）投资于期限大于1年的固定收益债券的债券型基金；

（2）投资于普通股及优先股的股票型基金；

（3）投资于股票、债券及其他产品的混合型基金。

其中股票型基金是目前市场上最为流行的一种。

共同基金的价值是在每天下午的4点定出。为了定出价值，共同基金经理要计算出共同基金投资组合中各项资产的价值，并以此定出基金的整体价值。每份基金的价格等于基金整体价值除以共同基金的数量。该价格被称为**净资产价值**（net asset value，NAV）。投资者可以随时从基金中买入基金的份额，也可以向基金卖出份额。当投资者发出买入或卖出共同基金份额指令后，下一个计算出的净资产价值会被应用到该笔交易中。例如，如果一个投资者在某个业务日的下午2点决定买入一个份额，下午4点计算出的净资产价值将会被用于决定投资者应付金额的数量。

⊖ **稳定价值基金**（stable value fund）是一种很受欢迎的、不同于货币市场基金的选择。这类基金通常投资于期限为5年左右的债券和类似产品。银行或其他公司为这些基金提供保障，保证收益不为负值（当然要为此收取一定的费用）。

投资者通常需要为基金收益而付税，就像其个人持有基金投资组合中的资产一样。因此当基金收到股息分红时，基金的拥有者必须为所得股息付税，即使投资者将股息再投资于基金，也仍然如此；当基金卖出证券时，投资者会马上得到资本的收益或亏损，即使投资者并没有卖出自己的基金份额。假定某投资者最初以100美元买入一定数量的基金，因为基金资产交易，投资者在第一年有每股20美元的股本收益，而在第二年有每股25美元的股本亏损，投资者必须在第一年申报20美元的股本收益，而在第二年申报25美元的股本损失。当投资者卖出基金份额时，也会有资本收益或亏损。为了避免被重复计量（double counting），每份基金的价格要被调节以反映已被计入的投资者的盈亏。在我们的例子中，如果投资者在第一年年末卖出基金份额，则基金价格会被定为120美元，以反映资本的盈亏；如果投资者在第二年年末卖出基金份额，则投资者用于计算资本盈亏的价格会被定为95美元。

4.1.1 指数基金

某些基金的设计是为了跟踪特定的股票指数，例如标准普尔500指数及富时100指数（FTSE 100）。为了确保跟踪效果，最简单的做法是买入指数中的所有股票，买入股票的数量要反映股票在指数中的权重，例如，如果IBM在某个股指中的权重为1%，那么1%跟踪股指的交易组合要被投资于IBM股票。另外一种跟踪股指的做法是选择一个小型股票组合，股票数量的选取要经过研究，来保证这个小型股票组合确实可以有效地跟踪选定的股票指数。还有一种跟踪股指的做法是利用股指期货。

在美国市场，最早的股指基金之一是由约翰·博格在1975年12月31日推出的跟踪标准普尔500指数的股指基金。在最初发行时，基金共持有价值达1 100万美元的资产，这一基金最初被调侃为“非美国式”（un-American）和“博格傻帽”（Bogle's folly）。然而后来，这只基金被命名为先锋500指数基金（Vanguard 500 Index Fund）。2017年，该基金账户下管理的资产达5 000亿美元。

指数基金能够做到多么准确地跟踪指数呢？两个相关的度量指标是**跟踪误差**（tracking error）和**费用比率**（expense ratio）。一只基金的跟踪误差的定义有两种比较常见的形式：一种是基金的年回报率与指数的年回报率的均方根误差（即二者回报率的差，平方后取均值，再开平方根），另一种是二者回报率之差的标准差。[⊖]费用比率是每年为管理基金付出的费用占总资产的比例。

4.1.2 费用

共同基金有几种不同形式的费用，其中包括运作费用、营销佣金支出、会计费用以及其他管理费用、交易费用等。为了补偿这些费用，并同时取得盈利，基金管理人会向投资者收费。**前端收费**（front-end load）是管理人在投资者首次买入基金份额时向投资者收取的费用，并不是所有的基金均收取这个费用。收取这个费用的基金被称为前端收费基金，在美国，前端收费的数量不

⊖ 均方根误差被认为是一种更好的方法。标准差法的问题是，如果二者回报率的差很大但很稳定，标准差会很小。

能超过投资数量的8.5%。有些基金在投资卖出基金份额时收费，这类基金被称为**后端收费**（back-end load）基金。所有的基金均收取年费。有些基金会专门收费来支付管理费、产品分配费用等。**总费用比率**（total expense ratio）是每份基金所收取的费用与每份基金价格的商。

Khorana等（2009）研究人员比较了17个国家的共同基金的收费。[㊀]Khorana等在他们的分析中假定投资者会持有基金5年，因此每年的总持有费用（total shareholder cost）等于

$$\text{总费用比率}+\frac{\text{前端收费}}{5}+\frac{\text{后端收费}}{5}$$

表4-2是对其研究结果的总结。股票型基金的平均费用从澳大利亚的1.41%到加拿大的3%不等。股票型基金的收费平均高于债券型基金收费大约50%，指数基金的收费低于常规基金的收费。这是因为基金不需要雇用那些高薪酬的股票选择员及分析员，某些美国的指数基金的费用低至每年0.15%。

表4-2 共同基金每年的平均费用（作为资产的比例,%）

国家	债券型基金	股票型基金
澳大利亚	0.75	1.41
奥地利	1.55	2.37
比利时	1.60	2.27
加拿大	1.84	3.00
丹麦	1.91	2.62
芬兰	1.76	2.77
法国	1.57	2.31
德国	1.48	2.29
意大利	1.56	2.58
卢森堡	1.62	2.43
荷兰	1.73	2.46
挪威	1.77	2.67
西班牙	1.58	2.70
瑞典	1.67	2.47
瑞士	1.61	2.40
英国	1.73	2.48
美国	1.05	1.53
平均	1.39	2.09

注：假定基金被持有5年。

资料来源：Khorana，Servaes，and Tufano，“Mutual Fund Fees Around the World，” *Review of Financial Studies* 22（March 2009）：1279-1310。

4.1.3 封闭式基金

截至目前，我们讨论的基金均为开放式基金。开放式基金是最为普遍的共同基金形式。基金中的份额数量每天都有所变化，这是因为每天都有投资者买入或卖出基金份额。封闭式基金就如同一般企业，其基金份额数量是固定的。基金份额每天都在股票交易所进行交易。对于封闭式基金我们可以计算两类净资产价值：一种是基金份额在交易中的成交价格，另一种等于基金投资组合的市场价值除以全部份额数量。第二个净资产价值被称为基金份额的公允市场价值（fair market value）。一般来讲，封闭式基金份额价值小于其公允市场价值。有一些研究人员试图解释这一现象的原因。罗斯（2002）的研究结果显示，对基金经理支付的费用可以解释这一点。[㊁]封闭式基金远没有开放式基金受欢迎，2016年，它们在美国的资产总额为2 620亿美元。

4.2 交易所交易基金

交易所交易基金（exchange-traded fund，ETF）在1993年首次出现于美国市场，并在1999

㊀ See A. Khorana，H. Servaes，and P. Tufano，“Mutual Fund Fees Around the World，” *Review of Financial Studies* 22（March 2009）：1279-1310.

㊁ See S. Ross，“Neoclassical Finance，Alternative Finance，and the Closed End Fund Puzzle，” *European Financial Management* 8（2002）：129-137.

年出现于欧洲市场。该类基金通常是跟踪某个指数，因此 ETF 产品是那些期望取得近似股指回报率的投资者的另一个选项。最著名的一只 ETF 基金被称为蜘蛛（Spider），其跟踪标准普尔 500 指数，交易代码是 SPY。2008 年 3 月，一项对于专业投资者的调查显示，67% 的被调查对象认为 ETF 是过去 20 年来最有创造性的投资工具，并且有 60% 的被调查对象认为 ETF 从根本上改变了他们构造投资组合的方式。2008 年，美国 SEC 批准了主动管理型 ETF 基金的成立。

ETF 是由机构投资者创立的产品，一般来讲，某个机构投资者首先将一系列的资产存放于 ETF 基金中，并因此取得 ETF 份额（也被称为创立基数（creation units））。某些或全部的 ETF 份额会在股票交易所上市交易。这赋予了 ETF 某种封闭式基金而不是开放式基金的特性。但是，ETF 的一个重要特性是，机构投资者在交易时可以将大量的份额与对应的标的资产互换。投资者可以放弃他们持有的 ETF 份额而接收资产，或者存入资产而收到新的份额。这么做的目的是保证 ETF 在交易所交易的价格与其公允价格没有太大出入，这一特性正是 ETF 与封闭式基金的重要区别，这一点使得 ETF 对投资者来讲比封闭式基金更有吸引力。

同开放式基金相比，ETF 有若干好处，它可以在一天的任意时刻被买入或卖出，投资者可以像卖空股票那样来卖空 ETF（见第 5 章关于卖空策略讨论）。ETF 持有资产每天要被公布两次，这保证了投资者会对基金标的资产有充分的了解。与之相比，共同基金公布其资产的次数没有这么频繁，当共同基金的份额被卖出时，基金管理人常常要卖出基金中所持股票以确保拥有足够的资金来支付给投资者。而当 ETF 的份额被卖出时，并不一定非要卖出资产，这是因为其他投资者可以提供现金。这意味着管理人可以节省交易费用，减少了转嫁给基金持有者的无计划资本收益和亏损。最后，ETF 的费用比率一般要低于共同基金的费用比率。ETF 越来越受欢迎，到 2016 年，它们的资产达到 2.5 万亿美元。

4.3 主动管理型基金与被动型指数基金

当购买共同基金或交易所交易基金时，投资者可以在一只被动型指数基金（跟踪某一特殊指数，如标准普尔 500 指数）和一只主动管理型基金（依赖于基金经理的选股与择时技能）之间选择。主动管理型基金的费用比率往往高得多。因此，一个关键问题是，主动管理型共同基金的表现是否优于标准普尔 500 指数等股票指数。有些基金在某些年份表现很好，但这可能是运气好，而非良好投资管理的结果。研究人员面临的两个关键问题是：

（1）平均来讲，一只主动管理型基金会比股指表现更好吗？

（2）在第一年表现好的基金，在第二年会持续吗？

对于以上两个问题的回答看来都是否定的。在一项经典的研究中，Jensen（1969）采用 115 只共同基金的 10 年数据来检验它们的表现。[⊖]在研究过程中，他计算了每年每只基金的 alpha项（如第 1.3 节所示，alpha 是超过资本资产定价模型预测的回报）。考虑到各项费用，所有基金的平均 alpha 为零，扣除费用后，平均 alpha 为负值。Jensen 同时也检验了一个具有正的 alpha 的基金是否会持续产生正的 alpha。表 4-3 是对 Jensen 结果的总结，表中第一行显示在

⊖ See M. C. Jensen, "Risk, the Pricing of Capital Assets and the Evaluation of Investment Portfolios," *Journal of Business* 42(April 1969): 167-247.

1 150 个观察数据中，有 574 只基金具有正的 alpha（近 50%），在这些具有正的 alpha 基金中，有 50.4% 的基金在随后一年仍有正的 alpha。表中第二行显示，当在 2 年内基金的 alpha 均为正时，在接下来一年基金的 alpha 为正的机会有 52%，表中的数据依此类推。结果显示，当一个基金经理在 1 年中（或几年内）取得了正的 alpha 以后，在接下来一年只有 50% 的机会取得高于平均水平的回报率。这些研究结果说明基金经理取得正的 alpha 回报往往是因为运气，而不是投资技巧。某些经理人的回报率会一直高于市场平均回报率，但这些经理人只占整体数量的一小部分。一些更新的研究结果也证实了 Jensen 的结论。平均来讲，共同基金经理的表现不会比市场表现更好，并且过去的表现不能代表将来。股指基金的成功说明了 Jensen 的研究结果确实影响了许多投资者的观点。

表 4-3 共同基金良好回报的一致性

取得正 alpha 的连续年份	观察到的基金数量	下一年 alpha 为正的基金占比
1	574	50.4
2	312	52.0
3	161	53.4
4	79	55.8
5	41	46.4
6	17	35.3

共同基金常常会取得令人吃惊的回报率。但是，这个回报率也许只是属于某一只特殊的基金，这一基金可能是同一机构发行的众多基金中的一只，只不过恰好取得了高于平均水平的回报而已。将好运气与好表现进行区分并非易事。假定某资产管理公司有 32 只基金，每只基金均采用不同的交易策略，假设基金经理没有什么特殊技巧，每只基金的年回报高出市场回报的机会为 50%，某只基金在连续 5 年内的回报均高于市场的机会为 $(1/2)^5$，即1/32，这意味着在 32 只基金中，一定会有一只基金在 5 年的时间内表现会高于市场表现！

另外一点需要说明的是关于几年内回报率的表达方式。一个共同基金的广告可能会说“在过去 5 年内，我们平均年回报为 15%”，另外一个广告可能会说“将你的财富投资于我们的共同基金，你的财富将以每年 15% 的比率增长”。以上两种说法听起来类似，但事实上它们有不同的含义（见业界事例 4-1）。在许多国家，监管当局设定管理规则来确保共同基金回报率的报告方式不能误导投资者。

业界事例 4-1 共同基金的回报率可能会令人误解

假定某共同基金经理报告的在过去 5 年内的年回报率（以年复利）为 15%、20%、30%、-20% 及 25%。

这些回报率的算术平均值等于以上 5 个数值的和除以 5，即 14%。但是如果一个投资者将资金投入该共同基金，并投资 5 年，那么其平均每年的回报率会小于 14%。100 美元的投资在 5 年后的价值为

$$100 \times 1.15 \times 1.20 \times 1.30 \times 0.80 \times 1.25 = 179.40(\text{美元})$$

而以年复利 14% 的回报率计算，相应的值将为

$$100 \times 1.14^5 = 192.54(\text{美元})$$

在 5 年后，终端值为 179.40 美元所对应的年回报率为 12.4%，这是因为

$$100 \times 1.124^5 = 179.40(\text{美元})$$

那么，基金经理应该报告哪一个回报率呢？基金经理常常会做出以下声明："在过去 5 年，我们平均每年的回报率为 14%。"虽然这一声明没有错，但它会令人产生误解。而以下声明就不太会使人误解："投资者在过去 5 年将资金投入我们的共同基金，所得的回报率为每年 12.4%。"在有些地区，监管当局的准则要求基金经理以第二种形式报告回报率。

以上现象是数学家所熟悉的一个著名结论：一组数据（不全部相等）的几何平均值总是小于算术平均值。在我们的例子中，回报每年的乘数项为 1.15、1.20、1.30、0.8 和 1.25。这些数字的算术平均为 1.14，而它们的几何平均值为 1.124。一个将资金投资若干年的投资者所得回报率为几何平均，而非算术平均。

4.4　监管

因为共同基金是为了吸引小客户，而许多小客户的投资经验并不丰富，所以监管当局对共同基金设定了非常严格的管理规定。在美国，SEC 是共同基金的主要监管机构。共同基金必须向 SEC 提交注册文件。基金在招股书中必须向潜在投资者提供详尽和准确的财务报告，SEC 也设定了监管规则以避免利益冲突、欺诈和收费偏高事件的发生。

即使有监管条款的存在，共同基金市场仍然会出现一定数量的丑闻。其中一种丑闻为**延迟交易**（late trading），如本章前面所述，如果一个投资者在下午 4 点之前向其经纪人发出了买入或卖出共同基金的指令，则决定投资者支付或收到的价格是基金下午 4 点的净资产价值。在实际中，因某种原因，买入或卖出指令有时在 4 点以前可能并没有由经纪人传给共同基金，这就可能会造成经纪人与投资者合谋，并在 4 点之后提出一个新的交易指令，或者将原有交易指令进行修改。即使投资者使用 4 点后的市场动向（尤其是海外市场动向），但 4 点设定的净资产价值仍然对投资者有效。SEC 监管条款禁止延迟交易，并在 21 世纪初对一些违规人员进行了起诉，且因此触发了数以百万计的罚款，许多人也因此丢掉了自己的饭碗。

另外一种丑闻被称为**择时交易**（market timing）。择时交易是指一些特殊的客户可以频繁地买入或卖出基金的份额（例如，每几天进行一次交易）而无须为此付出任何代价，他们之所以愿意这么做可能是他们沉溺于延迟交易能带来非法盈利，另一个原因是他们试图找出那些近期价格没有更新的股票对基金净资产价值的影响。假定某只股票在几个小时内价格没有更新（这可能是因为股票交易不频繁，或者是股票是在不同时区的交易所进行交易），如果美国市场在过去的几小时内上涨（下跌），计算出的净资产价值可能会低估（高估）基金的标的投资组合的价值，这是一个短期交易机会。利用这样的机会并从中盈利并不一定违法。但是，如果共同基金给某些特殊客户一定的交易特权，那么共同基金的做法就是违法的，因为交易费用（例如，那些为满足客户经常性地卖出份额而提供的流动性所触发的费用）是由所有客户共同分担的。

其他类型的丑闻包括抢先交易和定向经纪。**抢先交易**（front running）是指共同基金在计划一个大交易时，预计市场会受到影响，在交易前共同基金通知一些特殊客户和一些合伙人，

允许他们事先用自己的账户进行交易。**定向经纪**（directed brokerage）涉及共同基金与经纪商之间的不当行为，其中经纪商向客户推荐共同基金，作为回报，共同基金向经纪商发出买卖股票及债券的指令。

4.5 对冲基金

对冲基金与共同基金的区别在于对冲基金所受的监管约束要比共同基金少得多，这是因为对冲基金的资金局限于那些对财务有经验知识的投资者和机构。共同基金的监管条例包括：

（1）共同基金的客户可以随时赎回其持有的份额；

（2）净资产价值每天要进行计算；

（3）必须披露投资策略；

（4）对杠杆的使用有限制。

对冲基金往往不受以上条款的限制，因此可以有很大的自由度来开发复杂、非传统及自营投资策略。对冲基金有时也被称为**另类投资**（alternative investments）。

第一家对冲基金公司 A. W. Jones & Co 是由阿尔弗雷德·温斯洛·琼斯（Alfred Winslow Jones）于 1949 年在美国创立的，它采用普通合伙制（general partnership），目的是避免 SEC 的监管。琼斯在其交易组合中持有他认为价格被低估的股票的多头和价格被高估的股票的空头，并利用杠杆来放大回报率。该对冲基金将盈利的 20% 作为管理费，基金的表现十分出色。对冲基金（hedge fund）这一名词是 1966 年卡罗尔·卢米斯（Carol Loomis）在报纸上发表的一篇关于 A. W. Jones & Co 的文章中首先引入的，这篇文章指出，在扣除手续费后，对冲基金的表现比大多数共同基金要好。不出所料，这篇文章引发了投资界对对冲基金及对冲基金投资策略的极大兴趣。其他对冲基金的先驱还有乔治·索罗斯、沃尔特·施洛斯以及朱利安·罗伯逊。[⊖]

对冲基金一词意味着基金的风险是被对冲的，琼斯的交易策略确实涉及对冲，他的头寸对市场的整体方向没有太大的风险敞口，因为他的多头（他认为被低估的股票）在任意给定时刻基本上与他的空头（他认为被高估的股票）持平。但是对于其他一些对冲基金而言，采用“对冲”一词来描述并不合适，因为这些对冲基金在没有任何对冲策略的情况下对于市场的变动采用激进的投资策略。

历年来，投资基金的规模一直在增长。2017 年，对冲基金吸纳的投资额超过 3 万亿美元的规模。但我们在后面将会看到，2009 ~ 2016 年，很多对冲基金的表现不如标准普尔 500 指数。许多对冲基金注册地在税率较为优惠的地区，例如开曼群岛。基金的基金（funds of funds）的设立是为将资金投资于不同的对冲基金。对冲基金是一个不能忽略的投资群体。纽约和伦敦股票市场每天成交量的很大一部分得益于对冲基金的贡献。它们还是可转换债券、信用违约互

⊖ 来自奥马哈（Omaha）的著名的巴菲特也可以被认为是对冲基金的先驱。1956 年，他创立了巴菲特有限合伙人公司，当时公司共有 7 位合伙人，每人投股 100 100 美元。巴菲特向每个合伙人收取的手续费是超出 25% 门槛回报率以上的盈利的 25%。巴菲特专长于特殊情形投资、并购套利、公司分割独立（spin-off），以及不良债权投资，巴菲特的平均回报率是每年 29.5%。巴菲特的合伙人公司在 1969 年解散，之后巴菲特成立了伯克希尔 - 哈撒韦公司（持股公司，并非对冲基金）。

换、美国不良债权、非投资级债券交易的主要参与者。它们在 ETF 上的交易也非常活跃，而且常常持有空头头寸。

4.5.1　收费

对冲基金与共同基金的一个重要区别在于对冲基金的收费远高于共同基金，并且对冲基金的收费与基金的表现有关。对冲基金通常每年收取的管理费为其管理资产数量的1% ~3%，这一费用是为了支付操作费用，但也可能是用于审计、会计管理以及交易员分红等费用。另外，对冲基金还会收取绩效费（incentive fee），该费用通常是盈利（如果有）的 15% ~30%。绩效费的设定是为了吸引最有天赋的以及经验丰富的投资经理，因此，一种常见的对冲基金的费用被称为“2% +20%”，这是指对冲基金每年收取 2% 的资产管理费，并收取 20% 的盈利。除了收取较高的管理费，对冲基金通常会有一个资金锁定期（lock up period），即投资资金至少在 1 年内不能被抽回。有些业绩表现好的对冲基金收取的管理费要高于平均收费，例如，文艺复兴科技公司（Renaissance Technologies Corp.）的吉姆·西蒙斯（Jim Simons）的手续费为“5% +44%”（西蒙斯曾经是数学教授，他在 2017 年的身家为 180 亿美元）。

对冲基金所提供的协议可能包括一些使得绩效费变得更易于被投资者接受的条款，例如：

（1）通常条款中会注明一个**门槛回报率**（hurdle rate），也就是说只有在业绩超出这个最小回报率时，绩效费才适用。

（2）通常条款中会注明一个**高潮位标记条款**（high-water mark clause），该条款阐明前期损失必须在全部补齐的情况下，绩效费才适用。因为不同的投资者入股对冲基金的时间可能会不同，所以对于所有投资者，高潮位标记条款也各不相同。有时在合约中阐明一个**按比例调整条款**（proportional adjustment clause），该条款阐明如果投资者抽回资金，对冲基金对于前期损失只是按比例进行弥补。假定一个对冲基金初始价值为 2 亿美元，对冲基金损失了 4 000 万美元，假定投资者想收回资金 8 000 万美元，高潮位标记条款会注明，只有在剩下的 8 000 万美元资金的回报必须完全弥补 4 000 万美元的损失之后，对冲基金才能收取绩效费。而按比例调整条款会将弥补数量减至 2 000 万美元，因为在提取资金后，基金规模只是资产提取前规模的一半。

（3）有时条款中会有一个**分红追回条款**（clawback clause），该条款可以保证投资者通过收回以前发出的绩效费来弥补自身的损失。投资者每年给出的绩效费的一部分被存入回收账户（recovery account），账户中的资金将用于弥补投资者将来的部分损失。

由于对冲基金收取丰厚的手续费，所以许多基金经理也逐渐变得富有起来。2016 年，《福布斯》统计出排名前 25 位的对冲基金经理的收入总值为 109 亿美元，其中两位的收入超过了 10 亿美元，分别是文艺复兴科技公司的吉姆·西蒙斯（16 亿美元）和桥水投资公司的雷·达利奥（Ray Dalio，14 亿美元）。

如果一个投资者在一家对冲基金拥有一个投资组合，那么需要缴纳的费用可能非常高昂。举一个简单的例子，假设一个投资被均分给两家基金 A 和 B。两家基金都收取 2% +20% 的费用。在第一年，基金 A 的回报率是 20%，而 B 的回报率是 −10%。投资者的平均回报率是 0.5 ×20% +0.5 ×(−10%) =5%。给基金 A 缴纳的费用是 2% +0.2 ×(20% −2%) 或 5.6%。给基金 B 缴纳的费用是 2%。给基金的平均费用占整个投资的 3.8%。投资者实际只得到 1.2%

的回报率。如果2% +20% 的收费只作用于整体5% 的回报，那么投资者得到的实际回报会加倍。

如果涉及对冲基金的基金，还会有一层额外的收费，那么投资者实际的回报会更少。对冲基金的基金的一个典型收费标准为管理资产数量的1% 以及所投资的对冲基金的净盈利（除去奖励和管理费用）的10%。假定一个对冲基金的基金将其资金在10只对冲基金之间进行分配，所有的对冲基金收费标准为“2% +20%”，而基金的基金收费为“1% +10%”，听起来投资者付费为“3% +30%”，但实际上费用远比这还要高。假定10只对冲基金中有5只的回报为 -40%，另外5只为40%。对每只盈利的基金，要支付38% 的20% 即7.6% 的奖励费用。因此，总的奖励费用为总投资的3.8%。另外，还有交给对冲基金2% 的年费和交给基金的基金1% 的年费。投资者的回报是 -6.8%（在付费后，标的资产数量比付费前减少6.8%）。

4.5.2 对冲基金经理的激励

对冲基金经理的收费形式为这些经理提供了取得盈利的动机，但同时也鼓励了基金经理承担更大的风险。基金经理实际上持有关于基金内资产的看涨期权。众所周知，当标的资产价格的波动率增大时，看涨期权价值也会增大。这意味着对冲基金经理可以通过承担增加基金资产波动性的风险来增加期权的价值。当临近绩效考评周期的末尾但当期回报率是负数或很低时，他们尤其有动机这么做。

假定一个对冲基金面临一个投资机会，其中有0.4的概率投资回报率达60%，而有0.6的概率回报损失达60%，对冲基金的收费为“2% +20%”，投资的预期回报率为0.4 × 60% +0.6 ×（ -60%），即 -12%。

虽然这一预期回报很糟糕，但基金经理仍然可能会接受这种投资。如果投资回报为60% 盈利，对冲基金收费为2% +0.2 ×58%，即13.6%；如果投资回报为60% 损失，对冲基金收费为2%，因此，基金经理的预期收费为0.4 ×13.6% +0.6 ×2% =6.64%。

即收费为管理资产的6.64%，预期管理费为2%，预期绩效费为4.64%。

对于投资者而言，预期回报率为0.4 ×（0.8 ×58%）+0.6 ×（ -60% -2%），即 -18.64%。

表4-4 是对以上例子的总结，该例显示，即使在预期回报率为负的情况下，对冲基金的收费结构仍然会促成基金经理承担高风险。我们可以采用门槛回报率、高潮位标记条款以及分红追回条款来减少基金经理承担高风险的倾向。但是对投资者而言，这些条款并不像听起来那么有效，其中一个原因是投资者必须持续地将资金投放到对冲基金上才能享受其好处。另外一点是当对冲基金的损失累积太大后，对冲基金经理很可能就此从对冲基金抽身离去，然后再开始一家新的基金。

表4-4 高风险投资回报

对冲基金预期回报率	6.64%
投资者预期回报率	-18.64%
整体预期回报率	-12.00%

注：回报率为60% 及 -60% 所对应的概率分别为0.4 和0.6，对冲基金的收费为“2% +20%”。

我们这里所说的动机是有据可查的。你可以想象一下，如果你是对冲基金 Amaranth（希腊语为“不凋花”的意思）的投资者，你会有何感想。Amaranth 的一个交易员 Brian Hunter 喜欢对天然气价格下大赌注，2006年以前，他的赌注往往是对的，因此他也被认为是明星交易员。据说包括分红在内，他的工资在2005年高达1亿美元。2006年，他的赌注终于出现了错误，因此账下资产数量达 90 亿美元的 Amaranth 损失了 65 亿美元（这一数量比另一个对冲基金，即长期资本管理公司（Long Term Capital Management）在 1998 年的损失还要大）。Brian Hunter 并没有交回他以前的分红所得，他只是离开了 Amaranth，并随之试图再建立一个自己的对冲基金。

有趣的是，从理论上讲，两个人串通起来可以采用以下形式创立一个生钱机器（money machine），第一个人可以创立一个对冲基金，并且进行一些高风险（并且是秘密）投资，另外一个人也创立一个对冲基金，但其投资策略完全与第一个人相反。例如，第一个对冲基金买入了 100 万美元的白银，第二个对冲基金应该卖空相同数量的白银。在创立基金时，这两个人可以签订合约来共享绩效费，两个对冲基金中的一个（但我们并不知道是哪一个）的收益一定会很好，并且挣得了一笔较好的绩效费，另外一个的表现会很差，因此不能挣得绩效费。只要这两个对冲基金可以找到投资者，它们就有了一个生钱机器。

4.5.3　机构经纪人

机构经纪人是为对冲基金提供服务的银行。通常来讲，对冲基金在刚刚创立时，会选择一家特定的银行作为其机构经纪人。这家银行将会处理对冲基金的交易（可以是与机构经纪人本身之间进行的交易，也可是与其他经纪交易商进行的交易），进行净值结算决定对冲基金是否还要补充抵押品；当对冲基金想进入卖空交易时，帮助对冲基金借入证券；为对冲基金提供现金管理和投资组合报告服务；为对冲基金提供贷款服务等。有时机构经纪人会提供风险管理及咨询服务，并向对冲基金介绍潜在投资者。机构经纪人对对冲基金的投资组合十分了解，并一般会对投资组合进行压力测试以决定它准备给基金提供多少杠杆。

虽然对冲基金不受监管的严格制约，但它们受制于机构经纪人的质询。对对冲基金来说，机构经纪人往往是最主要的借贷资金来源。机构经纪人会监督对冲基金承担的风险，并决定对冲基金可采用多大的杠杆。通常来说，对冲基金借贷时，要向机构经纪人缴纳抵押品。当对冲基金交易产生损失时，需要缴纳的抵押品价值会更大；如果对冲基金拿不出足够多的抵押品，那么它就别无选择，只能将交易平仓。如果一个交易在长远来讲会盈利，而在短期会亏损，那么对冲基金应该做出谨慎决策。比如，某家对冲基金可能认为目前市场上的信用价差已经太高，因此在此交易中使用了高杠杆，决定买入 BBB 级债券，并且卖空政府债券。但是，信用价差在降低之前有可能会进一步升高，这时对冲基金可能没有足够的抵押品，它只能被迫将交易平仓并承担巨大的损失。

当对冲基金的规模变大后，对冲基金往往会采用多个机构经纪人，这意味着没有一家银行可以看到对冲基金的全部交易，也不会完全知晓对冲基金投资组合的构成。与多家机构经纪进行交易给对冲基金在谈判中带来更多的发言权，这可以帮助对冲基金降低其交易费用。高盛集团和摩根士丹利以及其他大银行，均为对冲基金提供机构经纪服务，这些银行发现经纪服务确实可以给自身带来丰厚的盈利。[⊖]

⊖ 银行向对冲基金提供贷款时会承担一定的风险，反之对冲基金选定某家银行作为机构经纪人时也会承担一定的风险。许多对冲基金选定雷曼兄弟为机构经纪人，当雷曼兄弟在 2008 年破产时，对冲基金发现不能收回自身的资产。

4.6 对冲基金的策略

在本节中我们将讨论对冲基金所采用的某些策略，我们这里采用的分类与道琼斯瑞信(Dow Jones Credit Suisse)所给出的分类相似。道琼斯瑞信提供跟踪对冲基金表现的指数。并不是所有的对冲基金均可以按这种形式分类，有些对冲基金采用我们讨论策略的若干种，有些对冲基金的策略在这里根本就没有列举（例如，一些对冲基金专长于气候衍生产品）。

4.6.1 股票多空型

如在前面所述，多空股票（long/short equity）策略曾被对冲基金的先驱琼斯采用。这种策略仍然是对冲基金策略中最为流行的一种。在该策略中，对冲基金经理首先识别一组价格被市场低估的股票和一组价格被市场高估的股票，然后基金经理会持有第一组股票的多头并持有第二组股票的空头。通常来讲，对冲基金必须向其机构经纪人每年支出1%的费用，这一费用是租用在空头头寸中借入的股票的租金（见第5章关于空头的讨论）。

多空股票策略的关键在于股票的选取。如果在交易策略中，价格被高估以及低估的股票选取得很好，那么该交易策略无论是在牛市还是在熊市中均能产生好的收益。对冲基金经理常常会非常重视还没有受到股票分析员关注的小股票，并进行大量的基本面分析（fundamental analysis)。这种分析法的先驱是本杰明・格雷厄姆。对冲基金经理可能会偏向于一个净多头头寸，即做空的数量比做多的数量稍少；或者偏向于一个净空头头寸，即做多的数量比做空的数量稍少。琼斯在其成功运用该策略中，持有一个净多头头寸。

一个**股票市场中性**（equity-market-neutral）对冲基金采用多空股票策略，但没有任何净多头或净空头。一个**绝对额中性**（dollar-neutral）对冲基金是一个股票市场中性基金，其中以货币量为计的多头头寸数量等于以货币量为计的空头头寸数量。一个 **beta 中性**（beta-neutral）对冲基金是一个更为复杂的股票市场中性基金，其做多的股票的加权平均 beta 等于其做空的股票的加权平均 beta。所以整个投资组合的整体 beta 为0。如果资本资产定价模型成立，那么 beta 中性对冲基金对市场变动不具有敏感性。有时 beta 中性交易可以利用股指期货的多头或空头来实现。

有时股票市场中性基金会走得更进一步，某些对冲基金会保持一个**行业中性**（sector neutrality)，其中交易组合中的多/空头头寸以行业为基准。还有一些基金保持**因子中性**（factor neutrality)，其中交易组合对于某个因子，例如石油价格或利率水平或通货膨胀率为中性。

4.6.2 专营卖空型

专营卖空（dedicated short）的基金经理会花其全部精力专门寻找那些价格被高估的公司，并卖空这些公司的股票。他们的交易策略是利用经纪人和股票分析员轻易不愿发出变卖建议(sell recommendation）这一特点，虽然我们可以很合理地认为在任意时刻市场上价格被高估的公司数量与被低估的公司数量是大致相当的。一般来说，专营卖空的基金经理所选择的公司往往是财务状态较弱、经常更换审计公司、延迟向 SEC 提供财务报告、行业产能过剩、被起诉或试图会让卖空其股票的投资者保持沉默的那些公司。

4.6.3 不良证券型

信用级别为 BB 级或更低的债券被称为“非投资级”（non-investment grade）或“垃圾债券”（junk bond）。信用级别为 CCC 级的债券被称为不良（distressed）债券，信用级别为 D 级的债券是处于违约状态的债券。一般来讲，不良债券的价格远低于其票面价值（par value），不良债券的回报率可能会比政府债券回报率高 1 000 个基点（10%）以上，当然投资者只有在这些债券仍能支付利率和本金的前提下才能挣得高回报率。

专长于不良债券的基金经理会谨慎地计算对于不同情形以及在不同的概率情况下，债券的公允价格。不良债券通常不能被卖空，因此基金经理会努力在市场上寻找价格被低估的不良债券。破产过程通常会导致公司的重组或清算，基金经理要了解司法系统的运作，要通晓公司解体时资产支付的优先权，要懂得如何估计回收率，并预测公司管理层的应对措施等。

有些基金经理是被动投资者，他们的策略是在不良债券价格很低时买入债券，然后等待；有些对冲基金采用主动投资方式，他们可能会买入大量市场上既存的不良债券，然后再设法去影响公司今后的重组建议。在《美国破产法》第 11 章关于重组的规定中，对于一个重组计划，只有在超过每个层级债权人（class of claim）的 2/3 多数赞成的情况下，重组计划才能被批准。在公司重组时，股权的价格常常会变得一文不值，而没有偿付的债券会转换成新的股权。有时，一个主动型基金经理的目标是买入超过 1/3 的债券，取得对目标公司的控制权，并设法从中盈利。

4.6.4 并购套利型

并购套利（merger arbitrage）涉及在兼并和收购消息公布后进行交易，同时寄希望于并购交易的达成。市场上有两种并购形式：现金交易和换股交易。

首先考虑现金交易。假定公司 A 准备以每股 30 美元的价格买入公司 B 的所有股份，公司 B 的股价在消息公布时为每股 20 美元。消息一经公布，其股价可能会涨到 28 美元。股价不会一下子涨至 30 美元，原因如下：①并购交易不一定达成；②市场需要一定的时间才能完全理解并购交易的影响。并购套利型对冲基金可能以每股 28 美元的价格买入公司 B 的股票，然后等待。如果收购协议确实达成了，那么公司 B 股票变为 30 美元，对冲基金盈利为每股 2 美元；如果并购协议达成的价格超过 30 美元，那么对冲基金的盈利会更高。但是，如果并购协议没有达成，对冲基金将蒙受损失。

接下来考虑换股交易的情形。假定公司 A 宣布将以自身的 1 股股票换取 4 股公司 B 的股票。假定在消息公布前公司 B 的股票价格为公司 A 的股票价格的 15%。在消息公布后，公司 B 的股票价格可能会涨至公司 A 的 22%。一个并购套利型对冲基金可能会买入一定数量公司 B 的股票，同时卖空等于这一数量 25% 的公司 A 的股票。如果换股比例确实按宣布的消息顺利执行，或者换股比率对公司 B 更有利，那么这种交易策略会给对冲基金挣得盈利。

并购套利型基金可以产生稳健但并不令人吃惊的回报。我们应该区分并购套利与伊凡·博斯基（Ivan Boesky）的行为以及其他在并购消息公布之前进行的内部交易行为。[⊖]内部交易是违

⊖ 迈克尔·道格拉斯（Michael Douglas）在得奖影片《华尔街》（*Wall Street*）所扮演的角色戈登·盖柯（Gordon Gekko）的原型就是伊凡·博斯基。

法行为，因内部交易，伊凡·博斯基被判 3 年徒刑，并且被罚款 1 亿美元。

4.6.5 可转换债券套利型

可转换债券是指那些在将来某个时刻可以转化为债券发行人股票的债券，并且指明了根据可能兑换的时间，每份债券可换取等额股票数量。债券发行人一般有权在将来，在一定条件下买回债券（比如，以指定价格赎回债券）。通常，债券发行人会以赎回债券的形式来强迫债券持有者将债券转换为股票（如果债券不被赎回，债券持有者会尽量延迟将债券转换为股票的时间）。

可转换债券套利型对冲基金一般都研发了复杂模型对可转换债券进行定价。可转换债券的价格以某种复杂的方式取决于以下变量：股票价格、股票波动率、利率水平以及发行人的违约率等。许多可转换证券的交易价格低于其公允价格。对冲基金经理往往会买入这样的证券，并以卖空股票的形式来对冲风险（这是第 7 章讨论的 delta 对冲的一种应用）。基金经理可以通过卖空债券发行公司的其他非转换债券的形式来对冲利率和违约风险。另外一种做法是利用利率期货、资产互换或信用违约互换等产品来对冲风险。

4.6.6 固定收益套利型

进行固定收益产品交易的最基本工具是零息收益率曲线。该曲线可以依据本书附录 B 中所描述的方法进行构造。对冲基金可以采用的一种固定收益产品策略是**相对价值**（relative value）策略。在该策略中，对冲基金经理买入那些由收益曲线表明被市场低估的债券，同时卖出那些由收益曲线表明被市场高估的债券。**市场中性**（market neutral）策略与相对价值策略十分相似，唯一不同之处是市场中性策略会保证基金对利率的变动没有风险敞口。

有些固定收益型对冲基金采用一些方向性的投资策略，即它们的持仓量建立在某些利率的利差或者利率水平本身会朝某个特定的方向变动这一假设上。这些基金一般具有很强的杠杆特性，因此要支付抵押品。因此它们所面临的风险是：长期来讲，它们的决策是正确的，但短期市场变动触发了损失，导致它们不能支付足够的抵押品，并因此不得不将交易平仓而蒙受损失。这种风险恰恰发生在对冲基金长期资本管理公司身上（见业界事例 19-1）。

4.6.7 新兴市场型

新兴市场型对冲基金专长于对发展中国家的投资。有些基金注重于股票投资，它们从市场中筛选那些价格被高估和低估的股票。基金经理会通过到发展中国家进行商务旅行、出席会议、与分析员会晤、与公司管理人员讨论并采用雇用咨询人员的方式取得信息。一般他们会选择在当地交易所上市的股票进行投资，但有时他们也会利用美国存托凭证（American Depository Receipts，ADR）的形式来进行投资。ADR 是在美国发行并在美国交易所交易的凭证，这些凭证由外国公司的股票作为支持。ADR 可能比外国公司的股票的流动性更好，交易费用更低。有时 ADR 与标的资产价格会有差别，这因此也会产生套利机会。

另外一种新兴市场的投资产品是发展中国家发行的债券。欧洲债券（Eurobond）是由一个国家发行，以美元或欧元硬通货计价的债券；布雷迪债券（Brady bond）是由美国财政部支持的以美元计价的债券；当地货币债券（local currency bond）是由当地货币计价的债券。对冲基金会投资于以上 3 种债券。无论当地货币债券或欧洲债券均具有风险。俄罗斯、阿根廷、巴西及委内瑞拉曾多次对其发行的债券违约。

4.6.8　全球宏观型

全球宏观型（global macro）对冲基金采用超级明星管理人乔治·索罗斯和朱利安·罗伯逊等采用的交易策略，其基金经理进行的交易反映了全球经济的走向。他们试图寻求那些市场因某种原因脱离其平衡点的情形，并且对经济状态会返回平衡点而下赌注。他们经常会对利率及汇率市场下赌。乔治·索罗斯的量子基金（Quantum Fund）在 1992 年的一个策略是对英国英镑价值走低进行下赌，这为基金带来了 10 亿美元的盈利。最近，对冲基金对于美国的国际收支赤字会造成美元贬值下了赌注（赌注结果有好有坏）。全球宏观型对冲基金的重要问题是他们并不知道经济平衡会在何时恢复。因某种原因，世界市场不平衡状态可能持续很长时间。

4.6.9　管理期货型

对冲基金经理利用管理期货（managed futures）策略来预测将来大宗商品价格的变动。有些基金依赖于基金经理的判断；有些基金利用计算机程序来进行交易；有些基金的交易是基于**技术分析**（technical analysis），技术分析是指用过去的价格变动规律来预测将来的价格；另外一些基金采用**基本面分析**（fundamental analysis）来决定交易决策，基本面分析是从经济、政治或其他相关因素来确定大宗商品价格。

当利用技术分析时，交易策略要首先应用于历史数据，这种检测被称为**回溯测试**（back-testing）。如果（往往是这样）某个交易规则是基于历史数据归纳得出，那么分析员必须进行样本外检验（即将策略应用于那些没有用于产生规则的数据）。分析员应该认识到数据挖掘的潜在危险性。分析员可能开发出了成千上万个不同的交易规则，并用历史数据来检验这些规则。可能是由于运气，一些规则的表现会很好，但不意味着这些规则在将来表现就一定会好。

4.7　对冲基金的收益

与评估共同基金的收益相比，对对冲基金的收益进行评估不是件容易的事情。市场上并没有包含所有对冲基金信息的数据库。研究人员可以取得 TASS 对冲基金数据库，但参与这一数据库与否取决于对冲基金自身的意愿。小的对冲基金或表现差的对冲基金不愿意公布其业绩，因此数据库中也就不包括这部分数据。当对冲基金公布业绩时，这些数据也会用来弥补这个对冲基金以前的空白数据，而这会造成数据偏差。如上所述，对冲基金一般会在收益好的情况下才开始报告收益。在剔除数据偏差后，有些研究人员发现对冲基金的实际回报并不比共同基金更好，特别是考虑到管理费以后。

有人认为，对冲基金可以改善养老基金的风险 - 回报替代关系。这是因为养老基金不能（或者是因为自身的选择不愿）进行卖空交易、杠杆化、衍生产品投资或从事其他复杂的交易，而这些交易往往被对冲基金采用。投资对冲基金（在付费条件下）是养老基金直接扩大其投资范围的一种形式，这么做也许会改善有效边界的结构（见第 1.2 节关于有效边界的讨论）。

我们常看到有些对冲基金在某些年会给出令人瞠目的回报，然后突然香消玉殒。长期资本管理公司在1994年、1995年、1996年、1997年给出的回报率分别是28%、59%、57%、17%，而在1998年，该对冲基金基本损失了其全部资本金。有人指出对冲基金的回报就如同承约一个虚值期权（卖出一个虚值期权）。在大多数情况下，这些期权不会带来损失，但有时这一期权也会触发巨大损失。

这看起来似乎对对冲基金不太公平。对冲基金的支持者认为对冲基金确实可以找到盈利的机会，而许多其他投资者没有资源及能力做到这一点。他们可以举出一些顶级基金经理的例子，说明这些人确实可以找到好的投资机会。

在2008年以前，对冲基金的表现确实很好。2008年，虽然对冲基金总体上是亏损的，但表现还是超过了标准普尔500指数。但在2009~2016年，标准普尔500指数的表现远远超过一般的对冲基金。[⊖]巴克莱对冲基金指数是一个剔除了费用（可能有些前面提到的偏差）后的资产加权回报率指数。表4-5比较了该指数的回报与标准普尔500指数的总回报。

表4-5 对冲基金表现

年份	巴克莱对冲基金指数净回报率（%）	含分红的标准普尔500指数的回报率（%）
2008	-21.63	-37.00
2009	23.74	26.46
2010	10.88	15.06
2011	-5.48	2.11
2012	8.25	16.00
2013	11.12	32.39
2014	2.88	13.39
2015	0.04	1.38
2016	6.10	11.96

小结

共同基金和交易所交易基金给小投资者提供了分散风险的途径。有证明显示，整体来讲，主动型共同基金的表现没有好过市场，这造成了许多投资者将资金投放于那些跟踪市场指数，例如标准普尔500指数的基金。

许多共同基金为开放型，即随着投资者买入（卖出）份额，基金的份额数量会增大（减小）。开放式基金在每个工作日下午4点计算其份额的净资产价值，该价值被用于在4点前24小时内买入和卖出订单的价格。封闭式基金的份额固定，其交易方式类似于其他企业的股票交易。

交易所交易基金（ETF）是对开放式基金和封闭式基金的一种替代，这种基金十分流行。在任意一个时刻，基金的份额为已知，大型机构投资者可以在任意时刻将持有基金的份额转换为基金中的资产，这可以保证ETF的份额（不同于封闭式资金）的交易价格十分接近于资金的净资产价值。ETF的份额可以被随时交易（而不仅仅是在下午4点），ETF的份额可以被卖空（这不同于开

⊖ 需要说明的是，对冲基金的beta通常小于1（例如，多空股票型基金通常被设计成beta接近0），所以在市场表现非常好的时段，回报率低于标准普尔500指数并不一定意味着投资组合的alpha是负的。

放式基金的份额）。

对冲基金是为了迎合大型投资者的需求。相比共同基金，对冲基金所受的监管制约很少。对冲基金的收费远高于共同基金。典型的收费是“2% +20%”，这意味着对冲基金每年会将管理资产规模的2%，以及基金盈利的20%（如果有的话）作为管理费。对冲基金经理持有自己管理的基金中资产的看涨期权，因此，对冲基金经理可能会有增大管理资产的风险的动机。

对冲基金所采用的交易策略包括多空股票、专营卖空、不良证券、并购套利、可转换债券套利、固定收益套利、新兴市场、全球宏观和管理期货。在扣除管理费以后，对冲基金是否比指数基金提供更好的风险和回报的平衡仍是一个有争议的问题。对冲基金可能会在连续几年提供良好的回报后，突然给投资者带来毁灭性的损失。

延伸阅读

Jensen, M. C. “Risk, the Pricing of Capital Assets, and the Evaluation of Investment Portfolios.” *Journal of Business* 42, no. 2 (April 1969): 167–247.

Khorana, A., H. Servaes, and P. Tufano. “Mutual Fund Fees Around the World.” *Review of Financial Studies* 22 (March 2009): 1279–1310.

Lhabitant, F.-S. *Handbook of Hedge Funds*. Chichester: John Wiley & Sons, 2006.

Ross, S. “Neoclassical Finance, Alternative Finance, and the Closed End Fund Puzzle.” *European Financial Management* 8 (2002): 129–137.

练习题

4.1 开放式基金与封闭式基金的区别是什么？

4.2 一个开放式基金的净资产价值是如何计算的？在一天什么时候计算？

4.3 一个投资者在2018年1月1日，以每份30美元的价格买入了100份共同基金，基金在2018年及2019年的资本收益分别为每股3美元和每股1美元，假定没有任何股息收入。投资者在2020年以每股32美元的价格卖出了基金。投资者在2018年、2019年和2020年的资本收益及亏损分别为多少？

4.4 什么是指数基金？如何生成指数基金？

4.5 什么是对冲基金的（a）前端收费和（b）后端收费？

4.6 解释一个跟踪标准普尔500指数的ETF的运作方式。与以下基金比较，ETF的优势是什么？（a）开放式对冲基金；（b）封闭式对冲基金。

4.7 一列数字的几何平均与算术平均的区别是什么？在计算共同基金回报时，我们应该用哪一种平均方式？

4.8 解释以下词汇的含义：（a）延迟交易；（b）择时交易；（c）抢先交易；（d）定向经纪。

4.9 给出那些限制共同基金，但不能限制对冲基金的规则。

4.10 “如果70%的可转换证券交易与对冲基金有关，我预计这种交易的盈利会降低。”讨论这个观点。

4.11 解释与对冲基金绩效费有关的条约的含义：门槛回报率、高潮位标记条款、分红追回条款。

4.12 一个对冲基金收费为“2% +20%”，投资者期望在付费后回报率仍能达到20%，对冲基金在收到投资者的付费之前的投资回报率最小为多少才能满足投资者的要求？假定奖励费用按扣除资产管理费后的净回报计算。

4.13 “对对冲基金而言，长期盈利十分重要，而短期的盈亏并不重要。”讨论这一观点。

4.14 “对冲基金的风险由其机构经纪人来掌控。”讨论这一观点。

作业题

4.15 一个投资者在2018年1月1日，以每份50美元的价格买入了100份共同基金，基金在2018年及2019年得到的股息分别为每股2美元和每股3美元，股息被再次投资于基金。基金在2018年及2019年的资本收益分别为每股5美元和每股3美元，投资者在2020年以每股59美元的价格卖出了基金。解释投资者如何交税。

4.16 一个共同基金的高回报之年马上紧跟一个低回报之年，其每年回报率为+8%、-8%、+12%、-12%，投资者4年的整体回报为多少？

4.17 一个基金的基金将其资金投资于5个对冲基金，5个对冲基金在某年的回报率分别为-5%、1%、10%、15%和20%。基金的基金管理费为“1%+10%”，每个对冲基金的管理费为“2%+20%”。对冲基金的奖励费按扣除管理费后的净回报计算；基金的基金的奖励费按所投资的对冲基金的净平均回报（扣除对冲基金的管理费和奖励费）扣除自身的管理费后计算。投资的整体回报是多少？这些回报将如何在基金的基金、对冲基金以及投资者中分配？

4.18 一个对冲基金收费为“2%+20%”，一个养老基金将资产投资于此对冲基金。画出养老基金回报作为对冲基金回报的函数的图形。

第5章 金融市场上的交易

金融机构交易大量不同类型的金融产品，交易的目的多种多样，有些交易是为了满足其客户的需求，有些是为了管理自身的风险，有些是为了寻求套利机会，还有一些是为了反映自身对市场走向的预测（第16章中将要介绍的《多德-弗兰克法案》中的沃尔克法则禁止美国金融机构出于最后两个目的进行交易）。

我们将在今后的章节中讨论金融机构如何管理自身的交易风险。这一章的目的是介绍用于交易的产品、描述交易的过程以及产品的使用方式，以便为以后的讨论奠定基础。在介绍不同的交易所交易产品时，我们将讨论交易所保证金的使用。保证金是交易所要求交易者担保的抵押品（通常以现金形式），以保证他们履行义务。在后续章节中你将看到，保证金已经成为场外交易市场的一个重要特征。

5.1 市场

金融产品交易市场可分成两类：第一类市场为交易所交易市场（exchange traded market），第二类为场外交易市场（over-the-counter market，OTC market）。

5.1.1 交易所交易市场

在交易所交易金融产品已经有非常悠久的历史。有些交易所，例如纽约证券交易所（NYSE，www.nyse.com），主要进行股票交易，而在其他的交易所，例如芝加哥证券交易所（CBOT，www.cbot.com）及芝加哥期权交易所（CBOE，www.cboe.com），主要进行期货以及期权等衍生产品交易。

交易所的主要职责是定义交易合约、组织交易并使得交易双方的利益同时得到保护。传统上交易双方在交易所相见并通过复杂的手势系统达成交易。这种交易方式被称为**公开叫价**（open outcry）交易。而现在大部分交易所已经全部或部分采用**电子交易系统**（electronic trading）代替了公开叫价。交易员通过键盘将所期望的交易输入系统，由计算机来撮合买方和卖方。并不是所有的人都认为电子交易系统更为可取。同传统形式相比，电子交易在体力上更为轻松，但从某种意义上讲，交易变得不像以前那么有趣了，交易员也没有机会通过观察其他交易员的行为和肢体语言来预测市场的短期走向。

有时做市商（market maker）会协助交易的达成。做市商可以是个人或机构交易者，他们通常随时既提供**买入报价**（bid price），又提供**卖出报价**（offer price）。例如，当市场上的一个交易者向做市商索要关于某股票的报价时，做市商给出“以 30.30 美元买入，以 30.35 美元卖出”的报价，这是指做市商愿意以每股 30.30 美元的价格买入该股票，同时愿意以每股 30.35 美元的价格卖出该股票。在提供报价时，做市商并不知道询价者是想买入还是卖出股票。交易所一般会指定做市商可以提供的买入 - 卖出的最大差价。做市商可以从差价中取得利润，但他们必须谨慎地管理所持有的头寸，以控制自身对市场价格变化的风险敞口。

5.1.2 场外交易市场

场外交易市场是由为金融机构和大企业工作的交易员以及基金经理构成的一个庞大的网络。在场外交易市场上交易的产品很多，例如债券、外汇和衍生产品。银行是场外交易市场的重要参与者，并常常扮演一些常规金融产品做市商的角色。例如，为了帮助大型企业进行大宗交易，许多银行愿意提供外汇的买入价和卖出价。

场外交易的最大优点是合约的内容不受交易所的限制，市场上的交易双方可以根据自己的需要来构筑合约。场外交易市场交易的电话通常是被录音的。当交易双方产生分歧时，电话录音可以被用来解决争端。场外交易市场交易的数额往往会远远大于交易所内的交易。

5.2 清算所

交易所交易的衍生产品合约由清算所进行管理。清算所由一定数量的会员构成，来自非会员的交易需要经由会员做通道。会员需要向由清算所管理的保证基金缴纳费用。

假设在某交易所市场上，交易者 X 同意向交易者 Y 出售一个期货合约。实际上，清算所会介于二者之间，交易者 X 将合约卖给清算所，而交易者 Y 从清算所购入该合约。这样做的优点是交易者 X 不必担心交易者 Y 的信用状况，反之亦然。两位交易者都只同清算所打交道。如果其中一个交易者已经是清算所成员，那他可以直接与清算所进行交易；如果不是清算所成员，那么交易需要通过其他成员进行。

如果一位交易者的交易未来可能会产生损失（如该交易者进行了期货或期权交易），那么清算所会要求交易者提供现金或有价证券作为抵押品。这些抵押品被称作**保证金**（margin）。如果没有保证金，清算所就会承担市场对交易者的不利变动以及由此引发的交易者违约的风险。清算所设定的保证金要求通常要有 99% 的把握确保此类情况不会发生。如果此类情况确实发生了，保证金会被用来偿付。因此，清算所违约的概率极低。

长期以来，部分场外交易也通过清算所进行，这些清算所被称作共同对手方（或中央对手方，central counterparty，CCP）。CCP 的角色和交易所场内的清算所类似。它介于交易的双方之间，从而隔离交易双方对对手的信用风险敞口。CCP也由会员构成，会员同样需要缴纳保证基金份额，并提供交易保证金。现在，监管部门要求金融机构之间的标准化衍生工具必须通过CCP清算。我们将在第17章中对此做进一步的讨论。

5.3 资产的多头和空头

最简单的交易是以现金买入资产，或卖出资产来取得现金，例如：

（1）买入100股IBM股票；

（2）用100万英镑兑换美元；

（3）买入1 000盎司[⊖]黄金；

（4）卖出价值100万美元的通用汽车公司发行的债券。

以上的第一个交易往往会发生在交易所内，而另外其他3个交易可能是场外交易。这些交易被称为**现货交易**（spot trades），因为这些交易往往会触发资产的即时（on the spot）交付。

当投资者想通过其经纪人买入某项资产时，投资者通常可以通过交纳保证金向经纪人借入资产成本的一半买入资产，并以该资产作为抵押物放在经纪人手中，即**保证金买入**（buying on margin）。经纪人面临着该资产价格剧烈下跌的风险。因此，经纪人需要监控保证金账户的余额。这是投资者支付的购买价格的一部分，根据资产的收益或损失进行调整。如果保证金账户的余额低于资产价值的25%，那么投资者必须补充保证金，将保证金余额恢复到之前的水平。假设一名投资者以保证金购买的方式买入1 000股每股120美元的股票，该投资者必须支付一半的成本，即60 000美元。如果股价跌至78美元，就会损失42 000美元，保证金账户的余额就变成18 000美元。保证金比例变成18 000/78 000，即23.1%，投资者必须补充1 500美元到保证金账户，使保证金账户的余额达到78 000美元的25%。如果投资者不能及时补充保证金，经纪人就会对该资产进行平仓。

资产卖空交易

在某些市场，你可以卖出现在你并不拥有，而在今后有意买回的产品。此类交易被称为资产卖空（借卖），我们下面以卖空股票为例来说明如何进行卖空交易。

假定某投资者想通过其经纪人来卖空500股IBM股票。经纪人往往会通过借入某位客户的股票，并将股票在交易所进行变卖来执行投资者的指令（借入股票可能要支付一定的费用）。投资者可以按其意愿，将卖空交易持有到任意时刻，其前提是经纪人可以随时借到股票。在今后的某一时刻，投资者可以买入500股IBM股票对自己的卖空交易进行平仓。这些买入的股票用于偿还在此之前借入的股票。当股票价格下跌时，投资者会有所盈利；当股票价格上涨时，投资者会有所损失。在卖空交易平仓之前，如果经纪人不能再借入股票，投资者就会受到**卖空挤压**（short-squeezed）。此时，无论投资者是否愿意，都必须对其交易进行平仓，也就是说，此时投资者必须马上偿还其借入的股票。

在卖空交易中，卖空投资者必须向经纪人支付所有卖空资产的收入，例如股票的股息及债

⊖ 1盎司=28.35克。——译者注

券的券息等。这些收入是在一般情况下卖空资产的应得收入，经纪人会将这些收入转入股票借出方的账户。假设某投资者在4月股价为120美元时，进入500股卖空交易。在7月当股价为100美元时，对交易进行平仓。假定股票在5月支付了每股1美元股息。在4月交易最初，投资者收到500×120=60 000美元。在5月，因为股息，投资者要支付500×1=500美元，在7月交易平仓时，投资者要支付500×100=50 000美元。投资者的净收益为

$$60\,000-500-50\,000=9\,500(\text{美元})$$

在表5-1中，我们详细展示了卖空交易的现金流，由表5-1我们可以看到，在卖空交易中投资者的现金流就如同在4月买入并在7月卖出的一笔正常股票交易的现金流的镜像反射（假设借入资产无须支付任何费用）。

表5-1 买入以及卖空股票所对应的现金流

买入股票	
4月：以每股120美元买入500股股票	-60 000
5月：收到股息	+500
7月：以每股100美元卖出500股股票	+50 000
净收益 = -9 500美元	
卖空股票	
4月：借入500股股票并以每股120美元卖出	+60 000
5月：支付股息	-500
7月：以每股100美元买入500股股票，偿还借入股票，平仓卖空交易	-50 000
净收益 = +9 500美元	

在卖空交易中，卖空方一定要在经纪人那里开一个保证金账户，这是为了保证在股票价格上涨时投资者不会违约。我们将在本章后面的内容中讨论保证金账户。

关于卖空的规则经常改变，美国SEC在2007年7月取消了卖空交易中的上涨抛空规则（uptick rule），但在2009年4月重新引入了这一规则（在这一规则下，只有证券价格在最近一段时间呈上升状态时，才允许卖空）。2008年9月19日，为了阻止银行股票价格大幅下跌，SEC对799家金融公司的股票暂时实施了禁止卖空的规定，这一规定与在前一天英国金融服务局（Financial Services Authority，FSA）所发布的关于禁止卖空的规定十分相似。

5.4 衍生产品市场

衍生产品是指价格取决于（或来源于）其他更基础的市场变量的产品，例如，股票期权是价格取决于股票价格的一种衍生产品。

衍生产品在交易所和场外交易市场均进行交易，两个市场的规模都很大。虽然这两个市场的统计结果不具有完全可比性，但很显然，场外交易市场规模远大于交易所市场。国际清算银行（Bank of International Settlement，www.bis.org）从1998年起开始统计这一数据。图5-1比较了：①1998年6月～2016年12月场外交易市场交易的标的资产面值总和；②同一时间段的交易所合约中标的资产的总价值。从这些数据中我们看到，截至2016年12月，场外交易市场的交易量为482.9万亿美元，而交易所市场的交易量为67.2万亿美元。[⊖]图5-1显示，场外市场

⊖ 当衍生产品通过中央对手方清算时，如第17章所描述的，会产生两个相互抵消的交易合约，因此会夸大场外交易市场的实际规模。

在2007年之前一直保持快速增长，但此后几乎没有净增长。2014年和2015年市场下滑在很大程度上是因为受压。这是两个或两个以上的交易对手相互重组交易而导致本金减少的结果。

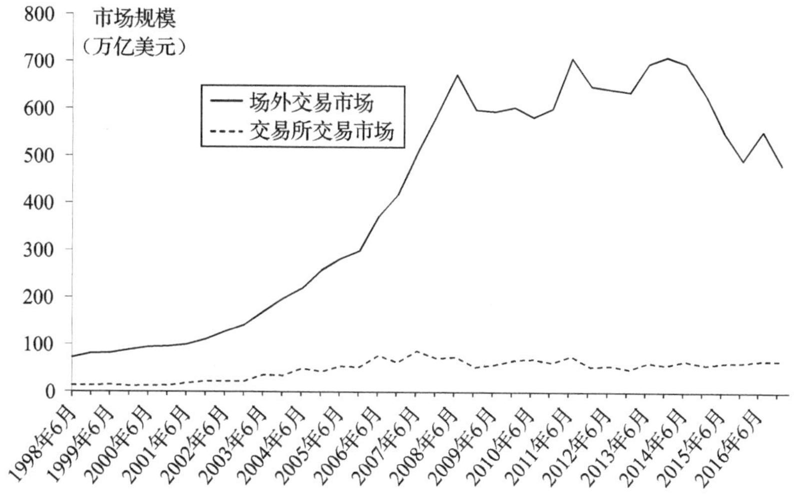

图5-1 1998~2016年场外交易和交易所交易衍生产品市场的规模

在解释这些数据时，我们应该认识到场外交易市场交易产品的面值与其价值并不是一回事。例如，某一场外交易市场交易合约为1年期，以某一指定汇率以英镑买入1亿美元，这一交易的总面值为1亿美元。但是这一交易的价值可能只有100万美元。国际清算银行估计截至2017年6月，所有场外交易市场合约的市场总价值大概为12.7万亿美元。[⊖]

5.5 普通衍生产品

在这一节中，我们将讨论衍生产品市场的标准或交易最普遍的合约，这些合约被称为**普通**（plain vanilla）衍生产品。

5.5.1 远期合约

远期合约约定合约的买方在将来某一时刻以一个固定价格买入某种资产。远期合约交易是一种场外交易，在远期合约中，同意在将来某一时刻以某一约定价格买入资产的一方称为**多头寸方**（long position），同意在将来某一时刻以同一约定价格卖出资产的一方称为**空头寸方**（short position）。

外汇远期合约在市场上非常流行，表5-2显示2017年6月9日某跨国银行给出的英镑（GBP）及美元（USD）汇率的买入价及卖出价，这里的汇率价格是指每英镑所对应的美元价值。表中的第1行数字显示该银行准备以每英镑1.2732美元的价格在现货市场买入英镑，同时这家银行也准备以每英镑1.2736美元的价格在现货市场卖出英镑；表中第2行显示该银行准备在一个月后以每英镑1.2746美元的价格买入英镑，同时银行也准备在一个月后以每英镑1.2751美元的价格卖出英镑。表5-2中其他行的含义也依此类推。

⊖ 一个对于某一方价值为100万美元，而对另一方价值为-100万美元的交易的总价值被计为100万美元。

表 5-2 2017 年 6 月 9 日 USD/GBP 即期及远期的买入价及卖出价

	买入价	卖出价
即期	1.273 2	1.273 6
1 个月远期	1.274 6	1.275 1
3 个月远期	1.277 2	1.277 7
1 年远期	1.288 3	1.288 9

注：GBP 代表英镑，USD 代表美元，表中所示价格为每英镑所对应的美元价格。

远期合约可以被用来对冲外汇风险。假定在 2017 年 6 月 9 日，美国某企业的财务部主管已经预知在 1 年后（2018 年 6 月 9 日）公司业务要支付 100 万英镑，这位主管准备对冲外汇风险。他可以同银行达成一个如表 5-2 所示的远期合约。此合约约定在 1 年后，这家企业必须以每英镑 1.288 9 美元的价格买入 100 万英镑。在此远期合约中该企业为英镑多头寸方，也就是说此企业在 2018 年 6 月 9 日将以 128.89 万美元的价格买入 100 万英镑。银行在合约中处在英镑空头寸方的位置，也就是说银行必须在 2018 年 6 月 9 日以 128.89 万美元的价格卖出 100 万英镑。该企业及银行对合约的履行均做出了有约束力的承诺。

远期合约在签署以后会产生什么样的结果呢？在该远期交易中，企业有义务在 1 年后以每英镑 1.288 9 美元的汇率，买入 100 万英镑。如果汇率上涨，假如说在 1 年后 1 英镑值 1.500 0 美元，这时企业能够以远期合约规定的每英镑 1.288 9 美元的价格（而不是以每英镑 1.500 0 美元的价格）买入 100 万英镑，这对企业来讲，远期合约价值为 211 100 美元（ =(1.500 0 - 1.288 9) ×1 000 000)。当然，对于企业而言，最终的合约价值也可能为负。如果 1 年后，汇率跌至每英镑 1.100 0 美元，按照远期合约，企业仍必须以每英镑 1.288 9 美元的价格（而不是以每英镑 1.100 0 美元的价格）买入 100 万英镑，这会给企业带来 188 900 美元的损失(=(1.288 9 - 1.100 0) ×1 000 000)。以上例子说明，持有远期合约的多头所带来的收益可正可负，远期合约多头的收益等于资产即期价格减去合约的执行价格，如图 5-2a 所示。

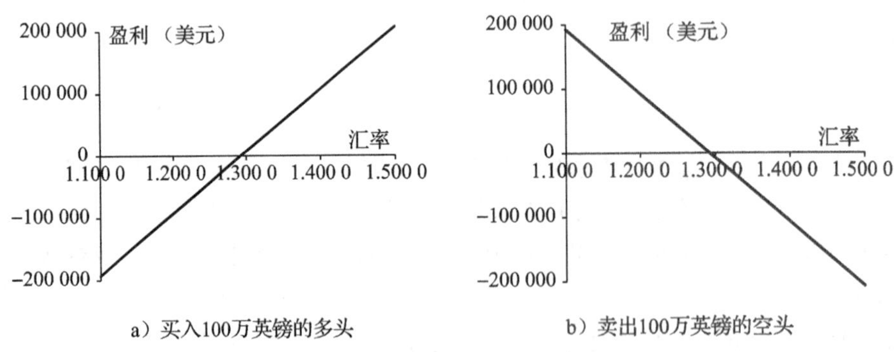

图 5-2 远期合约的收益

在以上例子中，银行持有远期合约的空头，其持有头寸是企业头寸的镜像反射。银行同意在 6 个月后以汇率每英镑 1.288 9 美元的价格卖出 100 万英镑。如果在 1 年后 1 英镑值 1.500 0 美元，按照远期合约，这时银行必须以每英镑 1.288 9 美元的价格（而不是以每英镑 1.500 0 美元的价格）卖出 100 万英镑。这会给银行带来 211 100 美元的损失。如果在 1 年后，汇率跌至每英镑 1.100 0 美元，按远期合约，这时银行能够以每英镑 1.288 9 美元的价格（而不是以每英镑 1.100 0 美元的价格）卖出 100 万英镑。这会给银行带来188 900 美元的收益，远期合约空头的收益等于执行价格减去资产的即期价格，如图5-2b所示。远期合约的定价及远期价格的确定会在附录C中给出。

5.5.2 期货合约

期货合约同远期合约类似，它也约定合约双方在将来某一时间以某一约定价格进行资产的买卖。期货合约同远期合约的不同之处在于期货交易是在交易中心进行的。在交易中心交易也就意味着交易合约必须标准化，即交易中心定义单位合约的资产数量、交割时间、交割资产的品种等。每一个期货合约是以其交割月份来识别的。例如，2019年9月黄金期货对应于交割日为2019年9月的期货合约。远期合约的到期日通常是对应于某一天，期货合约交割往往对应于到期月内的若干天。交易中心还会定义关于交割地点和时间的备选方案，期货合约的空头寸方可以提出交割。基本上总是持有空头的一方有权启动交割过程，并在关于交割地点和时间的备选方案中做出选择。

大部分期货合约在市场上交易活跃，其价格由市场供求关系决定。当2019年9月到期的黄金期货价格为每盎司1 280美元时，如果市场上买方多于卖方，期货价格会上升；类似地，如果市场上卖方多于买方，期货价格会下跌。

进行期货交易的一个最大优点是平仓手续的简单化，如果你在2019年3月5日买入了（即持有多头）2019年9月的黄金期货合约，那么你可以在2019年6月5日通过卖出（即持有空头）同一个合约来从期货合约中退出。对远期合约平仓就不会像对期货合约平仓那么容易，因此，远期合约到期往往会促成标的资产（underlying asset）的交割。而在期货交易中，一般来讲，合约会在到期月前被平仓。业界事例5-1中令人捧腹的故事指出，在平仓时出现的错误也会造成期货合约中资产的交割。

业界事例5-1 出乎意料的期货资产交割

这个（听起来有点像编造的）故事是多年前某家金融机构的主管亲口讲述给本书作者的。故事的主人公是一个刚刚进入这家金融机构而在金融界没有任何经验的新手。该金融机构的一个客户为了对冲风险而常常需要进入活牛期货交易的多头。通常这个客户在期货到期前的最后一个交易日向银行发出指令，将交易进行平仓（在芝加哥商业交易所中所采用的活牛交易合约中的标的资产为40 000磅[㊀]活牛）。这位新雇员的职责是管理这个客户的账户。

当期货合约接近到期日时，这位雇员注意到客户仍然有一个多头头寸没有被平仓，他随后就指示交易市场的交易员又进入一个多头（而不是空头）。这一错误的后果是导致该金融机构持有两份期货合约的多头。当交易错误被发现时，期货合约交易已经结束。

金融机构（而不是客户）要对其错误负责，这一错误的直接后果就是金融机构本身必须要去处理一群活牛的交割工作。而对这种交割，该金融机构毫无经验。期货合约规定空头寸方可以在交割到期月的某个时间在美国境内几个不同的地点交付牲畜。因为在此期货交易中作为多头寸方的金融机构只有等待空头寸方交易所提供交割资产意向的通知（notice of intention to deliver），交易所再向金融机构发出交割通知。

㊀ 1磅=0.453 6千克。——译者注

最后金融机构终于收到了由交易所发出的交割通知，交割通知中注明活牛将在通知后的第一个星期二于2 000 英里[⊖]以外的一个地点交割。这位新雇员被安排到交割地点处理交割事务。在交割地点，每个星期二都有牲畜拍卖，期货合约的空头寸方在拍卖市场买下牲畜随后就进行了交付。不幸的是某星期买下的牲畜必须在下一个星期才能进行拍卖，这位不幸的新雇员就不得不留下来安排牲畜的存养。这位新雇员选取了这么一个“有趣”的方式开始自己在金融界的创业生涯。

通常期货合约的价格与远期合约的价格十分类似，本书的附录C给出了期货合约和远期合约的价格与即期价格的关系。期货合约和远期合约的一个不同之处是期货合约每天结算，而远期合约只在合约到期时才做最终结算。例如，如果在某一交易日中期货价格上涨，那么在交易日结束时，持有期货空头一方的资金会流入持有期货多头的一方；如果期货价格下跌，那么资金会按相反的方向流动。因为期货合约是每天结算的，而远期合约在合约到期时结算，所以两类合约所实现的损益的时间也不同。如业界事例5-2所示，这一区别有时会令人困惑。表5-3比较了远期合约和期货合约的不同。

表5-3 远期合约和期货合约的比较

远期合约	期货合约
交易双方间的私下合约	交易所内标准合约
非标准化	标准化
通常只有单一交割日	有一系列的交割日
在合约到期时结算	每日结算
通常会发生实物或现金交割	合约通常在到期前会被平仓
有信用风险	几乎没有信用风险

业界事例5-2 是系统错误吗

一个银行的外汇交易员进入了一个在3个月后买入100万英镑的远期合约。远期合约中的汇率为1.300 0。同时，另一个交易台的交易员进入了16个3个月期限的英镑期货的多头头寸。期货价格为1.300 0，并且每份期货的规模为62 500英镑。因此远期和期货交易的头寸一样。在进入交易后，远期和期货价格都涨至1.304 0。银行系统显示期货交易员获利4 000美元，但远期合约交易员的获利只有3 900美元。远期合约交易员马上打电话给银行系统部门进行抱怨。远期合约交易员的抱怨合理吗？

答案是否定的。期货合约每天进行交割保证了交易员马上兑现盈利，盈利数量等于期货价格的涨幅。如果远期合约交易员马上对其头寸进行平仓，即进入执行价格为1.304 0的远期合约空头，远期合约交易员在3个月时能够以1.300 0的汇率买入100万英镑，并同时能够以1.304 0的价格卖出100万英镑，这因此会产生4 000美元盈利，但这一盈利是在3个月以后。远期合约交易员的盈利为4 000美元的贴现值。

远期合约交易员可以从盈利与亏损的对称性中得到些许安慰。如果远期/期货价格下跌至1.296 0，而不是上升到1.304 0，那么期货交易员马上会损失4 000美元，而远期合约交易员却只损失3 900美元。还有，在合约3个月期限之间，期货合约的整体损益会等同于远期合约的整体损益。

⊖ 1英里=1 609米。——译者注

期货交易在期货清算所进行结算。期货清算所面向交易双方，确保交易双方支付所要求的款项。期货清算所有许多会员，如果交易员或经纪人不是期货清算所会员，则必须安排会员对交易进行清算。

期货清算所要求会员缴纳初始保证金和变动保证金。一天的变动保证金可以为正也可以为负，并且可以涵盖当日的收益和损失。初始保证金是交易所持有的一笔额外金额，以应对结算会员的违约风险。此外，交易所要求其结算会员缴纳违约基金（也称为担保基金）。这为交易所提供了额外的保护。如果一个会员违约，而其初始保证金和违约基金出资不足以弥补损失，则可以使用其他会员的违约基金供款。

期货清算所会员在同意结算交易时要求经纪人和其他交易者提供保证金，而经纪人要求客户提供保证金。经纪人和客户之间的关系通常涉及初始保证金的缴纳（大于会员要求的初始保证金）。当客户保证金账户中的余额（按每日损益调整）低于维持保证金水平时，客户须补足余额至初始保证金水平。

5.5.3 互换

第一笔互换交易产生于20世纪80年代，在80年代后随着互换市场的蓬勃发展，到目前为止互换交易已经占据了场外衍生产品市场的主导地位。

在互换合约中，交易双方同意在将来交换现金流，合约阐明现金流的交换时间以及现金流的计算方式，通常在计算现金流时会涉及利率、汇率以及其他市场变量的将来值。

一个远期合约可以被看作一个最简单的互换合约。假定现在时间为2019年3月1日，某公司签署了一个1年期的远期合约。在合约中，这家公司同意在1年后以每盎司1 300美元的价格购买100盎司的黄金。在一年后，公司收到黄金后可以马上在现市市场上将黄金变卖。这个远期合约可以被认为是一个互换合约，在互换合约中，公司同意在1年后，也就是在2020年3月1日，以130 000美元现金交换数量为100倍黄金现市价格的美元。

远期合约可以等同为在今后的某个单一时间点现金流的互换，而互换合约通常阐明在今后的若干时间点进行现金流互换。最流行的互换合约是简单利率互换（plain vanilla interest rate swap），其中固定利率现金流与浮动利率LIBOR[⊖]现金流进行交换。在利率互换合约中，计算浮动及固定利率所用的名义本金相同。图5-3显示一家公司同意以3%的固定利率来换取以LIBOR为基准的浮动利率（注意，本例中的所有利率都是半年复利）。假定，互换合约的浮动利率每6个月设定一次，互换合约的面值为1亿美元，互换合约的期限为3年。表5-4显示公司A的现金流，表中第2列显示出6个月期的LIBOR利率，这里利率互换在2019年3月3日开始。在利率互换初始日，6个月期的LIBOR利率为每年2.2%，这相当于每6个月利率为1.1%，由此我们可以得出在

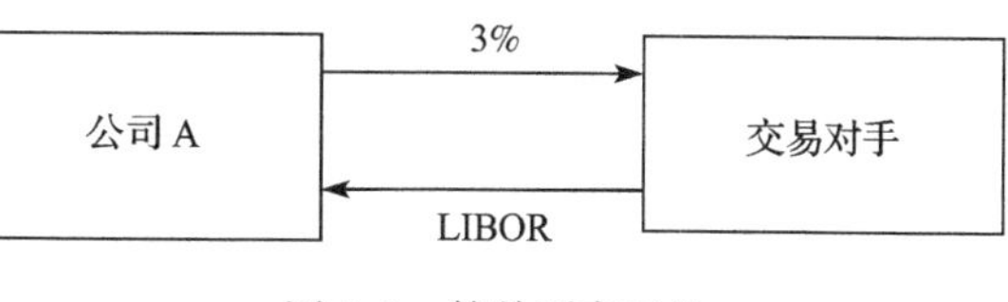

图5-3 简单利率互换

⊖ LIBOR代表伦敦银行间资金拆借利率。这一利率是指银行在批量资金存储时的利率，在第9章中我们会讨论。

2019 年 9 月 3 日浮动利率现金流为 0.011 × 10 000 万美元 = 110 万美元。而在 2019 年 9 月 3 日，6 个月期浮动利率为每年 2.8%（每 6 个月为 1.4%），从而我们可以算出在 6 个月之后的浮动现金流为 140 万美元。依此类推，我们可以计算出所有浮动现金流。由固定利率所决定的现金流一直为 150 万美元（此值是 1 亿美元以 3% 计息，6 个月应得利息）。请注意在利率互换中，现金流的计算时间与LIBOR利率的通行时间相对应。这就是说，通常在某一时间段开始时确定利率，该利率用以计算在该利率时间段结束时应支付的现金流。

表 5-4 图 5-3 中显示的利率互换中公司 A 的现金流，互换期限为 3 年，面值为 1 亿美元

（金额单位：百万美元）

日期	6 个月期的 LIBOR 利率（%）	收入的浮动现金流	支出的固定现金流	净现金流
2019 年 3 月 3 日	2.20			
2019 年 9 月 3 日	2.80	+1.10	−1.50	−0.40
2020 年 3 月 3 日	3.30	+1.40	−1.50	−0.10
2020 年 9 月 3 日	3.50	+1.65	−1.50	+0.15
2021 年 3 月 3 日	3.60	+1.75	−1.50	+0.25
2021 年 9 月 3 日	3.90	+1.80	−1.50	+0.30
2022 年 3 月 3 日		+1.95	−1.50	+0.45

注：在计算表 5-4 中的现金流时，我们没有将计息天数约定、假期等因素考虑在内。利率为每半年复利一次。

简单利率互换在市场上非常流行，其原因是这一产品的用途较为广泛。图 5-3 显示利率互换可以把公司 A 的以 LIBOR + 1% 为浮动利率的借贷转为 4% 固定利率的借贷。对公司 A 而言，进行利率互换后的合成效果是：

（1）在贷款中，支付 LIBOR + 1%；

（2）在互换合约中，收入 LIBOR；

（3）在互换合约中，支付 3% 的固定利率。

净支出为 4%。利率互换也可以将公司 A 的 2.5% 的固定收益转化为 LIBOR − 0.5% 的浮动收益，进入利率互换的合成效果是：

（1）在投资中，收入 2.5%；

（2）在互换合约中，收入 LIBOR；

（3）在互换合约中，支付 3% 的固定利率。

整体收益为 LIBOR − 0.5%。

【例 5-1】 假定一家银行有一个浮动利率存款及 5 年期固定利率的贷款。我们在第 9 章中将讨论，该资金结构会给银行带来很大的风险。当利率增加时，银行存款人会选择续存而使得银行净利息收入降低。此时银行可以像公司 A 那样进入类似图 5-3 所示的利率互换来对冲风险，利率互换使得银行的浮动利率存款转为固定利率存款，从另一个角度，可以看作是将固定利率贷款转为浮动利率贷款。

许多银行已经成为利率互换市场的做市商，表 5-5 是某家银行给出的利率互换的价目表。[㊀]

㊀ 在美国的标准利率互换合约中，固定利率一般是每 6 个月支付一次，而浮动利率为每 3 个月支付一次。表 5-4的分析假定固定利率及浮动利率均为 6 个月支付一次。

表 5-5 第 1 行显示，这家银行在 2 年期利率互换中，愿意支付 2.55% 固定利率并同时收取 LIBOR 利率；同时在 2 年期利率互换中，这家银行也愿意收取 2.58% 固定利率并同时付出 LIBOR 利率。表 5-5 所示的收入与付出利率的差值为 3 ~4 个基点，收入与付出利率的平均值被称为**互换利率**（swap rate），表中最后一列显示了对应于不同期限的互换利率。

表 5-5　某利率互换做市商提供的互换利率（年利率，%）

期限（年）	买入价	卖出价	互换利率
2	2.55	2.58	2.565
3	2.97	3.00	2.985
4	3.15	3.19	3.170
5	3.26	3.30	3.280
7	3.40	3.44	3.420
10	3.48	3.52	3.500

本书的附录 D 讨论了简单利率互换的定价。

5.5.4　期权

期权产品在交易所交易市场及场外交易市场均进行交易。产品可以分成两个基本类型：**看涨期权**（call option），其持有者有权在将来某一确定时间以某一确定价格买入某种资产，**看跌期权**（put option），其持有者有权在将来某一确定时间以某一确定价格卖出某种资产。期权合约阐明的约定价格被称为**执行价格**（exercise price）或**敲定价格**（strike price）；期权合约阐明的特定时间被称为**到期日**（expiration date）或**期限**（maturity）。美式期权的持有者在到期前的任何时间内，均可以行使期权；欧式期权的持有者只能在到期日这一特定时间行使期权。[㊀]在交易所买卖的期权大多为美式期权，标的资产数量通常为 100 股股票。欧式期权比美式期权分析起来要容易一些，美式期权的大多数特性是从欧式期权的特性中演绎而来的。

平值期权（at-the-money option）是指期权执行价格同标的资产的价格相等。[㊁]**虚值期权**（out-of-the-money option）是指在看涨期权中执行价格高于标的资产价格，也可能是在看跌期权中执行价格低于标的资产价格。**实值期权**（in-the-money option）是指在看涨期权中执行价格低于标的资产价格，也可能是在看跌期权中执行价格高于标的资产价格。

这里应该强调期权赋予持有者某种权利去做某一项事情，当然持有者可以选择不去行使这一权利。与此对比，远期及期货合约中的双方必须去买入或卖出标的资产，这里我们应该注意到进入远期或期货交易不需要任何费用，而拥有期权必须付费，这个费用就是**期权费**（option premium）。

芝加哥期权交易中心（CBOE，www.cboe.com）是世界上最大的股票期权交易中心。表 5-6 显示出英特尔（Intel，股票记号 INTC）美式股票期权在 2017 年 6 月 12 日的收盘价。这里期权

㊀ 这里的术语欧式期权及美式期权同这些产品的交易地点及交易中心无关，有些在北美交易中心交易的期权是欧式期权。

㊁ 在某些情况下，平值（at the money）可能有不同的含义。比如，有时平值期权是指期权的行权价格的当前价值（即将行权价格以期权的期限贴现）等于资产的价格。平值期权还可以指那些 delta 为 0.5 的看涨期权或 delta 为 -0.5 的看跌期权（我们将在第 8 章第 8.1 节中介绍 delta 的定义）。

的执行价格分别为34美元、35美元、36美元及37美元。表中所示期权到期日期分别为2017年8月、2017年10月及2017年12月。这其中8月期权的到期日为2017年8月18日；10月期权的到期日为2017年10月20日；12月期权的到期日为2017年12月15日。[⊖]英特尔公司的股票价格为35.91美元。

表5-6 2017年6月12日英特尔公司股票期权价格（股票价格为35.91美元）

执行价格（美元）	看涨期权			看跌期权		
	8月17日	10月17日	12月17日	8月17日	10月17日	12月17日
34	2.48	2.88	3.15	0.63	1.07	1.42
35	1.77	2.23	2.53	0.95	1.41	1.80
36	1.18	1.66	1.98	1.39	1.85	2.25
37	0.74	1.20	1.22	1.98	2.40	2.79

假定某投资者向其经纪人发出购买英特尔股票10月看涨期权的指令，期权执行价格为36美元，经纪人在收到指令后会向CBOE的某交易员发出购买指令。而这一交易员随即会在CBOE交易所内寻找愿意卖出10月到期的、执行价格为36美元的看涨期权的交易员。期权的成交价会在交易员之间达成。假如，期权价格如表5-6所示，10月期权的价格为1.66美元。这一价格是指单位（也就是能买入1股股票）期权的价格。在美国，期权合约通常对应标的资产的数量为100股，因而投资者必须通过经纪人向交易中心注入166美元资金，然后交易中心会将此项资金转给期权的卖出方。

在我们的例子中，投资者以166美元的价格买入了在将来某时刻以每股36美元价格买入100股英特尔股票的权利。期权的卖出方会收入166美元资金，其所付的代价就是当期权持有者行使权利时，卖出方必须以每股36美元的价格卖出100股英特尔股票。如果在2017年10月20日之前，英特尔的股票没有高于36美元，从而期权持有者不会行使权利，投资者（期权持有者）因此也就损失了166美元。但是，如果英特尔公司的股票表现好，在期权被行使时，英特尔股票价值50美元，这时期权持有者能够以每股36美元的价格买入每股实际价值为50美元的股票。这会给投资者带来1 400美元的盈利，将最初的买入期权费用考虑在内，期权持有者实际盈利为1 234美元。

如果投资者不看好英特尔公司股票，一个可供选择的期权是执行价格为36美元、12月到期的看跌期权。由表5-6我们可以计算出购买此项期权合约的费用为100×2.25=225美元，投资者因而以225美元的价格买入了一个在2017年12月15日前以每股36美元的价格卖出100股英特尔股票的权利。如果英特尔股票价格一直高于36美元，期权也就不可能被行使，从而会给投资者造成225美元的损失。但是如果期权到期时股票价格为25美元，投资者可以通过以每股36美元的价格卖出实际价值只有25美元的100股英特尔股票，投资者因此可获得1 100美元的收益，将最初的期权价格考虑在内，投资者实际收益为875美元。

在CBOE交易所内交易的期权为美式期权，但为了便于讨论，我们假设这些期权为欧式期权，也就是假设这些期权只能在到期日才能被行使。图5-4给出了期权收益与到期时英特尔股票价格的函数。

⊖ 交易所选择的到期日为交割月份的第3个星期五之后随即的一个星期六。

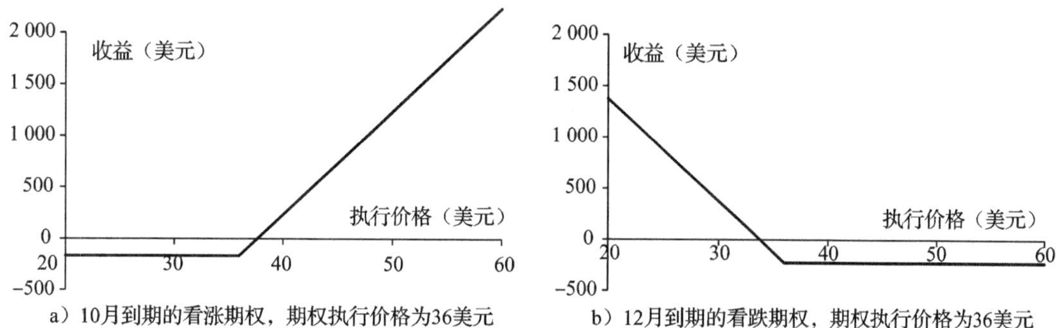

a）10月到期的看涨期权，期权执行价格为36美元　　b）12月到期的看跌期权，期权执行价格为36美元

图5-4　假设无提前行权，持有英特尔公司股票期权多头的净收益

在期权交易时，有4种交易形式：

（1）买入看涨期权；

（2）卖出看涨期权；

（3）买入看跌期权；

（4）卖出看跌期权。

期权的买入方称为**多头寸方**（long positions），期权的卖出方称为**空头寸方**（short positions），卖出期权也称为**期权承约**（writing the option）。

当交易者以现金购买期权时，没有保证金要求，因为交易在未来不会成为交易者的负债。在美国，可以通过保证金购买持续时间超过9个月的股票期权和股票指数。初始保证金和维持保证金是期权价值的75%。

当卖出期权时，空头寸方存在潜在的未来负债，因此必须缴纳保证金。当卖出的是股票的看涨期权时，初始保证金和维持保证金是以下两者中的较大者：

（1）期权价值的100%加上标的股票价格的20%减去期权的价外价格（若有）。

（2）期权价值的100%加上股价的10%。

当卖出的是看跌期权时，取以下两者的较大者：

（1）期权价值的100%加上标的股票价格的20%减去期权的价外价格（若有）。

（2）期权价值的100%加上执行价格的10%。

如果交易员持有该股票的其他头寸，则这些保证金要求可能会降低。例如，如果交易员有一个完全回补的头寸（交易员卖出了一定数量的股票的看涨期权，并拥有相同数量的股票），则空头期权头寸就没有保证金要求。

期权交易无论是在场外交易市场或交易所交易市场都十分活跃。期权的标的资产包括股票、外汇以及股票指数等。事实上，场外交易市场的期权交易量已经超过了交易所交易市场内期权的交易量，交易所交易的期权类型一般是美式期权，而场外交易的期权常常为欧式期权。场外交易期权的优势是到期日、执行价格以及合约大小等均可以按客户的特殊需要定制，而不必和交易所的标准期权保持一致。场外期权交易一般比交易所交易要更大。

在本书的附录E和附录F中，我们将给出用来计算期权价格的数学公式及数值计算方法，这些公式及计算方法适用于不同类型的标的资产。

5.5.5 利率期权

在场外交易市场交易的重要利率衍生产品包括**利率上限**（cap）、**利率下限**（floor）以及**互换期权**（swap option，即 swaption）。如表 5-4 所示，利率互换是关于一系列浮动利率与固定利率的交换。顾名思义，利率上限对浮动利率进行了限制，其实质是关于浮动利率（通常是 LIBOR）的一系列看涨期权。当浮动利率高于一定的执行利率（也被称为上限利率）时，期权持有者会得到收益。收益数量等于浮动利率超出执行利率的那一部分；如果浮动利率低于上限利率，那么持有者不会得到任何收益。收益支付时间与互换现金流支付时间一致，即在利率所覆盖区间的最后。

因为在进入上限合约时，第一时间段利率为已知，所以通常这一时间没有收益。考虑某交易员在 2019 年 3 月 3 日进入为期 3 年的关于 6 个月 LIBOR 利率上限的合约，上限利率为 3.2%，面值为 1 亿美元，假定市场实现的利率如表 5-4 第 2 列所示。2020 年 3 月 3 日，期权没有任何收益。2020 年 9 月 3 日所对应的收益为 $0.5\times(0.0330-0.0320)\times100$（以百万计），即 50 000 美元；类似地，期权在 2021 年 3 月 3 日、2021 年 9 月 3 日及 2022 年 3 月 3 日的收益分别为 150 000 美元、200 000 美元及 350 000 美元。

利率下限是关于浮动利率的一系列看跌期权，如果以上例子是一个利率下限，而不是上限，在 2020 年 3 月 3 日，期权的收益为 $0.5\times(0.0320-0.0280)\times100$，即 200 000 美元，在其他时间，期权没有任何收益。

互换期权的持有者在将来某个时刻有权进入某个利率互换，互换的固定利率就是期权的执行利率。互换期权分为两类：一类是期权持有者有权在将来支付固定利率，收入浮动利率 LIBOR；另一类是期权持有者有权在将来支付浮动利率，收入固定利率。

5.6 非传统衍生产品

对于经济现象中的各种风险，金融工程师总会开发出一些衍生产品来帮助市场参与者应对风险敞口。金融机构通常扮演中间人的角色，并设法将风险转移到：①持有相反风险敞口的其他市场参与者；②愿意承担风险的投机者。在本节中，我们将讨论为满足市场参与者的特殊要求而开发出的衍生产品。

5.6.1 气候衍生产品

许多公司的业务表现会被恶劣气候所影响，[⊖]可以很形象地讲，这些公司对于气候风险对冲的需求类似于某些公司对于外汇或利率风险的对冲需求。

第一个气候衍生产品是在 1997 年引入的。为了解释气候衍生产品的机制，我们接下来需要定义两个变量：

- HDD：热度日（heating degree days）；
- CDD：冷度日（cooling degree days）。

⊖ 美国能源部估计有 1/7 的美国经济会受气候风险影响。

一天的 HDD 定义如下

$$HDD = \max(0,\ 65 - A)$$

一天的 CDD 定义如下

$$CDD = \max(0,\ A - 65)$$

其中 A 是指某个指定气象台报告的每天最高温度以及最低温度的平均值，这里的温度以华氏[⊖]为计量单位，例如某一天（子夜与子夜之间）的最高温度为 68 华氏度，最低温度为 44 华氏度，这里的 $A=56$，因此 HDD = 9，CDD = 0。

典型的场外气候衍生产品包括远期合约及期货合约，合约的回报通常与一个月累积的 HDD、CDD 有关（累积 HDD 及 CDD 分别等于一个月内 HDD 之和及 CDD 之和）。例如，某交易商在 2018 年 1 月卖给客户标的变量为 2019 年 2 月累积 HDD 的看涨期权，温度观测地点为芝加哥 O' Hare 机场气象台，合约执行价格为 700 美元，而对于气温的每一华氏度（高于 700 美元），期权回报为 10 000 美元，如果实际的累积 HDD 为 820，那么期权回报为 120 万美元（ = 10 000 × (820 - 700)）。一般在合约中包括一个上限，如果我们例子中的合约上限为 150 万美元，这时客户的头寸等于是一个标的变量为累积 HDD、执行价格为 700 美元的看涨期权的多头以及一个标的变量同样为累积 HDD、执行价格为 850 美元的看涨期权的空头。

一天的 HDD 是为了检测一天取暖所需要的能源消耗，一天的 CDD 是为了检测一天制冷所需要的能源消耗。大多数气候衍生产品的客户是能源供应商以及能源消耗者，但是零售商、超级市场、食品及饮料制造商、健康服务公司、农产品生产商以及娱乐服务业都可能是气候衍生产品的用户。气候风险管理协会（The Weather Risk Management Association，www. wrma. org）的建立就是为了给气候衍生产品的客户提供服务。

1999 年 9 月，芝加哥商业交易所（Chicago Mercantile Exchange）开始交易气候期货以及欧式气候期货期权，合约的标的变量为某气象台所观测到某月的累积 HDD 以及 CDD，合约的交割方式为现金，交割时间为每月月末当 HDD 及 CDD 均为已知的时刻，报为 20 美元乘以累积 HDD 或 CDD。芝加哥商业交易所（CME）现在为全球许多城市提供天气期货和期权。它还提供有关飓风、霜冻和降雪的期货和期权。

5.6.2 石油衍生产品

原油是世界上最重要的大宗商品。美国能源信息管理局（United States Energy Information Administration，www. eia. gov）预计全球每天对原油的需求量是 9 000 万桶。10 年期的固定价格合约已经在场外交易市场流行了许多年，还有些互换协议将固定价格的原油与浮动价格的原油进行交换。

根据比重度和含硫量的不同，原油可以分为很多不同的等级。两个重要的原油定价基准是布伦特（Brent，开采自英国北海）原油和西得克萨斯中质（WTI）原油。从原油中可提炼出汽油、取暖用油、燃料油和煤油等。

在场外交易市场，可以用普通股票、股票指数作标的变量的几乎所有衍生产品都能够以油

⊖ 华氏度是温度单位，符号为℉，它与摄氏度（符号为℃）的换算关系为：$F = 32 + 1.8C$。——译者注

价作为标的变量。关于油价的互换协议、远期合约以及期权已经非常普遍。合约的交割形式有时是现金，有时是现货（即交付石油）。

交易所交易的产品也非常流行。芝加哥商业交易所（CME）以及洲际交易所（International Exchange，ICE）交易多种石油期货及期货期权。有些期货的交割方式为现金，而其他合约的交割方式为实物。例如，在ICE交易的布伦特原油期货的交割方式为现金交付，在CME交易的WTI原油期货的交割方式为现货。两种情形中单一合约均对应1 000桶原油。CME同时也交易两种精炼油的合约，即取暖油及汽油。这两种合约每份所对应的油量均为42 000加仑[㊀]。

5.6.3 天然气衍生产品

20世纪八九十年代，世界范围内的天然气市场经历了一轮去监管化的过程，同时政府的垄断被打破。天然气的供应商并不一定是天然气的生产商，供应商每天都要面临保证天然气需求的问题。

一个典型的场外合约的目的是阐明在某一个月以大体一致的速度交付一定数量的天然气。在场外交易市场有远期合约、期权以及商品互换交易，天然气的卖出方要负责通过利用天然气管道将天然气送达某指定地点。

CME交易合约的计量单位为100亿（即10 000百万）英国热量单位（British thermal units）的天然气，如果合约没有被提前平仓的话，那么卖出方需要在某个月以大体一致的速度将天然气运达路易斯安娜（Louisiana）的指定天然气枢纽，ICE在伦敦也交易类似的合约。

天然气是建筑供暖常用的能源。它还可以被用来发电，电又可以被用于空调。因此，对天然气的需求是季节性的，并取决于天气。

5.6.4 电力衍生产品

电力是一种非同寻常的商品，这是因为电力很难储存。[㊁]在某一地区，某时刻的最大电力供应与在这一地区的最大发电能力有关。美国的电力系统分成140个控制区域（control areas）。在某一控制区域内，电力的需求以及供应首先要达到匹配，然后额外电力才能卖给其他的控制区域。这些额外能源是电力交易市场的主要构成产品。一个控制区域卖给另外一个控制区域的电力数量取决于两个地区之间的输电能力。不同地区的电力传输会涉及传输费用，这一费用由输电设备的拥有者掌握，在输电过程中往往会有电力能源的损耗。

电力的主要用途之一是为空调系统提供能源，因此对于电力的需求以及价格在夏天要高于冬天。电力的不可储存性有时会造成现货市场价格的大幅度波动。热浪有时会在短时间内将即时电价推高1 000%。

像天然气市场那样，电力市场近期也经历了去监管化，政府的垄断已被取消，同时产生了电力衍生产品市场。CME现在能够交易标的变量为电力价格的期货合约，远期、期权以及互

㊀ 1美制加仑=3.785升，1英制加仑=4.546升。——译者注

㊁ 具有剩余电力能源的生产商可以采用水泵将水输入发电厂高处，并在今后需要能源时以水力发电，这大概是生产商所能做到的最好的电力储存方式。

换产品的交易在场外交易市场上也很普遍。一个典型的合约（交易市场型或场外型）允许某交易方在某一指定月份以一定的价格收到一定千瓦时（megawatt hours）的电力。在一个 5×8 合约中，电力接收时间为在某指定月份每周 5 个工作日（周一至周五）的非高峰时间（晚上 11 点至早上 7 点）；在一个 5×16 合约中，电力接收时间为某指定月份每周 5 个工作日的高峰时间（早上 7 点至晚上 11 点）；在一个 7×24 合约中，电力接收时间为指定月份的每天的任意时刻。期权合约的行使权利有按天行使（daily exercise）以及按月行使（monthly exercise）两种形式，在按天行使形式中，期权持有者可以选择在某月的哪些天（必须有一天的准备期）以某指定价格接收一定数量的电力；在按月行使形式中，期权持有者必须在某个指定月的开始决定是否以某指定价格接收一定数量的电力。

电力及天然气市场上一种有趣的合约为**摆动期权**（swing option）或**即用即付期权**（take and pay option），这些合约通常指明了期权持有者在指定的月份中以某指定价格每天和整个月份总共可获取能源的最低数量与最高数量。期权持有者可以更改（或者说摆动）在当月中买入能源的快慢，但一般来讲，改变的次数会有一定限制。

5.7　奇异期权和结构性产品

许多奇异期权（exotic option）和结构性产品（structured product）在场外交易市场进行交易，虽然这些产品的交易数量小于在第 5.5 节中讨论的标准衍生产品的交易数量，但这些产品对银行而言仍非常重要，这些奇异期权和结构性产品的盈利要比简单产品更为丰厚。

以下是一些奇异期权的例子。

- **亚式期权**（Asian options）：亚式期权同一般简单期权相近，只是在期满时回报有所不同，亚式期权的回报与标的资产在某一固定时间段价格的平均值有关。例如，一个 1 年期的亚式期权在期满时的回报等于 $\max(\bar{S}-K,\ 0)$，其中 $\bar{S}$ 为过去一年资产价格的平均值，K 为执行价格。
- **障碍期权**（barrier options）：这些期权往往在标的资产的价格达到一定水平后，才得以存在或者消失。例如，一个敲出（knock-out）看涨期权的执行价格为 30 美元，障碍价格为 20 美元，敲出看涨期权与普通看涨期权的唯一区别就是当标的资产价格低于 20 美元时，这一期权自动消失。
- **一揽子期权**（basket options）：这种期权的标的资产为一个投资组合而不是单一资产。
- **二元期权**（binary options）：这种期权在某种条件满足时会给出一个固定数量的回报，例如，一个 1 年期二元期权的回报可以是在 1 年期内股票价格高于 20 美元时，回报等于1 000美元。
- **复合期权**（compound options）：这种期权的内含标的资产也是期权，复合期权有 4 种形式——看涨看涨期权（a call on a call）、看涨看跌期权（a call on a put）、看跌看涨期权（a put on a call）以及看跌看跌期权（a put on a put）。例如，一个看涨看涨期权给期权持有者一个权利买入期权，此期权中最原始标的资产当前价格为 15 美元，复合期权中第一层期权的到期期限为 1 年所对应的执行价格为 1 美元，复合期权的期限为 3

年，对应的执行价格为20美元。

- **回望期权**（lookback options）：此类期权在到期时所对应的回报与标的资产在过去一段时间内的极大值或极小值有关，例如，一个1年期的期权在到期时回报等于 $S_T - S_{\min}$，其中 S_T 为到期时的标的资产价格，而 $S_{\min}$ 为从现在到1年到期时的资产价格的最低值。

有时奇异期权比标准期权能更为有效地对冲风险。如业界事例5-3所述，微软公司（Microsoft）采用亚式一揽子期权来管理其外汇风险。

业界事例5-3 微软公司的对冲策略

微软公司一直十分积极地管理其所面临的汇率风险。在某些国家及地区（例如，欧洲、日本及澳大利亚），微软公司的收入为本地货币，每月需将收入转化为美元。在这些以当地货币计量收入的国家，自然微软公司也就会有对当地货币的风险敞口，而在其他国家和地区（例如拉美、东欧以及南亚），微软公司的收入直接以美元来计量，乍一看微软公司在这些国家没有汇率风险，其实不然。

假如美元相对于业务直接以美元计量的国家的货币升值了，这些国家的人会发现买入微软公司的产品会更加困难，本地人需要用更多的本地货币换取美元，然后再买入微软公司的产品。美元升值会迫使微软公司降价，否则公司的销量就会降低。从而我们可以得出结论：无论是以当地货币计价或直接以美元计价，微软公司都会有汇率风险，这一点再一次阐明构造对冲决策时一定要从大局考虑。

微软公司希望用期权来对冲其汇率风险。假设微软公司选择了1年的期限。微软发现自身的外汇风险（例如日元/美元）同汇率在一年中的月平均值有关，这是因为微软公司在每月有相同数量的日元被转化成美元，因此公司决定采用亚式期权而不是欧式期权来对冲其风险敞口。进一步，微软公司认识到其总风险敞口是其经营业务所在国的汇率加权平均，进而采用一揽子期权（也就是期权的标的资产为某些变量的加权平均）。综上所述，微软公司希望在金融机构购买的期权为亚式一揽子看跌期权，这种期权的费用远远小于以每个月作为期限，并由各种汇率作为标的变量的看跌期权的组合费用（见练习题5.23），亚式一揽子看跌期权可以准确地为微软公司提供汇率保护。

微软公司也面临其他类型的财务风险。例如，公司持有投资组合会对利率有风险敞口（当利率增加时，投资组合会有损失），公司也会对两种不同形式的股票有风险敞口，一种敞口是针对其投资的公司的股票，另一种敞口是针对自身股票的风险敞口，这是因为公司要定期买自身股票以作为对雇员的奖励。针对这些风险因素，微软公司往往会采用较复杂的期权来对冲。

结构性产品是银行为满足投资者和企业的特殊需求而创造出来的，一种产品是保底证券（principal protected note），其中银行向投资者提供机会，让其赚取标准普尔500指数收益的一定比例，并同时保证收益不会为负。另外一类（高度）结构性产品如业界事例5-4所示[⊖]（在这个例

⊖ 这一交易在后来成为一个诉讼的焦点，其细节在许多公开区域可以获得，见 D. J. Smith，"Aggressive Corporate Finance：A Close Look at the Procter & Gamble-Bankers Trust Leveraged Swap，" *Journal of Derivatives* 4，no. 4（Summer 1997）：67-79.

子中，信孚银行（Bankers Trust）究竟是在满足客户需求，还是试图推销客户并不需要的来获取利润，仍十分有争议）。

业界事例 5-4　宝洁公司的怪异交易

宝洁公司（P&G）在 1993 年 11 月 2 日同信孚银行（BT）做了一笔被称作“5/30”的离奇的互换交易，这一交易期限为 5 年，每半年有资金交付，交易的面值为 2 亿美元，信孚银行在交易中付年息为 5.3% 的固定利率，而宝洁公司支付给信孚银行的利率为 30 天的 CP（商业票据）的平均利率减去 75 个基点再加上某个利差，这里的商业票据的平均利率是在利率观测区间的 30 天的商业票据利率的平均值。

在第一个付款日（1994 年 5 月 2 日），利差为 0。在接下来的几个付款日，利差为

$$\max\left[0,\ \frac{98.5\times\left(\dfrac{5\text{ 年期的 CMT 利率 }\%}{5.78\%}\right)-30\text{ 年期的 TSY 价格}}{100}\right]$$

公式中 CMT 为固定期限国债利率（该利率是由美国联邦储备银行报告的 5 年国债利率），30 年期的 TSY 价格是在 2023 年 8 月期满的，券息为 6.25% 的美国国债的买入价与卖出价的中间值。注意，以上计算公式的计量为百分比，而不是以基点为计量。例如以上公式所求得的利差为 0.1 而 CP 平均利率为 6%，由此可以算出信孚银行利息为 6% − 0.75% + 10% = 15.25%。

宝洁公司做此交易时，希望利差大约为负，因此公司可将 5.3% 的固定利率转化为此商业票据减去 75 基点的浮动利率。而事实上，1994 年的利率飞涨，债券价格下跌。这笔交易令宝洁公司付出了惨重的代价（见作业题 5.38）。

5.8　风险管理的挑战

期货、远期、互换、期权和结构性等衍生产品变化多端，它们可以用来对冲风险也可以被用来投机及套利（对冲可以减少风险；投机通常要承担风险；套利通常是通过进入两种交易或更多交易来锁定盈利）。产品的多变性会带来危害，有时一些被指定只能做对冲或套利的交易员会在自觉或不自觉之中成为市场投机者，而投机的后果有时是灾难性的。法国兴业银行的杰洛米·科维尔（Jerome Kerviel）给我们提供了典型的反面教材（见业界事例 5-5）。

业界事例 5-5　2008 年法国兴业银行的巨额损失

衍生产品是用途广泛的金融工具。它们可以被用来对冲风险，也可以被用来投机和套利，有时某些被指定只能做对冲或套利的交易员会在自觉或不自觉之中成为市场投机者，这正是机构在交易衍生产品时所面临的挑战之一。

杰洛米·科维尔于 2000 年加入法国兴业银行，从事合规监管工作。2005 年，他被提升为银行 Delta One 产品（即那些 delta 值约为 1 的产品）团队的初级交易员，负责交易股票指数产品，如德国 DAX 指数、法国 CAC40 指数和欧元区 Stoxx 50 指数。他的工作目标是寻找套利机会。当同一个股指的期货价格在不同的交易市场上不同时，套利的机会就会出现。当股指期货的价格与构成指数的股票价格不吻合时，也会有套利的机会。

科维尔利用他对银行监控过程的了解，把投机行为假扮成了套利行为。他在股票指数上持有巨大的头寸，并构造了虚假交易，使得他的头寸看上去是被对冲的。实际上，他对股票指数会朝某个方向移动下了巨大的赌注。随着时间的推移，他持有的裸露头寸达到了数十亿欧元的规模。

2008年1月，银行发现了他未经授权的交易。在3天内，银行以49亿欧元的损失为代价，将他持有的头寸平仓。在当时，这是金融史上由欺诈行为造成损失最大的一起案例（当年晚些时候，这一记录就被伯纳德·麦道夫（Bernard Madoff）的庞氏骗局打破）。

无赖交易员给银行造成巨额损失的例子在2008年以前也屡见不鲜。例如，20世纪90年代，巴林银行的尼克·利森（Nick Lesson）担负与科维尔类似的职责，负责在大阪交易所与新加坡交易所之间识别日经225（Nikkei 225）指数期货的套利机会。而在交易过程中，利森由一个套利者变成了一个投机者。通过期货和期权，他对日经225指数的走向下了巨大的赌注，并导致了10亿美元的损失，最终造成一家存在了近200年的银行破产。2002年，爱尔兰联合银行的约翰·拉斯纳克（John Rusnak）在未经授权的外汇交易中损失7亿美元。2011年，瑞银Delta One团队的基库·阿杜伯利（Kweku Adoboli）以类似杰洛米·科维尔的手段给银行造成23亿美元的损失。

这些损失带给我们的教训是：在交易中，金融或非金融机构一定要给交易员设置一个清楚的限额，对限额要进行仔细的监督，以保证交易员遵守限额。

要想避免类似法国兴业银行的错误，金融或非金融机构一定要控制其衍生产品的交易。衍生产品一定要被用于正确的目的，在交易中必须设置风险额度，银行必须监控交易员的交易以保证交易额度制度的贯彻执行。我们将在本书以后的章节中讨论这一观点。

小 结

金融产品在两类市场进行交易：交易所交易市场以及场外交易市场。2008年金融危机后，场外交易市场正在经历一系列重大的变化。在本章中我们简要介绍了这些变化，我们将在第17章中做进一步的详细讨论。

在这一章中我们讨论了现货交易、远期合约、期货、互换以及期权产品。远期合约或期货合约赋予合约持有者一种义务，持有者必须在将来某一指定时刻以某一约定价格买入或卖出某标的资产。互换合约约定互换的双方在将来交换现金流，而交换的现金流的数量可能与某种或多种市场变量有关。期权合约分成两种：看涨期权及看跌期权。看涨期权给期权持有者一种权利，在某一时刻以某一指定价格买入某资产；看跌期权给期权持有者一种权利，在将来某一时刻以某一指定价格卖出某一资产。

远期、期货及互换合约可以用来锁定将来要发生的交易的价格。与此相比，期权提供价格保险，这一保险使得在将来某时刻的交易价格不会比某一选定价格更差。奇异期权或结构性产品可以用来满足企业财务部的特殊要求。例如，在业界事例5-3中我们看到亚式一揽子期权可以被微软公司用来对冲公司在某一特定时间区间内对于几种不同风险源的风险敞口。

市场上有大量针对不同标的变量的衍生产品交易。在本章中我们回顾了与气候、石油、天然气和电力有关的衍生产品，我们还讨论了奇异期权和结构性产品。

延伸阅读

Boyle, P., and F. Boyle. *Derivatives: The Tools That Changed Finance*. London: Risk Books, 2001.

Flavell, R. *Swaps and Other Instruments*. 2nd ed. Chichester: John Wiley & Sons, 2010.

Geczy, C., B. A. Minton, and C. Schrand. "Why Firms Use Currency Derivatives." *Journal of Finance* 52, no. 4 (1997): 1323–1354.

Litzenberger, R. H. "Swaps: Plain and Fanciful." *Journal of Finance* 47, no. 3 (1992): 831–850.

Miller, M. H. "Financial Innovation: Achievements and Prospects." *Journal of Applied Corporate Finance* 4 (Winter 1992): 4–11.

Warwick, B., F. J. Jones, and R. J. Teweles. *The Futures Games*. 3rd ed. New York: McGraw-Hill, 1998.

练习题

5.1 远期合约空头和多头的区别是什么？

5.2 请解释对冲、投机以及套利的不同之处。

5.3 在某远期交易中，投资者在远期价格为50美元时进入多头寸方，而另一个交易是投资者买入执行价格为50美元的看涨期权。这两个交易的不同之处是什么？

5.4 请详细解释卖出看涨期权及买入看跌期权的不同之处。

5.5 某投资者作为一远期合约的空头寸方同意在某一时刻以每英镑1.3000美元的价格卖出10万英镑。在合约结束时汇率分别为：(a) 1.2900；(b) 1.3200，对应以上汇率投资者的盈亏分别为多少？

5.6 某交易员作为棉花远期合约的空头寸方同意在将来某时刻以每磅50美分价格卖出棉花，合约面值为50 000磅棉花。当合约结束时棉花的价格分别为：(a) 每磅48.20美分；(b) 每磅51.30美分，对应以上价格交易员的盈亏为多少？

5.7 假定你卖出了一个执行价格为40美元、3个月期限的看跌期权，当前股票的价格为每股41美元，每份期权合约是关于100股股票。卖出这一期权后，你有什么样的义务呢？在此合约中你的盈利及亏损会为多少？

5.8 场外交易市场和交易所交易市场的区别是什么？在这两个市场中哪一个会进行如下产品的交易？(a) 远期合约；(b) 期货；(c) 期权；(d) 互换；(e) 奇异期权。

5.9 你投机于某股票，希望价格会上涨。当前市场上股价为29美元，而3个月期限的执行价格为30美元的看涨期权的价格为2.9美元，假设你有5 800美元可以用于投资，请陈列出两种可以达到你的投资目的的投资方式，第一种投资方式只涉及股票投资而第二种方式应涉及期权，在两种投资中可能的盈亏各为多少？

5.10 假如你拥有5 000股每股价格为25美元的股票，你如何采用一个看跌期权而使得在将来4个月时价值得到保护？

5.11 股票在最初发行时会给公司提供资金，而对期权来讲这种说法是否正确？请讨论。

5.12 假如一个在3月到期的看涨期权的价格为2.5美元，期权执行价格为50美元。假设期权一直被持有至到期日，在什么情形下期权持有者会盈利？在什么情形下持有者会行使期权？

5.13 假如一个在6月到期的执行价格为60美元的看跌期权价格为4美元。假设期权被一直持有至到期日。在什么情形下期权的卖出方（即空头寸方）会盈利？在什么情形下期权会被行使？

5.14 假如一家公司得知今后4个月时会收到一笔外汇，什么样的期权可以用来作为这笔外汇的对冲产品？

5.15 一家美国公司得知在将来的6个月要支付100万加元。请解释如何采用（a）远期合约及（b）期权产品来对冲汇率风险。

5.16 20世纪80年代，信孚银行开发了一种指数货币期权债券（index currency option notes，ICON）。债券持有者在到期时收到的回报与汇率有关，信孚银行某交易对手是日本长期信用银行（Long Term Credit Bank of Japan），在ICON中约定，如果在到期日（1995年）汇率高于169(YEN/USD)，那么债券持有者会收到1 000美元。而当到期日的汇率低于169(YEN/USD)时，债券持有者的回报为

$$1\,000-\max\left[0,1\,000\left(\frac{169}{S_T}-1\right)\right]$$

当到期日的汇率低于84.5时，债券持有者回报为0。请证明ICON是由一个简单债券与两个期权的组合。

5.17 假如USD/GBP现市及远期汇率如以下表所示。

现货	1.308 0
90天远期	1.305 6
180天远期	1.301 8

当以下（a）和（b）两种情形同时出现时，会给套利者创造什么样的机会？

（a）180天期，执行价格为1.27(USD/GBP）的欧式期权价格为2美分；

（b）90天期，执行价格为1.34(USD/GBP）的欧式期权价格为2美分。

5.18 一家公司已经持有在今后5年提供3%的固定收益率的投资，此公司希望以表5-5所示的互换价格将固定回报投资转化为浮动回报投资。请解释公司如何达到这一转换。

5.19 假定一家公司在今后以固定利率5%借入资金，请解释公司如何用表5-5所示的互换价目表来将固定利息的负债转化为浮动利息负债。

5.20 一家公司有一个利息为LIBOR+1%的浮动利息负债，请解释这家公司如何用表5-5所示的价目表将这一浮动利息负债转化为3年固定利息负债。

5.21 一个玉米农场的农场主有以下论点：“我不采用期货来对冲我面临的风险，我的真正风险并不是玉米价格的变化，我所面临的真正风险是糟糕的气候可能使我颗粒无收。”请讨论这一观点，这个农民是否应该对玉米预期产量有所估计然后采用对冲策略来锁定预期价格？

5.22 一个航空公司主管有以下论点：“对冲航空燃料价格毫无意义，这样做会得不偿失。”请解释此主管的观点。

5.23 为什么说微软公司采用的一个亚式一揽子看跌期权的价格要远远低于一个相应的包含所有其中货币及期限的看跌期权的组合的价格（见业界事例5-3)？

5.24 “油价、天然气以及电力价格都具有回归均值的性质。”这句话的含义是什么？哪个产品具有最快的回归均值速度？哪个产品具有最慢的回归均值速度？

5.25 当我们增加观测标的资产是否达到障碍水平的频率时，一个敲出看涨期权的价格是有所增加还是有所减小？

5.26 假定在7月每一天的最低温度为华氏68°，最高温度为华氏82°，一个关于7月份累积CDD、执行价为250的期权收益为多少？假定每一度的收益为5 000美元。

5.27 解释一个5×8并且在2019年5月按天行使的电力期权运作方式。解释一个5×8并且在2019年5月按月行使期权的运作方式。哪一个期权价值更高？

5.28 一位美国投资者签署了5份看涨期权

合约（即购买了500股股票的期权）。期权价格是3.5美元，执行价格是60美元，股票价格是57美元。初始保证金要求是多少？

5.29 一个交易者在股价为50美元时做空500股股票。初始保证金是160%，维持保证金是130%。投资者最初需要多少保证金？股票价格要涨到多高才会有追加保证金通知？

5.30 交易所要求其会员就期货合约支付的保证金，与经纪人要求其客户支付的保证金有何不同？

作业题

5.31 一家公司签订了一个空头期货合约，以每蒲式耳250美分的价格出售5 000蒲式耳的小麦。初始保证金为3 000美元，维持保证金为2 000美元。什么样的价格变动会导致追加保证金？在什么情况下可以从保证金账户中提取1 500美元？

5.32 交易员以保证金购买200股股票。股票价格为每股20美元。初始保证金为60%，维持保证金为30%。交易者最初需要缴纳多少保证金？需要追加保证金的股价是多少？

5.33 股票的当前市价为94美元，同时一个3个月期执行价格为95美元的欧式期权价格为4.70美元，一个投资者认为股票价格会涨，但他并不知是否应买入100股股票或者买入2 000份（相当于20份合约）期权，这两种投资所需资金均为9 400美元。在此你会给出什么样的建议？股票价位涨到什么样的水平会使得期权投资盈利更好？

5.34 一个由标准石油公司（Standard Oil）发行的债券的形式如下：债券持有者不会收到通常的券息，但在债券到期时公司会给债券持有者偿还1 000美元本金并附加石油价格在债券持有期内的增值，这一增值等于170乘以在到期时石油价格高于25美元的差额，增值的最大限额为2 550美元（该价格对应每桶40美元）。请说明这一债券是由一个简单债券、一个执行价格为25美元的看涨期权多头和一个执行价格为40美元的看跌期权空头组合而成。

5.35 当前黄金市价为每盎司1 500美元，一个1年期的远期合约的执行价格为1 700美元，一个套利者可以以年利率5%借入资金，套利者应如何操作以达到套利目的？这里我们假设黄金存储费为0，同时黄金不会带来任何利息收入。

5.36 某公司某项投资回报率为LIBOR −0.5%。请解释此公司如何用如表5-5所示的价目表来将公司浮动利率投资转化为期限分别为：(a) 3年；(b) 5年；(c) 10年的固定利率投资。

5.37 一个投资者在远期合约进入买入方，执行价格为K，到期时间为将来某一时刻。同时此投资者又买入一个对应同一期限，执行价格也为K的看跌期权，将这两个交易组合会造成什么样的效果？

5.38 请计算由业界事例5-4所示的“5/30”互换合约中宝洁公司在以下情形下要付的利率：(a) 商业票据（CP）利率为6.5%，国债利率为水平6%；(b) CP利率为7.5%，国债利率为水平7%。这里的国债利率一年复利两次。

CHAPTER6

第6章 2007年信用危机

本章有两个学习目标：第一是调查 2007 ~ 2008 年金融危机的起因、发展以及它带给我们的经验与教训，第二是解释资产证券化是如何运作的。

从2007 年开始，美国经历了自20 世纪30 年代以来最严重的金融危机。这场危机非常迅速地由美国向世界其他地区，以及由金融市场向实体经济蔓延。这场危机不但造成了许多金融机构破产，而且还迫使许多其他金融机构纷纷寻求本国政府的救助。21 世纪的第一个 10 年对金融机构而言是灾难性的，金融机构的风险管理实践正在遭到多方面的批评。在以后的章节中我们将会看到，金融危机导致对金融机构的监管发生了巨大的变化。

第5 章涵盖了期货、远期、互换和期权，它们可以使风险从一个经济实体转移到另一个经济实体。另一种重要的风险转移方式是资产证券化。本章将介绍资产支持证券（ABS）和债务抵押债券（CDO），并讨论它们在危机中所起的作用。

6.1 美国住房市场

要讨论2007 ~2008 年的信用危机，我们应当从美国住房市场谈起。图6-1 展示了 1987 年 1 月 ~2017 年 3 月的标准普尔 10 城市房价 Case-Shiller 指数（S&P/Case-Shiller Composite-10 index）。该指数跟踪美国 10 个主要大都市区的房价。大约从2000 年开始，房屋价格的上涨速度远远超过了前一个 10 年同期的上涨速度。2002 ~2005 年的低利率是造成价格上涨的另一个重要原因，但住房市场价格泡沫形成的原因主要是房屋贷款政策的松懈。

2000 ~2006 年，美国按揭市场的一个显著特点是次级按揭贷款的激增。次级按揭贷款的风险明显要高于按揭贷款的平均风险。在 2000 年以前，大部分被分类为次级的按揭贷款是借款人的第二个按揭（second mortgage），但在2000年以后，金融机构逐渐接受了第一次级按揭贷款（subprime first mortgage）这一名词，自此，第一次级按揭贷款开始变得普遍。

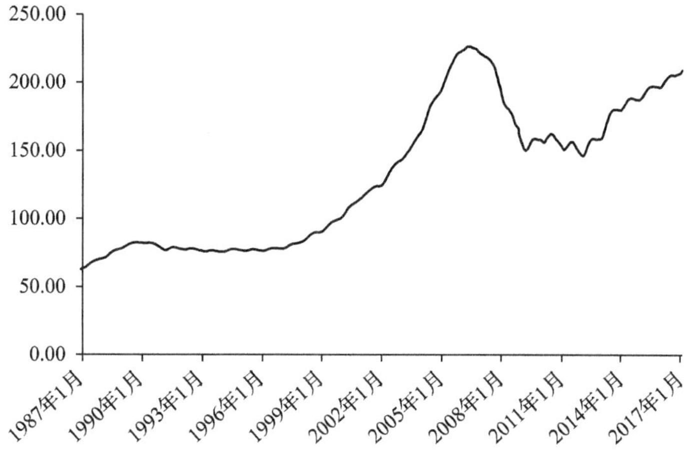

图6-1 标准普尔/Case-Shiller美国10城市房价指数（1987～2017年）

6.1.1 借贷标准的降低

从2000年开始，房屋贷款商纷纷开始降低贷款标准。对那些信用不够好、以前没有资格取得贷款的家庭而言，这时候购买住房也成了现实。而这些家庭的存在，增加了市场对房屋的需求，因此房价开始上涨。对贷款经纪人和贷款商而言，房屋价格上涨以及大数量的借贷需求无疑是个好消息，更多的借贷意味着更大的盈利，并且房屋价格的上涨意味着贷款会有很好的抵押品，即使借贷人违约，由违约所引起的止赎事件（foreclosure，即银行强行收回房屋并拍卖以偿还欠款）也不会造成损失。

贷款经纪与贷款商如何保持盈利的增长呢？他们所面临的问题是随着房屋价格的上涨，首次买房的购房者会越来越难以承担高房价。怎么样才能持续性地吸引新客户呢？贷款经纪及贷款商必须设法进一步降低贷款标准。果不其然，他们就是这样做的。贷款标准降低的结果是贷款面额与房屋价值的比例提高了。这时市场开发出了可调整利率按揭（adjustable rate mortgages，ARM），在这一产品中，最初的前期优惠利率（"teaser" rate）很低，这一低利率会延续2～3年，而随后的利率可能会很高。[㊀]在这期间，贷款商在审查贷款申请时也变得越来越漫不经心，以至于他们常常对申请贷款人的收入及其他有关信息都没有仔细审查。

为什么政府没有对贷款商的行为进行谨慎管理呢？答案是自20世纪90年代开始，美国政府一直致力于扩大住房拥有率，并常常对贷款商施压来使其加大对中低收入群体的贷款力度。有些州的立法人（例如，俄亥俄州和佐治亚州）曾表示对贷款现状的忧虑，并且试图通过立法来抑制掠夺性贷款现象。[㊁]但是法院认定，全国的贷款标准应具有优先权。

㊀ 例如，一个"2/28"可调整利率按揭（"2/28" ARM）是指该产品在最初2年为固定利率，而在今后的28年为浮动利率。当房地产价格上涨时，贷款商预料贷款人会在优惠利率结束前提前付清按揭，并购买一个新的按揭。但是，次级贷款中对提前偿付的惩罚可能会很高，而类似的惩罚在优质按揭贷款中一般是不存在的。

㊁ 掠夺性贷款是指贷款借出方以欺骗的手段与客户签订的不公平的贷款合约。

在信用紧缩之前，市场上有一系列的术语用于描述按揭发放过程，其中一个为“骗子贷款”（liar loan），用来描述按揭贷款申请人知道贷款申请过程中不会进行背景调查，因此在申请表上进行撒谎的行为。而另外一种贷款人被称作“忍者”（NINJA，指没有收入、没有工作、没有资产）。有些分析师认识到按揭贷款风险已经很高，但市场上由按揭贷款支持的证券的价格显示，直到2007年，市场的参与者才真正认识到风险的严重程度和潜在影响。

Mian 和 Sufi 的研究结果证实了按揭借贷的标准确实有所降低。[⊖]在他们文章中，Mian 和 Sufi 定义了“高拒邮编号”（high denial zip codes）为那些在1996年按揭申请被拒比率较高的地区所对应的邮编号码。Mian 和 Sufi 发现，2000～2007年，高拒邮编号地区的按揭贷款增长速度尤其快，另外，Mian 和 Sufi 的研究结果显示按揭贷款制度随时间有一个逐步，而非一次性的放松过程，这是因为高拒邮编号地区的按揭发行量在2000～2007年是一个时间的递增函数。Zimmerman（2007）的研究结果对这一点做了一定的证实，[⊜]其研究结果表明，2006年发行的按揭质量比2005年要差，而2005年发行的按揭质量比2004年要差。标准普尔的估测表明，2006年一年内的次债发行总量为4 210亿美元。AMP资本投资者公司（AMP Capital Investors）的数据显示在2007年7月全部次级按揭贷款总量为1.4万亿美元。

6.1.2 泡沫破裂

贷款制度的放松造成了房屋价格的泡沫，2000～2006年，住房价格飞速上涨。我们知道所有的泡沫最终总会破裂，住房价格泡沫也不例外。在2006年下半年，房价开始下跌。造成房价开始下跌的原因之一是房价上涨了，需求开始下降；另一个原因是当初期优惠利率结束后，许多贷款持有者发现自己并没有能力支付贷款，这造成了断供的上升，使许多房屋重新回到市场上，增大了房屋供应量。这造成了恶性循环：那些借贷数量为房屋价格100%或接近100%的贷款人这时发现他们的资产变成了负数（因为按揭贷款的数额超出了房屋的价值）。很多人选择违约，这导致更多的断供，市场供应量进一步加大，从而进一步压低了房价。

美国房屋市场的一个特点是在许多州按揭具有无追索（nonrecourse）条款，这意味着当贷款人违约时，贷款借出方可以收回住房，但对贷款人的其他财产是不能追索的。[⊜]因此，贷款人持有一个免费的美式看跌期权，他可以在任何时候以按揭的当前本金余额的价格将房屋卖给贷款借出方（在最初优惠利率期间，按揭本金往往会增加，这使得期权的价值变得更高）。市场参与者在后来认识到这一期权非常昂贵，但为时已晚。如果贷款人的净值为负，这时最好的策略是以本金余额的价格卖出住房，房屋随之在市场上拍卖，从而造成了市场价格的进一步下跌。

假设所有按揭违约人的处境都相同会是一个很大的错误。有些人不能承受按揭付款，当他们放弃房屋时会麻烦重重。但市场上有许多违约者是出于投机，他们买入房屋是为了出租，这些人会适时选择行使看跌期权，这会给房屋的租客带来麻烦。还有报告显示，有的房屋拥有者

⊖ See A. Mian and A. Sufi, “The Consequences of Mortgage Credit Expansion: Evidence from the US Mortgage Default Crisis,” *Quarterly Journal of Economics* 124, no. 4(November 2009): 1449-1496.

⊜ See T. Zimmerman, “The Great Subprime Meltdown,” *Journal of Structured Finance* (Fall 2007): 7-20.

⊜ 在某些州，虽然按揭没有无追索条款，但存在某些法规使得债主很难追索房产以外的资产。

（并非投机者）十分有创意地抽取看跌期权的价值，当他们将钥匙还给住房贷款借出方后，随即就以更好的价格买入那些已经断供并被拍卖的住房。假设两个相邻并且结构相似的房屋均已丧失了赎回权，两个房屋的按揭均为250 000美元，而且两个房屋的价值均为200 000美元，断供房屋的拍卖价均为170 000美元。这时房屋拥有者的最佳策略是什么？答案是每个房屋拥有者均行使看跌期权，并随即买入邻居的屋子。

当断供增加时，按揭贷款的损失也增加。损失会增加是因为断供的房屋周围通常还有其他断供的房屋在市场上销售。房屋的状况通常也很糟。另外，银行还要承担法律和其他的费用。在正常的市场条件下，贷款借出方一般可以回收贷款余额的75%。2008～2009年，某些地区的回收率只有25%。

美国并不是唯一的房价下跌的国家，世界上许多其他国家的房价也难逃厄运。当时英国的房价下跌幅度也非常大。如图6-1所示，2012年年中～2017年3月，美国的平均房地产价格开始回升。

6.2 证券化

按揭贷款的发行方在许多情形下并不保留按揭资产，而是将按揭卖给对其进行打包并产生证券的公司，这一过程被称为**证券化**（securitization）。许多年来，证券化是市场上一个十分重要的有效的融资工具，证券化是发起－分销模式的基础。这种工具在2007年前被银行普遍采用，在第2章中我们曾经对此有过讨论。

证券化对房价泡沫的产生起了一定的作用，按揭的最初发行方知道贷款最终会被证券化，这一点会影响发行方的行为。[㊀]这时，在考虑是否接受按揭申请时，按揭发行者不再关心“是否愿意承担信用风险”，而会更加关心“是否可以将按揭卖给其他人来盈利”。

当按揭被证券化后，按揭支持证券的买入方所得到的唯一信息是贷款与价值的比率（loan-to-value ratio，即贷款数额与房屋估价的比率），以及贷款人的FICO信用分数[㊁]。贷款发行者并不关心贷款申请人的收入状况、申请人在其住址上居住的年份等信息，因为这些信息被认为是无关紧要的。对于贷款发行方而言，最重要的是按揭贷款是否可以被卖给其他人，而这主要取决于贷款与价值比率，以及贷款申请人的FICO分数。

有时即使通过了贷款与价值比率和FICO分数检验的按揭也可能具有较差的信用质量，这一点耐人寻味。在贷款发放时，有时需要物业价格评估师（property assessor）确定物业的价值，有时评估师会给出虚高的价格，因为他们知道贷款发放人希望较低的贷款与价值比。有时一些潜在的贷款人可能会得到一定的咨询，以设法改善自身的FICO分数。[㊂]

我们接下来将要讨论由按揭所派生出的产品以及其在市场上的出售过程。

㊀ Keys等的研究结果表明，证券化的发展与按揭筛选条件的宽松有一个关联性，见B. J. Keys，T. Mukherjee，A. Seru，and V. Vig，“Did Securitization Lead to Lax Screening? Evidence from Subprime Loans，” *Quarterly Journal of Economics* 125，no. 1（February 2010）：307-362。

㊁ FICO是由费埃哲公司（Fair Isaac Corporation）开发的一套信用评分体系，在北美被广泛使用。信用分数的取值范围是300～850。

㊂ 一种做法是持续几个月对信用卡进行按时付款。

6.2.1 资产支持债券

资产支持债券（asset-backed security，ABS）是由贷款、证券、信用卡应收付款、按揭、飞机租用费等类似的资产现金流而产生的证券，有时甚至音乐唱片的将来收入所产生的现金流也可以用来产生证券。证券的产生过程如图6-2所示，资产发行人首先将投资组合（例如次级贷款组合）卖给一个特殊目的机构（special purpose vehicle，SPV），然后将资产现金流分配到不同的分档（tranche），并对分档进行出售。图6-2中债券共有3个分档：优先档、中间档以及权益档。投资组合的面值为1亿美元，组合资产被分为：优先档面值为7 500万美元，中间档面值为2 000万美元，权益档面值为500万美元，优先档承诺的回报率为6%、中间档为10%、权益档为30%。

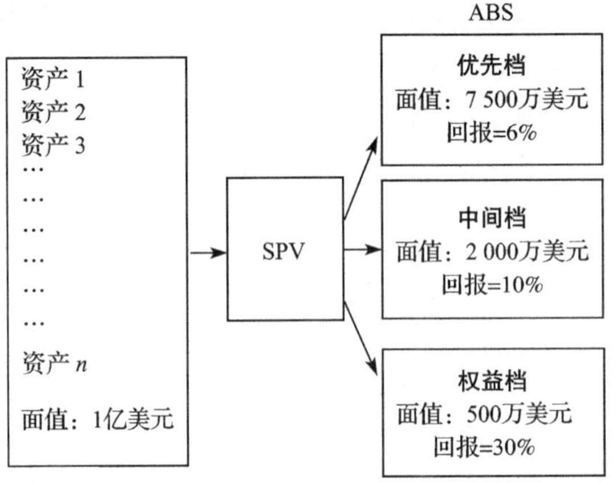

图6-2 一个资产支持证券（简化版）

乍看起来权益档最为合算，但实际并非如此。权益档拿到回报的可能性要小于其他两个等级的分档，证券化的现金流是以所谓的瀑布（waterfall）式进行分配的，瀑布式现金流分布如图6-3所示。利息和本金的现金流是两个分开的瀑布。利息现金流首先要分配给优先档，直到这个分档收到所有的承诺回报后，现金流才会向较低档进行分配。假定优先档所承诺的回报可以被满足，现金流可以进一步向中间档来分配，如果中间档所承诺的回报也被满足，而且利息现金流仍有剩余，这时剩余的部分才会向权益档进行分配。本金现金流也是先用来偿还优先档的本金，然后是中间档，最后是权益档。[⊖]

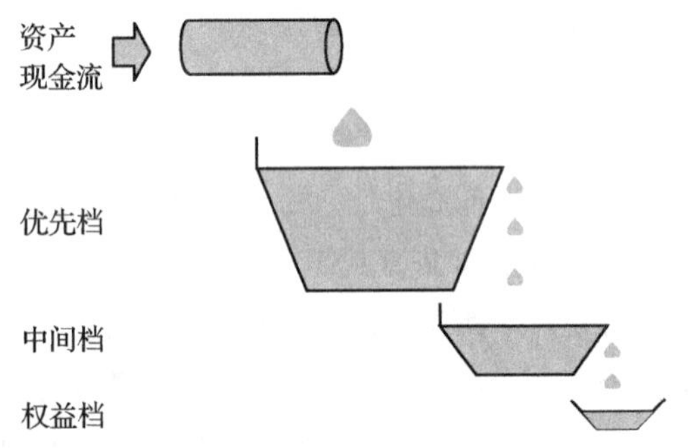

图6-3 资产支持证券中的瀑布式现金流

图6-2中的结构一般要持续几年。各档所收到的本金取决于资产的损失程度。最初资产5%的损失由权益档承担；如果损失超过5%，权益档将会损失全部本金。中间档也会损失一定本金；如果损失超过25%，中间档将损失全部本金，优先档也会损失一定本金。

因此，我们可以用两种方式来看资产支持证券的结构：一种是以图6-3所示的瀑布式现金流形式。现金流首先会分配给优先档，然后是中间档，最后才是权益档；另一种是以承担损失的方式，权益档首先承担损失，然后是中间档，最后才是优先档。

资产支持证券的设计方式是保证优先档的信用评级为AAA，中间档的信用评级为BBB，权

⊖ 这里给出的优先权规则是被简化了的。精确的现金流分配方式可能非常复杂，用以说明的法律文件可能长达几百页。

益档通常没有信用评级。与一般债券评级不同，资产支持证券各档的评级常常被称为“协商评级”（negotiated rating）。ABS 发行者的目标是产生最大数量的优先档资产，并保证其信用评级达到 AAA 级（这样做可以将资产结构的盈利最大化）。在发行证券之前，ABS 的发行者首先要查看信用评级公司如何来对各档进行评级，然后向评级公司提供几种债券发行的初选方案，最终选定一种结构来发行证券。资产支持证券的生成人一般会盈利，因为标的资产组合的加权平均回报高于卖出的各档证券的加权平均回报。

一种特殊的资产支持证券就是所谓的**担保债务凭证**（collateralized debt obligation，CDO），这种债券的标的资产为固定收益债券。附录 L 介绍了市场上用以定价一个 CDO 的步骤。

6.2.2 基于 ABS 的 CDO

寻找愿意向由次级贷款所派生出的高级 AAA 档的投资者并不困难。权益档常常由按揭发行人持有，而且对冲基金也有兴趣购买权益档，但寻找中间档的投资者会比较困难。这时金融工程师发挥了其想象力（有人说太具有想象力了），他们由 ABS 的中间档进一步创造出新的 ABS。以这种形式产生的债券被称为 **ABS CDO** 或中层 **ABS CDO**（mezz ABS CDO），其产生过程如图 6-4 所示。ABS CDO 的优先档的评级为 AAA，这意味着我们例子中的所有 AAA 级产品的面值占基础按揭组合面值的 90%（75% 加上 20% 的 75%），这一比率看起来已经很高，但如果考虑将中层 ABS CDO 进一步证券化，那么 AAA 级证券面值占基础按揭组合面值的比率会更高。

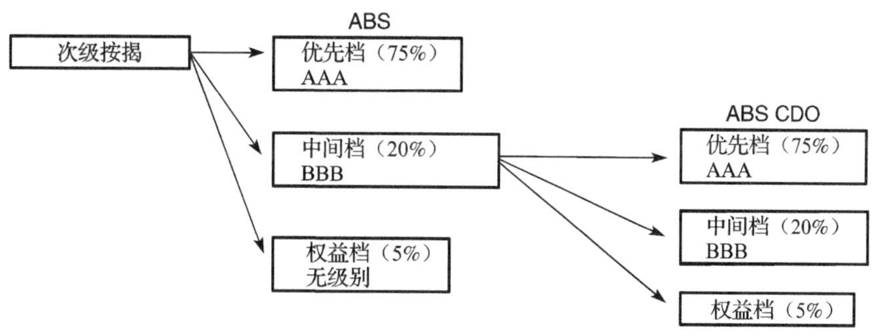

图 6-4 一个简化的 ABS CDO

在图 6-4 所示的例子中，ABS 的 AAA 档在 2007 年下半年可能已经被降级，但是，如果基础按揭资产的损失小于 25%，因为有更低档的证券来承担本金损失，该档仍可能会收到其承诺回报。图 6-4 所示 ABS CDO 的 AAA 档会更加危险。当基础按揭组合的损失小于 10% 时，该档会收到其承诺回报。这时 ABS 中间档所承担的损失小于或等于 ABS 本金面值的 5%，[㊀]因为 ABS CDO 中间档的面值为 ABS 面值的 20%，其所对应的最大损失（以 ABS 资产为基准）为 5/20，即 25%，因此，在最差的情况下（25% 的 ABS CDO 损失，即标的资产损失为 10%），ABS CDO 的权益档及中间档会全部耗尽，但最优先档没有任何损失。

当标的投资组合的损失高于 10% 时，ABS CDO 的优先档会有损失。例如，当标的投资组合的损失为 20% 时，这时 ABS 中间档的损失率达 15/20，即其面值的 75%，最初 25% 的损失

㊀ 即高于权益档 5% 上的额外的 5% 损失。——译者注

由ABS CDO权益档及中间档承担，ABS CDO的优先档损失率达50/75，即67%。表6-1是对这一结果及其他情形所对应损失的总结。

表6-1 图6-4中各档的损失 (%)

次级债组合的损失	ABS中间档的损失	ABS CDO权益档的损失	ABS CDO中间档的损失	ABS CDO中优先档的损失
10	25	100	100	0
15	50	100	100	33
20	75	100	100	67
25	100	100	100	100

许多银行因持有ABS CDO的优先档而蒙受损失。这些投资承诺的回报通常远高于银行的融资成本。因为投资资产的信用级别为AAA，投资所对应资本金要求会比较低。美林证券就是因投资ABS CDO而蒙受了巨大损失。2008年7月，美林以每一美元面值按22美分的价格向Lone Star Funds出售了总面值为306亿美元、信用级别曾被评为AAA级的ABS CDO优先档。[㊀]

6.2.3 实际中的ABS及ABS CDO

图6-2和图6-4说明了证券化过程的实质。在实际中，证券化产品具有更多分档，许多厚度比图6-2和图6-4中的分档更薄（即承担损失范围会更窄）的分档被创建出来。图6-5展示了一个更接近于真实的结构，这一结构选自Gorton的文章，它最初来源于UBS的一篇文章。[㊁]

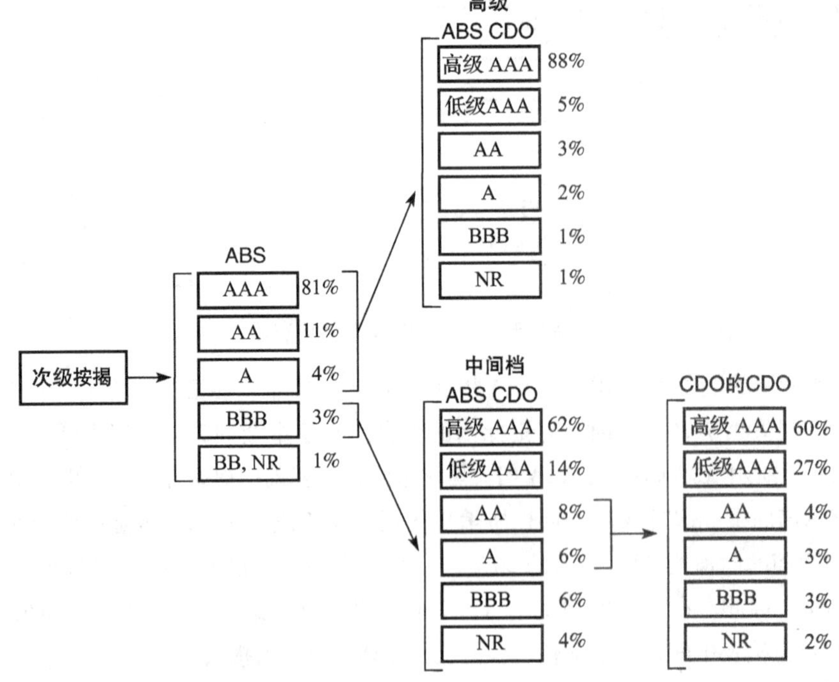

图6-5 一个现实的次级债证券化过程，其中ABS、ABS CDO和CDO的CDO设有超额抵押和超额利差机制

㊀ 事实上，这个交易对美林来讲情况可能会更糟，因为美林要为售价的75%提供资金支持。当分档价格低于每一美元面值16.5美分时，美林可能会发现这些资产实际上又回到了自己账上。

㊁ G. Gorton, "The Subprime Panic," *European Financial Management* 15, no. 1(2008): 10-46.

图6-5显示，由ABS可以产生两类ABS CDO：一类由ABS的BBB级分档来产生（见图6-4中的ABS CDO），另一类由ABS中的AAA级、AA级及A级分档来产生。图形展示由中层ABS CDO可以派生第三层证券。通常我们会设定一个少量的所谓超额抵押（over-collateralization）机制，即按揭抵押资产的面值要比ABS证券的面值更高（1%或2%）。这对投资者提供了一定的保护，但只要做一个类似于表6-1中的分析，我们就会发现，事实上当基础的次贷抵押贷款的损失稍微高一点时，很多分档的投资者都会损失本金。

ABS CDO中AAA级分档的风险以及相对来讲风险较小的ABS的AAA级分档的风险，要比投资者和评级公司所意识到的更高，其中一个原因是相关性。ABS分档的价值与基础按揭资产中违约相关性有关，而ABS CDO分档的价值更加依赖于违约相关性。如果按揭违约的相关程度并不很高（一般情况是这样），整体来讲，高违约率并不太可能发生，因此AAA级分档是相当安全的。但被很多分析师忽略的一个事实是，在受压市场下，违约相关性总是会增加。2005~2006年，投资者和评级机构所采用的模型中假设的违约率相关性太低，特别是在很多观察者已经预见到美国房地产市场很可能发生动荡的情况下。如业界事例6-1所示，分析人员所犯的一个错误是对ABS中的BBB级分档与企业BBB级债券等同处理，但这两类债券有显著差别，而这些差别对于ABS CDO分档中的风险有很大影响。

业界事例6-1　　并非所有BBB级债券都是一样的

分析人员在对由中间档所派生出的CDO进行分析时，往往假设BBB级的ABS中间档与一般BBB级证券是等同的，这是非常糟糕的假设。评级机构的模型试图保证ABS的BBB级分档具有和BBB级债券同样的损失概率或预期损失。但实际上，二者的损失概率分布大相径庭。例如，BBB级别的ABS分档损失100%面值的可能性要远远高于一般BBB债券损失100%面值的可能性（这一风险有时被称作“悬崖风险”（cliff risk））。这意味着ABS CDO分档的风险特性与由债券产生的CDO债券的风险特性有很大不同。当分档的厚度变薄时，这些差别会变得更加显著。

由此得出的一个教训是，将ABS分档（或其他结构性产品）的级别等同于一般证券的信用级别的做法是很危险的。相似评级的债券和结构化产品，它们损失的概率分布有显著不同。

6.3 危机爆发

在美国，住房抵押贷款的违约引发了一系列后果。购买了ABS和ABS CDO分档产品的金融机构与其他投资者蒙受损失。一些抵押贷款发行人也遭受损失，因为他们对一些被证券化的抵押贷款提供了保护，还因为他们的借贷行为产生的法律诉讼。

就像债务市场上经常发生的，当一个行业发生损失时，会造成安全投资转移（flight to quality）现象。投资者不再愿意承受任何信用风险，而是趋向于买入国债和类似的安全投资。信用价差（为承担信用风险而需要的超额收益）大幅度增加。很多非金融企业很难从银行取得贷款。实际上，银行之间也不愿相互贷款，同业拆借利率也大幅攀升。

2007年下半年，ABS和ABS CDO分档的评级被下调。市场上这些分档的流动性变得非常差。投资者认识到，他们并没有像以前所认为的那样真正理解这些分档，而且他们过于依赖评级信息了。这也折射出金融市场透明度的重要性。危机爆发前出现的产品非常复杂。[⊖]投资者直到问题爆发才意识到这一点，然后他们发现，这些产品的流动性如此之差，自己只能以清仓甩卖的价格来抛售了。

花旗集团、UBS 和美林等银行遭受了严重损失，政府不得不对很多金融机构进行救助。雷曼兄弟则被放弃，陷入破产。世界经受了自 20 世纪 30 年代以来最严重的金融危机。失业率增加，甚至连世界偏远角落里和美国金融机构没什么联系的人也被波及。

银行业现在仍在为危机付出代价。我们将在第 16 章中看到，现在银行要保留更多的资本金，要维持一定的流动性比率。诸如《多德 - 弗兰克法案》等新的立法加强了对金融机构的监督并限制银行进行某些活动，如自营交易和衍生产品交易。

6.4 什么地方出了问题

非理性繁荣（irrational exuberance）这一说法是美联储前主席艾伦·格林斯潘首先提出的，用来描述 20 世纪 90 年代股票市场牛市时某些投资者的行为。这对信用危机爆发前的那个阶段同样适用。按揭贷款提供商、由住房按揭贷款生成的 ABS 和 ABS CDO 分档的投资者，以及卖出对这些分档的保护的那些公司假设“美好的时光”能永远持续下去。他们认为美国房地产价格能永远涨下去。个别地区的房价也许会有下降，但如图 6-1 中出现的那种大范围的下降被认为是不可能的。

造成 2007 年危机的因素有很多。按揭发行者降低了贷款标准，市场上产生了在保证盈利的情况下将信用风险转移给投资者的产品。评级公司将其传统评级业务转移到了对结构性产品进行评级，而这些产品是比较新的，历史数据也比较少。投资者购买的产品很复杂，并且在很多情形下，投资者甚至评级公司只具有关于标的资产质量的不准确和不完整的信息。结构性产品的投资者以为自己发现了印钞机，这些投资者将评级公司所提供的信息用来取代自己关于标的资产的风险分析。评级为 AAA 级的结构性产品承诺的回报率也高于同样评级的传统债券。

6.4.1 监管套利

很多按揭贷款的发行人是银行，而银行也是从按揭贷款生成的证券分档的主要投资者。为什么银行选择将按揭贷款证券化，然后再去买入证券化产品呢？答案是因为“**监管套利**”（regulatory arbitrage）的存在。银行持有由按揭贷款证券化产生的分档所需要的监管资本金远小于持有按揭贷款本身所需的资本金。这是因为按揭贷款需要放在银行账户（banking book），而分档产生的证券可以放在交易账户（trading book）。银行账户和交易账户所需的监管资本金是不同的。对这一点，我们将在第 15 ~ 18 章中进一步讨论。

6.4.2 奖励机制

经济学家所指的代理成本（agency cost）是描述在某个商业行为中，两个不同参与者的利益不完全一致的情形。不幸的是，按揭贷款的发行、证券化以及在销售给投资者的过程中恰恰

⊖ 有些产品的复杂性甚至超过第 6.2 节中的描述。例如，有时候，ABS CDO 分档被包括在投资组合中，生成新的 ABS CDO。

存在代理成本。

按揭贷款发行人的动机是使贷款能够被 ABS 和 ABS CDO 分档的创建人所接受。按揭贷款所购买的房屋的估价人的动机是提供一个尽可能高的估价，使得贷款价值比尽可能低，以取悦贷款提供商（取悦贷款提供商的好处是以后可以拿到更多的生意）。ABS 和 ABS CDO 的创建人主要关心的是证券结构的盈利水平（也就是加权平均后流入资金与流出资金的比值）。他们希望自己产品中 AAA 级分档的比重能尽量的高，并找到了根据评级机构发布的评级信息来达到这一目的的方法。评级机构从被评级的产品的发行商那里获得报酬，他们有大约一半的收入来自结构化产品。

另一类代理成本与金融机构和其雇员有关。雇员的薪酬分成三类：一般工资、年终现金分红以及股票和股票期权。金融机构中许多不同级别的高级雇员（特别是交易员）的薪酬很大一部分是以年终现金分红形式给出的。这种薪酬形式侧重于短期表现。如果某个雇员在某年盈利很高而在今后的几年损失很大，则该雇员在第一年会收到很高的现金分红而在今后几年不需要归还已得到的分红。雇员也许因为第二年的损失而失去工作，即便如此，对他来讲，也没什么大不了。令人惊讶的是，金融机构好像很愿意雇用那些简历上有损失记录的人员。

假设你是一位在 2006 年投资于 ABS CDO 资产的一家金融机构的雇员。几乎可以肯定，你已经意识到美国房屋市场存在泡沫并认定这一泡沫最终会破裂。但是你仍然可能会决定进行 ABS CDO 投资。如果这一泡沫在 2006 年 12 月 31 日之前不破裂，那么你仍可能在 2006 年年底收到一笔可观的分红。

6.5 危机的教训

从危机中，风险管理人员应学到以下的教训：

（1）风险管理人员应注意那些存在非理性繁荣的机构，并且保证高层管理人员能意识到美好的时光不会永远持续下去。

（2）在市场受压的情况下，相关性总是增加的。在考虑情况能变得多糟糕时，风险管理人员不能使用正常市场条件下估算的相关性。

（3）不仅对于按揭贷款，对于大部分债券，当违约率上升时，回收率会下降（见第 19.3 节）。当考虑情况能变得多糟糕时，风险管理人员不应使用从正常市场条件下得来的回收率数据。

（4）风险管理人员应保证，对交易人员的奖励和其他个人激励措施应保证他们做出的决定与公司的利益一致。由于金融危机，很多金融机构已经更改薪酬政策。现在分红往往被分摊到几年内发放，而不是在一年内全部付清。如果前一年的表现很好而接下来一年的表现很差，那么在表现好的年份的分红中还没有发放的部分有可能被收回（claw back）。

（5）如果一个交易看上去好得让人难以置信，那它多半就不是真的。结构化产品中 AAA 评级的分档承诺提供比同样评级的普通债券高 100 个基点的回报。对这一点，一个明智的投资者应当得出结论：进一步的分析很有必要，因为分档中很可能存在评级机构没有考虑到的风险。

（6）投资者不能过于依赖评级。他们应该清楚评级机构使用的假设，并进行自己的分析。

（7）金融市场的透明度很重要。如果缺乏透明度（例如 ABS CDO 的例子），那么当坏消息来临时，市场的流动性很可能丧失殆尽。

（8）生成 ABS CDO 和 CDO 的 CDO 产品的再证券化（re-securitization）是个非常糟糕的主意。用以在第一层证券化中生成 ABS 的资产也应尽量分散。进一步证券化不会产生任何有益的结果。

业界事例 6-1 表明，很多从业者以为评级为 BBB 级的 ABS 分档和 BBB 级的债券是等同的。而业界事例 6-2 表明，认识到事实并非如此的人可以采用一个交易策略从中获利。

业界事例 6-2 一个交易机会？

一些交易员与次贷市场对赌，并赚取了丰厚利润。假设你正在分析 2005 年和 2006 年的市场，但是并不清楚次级贷款表现会如何。那是不是还有一个交易机会呢？

答案是，ABS CDO 的中间档真的会带来一个机会。图 6-5 简要描述了分档是如何产生的。在实际中，通常存在 3 个 ABS 分档：BBB +、BBB 和 BBB -。每层都很薄，只有 1% 左右。独立的 ABS CDO 的中间档分别从这三层中产生。考虑从 BBB + 分档生成的 ABS CDO 的中间档。交易者可能会合理地得出以下结论：从不同的按揭贷款组合中生成的 BBB + 分档要么是安全的（因为没有地产危机），要么会全部损失（因为这些份额只有 1% 的厚度，部分损失是不太可能的）。这意味着，所有从 ABS 的 BBB + 级分档创建的 ABS CDO 的中间档要么是安全的，要么会全部损失。因此所有 ABS CDO 中间档的评级应该是一样的（在本例中，应为 BBB +）。

认识到这一点后，交易员该怎么做呢？他应该买入初级 ABS CDO 分档（因为评级低，会更便宜），同时卖空 ABS CDO 的优先档（相对更贵些）。如果标的资产的面值相同，则交易员已经轻松地锁定了利润。

这再次说明，业界事例 6-1 中的 BBB 级分档（特别是当分档很薄时）不能被等同于 BBB 级债券。

小 结

2007 年开始的信用危机给全球金融市场带来了灾难性的效应。这一危机最初源于美国房屋市场。美国政府曾热衷于鼓励住房所有权。利率一度很低。按揭经纪以及按揭发行商发现可以通过降低贷款标准来赢得更多的业务。市场上产生了证券化产品使投资者所面临的信用风险不同于最初按揭发行人所面临的信用风险。信用评级公司对证券化的优先档给出了 AAA 的评级，市场上出现大量 AAA 级分档的投资者，这是因为高分档 AAA 级债券的回报要高于 AAA - 级债券。银行认为这一“美好时光”将会持续，而且因为交易员的奖励集中于其短期表现，所以房屋市场泡沫以及所交易的这些复杂产品对于市场的潜在影响被选择性地忽略了。

当初次购房者及投机者一起进入市场时，房价就上涨了。有些按揭包括适用于最初两三年的优惠利率，当优惠利率结束后，许多贷款的还款利息会显著增加。因不能偿还高利息贷款，贷款人只能违约，从而造成了断供的增大，同时也增加了卖方市场的供应。2000 ~ 2006 年市场上涨现象终于戛然而止，投机者及其他投资者发现他们所欠按揭的价值大于其违约的房屋价值（即他们资产的净值为负），于是选择违约，这进一步加重了房价的下滑幅度。

造成美国房地产泡沫和由此产生的衰退的因素很多。这些因素包括：市场参与者的非理性繁荣、糟糕的奖励措施、对评级机构的过度依赖、投资者分析的欠缺和产品的高度复杂化。危机带给风险管理人员很多启示。在本书后面的章节中我们将会看到，危机导致了对银行监管系统和立法系统的非常大的调整。

延伸阅读

Gorton, G. "The Subprime Panic." *European Financial Management* 15, no. 1 (2008): 10–46.

Hull, J. C. "The Financial Crisis of 2007: Another Case of Irrational Exuberance." In *The Finance Crisis and Rescue: What Went Wrong? Why? What Lessons Can Be Learned?* University of Toronto Press, 2008.

Keys, B. J., T. Mukherjee, A. Seru, and V. Vig. "Did Securitization Lead to Lax Screening? Evidence from Subprime Loans." *Quarterly Journal of Economics* 125, no. 1 (February 2010): 307–362.

Krinsman, A. N. "Subprime Mortgage Meltdown: How Did It Happen and How Will It End?" *Journal of Structured Finance* (Summer 2007): 13–19.

Mian, A., and A. Sufi. "The Consequences of Mortgage Credit Expansion: Evidence from the US Mortgage Default Crisis." *Quarterly Journal of Economics* 124, no. 4 (November 2009): 1449–1496.

Sorkin, A. R. *Too Big to Fail*. New York: Penguin, 2009.

Tett, G. *Fool's Gold: How the Bold Dream of a Small Tribe at JPMorgan Was Corrupted by Wall Street Greed and Unleashed a Catastrophe*. New York: Free Press, 2009.

Zimmerman, T. "The Great Subprime Meltdown." *Journal of Structured Finance* (Fall 2007): 7–20.

练习题

6.1　为什么在2000～2007年，按揭发行人常常不检查按揭申请人的背景信息？

6.2　为什么2000～2007年的房价上涨被称为泡沫？

6.3　表6-1所对应的标的资产损失率（a）5%及（b）12%的含义是什么？

6.4　ABS分档的风险和同样评级的债券的风险有何不同？

6.5　解释以下资产的差异：（a）ABS；（b）ABS CDO。

6.6　市场是如何错误地判断了ABS CDO的风险的？

6.7　“代理成本”的含义是什么？

6.8　什么是证券化的瀑布式现金流？

6.9　ABS CDO是如何产生的？产生ABS CDO的动机是什么？

6.10　研究人员Mian及Sufi如何说明按揭发行人在2000～2006年确实降低了贷款发行标准？

6.11　什么是中间档？

6.12　解释违约相关率上升的影响：（a）ABS中权益档的风险；（b）ABS中优先档的风险。

6.13　解释为什么年末的现金奖金是一个短期奖励。

作业题

6.14　假定ABS和ABS CDO的优先档、中间档及权益档所对应的本金比例为70%、20%和10%，而不是图6-4所示的75%、20%和5%，这一变化对表6-1的影响是什么？

6.15　试着解释如果图6-4中ABS中间档的厚度减小，并且减小的分档被平分给优先档和权益档，那么会发生什么情况？特别地，对表6-1的影响是什么？

CHAPTER7

第 7 章 定价和情景分析：风险中性世界和真实世界

定价（或估值）和情景分析是金融机构进行的两项重要的活动。二者都涉及未来现金流的估算，但是它们的目的不一样。在定价过程中，金融机构的意图是估算未来现金流的当前价值。要做到这一点，需要求出未来现金流的期望值（即未来可能出现的所有情形下的现金流的平均值），然后将该期望值贴现到当前。而在情景分析中，金融机构的目的是探究在未来某一个时间点上，所有可能出现的情况。通常，那些带来不利后果的情景会得到最多的关注，因为金融机构工作的风险管理人员往往需要回答这样的问题："情况到底会糟糕到什么地步？"

假设一家金融机构卖出了以某股票为标的的1年期看涨期权100万股。当前股票的价格是每股50美元，期权的执行价格是55美元。该机构计算出的期权的价值对买家而言是+450万美元，对自己而言是-450万美元。如果卖出期权的收入是500万美元，则公司可以取得50万美元的利润。但是情景分析可能得出这样的结果：在1年内，该股票的价格有5%的可能会达到80美元。这意味着，在考虑了最初卖出期权的收入后，这笔交易有5%的可能会造成2 000万美元的损失。这个例子说明了定价和情景分析的关键区别。定价关注的是可能发生的情况的平均（在上面的例子中，450万美元是期权可能的收益的平均值贴现后的结果），而情景分析关注的重点是极端情况下的结果（在上面的例子中，这笔交易可能给公司带来2 000万美元的损失）。

在本章中我们将讨论在实践中如何进行定价和情景分析。我们会介绍如何区分真实世界中的预测和风险中性世界中的预测，前者是情景分析的基础，而后者是定价的基础。风险中性定价可以用于诸如资产价格一类随时间变化的变量，也可以用来处理那些结果依赖于某一离散事件是否会发生（如一家公司是否违约）的情况。

本章将介绍如何进行蒙特卡罗模拟，并解释在预测资产价格时一般需要做哪些假设。

7.1 波动和资产价格

在讨论定价和情景分析之前，我们先来介绍几点与资产价格的表现有关的常用知识。假设资产的当前价格为 S_0，一个常见的假设是价格每年会以一个常量 μ（以连续复利计）增长，价格的波动率也是一个常量，每年为 σ。[㊀]我们可以证明，在 T 年后，资产价格 S_T 的概率密度函数为[㊁]

$$\ln S_T \sim \phi\left[\ln S_0 + \left(\mu - \frac{\sigma^2}{2}\right)T,\ \sigma^2 T\right] \tag{7-1}$$

其中，$\phi(m,\ v)$ 表示均值为 m、方差为 v 的正态分布，ln 为自然对数函数。变量 S_T 服从对数正态分布，因为它的自然对数是一个正态分布。$\ln S_T$ 的均值是 $\ln S_0 + \left(\mu - \frac{\sigma^2}{2}\right)T$，标准差是 $\sigma\sqrt{T}$。

S_T 小于某个值 V 的概率，等于 $\ln S_T$ 小于 $\ln V$ 的概率。根据正态分布的性质，我们可以得到

$$\text{Prob}(S_T < V) = N\left[\frac{\ln V - \ln S_0 - \left(\mu - \frac{\sigma^2}{2}\right)T}{\sigma\sqrt{T}}\right] = N(-d_2) \tag{7-2}$$

其中

$$d_2 = \frac{\ln\left(\frac{S_0}{V}\right) + \left(\mu - \frac{\sigma^2}{2}\right)T}{\sigma\sqrt{T}}$$

N 为正态累积分布函数，可由 Excel 软件中的 NORMSDIST 函数计算得出。在 T 时刻，S_T 大于 V 的概率为

$$\text{Prob}(S_T > V) = 1 - N(-d_2) = N(d_2) \tag{7-3}$$

最后，假设我们希望找到 V，使得 S_T 的值大于 V 的概率是 q，也就是说 $\text{Prob}(S_T > V) = q$。由式（7-3），我们有 $N(d_2) = q$，即

$$d_2 = \frac{\ln\left(\frac{S_0}{V}\right) + \left(\mu - \frac{\sigma^2}{2}\right)T}{\sigma\sqrt{T}} = N^{-1}(q)$$

或者

$$V = S_0 \exp\left[\left(\mu - \frac{\sigma^2}{2}\right)T - N^{-1}(q)\sigma\sqrt{T}\right] \tag{7-4}$$

其中 N^{-1} 是正态累积分布函数的反函数，可由 Excel 的 NORMSINV 函数算出。类似地，若 S_T 的值小于 V 的概率是 q，即 $\text{Prob}(S_T < V) = q$，由 $N(-d_2) = q$ 或 $d_2 = -N^{-1}(q)$，可知

$$V = S_0 \exp\left[\left(\mu - \frac{\sigma^2}{2}\right)T + N^{-1}(q)\sigma\sqrt{T}\right] \tag{7-5}$$

㊀ 我们在附录 A 中对于连续复利做了介绍。顾名思义，波动率是一个度量股票价格不确性的手段，在第 10 章中我们将对它进行更精确的定义。

㊁ 推导过程可见 J. Hull, *Options, Futures, and Other Derivatives*, 9th ed. (Upper SaddleRiver, NJ: Pearson, 2015)。

7.2 风险中性定价

衍生产品定价最重要的一个手段就是风险中性定价。一个**风险中性世界**（risk-neutral world）可以是一个想象中的世界，在这个世界中投资者不要求为所承担的风险得到补偿。也就是说，在该世界中，一项有风险的投资需要提供的预期回报与无风险的投资是一样的，均为无风险利率。我们生活的真实世界显然不是风险中性的。我们身边的投资者均要求为自己承担的风险获得补偿（第1章给出了一个便于理解风险-回报替代关系的框架）。但是，风险中性定价方法显示我们可以通过假设世界是风险中性的来为任何衍生产品定价，而且我们不仅可以在风险中性世界中得出正确的定价结果，该结果还可以用在任何其他世界中。

乍看上去，风险中性定价的结果似乎完全不合理。投资者并不是生活在风险中性的世界中。当他们面对的风险上升时，他们通常会要求得到更高的回报，这一结论适应于衍生产品及其他投资。[⊖]但当我们试图理解风险中性定价时，需要注意关键一点，对某一衍生产品进行定价，我们计算的价格是与标的资产价格有关（例如，股票期权价值的计算与标的股票的价格有关），而标的资产的价格反映了市场参与者对风险-回报的权衡。如果市场参与者认为由于资产的风险他们应该获得更多（更少）的回报，资产的价格就会下降（上升）。而风险中性定价认为将标的资产价格转换成衍生产品价格的计算公式是独立于投资者的风险偏好的。

在风险中性世界中，所有未来的现金流都以无风险利率进行贴现。这极大地简化了定价。假设我们要给一只股票的看涨期权定价，无风险利率是3%。风险中性定价的步骤如下：

（1）假设股票未来的预期回报率是3%（平均值）；

（2）计算看涨期权的预期收益；

（3）以3%的贴现率将预期收益贴现，得到期权的当前值。

一个很自然的问题是："既然在真实世界中定价更为自然，为什么我们还需要风险中性世界？"答案在于，虽然在理论上我们可以在真实世界中对一个看涨期权进行定价，但在实践中这样做很困难。我们需要履行以下的步骤：

（1a）估计股票在真实世界中的预期回报率（平均值）；

（2a）计算真实世界中看涨期权的预期收益；

（3a）以适当的贴现率将期权的预期收益贴现，作为期权的当前价值。

在步骤（1a）中，我们有可能得到一个合理的、在真实世界中的股票未来预期回报率。为此，我们需要估计股票的beta，并使用第1章中介绍的资本资产定价模型。但完成步骤（3a）将非常困难。用来对真实世界预期收益进行贴现的正确贴现率依赖于期权的（而不是股票的）beta，而这个值在期权的生命周期中很有可能是变化的。随着股票价格的变化，期权中隐含的杠杆会发生变化，贴现率也会跟着变化。如果在看涨期权的整个生命周期中使用单一贴现率，那么得出的期权价值会非常高；同样地，如果在一个看跌期权的生命周期中使用单一贴现率，那么得出的期权价值会非常低，通常是负值。我们是怎么知道这些情况的？我们可以使用风险中性定价，算出期权的价值，然后从这个答案倒推，看看要得到同样的答案，在真实世界中正

⊖ 如在第1章中解释的，对投资者来说系统性（即不能被分散的）风险是至关重要的。

确的贴现率应为多少。后面我们会以一个二元期权为例，说明这一点。

风险中性定价是一个看上去很神奇的结论。它意味着我们无须关心诸如衍生产品的风险大小和市场对标的资产及衍生产品的回报要求之类的问题。我们需要问自己的唯一的问题是：如果我们生活在一个投资者对任何投资所要求的回报均等于无风险利率的世界中，我们如何对衍生产品进行定价？如果没有风险中性定价，衍生产品的定价将会更加复杂（而且更加不准确）。

需要强调的是，风险中性定价（或者说“投资者在决定投资的预期回报时，并不关心投资的风险”这一假设）只不过是用来给衍生产品定价的一种人工设备。从中得到的定价结果不仅在风险中性世界中是正确的，在其他所有世界中也是正确的。当我们从风险中性世界变化到真实世界中时，会同时发生两件事情：衍生产品的预期收益会发生变化，同时用于对预期收益进行贴现的贴现率也会发生变化。这两个变化总是恰好相互抵消。

7.2.1 在远期合约中的应用

作为风险中性定价的一个简单例子，让我们考虑一个远期合约的多头的定价，合约的标的资产是一只不付股息的股票。假设交割价为 K，期限为 T。在到期日，合约的价值为

$$S_T - K$$

其中 S_T 是股票在 T 时刻的价格。根据风险中性定价的论点，该远期合约在当前时刻（即零时刻）的价值即为它在风险中性世界中 T 时刻的价值以无风险利率贴现后的值。设远期合约的价值为 f，我们有

$$f = e^{-rT}\hat{E}(S_T - K)$$

其中 $\hat{E}$ 表示无风险世界中的期望值，r 为无风险利率（假设为常量）。因为 K 为常量，我们有

$$f = e^{-rT}\hat{E}(S_T) - Ke^{-rT} \tag{7-6}$$

在无风险世界中，股票价格的增长率是 r。由此我们得到

$$\hat{E}(S_T) = S_0 e^{rT}$$

其中 S_0 为股票的当前价格。将上式代入式（7-6）中

$$f = S_0 - Ke^{-rT} \tag{7-7}$$

类似地，远期合约空头的价值为

$$Ke^{-rT} - S_0 \tag{7-8}$$

上述结果和附录 C 中的结果是一致的。

7.2.2 在二元期权合约中的应用

在本节中，我们给出了一个风险中性定价的更进一步的例子。假设一只不付股息的股票的价格是 30 美元，如果 1 年后股价高于 40 美元，某衍生产品就会支付 100 美元。这种衍生产品被称为二元或指状（digital）或者是现金或无价值（cash-or-nothing）期权。假设无风险利率为每年 3%（连续复利），真实世界中股票的预期增长率是每年 10%（同样是连续复利），股票的年波动率为 30%。

在风险中性世界中，股票的预期增长率是每年3%。股票价格在1年后高于40美元的风险中性概率可以通过计算得出：设式（7-3）中的参数$\mu = 0.03$，$T = 1$，$\sigma = 0.3$，$S_0 = 30$，$V = 40$。我们有

$$N\left[\frac{\ln\left(\frac{30}{40}\right) + \left(0.03 - \frac{0.3^2}{2}\right) \times 1}{0.3 \times \sqrt{1}}\right] = N(-1.0089) = 0.1565$$

在风险中性世界中，该衍生产品的预期收益为$100 \times 0.1565 = 15.65$美元。衍生产品的价值按3%无风险利率贴现1年后的价值为$15.65e^{-0.03 \times 1} = 15.19$美元。

真实世界中股票价格在1年后高于40美元的概率是这样来计算的：设式（7-3）中μ等于假定的股票1年后的回报10%，得出的概率为0.2190（我们将在本章后面的内容中解释，当从风险中性世界变换到真实世界时，不需要改变波动率；反之亦然）。因此在真实世界中，期权的预期收益是21.90美元。我们前面曾经提到过，使用真实世界的预期收益进行定价的问题在于我们不知道应该使用什么样的贴现率。股票的价格存在风险，该风险已经被市场定价（否则股票的预期收益就不会是高于无风险利率的7%）。衍生产品可以在该风险基础上增加杠杆，因此对衍生产品的预期收益贴现时应该使用更高的贴现率。我们知道该衍生产品正确的当前价值应为15.19美元，据此我们可以推算出真实世界中21.90美元的预期收益应使用的贴现率为36.6%（这是因为$21.90 \times e^{-0.366 \times 1} = 15.19$）。

7.2.3 布莱克－斯科尔斯－默顿公式的应用

接下来我们考虑一只不付股息的股票的欧式期权，执行价格为K，到期日为T，假设无风险利率为r，在T时刻的收益为

$$\max(S_T - K, 0)$$

其中S_T为股票在T时刻的价格。因此，期权在T时刻的预期收益是

$$\hat{E}[\max(S_T - K, 0)]$$

其中$\hat{E}$表示风险中性世界中的期望值。使用风险中性定价的结论，该期权的价值为

$$e^{-rT}\hat{E}[\max(S_T - K, 0)] \tag{7-9}$$

类似地，相应的看跌期权的价值为

$$e^{-rT}\hat{E}[\max(K - S_T, 0)]$$

在进行一些代数变换后，我们可以证明这些结论可以推导出附录E中的布莱克－斯科尔斯－默顿公式，用于欧式股票期权的定价。[㊀]

7.2.4 应用于离散化回报的情况

风险中性定价还可以用于回报是离散化的情况。假设在T时刻可能出现两种互斥的结果。

㊀ 按照约翰·赫尔所著的《期权、期货及其他衍生产品》（*Options, Futures, and Other Derivatives*, 10th ed, Upper Saddle River, NJ: Pearson, 2018），可用三种方式推导出布莱克－斯科尔斯－默顿公式。第一种是先建立满足所有衍生产品的微分方程，然后通过恰当的边界条件求解；第二种是建立股票价格行为的二叉树，然后对时间步长取极限，使其趋向于0；第三种是通过式（7-9）。这种方式的详细步骤可在本书附录和《期权、期货及其他衍生产品》（原书第10版）的第15章中找到。

设 π_1 为某衍生产品的价值，如果第一种结果出现，那么该衍生产品在 T 时刻的收益为 1 美元，否则收益为 0。同样地，设 π_2 为另一个衍生产品的价值，如果第二种结果出现，那么该衍生产品在 T 时刻的收益为 1 美元，否则收益为 0。如果同时买入这两个衍生产品，那么我们可以保证在 T 时刻获得 1 美元的收益。在 T 时刻保证获得的 1 美元收益的当前价值为 e^{-RT}，其中 R 为到 T 时刻的无风险利率（连续贴现）。所以我们有

$$\pi_1 + \pi_2 = \mathrm{e}^{-RT} \tag{7-10}$$

现在考虑另一个衍生产品，如果在 T 时刻第一种结果发生，则该产品支付 V_1；如果第二种结果发生，则支付 V_2。该衍生产品的价值为

$$\pi_1 V_1 + \pi_2 V_2$$

进一步有

$$(\pi_1 + \pi_2)\left(\frac{\pi_1}{\pi_1 + \pi_2}V_1 + \frac{\pi_2}{\pi_1 + \pi_2}V_2\right)$$

将式（7-10）的结果代入上式，该衍生产品的价值为

$$\mathrm{e}^{-RT}(p_1 V_1 + p_2 V_2)$$

其中

$$p_1 = \frac{\pi_1}{\pi_1 + \pi_2}, \quad p_2 - \frac{\pi_2}{\pi_1 + \pi_2}$$

从这个结果出发，我们可以很自然地把 p_1 和 p_2 看作是两种结果分别发生的风险中性概率。该衍生产品的价值也就是其在风险中性世界中预期收益以无风险利率的贴现。这个例子说明风险中性定价也适用于结果是离散的情形。

上述结果还可以扩展到结果有很多种可能的情况。假设在 T 时刻可能会发生 n 种互斥的可能的结果。设 π_i 是一个衍生产品的价值，该衍生产品在第 $i(1 \leqslant i \leqslant n)$ 种可能结果发生时，收益为 1 美元，否则为 0。那么，一个在第 $i(1 \leqslant i \leqslant n)$ 种可能结果发生时，收益为 V_i 美元的衍生产品的价值为

$$\mathrm{e}^{-RT}\sum_{i=1}^{n} p_i V_i$$

其中，p_i 为第 $i(1 \leqslant i \leqslant n)$ 种可能结果发生的风险中性概率，且

$$p_i = \frac{\pi_i}{\sum_{j=1}^{n} \pi_j}$$

7.2.5　应用于违约概率

考虑一个金融工具，其回报取决于某家公司是否违约（这样的工具可以定义成信用衍生产品）。根据我们在前面所做的分析，如果我们要对这样一个衍生产品定价，那么可以遵循以下步骤：

（1）估计违约的风险中性概率；

（2）计算衍生产品的预期收益；

（3）将预期收益按无风险利率贴现。

我们将在第 19 章中看到，风险中性违约概率可以由该公司发行的债券的收益率或信用违约互换利差推出。一般来说，风险中性违约概率会高于真实世界中的违约概率。

7.3 情景分析

现在我们讨论情景分析。在情景分析中，我们希望了解将来可能发生的状况。我们的目的不是定价，而未来的现金流也不会贴现到当前。在进行情景分析时，我们考虑的世界是真实世界，而不是风险中性世界。我们要强调的是，风险中性世界不过是我们为了对衍生产品进行定价而构造的一个人造的世界而已。对风险管理人员来说，他们一般不会太关心在一个人人都是风险中性的虚拟世界中，将来会发生什么情况。

使用**哥萨诺夫定理**（Girsanov's theorem），我们可以比较简便地在真实世界和风险中性世界中切换。该定理证明，当我们从某一种风险偏好设定的世界变换到另一种风险偏好设定的世界时，市场变量，如股票价格、商品价格、汇率和利率的预期增长率会发生变化，但是它们的波动率不会变。

为说明情景分析是如何进行的，假设真实世界中的股票预期回报率为 8%，目前股价为 30 美元，其波动率为 25%。若你拥有 10 000 股股票，明年你的损失额会是多少？

由式（7-5）可知，在真实世界中 1 年内股票价格分布的 5% 分位数为

$$30\exp\left[\left(0.08-\frac{0.25^2}{2}\right)\times 1+N^{-1}(0.05)\times 0.25\times\sqrt{1}\right]=20.88$$

类似地，股票价格分布的 1% 分位数是 17.61 美元。

因此，有 95% 的概率在接下来的 1 年里损失不会超过 10 000 ×（30 − 20.88）= 91 200 美元。同样，可以 99% 地确定损失不会超过 123 900 美元。我们将在后面的章节中看到，这些就是所谓的风险价值评估。

这里的关键是，由于我们在进行情景分析而不是评估，所以该结果是基于真实世界的预期回报率，而不是无风险回报率。

7.4 两个世界必须同时使用的情况

在某些情况下，进行情景分析要求我们既使用真实世界，又使用风险中性世界。真实世界用来产生在需要考虑的时间范围内可能发生的情景，风险中性世界则用来为在这个时段内仍未有效的交易进行定价。举一个简单的例子，假设我们刚才讨论过的远期合约是某投资组合中唯一的一笔交易。我们希望通过情景分析来研究一下 6 个月后，这个投资组合的价值会是什么情况。为了达到这个目的，我们需要进行两个步骤：

（1）计算真实世界中，6 个月后股票价格的概率分布。

（2）使用步骤（1）中得到的股票的可能价格，对 6 个月后的远期合约进行定价，并得到远期合约 6 个月后价值的概率分布。此时，需要使用风险中性定价（6 个月后，合约的期限为 1.5 年）。

假设我们想知道 6 个月后可能出现的“最坏”的情况。我们可以把“最坏”定义成 6 个月后合约价值概率分布中对应于 1% 概率的低点。在这个例子中，因为该投资组合非常简单，

所以最坏的情况对应于在真实世界中 6 个月后股票价格可能以 1% 的概率达到的高点。根据式（7-4），此点对应的股票价格应为

$$50\exp\left[\left(0.1-\frac{0.3^2}{2}\right)\times 0.5-N^{-1}(0.01)\times 0.3\times\sqrt{0.5}\right]=84.18$$

将这个股票价格代入式（7-8），得到的远期合约的价值为

$$55e^{-1.5\times 0.03}-84.18=-31.61$$

因此，6 个月后，有 1% 的概率，合约的价值会低于 -3 161 万美元。

注意，最坏情况下的股价是在真实世界中计算出来的，然后用风险中性估值法对远期合约的最坏情况进行估计。

7.5 实践中的计算

我们刚刚看到的例子非常简单，因为组合中只有一个金融工具——一个 2 年期的股票远期。我们知道该合约的价值随着标的股票价格的上升而下降。当该股票的价格达到概率为 1% 的高点时，远期合约的价值就会跌到概率为 1% 的低点。

在实践中，一家金融机构的投资组合通常包括大量的金融工具，因此进行情景分析需要的计算可能会非常复杂。要了解自今天起始的特定时间段内真实世界中可能发生的情况，我们需要生成大量的场景，并在这些场景下对投资组合进行定价。然后，我们才能知道在某一概率下（例如 1%）所对应的损失的情况。举例而言，如果我们考虑了 1 000 个场景，1% 概率对应的损失就是这些场景中出现的第 10 个的损失。

对股票价格、股指价格和汇率等市场变量，最常用的模型一般会假设预期增长率 μ 和波动率 σ 是两个常数，或是时间的某个函数。由式（7-1）可知，如果 S_t 是市场变量在时间 t 的值，我们有

$$\ln(S_{t+\Delta t})=\ln(S_t)+\left(\mu-\frac{\sigma^2}{2}\right)\Delta t+\varepsilon\sigma\sqrt{\Delta t}$$

其中，ε 是一个服从标准正态分布的随机变量（均值为 0，波动率为 1）。也就是说

$$S_{t+\Delta t}=S_t\exp\left[\left(\mu-\frac{\sigma^2}{2}\right)\Delta t+\varepsilon\sigma\sqrt{\Delta t}\right]$$

通过这个公式，我们就可以从一个标准正态分布中取样，以 Δt 为时间步长对一个市场变量进行模拟。

短期利率、波动率和商品价格等市场变量使用的模型会更加复杂。这类模型不仅考虑变量表现出的波动性，而且还假设从长期来看变量会回归到一个平均水平。这一现象被称作**均值回归**（mean reversion）。在大多数情况下，我们并不假设各种市场变量的变动是相互独立的。市场变量之间的相关性通常可以通过历史数据估算出来。然后，这些相关性可以通过标准正态分布随机变量 ε 之间的相关性体现出来（我们在第 11 章中介绍特定相关系数下的多元标准正态分布取样的方法）。

从上面这个简短的介绍中我们可以看出，情景分析可能非常耗费时间。在每次模拟中，除要通过取样生成市场变量的值以外，还需要计算组合在所模拟的时间点上的价值。网格计算技

术（grid computing，一种调度多个计算机资源协同工作，以完成同一个任务的分布式计算技术）常常被用来进行这类计算。有时，为了能在合理的时间内得到结果，我们还不得不对蒙特卡罗模拟实验的次数进行限制。

7.6 对真实世界中的过程进行估计

在情景分析中，我们面临的一个主要问题是，我们对市场变量在风险中性世界中表现的了解，常常远多过对它们在真实世界中表现的了解。考虑一只股票的价格，我们知道在风险中性世界，股价的回报就是无风险利率。我们可以从历史数据或以该股票作标的的期权价格中计算出波动率。对于消费资产（即非纯粹用于投资的资产），期货价格可用于提供有关其价格在风险中性世界中预期表现的信息。类似地，利率期限结构提供了风险中性世界中利率遵循的规律信息。

不幸的是，在真实世界中不存在这类隐含计算的方法。理论上，我们可以从历史数据中推导。但在实际中，要得出比较准确的估计所需要的历史数据量是很大的（远远超过得出合理波动率所需要的数据量）。

我们还可以使用资本资产定价模型（见第1章）。我们可以先估计这只股票的回报与某个对整个市场有代表性的指数（如标准普尔500指数）的表现的相关系数ρ。如我们在第1.3节中解释的，这只股票的β可由下式计算出

$$\beta = \rho\frac{\sigma}{\sigma_M}$$

其中，σ是股票回报的波动率，σ_M是标准普尔500指数回报的波动率。根据资本资产定价模型，股票在真实世界中的回报率为

$$R_F + \beta E$$

其中，R_F是无风险利率，E是市场相对于无风险利率的预期超额回报（通常假设为5%或6%）。

我们可以对其他变量使用类似的方法。假设一个市场变量的波动率是σ（注意波动率在真实世界和风险中性世界中是相同的）。该变量在真实世界中的百分比变化量超出其在无风险世界中的变化量可计为$\lambda\sigma$，其中λ被称作该变量风险的市场价格。一般来说

$$\lambda = \frac{\rho}{\sigma_M}E$$

其中ρ为该变量百分比变化量与标准普尔500指数回报的相关系数。

现在考虑某一商品的价格。如果它的回报和标准普尔500指数的回报没有相关性，我们可以假设它在真实世界中的预期回报和在风险中性世界是相等的。或者，设$\rho=0.3$，$\sigma_M=0.2$，$E=0.06$，我们可以推算出$\lambda=0.09$。如果商品价格的波动率是40%，则其回报率应为$0.09\times0.40=3.6\%$，即在真实世界中的预期回报高于风险中性世界中的回报。

就利率而言，市场风险价格为负（通常在-0.1至-0.2）。[㊀]这意味着，在风险中性的世界，利率的增长速度要快于真实世界（这使得利率不同于股票价格，而在真实世界中恰恰相反）。

㊀ 参见J. Hull, A. Sokol, and A. White, "Short-Rate Joint-Measure Models," *Risk* (October 2014): 59-63，以获得估算利率风险市场价格的方法。美国联邦储备委员会有时会根据经验判断实际利率的变动幅度是每月比实际利率低一个基点。

小结

风险管理中一个比较容易让人迷惑的问题是定价和情景分析（应该）基于对市场变量（例如股价、商品价格和汇率）表现的不同假设上。通过标的资产的价格对衍生产品进行定价，我们使用一个虚构的风险中性世界。这意味着投资组合中所有资产的预期回报都被假设为无风险利率，而预期收益也会以无风险利率贴现。风险中性定价结论的普遍适用性说明我们在风险中性世界中的定价结果在真实世界中也是正确的。

在情景分析中，我们感兴趣的主要是市场变量在真实世界中（也就是我们真正生活的世界）是如何变化的。幸运的是，哥萨诺夫定理告诉我们，在真实世界和风险中性世界中，一个变量的波动率是相等的。但是，变量在这两个世界中的预期回报很可能是非常不同的。例如，股票价格和股指价格在真实世界中的预期回报通常显著高于它们在风险中性世界中的回报。正如我们在第1章中讨论过的，这是因为投资者会为所承担的风险要求补偿。

另一个让人迷惑之处是，有时我们需要同时考虑风险中性世界和真实世界中的情况。例如，一家金融机构持有一个衍生产品组合，且该机构希望了解自己未来1年可能遭受的损失，那么它要做的就是考虑相关市场变量在未来1年内，在真实世界中会如何变化，并据此生成很多场景，然后它就可以使用风险中性定价方法来计算1年后投资组合在各场景下的价值。

延伸阅读

Baxter, M., and A. Rennie. *Financial Calculus*. Cambridge: Cambridge University Press, 1996.

Hull, J. *Options, Futures, and Other Derivatives*, 10th ed. Upper Saddle River, NJ: Pearson, 2018.

Hull, J., A. Sokol, and A. White. "Short-Rate Joint-Measure Models." *Risk* (October 2014): 59–63.

Hull, J., and A. White. "Interest Rate Trees: Extensions and Applications." Working Paper, University of Toronto, 2017.

Ross, S. "The Recovery Theorem." *Journal of Finance* 70, no. 2 (April 2015): 615–648.

练习题

7.1 一只股票的价格的预期回报是12%，波动率是20%，当前价格为50美元。2年内股价高于70美元的概率是多少？

7.2 在习题7.1中，2年内股票能以5%的概率突破的高位是多少？

7.3 试着解释风险中性定价的原理。

7.4 一个分析师计算一个股票指数未来的预期价格：(a) 在真实世界中；(b) 在风险中性世界中。你认为哪个世界中的值会更高一些？为什么？

7.5 有一个衍生产品价值3美元，如果1年内某公司违约，该衍生产品会支付100美元。另一个衍生产品价值95美元，如果上述公司在1年内不违约，则该衍生产品会支付100美元。那么，1年期无风险利率是多少？这家公司的风险中性违约概率是多少？

7.6 有一个二元期权，如果某股票的价格在3个月后高于30美元，则该期权会支付100美元。目前股票的价格是25美元，波动率是30%，无风险利率是3%，股票价格的预期回报是10%。该期权的价格是多少？在真实世界中，能从该期权中获得收益的概率是多少？

7.7 我们需要进行情景分析，以确定1年后一个投资组合的价值的某一置信区间，试着说明为什么我们既需要使用真实世界，又要使用风险中性世界。

7.8 解释均值回归的含义。

7.9 解释哥萨诺夫定理。

作业题

7.10 一只股票的预期回报率是9%，波动率是25%，目前价格为40美元。未来18个月后，股票价格低于30美元的概率是多少？

7.11 某投资者持有某股票10 000股，股票目前的市场价格是80美元。6个月后，该组合在最坏的情况下价值是多少？这里最坏的情况下的价值的定义是，组合的价值只有1%的概率低于该值。假设股票的预期回报率是8%，波动率是20%。

7.12 有一个二元期权，如果3个月后某股票的价格高于60美元，该期权会支付500美元。股票目前的价格是61美元，波动率是20%，无风险利率是2%，股票的预期回报率是8%。期权的价值是多少？真实世界中的预期收益是多少？

PART 2

第二部分

市场风险

CHAPTER8

第8章 交易员如何管理风险敞口

金融机构的交易台被称为**前台**（front office），而管理银行所面临的整体风险、资本充足率以及监管合规的部门被称为**中台**（middle office），管理银行账目的部门被称为**后台**（back office）。如同我们在第1.6节中解释的，交易台的风险在两个层次被管理：第一个层次是交易前台人员通过对冲手段来控制单一市场变量风险敞口不至于太大；第二个层次是中台管理人员将所有交易员的风险敞口进行汇总来测算银行面临的整体风险，并决定整体风险是否可以被接受。在这一章中，我们将集中精力讨论前台的风险对冲行为，在以后的章节中，我们将讨论中台如何汇总及测算整体风险。

本章将讨论“希腊字母”（greek letters），有时这些字母被简称为希腊值（greeks）。每一个希腊值都被用来度量交易中存在的不同方面的风险。在每个交易日结束时，交易员都要计算自己交易的各个希腊值，如果结果显示风险已经超出了本金融机构确定的内部风险额度（internal risk limit），交易员应立即采取措施来减小风险敞口。如果不采取适当措施，那么交易员可能会被解雇。

8.1 delta

假如你是美国某家银行的交易员，你负责银行所有与黄金有关的交易。当前黄金价格为每盎司1 300美元。表8-1显示了你所持有的交易组合（也被称为交易账本或账户，“book”），你应该如何管理你所面临的风险呢？

这里你所持有的交易组合的当前价值为 -5 683 000美元（这可能部分是因为你一直是期权的净卖方，部分是因为市场走势不利于你），一种检测你的交易组合所面临风险的办法是假定黄金的价格由现在每盎司1 300美元变为每盎司1 300.10美元，然后再重新对你所持交易组合进行估价。假定当黄金价格变化后，交易组合的价格从 -5 683 000 变为 -5 683 100 美元。黄金价格增加0.1美元会触发交易组合损失100美元，因而交易组合对黄金价格的敏感性为

$$\frac{-100}{0.1} = 1\,000$$

以上所讨论的敏感性就是交易组合的delta。对应于每一美元黄金价格的上涨，交易组合损失1 000美元。类似地，我们可以计算出对应于每一美元黄金价格的下降，交易组合会有1 000美元的收益。

表8-1 某一黄金交易组合

头寸	价格（美元）
黄金即期价	3 180 000
远期合约	-3 060 000
期货	2 000
互换	180 000
期权	-6 110 000
奇异产品	125 000
总计	-5 683 000

通常来讲，交易组合价值对应于市场变量的delta由以下表达式来定义

$$\frac{\Delta P}{\Delta S}$$

这里的ΔS是指市场变量的微小变化，而ΔP对应于随之而来的交易组合的价值变化。采用微积分的术语，delta（希腊字母中为Δ）是指交易组合价值对某一市场变量的偏导数，也就是说

$$\text{delta} = \frac{\partial P}{\partial S}$$

在我们的例子中，交易员可以买入1 000盎司黄金来消除delta风险。这是因为持有1 000盎司黄金的delta也是1 000。当黄金价格每盎司增加1美元时，持有1 000盎司的黄金会产生1 000美元的收益，这被称为**delta对冲**（delta hedging）。买入的黄金与最初交易组合迭加所产生的新的交易组合的delta为0，这样的交易组合被称为**delta中性**（delta neutral）。

8.1.1 线性产品

线性产品的价值变化与标的资产的价值变化有某种线性关系（见图8-1）。如果标的资产的价值是一项资产（如黄金）的价格，该资产的现货头寸显然是一个线性产品。头寸的价值与资产的价格呈线性关系。远期是一种线性产品，而期权不是。

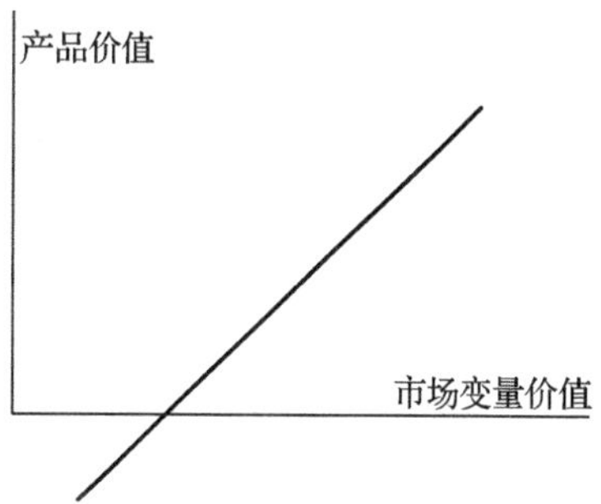

图8-1 某种线性产品

线性产品的风险很容易对冲。例如，一家美国银行与某企业做了一个远期交易，在远期合约中这家银行同意在1年后以130万美元的价格卖给这家企业100万欧元。假定欧元和美元1年期的利率（每年复利1次）分别为4%和3%。这意味着，1年后100万欧元的现值为1 000 000/1.04 = 961 538欧元，1年后130万美元的现值为1 300 000/1.03 = 1 262 136美元。假定在当前1欧元等于S美元，合约价值（以美元计量）为[⊖]

$$1\,262\,136 - 961\,538 \times S$$

⊖ 关于远期合约的定价，见附录C。

这表明合约的价值和汇率 S 呈线性关系。合约的 delta 为 −961 538，这家美国银行可以通过买入 961 538 欧元来对冲风险。因为这一线性关系，delta 对冲对汇率的大小变动都能提供保护。

假设银行进入相反的交易，也就是说银行在 1 年后必须买入 100 万欧元，远期合约价值为

$$961\,538 \times S - 1\,262\,136$$

合约的 delta 为 +961 538，银行可以卖空 961 538 欧元来对冲风险，即银行首先以 4% 的利率借入欧元，并随即将欧元转换为美元，在 1 年后合约到期时，收到的欧元可以用于偿还欧元贷款。

通过卖空资产以对冲远期合约并不一定总是很容易实现的，黄金就是一个有意思的实例，金融机构时常发现自己需要进入大数目的远期合约，而在合约中需要买入黄金，这意味着金融机构必须借入大量黄金以达到对冲效果。如业界事例 8-1 所示，中央银行往往是银行借入黄金的来源，中央银行借出黄金会收一定的费用，这一手续费利率被称为黄金租赁利率（gold lease rate）。

业界事例 8-1 金矿企业的对冲决策

金矿企业担心黄金价格会变化而采用对冲决策，这看来非常自然。通常金矿企业要花几年时间来开采一个矿井中的所有黄金。当一个金矿企业准备开发某一金矿时，企业自然也就会对黄金价格有很大的风险敞口。如果黄金价格暴跌，那么一个最初看来会盈利的金矿实际上会亏损。

金矿企业在向股东解释其采用的对冲策略时往往非常谨慎。有些金矿企业不采用对冲来规避风险，这些企业会吸引那些想在黄金价格上涨中盈利，同时能承受黄金价格下跌带来的损失的投资者。而有些金矿企业采用对冲来规避风险，这些公司对自己在今后几年内每月能够开采出的黄金产量有一个大概的估计，然后根据这一估计来卖空期货或远期合约，以锁定卖出黄金的价格。

假设你代表高盛集团，你同某金矿企业进入了一个远期合约，合约约定你要以一个指定价格买入很大数量的黄金，你将如何对冲你自己的风险呢？对这一问题的答案是：你会在中央银行借入黄金，然后将黄金在现货市场上变卖（一些有大量黄金储备的国家的中央银行都愿意在收取一定的黄金租赁费用的前提下借出黄金）。在远期合约到期时，你按照合约从金矿企业那里买入黄金以偿还从中央银行处借入的黄金。

线性产品一个很有吸引力的特性是：对冲保护对标的资产价格的大小波动同样有效。另一个同样非常有吸引力的特性是：一旦建立了对冲，则在交易的有效期内，都不要再调整仓位（这一特性有时被称作“保后即忘”（hedge and forget））。为了说明这一点，再次回顾一下我们上面的例子，银行通过远期合约，同意在 1 年后以 130 万美元售出 100 万欧元。为了对冲风险，银行购入了 961 538 欧元。银行能够以 4% 的收益投资这笔欧元，1 年后，投资的本息合计恰好是 100 万欧元。这正好就是银行用来完成远期合约交割所需要的数额。因此，在 1 年内，银行都没有必要对对冲仓位进行调整。

8.1.2 非线性产品

期权以及大多数结构性产品都属于非线性产品，这些产品的价格（变化）同标的资产的价格（变化）有某种非线性关系，而这种非线性关系使得这些产品的风险更难被对冲。首先，将一个非线性的投资组合 delta 中性化只能在标的资产价格变化比较小时才起保护作用。其次，我们不能采取保后即忘的策略，而必须不断地调整对冲仓位。这被称作**动态对冲**（dynamic hedging）。

例如，一个交易员卖出 100 000 份欧式期权，标的资产为某种无股息的股票，市场及期权变量如下：

（1）股票当前市价为 49 美元；

（2）期权执行价格为 50 美元；

（3）无风险利率为 5%；

（4）股价波动率为 20%；

（5）期权期限为 20 周。

我们假定交易员因卖出期权而得到 300 000 美元收入，并且假定此交易员除了这一期权交易，他不持有和这一股票有关的其他交易。

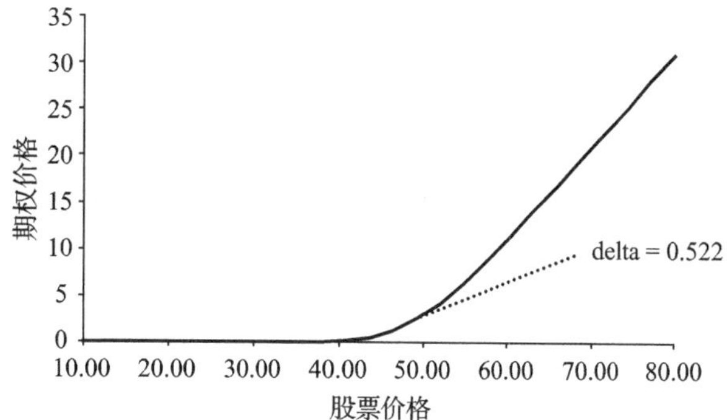

图 8-2 看涨期权价值与股票价格的变化关系

注：执行价格为 50 美元，无风险利率为 5%，股价波动率为 20%，期权期限为 20 周。

图 8-2 显示出期权价值与股票价格的函数关系。由于该函数是非线性的（即曲线），期权的 delta 取决于股票价格。当股票价格较低时，期权的价值几乎为 0，股票价格的微小变化导致的期权价值的美元增值也接近于 0，这意味着期权的 delta 也接近于 0。当股价较高时，比如 70 美元，看涨期权的买方会行权，因此期权的 delta 接近于 1.0。这是因为股票价格中增加（减少）的 ΔS 使期权价值增加（减少）了 ΔS。

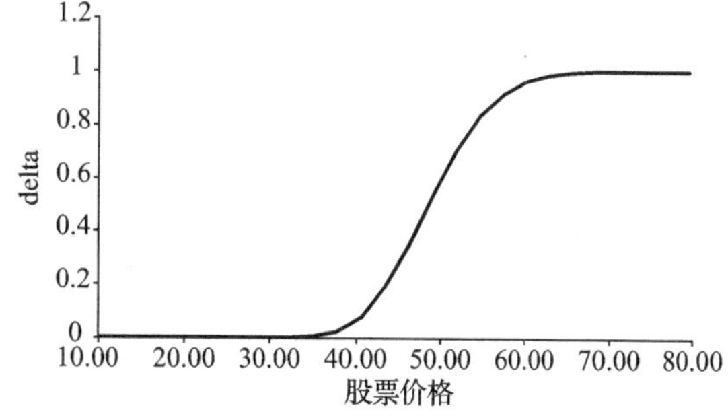

图 8-3 看涨期权的 delta 与股票价格的变化关系

注：执行价格为 50 美元，无风险利率为 5%，股价波动率为 20%，期权期限为 20 周。

在我们的例子中，股价为 49 美元，期权的 delta 是曲线在这一点上的斜率，在图 8-2 中为 0.522（有关欧式期权希腊值的计算见附录 E）。图 8-3 显示了一个期权的 delta 随股票价格的变化关系。[⊖]

⊖ 图 8-2 及图 8-3 是由软件 RMFI 产生的，这一软件可在作者的网页上下载，计算中采用了布莱克 – 斯科尔斯 – 默顿解析模型，读者可选择“Black-Scholes-European”。

在交易开始时，可买入 1 份标的股票的看涨期权的价值为 2.4 美元，而所对应的 delta 为 0.522。因为该交易员卖出了对应 100 000 份的期权，所以交易员所持交易组合的价值为 -240 000 美元，交易组合所对应的 delta 为 -52 200。交易员会因为期权的卖出价格超出了期权的理论价格 60 000 美元而感到兴奋，但随之而来的问题是如何对冲交易的风险以锁定盈利。

卖出期权后，随即买入 52 200 股股票可以使得交易组合达到 delta 中性。当股票价格有微小降低（增加）时，期权价值的收益（亏损）会被股票的损失（收益）中和。例如当股票价格由 49 美元涨到 49.10 美元时，期权价值会增加 52 200 × 0.1 = 5 220 美元，因此，期权的空头会带来 5 220 美元的损失。这正好是股票价格上涨所带来的收益。

对于线性产品，对冲交易在建立起来以后就无须调整。而对于非线性产品，为了保证 delta 中性，对冲交易要定期得到调整，这些调整过程被称为**再平衡**（rebalancing）过程。

表 8-2 及表 8-3 显示了在两种不同情形下的再平衡模拟过程。假设对冲交易是每周进行一次。像我们在前面指出的那样，最初的 1 份期权的 delta 为 0.522，因而整个交易组合的 delta 为 -52 200，这意味着在出售看涨期权的同时，交易员必须借入 2 557 800 美元并按 49 美元价格购买 52 200 股股票。借入资金的利率为 5%，第 1 周的利息费用大约为 2 500 美元。

表 8-2 delta 对冲模拟，期权为实值期权，对冲成本为 263 300 美元

周	股票价格	delta	购买股票数量	购买股票费用（1 000 美元）	累计现金流（1 000 美元）	利息费用（1 000 美元）
0	49.00	0.522	52 200	2 557.8	2 557.8	2.5
1	48.12	0.458	(6 400)	(308.0)	2 252.3	2.2
2	47.37	0.400	(5 800)	(274.7)	1 979.8	1.9
3	50.25	0.596	19 600	984.9	2 966.6	2.9
4	51.75	0.693	9 700	502.0	3 471.5	3.3
5	53.12	0.774	8 100	430.3	3 905.1	3.8
6	53.00	0.771	(300)	(15.9)	3 893.0	3.7
7	51.87	0.706	(6 500)	(337.2)	3 559.5	3.4
8	51.38	0.674	(3 200)	(164.4)	3 398.5	3.3
9	53.00	0.787	11 300	598.9	4 000.7	3.8
10	49.88	0.550	(23 700)	(1 182.2)	2 822.3	2.7
11	48.50	0.413	(13 700)	(664.4)	2 160.6	2.1
12	49.88	0.542	12 900	643.5	2 806.2	2.7
13	50.37	0.591	4 900	246.8	3 055.7	2.9
14	52.13	0.768	17 700	922.7	3 981.3	3.8
15	51.88	0.759	(900)	(46.7)	3 938.4	3.8
16	52.87	0.865	10 600	560.4	4 502.6	4.3
17	54.87	0.978	11 300	620.0	5 126.9	4.9
18	54.62	0.990	1 200	65.5	5 197.3	5.0
19	55.87	1.000	1 000	55.9	5 258.2	5.1
20	57.25	1.000	0	0.0	5 263.3	

表 8-3　delta 对冲模拟，期权为虚值期权，对冲成本为 256 600 美元

周	股票价格	delta	购买股票数量	购买股票费用（1 000 美元）	累计现金流（1 000 美元）	利息费用（1 000 美元）
0	49.00	0.522	52 200	2 557.8	2 557.8	2.5
1	49.75	0.568	4 600	228.9	2 789.2	2.7
2	52.00	0.705	13 700	712.4	3 504.3	3.4
3	50.00	0.579	(12 600)	(630.0)	2 877.7	2.8
4	48.38	0.459	(12 000)	(580.6)	2 299.9	2.2
5	48.25	0.443	(1 600)	(77.2)	2 224.9	2.1
6	48.75	0.475	3 200	156.0	2 383.0	2.3
7	49.63	0.540	6 500	322.6	2 707.9	2.6
8	48.25	0.420	(12 000)	(579.0)	2 131.5	2.1
9	48.25	0.410	(1 000)	(48.2)	2 085.4	2.0
10	51.12	0.658	24 800	1 267.8	3 355.2	3.2
11	51.50	0.692	3 400	175.1	3 533.5	3.4
12	49.88	0.542	(15 000)	(748.2)	2 788.7	2.7
13	49.88	0.538	(400)	(20.0)	2 771.4	2.7
14	48.75	0.400	(13 800)	(672.7)	2 101.4	2.0
15	47.50	0.236	(16 400)	(779.0)	1 324.4	1.3
16	48.00	0.261	2 500	120.0	1 445.7	1.4
17	46.25	0.062	(19 900)	(920.4)	526.7	0.5
18	48.13	0.183	12 100	582.4	1 109.6	1.1
19	46.63	0.007	(17 600)	(820.7)	290.0	0.3
20	48.12	0.000	(700)	(33.7)	256.6	

表 8-2 显示，股票在 1 周以后价格降到了 48.12 美元，期权的 delta 也随之降到了 0.458。要保持 delta 中性，此时应该持有 45 800 股股票来对冲持有期权所带来的风险，这意味着必须卖出 6 400（=52 200 − 45 800）股股票，卖出股票带来的现金收入为 308 000 美元，第 1 周的累计借款余额减至

$$2\,557\,800 \times \left(1 + \frac{7}{365} \times 5\%\right) - 48.12 \times 6\,400 = 2\,252\,300(\text{美元})$$

在第 2 周，股价继续走低至 47.37 美元，期权的 delta 也随之降低，保证 delta 中性需要再卖出 5 800 股股票。在第 3 周，股票价格上升到 50 美元以上，随之 delta 会增加，这会造成在第 3 周结束时，需要买入 19 600 股股票。在期权接近到期时，很明显期权将被行使，期权的 delta 接近于 1.0。因此，在第 20 周结束时，对冲者会拥有 100 000 股股票，期权持有者会在此时行使期权，对冲者以执行价格卖出股票而收到 5 000 000 美元，卖出期权并对冲风险的总支出费用为 263 300 美元。

表 8-3 显示出另一组模拟的股票价格，期权在到期时成为虚值期权，在第 20 周结束时，对冲者不持有任何股票，对冲总支出费用为 256 600 美元。

表 8-2 及表 8-3 显示出，对冲成本的贴现接近于布莱克 − 斯科尔斯 − 默顿模型给出的理论价值 240 000 美元，并不完全一致。如果对冲机制是完美的，那么在每一条股票价格的模拟路径上，对冲成本的贴现值都应该与期权的理论价格完全相等。delta 对冲成本与理论价值的差

别是因为对冲交易频率仅为一周一次，当对冲再平衡的频率增大时，对冲成本与理论价值的差距会减小。当然，这里的分析结果是建立在布莱克－斯科尔斯－默顿给出价格完全正确以及无交易费用等完美假设之下。

delta 对冲的目的是尽量保证金融机构的交易组合价值恒定。开始时，卖出期权价值为 240 000 美元。如表 8-2 所示，第 9 周时的期权价值为 414 500 美元，因而金融机构因卖出期权损失 174 500 美元（=414 500－240 000）。累计现金费用在第 9 周时比交易开始（第0周）时要多 1 442 900 美元，所持有的股票的价格由最初的 2 557 800 美元变为 4 171 100 美元，增加了 1 613 300 美元。将所有因素汇总在一起，到第 9 周，金融机构的交易组合价值变化仅仅为 4 100 美元。

8.1.3 费用由何而来

由表 8-2 及表 8-3 所示的 delta 对冲机制以合成的形式构造出一个期权的多头，而这一“合成”期权会被用来对冲交易员的期权空头交易。正如表中所示，对冲机制会造成股价下跌后卖出股票，而在股价上升后买入，这正是所谓的“买高卖低”。240 000 美元的费用来自购买股票的价格与卖出价格之间的平均差价。

8.1.4 交易费用

按以上描述方式维持一个由单一资产为标的的期权和资产本身组成的组合的 delta 中性而引发的交易费用会非常昂贵，以至于对交易员来说不具可操作性。但对一个由多种衍生产品组成的大的交易组合，如果这些衍生产品的标的是同一个资产，则维持 delta 中性的可操作性会更好，因为将整个组合的 delta 归零，只需要进行一笔标的资产的交易即可。因此交易费用会更容易地被其他交易的利润所吸收。这表明，衍生产品交易也具有规模效应，因此衍生产品市场被少数几家大的交易商所控制也就不足为奇了。

8.2 gamma

如前面所述，对一个非线性的交易组合，delta 中性只能在标的资产价格变化比较小的情况下才能够提供保护。

一个期权交易组合的 gamma（希腊字母中为 Γ）用来衡量当标的资产的价格变化较大时，对组合价值产生的影响。gamma 是指交易组合的 delta 的变化与标的资产价格变化的比率，也就是说，gamma 是交易组合对于标的资产价格的两阶偏导数

$$\text{gamma} = \frac{\partial^2 P}{\partial S^2}$$

当 gamma 的绝对值很小时，delta 变化缓慢，这时为保证 delta 中性所做的交易调整并不需要太频繁。但是当 gamma 的绝对值很大时，交易组合的 delta 标的资产的价格就变得很敏感。此时在任意的一段时间内，对一个 delta 中性的交易组合不做调整会非常危险。图 8-4 以一个股票的期权为例说明了这一点。当股票价格由 S 变成 S'时，在 delta 中性假设下，期权价格由 C

变成 C'，而事实上期权由 C 变成了 C''。C' 与 C'' 之间的差异就造成了对冲误差，这一误差的大小取决于期权价格与标的资产价格曲线的曲率。gamma 值正是用来度量这一曲率。[⊖]

期权的多头寸方 gamma 为正。图 8-5 显示了 gamma 与标的资产价格的一般关系。期权的 gamma 在标的股票价格接近于执行价格 K 时会达到最大值。

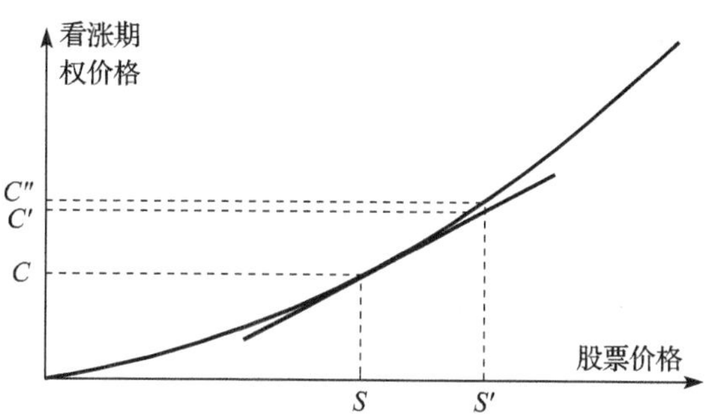

图 8-4　非线性形态所引入的对冲误差

构造交易组合 gamma 中性

一个线性产品的 gamma 为 0，因此线性产品不能被用于改变交易组合的 gamma，改变交易组合的 gamma 必须采用价格与标的资产价格呈非线性关系的产品，例如期权。

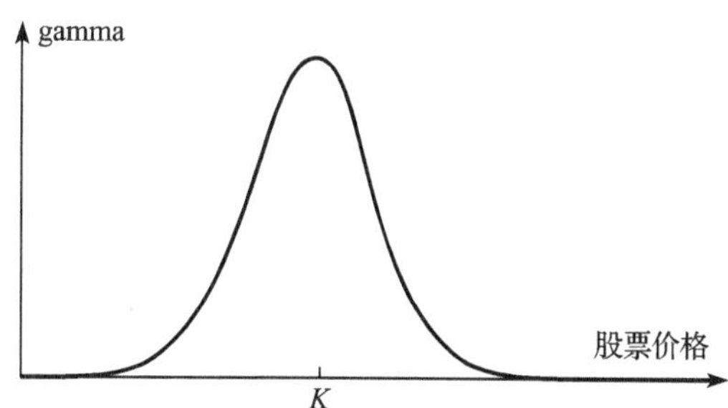

图 8-5　期权 gamma 与股票价格的关系，K 为期权执行价格

假如一个 delta 中性的交易组合的 gamma 为 Γ，而某一交易所交易期权的 gamma 为 Γ_T，将 w_T 数量的期权加入交易组合中，由此产生新的交易组合的 gamma 为

$$w_T\Gamma_T + \Gamma$$

要使得交易组合 gamma 中性，期权的交易头寸应为 $w_T = -\Gamma/\Gamma_T$，引入交易期权会改变交易组合的 delta，此时必须调整标的资产数量以保证新的交易组合 delta 中性，交易组合只是在较短的时间内会保持 gamma 中性，随时间的变化，只有不断调整期权数量以使得期权的头寸满足 $w_T = -\Gamma/\Gamma_T$，才能维持交易组合的 gamma 中性。

对一个 delta 中性的交易组合进行 gamma 中性化，可以看作是对 delta 对冲中的标的资产头寸不能连续变化这一缺陷的校正。delta 中性保证了连续两次对冲再平衡之间，交易组合价值不受股票价格微小变化的影响。而 gamma 中性保证在对冲再平衡之间，交易组合价值不受股票价格较大变化的影响。假定一个交易组合为 delta 中性，其 gamma 量为 -3 000；市场上交易的某期权的 delta 及 gamma 分别为 0.62 及 1.50。在交易组合中加入 3 000/1.5 = 2 000 份期权会使得此交易组合变得 gamma 中性，但因此交易组合的 delta 也会从 0 变为 2 000 × 0.62 = 1 240，为保证新的交易组合 delta 中性，我们必须卖出 1 240 股股票。

8.3　vega

衍生产品交易的另一个风险来自标的资产价格波动率的变化。一个市场变量的波动率是用来衡量此变量将来价值的不确定性（这一概念会在第 10 章中被详细讨论）。在期权定价模型中，波动率经常被假设成常数，而在实践中，波动率会随时间而变化。现货产品、远期、期货

[⊖] 事实上，期权的 gamma 有时被从业人员称为**曲率**（curvature）。

及互换产品的价值与标的资产的市场价格的波动率无关，但期权及大多数更复杂的衍生产品的价格与标的波动率有关，这些产品的价值会因为标的资产的价格、资产价格的波动率及时间的变化而变化。

一个交易组合的vega(V) 是指交易组合价值变化与标的资产价格波动率变化的比率，其定义为[⊖]

$$V = \frac{\partial P}{\partial \sigma}$$

如果一个交易组合的vega绝对值很大，此交易组合的价值会对波动率变化非常敏感，当一个交易组合的vega绝对值较小时，资产波动率的变化对交易组合的价值影响也会很小。

在某个交易组合中加入某个在市场上交易的期权会改变交易组合的vega，假定某交易组合的vega为V，可交易期权的vega为V_T，在交易组合中放入头寸为$-V/V_T$的可交易期权可使最初的交易组合vega呈中性。但不幸的是，一个gamma中性的交易组合一般不会是vega中性，投资者想使得一个交易组合同时达到gamma及vega中性，就必须引入与标的资产有关的两种不同衍生产品。

【例8-1】 假如某一交易组合为delta中性，gamma为-5 000，vega为-8 000。设某个可交易期权的gamma为0.5，vega为2.0，delta为0.6。购买数量为4 000的该交易期权会使得交易组合呈vega中性，这样做同时会使得delta增至2 400，因此为了保证delta中性必须卖出2 400单位的标的资产，交易组合的gamma也会从-5 000变成-3 000。

	delta	gamma	vega
组合	0.0	-5 000	-8 000
期权1	0.6	0.5	2.0
期权2	0.5	0.8	1.2

为了保证交易组合gamma及vega中性，我们引入第二个可交易期权。此期权的gamma为0.8，vega为1.2，delta为0.5。我们用w_1及w_2来代表两个可交易期权的头寸，我们要求

$$-5\,000 + 0.5w_1 + 0.8w_2 = 0$$

$$-8\,000 + 2.0w_1 + 1.2w_2 = 0$$

以上两个方程式的解为$w_1 = 400$，$w_2 = 6\,000$。因此加入400份上述第一种及6 000份上述第二种交易所交易期权会使得交易组合gamma及vega都呈中性。加入这两种期权后，交易组合的delta变为$400 \times 0.6 + 6\,000 \times 0.5 = 3\,240$，因此必须卖出3 240份标的资产，以保持交易组合的delta中性。

期权的多头寸方的vega为正。图8-6显示了vega随标的资产价格变化的关系曲线图。vega图形同gamma图形较为相似。gamma中性在两次对冲平衡交易之间，标的资产价格发生较大幅度变化的情况下，为交易组合的价值提供保护；vega中性在两次对冲平衡交易之间，标的资产

⊖ vega虽然是期权定价中“希腊值”的一个名称，但是vega本身并不在希腊字母表中。

价格波动率发生变化的情况下，对交易组合的价值提供保护。

期限较短的期权的波动率比期限较长的期权波动率更具有多变性，因此在计算交易组合 vega 时，通常对期限较短的期权波动率的扰动量要比对期限较长的期权波动率的扰动量大，这一点将在第 10.10 节中讨论。

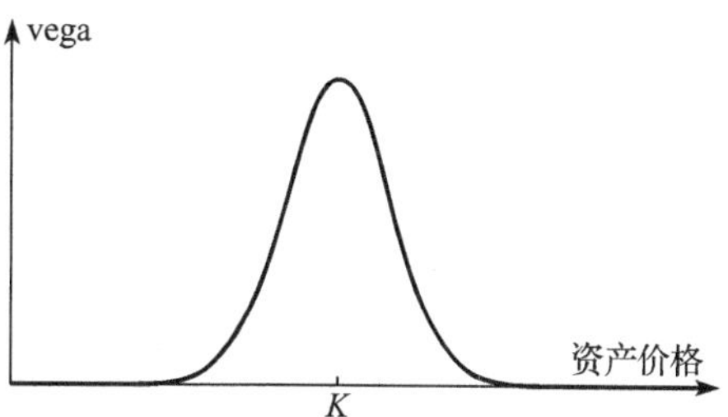

图 8-6　期权 vega 与标的资产价格的关系，K 为期权执行价格

8.4　theta

一个投资组合的 theta（希腊字母中为 Θ）是指在其他条件不变的情况下，交易组合价值变化与时间变化的比率，theta 常常被称为投资组合的**时间损耗**（time decay）。

期权多头寸方的 theta 通常为负，[⊖]这是因为在其他条件不变的情况下，随着期权期限的接近，期权的价值会下降。图 8-7 显示了一个看涨期权的 theta 与股票价格的一般关系曲线。当股票价格很低时，theta 接近于 0。对应于一个平值看涨期权，theta 可正可负。图 8-8 显示了在三种不同情况下，即实值期权、平值期权、虚值期权的theta随时间变化的典型曲线。

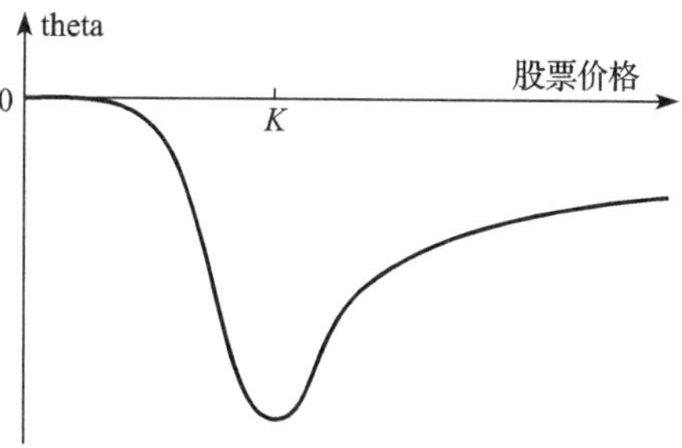

图 8-7　欧式看涨期权的 theta 随股票价格变化的关系曲线

theta 与 delta 等希腊值有所不同。这是因为股票将来的价格有很大的不确定性，但时间走向没有不确定性，通过对冲来消除交易组合对于标的资产的风险十分有意义，但通过对冲来消除交易组合对于时间的不确定性就毫无意义。即使如此，许多交易员仍把 theta 量作为对于交易组合的描述，一个 delta 中性的交易如果其 theta 很大并且为正，那么该交易组合的 gamma 常常会很大并且为负，这一关系反过来也正确。

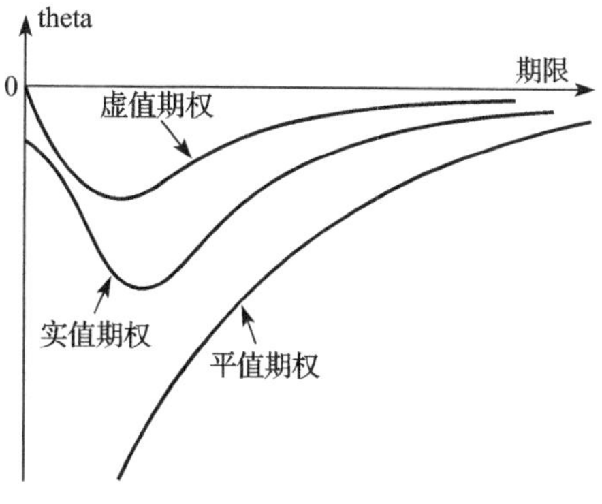

图 8-8　欧式看涨期权的 theta 随时间变化的典型曲线

8.5　rho

我们最后将要考虑的希腊值为 rho（希腊字母为 ρ）。rho 是指交易组合的价值变化与利率变化之间的比率。对于外汇期权，由于存在两种利率，一个是本国利率而另一个是外币利率，所以就可以得到两个 rho 值。当交易组合包含债券及其他利率衍生产品时，通常交易员会谨慎考虑整个利率期限结构的变化方式。我们将在第 9 章中讨论这一问题。

⊖　对这一特性的反例包括：不付股息的股票的实值欧式看跌期权，或以某利率很高的外汇为标的的实值欧式看涨期权。

8.6 计算希腊值

在附录 E 及附录 F 中，我们解释了希腊值的计算。在本书作者的网页中，读者可以下载一个名为 RMFI 的软件，这个软件可用于计算欧式期权和美式期权的希腊值，这里让我们再一次以在第 8.1 节中考虑的欧式看涨期权为例，这时股票价格为 49 美元，期权执行价格为 50 美元，利率为 5%，股票价格波动率为 20%，期权期限为 20 周（以年计为 20/52 年），表 8-4 显示的 delta、gamma、vega、theta 和 rho 分别对应于一份期权的多头与 100 000 份期权的空头，这些头寸曾在表 8-2 和表 8-3 中有所讨论。

表 8-4 利用 RMFI 软件所得出的希腊值

	单一期权	卖出 100 000 份期权
价值（美元）	2.40	-240 000
delta（美元）	0.522	-52 200
gamma（美元）	0.066	-6 600
vega（%）	0.121	-12 100
theta（天）	-0.012	1 200
rho（%）	0.089	-8 900

这些数字意味着：

（1）在股票价格上涨 0.1 美元，同时其他因素不变的情况下，期权价格会上涨 0.522 × 0.1 = 0.052 2 美元，100 000 个空头的价值下降 5 220 美元。

（2）在股票价格上涨 0.1 美元，同时其他因素不变的情况下，期权的 delta 将增加 0.066 × 0.1 = 0.006 6 美元，100 000 个空头的 delta 下降 660 美元。

（3）在股票价格波动率上涨 0.5%，同时其他因素不变的情况下，期权价格会上涨 0.121 × 0.5 = 0.060 5 美元，100 000 个空头的价值下降 6 050 美元。

（4）一天时间过去以后，假定同时其他因素不变，期权价格下降 0.012 美元，100 000 个空头的价值上涨 1 200 美元。

（5）在利率上涨了 1%（100 个基点），同时其他因素不变的情况下，期权价格上涨 0.089 美元，100 000 个空头的价值下降 8 900 美元。

8.7 泰勒级数展开

在附录 G 中，我们解释了泰勒级数（Taylor series）展开过程，泰勒级数展示了在某一短时间内各个希腊值在交易组合变化中所起的不同作用。假设某交易组合价值只与某单一标的资产（变量）有关，并且利率及标的资产的价格波动率为常数。作为标的资产（变量）价格 S 以及时间 t 函数，交易组合价格 P 的泰勒展开式为

$$\Delta P = \frac{\partial P}{\partial S}\Delta S + \frac{\partial P}{\partial t}\Delta t + \frac{1}{2}\frac{\partial^2 P}{\partial S^2}\Delta S^2 + \frac{1}{2}\frac{\partial^2 P}{\partial t^2}\Delta t^2 + \frac{\partial^2 P}{\partial S \partial t}\Delta S \Delta t + \cdots \tag{8-1}$$

其中 ΔP 及 ΔS 分别对应于在某一短时间 Δt 内 P 以及 S 的变化。delta 对冲可将上式右端第 1 项消除，第 2 项对应于时间损耗，是一个非随机项，第 3 项可以在保证 gamma 中性时被消除，随

机微分方程理论显示出 ΔS 的误差级别与 $\sqrt{\Delta t}$ 相同，这意味着右端第 3 项的误差级别为 Δt，右端的其他项的误差级别高于 Δt。

对于一个 delta 中性的交易组合，式（8-1）的右端第 1 项为 0，因此

$$\Delta P = \Theta \Delta t + \frac{1}{2}\Gamma \Delta S^2 \tag{8-2}$$

在以上表达式中，我们忽略误差级别高于 Δt 的项。图 8-9 显示了交易组合价值的变化同标的资产价格的变化的曲线。当 gamma 为正时，如果标的资产价格的变化幅度较大，那么交易组合会有正收益；当标的资产价格的变化幅度较小或不变时，交易组合收益会为负。当 gamma 为负时，以上结论相反，即标的资产价格的一个较大变动会给交易组合带来严重的损失。

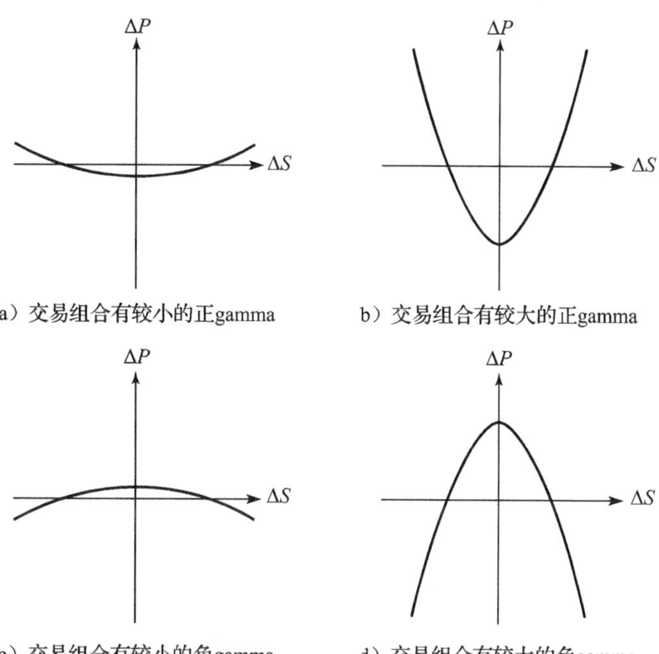
ΔP
ΔS
a）交易组合有较小的正gamma
b）交易组合有较大的正gamma
c）交易组合有较小的负gamma
d）交易组合有较大的负gamma

图 8-9　delta 中性的交易组合的 ΔP 与 ΔS 之间的几种关系

当标的资产价格波动率也为变量时，作为 σ、S 以及 t 的函数，交易组合价格的泰勒方程展开式为

$$\Delta P = \frac{\partial P}{\partial S}\Delta S + \frac{\partial P}{\partial \sigma}\Delta \sigma + \frac{\partial P}{\partial t}\Delta t + \frac{1}{2}\frac{\partial^2 P}{\partial S^2}\Delta S^2 + \frac{1}{2}\frac{\partial^2 P}{\partial \sigma^2}\Delta \sigma^2 + \cdots$$

其中 $\Delta\sigma$ 为波动率在 Δt 内的变化量。此时，delta 中性可以消除右端第 1 项。vega 中性可消除第 2 项，第 3 项为非随机项，第 4 项可被 gamma 中性消除。

交易员经常也会对泰勒展开式的高次项进行定义，例如，$\partial^2 P/\partial S\partial\sigma$ 被称为 vanna，$\partial^2 P/\partial\sigma^2$ 被称为 vomma，$\partial^2 P/\partial S\partial t$ 被称为 charm。

【例 8-2】　假定一个 delta 中性的交易组合的 gamma 为 −10 000，并且在某个短的时间段，资产价格变化为 +2（Δt 可以假设为 0）。式（8-2）显示，交易组合非预期减值大约

为 $0.5\times10\,000\times2^2=20\,000$ 美元，注意如果价格变化为 -2，则非预期减值数量相等。

8.8 对冲的现实状况

在一个完美的世界，金融机构的交易员可以随时调整对冲交易以确保交易组合 delta、gamma 及 vega 均为 0。在现实中，这样做是不可能的，在管理与某标的资产有关的交易组合时，交易员通常是通过每天对标的资产进行交易以确保交易组合的 delta 为 0 或接近于 0，而保证 gamma 及 vega 为 0 就十分困难，这是因为在市场上很难找到价格合理并且适量的期权以达到对冲目的（见业界事例 8-2 中有关动态对冲的讨论）。

业界事例 8-2 实践中的动态对冲

金融机构一般指定某一个交易员或某一个交易组来负责管理价值与某一特定资产有关的交易组合。例如，高盛集团的某一个交易员被指定负责与澳元有关的所有衍生产品交易组合。交易组合的市价及有关的希腊值风险均通过某一计算机系统来产生。对应于每一个风险会设定不同的风险额度，如果交易员的交易量在交易日结束时超过额度，就必须得到特殊批准。

delta 额度的表示形式通常是等价的标的资产最大交易量。例如，假设高盛集团的 delta 额度为 1 000 万美元。假如微软公司的股价为 50 美元，这意味着对应的 delta 数量不能超过 200 000。vega的交易额度通常表达为当价格波动率变化 1% 时所对应的价格变化的最大限量。

事实上，交易员在每个交易日结束时会保证交易组合 delta 中性或接近中性。gamma 及 vega 会得到监控，但这些风险量并不是在每天都得到调整。金融机构常常发现自己因业务需要要向客户卖出期权，最终它们自己会积累一个负的 gamma 及 vega。因此金融机构往往会寻求适当的机会以合适的价格买入期权来中和自己面临 gamma 及 vega 的风险。

在利用期权来管理 gamma 及 vega 等风险时，我们要特别注意，当期权刚刚被卖出时，期权一般为平值（或很接近平值），而此时期权的 gamma 及 vega 会接近最大值。但随着时间的流逝，当标的资产价格变化足够大后，期权会变成实值或虚值期权，此时期权的 gamma 及 vega 会很小，从而这些风险量对交易组合的影响很小。当一个期权接近到期而且标的资产价格与执行价格较为接近时，对交易员来说是件很棘手的事情。

期权交易具有经济规模效应，在以前我们曾指出，保持单一期权的 delta 中性成本太高，不具可行性，但对一个拥有上百个期权的交易组合维持 delta 中性是可行的，这是因为每天的再平衡费用可以被大量交易所带来的利润所支持。

8.9 奇异期权对冲

我们常常可以采用以上关于简单产品的对冲方式来对冲奇异期权（见第 5.7 节）。正如业界事例 8-3 所示，有时奇异期权的 delta 对冲较为容易，而另外一些时候却很困难。当利用delta 对冲方式来对冲某些奇异期权产品不可行时，我们可使用另外一种被称为**静态期权复制**（static options replication）的方式。图 8-10 解释了静态期权复制。我们用 S 代表标的资产价格，

t 代表时间，资产在当前（$t=0$）的价格记为 S_0。在静态期权复制对冲决策中，我们要在 $\{S,\ t\}$ 空间选择标的资产以及时间会达到的某一边界，然后再选择简单期权组合并使得简单期权组合在边界上某些选定点上与奇异期权产品有相同的价值。奇异期权的组合可以被简单期权组合的空头对冲。当边界值被达到时，用来对冲的简单组合会被平仓，然后可以通过静态期权复制再建立一个新的对冲仓位。

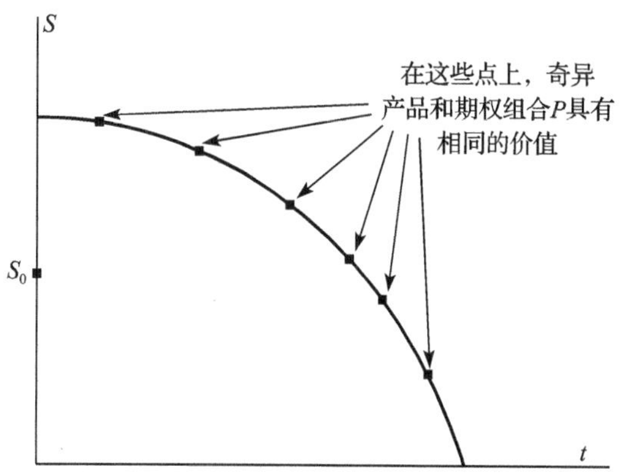

图 8-10　静态期权复制

注：在静态期权复制对冲策略中，我们建立一个简单的期权组合 P，使其在给定的标的资产价格以及时间的边界点上，与奇异产品有相同的价值。

静态期权复制的理论根据是，如果两个交易组合在 $\{S,\ t\}$ 边界所有点上的价值相同，那么这两个交易组合也会在 $\{S,\ t\}$ 空间内到达边界值前所有点上的价值相同。但在实践中，最初的奇异期权交易组合和用来对其进行复制的简单期权交易组合的价值通常只能在边界上的某些点而不是全部点上达到一致。所以，实际上这一做法假设，当两个交易组合在足够多的边界点上价值相同时，这两个交易组合在边界其他点上的价值也往往会很接近。

业界事例 8-3　对于奇异产品实施 delta 对冲是更加困难还是更加容易

我们可以通过构造 delta 中性交易，并不断地对交易组合进行调整，维持 delta 中性这一方法来对冲奇异产品。这样做的同时，我们会发现对有些奇异产品的对冲比简单产品对冲要更加容易，而对某些奇异产品的对冲要比简单产品的对冲更难。

例如，亚式看涨期权（见第 5.7 节亚式期权）的对冲相对来讲就较为容易。随着时间的推移，我们会观察到越来越多的资产价格，而这些价格被用来计算最后的平均值。这意味着随着时间的流逝，最终期权回报的不确定性会逐渐减小。因此，期权也就会逐渐变得越来越容易被对冲。在期权接近期满的最后几天，标的资产价格对期权价格的影响越来越小，期权的 delta 趋近于 0。

与以上形成鲜明对照的是，障碍期权（见第 5.7 节）的对冲难度就相对较大。我们考虑一个欧式敲出看涨期权。期权基础变量为汇率，当前汇率比障碍汇率高 0.000 5，在当前汇率达到障碍汇率时，期权价值变为 0，当障碍没有达到时，期权的回报十分可观，障碍期权的 delta 在障碍值附近不连续，这种跳跃使得对于障碍期权实施传统式对冲会很困难。

8.10　情景分析

除了监控诸如 delta、gamma、vega 等风险量之外，期权交易员也常常进行情景分析。情景分析包括计算在某一指定时间内在不同的情景下交易组合的损益，分析中时间长度的选择通常与产品的流动性有关，分析中所用的情景可由管理人员选定，也可由模型产生。

考虑某银行持有一个汇率期权组合，此交易组合价值取决于两个主要变量：汇率及汇率波动率。假定当前汇率为 1.0，汇率波动率为每年 10%。银行可以用类似表 8-5 的表格来计算显示在两周内不同情景下交易组合的盈亏。在表中，我们考虑了7种不同的汇率及3种不同的波动率。

表8-5 在不同情景下某汇率期权交易组合在两周内的损益 （百万美元）

波动率	汇率						
	0.94	0.96	0.98	1.00	1.02	1.04	1.06
8%	+102	+55	+25	+6	-10	-34	-80
10%	+80	+40	+17	+2	-14	-38	-85
12%	+60	+25	+9	-2	-18	-42	-90

表8-5显示，最大损失位于该表的右下角。这一损失对应的波动率为12%，汇率为1.06。在类似表8-5的情景分析中，最大损失通常位于表格的角落位置，但这一特性并不永远正确。例如，在图8-9中，当gamma为正时，最大的损失是对应于标的资产市场价格不变的情景。

小 结

银行的交易员通过监控自己负责的与某一市场变量相关的所有交易的敏感度，即希腊值来保证它们位于银行指定的风险额度范围内。

变量delta(Δ)是交易组合的价值的变化与标的资产价格变化的比率。delta对冲就是指构造delta为0的交易组合（有时被称为delta中性）。因为标的资产的delta为1，所以持有一个-Δ头寸的标的资产可以达到对冲交易组合风险的目的。对于期权及更复杂的产品，对冲交易要得到经常性的调整，这一调整过程也被称为再平衡交易。

对于某一交易组合，一旦做到delta中性，下一步我们往往要关心交易组合的gamma。gamma变量是指交易组合的delta的变化与标的资产价格变化的比率。这一变量可以衡量交易组合价值与标的资产价格之间关系曲线的曲率。另外一个常用于对冲的重要变量为vega。vega用来衡量交易组合价值变化与标的资产波动率变化的比率。通过交易标的资产的期权可以改变交易组合的gamma及vega。

在实际中，为使得delta中性，交易员通常每天调整（再平衡）一次交易组合。要保证在一般情形下的交易组合gamma及vega的中性并不十分容易。交易员通常对这些变量进行测算，当这些变量变得太大时，交易员或者要做对冲交易来减小风险量，或者要将交易进行平仓。

延伸阅读

Derman, E., D. Ergener, and I. Kani. "Static Options Replication." *Journal of Derivatives* 2, no. 4 (Summer 1995): 78–95.

Passarelli, D. *Trading Option Greeks: How Time Volatility and Other Factors Drive Profits*. 2nd ed. Hoboken, NJ: John Wiley & Sons, 2012.

Taleb, N. N. *Dynamic Hedging: Managing Vanilla and Exotic Options*. New York: John Wiley & Sons, 1997.

练习题

8.1 一个交易组合价值对于标准普尔500指数的delta值为-2 100。标准普尔500指数的当前市价为1 000。请估计当标准普尔500指数上涨到1 005时，交易组合的价格为多少。

8.2 某一衍生产品组合对于USD/GBP汇率的vega为200（每1%变化），请估算一下当波动率由12%变为14%时，衍生产品组合价格的增值为多少。

8.3 一个delta中性的交易组合的gamma为30（见前述gamma的定义），请估测以下两种标的资产变化对交易组合价值的影响：(a) 标的资产突然涨价2美元；(b) 标的资产突然下跌2美元。

8.4 一个期权的delta = 0.7的含义是什么？如何将卖出的1 000份期权交易变为delta中性？这里我们假定买入单位期权的delta为0.7。

8.5 一个期权的theta量每天为 -100的含义是什么？假如一个交易员认为股票价格及期权隐含波动率在将来不会改变，对交易员来讲，什么样的期权交易（买入或卖出）较为合理？

8.6 一个期权的gamma含义是什么？一个交易的gamma较大并且为负，并且delta为0，此时这个期权的风险是什么？

8.7 请解释以下观点：“人工合成一个期权交易也就是期权对冲交易的反过程。”

8.8 一家公司对其持有的交易组合进行delta对冲，交易组合由看涨期权及看跌期权的多头组合而成，期权的标的变量为某汇率。以下哪种情形会使交易组合增值更大？(a) 现期汇率基本不变；(b) 现期汇率剧烈变化。假如在交易组合中引入一笔期权卖空交易，以上分析会有什么变化？

8.9 一个银行持有USD/EURO汇率期权交易组合，交易组合的delta为30 000，gamma为 -80 000，请解释这些数字的含义。假设当前汇率（1欧元所对应的美元数量）为0.90，你应该进行什么样的交易以使得交易组合具备delta中性？在某短时间后，汇率变为0.93，请估计交易组合新的delta。此时还要追加什么样的交易以保证交易组合delta呈中性？假如最初银行实施delta中性决策，汇率变化后银行是否会有损益？

8.10 “在静态期权复制理论中，波动率被假设为常量。”请解释这句话的含义。

8.11 假定一个交易员采用一组简单期权及静态期权复制来计算某一奇异交易期权组合的价值。交易员希望简单期权组合在某边界上的10个点同奇异期权价值相同，简单期权组合需要含有多少个期权交易？请解释你的答案。

8.12 为什么亚式期权比一般期权更加容易对冲？

8.13 为什么在期权对冲过程中会有经济规模效应？

8.14 我们考虑一个标的变量为汇率的6个月期限的美式看跌期权，汇率为0.75（对应于每一单位外币的本国货币数量），期权执行价格为0.74，本国利率为5%，外国利率为3%，汇率的波动率为每年14%。请利用RMFI软件（100步二叉树）来计算期权的价格以及期权的delta、gamma、vega、theta以及rho，将汇率变为0.751，并计算对应期权价格，由此来检验delta的正确性。

作业题

8.15 一个delta中性的交易组合的gamma及vega分别为50以及25，请解释当标的资产价格下跌3美元以及波动率增加4%时，交易组合的价值变化为多少？

8.16 让我们考虑一个欧式看涨期权。标的资产股票价格为30美元，执行价格为

30美元，无风险利率为5%，股票价格波动率为每年25%。请应用RMFI软件来计算期权价格以及期权的delta、gamma、vega、theta以及rho。将股价变为30.1美元时计算期权价格，并由此来检验delta的正确性，通过计算期权在标的价格为30.1美元时的delta来计算gamma，并由此来检验gamma的正确性，对其他变量vega、theta以及rho，请进行相应的计算，并验证计算结果的正确性。

8.17 一家金融机构持有以下场外期权交易组合，标的资产为英镑。

期权种类	头寸数量	期权的delta	期权的gamma	期权的vega
看涨	-1 000	0.50	2.2	1.8
看涨	-500	0.80	0.6	0.2
看跌	-2 000	-0.40	1.3	0.7
看涨	-500	0.70	1.8	1.4

某可交易期权的delta为0.6，gamma为1.5，vega为0.8：

(a) 用多少可交易期权及英镑可使交易组合同时达到gamma及delta中性，期权和英镑应为多头还是空头？

(b) 用多少可交易期权及英镑可使交易组合同时达到vega及delta中性，期权和英镑应为多头还是空头？

8.18 在作业题8.17中，引入第二种可交易期权，假定期权的delta为0.1，gamma为0.5，vega为0.6。采用什么样的交易可使交易组合delta、gamma以及vega均为中性？

8.19 用RMFI软件检验表8-2的前3行，计算对应于前3周的期权的gamma与theta，并计算交易组合的价值变化（计算时间为每周末再平衡交易之前），并以此检验关系式（8-2）（注意：RMFI软件计算的theta以天为计量单位，而式（8-2）中的theta以每年为计量单位）。

第9章 利率风险

CHAPTER9

同其他市场变量相比，例如股价、汇率及商品价格等，利率风险更加难以管理。一个复杂的问题是，对于任何一种货币，往往都会有几种不同的利率（国债利率、银行之间的拆借利率、房屋贷款利率、储蓄利率、最优贷款利率等）。虽然这些利率一般会同时变动，但它们并不是完全相关的。另一个造成利率风险复杂的原因是我们不能仅仅只用一个数字来描述利率，而需要一个与期限有关的函数。这种函数关系被称为**利率期限结构**（interest rate term structure），或者称为**收益曲线**（yield curve）。该曲线所考虑的利率通常是**零息利率**（zero-coupon interest rate），有时也被称为零利率。如果所有利息和本金都在期末支付，则这个利率就是整个持有期的利率（例如持有期间没有现金流，最终只支付面值的债券）。

在此让我们考虑一个管理美国国债的交易员的交易组合，这一交易组合由不同期限的很多国债组成。因此该交易员会对1年期、2年期、3年期等各种利率有风险敞口，从而这个交易组合的delta会比表8-1中黄金交易员的更加复杂。该交易员必须考虑美国国债收益率曲线形状可能随时间变化而发生的各种改变。

本章开始的部分介绍了金融机构对利率风险进行管理的传统手段，其中包括对金融机构来说非常重要的几种利率。接下来我们还要介绍久期及凸性等概念。这些变量可类比为第8章讨论的delta及gamma。随后我们将介绍管理曲线非平行移动的不同方法，这些方法包括局部久期、计算多项delta以及主成分分析法等。

本章不讨论度量利率时的复利频率以及零息利率的期限结构计算等问题。这些计算过程包含在附录A和附录B中。

9.1 净利息收入管理

银行风险管理活动的一项核心内容是管理银行的净利息收入。如第2.2节中介绍的，净利息收入是指利息收入与利息支出的差。确保净息差的稳定是资产负债管理部门的职责。**净息差**（net interest margin）是净利息收入和全部生息资产的比值。在本节中我们将讨论这一目标是如何达到的。

为了展示净息差的变动是如何发生的，我们假定某银行给客户提供1年及5年的存款利率，同时又给客户提供1年及5年的住房贷款利率。这些利率如表9-1所示。为了简化分析，我们假设市场投资者认为将来的1年期利率同今天市场上的1年期利率相同。简单地讲，市场认为利率增加与利率减少有相同的可能性，由此我们可以说表9-1显示的利率是“公平”的，它们正确地反映了市场的期望。在这个公平假设下，将资金投放1年然后再滚动投资4年同一个5年的投资带来的回报是相同的。类似地，以1年期利息借入资金然后再滚动借入4年同一个5年的贷款产生的融资费用是相同的。

表9-1 银行给客户提供各种利率

期限（年）	存款利率（%）	贷款利率（%）
1	3	6
5	3	6

假定你将资金存入银行，并且你认为利率上升与下降有相同的可能性，你此时会将资金以3%的利率存入1年还是会以3%的利率存入5年？你往往会将资金存入1年，因为将资金锁定在一个较短期限里会给你带来较多的财务灵活性。

下一步假定你需要一个住房贷款，你仍然认为利率上升与下降的可能性均等，你此时是会选一个1年期6%的住房贷款还是会选一个5年期6%的住房贷款？这时你往往会选择一个5年期的住房贷款，因为这样做会给你带来较小的再融资风险。

根据银行提供的如表9-1所示的利率，大多数存款客户会选择1年期存款，同时大多数住房贷款客户会选择5年期贷款。这样一来，银行的资产及负债就会产生不匹配，从而对净利息收入产生风险冲击。用来支撑5年期利率为6%的贷款的存款需要每年滚动。这在利息降低时不会产生问题，银行的贷款收入仍为6%，而支撑贷款的存款利息低于3%，因此利息收入会增加。但当利率增加时，银行贷款收入仍为6%，存款费用高于3%，由此触发银行的净利息收入降低。假如头两年内利率增长了3%，第3年的净利息收入将为0。

资产负债管理部门的职责就是将这种利率风险降到最低。达到这一目的的方法之一是将带来收入的资产的期限与产生利息费用的负债的期限进行匹配。在我们的例子中，一种达到这种匹配目的的方法是同时提高5年期的存款利率和住房贷款利率。例如将利率调整为如表9-2所示的情形，其中5年期的存款利率变为4%，5年期的贷款利率变为7%。在这种情况下，5年期存款及1年期住房贷款会变得相对更有吸引力。一些选择表9-1中的1年期存款的储户会将自己的资金转入如表9-2中所示的5年期存款，一些选择表9-1中的5年期住房贷款的顾客会选择1年住房贷款。这样所带来的效果是资产及负债得以匹配。如果客户仍然过多地选择1年期存款及5年期住房贷款而造成资产负债的不平衡，那么我们可以进一步提高5年期存款及贷款

表9-2 提高5年期利率以达到资产负债的匹配

期限（年）	存款利率（%）	贷款利率（%）
1	3	6
5	4	7

利率，这样会逐渐消除资产负债的失衡。

所有的银行均按以上所描述的方式来进行资产负债管理，其效果是长期利率要比预期的将来短期利率高，这一现象就是所谓的**流动性偏好理论**（liquidity preference theory）。这一现象造成长期利率在通常情况下比短期利率要高，即使当市场预测短期利率稍有下降时，流动性偏好理论也会使得长期利率高于短期利率，只有当预测利率会有急剧下降时，长期利率才会低于短期利率。

许多银行已经建立了较为完善的系统来监控客户的业务决策行为，当看到客户所选的资产与负债期限不匹配时，银行可以对提供的利率进行细微调整。有时利率互换等衍生产品可以用来管理利率风险敞口（见第 5.5.3 节中的例 5-1）。所有这些措施的结果是银行的净息差较稳定，但并不是所有的银行都能时刻做到这一点。20 世纪 80 年代，美国很多信贷公司和大陆伊利诺伊银行（Continental Illinois）的倒闭在很大程度上是因为资产和负债期限的不匹配。

流动性

除了侵蚀净息差，资产和负债不匹配还可能导致流动性问题。一家靠短期存款支持长期贷款的银行必须不断地以新的存款置换到期的存款，这也被称作**存款滚动**（rolling over）。如果存款人对银行丧失信心，银行的这种做法就难以为继。金融机构因为流动性问题而倒闭的一个广为人知的案例是英国的北岩银行，该银行以批发存款支持其按揭组合，有些批发存款的期限只有 3 个月。从 2007 年 9 月开始，因为美国市场出现的状况，存款人开始担心。结果北岩银行不能再为其资产融资，只能于 2008 年年初由英国政府接管（参见业界事例 24-1）。在美国，雷曼兄弟和贝尔斯登也遇到类似的问题，不能滚动它们的批发存款。

2007 年信用危机中的很多问题实际上是由于流动性短缺引起的。如同市场受压时通常会发生的那样，由于投资者寻求更安全的投资方式并且不打算承担信用风险，从而引发安全投资转移现象。现在，银行监管机构已经意识到，应像设定资本金要求那样为银行设定流动性要求。第 16 章解释了《巴塞尔协议Ⅲ》中的流动性要求。第 24 章对流动性问题进行了更深入的讨论。

9.2　利率的种类

在这一节中，我们将介绍几种对金融机构非常重要的利率。

9.2.1　国债利率

国债利率（treasury rate）是投资者投资短期国债和长期国债[㊀]得到的利率。政府通过发行国债的方式用本币融资。日本国债利率就是日本政府以日元发债的利率，美国国债利率就是美国政府以美元发债的利率，依此类推。通常，我们假设一个国家的政府是不会对本币负债违约的。[㊁]因此，投资者购买短期国债或长期国债，总会如约收回本金和利息，所以国债利率可以

㊀ 在美国，1 年期以内的短期国债被称作 treasury bill。treasury bill 是一种零息债券，一般以低于面值的价格出售。1 年以上的中期（2～10 年）和长期（10 年以上）国债分别被称作 treasury note 和 treasury bond。——译者注

㊁ 这是因为对本币来说，政府总是能控制货币供应（也就是说，政府控制着自己的印钞机）。即便如此，一国政府也是有可能对外币债务违约的。另外，欧元区的国家政府也有可能对欧元债务违约。

被看成是无风险利率。

9.2.2 LIBOR

LIBOR 的全称为伦敦银行间同业拆借利率（London interbank offered rate）。它是银行间无抵押短期拆借的利率。传统上，每天发布的 LIBOR 利率包含多种不同的币种和期限，拆借期限从 1 天到 1 年。在世界范围内，以 LIBOR 为参照利率的交易规模达到数万亿美元。一种非常常见并且非常重要的以 LIBOR 为参照利率的衍生产品是利率互换（见第 5 章）。LIBOR 利率是由 18 家全球银行在每个工作日的上午 11:00（英国时间）之前发布其可以从其他银行借入资金的利率报价来估计的。每种币种以及拆借期限最高的 4 个报价和最低的 4 个报价均会被舍弃，对剩余的报价进行平均以确定当天的 LIBOR 报价。提交报价的银行通常具有 AA 信用等级。因此，通常将 LIBOR 视为 AA 级银行的无抵押借款利率的估计值。

一些为银行工作的交易员被指控试图操纵 LIBOR 报价。他们为什么要这样做？假设银行从衍生产品中获得的收益取决于特定日期的 LIBOR 变动，随着 LIBOR 的增加，收益也增加。交易员有动机在那天提供更高的报价，并试图说服其他银行也这样做。汤姆·海斯（Tom Hayes）是第一个因操纵 LIBOR 而被定罪的交易员。2015 年 8 月，他被英国一家法院判处 14 年徒刑（后减刑为 11 年）。该机制的一个问题是，没有足够多的银行间拆借交易能为所有的币种/期限组合提供准确的拆借利率估计，因此做出一些调整是不可避免的。为了改善现状，对 LIBOR 包含的不同币种的数量从 10 个减少到 5 个，将不同的拆借期限从 15 个减少到了 7 个。此外，对拆借利率估计过程的监管得到了加强。

现在人们认识到，将 LIBOR 作为衍生产品交易的参考利率并不理想，因为它是根据银行的估算而不是实际市场交易价格确定的。衍生产品市场正在考虑使用其他参考利率，例如 OIS 利率（将在稍后讨论）。

9.2.3 LIBOR/互换零息曲线

正如前面所述，LIBOR 的报价期限区间在 1 天到 1 年之间，因此，我们只可以定义期限小于 1 年的零息 LIBOR 利率曲线。LIBOR 利率曲线将如何被延伸到一年以外呢？有两种做法：

（1）构造期限大于 1 年的 AA 级公司借入资金的利率曲线；

（2）构造一个 AA 级公司在某个时刻短期借入资金的利率曲线。

了解这两种构造方式的不同之处非常重要。如果对于所有期限的利率均为 4%，假定利率曲线是通过第一种办法构造而成的，那就意味着 AA 级公司今天借入资金的期限无论多长，利率均为 4%；假定利率曲线是通过第二种办法构造而成的，那就意味着市场已经认定 AA 级公司在将来短期内借入资金利率为 4%（见附录 B 中远期利率的定义和计算）。第一种方法构造的曲线给出了今天信用级别为 AA 级的公司的远期短期拆借利率，而第二种方法构造的曲线给出了远期合约期限所覆盖的将来某时段开始时信用级别为 AA 级的公司借入短期资金的利率。

在实践中，LIBOR 利率曲线是通过第二种方法构造的。互换利率（见表 5-5）可以用来将利率曲线的期限延伸到 1 年之外（见附录 B）。[⊖]LIBOR 利率曲线有时也被称为互换利率曲线或

⊖ 以未来 LIBOR 值作为标的变量的欧洲美元期货也可用来延伸 LIBOR 利率曲线。

LIBOR/互换利率曲线。为了理解为什么互换利率可以在第二种方法中来延伸LIBOR曲线，我们应该注意到银行可以利用短期LIBOR贷款利率来生成互换利率，例如，银行可以进行以下交易：

（1）借给一家信用级别为AA级的公司一笔资金，期限为6个月，并且在以后连续9次，每次以6个月为期限将相同数量的资金借给该公司（或信用级别也为AA级的其他公司）。

（2）进入一个5年期的互换交易，收入现金流为5年期互换利率，付出LIBOR。

这意味着，互换利率代表了银行从一系列对AA级公司发放的短期贷款中能获得的预期收益。因此，它有时也被称为持续更新利率（continually refreshed rate）。[㊀]

9.2.4 LIBOR和国债利率

无风险利率对于金融产品的定价非常重要。我们可能会认为国债利率应该很自然地被用作无风险利率。但实际上，市场通常认为国债利率是被人为压低的，这是因为：

（1）对银行来说，持有国债所需要的资本金要求（通常为0）要显著低于投资其他类似的低风险产品。

（2）在美国，对于国债的税务规定要比其他大部分固定收益产品更为有利，投资国债的收益无须缴纳州税。

在2007年信用危机之前，金融机构一般使用LIBOR和互换利率作为无风险利率的近似。在危机以后，隔夜指数互换利率已经取代LIBOR用作无风险利率。下面我们就解释什么是隔夜指数互换利率。

9.2.5 隔夜指数互换利率

隔夜指数互换（overnight indexed swap，OIS）是一种互换合约，指一定期限的（例如，1个月、3个月、1年或2年）固定利率与同期隔夜利率的几何平均值交换。[㊁]相关的隔夜利率来自一个由政府组织的银行间拆借市场。在该市场上，有多余储备金的银行可以将资金借给准备金不足的银行。[㊂]在美国，这一市场上的隔夜拆借利率也被称作美联储基准利率（fed funds rate），每日的有效美联储基准利率由当日借入资金的银行向借出资金的银行支付的利率的加权平均求得，该利率用于OIS利率中的几何平均计算。其他很多国家也存在类似的市场，例如，欧元区的欧元隔夜指数平均利率（Euro OverNight Index Average，Eonia）相当于美联储基准利率；类似的还有英国的英镑隔夜指数平均利率（Sterling OverNight Index Average，SONIA）等。

如果在一段时间内，银行以隔夜利率借入资金（每日将贷款和利息向前滚动），则银行所付利息是基于隔夜利率在这段时间内的几何平均。类似地，如果银行以隔夜利率借出资金，所得利息是基于隔夜利率在这段时间内的几何平均。因此，OIS将隔夜资金借入或借出和一个固

㊀ See P. Collin-Dufresne and B. Solnik, "On the Term Structure of Default Premia in the Swap and Libor Market," *Journal of Finance* 56, no. 3(June 2001): 1095-1115.

㊁ 隔夜利率的几何平均的准确含义是隔夜利率加1的几何平均值再减1（见业界事例4-1）。

㊂ 央行要求商业银行留存一定比例的客户存款作为准备金，准备金不能被作为贷款发放。准备金可以以现金或者央行存款的形式存在。

定利率借入或借出互换。这一固定利率被称为 OIS 互换利率。

OIS 互换利率通常被认为是比 LIBOR 利率更好的对无风险利率的近似。银行系统中一个重要的风险指标是 LIBOR-OIS 利差，这是 3 个月期限的 LIBOR 利率高出 3 个月 OIS 互换利率的值。正如我们讨论过的，前者是一家银行向另一家 AA 级银行提供 3 个月期限的无抵押贷款的利率，而后者是银行以美联储基准利率借入资金，然后通过利率互换将隔夜利率转换为 3 个月固定利率。理论上银行可以以 3 个月 OIS 利率借入资金，然后以 3 个月 LIBOR 利率借出给另一家 AA 级的银行，因此 LIBOR-OIS 利差实际上是补偿一家 AA 级银行在 3 个月内可能破产的风险的信用价差。在正常的市场条件下，LIBOR-OIS 利差小于 10 个基点（年平均）。该利差越大，说明银行越因为担心对手信用，而不愿相互之间拆借。

图 9-1 显示了 2002 年 1 月 ~ 2017 年 6 月 LIBOR-OIS 利差的状况。在 2007 年 8 月前，LIBOR-OIS 利差小于 10 个基点。2007 年 8 月，因为美国房地产市场的问题开始显现，银行间逐渐不愿意彼此拆借，所以该利差开始上升。2008 年 10 月初，利差达到峰值 364 基点。1 年后，又恢复到基本正常的水平。

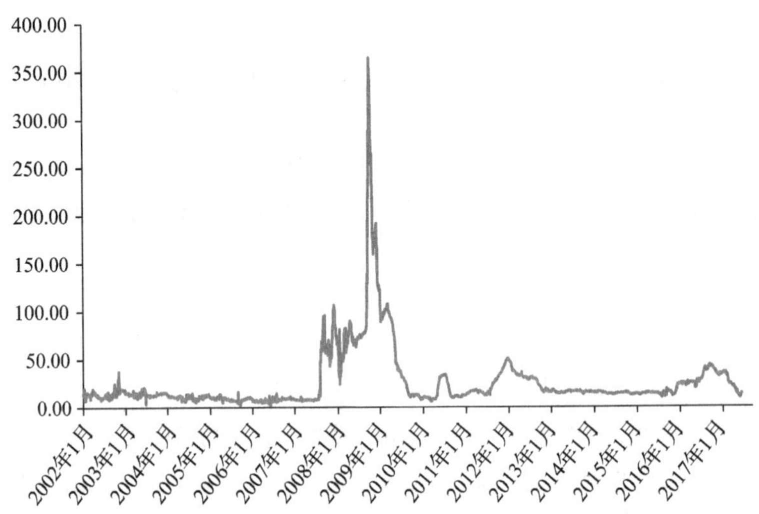

图 9-1 3 个月期限 LIBOR-OIS 利差，2002 年 1 月 ~2017 年 6 月

9.2.6 回购利率

和 LIBOR 与联邦基金利率不同，回购利率是一种有担保的利率。在一个回购交易中，持有有价证券的金融机构同意将该证券以一定价格卖出，并保证在将来以稍高的价格将其买回。金融机构实际上是得到了一笔贷款，这笔贷款的利息就是卖出和买回该证券的差价。由此算出的利率被称为回购利率。

如果构造严谨，那么回购交易的信用风险会很小。如果借贷方不履约，那么借出方就可以把证券据为己有。如果借出方不履约，那么证券的最初所有方就不用归还借出方的现金。最常见的回购是隔夜回购，这种回购经常会日复一日地向前滚动。但是，期限更长的回购，即定期回购，有时也被使用。因为是有担保的利率，所以回购利率通常会比 LIBOR 或联邦基金利率低几个基点。

9.3 利率久期

久期（duration）这一概念已经被广泛地用来度量交易组合对于利率曲线的风险敞口。假设债券收益率为 y，债券价格为 B，债券的久期 D 的定义为

$$D = -\frac{1}{B}\frac{\Delta B}{\Delta y} \tag{9-1}$$

或等价于

$$\Delta B = -DB\Delta y$$

其中 Δy 为债券收益率的一个小的变化，ΔB 为相应债券价格的变化。因此债券久期用于衡量债券价格对收益率的敏感度。利用微积分中的符号，我们有

$$D = -\frac{1}{B}\frac{\mathrm{d}B}{\mathrm{d}y} \tag{9-2}$$

假定一个债券在 t_1，t_2，…，t_n 时刻给债券持有者提供的现金流为 c_1，c_2，…，c_n（现金流包括券息和本金），债券收益率 y 是使得债券理论价格等于市场价格的贴现率。如果我们用 v_i 来表示现金流 c_i 以 y 为贴现率从时间 t_i 贴现到当前的值，则债券的价格可表示为

$$B = \sum_{i=1}^{n} v_i$$

因此，债券久期 D 也可以定义为

$$D = \sum_{i=1}^{n} t_i\left(\frac{v_i}{B}\right) \tag{9-3}$$

式（9-3）括号中的项为 t_i 时刻的债券支付的现金流的贴现值与债券价格的比率。债券价格等于将来所有支付的本息贴现值的总和。因此式（9-3）中久期的定义方式是付款时间 t_i 的加权平均，而对应于 t_i 时刻的权重等于 t_i 时刻的现金流贴现值与债券总贴现值的比率（这里的所有权重相加等于1），这一关系式给出了债券久期这一术语的出处。久期是指投资者收到现金流所要等待的时间。一个 n 年期零息债券的久期为 n 年，而一个 n 年带息（coupon-bearing）债券的久期小于 n 年，这是因为国债持有者在第 n 年之前就已经收到部分现金付款。

如果式（9-1）中的债券收益率 y 以连续复利形式表示，则式（9-1）和式（9-3）是等价的（见作业题9.15）。

考虑某个面值为100美元、券息为10%的3年期债券。该债券连续复利的年收益率为12%，即 $y=0.12$，每6个月付息一次，息值为5美元。表9-3显示了有关债券久期计算的步骤，在计算中收益率代替贴现率，计算出的现值被呈现在表中的第3列（例如第一次付息的现值为 $5\mathrm{e}^{-0.12\times0.5}=4.709$），第3列的数字之和等于债券价格94.213，由第3列中的数字除以94.213，我们可以得到久期的权重，第5列的数字之和等于久期，即2.653年。

表9-3 久期的计算

期限（年）	现金流（美元）	现值	权重	时间×权重
0.5	5	4.709	0.050	0.025
1.0	5	4.435	0.047	0.047
1.5	5	4.176	0.044	0.066

（续）

期限（年）	现金流（美元）	现值	权重	时间×权重
2.0	5	3.933	0.042	0.083
2.5	5	3.704	0.039	0.098
3.0	105	73.256	0.778	2.333
总计	130	94.213	1.000	2.653

利率的微小变化通常用**基点**（basis point）来描述，1 个基点对应于 0.01%。以下例子验证了当久期定义为式（9-3），且收益率以连续复利形式表示时，式（9-1）是正确的。

【例 9-1】 由表 9-3 描述的债券价格为 94.213，久期为 2.653，根据式（9-1）

$$\Delta B = -94.213 \times 2.653 \Delta y$$

即

$$\Delta B = -249.95 \Delta y$$

当收益率增加了 10 个基点（=0.1%），即 $\Delta y = +0.001$ 时，久期公式预计 ΔB 为

$$\Delta B = -249.95 \times 0.001 = -0.250$$

久期公式预计债券价格会下降到 94.213 − 0.25 = 93.963，为了检验这个预测的准确性，我们计算当收益率增加 10 个基点到 12.1% 时的债券价格，其数量为

$$5e^{-0.121 \times 0.5} + 5e^{-0.121 \times 1.0} + 5e^{-0.121 \times 1.5} + 5e^{-0.121 \times 2.0} + 5e^{-0.121 \times 2.5} + 105e^{-0.121 \times 3.0} = 93.963$$

这一数值同我们用久期公式预计的变化相同（精确到小数点后第 3 位）。

9.3.1 修正久期

式（9-3）定义的久期是由麦考利（Macaulay）在 1938 年首先提出的，因而这一久期被称为**麦考利久期**（Macaulay's duration），在收益率 y 为连续复利的前提之下，式（9-3）的定义与式（9-1）等价。由式（9-1）定义的久期，在其他复利的假设前提下，为了保证等价关系，我们必须对麦考利进行一个小的调整。如果 y 为一年复利一次的利率，则我们需要对式（9-3）中的久期 D 除以 $1+y$；在更为一般的情况下，如果 y 为一年复利 m 次的利率，则式（9-3）中的久期 D 需要除以 $1+y/m$（见作业题 9.15）。对式（9-3）进行这一调整以后，所定义的久期被称为**修正久期**（modified duration）。

【例 9-2】 由表 9-3 描述的债券价格为 94.213，久期为 2.653。每年复利 2 次的收益率为 12.367 3%（见附录 A），修正久期为

$$D^* = \frac{2.653}{1 + 0.123\,673/2} = 2.498\,5$$

由式（9-1），我们得出

$$\Delta B = -94.213 \times 2.498\,5 \Delta y$$

或

$$\Delta B = -235.39 \Delta y$$

当收益率（一年复利 2 次）增加 10 个基点（0.1%），即 $\Delta y = +0.001$ 时，久期关系式预计债券价格变化 ΔB 为 $-235.39 \times 0.001 = -0.235$，因此债券价格下降到 $94.213 - 0.235 = 93.978$。当收益率（一年复利 2 次）增加 10 个基点，即对应收益率 $y =$ 12.467 3%（或连续复利收益率增加 10 个基点，即对应收益率为 12.094 1%）时，通过一个几乎与前面的例子相同的计算，我们得出的债券价格为 93.978。这一例子说明：当债券收益率变化较小时，修正久期计算公式非常精确。

9.3.2 绝对额久期

绝对额久期（dollar duration）等于修正久期与债券价格的乘积，如果 $D_\$$ 代表绝对额久期，由式（9-1）得出

$$\Delta B = -D_\$ \Delta y$$

采用微积分的记号

$$D_\$ = -\frac{\mathrm{d}B}{\mathrm{d}y}$$

久期为债券相对价格变化（即债券价格变化与债券价格的比率）与收益率变化建立了联系，而绝对额久期将债券价格变化与收益率变化建立了联系，绝对额久期类似于我们在第 8 章中讨论的 delta 测度。

9.4 凸性

对于收益曲线一个较小的平行移动，久期可以度量组合价值的相应变化。图 9-2 表明具有相同久期的两个债券，它们的相对价格变化和收益率变化之间的关系可以不同。这两个债券在起始点的导数（切线）相同。这意味着，当收益率有较小的变化时，两个债券价值变化同收益率变化的百分比相同，这与式（9-1）一致。当利率变化较大时，两个债券的表现就不一样了。债券 X 的曲率比债券 Y 要大。一个被称为**凸性**（convexity）的变量是用来度量曲线的凸凹变化的程度，它可被用来改善近似式的准确性。

债券凸性的定义为

$$C = \frac{1}{B}\frac{\mathrm{d}^2B}{\mathrm{d}y^2} = \frac{\sum_{i=1}^{n} c_i t_i^2 \mathrm{e}^{-yt_i}}{B}$$

其中 y 对应于债券的收益率，以连续复利表示。债券凸性是将来收到现金流的时间平方的平均值，由附录 G 的结论，我们可以得出关于债券价格的两阶近似式

$$\Delta B = \frac{\mathrm{d}B}{\mathrm{d}y}\Delta y + \frac{1}{2}\frac{\mathrm{d}^2B}{\mathrm{d}y^2}\Delta y^2$$

由此

$$\frac{\Delta B}{B} = -D\Delta y + \frac{1}{2}C(\Delta y)^2 \qquad (9\text{-}4)$$

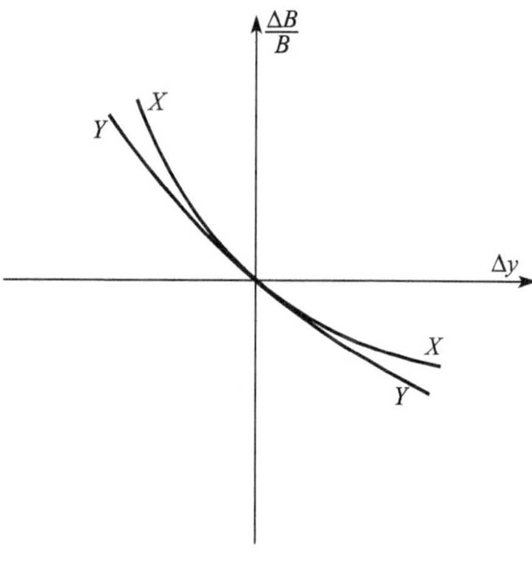

图 9-2 两个久期相同、凸性不同的债券

【例9-3】 由表9-3描述的债券B的价格为94.213，久期为2.653，凸性为

$$0.05\times0.5^2+0.047\times1.0^2+0.044\times1.5^2+0.042\times2.0^2+0.039\times2.5^2+0.779\times3.0^2=7.570$$

由式(9-4)得出

$$\frac{\Delta B}{B}=-2.653\Delta y+\frac{1}{2}\times7.570\times(\Delta y)^2$$

假设债券收益率由12%变为14%，即变化量为2%，久期公式预计债券价值变化将是$-94.213\times2.653\times0.02=-4.999$，凸性关系式预计变化为

$$-94.213\times2.653\times0.02+0.5\times94.213\times7.750\times0.02^2=-4.856$$

而证券价格的实际变化为-4.859。这个例子说明：当债券收益率变化较大时，凸性公式比久期公式更为精确。

绝对额凸性

绝对额凸性（dollar convexity）$C_\$$的定义与绝对额久期类似，它等于凸性与债券价格的乘积，这意味着

$$C_\$=\frac{\mathrm{d}^2B}{\mathrm{d}y^2}$$

绝对额凸性类似于我们在第8章中讨论的gamma测度。

9.5 推广

到目前为止，我们采用了久期和凸性来检测单一债券对利率的敏感度。久期和凸性可以被推广到债券组合，或其他与利率相关的产品组合。我们将零息收益曲线的平行移动定义为将零息收益曲线上的所有点平行移动一个相同的数量（见图9-3）。

假定P代表组合的价值，将零息收益曲线进行一平行移动，我们观察到相应价格的变化为ΔP，久期被定义为

$$D=-\frac{1}{P}\frac{\Delta P}{\Delta y} \tag{9-5}$$

其中Δy为平行移动的变化量，[⊖]式(9-5)等价为

$$\frac{\Delta P}{P}=-D\Delta y \tag{9-6}$$

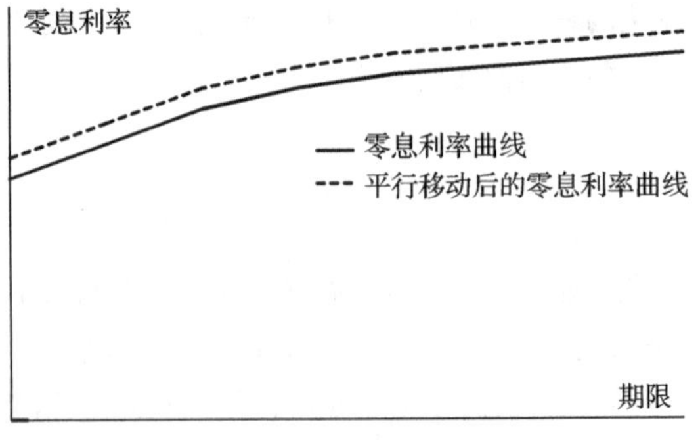

图9-3 零息利率的平行移动

假定组合由多种跟利率相关的资产组成，第i个资产价值为X_i，其对应的久期为$D_i(i=1, 2, \cdots, n)$。定义ΔX_i为收益率变化Δy时的X_i

⊖ 零息收益曲线平行移动Δy数量所引起的债券收益率的变动大约为Δy。

的相应变化量，定义 $P = \sum_{i=1}^{n} X_i$ 且 $\Delta P = \sum_{i=1}^{n} \Delta X_i$，根据式（9-5），整个组合的久期为

$$D = -\frac{1}{P}\sum_{i=1}^{n}\frac{\Delta X_i}{\Delta y}$$

关于第 i 项资产的久期，由以下公式给出

$$D_i = -\frac{1}{X_i}\frac{\Delta X_i}{\Delta y}$$

因此

$$D = \sum_{i=1}^{n}\frac{X_i}{P}D_i$$

这一公式说明投资组合的久期 D 是其构成资产久期的加权平均，权重等于构成资产与整体组合价值的比率。

交易组合的绝对额久期 $D_{\$}$ 可被定义为交易组合的久期乘以组合的价值，即

$$D_{\$} = -\frac{\Delta P}{\Delta y}$$

绝对额久期是交易组合对于利率的 delta，与利率有关的产品所组成的交易组合的绝对额久期等于交易组合的构成资产的绝对额久期的总和。

凸性的概念同样也可以像久期那样推广。假定一个与利率相关的组合其价格为 P，我们定义组合的凸性 C 为 $1/P$ 乘以组合的价值对零息收益曲线平行移动二阶偏导的乘积，将 B 替换为 P，式（9-4）仍然正确

$$\frac{\Delta P}{P} = -D\Delta y + \frac{1}{2}C(\Delta y)^2 \tag{9-7}$$

这个公式说明了组合的凸性与构成组合的资产的凸性关系。这一关系与久期的关系式相似，也就是说，组合的凸性等于构成资产的凸性的加权平均，其权重为构成资产价格占整体组合价格的比率。当一个交易组合的久期为一个特定值时，如果现金流在一个较长的时间内有较为均匀的分布，则交易组合的凸性会趋向最大，而当现金流局限在一个时间点时，债券组合的凸性趋向最小。

价值为 P 的交易组合的绝对额凸性可被定义为 P 乘以组合的凸性。绝对额凸性给出了交易组合对利率的 gamma。与利率有关的产品所组成的交易组合的绝对额凸性等于组合的构成资产的绝对额凸性的总和。

交易组合免疫

通过保证久期为 0，我们可以使得一个与利率有关的交易组合（由空头和多头组成）价值不受收益曲线小规模平行移动的影响。保证久期及凸性均为 0 或者接近于 0，我们可以使得交易组合价值不受收益曲线较大规模的平行移动的影响。

9.6 收益曲线的非平行移动

不幸的是，利率久期的关系式（9-6）只适用于利率曲线的平行移动，由久期和凸性所组

成的关系式（9-7）虽适用于较大规模的利率变动，但变动形式仍应是平行移动。

9.6.1 局部久期

一些研究人员已经扩展了久期方法以使其适用于收益曲线的非平行移动。Reitano（1992）提出了一种局部久期度量方法。在这一方法中零息收益曲线只在局部一点变动，而收益曲线的其他点保持不变。[㊀]例如，假定零息收益率由表9-4及图9-4所示，将收益曲线上第5年所对应的点按图9-5所示的形式进行移动。假定零息曲线上有 n 个点，交易组合对于收益曲线上第 i 点的局部久期 D_i 的定义为

$$D_i = -\frac{1}{P}\frac{\Delta P_i}{\Delta y_i}$$

其中 P 为交易组合的价值，Δy_i 对应于收益曲线上第 i 个点的变动幅度，ΔP_i 是所对应交易组合的价值变化量。所有局部久期的和等于通常意义下的整个久期。[㊁]由于零息曲线第 i 个节点的变化 Δy_i 所触发的组合价值的相对变化为 $-D_i\Delta y_i$。

表 9-4 某零息收益率曲线（利率为连续复利）

期限（年）	1	2	3	4	5	7	10
利率（%）	4.0	4.5	4.8	5.0	5.1	5.2	5.3

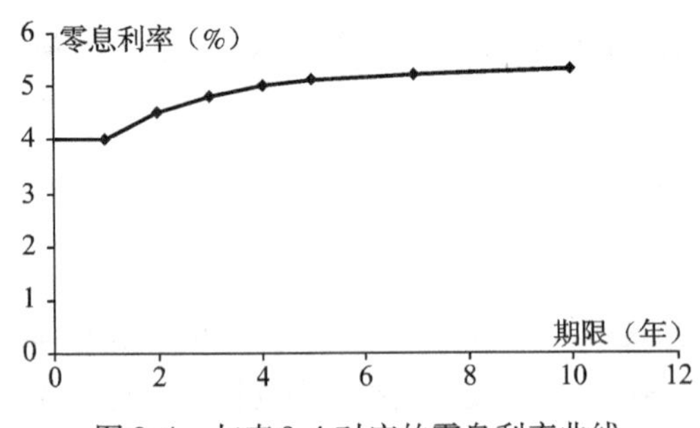

图 9-4 与表 9-4 对应的零息利率曲线

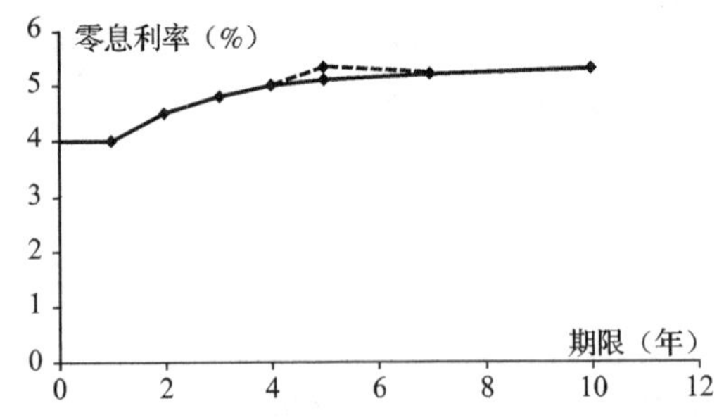

图 9-5 当某一点移动时零息收益率曲线的变化

假定表9-5显示的是某交易组合的局部久期。整个交易组合的久期（各局部久期之和）仅仅为0.2，这说明交易组合对于收益曲线的平行移动并不是很敏感。但是从表中我们可以看到，对应于短期期限的久期为正，对应于长期期限的久期为负，这说明当短期利率上升（下降）时组合会有损失（收益），当长期利率上升（下降）时组合会有收益（损失）。

表 9-5 某一投资组合的局部久期

期限（年）	1	2	3	4	5	7	10	总计
久期	0.2	0.6	0.9	1.6	2.0	−2.1	−3.0	0.2

我们现在可以进一步说明非平行移动对交易组合的影响，进一步计算投资组合价值对任何

㊀ See R. Reitano, "Nonparallel Yield Curve Shifts and Immunization," *Journal of Portfolio Management* (Spring 1992): 36-43.

㊁ 当零息曲线的第 i 个点被移动而其他点不动时，这时的零息曲线是由被移动点和不被移动点的插值来生成的，如图9-5所示。

非平行移动变动的敏感性，定义一种旋转方法，对应于1年、2年、3年、4年、5年、7年及10年的利率变动量为 $-3e$、$-2e$、$-e$、0、e、$3e$ 及 $6e$，这里 e 为一个很小的值。图9-6是此旋转的图形显示。采用表9-5中的局部久期数据，我们得出由于收益曲线旋转导致的交易组合价值的相对变化为

$$-[0.2\times(-3e)+0.6\times(-2e)+0.9\times(-e)+1.6\times 0$$
$$+2.0\times e-2.1\times 3e-3.0\times 6e]=25.0e$$

对于曲线的一个小的平行移动 e，交易组合价值的相对变化为 $-0.2e$。这一结果显示具有表9-5所示的局部久期的交易组合对于曲线旋转的敏感性远大于对平行移动的敏感性。

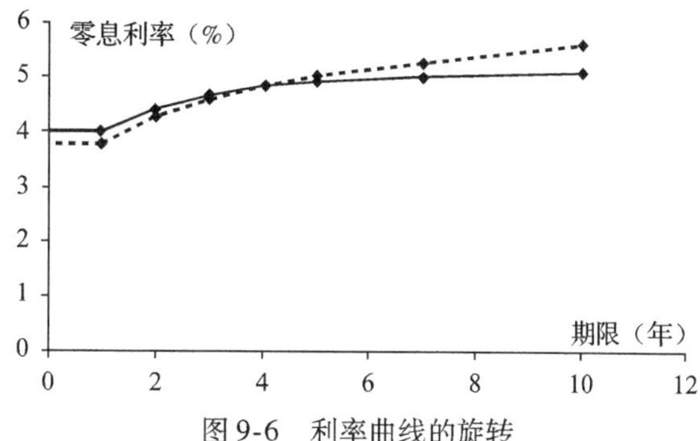

图9-6 利率曲线的旋转

在第9.5节中，我们解释了通过将投资组合的价值乘以投资组合的久期，可以测度绝对额久期。类似地，局部久期是投资组合的变化率相对于期限结构一个顶点的微小变化的delta。

9.6.2 分段delta

局部久期的一种变形方法是，首先将收益曲线分成几段或几个区间（bucket），然后计算每一部分的变动对于交易组合的影响，在改变任意部分的利率时，要保证其他部分的利率不变。这种方法常常被应用于资产负债管理过程（见第9.1节），该管理方法也被称为**缺口管理**（GAP management）。图9-7将图9-4所示的曲线中介于2年至3年的部分进行移动，类似于局部久期方法，所有部分的delta之和也等于DV01。

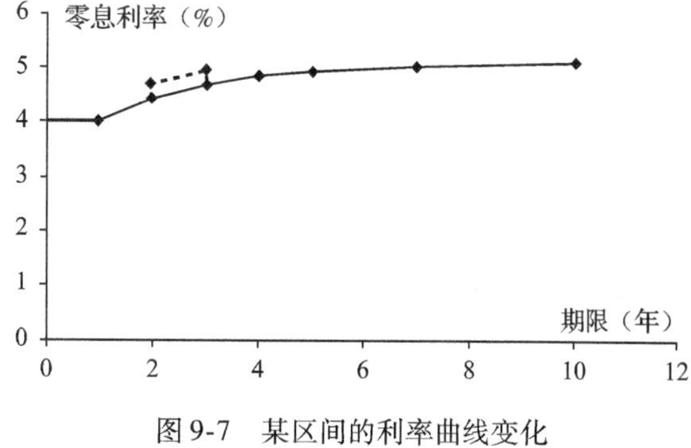

图9-7 某区间的利率曲线变化

9.6.3 计算delta用于对冲

截至目前，我们考虑的敞口度量并不是为了方便对冲而设计的。考虑如表9-5所示的局部久期，假定我们打算用零息债券来对冲我们的交易组合，我们可以计算出1年期零息债券的头寸来对冲2年期的利率变化。同样我们也可以计算出2年期零息债券的头寸来对冲2年期的利率变化，并依此类推。但是如果在对冲中采用其他工具，则对冲难度会大大增加。

在实践中，交易员往往采用那些用于生成零息收益率曲线的产品来对冲他们的风险敞口。例如，在对冲时，一个政府债券交易员喜欢采用在市场上最活跃的，并被用来构造零息收益率曲线的政府债券。又如，当交易产品和LIBOR/互换曲线有关时，交易员更可能采用LIBOR存款、欧洲美元期货以及互换交易等来对冲。

为了便于对冲分析，交易员常常测算那些用于构造零息收益率曲线的产品价格的微小变动对于交易组合的影响。当价格有微小变化时，零息收益率曲线会被重新产生，组合也会被重新

定价。考虑某个负责交易利率上限期权（caps）以及利率互换期权（swap options）的交易员，假定对应于某一欧洲美元期货报价的每一个基点变动，交易员的交易组合价格变化为500美元，而对应于一个基点价格变动，期货价格变化为25美元，因此交易员可以采用20个期货来对冲其风险；假定对应于5年期互换利率的一个基点变化，交易组合价格变化为4 000美元，而对应于这一5年期互换利率变化，一个5年期面值100万美元的互换价格变化为400美元，因此交易员可采用一个面值1 000万美元的互换来对冲其交易组合。

9.7 主成分分析法

对于任意一个零息收益曲线，前面所述方法可能会要求分析员计算10～15个不同的delta。这看起来似乎有点小题大做，因为曲线上的变量相互之间是高度相关的。例如，曲线上5年期的收益率变化了若干基点，在大多数情况下，10年期的收益率变化也大致如此。当一个交易员在5年期有一个很大的正风险敞口，而对应于10年期有一个类似的负风险敞口时，此时该交易员不应该太担心利率的变化。

一种可用来分析高度相关的市场变量的风险的方法是**主成分分析法**（principal component analysis），这种方法以市场变量的历史变化数据为依据，并试图从中找出解释这些变化的主要成分或因素。

通过一个实例，我们可以更好地解释这一方法。我们考虑的市场变量是期限为1年、2年、3年、4年、5年、7年、10年和30年的8个不同的互换利率，表9-6及表9-7显示了基于2000～2011年2 780个交易日的观察数据产生的结果。表9-6中第1列显示了利率期限，表中其他列显示出描述利率变化的8个因子（主要成分）。第1个因子对应于利率曲线变化的平行移动，这一因子是表中的PC1。一个单位的PC1对应的1年期利率增加量为0.216基点，2年期利率的增加量为0.331个基点，依此类推；第2个因子位于PC2列，这一因子对应于收益率曲线的扭动（twist）或曲线坡度的变化，1～4年期利率变化为同一方向，5～30年期利率变化为另一方向；第3个因子PC3对应于利率曲线弓伸（bowing）现象，对应于这一因子，短期（1～2年）及长期利率（10～30年）朝同一方向移动，而中期利率会朝另一相反方向移动。因子所对应的利率变动被称为**因子载荷**（factor loading）。在我们的例子中，对于1年期利率，第1个因子的因子载荷为0.216。[⊖]

表9-6 互换利率的因子载荷

	PC1	PC2	PC3	PC4	PC5	PC6	PC7	PC8
1年期	0.216	-0.501	0.627	-0.487	0.122	0.237	0.011	-0.034
2年期	0.331	-0.429	0.129	0.354	-0.212	-0.674	-0.100	0.236
3年期	0.372	-0.267	-0.157	0.414	-0.096	0.311	0.413	-0.564
4年期	0.392	-0.110	-0.256	0.174	-0.019	0.551	-0.416	0.512
5年期	0.404	0.019	-0.355	-0.269	0.595	-0.278	-0.316	-0.327
7年期	0.394	0.194	-0.195	-0.336	0.007	-0.100	0.685	0.422
10年期	0.376	0.371	0.068	-0.305	-0.684	-0.039	-0.278	-0.279
30年期	0.305	0.554	0.575	0.398	0.331	0.022	0.007	0.032

⊖ 因子载荷有一个性质：所有载荷因子的平方之和为1.0。另外，要注意，如果所有因子载荷的符号发生变化，因子不变。

表 9-7 因子得分的标准差

PC1	PC2	PC3	PC4	PC5	PC6	PC7	PC8
17.55	4.77	2.08	1.29	0.91	0.73	0.56	0.53

我们的分析涉及 8 个利率变量以及 8 个因子，通过对一线性 8 元方程求解，可以将任意一天的利率变化表达为变化因子的线性组合，任意一天的利率变化对应某一因子的系数也被称为这一天利率变化的**因子得分**（factor score）。

因子的重要性是通过因子得分的标准差来反映的，我们将例子中因子得分的标准差列在表 9-7 中，并按重要程度进行排列。在分析中，利率变动的计量单位为基点。因子的单位是标准差。因此第一个因子对应的 1 年期利率变动为 $0.216\times17.55=3.78$ 个基点，2 年期利率变动为 $0.331\times17.55=5.81$ 个基点，依此类推。

用来计算表 9-6 和表 9-7 中结果的软件可以在作者的网页上找到。计算过程在附录 I 中做了说明。主成分分析法是一个标准的统计工具。要进行主成分分析，第一步需从观测中计算出一个方差 - 协方差矩阵（见第 14 章关于方差 - 协方差矩阵的讨论）。在我们的例子中，该方差 - 协方差矩阵有 8 行 8 列，其中第 1 行第 1 列对应的是 1 年期利率日变动量的方差，第 1 行第 2 列对应的是 1 年期利率和 2 年期利率日变动量的协方差，依此类推。因子载荷是由该矩阵算出的特征向量，而因子得分是由该矩阵算出的特征值（对特征值和特征向量的解释见附录 H）。

因子具有的一个性质是因子得分没有相关性。在我们的例子中，第 1 个因子得分（平行移动数量）与第 2 个因子得分（扭动数量）在 2 780 个观察日内相互独立。因子得分的方差满足以下性质：其和等于整个数据的方差。由表 9-7 得出，数据的整体方差（也就是 1 年期利率的观察值的方差，2 年期利率的观察值方差等）为

$$17.55^2+4.77^2+2.08^2+\cdots+0.53^2=338.8$$

由此可以看到第 1 个因子解释了 $17.55^2/338.8=90.9\%$ 的原始数据的变化；前两个因子解释了 $(17.55^2+4.77^2)/338.8=97.7\%$ 的数据变化；第 3 个因子又进一步解释了 1.3% 的数据变化。这说明，大部分利率变化中的风险可以由前两个或前三个因子来解释，这意味着我们可以将利率产品组合的风险同这些主要因子联系起来，因此我们并不需要考虑所有 8 个不同的利率。我们在图 9-8 中画出了表 9-6 所示的三个最重要的因子。[1]

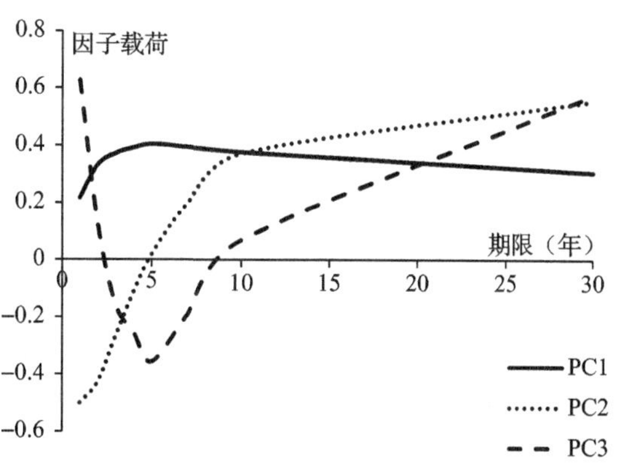

图 9-8 驱动利率变化的三个最重要因素

应用主成分分析法来计算 delta

主成分分析法给计算 delta 提供了又一种有效的途径。为了说明这一点，假定我们拥有一

[1] 将主成分分析法应用于任何一个国家的任意一收益曲线所得出的主要因子含义及解释整体风险的数量与这里陈述的结论基本相同。

个交易组合，其对于利率变化的敞口如表 9-8 所示。3 年期利率变化一个基点触发组合价值增加量为 1 000 万美元；4 年期利率变化一个基点触发组合价值增加量为 400 万美元等。如果我们采用前两个最重要因子来模拟利率变化（如前所述，这两个因子解释了 97% 的利率变化），应用表 9-6 中的数据，我们算出第 1 个因子的 delta 敞口（对于每一个因子得分的一个基点变动所触发的以百万美元为单位的变动数量）为

$$10 \times 0.372 + 4 \times 0.392 - 8 \times 0.404 - 7 \times 0.394 + 2 \times 0.376 = +0.05$$

及第 2 个因子的 delta 敞口为

$$10 \times (-0.267) + 4 \times (-0.110) - 8 \times 0.019 - 7 \times 0.194 + 2 \times 0.371 = -3.88$$

表 9-8 与一个基点利率变化相对应的交易组合价值变化 （百万美元）

3 年利率	4 年利率	5 年利率	7 年利率	10 年利率
+10	+4	-8	-7	+2

这里的计算方法与第 9.6 节所描述的用局部久期来解释非平行移动的方法相似。应用主成分分析法的优点是，这种方法会告诉你利率的哪种不同变化形式更为重要。在刚才的例子中，我们看到交易组合对于第 2 种利率变化的敞口是对于第一种变化敞口的 80 倍；但是，基于表 9-7，第 1 种变化的标准差是第 2 种变化的标准差的 3.7 倍。某因子对于一个特定的交易组合的重要性可以通过 delta 敞口与因子得分的标准差的乘积来衡量。采用这个方法，对表 9-8 中的交易组合，第 2 个因子的重要性是第 1 个因子的 20 倍。

9.8 gamma 和 vega

对应几个不同利率的 delta，会产生许多不同的 gamma。假定在一个收益曲线的构造中涉及了 10 个金融产品，我们在此想测算交易组合对于每一种产品的敏感性。gamma 是指交易组合价格对于基础变量的二阶偏导数 $\partial^2 P/(\partial x_i \partial x_j)$，其中 P 为交易组合的价格。对于 x_i 及 x_j，我们有 10 种不同的选择，因此我们会有 55 个不同的 gamma 项。对所有这些值进行计算及监控，会造成“信息超负荷”（information overload）。一种变通的方法是忽略交叉项，因此我们只关心在 $i=j$ 时 10 个 gamma 项。另外一种做法是将 gamma 定义为交易组合价值对于零息收益曲线平行移动的两阶导数，此时的 gamma 项是单一变量。还有一种选择是计算交易组合价值对于主成分分析中的前两个主要因子的 gamma 项。

一个利率产品交易组合的 vega 用来度量交易组合价值对于波动率的敞口。不同的利率衍生产品定价需要采用不同的波动率。一种测算波动率对组合价值影响的办法是以相同数量来扰动所有的波动率，然后重新计算组合价值。另外一种办法是采用主成分分析法，在主成分分析法中我们需要计算出能够反映不同产品（如上限、下限、债券期权等）的波动率变化的主要因子。然后我们可以计算出对应于前两个或三个主要因子的 vega 数量。

小 结

银行的净利息收入来源于利息收入与费用之差，现在银行已建立了较为完善的资产负债管理程序以使得净利息收入在不同年度会保持相对稳定。

在世界范围内，LIBOR 是一种决定浮动贷款利率的重要参考利率。LIBOR 利率是一个 AA 级公司短期的融资利率。一个完整的 LIBOR 曲线由 LIBOR、欧洲美元期货及互换利率计算得出。由 LIBOR 曲线得出的在将来某一时间段的远期利率是在该时间段开始时，信用为 AA 级公司的短期贷款利率，而不是今天 AA 级公司的短期贷款利率。传统上，大多数金融机构将 LIBOR/互换利率结构曲线作为对无风险利率曲线的近似。但现在，隔夜指数互换利率已经取代 LIBOR 成为无风险贴现利率。

在利率市场中，久期是一个重要概念。久期衡量交易组合价格对零息收益率曲线平行变化的敏感度。我们有以下近似等式

$$\Delta P = -PD\Delta y$$

其中 P 为交易组合价值，D 为组合价值的久期，Δy 为零息曲线平行移动的微小变量，ΔP 是由 Δy 产生的组合价值变化。另外，一个更为精确的关系式为

$$\Delta P = -PD\Delta y + \frac{1}{2}PC(\Delta y)^2$$

其中 C 为组合的凸性，这一关系式在收益曲线有一个较大的平行移动时仍然成立。但是，该关系式不适用于收益曲线的非平行移动。

为了量化利率曲线在不同时间的不同变化对投资组合的影响，我们需要引入几种不同的久期及敏感度，其定义有多种方法。主成分分析法给计算多项敏感度提供了另一种有效的方法。它表明，实际中的收益曲线变化在很大程度上是二类或三类典型变化的线性迭加。假如一个交易组合管理人员对于这些典型变化进行了对冲，他通常也对实际中可能发生的曲线变化进行了很好的对冲。

延伸阅读

Duffie, D. "Debt Management and Interest Rate Risk." In *Risk Management: Challenges and Solutions*, edited by W. Beaver and G. Parker. New York: McGraw-Hill, 1994.

Fabozzi, F. J. *Bond Markets, Analysis and Strategies*. 8th ed. Upper Saddle River, NJ: Pearson, 2012.

Jorion, P. *Big Bets Gone Bad: Derivatives and Bankruptcy in Orange County*. New York: Academic Press, 1995.

Reitano, R. "Nonparallel Yield Curve Shifts and Immunization." *Journal of Portfolio Management* (Spring 1992): 36–43.

练习题

9.1 假设银行有一个 50 亿美元 1 年期贷款及一个 200 亿美元 5 年期贷款，支撑这些资产的负债分别为 150 亿美元 1 年期及 100 亿美元 5 年期存款。请陈述一下如果在今后 3 年中每年利率均增长 1%，净利息收入会受到什么样的影响。

9.2 为什么通常长期利率会高于短期利率？在什么情形下长期利率会低于短期利率？

9.3 为什么美国国债利率远低于无风险投资利率？

9.4 解释隔夜指数互换是如何运作的。

9.5 为什么说 LIBOR-OIS 利差是金融市场状况的一个重要指标？

9.6 久期可以告诉你债券价格同利率变化之间有什么样的敏感关系？久期的局限性是什么？

9.7 一个年收益率为 11%（连续复利）的 5 年期债券在每年年底支付 8% 的票息：

(a) 债券价格为多少？

(b) 债券久期为多少？

(c) 运用久期公式来说明幅度为 0.2% 的收益率下降对债券价格的影响。

(d) 重新计算年收益率为 10.8% 时债券的价格，并验证计算结果同 (c) 的一致性。

9.8 假定收益率为一年复利一次，重复练习题 9.7 的计算，在计算中请采用修正久期公式。

9.9 一个 6 年期的债券的连续复利收益率为 4%，此债券在每年的年底支付 5% 票息，利用久期及凸性公式来计算说明 1% 的收益率上升对债券价格的影响。公式计算的准确性如何？

9.10 请说明三种计算多变量 delta 并以此管理收益曲线非平行移动的办法。

9.11 估算由表 9-5 定义的交易组合对于表 9-6 中前两个因素的 delta。

9.12 利用表 9-5 的数据来计算利率曲线的变动对一个价值为 1 000 万美元的交易组合的影响，利率曲线的变动为利率曲线 1 年、2 年、3 年、4 年、5 年、7 年和 10 年的利率分别增加 10 个、8 个、7 个、6 个、5 个、3 个和 1 个基点。

9.13 如何定义绝对额久期和绝对额凸性？

9.14 以下关于交易组合的变量的关系是什么？(a) 久期；(b) 局部久期；(c) DV01。

作业题

9.15 证明：(a) 当 y 为连续复利时，式 (9-1) 和式 (9-3) 是等价的；(b) 当 y 为每年复利 m 次时，将式 (9-3) 右边除以 $1+y/m$ 后，二者仍是等价的。

9.16 假定某银行有 100 亿美元 1 年期及 300 亿美元 5 年期贷款，支撑这些资产的是分别为 350 亿美元 1 年期及 50 亿美元 5 年期的存款。假定银行股本为 20 亿美元，而当前股本回报率为 12%。请估计要使得下一年股本回报率变为 0，利率要做怎样的变化？假定银行税率为 30%。

9.17 组合 A 由一个 1 年期、面值为 2 000 美元的零息债券及一个 10 年期、面值为 6 000 美元的零息债券组成。组合 B 由 5.95 年期、面值为 5 000 美元的债券组成，当前所有债券年收益率为 10%(连续复利)。

(a) 证明两个组合有相同的久期。

(b) 证明如果收益率上升 0.1%，两个组合价值的百分比变化是相等的。

(c) 如果收益率上升 5%，两个组合价值的百分比变化为多少？

9.18 作业题 9.17 中的交易组合的凸性为多少？久期以及凸性在多大程度上解释了在作业题 9.17 (c) 中组合价值的百分比变化？

9.19 假定表 9-5 为对局部久期的估计，解释以下曲线移动的效果：10 年利率保持不变，1 年利率增加 $9e$，1 年与 10 年之间利率变化由 0 与 $9e$ 之间的线性插值得出。从第 9.6 节中计算出的利率旋转的结果中，如何算出本题的答案？

9.20 假设收益曲线上 1 年、2 年、3 年、4 年、5 年、7 年、10 年和 30 年的不同期限的利率分别增长一个基点时，交易组合价值变化分别为 +5、−3、−1、+2、+5、+7、+8 和 +1 (以百万美元计)。估算交易组合对于表 9-6 所示的前三个因子的变化率，并将这三个因子对该组合的重要性进行量化。

第 10 章 波动率

CHAPTER10

对与组合价值相关的市场变量（如利率、汇率、股票价格、商品价格等）的波动率进行监控，对于金融机构来讲至关重要。这一章将讨论实现此目标所需的步骤。

在本章的开始，我们首先定义波动率。一个较为流行的假设是认为市场变量的百分比回报服从正态分布，我们将对这一假设进行讨论并展示另一种方法，即幂律分布法。在这之后我们将介绍一些名称看上去很“高大上”的估计波动率的方法，例如指数加权移动平均（exponentially weighted moving average，EWMA）、自回归条件异方差（auto-regressive conditional heteroscedasticity，ARCH）以及广义自回归条件异方差（generalized auto-regressive conditional heteroscedasticity，GARCH）等方法。这些方法的一个显著特点是它们都不把波动率设为常数。在某些时间段内波动率变化可能很小，而在其他时间段内变化可能很大，这些方法试图跟踪波动率随时间的变化。

10.1 波动率的定义

某个变量的波动率 σ 定义为这一变量在单位时间内连续复利回报率的标准差（见附录 A 关于复利的讨论）。当波动率被用于期权定价时，时间单位通常定义为 1 年，因此波动率就是 1 年的连续复利回报率的标准差。但当波动率被用于风险控制时，时间单位通常是 1 天，此时的波动率对应于连续复利的日回报率的标准差。

定义 S_i 为一个变量在日期 i 结束时的值，则该变量连续复利的日回报为

$$\ln \frac{S_i}{S_{i-1}}$$

这与下式基本相等

$$\frac{S_i - S_{i-1}}{S_{i-1}}$$

因此，日波动率的另外一种定义是变量的日相对变化的标准差。这个定义也是风险管理中常用的定义。

【例 10-1】 假定一个资产的价格是 60 美元，日波动率为 2%。这意味着一天中资产价格出现一个标准差的变化等于 60 ×0.02，即 1.20 美元。如果我们假设资产价格变化服从正态分布，则我们有 95% 的把握确信，在一天结束时，资产的价格将在 60 – 1.96 ×1.2 = 57.65 美元和 60 +1.96 ×1.2 =62.35 美元之间（这就是双尾检验，即各有 2.5% 的概率落在分布的上尾和下尾）。

如果我们假设，每日的回报是相互独立的且具有同样的方差，则 T 天的回报的方差为 T 乘以每日回报方差的积。这意味着，T 天回报的标准差是日回报标准差的 $\sqrt{T}$ 倍。这和“不确定性随时间长度的平方根增长”这一法则是一致的。

【例 10-2】 假设例 10-1 中资产的价格是 60 美元，日波动率为 2%，则 5 天连续复利的回报率的标准差是 $\sqrt{5}\times 2 = 4.47\%$。因为 5 天是一个较短的时间，所以我们可以认为这和 5 天来价格相对变化的标准差相等。一个标准差的移动对应的价格变化为 60 ×0.044 7 =2.68 美元。如果我们假设，资产价格的变化服从正态分布，则我们有 95% 的把握确信，在第 5 天结束时，资产的价格位于 60 – 1.96 ×2.62 =54.74 美元和 60 +1.96 ×2.68 =65.26 美元之间。

10.1.1 方差

风险管理人员常常关心方差而不是波动率。方差被定义为波动率的平方。年方差对应于变量在 1 年内连续复利变化的方差。在时间 T 内变化的标准差与时间的平方根成正比，而方差与时间成正比。严格来讲，我们应该说方差对应于每天的变化，而波动率对应于每天的平方根的变化。

10.1.2 交易天数与日历天数

在计算波动率时，会产生以下的问题：我们应该采用日历天数还是交易天数？如业界事例 10-1 所示，研究人员已经证明在交易所营业日的波动率比在交易所非营业日的波动率要大很多，因此当由历史数据估计波动率时，分析员常常忽略周末和节假日，在计算时通常的假定是每年有 252 个交易日。

业界事例 10-1 什么因素触发了波动率

有一种关于波动率的自然假设，那就是波动率是由刚刚到达市场的新信息引起的。这些消息促使投资者改变对股票价格的观点。股票价格变化也促成了波动率的变化，但是这种有关波动率变化根源的观点没有得到研究结果的支持。

应用连续几年的每日资产价格数据，研究人员可以计算：

(1) 在中间不包含非交易日时，一个交易日结束时与下一个交易日结束时资产价格回报率的方差；

(2) 在周五结束时与下周一结束时资产价格回报率的方差。

第2项为3天收益率的方差。第1项对应于1天的方差。我们也许很自然地认为第2项方差为第1项方差的3倍。法玛（Fama，1965）、弗伦奇（French，1980）以及弗伦奇和罗尔（French and Roll，1986）证明事实并非如此。三项研究结果分别证明第2项方差只分别比第1项方差高22%、19%以及10.7%。

这时，你也许会说这些结果是由于在交易开盘时有更多信息，但是罗尔（1984）的研究结果并不支持这一观点，罗尔检测了橙子的期货价格。对于橙子的期货价格而言，最重要的决定因素是气候，而有关气候的信息对于任何时间都有同样的到达频率，当罗尔做了一个类似我们刚刚描述的有关股票的分析时，他发现第2项（周五至周一）方差只是第1项的1.54倍。

唯一合理的结论就是波动率在某种程度上是由交易本身造成的（当然对这一结论，交易员接受起来没有任何困难）。

设σ_{yr}为某一资产的年波动率，σ_{day}为相应的每天波动率。假设连续交易日的回报是独立的，并有相同的标准差，这意味

$$\sigma_{yr} = \sigma_{day}\sqrt{252}$$

或

$$\sigma_{day} = \frac{\sigma_{yr}}{\sqrt{252}}$$

以上关系式说明，日波动率大约为年波动率的6%。

10.2 隐含波动率

尽管风险管理人员通常从历史数据中计算波动率，但他们也会计算和跟踪**隐含波动率**（implied volatility）。布莱克－斯科尔斯－默顿期权定价公式中唯一不能直接观察到的参数就是股票价格的波动率（见附录E）。隐含波动率是将市场上的期权价格代入公式后反推计算出的波动率。

VIX指数

芝加哥期权交易所（CBOE）会发布隐含期权指数。最流行的指数VIX由标准普尔500指数上大量30天期限的看涨和看跌期权来计算求得。[⊖]在VIX上的期货交易是从2004年开始的，而在VIX上的期权交易是从2006年开始的。涉及标准普尔500指数的期货或期权在将来的标准普尔500指数水平以及标准普尔500指数波动率两方面下注。与此相反，VIX上的期货或期

⊖ 与其类似，VNX是NASDAQ 100指数的波动率指数，VXD是道琼斯工业指数的波动率指数。

权只在波动率上下注。一份合约是指数的 1 000 倍。

【例 10-3】 假设一个交易员买了一份 VIX 上 4 月的期货合约，当时的期货价格是 18.5 美元（相当于 30 天标准普尔 500 指数波动率为 18.5%），并在期货价格为 19.3 美元（相当于 30 天标准普尔 500 指数波动率为 19.3%）时平仓。交易员盈利为 800 美元。

图 10-1 显示了 2004 年 1 月 ~ 2017 年 6 月的 VIX 指数。2004 ~ 2007 年年中，指数基本保持在 10 ~ 20。在 2007 年下半年，指数达到 30；在雷曼兄弟破产后，指数在 2008 年 10 月和 11 月达到了破纪录的 80。在 2010 年早些时候，指数已经恢复到比较正常的状态，但随后因为市场的不确定性指数又再次升高。有时，市场参与者也把 VIX 指数称作“恐慌指数”。

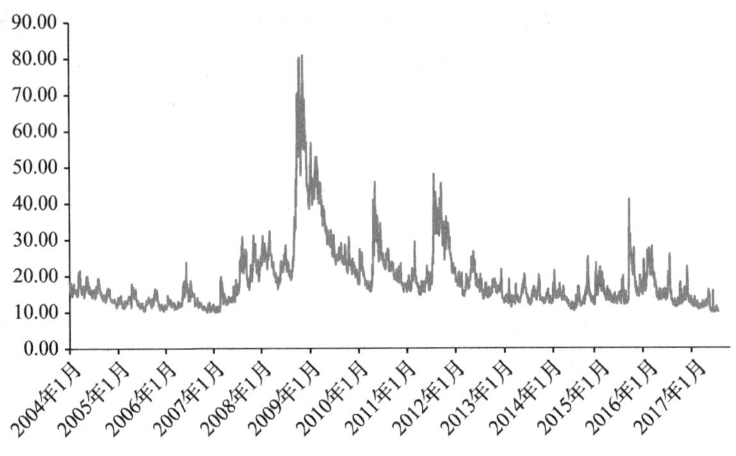

图 10-1 2004 年 1 月 ~ 2017 年 6 月的 VIX 指数

10.3 金融变量的每日变化量是否服从正态分布

当通过波动率来计算市场变量变动的置信区间时，一个常用的假设是市场变量服从正态分布。这也是在例 10-1 和例 10-2 中我们采纳的假设。在实际中，大多数金融变量的值发生较大变化的可能性比正态分布所给出的要大。表 10-1 显示了用 10 种汇率在 2005 ~ 2015 年 10 年期内的日变化量来检验其是否符合正态分布的结果。这 10 种汇率分别是美元与下列货币之间的汇率：澳元、英镑、加拿大元、丹麦克朗、欧元、日元、墨西哥比索、新西兰元、瑞典克朗和瑞士法郎。编制该表的第一步是计算每种汇率的日百分比变化的标准差，第二步是计算有多少百分比变化超过 1 个标准差、2 个标准差，等等。将这些数字与正态分布上对应的数字进行比较。

表 10-1 价格比例变化大于 1，2，…，6 个标准差的天数占全部观察日数的比例（S. D. = 价格比率变化的标准差）

标准差的天数	真实世界（%）	正态模型（%）
>1 S. D.	23.32	31.73
>2 S. D.	4.67	4.55
>3 S. D.	1.30	0.27
>4 S. D.	0.49	0.01
>5 S. D.	0.24	0.00
>6 S. D.	0.13	0.00

每天价格百分比变化超过 3 个标准差的个数占所有观察数据的比例为 1.30%，而正态分布所对应的比例只是 0.27%。每天价格百分比变化超出 4 个、5 个以及 6 个标准差的天数占整个观察日的比例分别为 0.49%、0.24% 以及 0.13%，而正态分布认为这些事件几乎不可能发生。因此，表 10-1 提供了实际中的汇率变化比正态分布的预测存在更肥大尾部的证据。

当对回报采用连续复利时，多日的回报等于其中每日回报的和。如果每日回报服从相同的非正态概率分布，那么统计学上的中心极限定律给出的结论是：多日的回报服从正态分布。实际上，连续多日的回报并不服从同一个分布（其中一个原因是，波动率并不为常数。我们会在本章的后面讨论这个问题）。因此，较长观察期内的回报以及每日回报的分布都会呈现肥大的尾部。业界事例 10-2 指出，如果你早在 1985 年做了这一分析，你将如何赚大钱。

业界事例 10-2　如何从外汇期权中盈利

布莱克、斯科尔斯和默顿在他们的期权定价模型中假设标的资产的价格在将来服从对数正态分布。这一假设和资产的价格变化在短期（如 1 天内）服从正态分布的假设是一致的。假如大多数市场参与者接受这一假设，而你刚刚做了表 10-1 中的分析，从而已获知对数正态分布并不是一个好的关于汇率的假设，那么你应该做什么才能从这些结论中来盈利呢？

答案是你应该买入不同币种的深度虚值（deep-out-of-the-money）看涨及看跌期权，接下来就是等待。这些期权相对来讲比较便宜并且成为实值期权的概率要比对数正态分布模型预测的高一些，你的期权的平均收益要比期权费用高得多。

20 世纪 80 年代中期，有一些交易员认识到汇率分布中的“肥尾性态”，而其他交易员仍然认为布莱克 - 斯科尔斯 - 默顿模型中的对数正态分布合理。对汇率分布有正确认识的交易员采用了我们描述的策略并且获得了巨大的盈利。到了 80 年代后期，几乎所有人都认识到虚值期权所对应的隐含波动率应该更高，这时套利机会消失了。

图 10-2 比较了一个典型的肥尾分布（例如汇率分布）与一个具有同样期望值及标准差的正态分布。[⊖]肥尾分布比正态分布的峰值要高。在图中我们可以看到这两种分布有 3 处不同，分别是中间部分、尾部以及介于中间及尾部的过渡部分。当从正态分布转移到肥尾分布时，概率密度图形的腰部向中央及两尾部移动。我们在考虑市场变量的百分比变化时，肥尾分布所对应的极大及极小变化事件的数量要比在正态分布中相应的数量多，而相应过渡部分事件数量会少。

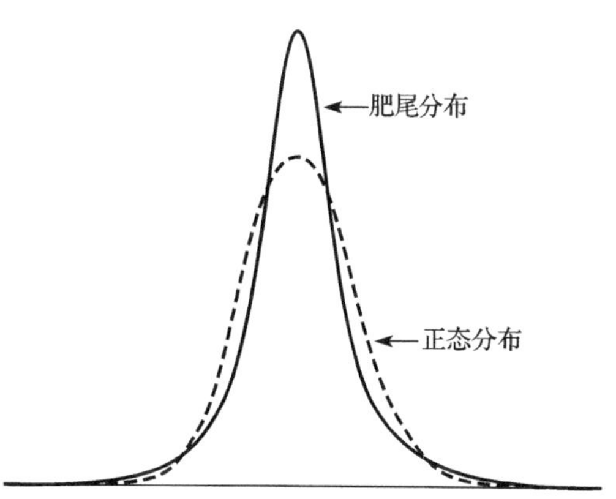

图 10-2　正态分布与某肥尾分布的比较

注：这里的两个分布具有同样的期望值及标准方差。

⊖ **峰度**（kurtosis）度量分布尾部的大小。**肥尾**（leptokurtic）分布比正态分布的尾部要肥大，**轻尾**（platykurtic）分布比正态分布的尾部要瘦小，**同尾**（mesokurtic）分布同正态分布的尾部大小相等。

10.4 幂律

幂律（power law）提供了正态分布假设外的另一种方法。幂律指出，实践中的许多变量的值，例如 v，当 x 很大时，以下的关系式近似成立

$$\text{Prob}(v > x) = Kx^{-\alpha} \tag{10-1}$$

其中 K 及 α 为常数。上式已经被证明在许多情形下近似成立，这里的变量可能是指个人的收入、城市的大小或者网页每日被点击的次数等。

【例 10-4】 假定基于经验，我们知道某个特定的金融变量 $\alpha=3$，并且观察到 $v>10$ 的概率为 0.05，由式（10-1）得出

$$0.05 = K \times 10^{-3}$$

因此 $K=50$。我们可以估计 $v>20$ 的概率为

$$50 \times 20^{-3} = 0.006\,25$$

$v>30$ 的概率为

$$50 \times 30^{-3} = 0.001\,9$$

等等。

由式（10-1），我们可以得出

$$\ln[\text{Prob}(v > x)] = \ln K - \alpha \ln x$$

我们因此可以画出 $\ln[\text{Prob}(v>x)]$ 与 $\ln x$ 的关系曲线来快速检验等式的正确性。为了将这一过程应用于表 10-1 中的数据，我们将 v 定义为汇率在一天内变化的标准差数量。

$\ln x$ 和 $\ln[\text{Prob}(v>x)]$ 的价值在表 10-2 中进行了计算，图 10-3 显示了表 10-2 的数据。当 $x \geqslant 2$ 时，汇率变化大于 x 个标准差的概率的对数近似和 $\ln x$ 呈线性关系，这说明了幂律的正确性。当 $x=3$，4，5，6 时，利用回归得出最佳匹配曲线为

$$\ln[\text{Prob}(v > x)] = -0.735 - 3.291\ln(x)$$

表 10-2 由表 10-1 所得出的数值

x	$\ln(x)$	$\text{Prob}(v>x)$	$\ln[\text{Prob}(v>x)]$
1	0.000	0.233 2	−1.456 0
2	0.693	0.046 7	−3.063 4
3	1.099	0.013 0	−4.342 1
4	1.386	0.004 9	−5.316 8
5	1.609	0.002 4	−6.018 2
6	1.792	0.001 3	−6.632 5

参数 K 和参数 α 的估计为：$K=e^{-0.735}=0.479$，以及 $\alpha=3.291$。一个大于 4.5 倍标准差的增量的概率为

$$0.479 \times 4.5^{-3.291} = 0.003\,40$$

变化大于 7 倍标准差的概率为

$$0.479 \times 7^{-3.291} = 0.000\,794$$

在第 13 章讨论极值理论时，我们将会较为正规地讨论幂律以及给出更好的参数估计方式。在第 23 章中，我们将讨论如何将幂律用于对操作风险进行检测。

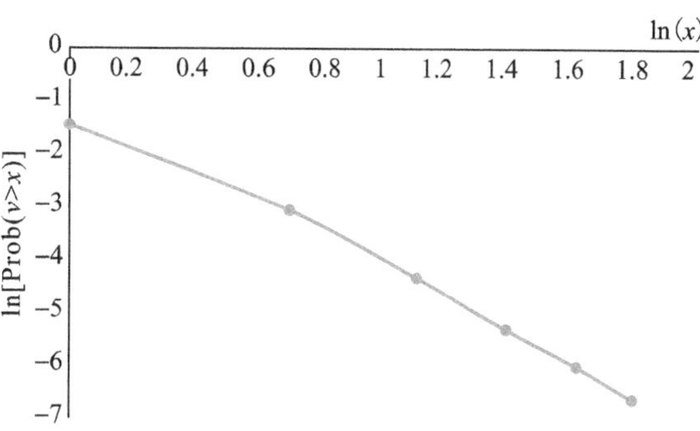

图 10-3 汇率变化超过若干标准差的概率的 log-log 图

注：其中 v 是以标准差为度量的汇率变化量。

10.5 监测日波动率

定义 σ_n 为第 $n-1$ 天结束时所估计的市场变量在第 n 天的波动率，相应的方差为 σ_n^2。假定市场变量在 i 天天末的价格为 S_i。定义 u_i 为第 i 天连续复利收益率（第 $i-1$ 天天末至第 i 天天末的收益），于是有

$$u_i = \ln \frac{S_i}{S_{i-1}}$$

一种估计 σ_n 的方法是令其等于 u_i 的标准差，利用 u_i 最近 m 天的观察数据和标准差的一般公式，我们得出

$$\sigma_n^2 = \frac{1}{m-1} \sum_{i=1}^{m} (u_{n-i} - \bar{u})^2 \tag{10-2}$$

其中 $\bar{u}$ 为 u_i 的平均值

$$\bar{u} = \frac{1}{m} \sum_{i=1}^{m} u_{n-i}$$

【例 10-5】 表 10-3 显示了股票价格的一个可能的序列。假设我们希望根据前 20 天对 u_i 的观察数据估计第 21 天的波动率，即 $n=21$，$m=20$。在本例中 $\bar{u}=0.000\,74$，根据式（10-2）计算得出的日回报的标准差的估计值为 1.49%。

表 10-3 用来计算波动率的数据

天数	股票收盘价（美元）	价格比 S_i/S_{i-1}	日回报 $u_i=\ln(S_i/S_{i-1})$
0	20.00		
1	20.10	1.005 00	0.004 99
2	19.90	0.990 05	-0.010 00
3	20.00	1.005 03	0.005 01
4	20.50	1.025 00	0.024 69
5	20.25	0.987 80	-0.012 27
6	20.90	1.032 10	0.031 59
7	20.90	1.000 00	0.000 00
8	20.90	1.000 00	0.000 00
9	20.60	0.985 65	-0.014 46
10	20.50	0.995 15	-0.004 87
11	21.00	1.024 39	0.024 10

（续）

天数	股票收盘价（美元）	价格比S_i/S_{i-1}	日回报 $u_i=\ln(S_i/S_{i-1})$
12	21.10	1.004 76	0.004 75
13	20.70	0.981 04	-0.019 14
14	20.50	0.990 34	-0.009 71
15	20.70	1.009 76	0.009 71
16	20.90	1.009 66	0.009 62
17	20.40	0.976 08	-0.024 21
18	20.50	1.004 90	0.004 89
19	20.60	1.004 88	0.004 87
20	20.30	0.985 44	-0.014 67

式（10-2）的以下几种变形常常被用于风险管理过程之中。

（1）如第10.1节中介绍的，u_i 被定义为市场变量在第 $i-1$ 天天末与第 i 天天末的价格百分比变化

$$u_i=\frac{S_i-S_{i-1}}{S_{i-1}} \tag{10-3}$$

这种计算方式与前面计算 u_i 的方式差别不大。

（2）$\bar{u}$ 被假设为0：这种假设的前提是因为每一天市场变化期望值远远小于市场变化的标准差。[⊖]

（3）$m-1$ 被 m 代替：这种做法将我们的波动率从无偏差估计转换为最大似然估计（见第10.9节）。

以上三个变形会使得方差公式简化为

$$\sigma_n^2=\frac{1}{m}\sum_{i=1}^{m}u_{n-i}^2 \tag{10-4}$$

其中 u_i 由式（10-3）给出。

【例10-6】 再次考虑例10-5，当 $n=21$，$m=20$ 时

$$\sum_{i=1}^{m}u_{n-i}^2=0.004\ 24$$

于是由式（10-4）

$$\sigma_n^2=0.004\ 24/20=0.000\ 214$$

$\sigma_n=0.014\ 618$ 或1.46%。与例10-5相比变化很小。

加权方法

式（10-4）为 u_{n-1}^2，u_{n-2}^2，…，u_{n-m}^2所有项赋予了相等的权重。我们的目标是估计第 n 天

⊖ 即使在我们所观察的 m 天中，变量值增大或减小的速度非常快，这一假设也基本上是成立的。

的波动率 σ_n 水平，因此赋予较新的数据更高的权重就具有合理性。一种这样做的模型为

$$\sigma_n^2 = \sum_{i=1}^{m} \alpha_i u_{n-i}^2 \tag{10-5}$$

变量 α_i 为 i 天前的观察值所对应的权重，所有的 α 均为正。如果我们在对 α 赋值时保证在 $i>j$ 时 $\alpha_i<\alpha_j$，数据越久，所获得的权重就会越低。所有权重之和必须为1，即

$$\sum_{i=1}^{m} \alpha_i = 1$$

对于式（10-5）的理念，我们还可以做进一步扩展。假设存在某一长期平均方差，我们在考虑分配权重时，也应该将此均值考虑在内。这种扩展对应于以下模型

$$\sigma_n^2 = \gamma V_L + \sum_{i=1}^{m} \alpha_i u_{n-i}^2 \tag{10-6}$$

其中 V_L 为长期方差，γ 为 V_L 所对应的权重，权重之和仍为1，我们有

$$\gamma + \sum_{i=1}^{m} \alpha_i = 1$$

此模型被称为ARCH(m）模型。这一模型最先由恩格尔（Engle）提出。[⊖]在这一模型中，方差的估计值与长期平均方差以及 m 个观察值有关，观察数据越陈旧，所对应的权重越小。令 $\omega=\gamma V_L$，我们可以将式（10-6）写为

$$\sigma_n^2 = \omega + \sum_{i=1}^{m} \alpha_i u_{n-i}^2 \tag{10-7}$$

在接下来的两节中，我们将讨论两种测算波动率的重要方法，这两种方法均采用了式（10-5）及式（10-6）中的理念。

10.6 指数加权移动平均模型

指数加权移动平均模型（EWMA）是式（10-5）的一个特殊形式，其权重 α_i 随着回望时间的加长而按指数速度递减。这一模型的特殊形式为 $\alpha_{i+1}=\lambda\alpha_i$，其中 λ 是介于0与1之间的某一常数。在以上特殊假设下，更新波动率的公式变得非常简洁

$$\sigma_n^2 = \lambda\sigma_{n-1}^2 + (1-\lambda)u_{n-1}^2 \tag{10-8}$$

第 n 天波动率 σ_n（在第 $n-1$ 天天末估算）由第 $n-1$ 天波动率 σ_{n-1}（在第 $n-2$ 天天末估算）及最近一天价格变化率 u_{n-1}的数据来决定。

为了说明式（10-8）的权重以指数速度下降，我们将式（10-8）所算出的 σ_{n-1}^2 代回式（10-8）之中

$$\sigma_n^2 = \lambda[\lambda\sigma_{n-2}^2 + (1-\lambda)u_{n-2}^2] + (1-\lambda)u_{n-1}^2$$

即

$$\sigma_n^2 = (1-\lambda)(u_{n-1}^2 + \lambda u_{n-2}^2) + \lambda^2\sigma_{n-2}^2$$

代入 σ_{n-2}^2项，我们进一步得出

⊖ See R. F. Engle, "Autoregressive Conditional Heteroscedasticity with Estimates of the Variance of U. K. Inflation," *Econometrica* 50(1982): 987-1008. 罗伯特·恩格尔因对ARCH模型的贡献而获得2003年诺贝尔经济学奖。

$$\sigma_n^2 = (1-\lambda)(u_{n-1}^2 + \lambda u_{n-2}^2 + \lambda^2 u_{n-3}^2) + \lambda^3 \sigma_{n-3}^2$$

依此类推，我们得出

$$\sigma_n^2 = (1-\lambda)\sum_{i=1}^{m} \lambda^{i-1} u_{n-i}^2 + \lambda^m \sigma_{n-m}^2$$

当 m 很大时，$\lambda^m \sigma_{n-m}^2$ 小到可以忽略，所以当 $\alpha_i = (1-\lambda)\lambda^{i-1}$ 时，式（10-8）与式（10-5）等价。对应于 u 的权重以 λ 速度递减，每一项的权重是前一项权重与 λ 的乘积。

【例 10-7】 假如 λ 为 0.90，对应于第 $n-1$ 天由市场变量所估测的波动率为每天 1%。在第 $n-1$ 天，市场变量增加了 2%，这意味着 $\sigma_{n-1}^2 = 0.01^2 = 0.000\,1$ 以及 $u_{n-1}^2 = 0.02^2 = 0.000\,4$，由式（10-8），我们得出

$$\sigma_n^2 = 0.9 \times 0.000\,1 + 0.1 \times 0.000\,4 = 0.000\,13$$

因此，第 n 天波动率 σ_n 的估计为 $\sqrt{0.000\,13}$，即每天 1.14%。注意 u_{n-1}^2 的期望值为 σ_{n-1}^2，也就是 0.000 1，这一例子中，u_{n-1}^2 所对应的实际值比期望值要大，因此我们对于波动率的估计会增大。当 u_{n-1}^2 的实际数值小于期望值时，我们对于波动率的估计值会减小。

EWMA 方法的一个非常好的特性是该方法需要的数据相对较少。对于任一时刻，我们只需要记忆对当前方差的估计以及市场变量的最新观察值。当我们得到市场变量的最新观察值后，我们可以计算每天价格变化的比例，进而采用式（10-8）更新我们对方差的估计，这时更早的方差估计以及更早的市场变量数据可以被舍弃。

EWMA 方法的出发点是对波动率进行跟踪监测。假定市场在 $n-1$ 天有一个较大的变化，那么 u_{n-1}^2 也较大，由式（10-8）可以看出，这时对当前波动率的估计会增加。数值 λ 决定了当前估算出的日波动率估计对于最新市场变量日百分比变化的灵敏度。在计算 σ_n 时，对 u_{n-1}^2 项，一个较低的 λ 会对应一个较大的权重。在这种情形下，对接下去几天的波动率的估计本身就会有很大波动，而当 λ 较大时（接近于 1），估算出的波动率对于新的日百分比变化率信息的反应会较为迟钝。

由摩根大通建立并在 1994 年发布的 RiskMetrics 数据库中，采用 $\lambda = 0.94$ 来更新每天波动率估计。摩根大通发现对许多市场变量，这一选定的 λ 值生成的方差预测与实际方差非常接近。[㊀] 2006 年以后，RiskMetrics 更换了模型，转而采用一个**长记忆模型**（long memory model）。相比 EWMA 模型，在新模型中随 i 的增大，赋予 u_{n-1}^2 项的权重衰减得要慢。

10.7 GARCH(1, 1) 模型

我们现在讨论由 Bollerslev 在 1986 年提出的 GARCH(1, 1) 模型。[㊁] GARCH(1, 1) 模型与 EWMA 模型的不同类似于式（10-5）与式（10-6）的不同。在 GARCH(1, 1) 中，σ_n^2 是由

㊀ See JPMorgan, *RiskMetrics Monitor*, Fourth Quarter, 1995. 在这一章中我们采用另一种方法（最大似然估计）来估计参数，某一天实际的方差是对连续 25 天 u_i^2 的数据实施等权重平均计算得出的（见作业题 10.20）。

㊁ See T. Bollerslev, "Generalized Autoregressive Conditional Heteroscedasticity," *Journal of Econometrics* 31(1986): 307-327.

长期平均方差 V_L、u_{n-1} 及 σ_{n-1} 计算得出的，GARCH(1，1) 表达式为

$$\sigma_n^2 = \gamma V_L + \alpha u_{n-1}^2 + \beta\sigma_{n-1}^2 \tag{10-9}$$

其中 γ 为对应于 V_L 的权重，α 为对应于 u_{n-1}^2 的权重，β 为对应于 σ_{n-1}^2 的权重，因为权重之和为 1，我们有

$$\gamma + \alpha + \beta = 1$$

EWMA 模型是 GARCH(1，1) 模型对应于 $\gamma=0$、$\alpha=1-\lambda$ 及 $\beta=\lambda$ 的特例。

GARCH(1，1) 模型中的 "(1，1)" 代表 σ_n^2 是基于最近的 u^2 的观察值以及最新的方差的估计而得到的。在广义的模型 GARCH(p，q) 中的 σ_n^2 是从最近 p 个 u^2 的观察值及 q 个最新的有关方差的估计而计算得到的。[⊖]到目前为止，GARCH(1，1) 是最流行的一种 GARCH 模型。

令 $\omega=\gamma V_L$，我们可以将 GARCH(1，1) 模型写成

$$\sigma_n^2 = \omega + \alpha u_{n-1}^2 + \beta\sigma_{n-1}^2 \tag{10-10}$$

这种模型的表达形式是为了估计参数。当 ω、α 及 β 被估算出后，我们可由 $\gamma=1-\alpha-\beta$ 来计算 γ，长期方差 $V_L=\omega/\gamma$。为了保证 GARCH(1，1) 模型的稳定，我们要求 $\alpha+\beta<1$，否则对应于长期方差的权重会为负值。

【例 10-8】 假设某一个由每天观测数据估算出的 GARCH(1，1) 模型为

$$\sigma_n^2 = 0.000\,002 + 0.13u_{n-1}^2 + 0.86\sigma_{n-1}^2$$

这对应于 $\alpha=0.13$、$\beta=0.86$ 以及 $\omega=0.000\,002$。$\gamma=1-\alpha-\beta=0.01$，$\omega=\gamma V_L$，得出 $V_L=0.000\,2$。换句话讲，由模型隐含出的长期平均日方差平均为 0.000 2，对应的波动率为 $\sqrt{0.000\,2}=0.014$，即每天 1.4%。

假设对应于 $n-1$ 天的日波动率估算值为 1.6%，因此 $\sigma_{n-1}^2=0.016^2=0.000\,256$，又假设 $n-1$ 天市场价格降低 1%，即 $u_{n-1}^2=0.01^2=0.000\,1$，因此

$$\sigma_n^2 = 0.000\,002 + 0.13\times0.000\,1 + 0.86\times0.000\,256 = 0.000\,235\,16$$

对于波动率的最新估计为 $\sqrt{0.000\,235\,16}=0.015\,3$，即每天 1.53%。

权重

对式 (10-10) 中的 σ_{n-1}^2 进行替换，我们可得

$$\sigma_n^2 = \omega + \alpha u_{n-1}^2 + \beta(\omega + \alpha u_{n-2}^2 + \beta\sigma_{n-2}^2)$$

即

$$\sigma_n^2 = \omega + \beta\omega + \alpha u_{n-1}^2 + \alpha\beta u_{n-2}^2 + \beta^2\sigma_{n-2}^2$$

⊖ 有人已经提出反映公司非对称信息的 GARCH 模型，在这些模型设计中，σ_n 与 u_{n-1} 的符号有关。在某种意义上，这些模型比 GARCH(1，1) 更适合股票，这是因为股票的波动率常常与价格有反向关系，因此一个符号为负的 u_{n-1} 比一个符号为正的 u_{n-1} 对于 σ_n 的影响更大。关于处理非对称信息的模型，读者可参考 D. Nelson，"Conditional Heteroscedasticity and Asset Returns：A New Approach," *Econometrica* 59(1990)：347-370 and R. F. Engle and V. Ng，"Measuring and Testing the Impact ofNews on Volatility," *Journal of Finance* 48 (1993)：1749-1778。

替换 σ_{n-2}^2，我们得到

$$\sigma_n^2 = \omega + \beta\omega + \beta^2\omega + \alpha u_{n-1}^2 + \alpha\beta u_{n-2}^2 + \alpha\beta^2 u_{n-3}^2 + \beta^3\sigma_{n-3}^2$$

以这种形式继续下去，我们可以看到对应于 u_{n-i}^2 的权重为 $\alpha\beta^{i-1}$，权重以 β 指数速度下降，参数 β 可被解释为衰减速度（decay rate），这与 EWMA 中的 λ 系数近似。在决定最新方差时，此系数决定了不同 u_i 的重要性。例如，如果 $\beta=0.9$，说明 u_{n-2}^2 的重要性只是 u_{n-1}^2 的重要性的 90%，u_{n-3}^2 的重要性只是 u_{n-1}^2 的重要性的 81%，依此类推。GARCH(1，1) 与 EWMA 模型类似，其不同之处是在对过去的 u^2 赋予指数衰减权重的同时，对于长期平均波动率也赋予了某种权重。

10.8 模型选择

在实践中，方差值常常会被拉回到长期平均值水平，这种现象被称为**均值回归**（mean reversion），我们曾在第 7.5 节中讨论过。GARCH(1，1) 模型有均值回归的特性，而 EWMA 没有均值回归特性，从理论上讲，GARCH(1，1) 比 EWMA 有更好的特性。

在下一节中，我们将讨论如何估计 GARCH(1，1) 中 ω、α、β 等的最佳匹配参数。当参数 ω 为 0 时，GARCH(1，1) 退化为 EWMA，在某些场合，最佳匹配参数 ω 为负，这时对应的 GARCH(1，1) 模型不稳定，此时采用 EWMA 模型更为合理。

10.9 最大似然估计法

现在是个很好的时机讨论如何应用历史数据来估计我们以上讨论模型的参数，将要讨论的方法被称为**最大似然法**（maximum likelihood method）。在参数估算过程中，这一方法会涉及选择合适的参数以使得产生所观测到的数据的概率达到最大。

为了解释这个方法，我们引用一个简单的例子，随机地抽取某一天 10 只股票的价格，我们发现其中一只股票的价格在这一天下降了，而其他 9 只股票的价格或有所增加或至少没有下跌，这里我们要问，当天一只股票价格下降的概率最好估计为多少？答案是 0.1，让我们看一下这一结果是否就是最大似然估计所给出的结果。

将任意股票价格下降的概率计为 p，对应只有一只股票价格下降，而其他股票价格不下降的概率为 $p(1-p)^9$（p 对应于一只股票的概率，而其他 9 只股票中任意一只股票不下降的概率为 $1-p$），应用最大似然估计法，最好的估计值 $p=\hat{p}$ ⊖ 是会使得 $p(1-p)^9$ 取得最大值。将以上表达式对 p 求导，并令导数为 0，我们得出 $\hat{p}=0.1$ 时会使得表达式取得最大值，这说明最大似然估计值正如期望的那样为 0.1。

10.9.1 估计常数方差

在下一个有关最大似然估计法的例子中，我们考虑如何由服从正态分布，并且期望值为 0 的变量 X 的 m 个观察值来估计这一变量的方差。我们假定观察值为 u_1，u_2，…，u_m，其对应的

⊖ 这里的 $\hat{p}$ 代表估计值，原书采用的符号为 p。——译者注

期望值为 0，将方差记为 v。观察值出现在 $X=u_i$ 的概率等于 X 的概率密度函数在 u_i 的取值，即

$$\frac{1}{\sqrt{2\pi v}}\exp\left(\frac{-u_i^2}{2v}\right)$$

m 个观察值正好为 u_1，u_2，…，u_m 的概率为

$$\prod_{i=1}^{m}\left[\frac{1}{\sqrt{2\pi v}}\exp\left(\frac{-u_i^2}{2v}\right)\right] \tag{10-11}$$

应用最大似然法，v 的最好估计使得以上表达式达到最大值。

以上表达式的最大化与其对应的对数最大化等价，对式（10-11）取对数并且忽略常数项，我们得出将被最大化的目标函数为

$$\sum_{i=1}^{m}\left[-\ln(v)-\frac{u_i^2}{v}\right] \tag{10-12}$$

或

$$-m\ln(v)-\sum_{i=1}^{m}\frac{u_i^2}{v}$$

将以上表达式对 v 求导，并令导数为 0，我们可以看到 v 的最大似然估计量为

$$\frac{1}{m}\sum_{i=1}^{m}u_i^2$$

最大似然估计正是式（10-4）的估计式，而获得无偏差估计值只需要将 m 替换为 $m-1$。

10.9.2 估计 GARCH(1，1) 或 EWMA 模型中的参数

我们现在考虑如何用最大似然法来估计 EWMA、GARCH(1，1) 或其他波动率的方法中的参数。定义 $v_i=\sigma_i^2$ 为第 i 天的方差的估计。假设在方差给定的条件下，u_i 的条件概率分布为正态分布。与上一节类似，我们得出最佳匹配参数应使得以下表达式最大化

$$\prod_{i=1}^{m}\left[\frac{1}{\sqrt{2\pi v_i}}\exp\left(\frac{-u_i^2}{2v_i}\right)\right]$$

对这一表达式取对数，得出以上表达式最大化与以下表达式最大化等价

$$\sum_{i=1}^{m}\left[-\ln(v_i)-\frac{u_i^2}{v_i}\right] \tag{10-13}$$

除了 v 被代替为 v_i，这一表达式与式（10-12）相同，我们可以采用迭代法来求取使得以上表达式达到最大化的解。在模型中迭代地寻找能最大化表达式（10-13）的参数很有必要。

表 10-4 中所示的计算表显示出 GARCH(1，1) 模型中的参数估算过程，这一表格采用了 2005 年 7 月 18 日 ~2010 年 8 月 13 日标准普尔 500 指数的数据。[⊖]

表中报告的数字是对 GARCH(1，1) 模型中 3 个参数 ω、α 及 β 的估计，表中第 1 列对应于日期，第 2 列对应天数，第 3 列显示了在第 i 天结束时的标准普尔 500 指数价格 S_i，第 4 列显示了由第 $i-1$ 天结束时至第 i 天结束时价格的百分比变化，即 $u_i=(S_i-S_{i-1})/S_{i-1}$，第 5 列是对在第

⊖ 数据和计算过程可以在以下网站上找到：www-2. rotman. utoronto. ca/ ~ hull/riskman。

$i-1$ 天天末所做的第 i 天的方差的估计，$v_i=\sigma_i^2$。对于第 3 天，我们将方差设为 u_2^2。在接下去的每一天，我们采用式（10-10）来估计方差，第 6 列显示了可能性测度 $-\ln(v_i)-u_i^2/v_i$。第 5 列及第 6 列中的值是基于参数 ω、α 及 β 的当前值计算得出的。我们的目标是如何选取 ω、α 及 β 以使得第 6 列的和达到最大值，这一过程涉及迭代搜索。[⊖]

表 10-4 使用 2005 年 7 月 18 日 ~2010 年 8 月 13 日标准普尔 500 指数数据估计 GARCH(1，1) 模型中的参数

日期	第 i 天	S_i	u_i	$v_i=\sigma_i^2$	$-\ln(v_i)-u_i^2/v_i$
2005 年 7 月 18 日	1	1 221.13			
2005 年 7 月 19 日	2	1 229.35	0.006 731		
2005 年 7 月 20 日	3	1 235.20	0.004 759	0.000 045 31	9.502 2
2005 年 7 月 21 日	4	1 227.04	−0.006 606	0.000 044 47	9.039 3
2005 年 7 月 22 日	5	1 233.68	0.005 411	0.000 045 46	9.354 5
2005 年 7 月 25 日	6	1 229.03	−0.003 769	0.000 045 17	9.690 6
⋮	⋮	⋮	⋮	⋮	⋮
2010 年 8 月 11 日	1 277	1 089.47	−0.028 179	0.000 118 34	2.332 2
2010 年 8 月 12 日	1 278	1 083.61	−0.005 379	0.000 175 27	8.484 1
2010 年 8 月 13 日	1 279	1 079.25	−0.004 024	0.000 163 27	8.620 9
					10 228.234 9
GARCH(1，1) 模型中的参数估计值					
ω	α	β			
0.000 001 347	0.083 39	0.910 1			

在我们的例子中，参数对应的最佳解为

$$\omega=0.000\,001\,346\,5,\quad \alpha=0.083\,394,\quad \beta=0.910\,116$$

式（10-13）的最大值为 10 228.234 9（在表 10-4 中所显示的数字对应于参数 ω、α 及 β 的最终迭代解）。

在我们的例子中，长期方差 V_L 为

$$\frac{\omega}{1-\alpha-\beta}=\frac{0.000\,001\,346\,5}{0.006\,490}=0.000\,207\,5$$

长期波动率为 $\sqrt{0.000\,207\,5}$，也就是每天 1.440 4%。

图 10-4 标准普尔 500 指数，2005 年 7 月 18 日 ~ 2010 年 8 月 13 日

图 10-4 和图 10-5 显示了该数据涵盖的 5 年期内的标准普尔 500 指数以及由 GARCH(1，1) 所计算的波动性。在大多数时间，每天的波动率小于 2%，但在金融危机期间，某些天的波动率超过了 5%（同期 VIX 指数也显示了较高的波动率，参见图 10-1）。

估计 GARCH(1，1) 参数的另外一种更稳健的方法是所谓的**方差目标法**

⊖ 就像在后面会讨论的那样，微软软件 Excel 中的广义求解算法 Solver 可以用来对问题求解。

(variance targeting)。[1]这种方法将长期平均方差 V_L 设定为由数据计算出的抽样方差（或其他合理的估计）。因为 ω 的值等于 $V_L(1-\alpha-\beta)$，所以模型只需要估测两个参数。表 10-4 的数据所对应的抽样方差为 0.000 241 2，每天的波动率为 1.553 1%。令 V_L 等于抽样方差，我们可以找出使得目标函数式（10-13）达到最大化的 α 及 β，分别为 0.084 45 和 0.910 1，相应的目标函数取值为 10 228.194 1，这一数字只是稍稍低于前面计算的极值数据10 228.234 9。

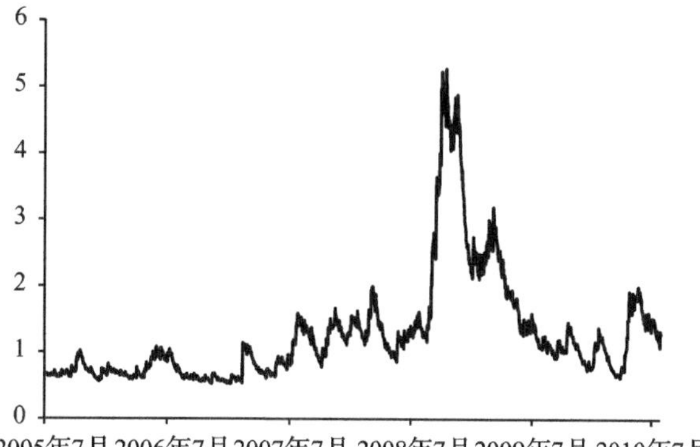

图 10-5 标准普尔 500 指数的 GARCH(1, 1) 日波动率，2005 年 7 月 18 日～2010 年 8 月 13 日

EWMA 模型的参数估计过程就相对简单一些，令 $\omega=0$、$\alpha=1-\lambda$ 及 $\beta=\lambda$，我们只需要估计一个参数 λ，应用表 10-4 中的数据，使得目标函数式（10-13）取得最大值的 λ 为 0.937 4，对应的目标函数取值为 10 192.510 4。

GARCH(1, 1) 及 EWMA 模型方法均可以通过 Excel 软件中的 Solver 程序实现，应用Solver，我们可以寻求使得似然函数达到最大的数值解。当计算表格中所寻求的数值解大体在同一水平时，Solver 程序的表现令人满意。例如，在 GARCH(1, 1) 模型中，我们可以将计算表中的单元格 A1、A2、A3 与数据 $\omega\times10^5$、10α 及 β 相对应。然后我们可以使得单元格 B1 = A1/100 000、B2 = A2/10 以及 B3 = A3，我们用 B1、B2、B3 进行计算，但是让 Solver 求解 A1、A2、A3 的数值以使得似然函数达到最大。偶尔，Solver 可能会给出一个局部最优解，因此，有必要多试几个不同的初始值。

10.9.3 模型表现如何

GARCH 模型假设波动率的变化与时间有关。在某一阶段波动率较高，而在其他阶段波动率较低。换句话说，当 u_i^2 较高时，u_{i+1}^2，u_{i+2}^2，…也会较高；当 u_i^2 较低时，u_{i+1}^2，u_{i+2}^2，…也会较低，我们可以通过计算 u_i^2 的自相关系数来检验这些结论的正确性。

假定 u_i^2 确实有自相关性，如果 GARCH 模型有效，那么自相关性就会被剔除。我们通过计算变量 u_i^2/σ_i^2 的自相关系数来验证这一结论，如果计算出的结果显示自相关性非常小，那么我们就可以得出结论：有关 σ_i 的模型确实解释了 u_i^2 中的自相关性。

表 10-5 显示的结果是基于以上的标准普尔 500 指数数据。第 1 列显示了计算自相关系数所用的时滞（time lag），第 2 列对应于 u_i^2 自相关系数，第 3 列展示了 u_i^2/σ_i^2 的自相关系数。[2]表中结果显示出对应于 1 与 15 之间的所有时滞，u_i^2 的自相关系数为正，而对于 u_i^2/σ_i^2，有些自相关系数为正，有些为负，这些相关系数的幅度比最初 u_i^2 的相关系数要小。

---

[1] See R. Engle and J. Mezrich, "GARCH for Groups," *Risk* (August 1996): 36-40.

[2] 数列 x_i 对应于时滞 k 的自相关系数等于 x_i 与 x_{i+k}的相关系数。

看来 GARCH 模型对于解释数据确实做了很好的工作。如果想做一个更科学的检验，我们可以采用所谓的 Ljung-Box 统计方法。[⊖]当一个数列中有 m 个观察值时，Ljung-Box 统计量定义为

$$m\sum_{k=1}^{K} w_k c_k^2$$

其中 c_k 对应于时滞为 k 的自相关系数，K 为所考虑的所有时滞，再有

$$w_k = \frac{m+2}{m-k}$$

对应于 $K=15$，当 Ljung-Box 统计量大于 25 时，我们可以有 95% 的把握拒绝自相关系数为 0 这一假设。

基于表 10-5 中数据，u_i^2 序列的 Ljung-Box 统计量为 1 566，这说明自相关性确实存在。关于数列 u_i^2/σ_i^2，Ljung-Box 统计量为 21.7，这说明 GARCH 模型确实基本上剔除了数据中的自相关性。

表 10-5 在采用 GARCH 模型之前以及之后的自相关系数

时滞	u_i^2 的自相关系数	u_i^2/σ_i^2 的自相关系数
1	0.183	-0.063
2	0.385	-0.004
3	0.160	-0.007
4	0.301	0.022
5	0.339	0.014
6	0.308	-0.011
7	0.329	0.026
8	0.207	0.038
9	0.324	0.041
10	0.269	0.083
11	0.431	-0.007
12	0.286	0.006
13	0.224	0.001
14	0.121	0.017
15	0.222	-0.031

10.10 采用 GARCH(1，1) 模型来预测波动率

采用 GARCH(1，1) 模型，在 $n-1$ 天结束时所估算的第 n 天的方差为

$$\sigma_n^2 = (1-\alpha-\beta)V_L + \alpha u_{n-1}^2 + \beta\sigma_{n-1}^2$$

因此

$$\sigma_n^2 - V_L = \alpha(u_{n-1}^2 - V_L) + \beta(\sigma_{n-1}^2 - V_L)$$

在将来第 $n+t$ 天，我们有

$$\sigma_{n+t}^2 - V_L = \alpha(u_{n+t-1}^2 - V_L) + \beta(\sigma_{n+t-1}^2 - V_L)$$

u_{n+t-1}^2 的期望值为 σ_{n+t-1}^2，因此

$$E[\sigma_{n+t}^2 - V_L] = (\alpha+\beta)E[\sigma_{n+t-1}^2 - V_L]$$

其中 E 表示期望值。连续应用该式，我们得出

$$E[\sigma_{n+t}^2 - V_L] = (\alpha+\beta)^t(\sigma_n^2 - V_L)$$

或者

$$E[\sigma_{n+t}^2] = V_L + (\alpha+\beta)^t(\sigma_n^2 - V_L) \tag{10-14}$$

上式采用了在 $n-1$ 天结束时的所有数据来预测第 $n+t$ 天的波动率。在 EWMA 模型中，$\alpha+\beta=1$。式（10-14）说明，将来方差的期望值与当前方差相等。当 $\alpha+\beta<1$ 时，式中最后一项随时间增加而逐渐减小。图 10-6 显示出当前方差与 V_L 不同时，预期方差的将来路径。如上

⊖ See G. M. Ljung and G. E. P. Box, "On a Measure of Lack of Fit in Time Series Models," *Biometrica* 65(1978): 297-303.

所述，方差具备均值回归的性质，均值回归水平为 V_L，回归速度为 $1-\alpha-\beta$。我们对将来方差的预测，会随着展望时间的延长逐渐趋向于 V_L，这一分析强调了为保证 GARCH(1，1) 模型的稳定，我们必须有 $\alpha+\beta<1$ 这一条件。当 $\alpha+\beta>1$ 时，对应于长期平均方差的权重为负，这时方差不具备均值回归特性，事实上，此时的模型具备均值逃离（mean fleeing）特性。

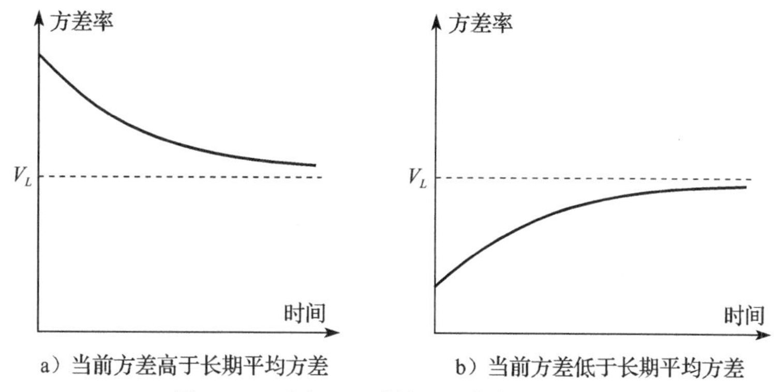

a）当前方差高于长期平均方差　　b）当前方差低于长期平均方差

图 10-6　对应于两种情形预期方差的曲线

在前面考虑的标准普尔 500 指数数据中，$\alpha+\beta=0.9935$，$V_L=0.0002075$。假定我们对于当前方差的估计为每天 0.000 3（这对应于日波动率为 1.732%），10 天之后的方差期望值为

$$0.0002075+0.9935^{10}\times(0.0003-0.0002075)=0.0002942$$

预期波动率为每天 $\sqrt{0.0002942}=1.72\%$，这一数值仍然高于长期日波动率（1.44%），但是 500 天后的预期方差为

$$0.0002075+0.9935^{500}\times(0.0003-0.0002075)=0.0002110$$

预期波动率为每天 1.45%，这同长期波动率已经非常接近。

10.10.1 波动率期限结构

假定今天为第 n 天，定义

$$V(t)=E(\sigma_{n+t}^2) \text{ 及 } a=\ln\frac{1}{\alpha+\beta}$$

式（10-14）变为

$$V(t)=V_L+\mathrm{e}^{-at}[V(0)-V_L]$$

这里的 $V(t)$ 是对今后第 t 天的即时方差（instantaneous variance）的估计，介于今天与时间 T 之间的日方差平均值为

$$\frac{1}{T}\int_0^T V(t)\,\mathrm{d}t=V_L+\frac{1-\mathrm{e}^{-aT}}{aT}[V(0)-V_L]$$

随着期限 T 的增大，以上数值会更接近 V_L。定义 $\sigma(T)$ 为 GARCH(1，1) 模型对于一个期限为 T 天的期权定价时所采用的每年波动率，假定每年有 252 天，$\sigma(T)^2$ 是每天方差的 252 倍，因此

$$\sigma(T)^2=252\left\{V_L+\frac{1-\mathrm{e}^{-aT}}{aT}[V(0)-V_L]\right\} \tag{10-15}$$

期权的波动率和期权期限之间的关系被称作**波动率期限结构**（volatility term structure）。波

动率期限结构通常用隐含波动率来求得，但是式（10-15）提供了另外一种途径，即用GARCH（1，1）来估算。尽管由此所估计的期限结构同隐含波动率的期限结构会有所不同，但这种方法常常被用来预测真正的波动率期限结构如何对波动率的变化做出反应。

在当前波动率高于长期波动率时，GARCH(1，1）模型预测出的波动率期限结构为下降型（downward-sloping)，而在当前波动率低于长期波动率时，GARCH(1，1）预测出的波动率期限结构为上升型（upward-sloping）。对标准普尔500指数的实例，$a=\ln\left(\frac{1}{0.99351}\right)=0.006511$，$V_L=0.0002075$。假定当前的日方差估测为$V(0)=0.0003$，由式（10-15）得出

$$\sigma(T)^2=252\times\left[0.0002075+\frac{1-e^{-0.006511T}}{0.006511T}(0.0003-0.0002075)\right]$$

其中时间T以天计。表10-6显示出对应于不同时间T的每年波动率。

表10-6 由GARCH(1，1）模型预测的标准普尔500指数波动率的期限结构

期权期限（天）	10	30	50	100	500
期权波动率（每年%）	27.36	27.10	26.87	26.35	24.32

10.10.2 波动率变化的作用

式（10-15）可以写为

$$\sigma(T)^2=252\left\{V_L+\frac{1-e^{-aT}}{aT}\left(\frac{\sigma(0)^2}{252}-V_L\right)\right\}$$

当$\sigma(0)$的变化量为$\Delta\sigma(0)$时，相应$\sigma(T)$的变化量约为

$$\frac{1-e^{-aT}}{aT}\frac{\sigma(0)}{\sigma(0)}\Delta\sigma(0) \tag{10-16}$$

表10-7显示了在标准普尔500指数例子中的波动率的变动对于不同期限的期权价格的影响。类似以前的假定，$V(0)=0.0003$，因而$\sigma(0)=\sqrt{252}\times\sqrt{0.0003}=27.50\%$。表中考虑的情形为即时波动率上升100个基点，由27.50%变为28.50%，这意味着$\Delta\sigma(0)=0.01$，即1%。

表10-7 由GARCH(1，1）模型预测的即时波动率增加1%所带来的效应

期权期限（天）	10	30	50	100	500
波动率的增加（%）	0.97	0.92	0.87	0.77	0.33

许多金融机构采用这样的分析来确定其交易户头对于波动率变化的敏感性。在计算vega时，我们不是将所有期限的隐含波动率都增加1%，而是将波动率的变化量与期权期限的长短联系起来。在表10-7中，10天期权的波动率增加量为0.97%，30天期权的波动率增加量为0.92%，50天期权波动率增加量为0.87%，等等。

小结

在风险管理中，日波动率被定义为每天市场变量的百分比变化的标准差。每天的变化的方差为每天波动率的平方。波动率在交易日要远高于在非交易日，因此在波动率计算过程中非交易日可以被忽略。每天的市场变化服从正态分布这一假设很吸引人，但事实并非如此。

大多数市场变量变化比正态分布有更肥的尾部，因此幂律是对我们在日常生活中所遇到的许多分布的尾部的一个更好的描述。幂律常常被用于描述许多市场百分比变化的尾部分布。

本章描述了如何跟踪及更新波动率的方法。我们定义 u_i 为第 $i-1$ 天天末到第 i 天天末市场变量的百分比变化，市场变量的方差（即波动率的平方）为 u_i^2 的加权平均。这里讨论的模型的一个主要特性是对应于不同的 u_i^2，模型赋予不同的权重。数据越新，所对应的权重也越大。在 EWMA 及 GARCH(1, 1) 模型中权重随着回望期长度以指数速度下降。GARCH(1, 1) 与 EWMA 模型的不同之处在于 GARCH(1, 1) 给长期平均方差也赋予了某种权重。EWMA 及 GARCH(1, 1) 模型的构造都保证了我们能够较为容易地预测将来方差的水平。

最大似然法通常被用于估计 GARCH(1, 1) 以及其他基于历史数据来计算波动率的模型中的参数，这些方法采用数值迭代过程来确定参数，使得历史数据得以出现的可能性达到最大。当参数确定之后，我们可以从 u_i^2 中的自相关性是否被有效地剔除这一指标来验证模型的好坏。

我们可以采用 GARCH(1, 1) 模型由历史数据估算期权波动率，这种分析常常被用于计算波动率的扰动对不同期限期权的隐含波动率带来的影响。

延伸阅读

关于波动率产生的起因

Fama, E. F. "The Behavior of Stock Market Prices." *Journal of Business* 38 (January 1965): 34–105.

French, K. R. "Stock Returns and the Weekend Effect." *Journal of Financial Economics* 8 (March 1980): 55–69.

French, K. R., and R. Roll. "Stock Return Variances: The Arrival of Information and the Reaction of Traders." *Journal of Financial Economics* 17 (September 1986): 5–26.

Roll, R. "Orange Juice and Weather." *American Economic Review* 74, no. 5 (December 1984): 861–80.

关于GARCH模型

Bollerslev, T. "Generalized Autoregressive Conditional Heteroscedasticity." *Journal of Econometrics* 31 (1986): 307–327.

Cumby, R., S. Figlewski, and J. Hasbrook. "Forecasting Volatilities and Correlations with EGARCH Models." *Journal of Derivatives* 1, no. 2 (Winter 1993): 51–63.

Engle, R. F. "Autoregressive Conditional Heteroscedasticity with Estimates of the Variance of U.K. Inflation." *Econometrica* 50 (1982): 987–1008.

Engle, R. F., and J. Mezrich. "Grappling with GARCH." *Risk* (September 1995): 112–117.

Engle, R. F., and V. Ng. "Measuring and Testing the Impact of News on Volatility." *Journal of Finance* 48 (1993): 1749–1778.

Nelson, D. "Conditional Heteroscedasticity and Asset Returns; A New Approach." *Econometrica* 59 (1990): 347–370.

Noh, J., R. F. Engle, and A. Kane. "Forecasting Volatility and Option Prices of the S&P 500 Index." *Journal of Derivatives* 2 (1994): 17–30.

练习题

10.1 某资产的波动率是每天2%，该资产3天后的价格百分比变化的标准差是多少？

10.2 某资产的波动率为每年25%，对应一天的资产价格百分比变化的标准差为多少？假定价格变化服从正态分布，均值为0，估测在95%的置信度下价格百分比变化的区间为多少？

10.3 为什么交易员在计算年波动率时采用252天而不是365天？

10.4 什么是隐含波动率？在实践中对应于同一资产的不同期权会有不同的隐含波动率，这一结论的含义是什么？

10.5 假定在过去11天每天交易结束时某汇率数值为0.700 0，0.701 0，0.707 0，0.699 9，0.679 0，0.700 3，0.695 1，0.695 3，0.693 4，0.692 3，0.692 2。请用式（10-2）和式（10-4）估计每天的波动率。

10.6 网站的访问次数服从式（10-1）给出的幂律分布，其中$\alpha=2$。假定有1%的网站每天会受到500或更多次的点击，则在所有的网站中，日点击的次数为：（a）1 000；（b）2 000或更多的网站所占比例为多少？

10.7 请解释如何用指数加权移动平均（EWMA）模型及历史数据来估算波动率。

10.8 采用EWMA及GARCH(1，1)对波动率进行更新的不同之处是什么？

10.9 某一资产的波动率的最新估计值为1.5%，资产在昨天交易结束时的价格为30美元。EWMA模型中的λ为0.94，假定在今天交易结束时资产价格为30.50美元，EWMA模型将如何对波动率进行更新？

10.10 某公司采用EWMA来预测波动率，公司决定将参数λ由0.95变为0.85，请解释这一变化的影响。

10.11 假定标准普尔500指数在昨天交易结束时的价格为1 040，而在昨天指数的日波动率的估计值为1%。GARCH（1，1）模型中的参数$\omega=0.000\,002$、$\alpha=0.06$以及$\beta=0.92$，指数价格在今天交易结束时的价格为1 060，今天新的日波动率的估计值为多少？

10.12 在昨天下午4点，美元/英镑汇率的波动率的最新估计为每天0.6%，汇率价格为1.500 0，在EWMA中参数λ为0.9，假定在今天下午4点汇率价格变为1.495 0，今天汇率波动率的最新估计为多少？

10.13 一家公司采用GARCH(1，1)来更新波动率，模型中的参数为ω、α及β。请描述稍稍增加某一参数同时保证其他参数不变的影响是什么？

10.14 某GARCH(1，1)模型的不同参数为$\omega=0.000\,004$、$\alpha=0.05$以及$\beta=0.92$，长期平均波动率为多少？描述波动率会收敛到长期平均值的方程是什么？如果当前波动率为20%，20天后波动率的期望值为多少？

10.15 假设富时100指数股指（以英镑计）的每天波动率为1.8%，美元/英镑汇率的每天波动率0.9%，我们进一步假定富时100指数与美元/英镑汇率的相关系数为0.4，富时100指数被转换成美元后的波动率为多少？这里假定美元/英镑汇率被表达为1英镑所对应的美元数量（提示：当$Z=XY$时，Z所对应的每天百分比价格变化等于X的每天百分比价格变化加上Y的每天百分比价格变化）。

10.16 假定GARCH(1，1)模型中的参数估计为$\omega=0.000\,003$、$\alpha=0.04$以及

$\beta=0.94$，当前日波动率估计为1%，请估计30天后的日波动率。

10.17　假定GARCH(1, 1)模型中的参数估计为$\omega=0.000\ 002$、$\alpha=0.04$以及$\beta=0.94$，当前日波动率近似为1.3%，在为一个期限为20天的期权定价时，所用的年化波动率应为多少？

作业题

10.18　假定股票在过去连续15天的价格（以美元计）为30.2，32.0，31.1，30.1，30.2，30.3，30.6，30.9，30.5，31.1，31.3，30.8，30.3，29.9，29.8。请用式（10-2）和式（10-4）估计股票价格波动率。

10.19　假定某资产价格在昨天收盘时为300美元，日波动率为1.3%，今天该资产的收盘价为298美元。请采用以下模型来更新波动率：

(a) 采用EWMA模型，其中$\lambda=0.94$；

(b) 采用GARCH(1, 1)模型，其中参数选择为$\omega=0.000\ 002$、$\alpha=0.04$以及$\beta=0.94$。

10.20　在本书作者的网页（www-2.rotman.utoronto.ca/~hull/data）上，读者可以下载一个Excel计算表，其中含有超过900天的不同汇率数据以及股指价格数据。选定某汇率及某种股指，估计EWMA中的λ以使得

$$\sum_i (v_i-\beta_i)^2$$

达到最小，其中v_i为在$i-1$天天末对于方差所做的预测，β_i是由第i天至第$i+25$天的数据所计算出的方差，在计算中请采用Excel中的Solver功能，在开始EWMA计算时，令第一天方差的预测值等于第一天收益的平方。

10.21　GARCH(1, 1)模型中的参数$\alpha=0.03$、$\beta=0.95$以及$\omega=0.000\ 002$：

(a) 长期平均波动率为多少？

(b) 如果当前波动率为每天1.5%，你对20天、40天及60天后的波动率预估为多少？

(c) 应采用什么样的波动率来计算20天、40天及60天期限的期权价格？

(d) 假定有某一事件使得日波动率由1.5%增至2%，请估测这一事件对20天、40天及60天后波动率的影响。

(e) 估测这一事件对用于20天、40天及60天期限的期权定价中的波动率的影响。

10.22　使用2005年7月27日~2010年7月27日的欧元兑美元汇率的历史数据，估算EWMA和GARCH(1, 1)模型的参数。数据可以从作者的网页上下载：www-2.rotman.utoronto.ca/~hull/data。

10.23　投资组合在1个月后损失超出1 000万美元的概率大约为5%：

(a) 假定投资组合价值变化服从正态分布，均值为0，1个月展望期置信度99%的VaR[⊖]为多少？

(b) 在$\alpha=3$的幂律假设前提下，1个月展望期置信度99%的VaR为多少？

⊖ VaR的概念将在本书第12章中介绍。——译者注

CHAPTER11

第11章 相关性与Copula函数

假设一家公司对市场上两个不同的市场变量有风险敞口。两个变量之中任意一个变量增加一个标准差，公司会收益1 000万美元，两个变量之中任意一个变量减小一个标准差，公司会亏损1 000万美元。如果这两个市场变量的变化有很强的正相关性，那么公司面临的整体风险很大；如果两个市场变量的相关性为0，那么公司面临的整体风险会小一些，但仍然很大；如果两个市场变量变化有很强的负相关性，那么公司面临的整体风险会大大减小，因为一个变量带来的损失会被另一个变量带来的收益中和。这个例子说明，和对市场变量的波动率的监测一样，风控人员对市场变量变化的相关性进行监测对正确评估市场风险敞口也是至关重要的。

在本章中，我们将要讨论如何对相关性进行类似于波动率那样的监控。这一章也会涉及Copula函数。通过Copula函数我们可以定义两个或更多变量之间的相关性结构，而这种定义对于任意的概率分布均适用。Copula函数在风险管理领域有不同形式的应用，利用Copula函数，我们可以较为便利地建立违约相关性，展示如何使用Copula函数来构造一个贷款组合的违约相关性模型。该模型可以被用来计算《巴塞尔协议Ⅱ》中要求的资本金。

11.1 相关系数的定义

变量V_1及V_2的相关系数ρ被定义为

$$\rho = \frac{E(V_1V_2) - E(V_1)E(V_2)}{SD(V_1)SD(V_2)} \tag{11-1}$$

其中$E(\cdot)$代表期望值，$SD(\cdot)$代表标准差。如果两个变量不相关，即$E(V_1V_2) = E(V_1)E(V_2)$，因此$\rho = 0$。如果$V_1 = V_2$，以上表达式中的分子及分母均等于变量

V_1 的方差，此时就像我们期望的那样 $\rho = 1$。

变量 V_1 及 V_2 的协方差被定义为

$$\text{cov}(V_1, V_2) = E(V_1 V_2) - E(V_1)E(V_2) \tag{11-2}$$

因此相关系数又可以写为

$$\rho = \frac{\text{cov}(V_1, V_2)}{SD(V_1)SD(V_2)}$$

虽然直觉上我们更容易理解相关系数，但是在今后我们将说明协方差才是我们真正需要分析的变量，这类似于第 10 章的 EWMA 及 GARCH 模型，虽然波动率更容易被人理解，但方差才是真正的基础变量。

相关系数以及关联性

如果在两个变量中，其中任意一个变量的信息（观测值）不会影响另一个变量的分布，那么这两个变量在统计上被定义为相互独立。精确地讲，如果对于所有的 x，等式

$$f(V_2 \mid V_1 = x) = f(V_2)$$

成立，其中 $f(\cdot)$ 代表变量的概率密度函数，$|$ 代表条件概率，变量 V_1 和 V_2 在统计上被定义为相互独立。

如果两个变量的相关系数为 0，就意味着变量毫无关联吗？答案是否定的。这里举一个简单例子来说明问题，假定变量 V_1 的值有三种均等的可能：-1、0 及 $+1$。当 $V_1 = -1$ 或 $V_1 = +1$ 时，$V_2 = 1$；当 $V_1 = 0$ 时，$V_2 = 0$。在这里我们可以清楚地看到 V_1 和 V_2 有某种关联性，如果我们观测到 V_1 的值，我们也可得出 V_2 的值，同时有关 V_2 的信息也会改变我们有关 V_1 的概率分布。但由于 $E(V_1 V_2) = 0$ 以及 $E(V_1) = 0$，我们很容易验证 V_1 及 V_2 的相关系数为 0。

这一例子强调相关系数只是用于表达变量之间的某种相关性。这种相关性只是一种线性的关联关系，而变量之间可以有许多不同形式的关联关系。我们可以画出 $E(V_2)$ 与 V_1 的函数图来显示 V_1 和 V_2 的关联特性。图 11-1 显示了几种不同的关联形式，图 11-1a 显示了 V_2 的期望值同 V_1 之间有某种线性关系，图 11-1b 显示了 V_2 的期望值同 V_1 之间有一种 V 形关联关系（这同我们前面的例子相似，一种对称的 V 形的高度关联关系会造成相关系数为 0），图 11-1c 显示了我们经常看到的金融变量之间的关联性。在这里 V_1 和 V_2 代表某些市场变量的变化率。当 V_1 正常变化时，V_1 和 V_2 之间有很弱的关联性，但 V_1 的极端变化会触发 V_2 的极端变化（这和市场受压时，相关性会增加的情况是一致的）。

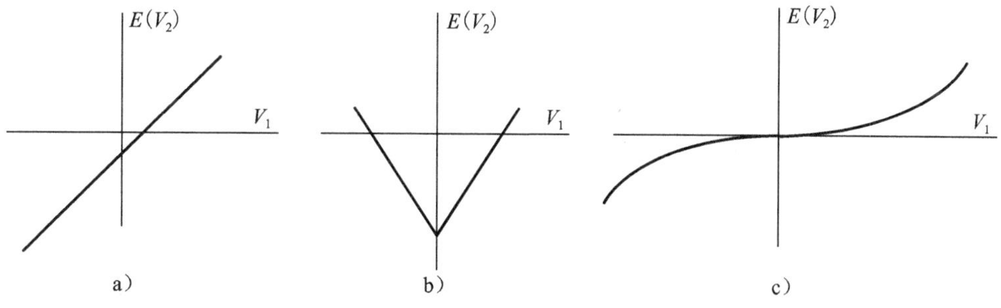

图 11-1　V_2 依赖于 V_1 的几种不同形式

我们可以从另一个角度来考察 V_1 和 V_2 的关联性，即通过检验在 V_1 条件下，V_2 的方差。我们在今后将看到，当 V_1 和 V_2 服从二元正态分布时，该条件标准差为常数，但在其他情形下，V_2 的标准差与 V_1 有关。

11.2 测量相关系数

在第 10 章中我们解释了如何应用 EWMA 和 GARCH 模型来监测变量的方差，我们也可以采用类似的方法来监测两个变量之间的协方差，一个变量每天变化的方差是指这一变量每天收益的方差。类似地，两个变量每天变化的协方差是指变量每天收益的协方差。

假定变量 X 和 Y 在第 i 天结束时的价值为 X_i 和 Y_i，变量 X 和 Y 在第 i 天的收益率为

$$x_i = \frac{X_i - X_{i-1}}{X_{i-1}} \quad y_i = \frac{Y_i - Y_{i-1}}{Y_{i-1}}$$

由式（11-2），我们得出变量 X 和 Y 在第 n 天的协方差为

$$\text{cov}_n = E(x_n y_n) - E(x_n)E(y_n)$$

在第 10.5 节中我们曾指出风险管理人员在计算每天方差率时常常假定变量的每天预期收益为 0，风险管理人员在计算每天协方差时通常需要做出同样的假设，这意味着变量 X 和 Y 在第 n 天的协方差可以被简化为

$$\text{cov}_n = E(x_n y_n)$$

对于 x_i 和 y_i 的最近 m 个观察值采用同样的权重，我们得出

$$\text{cov}_n = \frac{1}{m}\sum_{i=1}^{m} x_{n-i}y_{n-i} \tag{11-3}$$

采用同样的权重来估计变量 X 和 Y 的每天变化的方差，我们得出关系式

$$\text{var}_{x,n} = \frac{1}{m}\sum_{i=1}^{m} x_{n-i}^2$$

$$\text{var}_{y,n} = \frac{1}{m}\sum_{i=1}^{m} y_{n-i}^2$$

第 n 天的相关系数的估计值为

$$\frac{\text{cov}_n}{\sqrt{\text{var}_{x,n}\,\text{var}_{y,n}}}$$

11.2.1 EWMA 模型

大多数风险管理人员都同意早期历史数据的权重应该小于近期历史数据的权重。在第 10 章中我们曾讨论过应用 EWMA 模型来预测方差，其中我们看到权重随着回望期的期限的增大而按指数形式下降，对于协方差，我们可以采用类似的权重形式，一种更新协方差的 EWMA 模型与式（10-8）相似

$$\text{cov}_n = \lambda\text{cov}_{n-1} + (1-\lambda)x_{n-1}y_{n-1}$$

与 EWMA 模型中的分析相似，我们可以证明对应于数据 $x_{n-1}y_{n-1}$ 的权重随着 i 的增加（也就是随着回望期的增大）而逐渐降低，λ 的值越小，对于近期数据的权重也越大。

【例 11-1】 假设 $\lambda=0.95$，变量 X 和 Y 在 $n-1$ 天的相关系数估计为 0.6，同时我们假设变量 X 和 Y 在 $n-1$ 天的波动率估计分别为 1% 和 2%。由协方差及相关系数的关系式，在第 $n-1$ 天的协方差估计值为

$$0.6\times0.01\times0.02=0.000\,12$$

假定变量 X 和 Y 在 $n-1$ 天的百分比变化分别为 0.5% 和 2.5%。在第 n 天方差及协方差的估计分别为

$$\sigma_{x,n}^2=0.95\times0.01^2+0.05\times0.005^2=0.000\,096\,25$$

$$\sigma_{y,n}^2=0.95\times0.02^2+0.05\times0.025^2=0.000\,411\,25$$

$$\text{cov}_n=0.95\times0.000\,12+0.05\times0.005\times0.025=0.000\,120\,25$$

变量 X 的最新波动率估计值为 $\sqrt{0.000\,096\,25}=0.981\%$，变量 Y 的最新波动率估计为 $\sqrt{0.000\,411\,25}=2.028\%$，$X$ 和 Y 的最新相关系数为

$$\frac{0.000\,120\,25}{0.009\,81\times0.020\,28}=0.604\,4$$

11.2.2 GARCH 模型

GARCH 模型也可以被用来更新协方差以及预测将来协方差的水平。例如，GARCH(1，1) 更新 X 和 Y 协方差的表达式为

$$\text{cov}_n=\omega+\alpha x_{n-1}y_{n-1}+\beta\,\text{cov}_{n-1}$$

这一公式同更新方差的式（10-10）相似，此公式对于长期平均协方差赋予某种权重，对于最新协方差估计赋予某种权重，对于最新观测到的协方差数据（也就是 $x_{n-1}y_{n-1}$）也赋予某种权重，长期平均协方差为 $\omega/(1-\alpha-\beta)$。我们可以推导出类似式（10-14）和式（10-15）的表达式来预测未来的协方差，并且计算对应一个未来期限内的平均协方差。

11.3 相关系数和方差 - 协方差矩阵

计算出多个变量间的方差、协方差和相关系数后，就可以根据这些数据构造出多个变量之间的相关系数矩阵和协方差矩阵。

表 11-1 是相关系数矩阵，表中的数据是各变量之间的相关系数。因为变量总是与其自身相关，所以相关系数矩阵中对角线上的值都为 1。又因为 $\rho_{ij}=\rho_{ji}$，所以相关系数矩阵是对称的。

表 11-1 相关系数矩阵

$$\begin{bmatrix}1 & \rho_{12} & \rho_{13} & \cdots & \rho_{1n}\\ \rho_{21} & 1 & \rho_{23} & \cdots & \rho_{2n}\\ \rho_{31} & \rho_{32} & 1 & \cdots & \rho_{3n}\\ \vdots & \vdots & \vdots & \vdots & \vdots\\ \rho_{n1} & \rho_{n2} & \rho_{n3} & \cdots & 1\end{bmatrix}$$

注：ρ_{ij}是变量 i 和变量 j 之间的相关系数。

通常来说，使用方差 - 协方差矩阵会更加方便。当 $i\neq j$ 时，矩阵的（i，j）位置元素对应于变量 i 和变量 j 之间的协方差；当 $i=j$ 时，（i，j）位置元素表示变量 i 的方差（见表 11-2）。

协方差的一致性条件

并不是所有的方差 - 协方差矩阵都满足内部一致性条件，一个 $N\times N$ 方差 - 协方差矩阵 $\boldsymbol{\Omega}$ 满足内部一致性条件的不等式为：对于所有的 $N\times 1$ 向量 $\boldsymbol{w}$

$$\boldsymbol{w}^{\mathrm{T}}\boldsymbol{\Omega}\boldsymbol{w}\geqslant 0 \tag{11-4}$$

其中 $\boldsymbol{w}^{\mathrm{T}}$ 是 $\boldsymbol{w}$ 的转置，满足以上条件的矩阵被称为半正定矩阵。

表 11-2 方差 - 协方差矩阵

$$\begin{bmatrix} \mathrm{var}_1 & \mathrm{cov}_{12} & \mathrm{cov}_{13} & \cdots & \mathrm{cov}_{1n} \\ \mathrm{cov}_{21} & \mathrm{var}_2 & \mathrm{cov}_{23} & \cdots & \mathrm{cov}_{2n} \\ \mathrm{cov}_{31} & \mathrm{cov}_{32} & \mathrm{var}_3 & \cdots & \mathrm{cov}_{3n} \\ \vdots & \vdots & \vdots & \vdots & \vdots \\ \mathrm{cov}_{n1} & \mathrm{cov}_{n2} & \mathrm{cov}_{n3} & \cdots & \mathrm{var}_n \end{bmatrix}$$

注：cov_{ij} 是变量 i 和变量 j 之间的协方差，$\mathrm{var}=\mathrm{cov}_{ii}$ 是变量 i 的方差。

为了理解不等式（11-4）为什么要成立，我们可以假定 $\boldsymbol{w}^{\mathrm{T}}=[w_1,\ w_2,\ \cdots w_n]$，表达式 $\boldsymbol{w}^{\mathrm{T}}\boldsymbol{\Omega}\boldsymbol{w}$ 为一个组合的方差，其中对第 i 项资产的投资额是 w_i。方差自然不能为负，因此不等式（11-4）必须成立。

为了保证矩阵的半正定性，我们在计算方差及协方差时必须保持一致性。例如，如果我们采用最近 m 个历史数据并以均等的权重来计算方差，那么我们在计算协方差时也应采用同样的数据及权重。如果我们采用 EWMA 模型，并假定 $\lambda=0.94$ 来更新方差，那么我们在计算协方差时也应该采用同样的数据。使用 GARCH 模型来更新方差 - 协方差矩阵并保证一致性满足条件比较复杂，涉及使用多变量 GARCH 模型。[1]

以下方差 - 协方差矩阵是一个不满足内部一致性条件的实例

$$\begin{bmatrix} 1.0 & 0.0 & 0.9 \\ 0.0 & 1.0 & 0.9 \\ 0.9 & 0.9 & 1.0 \end{bmatrix}$$

以上任一变量的标准差均为 1.0，此时协方差与相关系数相等。第一变量同第三变量高度相关，第二变量同第三变量也高度相关，但是第一变量同第二变量无关，这一现象看起来有些奇怪，令 $\boldsymbol{w}=(1,\ 1,\ -1)^{\mathrm{T}}$，我们可以验证关系式（11-4）不成立，这因此也证明矩阵不满足半正定条件。[2]

如果我们对一个含有 3 个变量的半正定矩阵产生一个很小的扰动（例如，为了计算敏感性），那么新矩阵往往仍然还是半正定的。但是，对 100 个变量进行分析时，我们必须要小心，当我们对一个 100×100 的矩阵产生一个小的随意扰动时，矩阵的半正定条件就很有可能不再满足。

11.4 多元正态分布

多元正态分布很容易被理解及应用，在下一节中我们将解释，多元正态分布可以被用来描述变量之间的相关性结构，这甚至在每个单一变量不服从正态分布时也可以做到。

---

[1] 关于其他的方法，见 R. Engle and J. Mezrich，"GARCH for Groups," *Risk*（August 1996）：36-40。

[2] 可以证明一个 3×3 矩阵满足内部一致性的条件为 $\rho_{12}^2+\rho_{13}^2+\rho_{23}^2-2\rho_{12}\rho_{13}\rho_{23}\leqslant 1$，其中 ρ_{ij} 为变量 i 与 j 的相关系数。

我们首先假定两个变量 V_1 和 V_2 服从二元正态分布，假定变量 V_1 的某个观察值为 v_1，V_2 在 $V_1=v_1$ 条件下的分布为正态分布，期望值为

$$\mu_2+\rho\sigma_2\frac{V_1-\mu_1}{\sigma_1}$$

标准差为

$$\sigma_2\sqrt{1-\rho^2}$$

这里的 μ_1 和 μ_2 分别为 V_1 和 V_2 的（无条件）期望值；σ_1 和 σ_2 分别为 V_1 和 V_2 的（无条件）标准差，ρ 为 V_1 和 V_2 的相关系数。注意 V_2 的条件期望值（条件为 V_1）与 V_1 有线性关系，这对应于图 11-1a，V_2 的条件标准差（条件为 V_1）与 V_1 无关。

用于计算累积双变量正态分布的软件位于作者的网站上：www-2. rotman. utoronto. ca/ ~ hull/ riskman。

11.4.1　基于正态分布来产生随机抽样

在大多数计算机语言中都有产生介于 0 到 1 之间的随机数的程序，许多语言也有产生服从正态分布随机数的能力。[⊖]

当我们需要产生二元正态随机变量的随机抽样 ε_1、ε_2（两个变量的均值均为 0，方差均为 1）时，我们可以采用如下流程：首先生成两个服从标准正态分布（即均值为 0 且标准差为 1 的分布）并且相互独立的随机抽样 z_1 和 z_2，然后采用以下关系式来生成所需要的随机抽样

$$\varepsilon_1=z_1\quad \varepsilon_2=\rho z_1+z_2\sqrt{1-\rho^2}$$

其中 ρ 为二元正态分布的相关系数。

接下来我们考虑如何产生 n 元联合正态分布的随机抽样（其中所有变量的均值均为 0，标准差均为 1），这里变量 i 与变量 j 的相关系数为 ρ_{ij}。我们首先生成 n 个相互独立并且服从正态分布的随机抽样 $z_i(1\leqslant i\leqslant n)$。服从 n 元联合正态分布的随机抽样可由下式产生

$$\varepsilon_i=\sum_{k=1}^{i}\alpha_{ik}z_k \tag{11-5}$$

这里参数 α_{ik} 的选取需要保证 ε_j 之间具有特定的方差和相关性。对于 $1\leqslant j<i$，我们有关系式

$$\sum_{k=1}^{i}\alpha_{ik}^2=1$$

以及，对于所有的 $j<i$

$$\sum_{k=1}^{j}\alpha_{ik}^2\alpha_{jk}=\rho_{ij}$$

第一个变量的抽样 $\varepsilon_1=z_1$，所有的 α 变量可以通过对以上方程求解而得，其中 ε_2 由 z_1、z_2 求得，ε_3 由 z_1、z_2、z_3 求得，等等。这里描述的过程被称为 **Cholesky 分解**（Cholesky decomposition）（见练习题 11.9）。

如果我们在 Cholesky 分解中遇到对负数开根号，那么最初的方差 - 协方差矩阵一定不满足

⊖ 在 Excel 中，我们可以采用指令 = NORMSINV（RAND()）来达到这一目的。

内部一致性条件，如同在第11.3.1节解释的那样，这就等于是说矩阵不满足半正定条件。

11.4.2 因子模型

有时服从正态分布的几个不同变量的相关系数是由某个因子来决定的。假设U_1，U_2，…，U_N均服从标准正态分布（期望值为0、标准差为1的正态分布被称为标准正态分布），在单一因子模型中，每个$U_i(1 \leqslant i \leqslant N)$均同一个共同的因子$F$及另外一个相互独立的因子有关，准确地讲

$$U_i = a_i F + \sqrt{1 - a_i^2}\, Z_i \tag{11-6}$$

其中F及Z_i均服从标准正态分布，a_i为介于-1与1之间的一个常数，$Z_i(i=1, \cdots, N)$之间相互独立，每一个Z_i同F也相互独立。选择Z_i的系数使得U_i的均值为0，方差为1。在单一因子模型中，U_i同U_j的相关性起源于共同因子F，变量U_i同U_j的相关系数为$a_i a_j$。

单因子模型（one-factor model）的优点是这一模型对于相关结构做了某种假设，使得协方差矩阵总是半正定。在没有因子模型的前提下，我们必须对N个变量之间的相关性进行估计，这就造成我们需要估计$N(N-1)/2$个参数，而在因子模型的前提下，我们只需要估计a_1，a_2，…，a_N等N个参数。资本资产定价模型是投资行业单因子模型的一个例子，其中股票的回报包括单一市场变量和单一特殊变量，而这个特殊变量与其他股票回报相独立，被称为非系统变量（见第1.3节）。

单一因子模型可以被扩展到2个、3个甚至M个因子，在M个因子模型中

$$U_i = a_{i1}F_1 + a_{i2}F_2 + \cdots + a_{iM}F_M + \sqrt{1 - a_{i1}^2 - a_{i2}^2 - \cdots - a_{iM}^2}\, Z_i \tag{11-7}$$

因子F_1，F_2，…，F_M服从标准正态分布，并且相互独立，因子Z_i之间相互独立，并且每一个Z_i与所有的F因子也相互独立，这时U_i与U_j的相关系数为

$$\sum_{m=1}^{M} a_{im} a_{jm}$$

11.5 Copula 函数

考虑两个相互关联的变量V_1和V_2。V_1的**边际分布**（marginal distribution，有时也被称为无条件分布）是指我们在对V_2一无所知的情况下V_1的概率分布；类似地，V_2的边际分布是指我们在对V_1一无所知的情况下V_2的概率分布。假定，我们已经对V_1和V_2的边际分布有所估计，我们需要对相关结构做什么样的假设来决定变量之间的联合分布呢？

当V_1和V_2的边际分布均为正态分布时，一种方便的做法是假设V_1和V_2服从二元正态分布[⊖]（见第11.3节关于相关性的讨论）。对于其他边际分布，我们也可以做类似的假设。但是通常来讲，对于两个不同的边际分布，并没有一个自然的方式定义相关结构，这就是我们需要引入Copula函数的原因。

以下是一个有关Copula函数的应用的实例，假定V_1和V_2的边际分布为三角分布，如

⊖ 尽管二元正态分布是个比较方便的假设，但这一习惯性假设并不是唯一选择。关于两个服从正态分布的变量，我们可以通过许多不同的方式来使得两个变量相互关联，例如，我们可以令$V_2 = V_1$，对应于$-k \leqslant V_1 \leqslant k$的情形；$V_2 = -V_1$，对应于其他情形。练习题11.11是另一个例子。

图 11-2 所示，两个变量均介于0 与1 之间。V_1 分布函数的峰值发生在0.2，V_2 分布函数的峰值发生在0.5，两个分布函数的最大值均为2.0（因此两个密度函数下的区域面积均为1.0）。为了应用高斯 Copula（Gaussian Copula）函数，我们首先将变量 V_1 和 V_2 映射到 U_1 和 U_2 上，这里的 U_1 和 U_2 均服从标准正态分布。这种映射为分位数与分位数（percentile-to-percentile）之间的一一映射。V_1 分布上 1% 的分位数被映射到 U_1 分布上 1% 的分位数；V_1 分布上 10% 的分位数被映射到 U_1 分布上 10% 的分位数，等等。对于 V_2，我们也做类似的映射。表 11-3 显示了 V_1 的值如何被映射到 U_1 上，表 11-4 显示了 V_2 的值如何被映射到 U_2 上。在表 11-3 中，当 $V_1=0.1$ 时，对应于（求取三边形面积）0.1 的累积概率为 $0.5\times0.1\times1=0.05$，即 5%，$V_1=0.1$ 的值被映射到标准正态分布的 5% 的分位数，其值为 -1.64。[⊖]

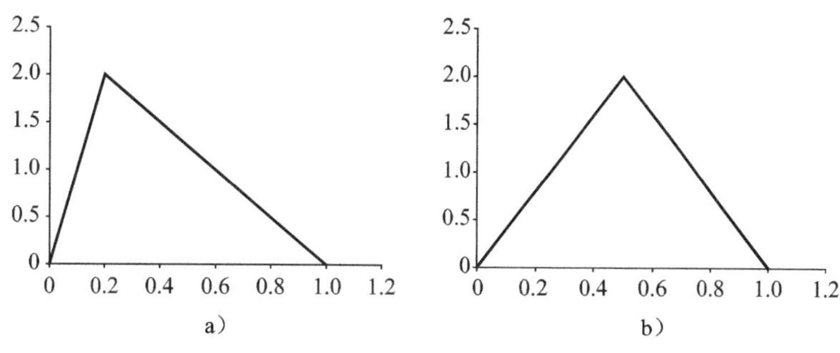

图 11-2　V_1 和 V_2 服从某种三角分布

表 11-3　V_1 到 U_1 的映射，V_1 服从图 11-2a 中的三角分布，U_1 服从标准正态分布

V_1 的取值	分布的分位数	U_1 的取值
0.1	5.00	-1.64
0.2	20.00	-0.84
0.3	38.75	-0.29
0.4	55.00	0.13
0.5	68.75	0.49
0.6	80.00	0.84
0.7	88.75	1.21
0.8	95.00	1.64
0.9	98.75	2.24

表 11-4　V_2 到 U_2 的映射，V_2 服从图 11-2b 中的三角分布，U_2 服从标准正态分布

V_2 的取值	分布的分位数	U_2 的取值
0.1	2.00	-2.05
0.2	8.00	-1.41
0.3	18.00	-0.92
0.4	32.00	-0.47
0.5	50.00	0.00
0.6	68.00	0.47
0.7	82.00	0.92
0.8	92.00	1.41
0.9	98.00	2.05

⊖ 在 Excel 中可采用公式 NORMSINV(0.05) = -1.64 来计算。

变量 U_1 和 U_2 服从正态分布，我们假定 U_1 和 U_2 的联合分布为二元正态分布，在这种前提下可以推算出 V_1 和 V_2 的联合分布以及相关结构。Copula 函数的精髓就在于不直接定义 V_1 和 V_2 的相关性，而是采取一种间接的定义方式。我们将 V_1 和 V_2 映射到性状较好（well-behaved）的分布上，而对于这些性状较好的分布，我们可以较为容易地定义相关性。

假定 U_1 与 U_2 的相关系数为0.5。表11-5 显示出 V_1 和 V_2 的联合累积概率分布。为了说明计算过程，我们首先考虑如何计算 $V_1<0.1$ 和 $V_2<0.1$ 的概率。从表11-3 及表11-4 出发，我们知道这一概率与 $U_1<-1.64$ 和 $U_2<-2.05$ 的概率相同，通过二元正态分布，我们可以得出在 $\rho=0.5$ 的情形下，这一概率数值为0.006[⊖]（在 $\rho=0$ 的情形下，这一概率仅仅为 $0.02\times0.05=0.001$）。

表11-5 在高斯 Copula 函数模型下 V_1 和 V_2 的联合概率分布，相关系数 =0.5，表中显示出 V_1 和 V_2 分别小于某数值的联合概率

V_1	V_2								
	0.1	0.2	0.3	0.4	0.5	0.6	0.7	0.8	0.9
0.1	0.006	0.017	0.028	0.037	0.044	0.048	0.049	0.050	0.050
0.2	0.013	0.043	0.081	0.120	0.156	0.181	0.193	0.198	0.200
0.3	0.017	0.061	0.124	0.197	0.273	0.331	0.364	0.381	0.387
0.4	0.019	0.071	0.149	0.248	0.358	0.449	0.505	0.535	0.548
0.5	0.019	0.076	0.164	0.281	0.417	0.537	0.616	0.663	0.683
0.6	0.020	0.078	0.173	0.301	0.456	0.600	0.701	0.763	0.793
0.7	0.020	0.079	0.177	0.312	0.481	0.642	0.760	0.837	0.877
0.8	0.020	0.080	0.179	0.318	0.494	0.667	0.798	0.887	0.936
0.9	0.020	0.080	0.180	0.320	0.499	0.678	0.816	0.913	0.970

U_1 和 U_2 的相关系数被称为 Copula 相关系数。这一相关系数与通常意义下 V_1 和 V_2 的相关系数不同。U_1 和 U_2 服从二元正态分布，U_2 的条件期望值与 U_1 有线性关系，U_2 的条件标准差为常数（在第11.4 节中曾讨论过），但是对于 V_1 和 V_2，我们没有类似的结论。

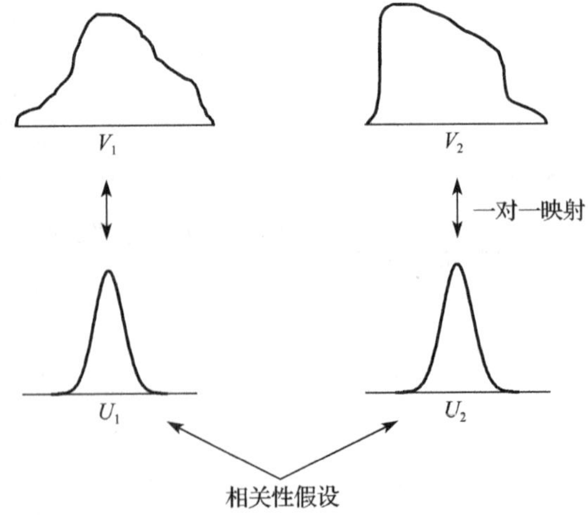

图11-3 通过 Copula 函数来定义联合分布

11.5.1 Copula 函数的代数表达形式

利用 Copula 模型来定义联合分布的方式可由图11-3 来说明。为了能够以比较正规的形式来描述 Copula 函数，假定 G_1 和 G_2 分别为 V_1 和 V_2 的累积边际（即无条件）概率分布函数，我们将 $V_1=v_1$ 映射到 $U_1=u_1$，$V_2=v_2$ 映射到 $U_2=u_2$，映射方式如下

$$G_1(v_1)=N(u_1),\quad G_2(v_2)=N(u_2)$$

其中 N 代表累积正态分布函数，这意味着

⊖ 在作者的网页（www-2.rotman.utoronto.ca/~hull/riskman）上，读者可以下载计算二元正态累积分布函数的 Excel 计算表。

$$u_1 = N^{-1}[G_1(v_1)], \quad u_2 = N^{-1}[G_2(v_2)]$$
$$v_1 = G_1^{-1}[N(u_1)], \quad v_2 = G_2^{-1}[N(u_2)]$$

变量 U_1 和 U_2 被假设为服从二元正态分布，Copula 函数的主要特征就是在定义其相关结构时，V_1 和 V_2 的边际分布没有任何改变（不管边际分布是何种形式）。

11.5.2 其他 Copula 函数

高斯 Copula 函数只是定义 V_1 和 V_2 相关性结构的某一种形式，还有许多其他的 Copula 函数可以用于描述相关性结构。其中一种 Copula 函数被称为学生（student）t-Copula 函数，这种 Copula 函数同高斯 Copula 函数类似，其不同之处只是 U_1 和 U_2 被假定为服从二元学生 t-分布。对于一个有 f 个自由度，相关系数为 ρ 的学生 t-分布进行模拟抽样如下：

（1）在一个逆卡方分布（inverse chi-square）中进行抽样，抽样值为 χ（在 Excel 计算表中，我们可以采用 CHIINV 函数，第一个变量为 RAND（），第二个变量为 f）；

（2）如第 11.4 节所述，在一个二元正态分布中进行抽样，这里的相关系数为 ρ；

（3）将正态分布抽样值乘以 $\sqrt{f/\chi}$。

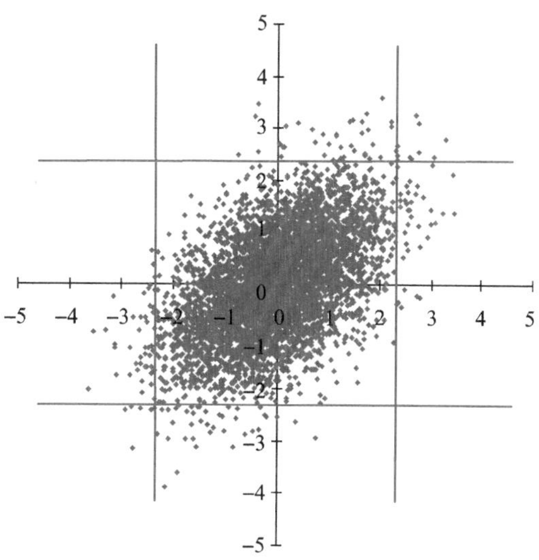

图 11-4　二元正态分布的 5 000 个抽样

11.5.3 尾部相关性

图 11-4 显示了二元正态分布的 5 000 个抽样。图 11-5 显示了二元学生 t-分布的5 000个抽样，这里的相关系数均为 0.5，学生 t-分布的自由度为 4。定义**尾部值**（tail value）为一个分布中最左边或最右边占 1% 区域的尾部所对应的取值。在正态分布抽样中，大于2.33 或小于 -2.33 的抽样值为尾部值。类似地，在 t-分布抽样中，大于 3.75 或小于 -3.75 的抽样为尾部值，图中的横竖线显示了产生尾部值的情形。图形显示在二元 t-分布中两个变量同时出现尾部值的情形要多于在二元正态分布中两个变量同时出现尾部值的情形。换一种说法，二元 t-分布的尾部相关性（tail correlation）要大于二元正态分布的尾部相关性。我们在前面提到，在极端的市场条件下，变量之间的相关性往往会增加，这说明图 11-1c 对相关性的描述往往会比图 11-1a 更好，基于这一结果，有些研究人员认为学生 t-Copula 对市场变量的相关性变化的描述比高斯 Copula 更好。

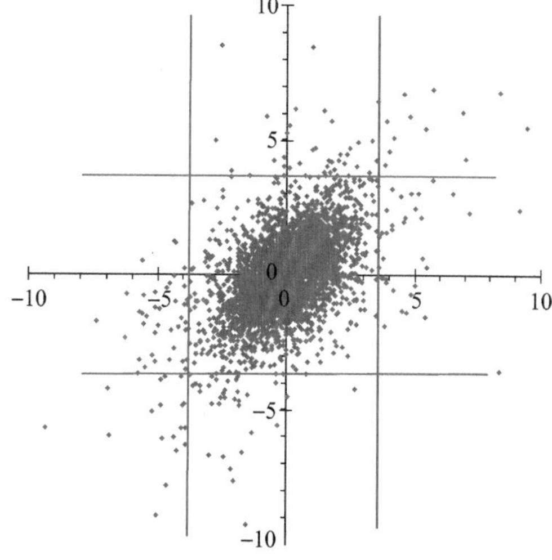

图 11-5　二元学生 t-分布的 5 000 个抽样

11.5.4 多元 Copula 函数

Copula 函数可以用于描述多于两个变量之间的相关结构，其中最简单的例子就是多元高斯 Copula。假定我们已知 N 个变量 V_1，V_2，…，V_N 的边际分布，对于任意变量 $i(1\leqslant i\leqslant N)$，我们将 V_i 映射到 U_i，其中 U_i 服从标准正态分布（这里的映射是分位数之间的一一对应），我们最后假定 $U_i(1\leqslant i\leqslant N)$ 服从多元正态分布。

11.5.5 因子 Copula 模型

在多元 Copula 模型中，市场分析员常常假定变量 U_i 之间的相关性由某种因子来决定。在单一因子模型中，由式（11-6），我们得出

$$U_i = a_iF + \sqrt{1 - a_i^2}\, Z_i \tag{11-8}$$

其中 F 和 Z_i 分别服从标准正态分布，Z_i 之间相互独立，Z_i 与 F 之间也相互独立。其他形式的因子 Copula 模型在选择因子时也通常要保证 F 和 Z_i 的期望值为 0 及标准差为 1 的条件。我们将在第 11.6 节中进一步讨论与信用风险相关的问题。选择不同的分布会影响变量 U_i 之间的相关性，进而影响 V_i 变量之间的相关性。

11.6 将 Copula 应用于贷款组合：Vasicek 模型

在这里我们将讨论一元高斯 Copula 函数的一种应用，这对于我们理解第 15 章中的《巴塞尔协议Ⅱ》资本金要求中的公式会有帮助。假定一家银行有一个巨额的贷款投资组合。每个贷款每年的违约概率是 1%。如果贷款违约是相互独立的，则每年违约率的期望值大概是 1%。但在实际中，贷款的违约不是相互独立的，它们全都受宏观经济的影响。其结果是，在某些年，违约率会比较高，而在其他一些年份，违约率会比较低。表 11-6 通过统计 1970 ~ 2016 年的违约率证实了这种情况。违约率从 1979 年最低的 0.088% 到 2009 年最高的 4.996% 不断变化。其他一些违约率比较高的年份有 1970 年、1989 年、1990 年、1991 年、1999 年、2000 年、2001 年、2002 年、2008 年和 2016 年。

表 11-6 1970 ~ 2016 年所有被评级的公司的年百分比违约率

年份	违约率	年份	违约率	年份	违约率
1970	2.631	1986	1.830	2002	2.924
1971	0.286	1987	1.423	2003	1.828
1972	0.453	1988	1.393	2004	0.834
1973	0.456	1989	2.226	2005	0.647
1974	0.275	1990	3.572	2006	0.593
1975	0.361	1991	2.803	2007	0.349
1976	0.176	1992	1.337	2008	2.507
1977	0.354	1993	0.899	2009	4.996
1978	0.354	1994	0.651	2010	1.232
1979	0.088	1995	0.899	2011	0.906
1980	0.344	1996	0.506	2012	1.230
1981	0.162	1997	0.616	2013	1.232
1982	1.040	1998	1.137	2014	0.939
1983	0.900	1999	2.123	2015	1.732
1984	0.869	2000	2.455	2016	2.149
1985	0.952	2001	3.679		

资料来源：穆迪。

为了给组合中贷款的违约率建立模型，定义 $T_i(1\leqslant i\leqslant N)$ 为公司 i 的违约时间（这里暗含的假设是，所有的公司在最终总会破产——只是违约发生的时间会在很久的将来，也许是在几百年后）。在此我们对问题做一下简化，假定所有贷款的违约时间的累积概率分布函数相同，并定义 PD 为到时间 T 已发生违约的概率

$$PD = \text{Prob}(T_i < T)$$

高斯 Copula 模型可用来描述各贷款之间违约时间的相关结构。按照上面讨论的步骤，对每一个 i，我们将违约时间变量 T_i 的累积分布的分位数与变量 U_i 的累积分布的分位数之间进行一一对应的映射，这里的 U_i 具有标准正态分布。我们假定 U_i 之间的相关结构满足式（11-8）中描述的因子模型，并且所有的 a_i 都相等，记为 a。于是有

$$U_i = aF + \sqrt{1-a^2}\,Z_i$$

与式（11-8）一样，变量 F 及 Z_i 为相互独立的正态分布，Z_i 之间也相互独立。在这种情况下，每对贷款之间的 Copula 相关性是相等的，均为

$$\rho = a^2$$

于是，U_i 可以记作

$$U_i = \sqrt{\rho}\,F + \sqrt{1-\rho}\,Z_i \tag{11-9}$$

定义**最坏情况下的违约率**（worst case default rate）$WCDR(T, X)$ 为时间 T 内的违约率（即违约的贷款数与总贷款数的百分比），且该违约率有 $X\%$ 的概率不被超过（在很多情况下，T 的时间跨度是 1 年）。根据我们的假设，我们会得到以下结论

$$WCDR(T,X) = N\left(\frac{N^{-1}(PD) + \sqrt{\rho}N^{-1}(X)}{\sqrt{1-\rho}}\right) \tag{11-10}$$

这个结果看上去有些奇怪，但它非常重要。Vasicek 在 1987 最先得出了这个结果。[⊖] N 和 N^{-1} 是累积正态分布函数和反累积正态分布函数，它们可以很容易地由 Excel 计算表中的 NORMSDIST 和 NORMSINV 函数来计算。注意，如果 $\rho=0$，那么所有贷款的违约是相互独立的，此时 $WCDR=PD$。随着 ρ 的增加，$WCDR$ 会随着增加。

【例 11-2】 假如一家银行对大量零售客户发放了大量贷款。每笔贷款的年违约概率为 2%，在 Vasicek 模型中，Copula 相关系数 ρ 的估测值为 0.1，此时

$$WCDR(1,0.999) = N\left(\frac{N^{-1}(0.02) + \sqrt{0.1}\,N^{-1}(0.999)}{\sqrt{1-0.1}}\right) = 0.128$$

以上计算显示我们有 99.9% 的把握肯定违约率不会大于 12.8%。

11.6.1 对 Vasicek 结果的证明

根据高斯 Coupula 模型的性质，我们有

⊖ See O. Vasicek, "Probability of Loss on a Loan Portfolio" (Working Paper, KMV, 1987). Vasicek 的结果也发表在 2002 年 12 月期的 *Risk* 杂志上，文章的标题为 "Loan Portfolio Value"。

$$PD = \text{Prob}(T_i < T) = \text{Prob}(U_i < U)$$

其中

$$U = N^{-1}[PD] \tag{11-11}$$

在式（11-9）中，到时间 T 时违约的概率依赖于因子 F。该因子可以被理解成宏观经济指数。如果 F 比较高，则宏观经济形势好，每个 U_i 趋向较高的值，对应的 T_i 的值也因此更高，这意味着，在较短时间内发生违约的可能性较低，所以 $\text{Prob}(T_i<T)$ 的值也比较低。如果 F 比较低，则宏观经济形势差，每个 U_i 及 T_i 趋向较小的值，所以在较短时间内发生违约的概率较高。为了进一步说明这一点，我们考虑给定 F 时违约的条件概率。

由式（11-9）可得出

$$Z_i \frac{U_i - \sqrt{\rho}F}{\sqrt{1-\rho}}$$

在因子 F 的值给定的条件下，$U_i<U$ 的条件概率为

$$\text{Prob}(U_i < U \mid F) = \text{Prob}\left(Z_i < \frac{U-\sqrt{\rho}F}{\sqrt{1-\rho}}\right) = N\left(\frac{U-\sqrt{\rho}F}{\sqrt{1-\rho}}\right)$$

以上概率与 $\text{Prob}(T_i<T \mid F)$ 等同，因此

$$\text{Prob}(T_i < T \mid F) = N\left(\frac{U-\sqrt{\rho}F}{\sqrt{1-\rho}}\right) \tag{11-12}$$

由式（11-11）

$$\text{Prob}(T_i < T \mid F) = N\left(\frac{N^{-1}(PD)-\sqrt{\rho}F}{\sqrt{1-\rho}}\right) \tag{11-13}$$

对于一个较大的贷款组合，如果各笔贷款具有相同的违约概率，并且每对贷款之间的 Copula 相关性为 ρ，则以上表达式是对 T 时刻 F 条件下贷款组合违约百分比的一种很好的估计，我们将以上表达式定义为**违约率**（default rate）。

当 F 减小时，违约率会增加，那么违约率最坏的状况会是怎样呢？F 服从标准正态分布，$F<N^{-1}(Y)$ 的概率为 Y，因此，存在一个概率 Y，使得违约率大于

$$N\left(\frac{N^{-1}(PD)-\sqrt{\rho}N^{-1}(Y)}{\sqrt{1-\rho}}\right)$$

置信度为 $X\%$，展望期为 T 的情况下的违约率可以通过将 $Y=1-X$ 代入以上表达式得到。因为 $N^{-1}(X)=-N^{-1}(1-X)$，所以我们可求得式（11-10）的值。

11.6.2 估计违约概率和相关性 ρ

第 10 章介绍的最大似然估计法可以用来从历史违约数据中估计违约概率和相关性 ρ。我们可通过式（11-10）来计算违约率分布的高分位数，但实际上，该式对所有的分位数都适用。如果 DR 为违约率，$G(DR)$ 为 DR 的累积概率分布函数，由式（11-10）

$$DR = N\left(\frac{N^{-1}(PD)+\sqrt{\rho}N^{-1}(G(DR))}{\sqrt{1-\rho}}\right)$$

将该式做变换，可得

$$G(DR) = N\left(\frac{\sqrt{1-\rho}N^{-1}(DR) - N^{-1}(PD)}{\sqrt{\rho}}\right) \tag{11-14}$$

对该式求导，违约概率的概率密度函数为

$$g(DR) = \sqrt{\frac{1-\rho}{\rho}}\exp\left\{\frac{1}{2}\left[(N^{-1}(DR))^2 - \left(\frac{\sqrt{1-\rho}N^{-1}(DR) - N^{-1}(PD)}{\sqrt{\rho}}\right)^2\right]\right\} \tag{11-15}$$

由历史违约数据计算违约概率 PD 和相关性 ρ 的最大似然估计的步骤如下：

（1）选择 PD 和 ρ 的初始值；

（2）对 DR 的每个观察值，计算式（11-15）中概率密度函数的对数；

（3）使用 Solver 搜索 PD 和 ρ 的值使得步骤（2）中各值的和最大。

对表 11-6 中的数据使用上述步骤。对 ρ 和 PD 的最大似然估计值分别是 0.098 和 1.32%（计算过程见作者的网站上提供的计算表）。违约率的概率分布如图 11-6 所示。第 99.9% 分位数对应的违约率为

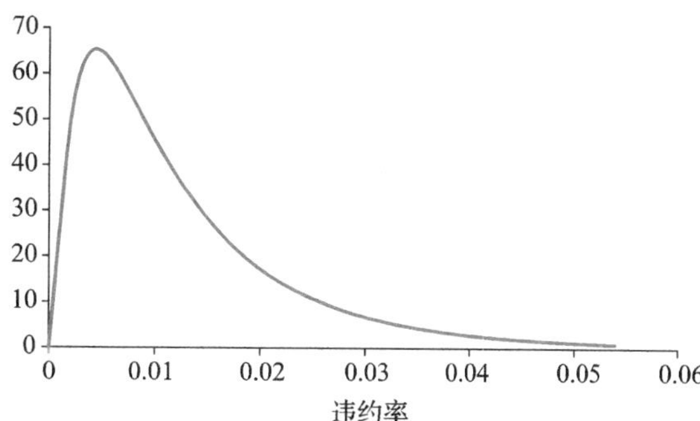

图 11-6 违约率的概率分布，参数由表 11-6 所示的数据得出

$$N\left(\frac{N^{-1}(0.0132) + \sqrt{0.098}N^{-1}(0.999)}{\sqrt{1-0.098}}\right) = 0.093$$

即每年 9.3%。

11.6.3 除高斯 Copula 以外的其他 Copula 函数

单因子高斯 Copula 模型有其局限性。如图 11-4 所示，其得出的尾部相关性很小。这意味着一家公司的意外提早违约和另一家公司的意外提早违约很少同时发生。要找到合适的 ρ 来拟合数据可能比较困难。例如，如果 PD 为 1% 而 10 年中某年的违约率达到 3%，则找不到 ρ 的值可以跟这种情况保持一致。其他一些具备更强的尾部相关性的单因子Copula模型可以更好地拟合数据。

开发这样一种模型的方法是为 F 或 Z_i 选取比式（11-9）中的正态分布具有更厚尾部的分布（这些分布要被放缩，以保证均值为 0，标准差为 1），然后 U_i 的分布再由 F 和 Z_i 的分布（可能通过数值方法）决定。式（11-10）变为

$$WCDR(T,X) = \Phi\left(\frac{\Psi^{-1}(PD) + \sqrt{\rho}\,\Theta^{-1}(X)}{\sqrt{1-\rho}}\right)$$

其中，Φ、Θ 和 Ψ 分别是 Z_i、F 和 U_i 的累积概率分布函数。此时，式（11-14）变为[⊖]

$$G(DR) = \Theta\left(\frac{\sqrt{1-\rho}\Phi^{-1}(DR) - \Psi^{-1}(PD)}{\sqrt{\rho}}\right)$$

⊖ 在论文“The Risk of Tranches Created from Mortgages”（J. Hull and A. White, *Financial Analysts Journal* 66, no. 5（September/October 2010）: 54-67）中，本方法被用于估计由房屋抵押贷款创造的分档证券的风险。在很多情况下，此方法能更好地拟合历史数据，但它的缺点在于其中使用的概率分布相较正态分布处理起来更复杂，有时需要使用数值方法来确定 Ψ 和函数 $g(DR)$。

小结

风险管理人员常常采用相关性或协方差来描述变量之间的相互关系。每天的协方差是变量每天变化的相关系数与变量每天波动率的乘积。监测协方差的方法同第 10 章中监测方差的方法相似。风险管理人员常常跟踪风险变量的方差 - 协方差矩阵。

一个变量的边际分布是指变量的无条件分布。风险分析人员在产生边际分布后往往还需要描述及估计相关性结构。当变量服从正态分布时，很自然我们会假设变量之间服从多元正态分布。在其他情形下，我们需要采用 Copula 函数来描述相关性结构，这时我们将变量的边际分布的分位数以一对一的形式映射到正态分布（或者其他多元分布）上，我们寻求的变量之间的相关结构由映射后的变量的相关性结构来确定。

在多变量情形下，分析员常常采用因子模型。因子模型可以用于减少估计相关系数的数量。我们可以假定任意两个变量的相关系数完全由它们因子之间的相关性决定。公司之间的违约相关性可以通过基于因子的违约时间高斯 Copula 模型来描述。

对于风险管理人员而言，Copula 函数的一个重要用途在于计算贷款组合的违约率分布。风控人员常常假设不同贷款的违约时间的概率分布是由单因子 Copula 模型来确定的。因此，一个大型贷款组合的违约次数分布的分位数可以通过因子概率分布的分位数来计算。我们在第 15 章中将看到，通过采用这种办法，我们可以计算《巴塞尔协议 Ⅱ》所要求的银行的信用风险资本金数量。

延伸阅读

Cherubini, U., E. Luciano, and W. Vecchiato. *Copula Methods in Finance*. Hoboken, NJ: John Wiley & Sons, 2004.

Demarta, S., and A. J. McNeil. "The *t*-Copula and Related Copulas." Working Paper, Department of Mathematics, ETH Zentrum, Zurich, Switzerland, 2005.

Engle, R. F., and J. Mezrich. "GARCH for Groups." *Risk* (August 1996): 36–40.

Vasicek, O. "Probability of Loss on a Loan Portfolio." Working Paper, KMV, 1987. (Published in *Risk* in December 2002 under the title "Loan Portfolio Value.")

练习题

11.1 假定变量之间相关系数已知，你还进一步需要什么样的信息来计算协方差？

11.2 相关系数与关联的不同之处是什么？假定 $y=x^2$，x 服从正态分布，期望值为 0，标准差为 1，x 与 y 之间的相关系数为多少？

11.3 什么是因子模型？为什么可以采用因子模型来描述大量变量之间的相关性？

11.4 矩阵半正定的含义是什么？一个相关系数矩阵不满足半正定条件的后果是什么？

11.5 假定资产 A 和 B 的日波动率分别为 1.6% 和 2.5%，资产 A 和 B 在上个交易日末的价格为 20 美元和 40 美元，该日资产回报相关系数的估计值为 0.25，EWMA 模型中的 λ 参数为 0.95：(a) 计算资产之间当前的协方差；(b) 假定在今天交易结束时，资产价格分别为 20.50 美元和 40.50 美元，相关系数的最新估计为多少？

11.6 假定资产 X 和 Y 的当前日波动率分别为 1.0% 和 1.2%，上个交易日结束时资产价格分别为 30 美元和 50 美元，资产回报的相关系数为 0.5。在这里我们采用 GARCH(1，1) 模型来计算更新相关系数及波动率，GARCH(1，1) 模型中的参数估计为 $\alpha=0.04$ 及 $\beta=0.94$，在相关系数估计中采用 $\omega=0.000\,001$，在波动率估计中采用 $\omega=0.000\,003$，假如在今天交易结束时，资产价格分别为 31 美元和 51 美元，相关系数的最新估计为多少？

11.7 假定在练习题 10.15 中，标准普尔 500 指数（以美元计）与富时 100 指数（以英镑计）的相关系数为 0.7，标准普尔 500 指数（以美元计）与美元/英镑的汇率的相关系数为 0.3，标准普尔 500 指数的日波动率为 1.6%，将富时 100 指数转换为美元后与标准普尔 500 指数的相关系数为多少？（提示：对于 3 个变量 X、Y 和 Z，$X+Y$ 同 Z 的协方差等于 X 与 Z 的协方差加上 Y 与 Z 的协方差）。

11.8 假定两个变量 V_1 和 V_2 服从均匀分布，此分布中的数值介于 0 与 1 之间，并且所有数值有均等出现的概率。采用高斯 Copula 函数来定义 V_1 和 V_2 的相关性结构，在这里 Copula 相关系数为 0.3。将 V_1 和 V_2 的数值分别设定 0.25、0.5 和 0.75，请制作类似于表 11-5 的表格（在作者的网页 www-2.rotman.utoronto.ca/~hull/riskman 中，读者可以下载计算二元正态分布的计算表）。

11.9 假定你有 3 个相互独立并服从正态分布的变量 z_1、z_2、z_3，你想将这 3 组变量由 Cholesky 分解来产生服从三元正态分布的随机变量 ε_1、ε_2、ε_3，请求出由 z_1、z_2、z_3 及变量之间的相关系数组成的 ε_1、ε_2、ε_3 的表达式。

11.10 尾部相关的含义是什么？如何采用不同的 Copula 函数来改变尾部相关性？

11.11 假定 V_1 和 V_2 的边际分布均为标准正态分布，请采用自由度为 4、相关系数为 0.5 的学生 t-Copula 来定义变量之间的相关性，并构造图表来显示联合分布的抽样值。

11.12 在表 11-5 中，在 $V_1<0.1$ 条件下，V_2 的概率密度函数是什么？请将这一密度函数同 V_2 无条件分布进行比较。

11.13 在表 11-3 及表 11-4 中，假定 $V_1=0.2$，此时 V_2 分布的中位数为多少？

11.14 假定银行有一笔大数量的贷款，每笔贷款每年的违约概率为 1.5%，违约时的回收率为 30%，银行采用高斯 Copula 来模拟违约时间。请使用 Vasicek 模型来估计 99.5% 置信度下的违约率。假设 Copula 相关系数为 0.2。

11.15 如果过去 10 年间一个消费贷款组合的违约率为 1%、9%、2%、3%、5%、1%、6%、7%、4% 和 1%。Vasicek 模型中参数的最大似然估计是多少？

作业题

11.16 假定在上个交易日结束时某资产 X 的价格为 300 美元，价格波动率为每天 1.3%，今天 X 的价格在交易结束时为 298 美元，假定在上个交易日结束时资产 Y 的价格为 8 美元，价格波动率为每天 1.5%。Y 的价格与 X 的价格的相关系数为 0.8。今天在交易结束时 Y 的价格同昨天相同，即 8 美元。请求出最新的 X 价格及 Y 价格的波动率及相关系数，在计算中请采用：(a) EWMA 模型，参数为 $\lambda=0.94$；(b) GARCH(1，1) 模型，其

中模型参数 $\omega = 0.000\,002$、$\alpha = 0.04$ 及 $\beta = 0.94$。在实践中，对于 X 和 Y 的 ω 参数是否相同？

11.17 指数分布的概率密度函数为 $\lambda e^{-\lambda x}$，其中 x 为自变量，λ 为参数，指数分布的累积概率分布为 $1 - e^{-\lambda x}$。假定变量 V_1 和 V_2 均服从指数分布，其对应的参数 λ 分别为 1.0 和 2.0，采用高斯 Copula 函数来定义 V_1 和 V_2 的相关性结构，其中 Copula 相关系数为 −0.2，制作与表 11-5 类似的表格，其中 V_1 和 V_2 的值分别为 0.25、0.5、0.75、1、1.25 及 1.5（在作者的网页 www-2.rotman.utoronto.ca/~hull/riskman 中，读者可以下载一个计算累积二元正态分布的计算表）。

11.18 在 Excel 计算表中制作一个类似图 11-5 的图形，在图形中请显示自由度为 4、相关系数为 0.5 的二元学生 t-分布的抽样值。进一步，假定 V_1 和 V_2 的边际分布分别为自由度为 4 的学生 t-分布，采用高斯 Copula 函数来定义 V_1 和 V_2 的相关性结构，Copula 相关系数为 0.5。请画出图形来显示联合分布的抽样，并比较图形。

11.19 假定一家银行有一笔大数量的贷款，每一笔贷款的 1 年违约概率为 1.2%。这家银行采用高斯 Copula 来模拟违约时间，求取对应于在 99.97% 置信度下，贷款损失的最坏数量（99.97% worst case）非常有意义，在这里请展示对应于不同 Copula 相关系数，这一最坏损失数量会有什么样的不同变化。

11.20 某类贷款过去 15 年中的违约率为 2%、4%、7%、12%、6%、5%、8%、14%、10%、2%、3%、2%、6%、7%、9%。使用最大似然法，计算 Vasicek 模型中参数的最佳拟合值。违约率的概率分布是什么？99.9% 置信度下的最坏违约率有多高？

第12章

在险价值和预期亏空

CHAPTER12

在第8章和第9章中，我们讨论了金融机构负责管理某些特定市场变量（例如，股指、利率或大宗商品价格）风险敞口的交易员如何计算delta、gamma及vega等风险指标。金融机构的交易组合往往取决于成百上千个市场变量，交易员每天的分析可能会包括大量计算，虽然这些风险指标对交易员十分重要，但是并不能为金融机构的高管及监管人员提供一个关于整体风险的完整图像。

在险价值（value at risk，VaR）和**预期亏空**（expected shortfall，ES）两项指标都试图以一个数字来度量金融机构的投资组合面临的整体风险。其中VaR的概念最先由摩根大通（见业界事例12-1）提出，并已经被企业资产部、基金经理以及金融机构广泛采用。我们将在第15章和第16章中看到，VaR也是很多监管机构采用的用于计算银行资本金设定的一种传统工具，这里的资本金包括市场风险、信用风险和操作风险资本金。在第18章中我们将会解释，监管机构正在逐步过渡到ES方法。

业界事例12-1　有关VaR的历史回顾

在险价值之所以在今天得到广泛采用应归功于摩根大通。最初，摩根大通的总裁丹尼斯·韦瑟斯通（Dennis Weatherstone）对他每天收到冗长的风险报告非常不满意，报告中包含了大量关于希腊值的不同风险敞口的敏感性信息，但对于银行的整体风险管理意义不大。丹尼斯希望能收到更为简洁的报告，报告应该阐明银行的整体交易组合在今后24小时所面临的风险。最初丹尼斯的下属认为生成这样的报告是不可能的事情。但最终，他们还是以马科维茨交易组合理论为基础（见第1.1节）做出了在险价值报告，这一报告被称为4：15报告，因为这一报告要在每天下午4点15分呈现在总裁的办公桌上。

生成在险价值报告需要大量的工作。风险管理人员需要采集银行在全世界不同地区的交易数据，这些交易所处的时区往往会不同；同时，他们还要对市场变量波动率及相关性要有一定的估计；另外，他们必须开发出生成报告的系统。摩根大通大约在1990年完成了自己的系统开发工作，这样的系统带给银行最主要的好处是使得银行高管对于银行所面临的风险有了清晰的认识，并能据此更合理地分配资本金。与此同时，其他银行也纷纷采用类似的方法来计算自己的整体风险。到1993年，在险价值已经成为测定风险的重要工具。

银行通常对自己开发的模型采取保密措施。1994年摩根大通将自己开发的一个较为简单的模型RiskMetrics通过网络公布于世。RiskMetrics包括了大量市场变量的方差及协方差。RiskMetrics发布后引起了广泛的关注，并引发了对各种在险价值模型优缺点的讨论。自此之后，在险价值很快得到了金融机构及一些非金融机构的广泛采用，成为一种标准方法。巴塞尔委员会在1996年公布了基于在险价值的《巴塞尔协议修正案》。这一修正案在1998年得到了实施（见第15.6节）。后来，RiskMetrics从摩根大通中分离出来，成为一家独立公司。1997年，这家公司发布了可用于信用风险管理的CreditMetrics系统，1999年又发布了可以用于管理非金融机构风险管理的CorporateMetrics系统。

本章将解释VaR和ES的概念，并对其各自的优势以及弱点进行讨论。在第13章及第14章中，我们将解释如何计算市场在险价值和预期亏空，在第21章中，我们将讨论如何将在险价值用于信用风险管理。

12.1 VaR的定义

当使用VaR来度量风险时，我们希望能够做出以下陈述：

我们有$X\%$的把握，在T时间段内，我们的损失不会大于V。

这里的变量V就是交易组合的VaR。VaR是两个变量的函数：时间展望期（T时间段）及置信区间（$X\%$）。VaR给出了在今后的T天及在$X\%$把握之下，交易损失不会超出的值。

VaR可以由交易组合在T时间内的收益概率分布得出，也可以由损失的概率分布得出（对于前者，损失可以认为是负收益；对于后者，收益可以认为是负损失）。例如，当$T=5$天、$X=97$时，VaR对应于交易组合在5天后收益分布中第3个分位数对应的损失；或者，VaR对应于交易组合在5天后损失分布中第97个分位数对应的损失。在更一般的情况下，当采用收益分布时，VaR等于图12-1所示收益分布的第$100-X$分位数的负值；当采用损失分布时，VaR等于图12-2所示损失分布的第X分位数的值。

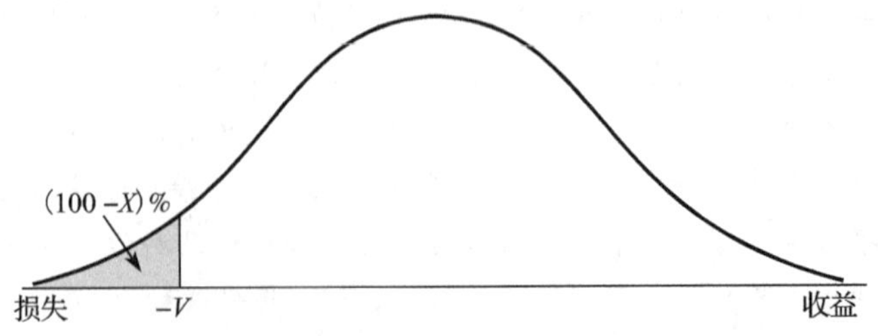

图12-1 由交易组合在时间T的收益概率分布中来计算VaR，损失可看作是负的收益，置信度为$X\%$，VaR的大小为V

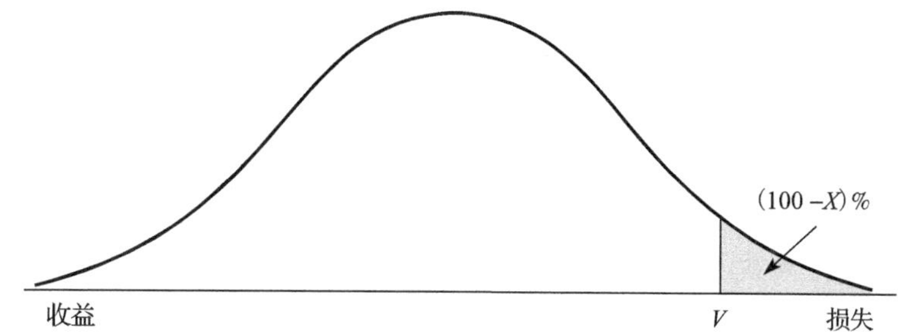

图 12-2　由交易组合在时间 T 的损失概率分布中来计算 VaR，收益可看作是负的损失，置信度为 $X\%$，VaR 的大小为 V

12.2　计算 VaR 的例子

在本节中，我们将提供 VaR 计算的 4 个例子，在前两个例子中，收益（损失）分布为连续形式；在后两个例子中，收益（损失）分布为离散形式。

【例 12-1】　假定一个交易组合在 6 个月内的收益服从正态分布，分布均值为 200 万美元，标准差为 1 000 万美元。从正态分布的性质得出，分布的第一个分位数为 $2-2.326\times10$ 即 $-2\ 130$万美元，因此，对于 6 个月展望期，在 99% 置信度下的 VaR 为 2 130 万美元。

【例 12-2】　假定一个 1 年项目的最终结果介于 5 000 万美元损失和 5 000 万美元收益，5 000 万美元损失和 5 000 万美元收益之间的任意结果具有均等的可能，这时，项目的最终结果服从由 $-5\ 000$ 万美元到 $+5\ 000$ 万美元的均匀分布，损失大于 4 900 万美元的可能性为 1%，因此，对于 1 年展望期，在 99% 置信度下的 VaR 为 4 900 万美元。

【例 12-3】　假定一个 1 年项目有 98% 的概率收益为 200 万美元，1.5% 的概率损失为 400 万美元，0.5% 的概率损失为 1 000 万美元。损失累计分布如图 12-3 所示，在这一累计分布下，对应于 99% 累计概率的点为 400 万美元，因此，对于 1 年展望期，在 99% 置信度下的 VaR 为 400 万美元。

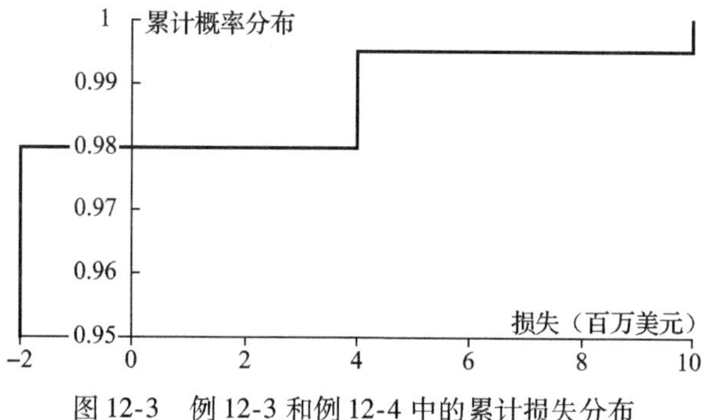

图 12-3　例 12-3 和例 12-4 中的累计损失分布

【例12-4】 考虑例12-3中的情况，假定我们想求得对在99.5%置信度下的VaR，这时，图12-3显示，对介于400万美元和1 000万美元的任何一点的损失，均有99.5%的把握不会被超出。对于这一区间的任意数值V，损失超出V的概率均为0.5%。VaR在这一情形不具有唯一性，一个合理的选择是将VaR设定为这一区间的中间值，这意味着，在99.5%置信度下的VaR为700万美元。

12.3 VaR的缺陷

VaR的概念比较容易理解，因此很受欢迎。在应用VaR时，事实上用户在问以下简单的问题："情况能坏到什么样子?"这一问题的答案是所有的高级管理人员都希望知道的。他们很喜欢将交易组合对多个市场变量的不同敏感度压缩为一个数字的做法。

但是，当采用VaR来设定一个交易员的风险额度时，也可能会产生我们不希望看到的结果。假定一家银行限定的某交易员的交易组合在一定展望期的99% VaR的额度为1 000万美元，交易员可以构造一个交易组合，该组合有99.1%的可能每天的损失小于1 000万美元，但有0.9%的可能损失为5 000万美元。该交易员满足了银行所设定的风险额度，但很明显，他承担了银行不可接受的风险。交易员所追求的收益的概率分布形状如图12-4所示，图12-4所示的VaR等同于图12-1所示的VaR，但图12-4所对应的风险要远大于图12-1所对应的风险，这是因为图12-4所示的分布更有可能出现大的损失。

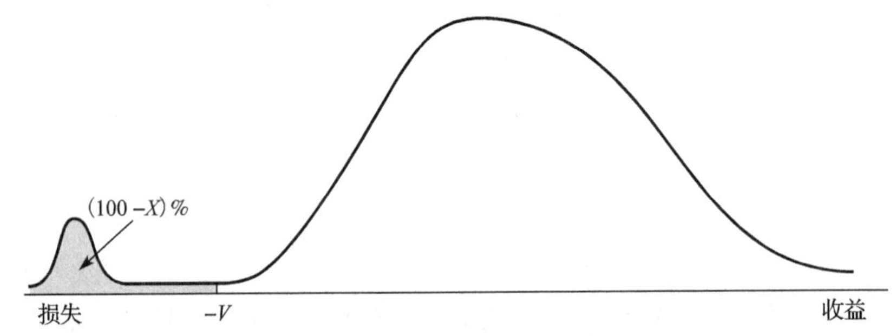

图12-4 时间T内某交易组合价值的概率分布

注：置信区间为X%，交易组合具有和图12-1中相同的VaR，但该图显示出现大额损失的可能性更大。

我们可以认为，图12-4所示的概率分布在实践中从未发生过。实际上，这并不罕见。许多交易策略有很大的概率得到非常好的收益，但是也存在很小的概率遭受巨大的损失（例如，采用卖出虚值期权这样的策略，交易员会收到期权费，且在大多数情形下无须为买家支付收益。然而，一旦期权被执行，交易员往往就会遭受很大的损失）。许多交易员喜欢承担更大的风险，以期得到更高的收益。如果交易员能够在没有超出风险额度的情况下承担更大的风险，他们往往会那样去做，这里引用某交易员同作者的一席对话："我还从来没有碰到过一种风险控制系统能限制我进行交易。"

12.4 ES

与VaR相比，一种能给予交易员更多动机合理去控制风险的风险测度为预期亏空（ES）。

这一测度有时也被称为**条件在险价值**（conditional VaR）或**条件尾部期望**（conditional tail expectation）或**尾部损失**（tail loss）。VaR测度的目的是回答"情况能坏到什么样子"这样的问题，而ES则要回答"当糟糕的情况发生时，损失的期望值为多大"。像VaR一样，ES也是两个变量的函数，即展望期的时间长度T（展望期）以及置信区间的水平X。实际上，为了计算ES，必须首先计算VaR。ES是指在T时间段的损失超出了第X分位数的条件下损失的期望值。例如，假定$X=99$，$T=10$天，VaR=6 400万美元，ES为在今后10天，损失超出6 400万美元以上的平均损失。

将ES而不是VaR作为交易员的风险额度，会使得交易员进行如图12-4所示的交易的可能性降低。另外，在下一节中我们将说明，从风险分散的意义上来讲，ES要比VaR有更好的性质，因为前者总是能体现风险分散带来的益处。但是，ES的不利之处在于其复杂性，因此这一风险测度比VaR更难以理解。另外，与VaR相比，对计算ES的过程进行回溯测试（back-testing）更加困难（我们在今后将解释，回溯测试是利用历史数据来检验风险计量计算方法可靠性的一种途径）。

12.5 一致性风险测度

假定对应于99.9%置信区间和1年展望期，某交易组合的VaR为5 000万美元，这意味着在极端条件下（理论上讲，每1 000年出现一次），金融机构在1年时损失会超出5 000万美元，这同时也说明，如果金融机构持有5 000万美元的资本金，我们会有99.9%的把握，金融机构不会在1年内完全损失自身持有的资本金。

假定我们想设计某种风险测度来确定金融机构应持有的资本金数量，VaR是最好的选择吗（在合适的展望期和置信水平下）？Artzner等研究人员对这一问题进行了研究，他们指出理想的测度应满足以下性质[⊖]：

（1）单调性（monotonicity）：如果在任何情形下，第一个交易组合的回报均低于另一个交易组合的回报，那么第一个交易组合的风险测度一定要比另一个更大。

（2）平行移动不变性（translation invariance）：如果我们在交易组合中加入K数量的现金，那么交易组合所对应的风险测度要减少K数量。

（3）同质性（homogeneity）：假定一个交易组合的内含资产品种和相对比例不变，但内含资产的数量增至原数量的λ倍，此时新的交易组合的风险测度应是原风险的λ倍。

（4）次可加性（subadditivity）：两个交易组合相加所组成的一个新交易组合的风险测度小于或等于最初两个交易组合的风险测度之和。

以上风险测度的第一个性质显而易见，如果一个交易组合的回报总是比另一个交易组合要差，那么第一个交易组合的风险一定会更高；第二个条件也非常合理，如果我们在某个交易组合中加入K数量的现金，那么该现金可以为损失提供缓冲，相应的额外资本金要求也应该可以减少K数量；第三个条件也很合理，如果我们将某交易组合放大两倍，那么相应的资本金要求

⊖ See P. Artzner, F. Delbaen, J.-M. Eber, and D. Heath, "Coherent Measures of Risk," *Mathematical Finance* 9 (1999): 203-228.

也应该增大两倍；[⊖]第四个条件是在说明风险分散可以降低风险，即我们将两个交易组合叠加在一起，新的交易组合的风险应该减少，或至少保持不变。

VaR满足以上讨论中的前3个条件，但VaR并不一定永远满足第四个条件，这一点将在以下例子中阐明。

【例12-5】 假定两个独立贷款项目在1年内均有0.02的概率损失1 000万美元，同时均有0.98的概率损失100万美元，任意一个单笔贷款在展望期为1年、97.5%的置信区间下的VaR为100万美元，将两个贷款叠加产生一个投资组合，组合有0.02×0.02=0.000 4的概率损失2 000万美元，并且有2×0.02×0.98=0.039 2的概率损失1 100万美元，有0.98×0.98=0.960 4的概率损失200万美元。在展望期为1年、97.5%的置信度下，组合的VaR为1 100万美元，单笔贷款所对应VaR的和为200万美元，贷款组合的VaR比贷款VaR的总和高900万美元，这违反了次可加性。

【例12-6】 我们考虑两笔期限均为1年、本金均为1 000万美元的贷款。违约的概率由下表所示。

结果	概率（%）
两笔贷款均不违约	97.50
第一笔贷款违约，第二笔贷款不违约	1.25
第二笔贷款违约，第一笔贷款不违约	1.25
两笔贷款均违约	0.00

当其中任何一笔贷款违约时，收回本金的数量不定，但我们知道回收率介于0与100%的可能性为均等。当贷款没有违约时，贷款盈利均为20万美元。

首先考虑第一笔贷款，违约可能为1.25%，在违约发生的条件之下，损失均匀介于0与1 000万美元，这意味着有1.25%的概率损失大于0；有0.625%的概率损失大于500万美元；损失超出1 000万美元的事件不会发生。损失超出200万美元的概率为1%（在损失发生的前提下，有80%的概率损失会超出200万美元，因为损失出现的概率为1.25%，损失大于200万美元的无条件概率为0.8×0.012 5=0.01，即1%），因此，1年期的99% VaR为200万美元。同样的计算也适用于第二笔。

接下来考虑两笔贷款的组合，违约出现的概率为2.5%。同上，违约所触发的损失在0与1 000万美元之间均匀分布。对应这种情况，VaR的估计值为580万美元，这是因为在两笔贷款之中有一笔贷款违约的概率为2.5%，在违约发生的条件下，损失超过600万美元的可能性为40%。因此，损失大于600万美元的无条件概率为2.5%×40%=1%。当一笔贷款产生违约时，另外一笔贷款会盈利20万美元，将这一盈利考虑在内，我们得出1年的99% VaR为580万美元。

⊖ 在组合规模不大时，这样认为是没有问题的。但当组合规模变得十分巨大时，其流动性就受到限制，相应地，资本金的要求可能也会提升。

将单独计算的单一贷款所产生 VaR 相加，我们得出 VaR 的总和为 200 万美元 +200 万美元 = 400 万美元，将两笔贷款组合在一起得出的 VaR 比单项 VaR 的总和 580 万美元多 180 万美元，这违反了次可加性条件（我们都知道将多笔贷款合成一交易组合会带来风险分散的效应，但我们看到，两个交易组合合并之后的 VaR 可能会大于两个交易组合 VaR 的和）。

如果一个风险测度满足以上所有的 4 个条件，则这样的测度被称为一致性风险测度。例 12-5 和例 12-6 说明，VaR 不满足一致性条件。我们可以证明以上讨论的预期亏空测度满足一致性条件，以下例子说明了这一点。

【例 12-7】　让我们考虑例 12-5 中的情形。每笔贷款的 VaR 均为 100 万美元。为了计算在 97.5% 的置信区间下的预期亏空，我们注意到，在 2.5% 的尾部分布中，有 2% 的概率损失为 1 000 万美元，有 0.5% 的概率损失为 100 万美元（注意，其他 97.5% 的分布所对应的损失也为 100 万美元），在 2.5% 的尾部分布的范围内，有 80% 的概率损失为1 000 万美元，有 20% 的概率损失为 100 万美元，损失的期望值（以百万计）为 0.8 ×10 +0.2 ×1，即 820 万美元。

将两个贷款项目结合到一起时，在 2.5% 的尾部分布中，有 0.04% 的概率损失为 2 000 万美元，有 2.46% 的概率损失为 1 100 万美元，在 2.5% 的尾部分布的范围内，损失的期望值为 (0.04/2.5) ×20 + (2.46/2.5) ×11，即 1 114.4 万美元。

因为 8.2 +8.2 >11.144（以百万美元计），所以我们得出预期亏空满足次可加性条件。

【例 12-8】　考虑例 12-6 中的情形，我们已经展示了单笔贷款所对应的 VaR 为 200 万美元，将展望期设为 1 年，在 99% 的把握之下所对应的预期亏空等于在损失大于 200 万美元的条件之下损失的期望值。我们已知损失服从 0 ~1 000 万美元的均匀分布，如果损失大于 200 万美元，那么预期亏空为 200 万美元与 1 000 万美元之间的中间值，即 600 万美元。

例 12-6 说明，两笔贷款组成的贷款组合的 VaR 为 580 万美元，贷款组合的预期亏空等于在损失大于 580 万美元的条件之下损失的期望值。当一笔贷款违约时，另一笔贷款不可能违约（这一点是由于假设），这时，贷款组合的价值介于 20 万美元的盈利（+20）及 980 万美元的损失（−980）之间的均匀分布，损失介于 580 万美元与 980 万美元之间的期望值为 780 万美元。因此，贷款组合的预期亏空为 780 万美元。

因为 7.8 小于 2 ×6（以百万美元计），所以我们得出预期亏空满足次可加性条件。

可加性条件并非只是一个理论要求，银行不难发现，有时将两个交易组合（例如，将股票交易组合和固定收益投资组合）叠加在一起时，叠加后的组合 VaR 会升高。

谱函数型风险测度

一个风险测度可以通过其分配给损失分布的分位数的权重来描述。[⊖]VaR 对第 X 个分位数

⊖ 这里的分位数（quantiles）也被称为百分位数（percentiles）或部分分位数（fractiles）。

设定了100%的权重，而对其他分位数设定了0权重；ES对高于第X个分位数的所有分位数设定了相同比重，而对低于第X个分位数的分位数设定了0比重。我们可以对于分布中的其他分位数设定不同的比重，并以此定义出所谓的**谱函数型风险测度**（spectral risk measure）。当谱函数型测度分配给第q个分位数的权重为q的非递减函数时，该测度一定满足一致性条件（这种测度满足次可加性条件）。ES满足以上要求，但VaR并不满足以上要求，因为VaR对于高于X的分位数所设定的权重小于对于第X个分位数所对应的权重。研究人员提出了其他形式的风险测度，在这些测度中，第q个分位数的权重随着q的改变而有较大的变化，其中一种想法是使得第q个分位数所对应的权重与$e^{-(1-q)/\gamma}$成比例，这里的γ为常数，这种权重设定所对应的测度被称为**指数谱函数风险测度**（exponential spectral risk measure）。图12-5展示了当γ为两种不同的值时，ES及指数谱函数风险测度所对应的不同权重。

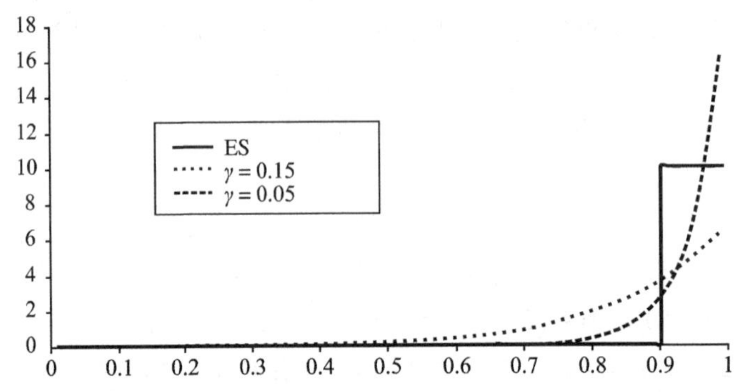

图12-5 在3种情形中，权重作为分位数的函数

注：a）X=90%所对应的ES；b）γ=0.15所对应的指数谱风险测度；c）γ=0.05所对应的指数谱测度。

12.6 VaR和ES中的参数选择

用户在计算VaR或者ES时须设定两个参数：时间展望期及置信度。一个较为普遍的假设是假定交易组合价值变化在某指定展望期服从正态分布，但正如我们在第10.3节中讨论的，一般来说，这并不是一个好的假设。但是在此，讨论一下这个假设下的结果还是有意义的。设交易组合损失的均值为μ，标准差为σ

$$\text{VaR} = \mu + \sigma N^{-1}(X) \tag{12-1}$$

其中X为置信度，$N^{-1}(\cdot)$代表累积正态分布的反函数（在Excel计算表中，这一项的计算可以通过调用函数NORMSINV来实现）。上式显示出，对于一个相对较短的时间展望期，μ通常被假定为0，且对应于一定的置信度，VaR与σ成正比。

【例12-9】 假定某交易组合在10天展望期上的价值变化服从正态分布，分布的期望值为0，标准差为2 000万美元，10天展望期的99%的VaR为$2\,000N^{-1}(0.99)=4\,650$万美元。

假设损失服从正态分布，均值为μ，标准差为σ，置信区间为X的ES为

$$ES = \mu + \sigma \frac{e^{-Y^2/2}}{\sqrt{2\pi}(1-X)} \tag{12-2}$$

这里 Y 是标准正态分布第 X 分位数对应的值（即它是均值为 0 和标准差为 1 的标准正态分布上，有 $1-X$ 概率被超过的点）。从这里也能看出，如果假设 μ 的值为 0，则 ES 和 VaR 类似，也与 σ 呈正比。

【例 12-10】 再次考虑例 12-9，10 天内组合价值的变化服从一个均值为 0、标准差为 2 000 万美元的正态分布。因为标准正态分布上有 1% 概率被超过的点为 2.326，所以 10 天展望期、置信度为 99% 的 ES 是：$2\,000\times\dfrac{e^{-2.326^2/2}}{\sqrt{2\pi}\times 0.01}=5\,330$（万美元）。

12.6.1 时间展望期

在计算 VaR 和 ES 时，时间展望期的选取要因用途而定。当持仓的流动性很好，交易活跃时，则使用较短的（可能仅有几天）展望期是合理的。当得出的风险测度不可接受时，管理人员应对交易组合及时进行调整。在这种情况下，一个较长展望期的风险测度意义不大，这是因为在一个较长的展望期内，交易组合的成分往往已经发生较大的变化。

养老基金投资组合的管理人员往往会选择一个较长的展望期。这是因为此类投资组合的交易行为往往不太活跃，而且组合内的某些资产的流动性也不一定很好。当投资组合的流动性从一种工具变化到另一种工具时，可以更改 VaR 或 ES 的定义，以使所考虑的变化从一个市场变量到另一个市场变量都不同。例如，考虑一个由 IBM 的股票和每年交易少于 10 次的公司债券组成的投资组合。从 IBM 的价格变化和债券价格的变化计算出一种风险测度是合理的，其中，我们有 99% 的把握认为 IBM 的价格变化将在 10 天之内不会被超过，有 99% 的把握认为债券价格的变化不会在 60 天之内被超过。这是监管机构在《交易账户的基本审查》中所采用的方法，将在第 18 章中进行讨论。

无论对应于什么样的场合，在考虑市场风险时，风险管理人员往往要首先计算 1 天展望期的 VaR 或者 ES，对于其他的展望期，一个较为常用的假设为

$$T\text{-day VaR} = 1\text{-day VaR}\times\sqrt{T} \tag{12-3}$$

$$T\text{-day ES} = 1\text{-day ES}\times\sqrt{T} \tag{12-4}$$

当交易组合价值的日间变化相互独立，并服从相同的期望值为 0 的正态分布时，以上公式完全正确；对于其他情形，这个公式只是一个近似式。以上公式基于式（12-1）和式(12-2)及以下结果事实：

（1）T 个相互独立并具有等同分布的标准差等于$\sqrt{T}$乘以任意一个分布的标准差；

（2）多个相互独立正态分布的总和仍服从正态分布。

12.6.2 自相关性的影响

在实际中，投资组合价值每天的变化并不总是相互独立的，定义 ΔP_i 为交易组合在第 i 天的价值变化，一个较为简单的假设是一阶自相关，即对所有的 i，假定 ΔP_i 与 ΔP_{i-1}的相关系数均为 ρ。假定对于任意 i，ΔP_i 的方差为 σ^2，采用两个变量之和的方差公式，我们得出 $\Delta P_{i-1}+$

ΔP_i 的方差为

$$\sigma^2+\sigma^2+2\rho\sigma^2=2(1+\rho)\sigma^2$$

令 ΔP_{i-j} 与 ΔP_i 的相关系数为 ρ^j。因此，我们得出以下计算 $\sum_{i=1}^{T}\Delta P_i$ 的标准差的计算公式（见练习题 12.11）

$$\sigma\sqrt{T+2(T-1)\rho+2(T-2)\rho^2+2(T-3)\rho^3+\cdots+2\rho^{T-1}} \tag{12-5}$$

表 12-1 展示了由 1 天 VaR 来计算 T 天 VaR 时，自相关性（autocorrelation）的影响。在计算中，我们假设交易组合每天价值变化均服从正态分布，期望值为 0。我们应该注意到 T 天的 VaR(ES) 和 1 天的 VaR(ES) 的比率与每天波动率 σ 以及置信度均无关，这一结论是基于式（12-1）、式（12-2）及式（12-5）的性质，即 T 天标准差与 1 天标准差成正比。将表 12-1 中 $\rho=0$ 情形与其他情形进行比较得出：当自相关存在时，由式（12-3）和式（12-4）所估计的 VaR 和 ES 会偏低。

表 12-1 当存在一阶自相关性时，T 天的 VaR(ES) 同 1 天的 VaR(ES) 的比率

	$T=1$	$T=2$	$T=5$	$T=10$	$T=50$	$T=250$
$\rho=0$	1.00	1.41	2.24	3.16	7.07	15.81
$\rho=0.05$	1.00	1.45	2.33	3.31	7.43	16.62
$\rho=0.1$	1.00	1.48	2.42	3.46	7.80	17.47
$\rho=0.2$	1.00	1.55	2.62	3.79	8.62	19.35

注：在计算中，我们假定组合的每天价值变化均服从正态分布，期望值为 0，ρ 为自相关参数。

【例 12-11】 假定某交易组合的每天价值变化服从正态分布，均值为 0，标准差为 300 万美元，每天价值变化的一阶自相关系数为 0.1，由式（12-5）得出，在今后 5 天交易组合的价值变化的标准差为

$$300\times\sqrt{5+2\times4\times0.1+2\times3\times0.1^2+2\times2\times0.1^3+2\times1\times0.1^4}=726.5(\text{万美元})$$

因此 5 天的 95% VaR 为：$726.5N^{-1}(0.95)=1\ 195$（万美元）；5 天的 ES 为：$726.5\times\frac{e^{-1.645^2/2}}{\sqrt{2\pi}\times0.05}=1\ 498$（万美元）。

注意 5 天价值变化的标准差同 1 天价值变化的标准差的比率为 726.5/300 = 2.42。在我们的假设之下，VaR 及 ES 均与标准差成正比，这里的计算正好对应于表 12-1 中 $\rho=0.1$ 及 $T=5$ 的情形。

12.6.3 置信区间

VaR 和 ES 中选用的置信区间与若干因素有关。假定一家银行想保持自己的 AA 信用评级，银行通过计算得出，具有 AA 信用评级的公司在 1 年展望期内只有 0.03% 的破产可能，因此，银行在内部管理过程中可以采用 99.97% 置信区间，并且采用 1 年的展望期来计算资本金。例如，如果对所有敞口，展望期为 1 年、置信度为 99.97% 的 VaR 为 50 亿美元，则意味着如果银行拥有 50 亿美元资本金，在 1 年内破产（即将所有股本损失掉）的可能性只有 0.03%。银行也

可将这一信息传达给评级公司，这一信息表明银行有资格得到AA信用评级。

在实际计算中所采用的置信区间往往比在银行报告中采用的置信区间要小得多，这是因为对应于高置信区间VaR的估计会非常困难。提高置信区间的一个常用做法是我们将在第13章中介绍的极值理论。如果每天的价值变化服从正态分布，期望值为0，那么我们可以采用式（12-1）与式（12-2）来转换对应于不同置信区间的VaR和ES。例如，假定σ为对应于某展望期交易组合价值变化的标准差，交易组合价值变化的分布的期望值为0，对应于置信区间为X的VaR估计为VaR(X)，预期亏空为ES(X)。由式（12-1）得出

$$\mathrm{VaR}(X) = \sigma N^{-1}(X)$$

以上公式对不同置信区间X均成立，由此我们可知置信区间为X^*的VaR，可以由更低的置信区间X的VaR得出

$$\mathrm{VaR}(X^*) = \mathrm{VaR}(X)\frac{N^{-1}(X^*)}{N^{-1}(X)} \tag{12-6}$$

类似地，由式（12-2）

$$\mathrm{ES}(X^*) = \mathrm{ES}(X)\frac{(1-X)\mathrm{e}^{-(Y^*-Y)(Y^*+Y)/2}}{1-X^*} \tag{12-7}$$

这里，Y和Y^*是标准正态分布上各有（$1-X$）和（$1-X^*$）概率被超过的值。

式（12-6）和式（12-7）假定两个VaR和ES测度具有同样的展望期，如果我们想同时变换展望期和置信区间，则可以将上述两式分别与式（12-3）及式（12-4）结合进行计算。

【例12-12】 假定某交易组合1天的95% VaR为150万美元，1天展望期、95%置信度的ES为200万美元，同时假定交易组合的价值变化服从正态分布，均值为0，由式（12-6）得出，1天展望期的99% VaR为：$150\times\frac{2.326}{1.645}=212$（万美元）。由式（12-7）可知，1天展望期、99%置信度的ES为：$200\times\frac{0.05}{0.01}\mathrm{e}^{-(2.326-1.645)\times(2.326+1.645)/2}=258$（万美元）。

12.7 边际、递增及成分VaR测度

假定某交易组合由若干子组合（subportfolio）组成。每个子组合对应不同的资产类别（如国内股票、国外股票、固定收益和衍生产品等）。它们可能对应着银行不同的业务部门（如零售银行、投资银行和自营交易），甚至还可能对应着一笔独立的交易。分析师有时需要计算每个子组合的VaR或ES等测度。

设对第i个子组合的投资额为x_i，交易组合对第i个子组合的**边际VaR**（marginal VaR）是指交易组合的VaR对子组合i的价值变化的敏感度，即

$$\frac{\partial \mathrm{VaR}}{\partial x_i}$$

要估算边际VaR，我们可以将x_i增加一个小的数额Δx_i到$x_i+\Delta x_i$，然后重新计算VaR。设ΔVaR是VaR的增量，则我们估计的边际VaR为$\Delta\mathrm{VaR}/\Delta x_i$。对于一个分散度比较好的投资组

合，边际 VaR 同资本资产定价模型中的 Beta 系数有密切关系（见第 1.3 节）。当一个资产的 Beta 较高时，这个资产所对应的边际 VaR 往往也会较高；当一个资产的 Beta 较低时，这个资产所对应的边际 VaR 会很低，在有些情形下，某资产的边际 VaR 为负，这说明增加这一资产的权重会减小投资组合的风险。

第 i 个子交易组合的**递增 VaR**（incremental VaR）指该子交易组合对 VaR 的递增效应，即交易组合包含此子组合时的 VaR 与不包含此子组合时的 VaR 的差。交易员通常对新交易的递增 VaR 感兴趣。

第 i 个子交易组合的**成分 VaR**（component VaR）定义为

$$C_i = \frac{\partial \mathrm{VaR}}{\partial x_i} x_i \tag{12-8}$$

上式的近似表达式为

$$\frac{\Delta \mathrm{VaR}}{\Delta x_i} x_i$$

要计算成分 VaR，我们可以对第 i 个子交易组合的投资额进行一个小的相对变化 $y_i = \Delta x_i / x_i$，然后重新计算 VaR。假定 ΔVaR 为 VaR 的增量，则成分 VaR 近似为 $\Delta \mathrm{VaR}/y_i$。在很多情况下，这个近似是合理的。这是因为，如果一个子交易组合的规模相对整个交易组合很小，则我们可以认为边际 VaR 在 x_i 减小到 0 的过程中保持不变。当采用这个假设后，减小 x_i 到 0 的影响为 x_i 乘以边际 VaR，二者之积就是成分 VaR。

边际预期亏空、递增预期亏空和成分预期亏空的定义分别与边际 VaR、递增 VaR 和成分 VaR 的定义相仿。

12.8 欧拉定理

由伟大的数学家莱昂哈德·欧拉（Leonhard Euler）很多年前发现的一个结果被证明在将一个风险测度指标由整个投资组合向子组合分配时有重要的作用。令 V 是一个交易组合上的风险测度，而 x_i 是第 i 个子组合的大小（$1 \leqslant i \leqslant M$）。假设所有的 x_i，当 x_i 变为 λx_i 时（即整个交易组合变为原来的 λ 倍），V 变为 λV。这对应于第 12.5 节所述的第三个条件，即线性同质性，这对大部分风险测度是成立的。[⊖]

基于上述条件，由欧拉定理，下式是成立的

$$V = \sum_{i=1}^{M} \frac{\partial V}{\partial x_i} x_i \tag{12-9}$$

这一结果提供了将 V 分配到各个子组合中的方法。

当风险测度为 VaR 时，根据欧拉定理

$$\mathrm{VaR} = \sum_{i=1}^{M} C_i$$

这里，C_i 是式（12-8）中给出的第 i 个子交易组合的成分 VaR。这一结果表明，一个交易组合的成分 VaR 的总和等于交易组合的整体 VaR。因此，成分 VaR 可以方便地将整体 VaR 分

⊖ 对一个纳入了流动性的风险测度可能不成立。当一个交易组合变得很大时，它的流动性会变差。

配到子交易组合中。如在前一节中解释的，成分 VaR 的另一个吸引人的性质是：一个大交易组合的第 i 个成分 VaR 与这一成分的递增 VaR 近似。

当以 ES 为风险测度时，欧拉定理同样显示交易组合的整体 ES 是所有成分 ES 的和：

$$\text{ES} = \sum_{i=1}^{M} \frac{\partial ES}{\partial x_i} x_i$$

由此，与 VaR 类似，ES 也可以被分配到各个不同的业务部门中。在第 26 章中，我们会介绍怎样使用欧拉定理对银行的经济资本金在各个业务部门中进行分配。

通过欧拉定理，交易组合的风险可以按组成成分被分解，这对确定所谓的**风险预算**（risk budgeting）非常有用。风险预算的目的就是在交易组合的不同组成成分之间分配风险。如果通过欧拉分解发现分配给某一成分的风险过高，则交易组合就需要重新调整。

12.9 VaR 和 ES 的聚合

有时，风险管理部门可能会使用同样的展望期和置信区间计算银行不同业务领域的多个 VaR，并希望将这些 VaR 聚合起来求得整体 VaR。以下公式可以达到这一目的

$$\text{VaR}_{\text{total}} = \sqrt{\sum_i \sum_j \text{VaR}_i \, \text{VaR}_j \rho_{ij}} \qquad (12\text{-}10)$$

其中VaR_i 是第 i 项业务的 VaR，$\text{VaR}_{\text{total}}$是整体 VaR，$\rho_{ij}$是业务 i 的损失和业务 j 的损失的相关系数。上式在损失（收益）期望为 0 的正态分布下严格成立，并且在其他情况下也提供了很好的估计。将式（12-10）中的 VaR 替换为 ES，所得结果仍然是正确的。

【例 12-13】 假设两个业务部门的 ES 分别为 6 000 万美元和 1 亿美元。损失之间的相关性为 0.4，则估计的整体 ES 为：$\sqrt{60^2 + 100^2 + 2 \times 60 \times 100 \times 0.4} = 135.6$（百万美元）。

12.10 回溯测试

回溯测试是一种重要的衡量风险测度在现实中的表现的手段。在回溯测试中，我们会验证当前采用的风险测度计算过程如果被用于过去，其表现会如何。对 VaR 的回溯测试会比 ES 更简单，这也解释了为什么过去监管机构并不情愿把用于市场风险的 VaR 模型转换为 ES 模型。在第 18 章中我们会解释，监管部门的计划是在将来，ES 模型会被用来计算监管资本金，而回溯测试还是会依赖 VaR 的测算。

假设我们开发出一个计算 1 天的 99% VaR 的模型。在回溯测试中，我们要找出来交易组合在 1 天内的损失有多少次超出了 1 天的 99% VaR，实际损失超出 VaR 情形被称为例外（exception）。如果例外的天数大约占整体天数的 1%，则我们应该对我们的 VaR 模型表现感到欣慰。但是，如果例外的天数占整体天数的比例远大于 1%（例如 7%），则我们有理由认为 VaR 的估计偏低。从监管部门的角度来看，由这样的 VaR 而得出的资本金数量会太低。此外，如果例外情形发生的频率远低于 1%（例如 0.3%），则我们有理由认为这里的 VaR 估计偏高，由此而得出的资本金数量偏高。

在对 1 天的 VaR 进行回溯测试时，我们要考虑在日内交易组合本身的变化。对这一问题有

两种处理方式：第一种方式是假定交易组合的构成没有任何变化，在这一假设之下，我们可以计算交易组合的价值变化，完成计算之后，将 VaR 与这一理论价格变化（hypothetical changes）进行比较；第二种方式是将 VaR 同交易组合价值的真实变化进行比较。在 VaR 的计算过程中，我们必然要假设在展望期内没有任何新的交易，正因为如此，将 VaR 同第一种方式中计算所得的理论价格变化进行比较看起来更为合理。但是，在我们的分析过程中，交易组合的实际价格变化才是我们管理的重心。在实践中，风险管理人员常常将 VaR 既同理论价值变化进行比较，也同实际价值变化进行比较（事实上，监管机构坚持在回溯测试中，VaR 要与交易组合的真实及理论价值变化同时进行比较）。在计算真实价格变化时，一些与市场风险无关的项目必须被剔除出来，这些项目包括手续费收入及一些非市场中间价格的交易（买入与卖出价格的平均）带来的损益等。

假定 VaR 的展望期为 1 天，置信度为 X%。如果 VaR 模型准确无误，那么每天的损失超出 VaR 的概率 $p=1-X/100$。假定我们总共有 n 个观察日，在所有的观察日中有 m 天损失超出了 VaR。假定 $m/n>p$，因为 VaR 的估计太低，我们在这里应该拒绝这个模型吗？将我们的问题表达得更正式一些，我们考虑以下两种对立假设：

（1）对应任意一天，例外发生的概率为 p；

（2）对应任意一天，例外发生的概率大于 p。

这里的例外是指实际损失超出了 VaR 的估计。从二项式分布的性质得出，有 m 或更多天的天数损失超出 VaR 的概率为

$$\sum_{k=m}^{n}\frac{n!}{k!(n-k)!}p^k(1-p)^{n-k}$$

以上计算可通过 Excel 中的函数 BINOMDIST 来实现，在统计假设检验中，一个经常被选定的置信度为 5%，如果在所有观察日中，有 m 或更多天实际损失超出 VaR 的概率小于 5%，那么我们可以拒绝第一种假设，即例外发生的概率为 p；当 m 或更多天实际损失超出 VaR 的概率大于 5% 时，我们不能拒绝第一种假设。

【例 12-14】 假定我们采用 600 天的数据来检测 VaR 模型，在计算 VaR 时我们选取了 99% 的置信区间，在 600 天观察数据中我们发现了 9 个例外，而在这里我们对例外所发生的个数的期望值为 6，这时我们应该拒绝这一 VaR 模型吗？通过 Excel 计算，对应于 9 个或更多的例外发生的概率为 1 - BINOMDIST(8，600，0.01，TRUE)，以上的计算数值为 0.152，因此如果采用 5% 置信区间，我们不应该拒绝模型。但是假如我们发现例外的个数为 12，我们计算出的例外个数为 12 或更多的概率为 0.019，这时我们应该拒绝模型。事实上，当例外个数超出 11 时我们就应该拒绝模型（例外个数为 10 或更多的概率大于 5%，但例外个数为 11 或更多的概率小于 5%）。

当例外个数 m 小于例外的期望值时，我们可以采取一个类似的方法来检验例外发生的真正概率是否为 1%（在这时，我们的对立假设为例外发生的概率小于 1%）。此时有 m 个或更少例外发生的概率为

$$\sum_{k=0}^{m}\frac{n!}{k!(n-k)!}p^{k}(1-p)^{n-k}$$

这一数值要与5%阈值来进行比较。

【例 12-15】 假定我们采用600天的数据来检测VaR模型，在计算中我们选用99%的置信程度，在600天观察数据中我们只发现了1个例外，这一数值远低于例外的期望值6，这时我们应该拒绝VaR模型吗？用Excel计算有1个或没有例外发生的概率为BINOMDIST（1，600，0.01，TRUE）。

以上的计算数值为0.017，因此如果采用5%的置信区间，我们应该拒绝模型，但是，如果例外发生的次数大于或等于2个，那么我们就不应该拒绝模型。

在这里我们所考虑的检验均为单向检验。在例12-14中，我们假定例外发生的概率是1%或者大于1%，在例12-15中我们假定例外发生的概率是1%或者小于1%。Kupiec（1995）开发出一个很有效的双向检验[⊖]（two-tailed test）方法。假定在VaR中例外发生的概率为p，而在n个观察日中例外发生了m次，变量

$$-2\ln[(1-p)^{n-m}p^{m}]+2\ln[(1-m/n)^{n-m}(m/n)^{m}] \qquad (12\text{-}11)$$

应该服从具有一个自由度的chi-平方分布（chi-square distribution）。当例外发生的次数很高或者很低时，由式（12-11）所计算的统计量会较大。在一个自由度的chi-平方分布中，统计量大于3.84的概率为5%，因此，当式（12-11）所计算出的值大于3.84时，我们就可以拒绝模型。

【例 12-16】 假设在以上两个例子，我们采用600天的数据来检验VaR模型，VaR的置信度仍为99%，当例外出现的次数小于等于1或者大于等于12时，由式（12-11）计算出的统计量大于3.84，因此当$2\leqslant m\leqslant 11$时，我们接受VaR模型，否则，我们拒绝模型。

一般来讲，当VaR置信度增大时，回溯测试的难度也会提高。因此，有观点认为，应使用相对较低的置信区间来计算VaR，以方便进行回溯测试，然后再使用极值理论（见第13章）来得到足够高的置信度。

聚束状态

除了例外发生的频率这个问题外，我们还要讨论**聚束状态**（bunching）。如果交易组合的每天价值变化是独立的，那么例外的发生应该比较均匀地分布在回溯测试的区间之内。在实践中，我们发现例外的发生往往聚束在一起，这说明了连续交易日之间的损失分布并非独立。一种检测聚束状态的方法是采用由Christofferson（1998）提出的统计量[⊜]

$$-2\ln[(1-\pi)^{u_{00}+u_{10}}\pi^{u_{01}+u_{11}}]+2\ln[(1-\pi_{01})^{u_{00}}\pi_{01}^{u_{01}}(1-\pi_{11})^{u_{10}}\pi_{11}^{u_{11}}]$$

⊖ See P. Kupiec, "Techniques for Verifying the Accuracy of Risk Management Models," *Journal of Derivatives* 3 (1995): 73-84.

⊜ See P. F. Christoffersen, "Evaluating Interval Forecasts," *International Economic Review* 39(1998): 841-862.

其中 u_{ij} 为在某天我们处在 i 状态而在第二天处在 j 状态产生的次数。当聚束状态不存在时，以上定义的统计量服从有一个自由度的 chi-平方分布，这里状态 0 定义为某一天没有例外发生，而状态 1 定义为在某一天有例外发生，再有

$$\pi = \frac{u_{01} + u_{11}}{u_{00} + u_{01} + u_{10} + u_{11}}$$

$$\pi_{01} = \frac{u_{01}}{u_{00} + u_{01}}, \quad \pi_{11} = \frac{u_{11}}{u_{10} + u_{11}}$$

小 结

计算在险价值（VaR）是为了能够做出以下陈述："在 $X\%$ 的把握下，在时间段 T 内，我们的损失不会超出 V。" 这里的变量 V 就是所谓的 VaR，$X\%$ 为置信度，T 为展望期。VaR 已经成为一个非常流行的风险测度。另外一种更具有良好特性的测度是预期亏空（ES），这一测度的含义为在损失大于 VaR 的条件之下损失的期望值。在第 18 章中我们将会解释，目前监管机构正将市场风险的测度由 VaR 向 ES 过渡。

当交易组合价值变化服从正态分布时，可以很容易地根据 T 内投资组合价值变化的平均值和标准差来计算 VaR 和 ES。再有，当每天投资组合价值的变化相互独立并且服从均值为 0 的正态分布时，N 天的 VaR（ES）值可由 1 天的 VaR（ES）乘以 $\sqrt{N}$ 而求得。当每天的变化相互独立的条件不满足时，我们可以采用另外一个较为复杂的公式来将 1 天的 VaR 转换为 N 天的 VaR。在实践中，损失分布通常比正态分布具有更肥大的尾部，幂律是一种使用经验数据对损失分布的尾部建模的方法，该方法的理论基础是极值理论，我们将会在第 13 章中介绍这一方法。

假定一个交易组合由一定数量的子交易组合构成，一个交易组合对于第 i 个子交易组合的边际 VaR 或 ES 等于交易组合的 VaR 或 ES 对于这一子交易组合规模的偏导数。某个子交易组合的递增 VaR 或 ES 等于这个子交易组合对于整个 VaR 或 ES 的递增效应。采用欧拉公式我们可以将 VaR 或 ES 按子交易组合的持仓分解为不同成分。成分 VaR 或 ES 的总和等于整体 VaR 或 ES。对于一个较大的交易组合，如果每一个成分相对较小，那么每个成分 VaR 或 ES 与递增 VaR 近似相等。

回溯测试是风险管理中的一项重要活动。回溯测试是为了检验某风险测度应用于历史数据时表现如何。对 VaR 的回溯测试较为容易。如果例外发生（即实际发生的损失超出了 VaR 的值）的比例过高或过低，则意味着 VaR 模型可能存在缺陷。我们可以利用统计检验来判别是否应接受或拒绝某个 VaR 模型。我们将在第 15 章中看到，监管机构设定了银行计算市场风险资本金时所用的 VaR 乘积因子规则。如果发现银行的 VaR 在过去的 250 天回溯测试中表现欠佳，则监管机构有权增加乘积因子的值。

延伸阅读

Artzner P., F. Delbaen, J.-M. Eber, and D. Heath. "Coherent Measures of Risk." *Mathematical Finance* 9 (1999): 203–228.

Basak, S., and A. Shapiro. "Value-at-Risk-Based Risk Management: Optimal Policies and Asset Prices." *Review of Financial Studies* 14, no. 2 (2001): 371–405.

Beder, T. "VaR: Seductive But Dangerous." *Financial Analysts Journal* 51, no. 5 (1995): 12–24.
Boudoukh, J., M. Richardson, and R. Whitelaw. "The Best of Both Worlds." *Risk* (May 1998): 64–67.
Dowd, K. *Measuring Market Risk*. 2nd ed. Hoboken, NJ: John Wiley & Sons, 2005.
Duffie, D., and J. Pan. "An Overview of Value at Risk." *Journal of Derivatives* 4, no. 3 (Spring 1997): 7–49.
Hopper, G. "Value at Risk: A New Methodology for Measuring Portfolio Risk." *Business Review*, Federal Reserve Bank of Philadelphia (July-August 1996): 19–29.
Hua P., and P. Wilmot. "Crash Courses." *Risk* (June 1997): 64–67.
Jackson, P., D. J. Maude, and W. Perraudin. "Bank Capital and Value at Risk." *Journal of Derivatives* 4, no. 3 (Spring 1997): 73–90.
Jorion, P. *Value at Risk*. 3rd ed. New York: McGraw-Hill, 2006.
Longin, F. M. "Beyond the VaR." *Journal of Derivatives* 8, no. 4 (Summer 2001): 36–48.
Marshall, C., and M. Siegel. "Value at Risk: Implementing a Risk Measurement Standard." *Journal of Derivatives* 4, no. 3 (Spring 1997): 91–111.

练习题

12.1 VaR 与 ES 的区别是什么？同 VaR 比较，ES 在理论上的优势是什么？

12.2 什么是谱函数型风险测度？一个谱函数型测度必须满足什么样的条件才可以使得第 12.5 节中的次可加性条件成立？

12.3 一个基金经理的公告声明，其管理的基金是 1 个月展望期的 95% 的 VaR 等于投资组合价值的 6%，假设你在基金中有 10 万美元的投资，你将如何理解基金经理公告？

12.4 一个基金经理的公告声明，其管理的基金 1 个月展望期的 95% 的 ES 等于投资组合价值的 6%，假设你在基金中有 10 万美元的投资，你将如何理解基金经理公告？

12.5 假设某两项投资中的任何一项都有 0.9% 的可能引发 1 000 万美元损失，而有 99.1% 的可能引发 100 万美元损失，这两项投资相互独立：

(a) 对应于在 99% 的置信水平，任意一项投资的 VaR 是多少？

(b) 选定 99% 的置信水平，任意一项投资的 ES 是多少？

(c) 将两项投资迭加在一起所产生的投资组合对应于 99% 置信水平的 VaR 是多少？

(d) 将两项投资迭加在一起所产生的投资组合在 99% 置信水平的 ES 是多少？

(e) 请说明此例中的 VaR 不满足次可加性条件，但是 ES 满足次可加性条件。

12.6 假定某交易组合的每天价值变化服从正态分布，分布的期望值为 0，标准差为 200 万美元：(a) 1 天展望期的 97.5% VaR 为多少？(b) 5 天展望期的 97.5% VaR 为多少？(c) 5 天展望期的 99% VaR 为多少？

12.7 如果每天价值变化的一阶自相关系数等于 0.16，对于练习题 12.6 中 (b) 和 (c) 的答案应要进行什么样的修改？

12.8 如果某交易组合由若干资产组成，请详细解释边际 VaR、递增 VaR 以及成分 VaR 之间的区别。

12.9 假定我们采用 1 000 个历史数据来对 VaR 模型进行回溯测试，VaR 所采用的置信度为 99%，在观察日中我们共发现了 17 个例外，选用 5% 的置信水平，我们是否应该拒绝模型？在测试中请采用单向检测。

12.10 请解释聚束状态的含义。

12.11 请证明式 (12-5)。

12.12 交易组合在1个月内的变化服从正态分布，均值为0，标准差为200万美元，计算98%置信度下，3个月展望期的VaR和ES。

作业题

12.13 假定某两项投资的任何一项都有4%的概率会引发1 000万美元损失，有2%的概率引发100万美元损失，有94%的概率盈利100万美元，两项投资相互独立：

(a) 对应于95%的置信水平，任意一项投资的VaR是多少？

(b) 选定95%的置信水平，任意一项投资的ES是多少？

(c) 将两项投资迭加在一起所产生的投资组合对应于95%置信水平的VaR是多少？

(d) 将两项投资迭加在一起所产生的投资组合对应于95%置信水平的ES是多少？

(e) 请说明此例的VaR不满足次可加性条件，但是ES满足次可加性条件。

12.14 假定一个交易组合的每天价值变化的一阶自相关系数为0.12，由1天的VaR乘以$\sqrt{10}$而产生的10天的VaR为200万美元，将自相关考虑在内时，VaR的最佳估计为多少？

12.15 假设我们采用1 000天数据来对VaR进行回溯测试，VaR所采用的置信水平为99%，在1 000天数据中我们观察到15个例外，在5%置信水平下我们是否应该拒绝VaR模型？在检验中请采用Kupiec双向检验。

12.16 交易组合在3个月内的变化服从正态分布，均值为50万美元，标准差为300万美元，计算在99.5%置信度下，3个月展望期的VaR和ES。

12.17 一个交易组合在1个月内损失超过1 000万美元的概率为5%：

(a) 假设组合价值变化服从均值为0的正态分布，1个月展望期的99%置信度的VaR是多少？

(b) 假设幂律成立且$\alpha=3$，1个月展望期的99%置信度的VaR是多少？

第13章 历史模拟法和极值理论

CHAPTER13

在这一章中，我们将介绍一种计算市场在险价值（VaR）和预期亏空（ES）最常用的**历史模拟法**（historical simulation）。历史模拟法采用市场变量日间变化的历史数据来直接估计交易组合从今天到明天的价值变化的概率分布。

在描述历史模拟法的机制之后，我们将介绍几种如何提高计算准确性的方法。我们还会讨论压力 VaR（stressed VaR）和压力预期亏空（stressed ES）。这两项指标被监管机构用于市场风险监管资本金的计算。最后，我们将讨论极值理论。极值理论可以改进对 VaR 和 ES 的估计，并用来处理对置信水平要求比较高的情况。

本章讲述的所有模型都通过一个由 4 个股票指数组成的投资组合来讲解。这些指数的历史数据和 VaR 及 ES 计算过程可以在本书的网站下载：www-2. rotman. utoronto. ca/ ~hull/RMFI/VaRExample。

13.1 方法论

历史模拟法以历史数据为依据来预测将来。假设，我们采用过去 501 天的历史数据来计算 1 天展望期对应于99%置信水平的 VaR（这里选择的展望期及置信水平是市场风险管理过程中一种典型的选择，在实际计算中常常流行采用 501 天的历史数据，并由此产生 500 个情景）。

历史模拟法的第一步是选定影响交易组合的风险源，这些风险源可能是汇率、股价、利率等，然后我们需要收集这些风险源在过去最近 501 天的数据，通过这些数据我们可以得出从今天到明天市场变量的 500 种不同变化情景。我们将数据开始的第 1 天记为 D0（day 0），数据开始的第 2 天记为 D1（day 1），依此类推。情景 1

(scenario 1) 是指由 D0 到 D1 所对应数据的变化比率；情景 2 是指由 D1 到 D2 所对应数据的变化比率，依此类推。对于每一个情景，我们可以计算从今天到明天的交易组合的价值变化，由此我们可以得出交易组合日损失（即收益为负）的概率分布图，分布中所对应的 99% 的分位数是 500 个计算数值中第 5 个最坏的损失，VaR 的估计值是第 99 个百分比分位数所对应的损失。[㊀]假如市场变量的变化是从过去 500 天提取出来的，这些变量的变化代表从今天到明天变化的不同可能，那么我们可以有 99% 的把握肯定，交易组合所对应的损失会小于 VaR 的估计值。ES 是损失分布中 1% 的尾部分布的平均损失。VaR 是第 5 个最大损失值，因此，ES 的估计值是比 VaR 更大的损失的平均值（即第 4 个最大损失值）。[㊁]

采用代数符号描述这一过程，我们将某市场变量在第 i 天所对应的数值记为 v_i，假定今天为第 n 天，历史模拟法产生的市场变量在明天所对应的第 i 个情景为

$$v_n \frac{v_i}{v_{i-1}} \tag{13-1}$$

对于某些变量，如利率、信用价差和波动率，考虑市场变量的实际变化而不是百分比变化，那么式（13-1）变为

$$v_n + v_i - v_{i-1}$$

为了简化讨论，在本章的其余部分中，我们将假设历史模拟基于潜在市场变量的百分比变化。

13.1.1 过程说明

为了说明计算过程，假定一个投资者在 2008 年 9 月 25 日持有一个价值为 1 000 万美元的投资组合，组合中有 4 个股票指数：美国道琼斯工业指数（DJIA）、英国富时 100 指数（FTSE 100）、法国巴黎 40 指数（CAC 40）以及日本日经 225 指数（Nikkei 225）。每个指数在 2008 年 9 月 25 日的取值如表 13-1 所示，读者可以在作者网站上下载含有这 4 个指数过去 501 天收盘价格的历史数据及计算 VaR 的 Excel 表单，见 www-2.rotman.utoronto.ca/~hull/RMFI/VaRExample，[㊂]本节中用的计算可以在工作表 1 ~ 3 中找到。

表 13-1 用于演示 VaR 计算过程的投资组合

指数	组合价值（千美元）
DJIA	4 000
FTSE 100	3 000
CAC 40	1 000
Nikkei 225	2 000
总计	10 000

因为我们考虑的是一个美国的投资者，所以 FTSE 100、CAC 40 和 Nikkei 225 这些指数都

㊀ 在这里我们有不同的选择，在这时我们既可以选取第 5 个最坏或第 6 个最坏所对应的数值，或者第 5 个最坏及第 6 个最坏的平均值，来作为 500 个抽样数据中的 1% 的分位数。在采用 Excel 计算表的 PERCENTILE 函数时，假定有 n 个观察值，k 为某个整数，$k/(n-1)$ 分位数是对应于观察值名列第 $k+1$ 的数据值，而其他的分位数由线性插值计算求得。

㊁ 第 1 个页下注指出，可以根据离散数据估算出其他的 VaR 值。ES 也是如此。例如，我们可以对 5 个最坏的观察结果取平均值（包括 VaR 估计值）。另外，我们也可以将第 5 个最大损失值的权重设为其他 4 个值权重的一半。这里提出的建议似乎符合市场惯例。

㊂ 为了简化例子的计算，我们只包括了所有 4 个股指都开放交易的日期。这解释了我们为什么需要 2006 年 8 月 7 日 ~2008 年 9 月 25 日这么长的时间段来提取 501 个数据。在实际中，在对美国的金融机构进行分析时，我们要对非美国假日的数据进行补充。

应该以美元计价。例如 2008 年 8 月 10 日，FTSE 100 为 5 823.40 点，而汇率为 1 英镑元兑换 1.891 8 美元。这意味着，以美元计价的指数为 5 823.40 × 1.891 8 = 11 016.71。表 13-2 显示了以美元计价的指数数据的一部分。

表 13-2 采用历史模拟法计算 VaR 所需要的股票指数数据 （美元）

天数	日期	DJIA	FTSE 100	CAC 40	Nikkei 225
0	2006 年 8 月 7 日	11 219.38	11 131.84	6 373.89	131.77
1	2006 年 8 月 8 日	11 173.59	11 096.28	6 378.16	134.38
2	2006 年 8 月 9 日	11 076.18	11 185.35	6 474.04	135.94
3	2006 年 8 月 10 日	11 124.37	11 016.71	6 357.49	135.44
⋮	⋮	⋮	⋮	⋮	⋮
499	2008 年 9 月 24 日	10 825.17	9 438.58	6 033.93	114.26
500	2008 年 9 月 25 日	11 022.06	9 599.90	6 200.40	112.82

2008 年 9 月 25 日是检验股票投资表现非常有意思的一天。2007 年 8 月开始的信用危机已经持续了 1 年，股票价格持续下跌了几个月。在这期间，波动率增大，雷曼兄弟在 10 天前已经申请破产，美国财政部的 7 000 亿美元受困资产救助资金（trouble asset relief program，TARP）还没有在国会通过。

表 13-3 显示了市场变量在 2008 年 9 月 26 日对于选定情景的取值。情景 1（表 13-3 的第 1 行）是在假定 9 月 25 日和 26 日的市场价格百分比变化等同于 2006 年 8 月 7 日和 8 日市场价格的百分比变化的情景下，市场变量在 2008 年 9 月 26 日的预测值；情景 2（表 13-3 的第 2 行）是在假定 9 月 25 日和 26 日的市场价格百分比变化等同于 2006 年 8 月 8 日和 9 日市场价格的百分比变化的情景下，市场变量在 2008 年 9 月 26 日的另一种预测；依此类推。一般来讲，情景 i（表 13-3 的第 i 行）假定 9 月 25 日和 26 日的市场价格百分比变化等同于历史数据中第 $i-1$ 天与第 i 天的百分比变化（$1 \leqslant i \leqslant 500$），情景 i 定义了市场变量在 2008 年 9 月 26 日的第 i 种预测。表 13-3 中的 500 行就是我们考虑的 500 个情景。

表 13-3 由表 13-2 的数据所产生的对于 2008 年 9 月 26 日市场变量的不同情景

（所有指数以美元计）

情景编号	DJIA	FTSE 100	CAC 40	Nikkei 225	组合价值（千美元）	损失（千美元）
1	10 977.08	9 569.23	6 204.55	115.05	10 014.334	−14.334
2	10 925.97	9 676.96	6 293.60	114.13	10 027.481	−27.481
3	11 070.01	9 455.16	6 088.77	112.40	9 946.736	53.264
⋮	⋮	⋮	⋮	⋮	⋮	⋮
499	10 831.43	9 383.49	6 051.94	113.85	9 857.465	142.535
500	11 222.53	9 763.97	6 371.45	111.40	10 126.439	−126.439

2008 年 9 月 25 日，DJIA 的值为 11 022.06，2006 年 8 月 7 日为 11 219.38，2006 年 8 月 8 日下跌为 11 173.59，因此，DJIA 在情景 1 下的预测值为

$$11\,022.06 \times \frac{11\,173.59}{11\,219.38} = 10\,977.08$$

与此类似，在情景 1 下，FTSE 100、CAC 40、Nikkie 225 的预测值分别为 9 569. 23、6 204. 55 和 115. 05。因此在情景 1 下，组合资产价值为（以千美元计）

$$4\,000 \times \frac{10\,977.08}{11\,022.06} + 3\,000 \times \frac{9\,569.23}{9\,599.90} + 1\,000 \times \frac{6\,204.55}{6\,200.40} + 2\,000 \times \frac{115.05}{112.82} = 10\,014.334$$

在情景 1 下，组合收益为 14 334 美元，对于其他情景，我们可以进行类似的运算。在图 13-1 中，我们展示了损失分布的直方图（柱条代表损失（以千美元为计）出现在 450～550、350～450、250～350 的次数）。

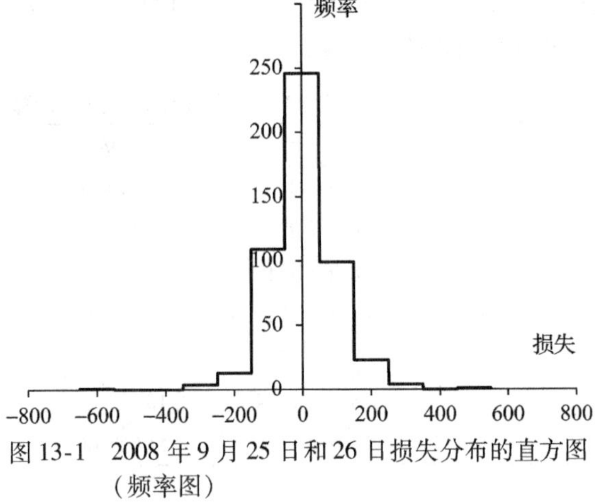

图 13-1 2008 年 9 月 25 日和 26 日损失分布的直方图（频率图）

然后我们将 500 个不同的损失进行排序，最终结果的一部分被展示在表 13-4 中，损失最糟糕的情景对应于情景 494（其股指变化对应于雷曼兄弟破产那一天的股指变化）。在 1 天展望期及 99% 置信区间下，VaR 对应于损失中第 5 个最糟的情景，为 253 385 美元。

表 13-4 对应 500 个情景损失的排序

情景编号	损失（千美元）
494	477. 841
339	345. 435
349	282. 204
329	277. 041
487	253. 385
227	217. 974
131	202. 256
238	201. 389
473	191. 269
306	191. 050
477	185. 127
495	184. 450
376	182. 707
237	180. 105
365	172. 224
⋮	⋮

如第 12. 6 节所示，10 天展望期及 99% 置信区间的 VaR 等于 $\sqrt{10}$乘以 1 天展望期及 99% 置信区间的 VaR，10 天的 VaR 等于 $\sqrt{10} \times 253\,385 = 801\,274$ 美元。

在我们的例子中，每天计算 VaR 时，都应采用最近 501 天的数据。例如，考虑 2008 年 9 月 26 日（第 501 天）的情景，我们可以确定所有市场变量所对应的新值，并计算出相应的交易组合的价值。我们可以根据前面描述的过程来求得一个新的 VaR。在计算中将采用 2006 年 8 月 8 日～2008 年 9 月 26 日（第 1 天到第 501 天）的数据（我们可以由市场变量的百分比变化来确定 500 个观察值，2006 年 8 月 7 日，即第 0 天的数据将不再会被使用）。类似地，在下一个交易日，即 2008 年 9 月 29 日（第 502 天），在计算 VaR 时，我们将采用 2006 年 8 月 9 日～2008 年 9 月 29 日的数据；依此类推。

在实际中，一个银行的交易组合远比我们在这里考虑的情形要复杂，银行的交易组合可能会包括成千上万的头寸，银行的某些头寸常常是远期合约、期权和其他衍生产品，而且交易组合本身也在不断变化。如果一家银行的交易使得组合变得风险更大，10 天展望期的 99% VaR 一般会增大；如果交易使得组合变得风险更小，10 天展望期的 99% VaR 一般会减小。对于任意一天 VaR 的计算，我们须假定组合头寸在两个交易日之间保持不变。

在计算 VaR 时，我们考虑的市场变量包括汇率、商品价格和利率等。对于利率，为了能够对相应的交易组合定价，银行常常需要不同货币的由短期国债、LIBOR 和 OIS 所生成的零息利率期限结构的信息。生成这些期限结构的互换利率和债券收益率就是 VaR 计算所考虑的市场变量（见附录 B）。任意货币的零息曲线都可能会涉及十几个市场变量。

13.1.2 ES

使用历史模拟来计算 ES 时，我们可将观察到的损失分布的尾部值取平均。在上面的例子中，最坏的 4 个情景（以千美元计）是 494、339、349 和 329（见表 13-4）。这些情景的平均损失为 345 630 美元，这就是我们对 ES 的估计。

13.1.3 压力 VaR 和压力 ES

前面给出例子中，计算某日的 VaR 或 ES 时，我们总是用最近的数据来进行历史模拟。例如，在第 4 个例子中，计算 VaR 或者 ES 时，我们用到的是最近 501 天的历史数据。我们将以此方式计算的 VaR 和 ES 称为当前 VaR 和当前 ES，但实际上，历史模拟法可采用过去任意时间段的数据。使用波动率较高的时段的数据，预测出的 VaR 和 ES 就会较高；使用波动率较低的时段，预测的 VaR 和 ES 就会较低。

监管机构已经引入了被称作压力 VaR 和压力 ES 的风险测度。要计算这些测度，金融机构首先要寻找一个 251 天的时间段。在这 251 天的时间段中，其现有投资组合的 VaR 或者 ES 会最大。然后，这 251 天的历史数据会扮演前面例子中 501 天时间段中数据的角色。251 天中第 0 天和第 1 天之间的市场变化被用来产生情景 1，第 1 天和第 2 天之间的变化被用来产生情景 2，依此类推，这样总共会生成 250 个情景。展望期为 1 天、置信度为 99% 的压力 VaR 是第二大损失和第三大损失之间的中间值。展望期为 1 天、置信度为 99% 的 ES 的估计量是两个最大损失的平均值。[㊀]

13.2 VaR 的精确度

在历史模拟法中，对于交易组合价值变化分布的估计是基于过去发生的有限的观察值，正因为如此，历史模拟法对分布的分位数的估计并不是绝对精确的。

Kendall 和 Stuart（1972）的研究结果给出了由抽样数据所计算出的概率分布的分位数的置信区间。[㊁]假定概率分布的第 q 个分位数的估计值为 x，这一估计的标准误差为

$$\frac{1}{f(x)}\sqrt{\frac{(1-q)q}{n}}$$

㊀ 这些不是唯一的方法。VaR 可以估计为第三大损失值或第二大损失值（美国联邦储备委员会等一些监管机构更喜欢后者）。ES 的算法是 $0.4c_1+0.4c_2+0.2c_3$，其中 c_1、c_2、c_3 是三个最大的损失值，并且 $c_1>c_2>c_3$。

㊁ See M. G. Kendall and A. Stuart, *The Advanced Theory of Statistics*, vol. 1, *Distribution Theory*, 4th ed. (London: Charles Griffin, 1972).

其中 n 为观察值的个数，$f(x)$ 为对应于损失量为 x 的损失分布的密度函数值，这一函数值可以通过将经验数据与已知分布进行匹配来估计。

【例 13-1】 假如我们采用 500 个观察数据来估计损失分布的 99% 分位数（第 99 个分位数），这时 $n=500$，$q=0.99$。我们可以通过采用某性质已知的标准分布来对实证数据进行拟合，并由此来求得 $f(x)$ 的近似值。假定我们选择正态分布作为该标准分布，最佳拟合参数分别为期望值为 0，标准差为 1 000 万美元。在 Excel 中，99% 分位数所对应数值为 NORMINV(0.99，0，1 000) = 2 326 万美元，$f(x)$ 的取值为

$$\text{NORMDIST}(2\,326,0,1\,000,\text{FALSE}) = 2.7$$

分位数估计值的标准误差为

$$\frac{1}{2.7}\times\sqrt{\frac{0.01\times 0.99}{500}} = 167(\text{万美元})$$

假如采用历史模拟法所求取的 0.99 分位数的估计值为 2 500 万美元，在 95% 置信程度下 VaR 的置信区间为 2 500 − 1.98 × 167 ~ 2 500 + 1.96 × 167，即 2 170 万 ~ 2 830 万美元。

例 13-1 说明，历史模拟法所求得 VaR 的估计的标准误差较大，随着置信度的下降，标准误差也会降低。例如，假定例 13-1 中 VaR 所对应的置信程度为 95% 而不是 99%，标准误差会由 167 万美元降至 95 万美元。标准误差随着抽样数据数量的增加会有所降低，但标准误差的大小仅仅与数据量的平方根成反比。如果将例 13-1 所对应的抽样数据增加 3 倍，即由 500 个增至 2 000 个，标准误差仅减小一半，即由 167 万美元降至 83 万美元。

另外，我们应该认识到历史模拟法假设市场变量每天变化的联合分布是不随时间的推移而变化的。这一条件在计算 VaR 过程中往往不完全成立，因此，这对 VaR 的估计增加了一定的不确定性。

对于表 13-1 ~ 表 13-4 的数据，损失的均值（以千美元计）为 0.870，标准差为 93.698。假定损失服从正态分布，采用与例 13-1 类似的计算得出，$f(x)$ 为 0.000 284，估计的标准误差（以千美元计）等于

$$\frac{1}{0.000\,284}\times\sqrt{\frac{0.01\times 0.99}{500}} = 15.643$$

VaR 等于 253 385 美元，相应的 95% 的置信区间为［220 000 美元，280 000 美元］。

对于损失估计，采用正态分布的假设并不一定很好，这是因为损失分布比正态分布有更肥大的尾部（表 13-1 和表 13-2 中数据的损失分布的超额峰度为 4.2）。要获得更好的标准误差估计，$f(x)$ 可被假设为服从帕累托分布（Pareto distribution），我们在第 13.5 节中将对这一分布进行讨论。

13.3 历史模拟法的扩展

对非压力 VaR 和 ES 使用历史模拟法计算的一个关键假设是历史在某种意义上是对将来的一种指导。更为准确地讲，即假设由过去几年数据得出的关于市场变量的实证概率分布，是对

明天市场变量行为的一个指导。不幸的是，市场变量的行为并非平稳的，有时市场波动率会很高，有时会很低。在这一节中，我们将提出第 13.1 节中的基本历史模拟法的几种拓展方法，这些拓展的目的是对历史数据非稳态的情况进行调整。我们还会介绍一种被称作自助法的统计方法，该方法可用来确定标准误差。

13.3.1 对观察值赋权

在最基本的历史模拟法中，过去每一天观察值所对应的权重都相等。更精确地讲，当我们采集了 n 天的日价格变化数据后，我们对于这 n 个观察值中任意一个所设定的权重均为 $1/n$。Boudoukh（1998）等建议，对最近的观察数据应该赋予更大的权重，这可以保证模型充分反映当前市场波动率以及当前市场经济环境的变化。[⊖]一种较为自然的权重选择是使得观测值的权重随时间回望期的延伸而呈指数递减（在第 10 章中介绍指数加权平均移动模型时，我们曾经对这一方法进行过讨论）。情景 1 所对应的权重（对应于最遥远的数据）等于 λ 乘以情景 2 的权重，情景 2 所对应的权重等于 λ 乘以情景 3 的权重，依此类推。所有权重之和为 1，情景 i 所对应的权重为

$$\frac{\lambda^{n-i}(1-\lambda)}{1-\lambda^{n}}$$

其中 n 为观察值的天数。当 λ 趋向于 1 时，这一权重趋向于基本历史模拟法的权重，也就是说权重趋向于 $1/n$（见练习题 13.2）。

将所有的观察值由最坏到最好进行排序，我们可以计算出 VaR。由损失最坏的情景开始，我们开始累积计算每一项权重的和，当权重总和达到某指定的分位数界限时，停止计算。例如，假定我们需要计算置信程度为 99% 的 VaR，将观察数据排序后，我们由最坏的损失开始计算权重和，当权重和刚好超过 0.01 时，我们停止计算。这时所对应的损失恰恰是置信程度为 99% 的 VaR。对于最佳参数 λ 的选取，我们可以通过实验不同的 λ，并选择在回顾检验中表现最佳的。与一般的历史模拟法相比，指数加权方法的缺点在于其应用的有效抽样的数量较小，但采用一个较大的 n 是对这一缺陷的补救。事实上，随着时间的推移，我们并不需要舍弃那些较为陈旧的数据，因此它们对应的权重很低。

表 13-5 显示了将这一方法应用到第 13.1 节中讨论的组合所得出的结果，其中 $\lambda=0.995$（参见作者网站上给出的表单文件中的工作表 4 和工作表 5）。当置信程度为 99% 时，VaR 对应于第 3 个最糟糕的情景，即 282 204 美元（而不是第 5 个最糟情景，即 253 385 美元），原因是最近的观察值对应较高的权重，而最大损失的发生时间相对较近。第 13.1 节的标准计算对所有的观察值设定的权重为 1/500 = 0.002。最大损失对应于情景 494，这一情景所对应的权重为

$$\frac{(0.995^{6})\times 0.005}{1-0.995^{500}}=0.00528$$

在损失分布 0.01 的尾部中，有 0.005 28 的概率损失 477 841 美元，0.002 43 的概率损失 345 435 美元，有 0.01 − 0.005 28 − 0.002 43 = 0.002 28 的概率损失 282 204 美元。因此，ES 的计算如下

⊖ See J. Boudoukh, M. Richardson, and R. Whitelaw, "The Best of Both Worlds: A Hybrid Approach to Calculating Value at Risk," *Risk* 11(May 1998): 64-67.

$$\frac{0.005\,28 \times 477\,841 + 0.002\,43 \times 345\,435 + 0.002\,28 \times 282\,204}{0.01} = 400\,914$$

表 13-5 对于设有权重的 500 个情景的损失（由最高到最低排序）

情景编号	损失（千美元）	权重	累计权重
494	477.841	0.005 28	0.005 28
339	345.435	0.002 43	0.007 71
349	282.204	0.002 55	0.010 27
329	277.041	0.002 31	0.012 58
487	253.385	0.005 10	0.017 68
227	217.974	0.001 39	0.019 06
131	202.256	0.000 86	0.019 92
238	201.389	0.001 46	0.021 38
473	191.269	0.004 76	0.026 14
⋮	⋮	⋮	⋮

13.3.2 在历史模拟法中进行波动率的更新

Hull 和 White（1998）提出了一种在历史模拟法中引入波动率估计的方法。[㊀]假定在第 $i-1$ 天结束时，对于某市场变量的波动率估计为 σ_i，这一数值可以被认为是对第 $i-1$ 天天末和第 i 天天末之间的波动率的估计。假定现在为第 n 天天末，对于市场变量的当前波动率（即今明两天之间的波动率）估计为 σ_{n+1}。

假定对某变量，σ_{n+1} 是 σ_i 的 2 倍。这意味着，我们对某市场变量今天的波动率估计为第 $i-1$ 天的波动率估计的 2 倍，因此我们预期今天到明天的变化量也应该是从第 $i-1$ 天到第 i 天变化量的 2 倍。在进行历史模拟分析时，我们试图由历史上第 $i-1$ 天至第 i 天的变化，得出由今天到明天变化的一个抽样，很自然地我们应该将第 $i-1$ 天至第 i 天的变化乘以 2，一般来讲，在实施这一想法时，式（13-1）中的市场变量在第 i 个情景会变成

$$v_n \frac{v_{i-1} + (v_i - v_{i-1})\sigma_{n+1}/\sigma_i}{v_{i-1}} \tag{13-2}$$

在模拟过程中，我们对所有的市场变量均可采取同样的处理方式。

这一方法很自然及直观地考虑了波动率的变化，VaR 的估计值包括了最新的市场信息，这样计算出的 VaR 可能会大于当前交易组合对应于历史上任意一天情景变化而计算出的损失。Hull 和 White 采用汇率及股指数据证明，这一方法的确比传统历史模拟法及指数加权方法要好。

按表 13-2 中的数据，假定 $\lambda = 0.94$，我们可以使用指数加权移动平均法（EWMA）估计每天的波动率，计算结果被显示在表 13-6 中[㊁]（见作者网站提供的表单文件中的工作表 6 ~ 8）。对于 DJIA、FTSE 100、CAC 40 和 Nikkie 225 在 2008 年 9 月 26 日得出的波动率（表中最后一

㊀ See J. Hull and A. White, "Incorporating Volatility Updating into the Historical Simulation Method for Value at Risk," *Journal of Risk* (Fall 1998): 5-19.

㊁ 方差序列的初始值取决于我们做出的选择。我们这里所采用的初始方差等于整个取样样本的方差。

行）与在2008年8月8日得出的波动率（表中第1行）的比率分别为1.98、2.26、2.21、1.15。这些比率作为2006年8月7日~8月8日指数实际变化的乘数因子；类似地，对于以上股票指数，在2008年9月26日得出的波动率（表中最后一行）与在2008年8月9日得出的波动率（表中第2行）的比率分别为2.03、2.33、2.28、1.12，这些比率是作为2006年8月8日~8月9日指数实际变化的乘数因子；其他498天每天变化的乘数因子可以采用类似的方法得出。

表 13-6 对于接下来一天，利用 EWMA 模型计算出的波动率（%每天），λ=0.94

天数	日期	DJIA	FTSE100	CAC 40	Nikkei 225
0	2006年8月7日	1.11	1.42	1.40	1.38
1	2006年8月8日	1.08	1.38	1.36	1.43
2	2006年8月9日	1.07	1.35	1.36	1.41
3	2006年8月10日	1.04	1.36	1.39	1.37
⋮	⋮	⋮	⋮	⋮	⋮
499	2008年9月24日	2.21	3.28	3.11	1.61
500	2008年9月25日	2.19	3.21	3.09	1.59

在我们给出的例子中，波动率在历史数据的结束时达到最高，波动率调整的效果是对500个情景的盈亏增加了变动幅度。表13-7中显示了将损失由最高到最低进行排序后的部分数据。与表13-4相比，我们看到损失幅度要高得多。1天展望期的99% VaR为602 968美元，ES为786 855美元。这些值为由标准法计算出的相应值的两倍多。

表 13-7 经波动率调节的500个情景由高到低进行排序后的损失

情景编号	损失（千美元）
131	1 082.969
494	715.512
227	687.720
98	661.221
329	602.968
339	546.540
74	492.764
193	470.092
487	458.177
⋮	⋮

在这个特例中，股票市场的波动率在2008年余下的时段仍然很高，1天内指数变化在5%~10%并不少见。在这种情况下，采用波动率调整的方式来计算VaR和ES比标准方法要更好。

13.3.3 调整波动率的更简便的方法

对我们刚才介绍的方法的一种简化是使用指数移动加权法对第13.1节标准法中模拟计算出的连续情景下损失的标准差进行监测。表13-3中的最后一列显示了损失。在作者网页提供的表单文件中的工作表9和工作表10给出了相关计算。针对第 i 个场景的调整后的损失等于由标准法计算出的损失乘以第500个场景（最后一行）的标准差的估计值与第 i 个场景的标准差的估计值的比率。相比对多个市场变量的波动率进行逐一更新，此方法非常简洁，并且具有将相关性的变化及波动率的变化隐含考虑在内的优点。表13-8显示了本例中损失的标准差以及经调整后的损失（与以往相同，第一天损失的方差仍然设为整个500天样本的方差，EWMA模型使用的 λ 等于0.94）。我们可以看到，较晚期场景的损失的标准差估计远远高于早期场景。

场景1，2，3，…中的损失分别被乘以2.203，2.270，2.335，…

表13-8 模拟损失的波动率的监测结果

情景编号	标准法给出的损失	损失标准差（千美元）	损失标准差的比值	经调整的损失
1	-14.334	93.698	2.203	-31.571
2	-27.481	90.912	2.270	-62.385
3	53.264	88.399	2.335	124.352
⋮	⋮	⋮	⋮	⋮
499	142.535	209.795	0.984	140.214
500	-126.439	206.398	1.000	-126.439

表13-9显示了经调整后的损失排序后的结果。结果与表13-7中的相似（但得到这里的结果要简单得多）。1天展望期的99%置信度的VaR是627 916美元，ES为777 545美元。

表13-9 500个情景经调整后的损失（按从大到小的顺序）

情景编号	标准法模拟的损失（千美元）
131	891.403
494	763.818
227	757.355
339	697.604
98	627.916
329	609.815
283	523.259
487	512.525
441	456.700
⋮	⋮

13.3.4 自助法

自助法（bootstrap method）是基本历史模拟法的一种变形，其目的是计算VaR（非压力VaR或压力VaR）值本身的置信区间。[⊖]在这种方法中，我们首先需要按传统的手段，以历史数据的变动为基础，来计算出交易组合的价值变化，然后我们对变化数据进行放回抽样（sample with replacement），并由此来产生新的抽样数据。对每一组新的数据，我们都要计算相应的VaR，95% VaR的置信区间估计恰好是介于由新产生数据所计算出的VaR的分布中第2.5个分位数及第97.5个分位数所界定的范围。

例如，假定我们有500个数据，我们可以采用放回抽样的形式，对数据进行抽样50万次，由此我们可以产生1 000组500天的数据，对于每一组数据我们可以进行VaR运算，并按从小至大的顺序进行排列，假如，名列第25位的VaR值为530万美元，名列第975位的VaR值为890万美元，因此对应于95%置信水平的置信区间为530万～890万美元。通常来讲，由自助法所计算出的置信区间范围要小于由第13.2节中的方法所给出的范围。

13.4 计算问题

历史模拟法牵扯对金融机构整个交易组合的价值的多次重复计算（在我们的例子中是500次），这些计算会相当耗时，当交易组合中的某些产品需要使用蒙特卡罗模拟来估价时更是如此，因为这实际上是**嵌套模拟**（simulation within simulation）：每次对历史情景的模拟都会再引

⊖ See P. Christoffersen and S. Goncalves, "Estimation Risk in Financial Risk Management," *Journal of Risk* 7, no. 3 (2007): 1-28.

入蒙特卡罗模拟。

为减少计算时间，金融机构有时会使用 delta-gamma 近似方法。这一方法在第 8 章中有过介绍。考虑一个产品，其价格 P 依赖于单一市场变量 S。由 S 的变化 ΔS 而引起的 P 的变化 ΔP 可近似估计为

$$\Delta P = \delta \Delta S + \frac{1}{2}\gamma (\Delta S)^2 \tag{13-3}$$

其中 δ 和 γ 分别是 P 对于 S 的 delta 和 gamma。希腊值 δ 和 γ 总是已知的，因为每天对产品进行盯市计价时，会计算这些值。因此上式可以在历史模拟中，近似地计算由于 S 的变化而引发的交易价值的变化。

当产品的价值依赖于多个市场变量 S_i（$1 \leqslant i \leqslant n$）时，式（13-3）变为

$$\Delta P = \sum_{i=1}^{n} \delta_i \Delta S_i + \sum_{i=1}^{n} \sum_{j=1}^{n} \frac{1}{2}\gamma_{ij} \Delta S_i \Delta S_j \tag{13-4}$$

其中 δ_i 和 γ_{ij} 分别为

$$\delta_i = \frac{\partial P}{\partial S_i} \qquad \gamma_{ij} = \frac{\partial^2 P}{\partial S_i \partial S_j}$$

13.5 极值理论

在第 10.4 节中，我们介绍了幂律，并且解释了由幂律出发如何对不同分布的尾部进行估计。在此我们将讨论幂律的理论基础，并且给出比第 10.4 节更为复杂的估计过程。描述尾部分布这一学科的理论被称为**极值理论**（extreme value theory，EVT）。在这一节中，我们将讨论如何应用极值理论来改善我们对于 VaR 或 ES 的估计，以及如何将极值理论应用于高置信水平的 VaR 的估计，极值理论可以使得对实证分布（empirical distribution）的尾部的外推变得更加光滑。

13.5.1 主要结果

Gnedenko 在 1943 年证明了极值理论的一个主要结论，[㊀]这一结论可以描述多种概率分布的尾部的状态。

假定 $F(v)$ 为变量 v 的累积分布函数（例如，在一段时间内组合的损失），u 为 v 的右端尾部的一个数值，v 介于 u 与 $u+y(y>0)$ 之间的概率为 $F(u+y)-F(u)$，v 大于 u 的概率为 $1-F(u)$，定义 $F_u(y)$ 为在 $v>u$ 条件下，v 介于 u 与 $u+y$ 之间的条件概率，即

$$F_u(y) = \frac{F(u+y) - F(u)}{1 - F(u)}$$

变量 $F_u(y)$ 定义了右端尾部的概率分布，即在 $v>u$ 条件之下，变量 v 超出 u 的累积概率分布。

Gendenko 的结果阐明，对于多种概率分布 $F(v)$，分布 $F_u(y)$（随着 u 的增加）趋向于广

㊀ See D. V. Gnedenko, "Sur la distribution limité du terme d' une série aléatoire," *Annals of Mathematics* 44(1943): 423-453.

义帕累托分布，广义帕累托分布的累积分布函数为

$$G_{\xi,\beta}(y) = 1 - \left(1 + \xi \frac{y}{\beta}\right)^{-1/\xi} \tag{13-5}$$

这一分布中的两个参数 ξ、β 必须通过数据来进行估计，参数 ξ 是有关分布的形状，这一参数决定了尾部分布的肥瘦（heaviness），参数 β 是分布的比例因子。

当变量 v 服从正态分布时，$\xi = 0$。[㊀]当尾部分布变得越来越肥（重）时，对应的 ξ 值也越来越大。对于大多数金融数据而言，ξ 为正并且介于 0.1 和 0.4 之间。[㊁]

13.5.2 参数 ξ 及 β 的估计

我们可以采用最大似然法来估计参数 ξ 及 β（见第 10.9 节），将式（13-5）对 y 求导，我们可以得出概率分布的密度函数 $g_{\xi,\beta}(y)$，即

$$g_{\zeta,\beta}(y) = \frac{1}{\beta}\left(1 + \frac{\xi y}{\beta}\right)^{-1/\xi-1} \tag{13-6}$$

首先我们选定数值 u（这一数值可与实证分布中的 95% 的分位数较为接近），然后将 v 的观察值从大到小进行排序，我们要关注的是那些满足 $v > u$ 的观察值。假定在所有观察值中有 n_u 个抽样大于 u，我们将这些观察值命名为 $v_i(1 \leqslant i \leqslant n_u)$。根据式（13-6），假定 $\xi \neq 0$，这里的似然函数为

$$\prod_{i=1}^{n_u} \frac{1}{\beta}\left(1 + \frac{\xi(v_i - u)}{\beta}\right)^{-1/\xi-1}$$

对以上函数求极大值与对其对数求极大值等价，以上函数的对数为

$$\sum_{i=1}^{n_u} \ln\left[\frac{1}{\beta}\left(1 + \frac{\xi(v_i - u)}{\beta}\right)^{-1/\xi-1}\right] \tag{13-7}$$

我们可以采用标准的数值程序来求取 ξ 及 β，以使得以上表达式达到极大。Excel 提供的 Solver 程序能给出很好的结果。

13.5.3 对尾部分布估计

在 $v > u$ 条件下，$v > u + y$ 的概率分布为 $1 - G_{\xi,\beta}(y)$；$v > u$ 的概率分布为 $1 - F(u)$，因此 $v > x(x > u)$ 的无条件概率分布为

$$[1 - F(u)][1 - G_{\xi,\beta}(x - u)]$$

如果 n 为观察值的总数量，由实证数据所得出的对于 $1 - F(u)$ 的估计值为 n_u/n，因此 $v > x$ 的无条件概率为

$$\text{Prob}(v > x) = \frac{n_u}{n}[1 - G_{\xi,\beta}(x - u)] = \frac{n_u}{n}\left(1 + \xi \frac{x - u}{\beta}\right)^{-1/\xi} \tag{13-8}$$

㊀ 当 $\xi = 0$ 时，广义帕累托分布形式为 $G_{\xi,\beta}(y) = 1 - \exp(-y/\beta)$。

㊁ 由式（13-5）所定义的分布在 $k \geqslant 1/\xi$ 时，v 的分布的 k 阶矩 $E(v^k)$ 为无穷大；正态分布的所有阶矩均为有限；当 $\xi = 0.25$ 时，分布的矩只有前三阶为有限；当 $\xi = 0.5$ 时，分布的矩只有第一阶为有限，等等。

13.5.4　与幂律的等价性

令 $u=\beta/\xi$，式（13-8）可以简化为

$$\text{Prob}(v>x)=\frac{n_u}{n}\left[\frac{\xi x}{\beta}\right]^{-1/\xi}$$

即

$$Kx^{-\alpha}$$

其中

$$K=\frac{n_u}{n}\left[\frac{\xi}{\beta}\right]^{-1/\xi}$$

及 $\alpha=1/\xi$，以上过程证明了式（13-8）与第 10.4 节中的幂律等价。

13.5.5　左端尾部

截至目前，我们只讨论了 v 的概率分布的右端。如果我们对分布的左端感兴趣，则可以采用 $-v$ 而不是 v 来计算。例如，假定一家石油公司已经采集了每天石油价格百分比变化的数据，并想求得 1 天内、99.9% 概率下，石油价格的下跌不会被超出的数量。该数量可以从石油价格增长的左端概率分布中得出。在分析中，石油公司可以改变每个数据的符号（描述价格增长的数据会变为下跌数据），并采用以上的办法来进行分析。

13.5.6　计算 VaR 和 ES

为了计算对应于置信水平为 q 的 VaR，我们需要对以下方程求解

$$F(\text{VaR})=q$$

因为 $F(x)=1-\text{Prob}(v>x)$，由式（13-8）得出

$$q=1-\frac{n_u}{n}\left[1+\xi\frac{\text{VaR}-u}{\beta}\right]^{-1/\xi}$$

因此

$$\text{VaR}=u+\frac{\beta}{\xi}\left\{\left[\frac{n}{n_u}(1-q)\right]^{-\xi}-1\right\} \tag{13-9}$$

预期亏空如下

$$ES=\frac{\text{VaR}+\beta-\xi u}{1-\xi} \tag{13-10}$$

13.6　极值理论的应用

考虑表 13-1 ~ 表 13-4 中的数据。当 $u=160$ 时，$n_u=22$（即有 22 个情景损失大于 160，以千美元计），表 13-10 显示了对于 $\beta=40$ 和 $\xi=0.3$ 时的计算。这时，由式（13-7）给出的似然函数的对数为 -108.37。

表 13-10 对于表 13-4 的极值理论计算，$u=160$、$\beta=40$ 及 $\xi=0.3$

情景编号	损失（千美元）	排序	$\ln\left[\frac{1}{\beta}\left(1+\frac{\xi(v_i-u)}{\beta}\right)^{-1/\xi-1}\right]$
494	477.841	1	−8.97
339	345.435	2	−7.47
349	282.204	3	−6.51
329	277.041	4	−6.42
487	253.385	5	−5.99
227	217.974	6	−5.25
131	202.256	7	−4.88
238	201.389	8	−4.86
⋮	⋮	⋮	⋮
304	160.778	22	−3.71
			−108.37
EVT 参数的试验估计			
ξ	β		
0.3	40		

采用 Excel 计算表中的 Solver 程序，我们可以求得使得似然函数达到最大值的 β 和 ξ 的取值为

$$\beta = 32.532 \qquad \xi = 0.436$$

最大似然函数的对数为 −108.21。

假定我们希望估计交易组合在 2008 年 9 月 25 日和 9 月 26 日之间，损失大于 300 000 美元（交易组合价值的 3%）的概率，由式（13-8）得出，这一概率为（以下计算式中的金额均以千美元计）

$$\frac{22}{500}\times\left(1-0.436\times\frac{300-160}{32.532}\right)^{-1/0.436}=0.0039$$

这比从观察值直接数出来要更为准确。类似地，损失大于 500 000 美元（交易组合价值的 5%）的概率为 0.000 86。

由式（13-9）得出，在 99% 的置信区间下的 VaR 值为

$$160+\frac{32.532}{0.436}\times\left\{\left[\frac{500}{22}\times(1-0.99)\right]^{-0.436}-1\right\}=227.8$$

即 227 800 美元（在本例中，估计的 VaR 比观察到的第五大损失少 25 000 美元）。在 99.9% 的置信区间下的 VaR 值为

$$160+\frac{32.532}{0.436}\times\left\{\left[\frac{500}{22}\times(1-0.999)\right]^{-0.436}-1\right\}=474.0$$

即 474 000 美元。当置信度进一步增大到 99.97% 时，VaR 值为

$$160+\frac{32.532}{0.436}\times\left\{\left[\frac{500}{22}\times(1-0.9997)\right]^{-0.436}-1\right\}=742.5$$

即 742 500 美元。

式（13-10）可用来提高 ES 估计的准确度，并可以提升 ES 估计的置信度。在我们的例子中，当置信水平为 99% 时，ES 为

$$\frac{227.8+32.532-0.436\times160}{1-0.436}=337.9$$

即 337 900 美元。当置信水平为 99.9% 时，ES 为

$$\frac{474.0 + 32.532 - 0.436 \times 160}{1 - 0.436} = 774.8$$

即 774 800 美元。

极值理论可以用于非压力或压力风险测度，也可以比较容易地与第 13.3 节的波动率调节过程结合起来使用（见练习题 13.11）。它还可以与第 13.3 节讨论的数据加权方法结合使用。这时，式（13-7）中的求和部分的每一项必须要乘以赋予不同观察值的权重。

最后一个应用是对第 13.2 节中 99% 置信度的 VaR 值的置信区间进一步优化。在损失大于 160 的条件下，取值在 VaR 水平（227.8）的损失概率分布的概率密度函数由式（13-6）中的 $g_{\xi,\beta}(y)$ 给出，其值为

$$\frac{1}{32.532} \times \left[1 + \frac{0.436 \times (227.8 - 160)}{32.532}\right]^{-1/0.436-1} = 0.0037$$

无条件概率密度在 VaR 水平下的取值为 $n_u/n = 22/500$ 与以上数量的乘积，即0.000 16。显然，这比第 13.2 节中估计的 0.000 284 要低，从而使 VaR 值的置信区间更宽。

有关 u 的选择

在计算过程中，我们会遇到一个很自然的问题，那就是如何选定变量 u。虽然我们常常发现 ξ 和 β 取决于 u，但 $F(x)$ 的估计值大致相同（练习题 13.10 考虑了我们讨论的例子中将 u 从 160 变为 150 的情景），我们希望将 u 设定为足够大，来保证确实考虑了尾部分布的情形，同时我们还希望将 u 设定为足够低，来保证使用最大似然估计时的观测数据不至于太少。在计算中使用更多的数据会提高对于尾部评估的精度，我们在例子的计算过程中应用了 500 个数据，理想的做法是应用更多的数据。

一个经验法则是保证 u 近似等于实证分布中的 95% 的分位数（在我们考虑的数据中，实证分布中的 95% 的分位数为 156.5）。对 ξ 和 β 最佳值进行求解时，我们要保证这些参数为正，如果优化程序将 ξ 设为负值，这可能是由于：①分布的尾部不比正态分布更为肥大；②对参数 u 的选取不当。

小 结

历史模拟法是计算 VaR 或 ES 的一种非常常见的方法。在这一方法中，我们需要构造一段期限内市场变量每天变化的数据库。模拟计算的第一个抽样假定市场变量的百分比变化等于数据库所覆盖的第一天数据的百分比变化，第二个抽样假定市场变量的百分比变化等于数据库所覆盖的第二天数据的百分比变化，依此类推。对于任意的抽样，我们可以计算出交易组合价值的变化，最后由交易组合的变化值的概率分布的分位数，我们可以求得交易组合的 VaR。将该分布尾部的价值变化平均，可以得到 ES。

对于一般的历史模拟法有几种扩展方法。在其中一种方法中，观测值的权重随着时间回望期的延伸而呈指数递减；在另一种方法中，我们会对历史数据进行调整，以体现波动率的变化。

极值理论可以使通过历史数据模拟所得出的交易组合损益的概率分布的尾部变得光滑。通过这一理论，避免了本节相应页下注中提到

的不确定性，我们可以使求得的 VaR 或 ES 能反映整个尾部的形状，而不是只与尾部的某些个别损失有关。极值理论也可以用来在置信水平较高时计算 VaR 或者 ES。例如，即使我们只有 500 天的数据，极值理论仍然可以用于对置信水平为 99.9% 的 VaR 或者 ES 进行估算。

延伸阅读

Boudoukh, J., M. Richardson, and R. Whitelaw. "The Best of Both Worlds." *Risk* (May 1998): 64–67.

Embrechts, P., C. Kluppelberg, and T. Mikosch. *Modeling Extremal Events for Insurance and Finance* (New York: Springer, 1997).

Hendricks, D. "Evaluation of Value-at-Risk Models Using Historical Data,"*Economic Policy Review*, Federal Reserve Bank of New York, vol. 2 (April 1996): 39–69.

Hull, J. C., and A. White. "Incorporating Volatility Updating into the Historical Simulation Method for Value at Risk," *Journal of Risk* 1, no. 1 (1998): 5–19.

McNeil, A. J. "Extreme Value Theory for Risk Managers." In *Internal Modeling and CAD II* (London: Risk Books, 1999). See also www.macs.hw.ac.uk/~mcneil/ftp/cad.pdf.

Neftci, S. N. "Value at Risk Calculations, Extreme Events and Tail Estimation." *Journal of Derivatives* 7, no. 3 (Spring 2000): 23–38.

练习题

13.1 采用 500 天的历史数据来计算 VaR 需要做什么样的假设？

13.2 请证明当 λ 趋向于 1 时，第 13.3.1 节中的权重趋向于基本历史模拟的权重。

13.3 假定我们由 1 000 个观察值得出 1 天展望期的 95% 的 VaR 为 500 万美元，将观察值与标准分布进行拟合，损失分布对应于 95% 分位数的概率密度函数值为 0.01，请问估算的 VaR 的标准误差为多少？

13.4 在第 13.1 节中计算出的 1 天展望期的 99% 的 VaR 为 253 385 美元，利用作者网站上的表单来计算：(a) 1 天展望期的 95% 的 VaR；(b) 1 天展望期 95% 的 ES；(c) 1 天展望期的 97% 的 VaR；(d) 1 天展望期的 97% 的 ES。

13.5 利用作者网站上的表单及第 13.1 节的基本方法来计算 1 天展望期的 99% 的 VaR 和 ES，假定资金是按等量投资于 4 个指数。

13.6 对于我们考虑的例子，通过第 13.3.1 节中对观察值进行加权所得出的 1 天展望期的 99% 的 VaR 等于 282 204 美元，ES 为 400 914 美元。将计算过程中的参数 λ 由 0.995 变为 0.99，利用作者网页上的表单来计算 1 天展望期的 99% 的 VaR 和 ES。

13.7 对于我们考虑的例子，通过第 13.3.3 节中的对波动率进行更新方法所得出的 1 天展望期的 99% 的 VaR 等于 627 916 美元，ES 为 777 545 美元。将计算过程中的参数 λ 由 0.94 变为 0.96，利用作者网站上的表单，计算 1 天展望期的 99% 的 VaR 和 ES。

13.8 在第 13.6 节的极值理论应用中，损失大于 400 000 美元的概率为多少？

13.9 在第 13.6 节的极值理论应用中，在 97% 置信区间下的 1 天展望期的 VaR 为多少？

13.10 在第 13.6 节的极值理论应用中，将 u 由 160 变为 150，这会对最大似然估计的 ξ 和 β 产生什么影响？这将对 1 天展望期的 VaR 和 ES 产生什么影响？考虑置信范围分别为：(a) 99%；(b) 99.9% 的情形。

13.11 对表 13-7 中经波动率更新程序处理

的以及作者网站上的数据进行极值分析，在分析中假定 $u=400$，ξ 和 β 的最佳拟合值为多少？计算1天展望期，置信度分别为99%和99.9%的VaR及ES。损失大于600 000美元的概率为多少？

作业题

13.12　假定由2 000个数据所得出的1天展望期的97.5%的VaR的估计值为1 300万美元，假定我们观测到的日价格变化大致服从正态分布，分布的期望值为0，标准差为600万美元，求取VaR值的99%的置信区间。

13.13　假定在第13.1节所考虑的投资组合的资金分配（以千美元计）如下：DJIA为3 000，FTSE为3 000，CAC 400为1 000，Nikkie 225为3 000，利用作者网站上的表单来计算

(a) 第13.1节计算的1天展望期的99%的VaR和ES。

(b) 利用第13.3.1节讨论的对观察值进行加权的方法，求取1天展望期的99%的VaR和ES，设 $\lambda=0.995$。

(c) 利用第13.3.2节和第13.3.3节讨论的对波动率观察值进行更新的两种方法，求取1天展望期的99%的VaR和ES，设 $\lambda=0.995$（使用指数加权移动平均法时，令初始方差等于整个样本的方差）。

(d) 利用第13.6节讨论的极值理论，求取1天展望期的99%的VaR和ES，设数据权重相等。

13.14　极值理论对于第13.3.2节中的波动率调整后的结果的影响是什么？在计算中请将 u 设定为350。

13.15　对于第13.3.1节中我们考虑的例子，通过对观察值进行加权所得出的1天展望期的99%的VaR为282 204美元，ES为400 914美元，将计算过程中的参数 λ 由0.995变为0.99，利用作者网站上的表单来计算1天展望期的99%的VaR和ES。

13.16　对于第13.3.2节中考虑的例子，通过对波动率进行更新所得出的1天展望期的99%的VaR为602 968美元，ES为786 855美元，将计算过程中的参数 λ 由0.94变为0.92，利用作者网站上的表单来计算1天展望期的99%的VaR和ES。

13.17　在作者网站上，读者可以下载2006年3月10日之前的1 500天的NASDAQ股指数据，采用以下不同方法来计算2006年3月10日的1天展望期的99%的VaR和ES，设交易组合的投资额为1 000万美元。

(a) 基本历史模拟法。

(b) 第13.3.1节中的指数加权方法，参数 $\lambda=0.995$。

(c) 第13.3.2节和第13.3.3节中波动率更新方法，参数 $\lambda=0.94$（使用指数加权移动平均法时，假定方差的初始值等于整个抽样的标准差）。

(d) 极值理论，在计算中变量 u 被设定为300。

(e) 假定日回报率服从正态分布，均值为0（请分别采用相等的权重及参数 $\lambda=0.94$ 的指数加权移动平均法方法来估计日回报率的标准差）。

讨论以上不同方法会产生不同结果的原因。

CHAPTER14

第14章

市场风险：模型构建法

除了历史模拟法之外，另外一种计算市场风险指标如 VaR 和 ES 的方法被称为**模型构建法**（model-building method），或者有时也被称为**方差－协方差法**（variance-covariance method）。在这一方法中，我们需要对市场变量的联合分布做出一定的假设，并采用历史数据来估计模型中的参数。

模型构建法非常适用于投资组合的价值变化线性依赖于基础市场变量（股票价格、汇率、利率等）价值变化的情况。在这种情况下，如果假定基础市场变量的每日变化为多元正态分布，则其计算速度将比历史模拟法快得多。本质上，其基础是马科维茨（Markowitz）的关于投资组合管理的先驱性理论（见第 1.1 节）。投资组合价值变化的概率分布为正态分布，由投资组合中标的资产的均值和方差以及产品回报的相关性，我们可以计算出投资组合的均值和方差。

当一个投资组合包括期权和其他非线性衍生产品时，该投资组合在短时间内价值变化的概率分布就不能再被合理地假定为正态分布。投资组合的 gamma 风险敞口导致其价值变化的概率分布呈现偏态。在这种情况下估算 VaR 或 ES 的一种方法是蒙特卡罗模拟。然而，模型构建法与第 13 章中的历史模拟法一样耗费计算时间。

本章提供了理解本书后面解释的两个重要模型的背景知识：第一个是标准初始保证金模型（SIMM），用于确定双边清算的场外衍生产品的初始保证金要求（见第 17 章）；第二个是在交易账户基本审查中用于确定资本的标准化方法使用的模型（见第 18 章）。

14.1 基本方法论

我们先考虑当投资组合只包含单一股票时如何用模型构建法来计算 VaR。假定投资组合只包含价值为 1 000 万美元的微软公司股票，在计算中我们选择 10 天的展望期，同时假定置信水平为 99%，在这里我们要求出投资组合在 10 天展望期内、99% 置信水平下，损失不能超出的数量。在计算过程中我们首先将展望期选定为 1 天。

我们假定微软公司股票的波动率为每天 2%（对应于每年的波动率 32%），[㊀]交易头寸的数量为 1 000 万美元，投资组合每天价值变化的标准差为 1 000 万美元的 2%，即 200 000 美元。

在模型构建法中，我们往往需要假定在展望期内，市场价格变化的期望值为 0，这一假设虽然不是绝对正确的，但也还算合理。同标准差相比，市场变量在一个较小的时间区间内价格变化的期望值相对较小。例如，微软公司的年回报大约是 20%，以 1 天为计，预期回报大约是 0.20/252，约等于 0.08%，与此对应的每天价格变化的标准差大约为 2%。考虑 10 天的展望期，预期回报大约为 0.08% ×10，即 0.8%，而 10 天所对应的回报标准差为 $2\% \times \sqrt{10}$，即 6.3%。

截至目前，我们得出微软公司股票每天价格变化的标准差为 200 000 美元，并且（以近似意义来讲）每天价格变化的均值为 0。我们假定价格的变化服从正态分布。[㊁]因为 $N(-2.326) = 0.01$，所以我们得出在正态分布下，价格下降大于 2.326 倍的标准差的概率为 1%。另外一种等价的说法是，在正态分布下，我们有 99% 的把握肯定价格下降程度不会超过 2.326 倍的标准差，因此，我们得出 1 000 万美元微软公司股票 1 天展望期的 99% 的 VaR 等于

$$2.326 \times 200\,000 = 465\,300(\text{美元})$$

假定微软公司股票连续每天之间变化相互独立，我们可以假设 10 天的收益率标准差为 $0.02 \times \sqrt{10}$，10 天的收益率为正态分布，因此微软公司 10 天的 99% 的 VaR 等于

$$1\,000\,000 \times 0.02 \times \sqrt{10} \times 2.326 = 1\,471\,300(\text{美元})$$

10 天的 99% 的 ES 可由式（12-2）计算得出，令 $\sigma = 200\,000\sqrt{10} = 632\,500$，$Y = 2.326$，且 $X = 0.99$。ES 的值为 1 687 000 美元。

接下来我们考虑价值为 500 万美元的 AT&T 的股票投资。假定 AT&T 的每天价格波动率为 1%（这对应于每年 16%），采用与微软公司股票类似的计算，我们得出 AT&T 的每天价格变化的标准差为

$$5\,000\,000 \times 0.01 = 50\,000$$

假定价格的变化为正态分布，1 天展望期的 99% 的 VaR 等于

$$50\,000 \times 2.326 = 116\,300(\text{美元})$$

10 天展望期的 99% 的 VaR 等于

$$116\,300 \times \sqrt{10} = 367\,800(\text{美元})$$

由式（12-2），10 天展望期的 99% 的 ES 为 421 400 美元。

㊀ 如第 10.1 节所示，在计算 VaR 时，波动率通常以每天为计量，而在期权定价时，通常以每年为计量，我们可以将每天波动率乘以 $\sqrt{252}$，即大约为 16，转化为每年的波动率。

㊁ 我们可以假定微软公司股票价格在明天的分布为对数正态（lognormal），因为 1 天展望期的时间太短，在这里对数正态假设与我们以前所做的连续两天的股价变化服从正态分布的假设几乎没有什么区别。

14.1.1 两个资产的情形

接下来我们考虑价值为1 000万美元的微软公司股票和价值为500万美元的AT&T股票的投资组合。我们假定微软公司及AT&T的股票价值变化服从二元正态分布，分布中的相关系数为0.3。由统计学中一个标准的结果得出，如果变量X和Y的方差分别为σ_X和σ_Y，变量的相关系数为ρ，那么$X+Y$的标准差为

$$\sigma_{X+Y} = \sqrt{\sigma_X^2 + \sigma_Y^2 + 2\rho\sigma_X\sigma_Y}$$

在应用这一结果时，我们令X为微软公司股票每天的价格变化，令Y为AT&T股票每天的价格变化

$$\sigma_X = 200\,000, \quad \sigma_Y = 50\,000$$

因此，由两种股票所组成的投资组合价值的1天变化的标准差为

$$\sqrt{200\,000^2 + 50\,000^2 + 2 \times 0.3 \times 200\,000 \times 50\,000} = 220\,227$$

投资组合价值变化的期望值为0，如果我们进一步假设微软公司和AT&T的收益的联合分布是双变量正态分布，那么投资组合的价值变化服从正态分布。我们得出1天展望期的99%的VaR等于

$$220\,227 \times 2.326 = 512\,300(\text{美元})$$

考虑10天展望期，σ_X和σ_Y增加$\sqrt{10}$倍，则10天展望期的99%的VaR $= \sqrt{10} \times 5\,132\,300 =$ 1 620 100美元。由式（12-2），10天展望期的99%的ES为1 856 100美元，其中$\sigma = 220\,227\sqrt{10}$，$Y = 2.326$，$X = 0.99$。

14.1.2 风险分散的益处

我们以上考虑的例子满足以下性质：

（1）由单一微软公司股票组成的投资组合的10天展望期的99%的VaR等于1 471 300美元。

（2）由单一AT&T股票组成的投资组合10天展望期的99%的VaR等于367 800美元。

（3）由微软公司及AT&T两种股票组成的投资组合的10天展望期的99%的VaR等于1 620 100美元。

数量（1 471 300 + 367 800）− 1 620 100 = 219 000美元代表风险分散带来的好处。如果微软公司及AT&T的相关系数等于1（完全相关），由微软公司及AT&T共同组成的投资组合的VaR等于单一微软公司组合的VaR加上单一AT&T组合的VaR；如果相关系数小于1，就会带来部分风险的分散化解（diversified away）。[⊖]同样的结论对ES也适用。

14.2 推广

以上讨论的例子是采用线性模型来计算VaR的特例。假定，我们所持有的某投资组合的

⊖ 如第12.5节所示，VaR并不一定永远能带来风险分散效应。对于非正态分布，两个交易组合在合并后所产生的VaR可能会大于两个交易组合的VaR的总和，而ES没有此缺点。

价值为 P，其价值依赖于 n 个市场变量。根据市场惯例，我们把市场变量称为**风险因子**（risk factors），如股票价格、商品价格或汇率（我们会在本章后面考虑利率、信用价差和波动性）。在很大程度上，投资组合的价值变化与风险因子的百分比变化呈线性相关。

$$\Delta P = \sum_{i=1}^{n} \delta_i \Delta x_i \tag{14-1}$$

其中 ΔP 为整个投资组合实际的日价值变化，Δx_i 是一天内第 i 个风险因子的百分比变化。

参数 δ_i 是第 8 章中解释的 delta 风险的变体。持仓头寸相对于风险因子的 delta 通常被定义为比率 $\Delta P/\Delta S$，其中 ΔS 是风险因子值的微小变化量（所有其他风险因子保持不变），ΔP 是投资组合的价值由此产生的变化。我们在这里使用的参数 δ_i 等于 $\Delta P/\Delta x_i$，Δx_i 是第 i 个风险因子值在百分比上的微小变化（同样所有其他风险因子保持不变），ΔP 是投资组合价值的变化。

如果我们假定式（14-1）中的 Δx_i 服从多元正态分布，因此 ΔP 也服从正态分布。为了计算 VaR，我们只需要计算出 ΔP 的期望值及标准差。基于上一节任意一项 Δx_i 的期望值为 0 的假设，我们得出 ΔP 的期望值也为 0。

计算 ΔP 的标准差的方法是前述两个资产例子的扩展，我们假定 σ_i 为第 i 项资产的日波动率，ρ_{ij}为资产 i 及资产 j 的相关系数，这意味着 Δx_i 的标准差为 σ_i，Δx_i 和 Δx_j 的相关系数为 ρ_{ij}，将 ΔP 的方差记为 σ_P^2（因为我们考虑的展望期为 1 天，σ_i 是每天的波动率）。ΔP 的标准差是

$$\sigma_P = \sqrt{\sum_{i=1}^{n} \sum_{j=1}^{n} \rho_{ij} \delta_i \delta_j \sigma_i \sigma_j} \tag{14-2}$$

该式也可以写为

$$\sigma_P = \sqrt{\sum_{i=1}^{n} \delta_i^2 \sigma_i^2 + \sum_{j \neq i} \rho_{ij} \delta_i \delta_j \sigma_i \sigma_j}$$

或者

$$\sigma_P = \sqrt{\sum_{i=1}^{n} \delta_i^2 \sigma_i^2 + 2 \sum_{j < i} \rho_{ij} \delta_i \delta_j \sigma_i \sigma_j}$$

也可以表示为

$$\sigma_P^2 = \sum_{i=1}^{n} \sum_{j=1}^{n} \mathrm{cov}_{ij} \delta_i \delta_j \tag{14-3}$$

cov_{ij}是 Δx_i 和 Δx_j 的协方差，用矩阵形式表示的上式为

$$\sigma_P^2 = \boldsymbol{\delta}^{\mathrm{T}} C \boldsymbol{\delta}$$

其中，$\boldsymbol{\delta}$ 是列向量，它的第 i 个元素是 δ_i，C 是方差 - 协方差矩阵（见第 11.3 节），$\boldsymbol{\delta}^{\mathrm{T}}$ 是 $\boldsymbol{\delta}$ 的转置。

T 天展望期的标准差为 $\sigma_P \sqrt{T}$，因此展望期为置信水平为 $X\%$ 的 VaR 等于 $N^{-1}(X)\sigma_P \sqrt{T}$。根据式（12-2），$T$ 天展望期、置信水平为 $x\%$ 的 ES 为

$$\sigma_P \sqrt{T} \frac{\mathrm{e}^{-Y^2/2}}{\sqrt{2\pi}(1-X)}$$

其中 $Y = N^{-1}(X)$，且 N^{-1}为正态分布累积函数的反函数（可由 Excel 中的 NORMSINV 计算）。

【例 14-1】 在前一节所考虑的两个资产的例子中，投资组合的价值为 P，第一个资产（微软公司）投资了 1 000 万美元，第二个资产（AT&T）投资了 500 万美元。当以百万美元计时，$\delta_1=10$，$\delta_2=5$，并且

$$\Delta P = 10\Delta x_1 + 5\Delta x_2$$

$\sigma_1=0.02$，$\sigma_2=0.01$，$\rho_{12}=0.3$，则有

$$\sigma_P^2 = 10^2\times 0.02^2 + 5^2\times 0.01^2 + 2\times 10\times 5\times 0.3\times 0.02\times 0.01 = 0.0485$$

即 $\sigma_P=0.220$，这一数量为投资组合每天价值变化的标准差（以百万美元计），10 天展望的 99% VaR 为 $2.326\times 0.220\times\sqrt{10}=1.62$，即 162 万美元，ES 为 $0.220\times\sqrt{10}\times\frac{e^{-2.326^2/2}}{\sqrt{2\pi}\times 0.01}$。

也就是 186 万美元。这与上一节所计算的结果完全一致。

与马科维茨的关系投资组合在 1 天内的回报为 $\Delta P/P$，从式（14-2）中得出，组合的日回报的方差为

$$\sum_{i=1}^{n}\sum_{j=1}^{n}\rho_{ij}w_i w_j\sigma_i\sigma_j$$

其中 $w_i=\delta_i/P$。当投资组合由 n 个资产的多头和空头头寸组成，第 i 个风险因子为第 i 个资产的价值时，δ_i 是第 i 个资产的投资价值（如例 14-1 所示），w_i 为组合中第 i 个投资的权重。式（14-2）由马科维茨的研究给出，直到今天还经常被投资组合经理使用，以将投资组合收益的标准差与单个资产收益的标准差、单个资产收益之间的相关性联系起来（请参阅第 1.1 节）。

14.3 涉及 4 个投资的例子

根据式（14-2）或式（14-3），我们现在考虑第 13.1 节中讨论的例子。该例涉及一个在 2008 年 9 月 25 日投资 400 万美元于道琼斯工业平均指数（DJIA）、300 万美元于富时 100 指数（FTSE 100）、100 万美元于巴黎 40 指数（CAC 40）和 200 万美元于日经 225 指数（Nikkei 225）的投资组合。为了计算，我们采集了截至 2008 年 9 月 25 日 500 天的历史数据，读者可以在作者的网站 www-2. rotman. utoronto. ca/ ~hull/RMFI/VaRExample 上下载这些数据和有关计算表单。

表 14-1 是利用一般方法，即对 500 个回报数据采用同等权重的方法求得的相关系数矩阵。结果显示，FTSE 100 与 CAC 40 具有很高的相关性，DJIA 与 FTSE 100 和 CAC 40 有一定程度的相关性，Nikkei 225 与其他指数的相关性较低（甚至与 DJIA 呈负相关）。表 14-2 显示了协方差矩阵。

表 14-1 2008 年 9 月 25 日，对过去 500 天所有数据设定同等权重所得出的相关系数矩阵

$$\begin{bmatrix} 1 & 0.489 & 0.496 & -0.062 \\ 0.489 & 1 & 0.918 & 0.201 \\ 0.496 & 0.918 & 1 & 0.211 \\ -0.062 & 0.201 & 0.211 & 1 \end{bmatrix}$$

注：变量 1 为 DJIA，变量 2 为 FTSE 100，变量 3 为 CAC 40，变量 4 为 Nikkei 225。

表 14-2　2008 年 9 月 25 日，对过去 500 天所有数据赋予同等权重所得出的协方差矩阵

$$\begin{bmatrix} 0.0001227 & 0.0000768 & 0.0000767 & -0.0000095 \\ 0.0000768 & 0.0002010 & 0.0001817 & 0.0000394 \\ 0.0000767 & 0.0001817 & 0.0001950 & 0.0000407 \\ -0.0000095 & 0.0000394 & 0.0000407 & 0.0001909 \end{bmatrix}$$

注：变量 1 为 DJIA，变量 2 为 FTSE 100，变量 3 为 CAC 40，变量 4 为 Nikkei 225。

由式（14-3）以及以上方差 - 协方差矩阵，我们得出投资组合损失的方差为 8 761.833（以千美元计），标准差是以上数量的平方根，即 93.60，1 天的 99% 的 VaR 为

$$2.326 \times 93.60 = 217.757(\text{千美元})$$

即 217 757 美元。1 天的 99% 的 ES 为

$$93.60 \times \frac{e^{-2.326^2/2}}{\sqrt{2\pi} \times 0.01} = 249.476(\text{千美元})$$

即 249 476 美元。我们可以将这一结果与由第 13 章标准历史模拟法产生的结果（即 253 385 美元 VaR 和 327 181 美元 ES）进行比较。

利用 EWMA 模型

除对所有的市场回报采用同等权重来计算方差 - 协方差，我们还可以利用指数加权移动平均方法（EWMA），在计算中采用参数 λ 为 0.94。表 14-3 显示了通过这种方法得出的方差 - 协方差矩阵。[㊀] 由式（14-3）以及方差 - 协方差所给出的组合损失的方差为 40 995.765（以千美元计），标准差是以上数量的平方根，即 202.474。1 天的 99% 的 VaR 为

$$2.326 \times 202.474 = 471.025$$

即 471 025 美元。由式（12-2），1 天的 ES 为 539 637 美元。以上结果比由等权重所求得结果的两倍还要高。表 14-4 和表 14-5 给出了产生这两个结果差别的原因。一个由资产多头头寸所构成的投资组合的标准差会随资产回报标准差的增大以及相关系数的增大而增大。表 14-4 显示，由 EWMA 所得出的标准差比由同等权重得出的标准差要高得多。这是因为与紧邻 2008 年 9 月 25 日前面的一段历史数据的波动率比 500 天数据中其他时段的波动率要高得多。比较表 14-5 和表 14-3，我们发现相关系数也比由同等权重得出的相关系数要高得多。[㊁]

表 14-3　利用 EWMA 模型所求得的 2008 年 9 月 25 日的协方差矩阵，λ =0.94

$$\begin{bmatrix} 0.0004801 & 0.0004303 & 0.0004257 & -0.0000396 \\ 0.0004303 & 0.0000314 & 0.0009630 & 0.0002095 \\ 0.0004257 & 0.0009630 & 0.0009535 & 0.0001681 \\ -0.0000396 & 0.0002095 & 0.0001681 & 0.0002541 \end{bmatrix}$$

注：变量 1 为 DJIA，变量 2 为 FTSE 100，变量 3 为 CAC 40，变量 4 为 Nikkei 225。

表 14-4　利用等权重和 EWMA 模型所得出的 2008 年 9 月 25 日的波动率（每天%）

	DJIA	FTSE 100	CAC 40	Nikkei 255
等权重	1.11	1.42	1.40	1.38
EWMA	2.19	3.21	3.09	1.59

㊀ 在 EWMA 方法中，方差最初可以被设定为所有观察值的方差，但由任意一个合理的初始方差所得出的最终结果都十分接近，而我们只是关心最终的方差结果。

㊁ 在市场承压时，相关性会增大，这一例子说明了这一点。

表 14-5 利用 EWMA 模型所求得的 2008 年 9 月 25 日的相关系数矩阵

$$\begin{bmatrix} 1 & 0.661 & 0.629 & -0.113 \\ 0.611 & 1 & 0.971 & 0.409 \\ 0.629 & 0.971 & 1 & 0.342 \\ -0.113 & 0.409 & 0.342 & 1 \end{bmatrix}$$

注：变量 1 为 DJIA，变量 2 为 FTSE 100，变量 3 为 CAC 40，变量 4 为 Nikkei 225。

14.4 对于期限结构的处理

期限结构描述了利率、信用价差和平价波动率等变量。期限结构表明这些变量的值是到期期限的函数。当变量为利率时，期限结构显示零息利率与其到期期限的关系（有关如何计算零息利率的讨论，请参见附录 B）。当变量为信用价差时，期限结构反映了适用于债券或信用违约互换的信用价差与其到期期限的函数关系。当变量为平价波动率时，期限结构显示了平价期权定价的波动率是其到期期限的函数。[⊖]

期限结构使模型构建方法更复杂。例如，考虑特定利率的期限结构。公司投资组合中的一种工具可能会在 3.32 年内产生现金流量，在接下来的短时间内，这一工具的价值变化取决于期限结构上 3.32 年到期点的情况；另一种工具可能会在 4.48 年的时点上产生现金流，因此金融机构在期限结构上的该时点也会有风险敞口。3.32 年期利率和 4.48 年期利率将趋于一致，但二者并非完全相关。

显然，我们不可能对这家金融机构每一种期限的工具都加以考虑。我们将考虑两种处理期限结构风险的方法：主成分分析和“多重顶点法”（multiple-vertices approach）。对于股票价格、价格和汇率等变量，若变量的值成百分比变化，那么参数 σ 就是百分比变化的标准差（如波动率）。在介绍的这两种方法中，对于这些变量，我们通常考虑实际变化，而不是百分比变化。

14.4.1 主成分分析法

我们在第 9.7 节中讨论了主成分分析法（PCA）的性质。前两个或三个主因子（PC）说明了在实践中观察到的期限结构的大部分变化。第一个因子通常是期限结构的平行移动；第二个因子是期限结构斜率的变化；第三个因子是“弯曲”，即存在期限结构的曲率变化。

处理期限结构的一种方法是，假定 1 天之内期限结构的变化仅由前两个或三个主因子引起。我们使用第 9 章中利率敏感性的例子来说明计算方法。表 14-6 中的数据是投资组合对利率变动的敏感性。因子载荷和因子得分的标准差在表 14-7 和表 14-8 中列出（与表 9-6 和表 9-7 相同）。

表 14-6 利率 1 个基点变动所触发的投资组合价值（以百万美元计）的变化

3 年期利率	4 年期利率	5 年期利率	7 年期利率	10 年期利率
+10	+4	-8	-7	+2

⊖ 正如我们稍后将解释的那样，普通期权价格与波动率近似线性相关，因此可以使用式（14-2）处理其对波动率的依赖关系。

表 14-7 互换利率的因子载荷

	PC1	PC2	PC3	PC4	PC5	PC6	PC7	PC8
1 年期	0.216	-0.501	0.627	-0.487	0.122	0.237	0.011	-0.034
2 年期	0.331	-0.429	0.129	0.354	-0.212	-0.674	-0.100	0.236
3 年期	0.372	-0.267	-0.157	0.414	-0.096	0.311	0.413	-0.564
4 年期	0.392	-0.110	-0.256	0.174	-0.019	0.551	-0.416	0.512
5 年期	0.404	0.019	-0.355	-0.269	0.595	-0.278	-0.316	-0.327
7 年期	0.394	0.194	-0.195	-0.336	0.007	-0.100	0.685	0.422
10 年期	0.376	0.371	0.068	-0.305	-0.684	-0.039	-0.278	-0.279
30 年期	0.305	0.554	0.575	0.398	0.331	0.022	0.007	0.032

假设前两个主因子描述了利率变动。投资组合对第 1 个主因子的敏感度敞口是

$$10\times0.372+4\times0.392-8\times0.404-7\times0.394+2\times0.376=+0.05$$

对第 2 个主因子的敏感度敞口是

$$10\times(-0.267)+4\times(-0.110)-8\times0.019-7\times0.194+2\times0.371=-3.88$$

均以每个基点的百万美元为衡量单位。

假设f_1 和f_2 是前两个主因子的因子得分，我们将它们视为每日变化的第一主因子和第二主因子的个数。前两个主因子导致的投资组合价值在 1 天之内的变化（以百万美元计）为

$$\Delta P=0.05f_1-3.88f_2$$

主成分分析法中的因子得分相互独立。表 14-8 显示主成分分析法中前两个因子的标准差分别为 17.55 和 4.77，因此 ΔP 的标准差为

$$\sqrt{0.05^2\times17.55^2+3.88^2\times4.77^2}=18.52$$

表 14-8 因子得分的标准差

PC1	PC2	PC3	PC4	PC5	PC6	PC7	PC8
17.55	4.77	2.08	1.29	0.91	0.73	0.56	0.53

假定因子得分服从正态分布，1 天展望期的 99% VaR 等于 18.52 × 2.326 = 43.08 百万美元，即 4 308 万美元。

注意投资组合对于第 1 个因子的敏感性较低，而对于第 2 个因子的敏感性较大。只采用第 1 个因子（见练习题 14.9）进行计算会显著地低估 VaR。

刚才考虑的示例仅对因子载荷表（见表 9-7）中的期限有敏感性敞口，可使用内插法计算其他到期期限的敏感性敞口。例如，假设 3.5 年利率的第 1 个因子敞口为 0.382，第 2 个因子敞口为 -0.188 5，依此类推。

14.4.2 多重顶点法

在度量风险敞口时，衍生工具交易商及其监管者喜欢引入期限结构。我们再次通过利率期限结构来阐述这一点。假设利率期限结构由不同到期期限对应的点构成：3 个月、6 个月、1 年、2 年、3 年、5 年、10 年、15 年、20 年和 30 年。期限结构是连接这些点的分段线性曲线，如附录 B 中所述。通过将一个点移动一个基点，同时保持其他点不变，可以为期限结构上的每

个点计算一个 delta。我们将以这种方式定义的 delta 称为“**节点 delta**”（node delta，使用第 9 章的术语，又叫“现金局部久期”）。图 14-1 显示了计算 5 年节点 delta 时的期限结构变化。其他时点的 delta 也是类似的计算。当计算最短到期期限（3 个月）的 delta 时，所有小于这一时点的利率都增加一个基点；当计算相对于最长期限（30 年）的 delta 时，所有大于最长期限的利率都增加一个基点（这与附录 B 中描述的期限结构的构造方法是一致的）。节点 delta 的总和为 DV01（这是整个期限结构中每个时点的利率平移一个基点的影响）。因此，节点 delta 是将 DV01 分为 10 个组成部分的一种方式。

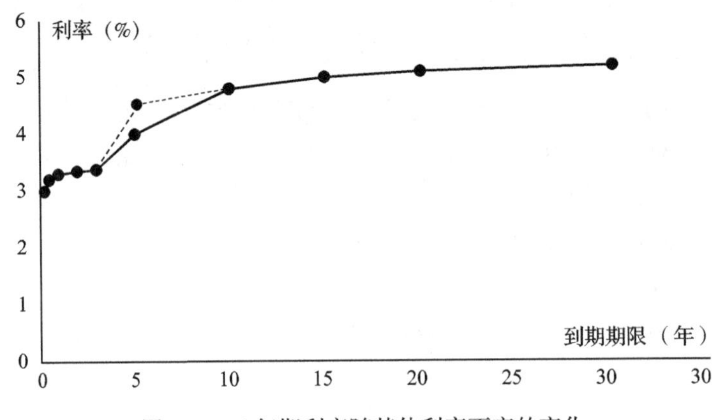

图 14-1 5 年期利率随其他利率不变的变化

考虑一个投资组合，其价值仅取决于一个期限结构。将 δ_i 定义为第 i 个节点 delta（当第 i 个到期期限的利率上升一个基点时，投资组合的价值增加值）。如果 σ_i 是第 i 个节点相对应的 1 天的利率变化的标准差（以基点为单位），ρ_{ij}是第 i 个节点和第 j 个节点的利率变动之间的相关性，则投资组合在 1 天之内价值变化的标准差是

$$\sigma_P = \sqrt{\sum_{i=1}^{10}\sum_{j=1}^{10}\rho_{ij}\delta_i\delta_j\sigma_i\sigma_j} \tag{14-4}$$

任何给定的未来现金流量都具有相对于两个相邻到期日的 delta。例如，3.5 年的现金流相对于 3 年期利率和 5 年期利率具有 delta，而相对于其他利率则没有。如果 3.5 年期利率的一个基点变化的影响为 X，那么 3 年节点的 delta 为 $0.75X$，5 年节点的 delta 为 $0.25X$。

注意，式（14-4）与式（14-2）相同。唯一不同的是，式（14-2）考察风险因子的百分比变化（δ 变量衡量百分比变化的风险因子对投资组合的影响，σ 变量是波动率），而式（14-4）考察风险因子的实际变化（δ 变量衡量风险因子实际变化的影响，而 σ 变量是标准偏差）。式（14-2）和式（14-4）可以扩展到一个考虑某些风险因子的百分比变化和考虑其他风险因子的实际变化的投资组合。

现在假设投资组合 P 的价值取决于 K 个期限结构。定义 δ_{ik}、σ_{ik}、ρ_{ijk}分别是期限结构 k（$1\leqslant k\leqslant K$）中 δ_i、σ_i、ρ_{ij}的值，同时定义

$$V_k^2 = \sum_{i=1}^{N_k}\sum_{j=1}^{N_k}\rho_{ijk}\delta_{ik}\delta_{jk}\sigma_{ik}\sigma_{jk}$$

$$U_k = \sum_{i=1}^{N_k}\delta_{ik}\sigma_{ik}$$

其中 N_k 是用于期限结构 k 的顶点数。

通常用一个参数描述两个期限结构之间的相关性。假设 $\rho(k_1, k_2)$ 是期限结构 k_1 和 k_2 之间的相关性。定义它的两种方法如下：

(1) 对于所有 i 和 j，期限结构 k_1 的利率 i 与期限结构 k_2 的利率 j 之间的相关性是 $\rho(k_1, k_2)$。

(2) 由于期限结构 k_1 和期限结构 k_2 的变动而导致的投资组合价值的变化之间具有 $\rho(k_1, k_2)$ 的相关性。

根据第一个定义可以得到

$$\sigma_P = \sqrt{\sum_k V_k^2 + \sum_{k_1 \neq k_2} \rho(k_1, k_2) U_{k_1} U_{k_2}} \tag{14-5}$$

根据第二个定义可以得到

$$\sigma_P = \sqrt{\sum_k V_k^2 + \sum_{k_1 \neq k_2} \rho(k_1, k_2) V_{k_1} V_{k_2}} \tag{14-6}$$

【例 14-2】 假设一个投资组合有两种不同的利率期限结构敞口。表 14-9 显示了每天利率变动的标准差以及利率变动的 delta 敞口。例如，期限结构 1 的 2 年期利率每天变化的标准差为 5.6 个基点（0.056%），而期限结构 2 的 2 年期利率每天变化的标准差为 11.4 个基点。2 年期利率的一个基点变化对于期限结构 1 的影响是 8 500 万美元，对于期限结构 2 是 6 500 万美元。假设两个期限结构中各节点的相关性 ρ_{ij} 都相同，如表 14-10 所示。期限结构 1 中的 1 年期利率变动与期限结构 1 中的 2 年期利率变动之间的相关性为 0.92。期限结构 2 也是如此。

表 14-9　标准差（以基点为单位）和 delta 敞口（以每个基点百万美元计）

	3 个月	6 个月	1 年	2 年	3 年	5 年	10 年	15 年	20 年	30 年
期限结构 1 每天变化的标准差	8.8	7.4	6.7	5.6	5.4	5.4	5.2	5.2	5.5	6.4
期限结构 2 每天变化的标准差	10.2	10.8	12.0	11.4	11.0	11.4	10.0	11.2	11.2	11.3
一个基点变化对于期限结构 1 的影响	55	65	80	85	90	70	65	40	20	5
一个基点变化对于期限结构 2 的影响	85	75	70	65	50	45	40	30	20	20

表 14-10　不同期限利率之间的相关性

	3 个月	6 个月	1 年	2 年	3 年	5 年	10 年	15 年	20 年	30 年
3 个月	1.00	0.78	0.62	0.50	0.44	0.36	0.27	0.20	0.17	0.13
6 个月	0.78	1.00	0.84	0.74	0.67	0.57	0.44	0.37	0.35	0.30
1 年	0.62	0.84	1.00	0.92	0.86	0.76	0.63	0.55	0.53	0.47
2 年	0.50	0.74	0.92	1.00	0.98	0.89	0.75	0.69	0.66	0.60
3 年	0.44	0.67	0.86	0.98	1.00	0.96	0.83	0.78	0.75	0.69
5 年	0.36	0.57	0.76	0.89	0.96	1.00	0.92	0.89	0.86	0.81
10 年	0.27	0.44	0.63	0.75	0.83	0.92	1.00	0.98	0.96	0.93
15 年	0.20	0.37	0.55	0.69	0.78	0.89	0.98	1.00	0.99	0.97
20 年	0.17	0.35	0.53	0.66	0.75	0.86	0.96	0.99	1.00	0.99
30 年	0.13	0.30	0.47	0.60	0.69	0.81	0.93	0.97	0.99	1.00

最后，我们假设两个期限结构之间的相关参数为 0.4（以百万美元计），结果是

$$U_1 = 3\,529 \quad U_2 = 5\,501$$

$$V_1 = 3\,004.9 \quad V_2 = 4\,604.3$$

式（14-5）给出的每天投资组合标准差为 6 163.9，式（14-6）给出的每天投资组合标准差为 5 980.2。将它们乘以 $\sqrt{10}$ 和 2.326 得到 10 天的 99% VaR。使用式（12-2）计算 ES。计算结果显示在作者的网站上：www-2.rotman.utoronto.ca/~hull/riskman。

14.5 基本步骤的扩展

在本节中，我们继续探讨投资组合与潜在风险因子线性相关的情况，并解释模型在式（14-2）和式（14-4）中的一些扩展。

14.5.1 受压度量

假设我们对压力 VaR 或压力 ES 感兴趣。如第 13.1.3 节所述，这是基于过去一段承压期的数据而非近期的数据得出的估算值。到目前为止，本章提出的方法都可以使用承压期的数据来修正波动率和相关性。

14.5.2 非正态分布

在第 12.9 节中，我们解释了聚合 n 个投资组合的整体 VaR 的一个近似公式为

$$\mathrm{VaR}_{\mathrm{total}} = \sqrt{\sum_{i=1}^{n}\sum_{j=1}^{n}\rho_{ij}\mathrm{VaR}_i\mathrm{VaR}_j} \tag{14-7}$$

其中 VaR_i 是第 i 个投资组合的 VaR，$\mathrm{VaR}_{\mathrm{total}}$ 是整体 VaR，ρ_{ij} 是第 i 个投资组合和第 j 个投资组合的损失之间的相关性。该公式表明，聚合标准差的方法也可以近似用于聚合百分位数。

结果展示了模型构建方法可以被拓展为允许收益服从非正态分布的方法。假设基于历史数据估计出微软公司的 10 天收益分布的 1% 分位数为 -17%，因此向微软公司投资的 1 000 万美元的 10 天 99% VaR 为 170 万美元（而不是在第 14.1 节中，假设收益服从正态分布计算得出的 1 471 300 美元）。进一步假设，我们估计出 AT&T 的 10 天收益分布的 1% 分位数为 -10%，因此，向 AT&T 投资 500 万美元的 10 天 99% VaR 为 50 万美元（而不是假设收益服从正态分布时的估计值 367 800 美元）。使用式（14-7），我们将对微软公司和 AT&T 投资组合的 VaR 估计值调整为

$$\sqrt{1\,700\,000^2 + 500\,000^2 + 2 \times 0.3 \times 1\,700\,000 \times 500\,000} = 1\,910\,500$$

14.6 风险权重和加权敏感性

使用式（14-2）和式（14-4）计算 VaR 或 ES 时，要将投资组合中每天变化的标准差乘以一个常数。例如，当计算 10 天的 99% VaR 时，将其乘以 $N^{-1}(0.99) \times \sqrt{10} = 7.36$。计算 20 天的 97.5% ES 时，将其乘以

$$\sqrt{20}\,\frac{\exp\{-[N^{-1}(0.99)]^2/2\}}{\sqrt{2\pi}\times 0.01}=11.92$$

假设 β 是乘数，则有

$$\text{风险测度}=\beta\sqrt{\sum_{i=1}^{n}\sum_{j=1}^{n}\delta_i\delta_j\rho_{ij}\sigma_i\sigma_j}$$

定义 $W_i=\beta\sigma_i$。上式可写为

$$\text{风险测度}=\sqrt{\sum_{i=1}^{n}\sum_{j=1}^{n}\delta_i\delta_j\rho_{ij}W_iW_j} \tag{14-8}$$

参数 W 被称为风险权重，而参数 δ 称为加权敏感性。

我们将在后面的章节中看到，该公式用于：

（1）使用标准化方法在交易账户基本审查中确定市场风险的资本；

（2）确定双边清算交易的初始保证金。

14.7　处理非线性情况

现在我们考察投资组合价值的变化与潜在风险因素的变化非线性相关的情况，包含期权的投资组合就是这种情况。非线性投资组合具有 vega 和 gamma 风险敞口。大多数投资组合的波动率近似为线性。因此，如前所述，可以考虑波动率期限结构中的潜在变动来考察 vega 风险敞口。

衡量 gamma 风险敞口更困难，因为它会产生二次项。考虑一个由单一期权组成的投资组合，投资组合的价值与资产价格 S 有关。泰勒级数展开式表明

$$\Delta P=\frac{\partial P}{\partial S}\Delta S+\frac{\partial P}{\partial\sigma}\Delta\sigma+\frac{1}{2}\frac{\partial^2 P}{\partial S^2}(\Delta S)^2 \tag{14-9}$$

在计算 VaR 或 ES 时，不能忽略此扩展中的最后一项。图 14-2 显示了看涨期权多头的价值同标的资产价格的关系，也能说明这一点。看涨期权多头是一个具有正 gamma 产品的例子。如图所示，当某天标的资产价格的概率分布为正态分布时，期权价格的概率分布具有正偏性。图 14-3 显示了看涨期权空头价值同标的资产价格的关系。空头看涨期权的 gamma 为负。在这种情况下，一天结束时标的资产价格所服从的正态分布被映射为具有负偏态的期权价值分布。

一个投资组合的 VaR 直接取决于投资组合价值概率分布的左尾。例如，当置信度为 99% 时，分布左端小于 VaR 的数量占整体分布的 1%。如图 14-2 所示，具有正 gamma 的投资组合与正态分布相比，左尾分布较为瘦小，在正态分布的假设下得出的 VaR 会偏高。类似地，如图 14-3 所示，具有负 gamma 的投资组合同正态分布相比，左尾分布较为肥大，在正态分布的假设下得出 VaR 会偏低。

如果一个投资组合与 n 个潜在风险因子相关，式（14-1）变为

$$\Delta P=\sum_{i=1}^{n}\delta_i\Delta x_i+\sum_{i=1}^{n}\sum_{j=1}^{n}\frac{1}{2}\gamma_{ij}\Delta x_i\Delta x_j \tag{14-10}$$

γ_{ij} 是交叉 gamma，其定义为

$$\gamma_{ij}=\frac{\partial^2 P}{\partial x_i\partial x_j}$$

如果投资组合中的每一个资产只与一个风险因子有关，则不存在交叉 gamma。因此，除了 $i=j$ 时，$\gamma_{ij}=0$。

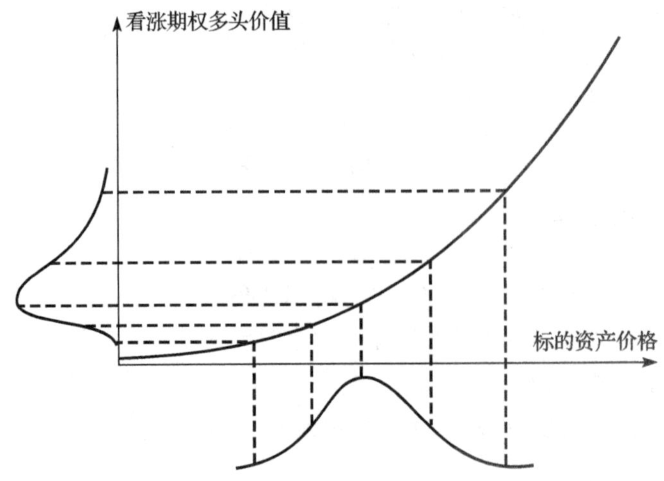

图 14-2 具有正态分布的标的资产的概率分布与看涨期权多头价值的概率分布的对应关系

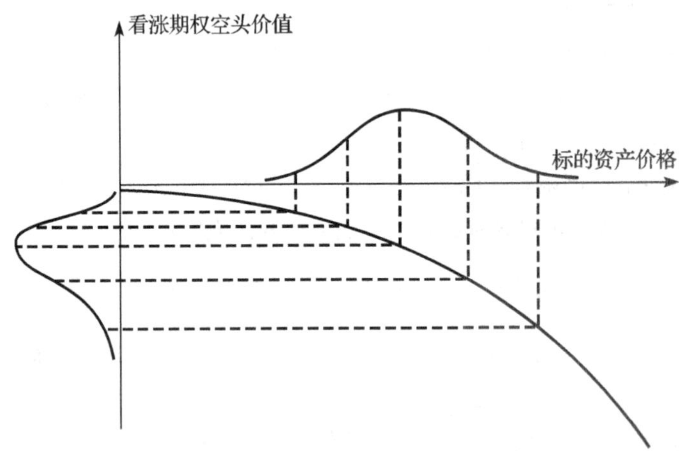

图 14-3 具有正态分布的标的资产的概率分布与看涨期权空头价值的概率分布的对应关系

14.7.1 蒙特卡罗模拟

作为对以上所讨论方法的补充，我们可以在实施模型构建法时采用蒙特卡罗模拟（Monte Carlo simulation）来产生 ΔP 的概率分布。假设我们要计算投资组合 1 天展望期的 VaR，过程如下：

（1）利用当前的市场变量对投资组合进行定价。

（2）从 Δx_i 服从的多元正态分布中进行一次抽样。㊀

（3）由 Δx_i 的抽样计算出在交易日末市场变量。

（4）利用新产生的市场变量来对投资组合重新定价。

（5）将第 4 步产生的数值减去第 1 步的数值，由此产生了 ΔP 的一个抽样。

（6）重复第 2 步 ~ 第 5 步的计算，建立 ΔP 的概率分布。

㊀ 一种做法在第 11.4.1 节中给出了。

ΔP 的概率分布中的某个分位数就是我们想要求得的 VaR 或者 ES。例如，假如我们由以上方法计算出 ΔP 的 5 000 个不同的抽样，1 天展望期的 99% VaR 对应于抽样数值从大到小排序中的第 50 名；1 天展望期的 99% ES 为排序中的第 50 名，等等。[㊀] N 天展望期的 VaR 等于 1 天展望期的 VaR 乘以 $\sqrt{N}$。[㊁]

蒙特卡罗方法的弱点是其计算速度缓慢，计算速度之所以缓慢是因为公司的投资组合（有可能由成百上千的资产所组成）要被定价很多次。一种加速计算的方法是用式（14-10）所描述的 ΔP 与 Δx_i 的关系，在蒙特卡罗方法中，我们可以由第 2 步直接跳到第 5 步，这么做可以避免投资组合的定价过程，这一技巧被称为**局部模拟方法**（partial simulation approach）。

14.7.2 扩展

蒙特卡罗模拟的一个魅力在于，我们不必假设风险因素呈正态分布。我们可以假设 Δx_i 服从任意的分布，并使用多元 Copula 模型定义变量之间的相关性。[㊂]我们可以采用单因子高斯 Copula 模型，在以上所描述的 5 步模拟过程中第 2 步和第 3 步之间插入额外的一步，我们可以进行一个新的模拟过程：

（2）由多元概率分布中提取一次抽样 u_i。

（2a）以分位数到分位数的形式将 u_i 映射到 Δx_i。

14.7.3 柯尼斯 - 费希尔展开

统计学中柯尼斯 - 费希尔展开（Cornish-Fisher expansion）由概率分布的矩入手，来对概率分布的分位数进行估计。假定 μ_P 和 σ_P 分别为 ΔP 的期望值和标准差，即

$$\mu_P = E(\Delta P)$$

$$\sigma_P^2 = E[(\Delta P)^2] - [E(\Delta P)]^2$$

概率分布的偏态与第三阶矩有关。正偏态性表示概率分布的右尾比左尾重。负偏态性则相反。ΔP 的概率分布偏态 ξ_P 通常定义为

$$\xi_P = \frac{1}{\sigma_P^3}E[(\Delta P - \mu_P)^3]$$

正态分布的偏态为零。

概率分布的峰度与第四阶矩有关，它衡量分布尾巴的厚重程度。与偏态相似，ΔP 的概率分布峰度 κ_P 通常定义为

$$\kappa_P = \frac{1}{\sigma_P^4}E[(\Delta P - \mu_P)^4]$$

正态分布的峰度为 3。**超额峰度**（excess kurtosis）衡量的是相对于正态分布的峰度，定义为峰度减去 3。

㊀ 就像在历史模拟法中那样，极值理论可以用来对尾部分布进行光滑处理，在处理之后我们可以得出极端分位的更好估计。

㊁ 当交易组合中包含期权时，这一假设只是一个近似，但这种近似被大多数实际操作采用。

㊂ See J. Hull and A. White, "Value at Risk When Daily Changes Are Not Normally Distributed," *Journal of Derivatives* 5, no. 3 (Spring 1998): 9-19。

利用 ΔP 的前三阶矩，柯尼斯 - 费希尔展开得出的 ΔP 的第 q 个分位数为

$$\mu_P + w_q\sigma_P$$

其中

$$w_q = z_q + \frac{1}{6}(z_q^2 - 1)\xi_P$$

其中 z_q 为标准正态分布的第 q 个分位数。当使用更高阶矩时，精度会提高。例如，当考虑峰度时，w_q 的表达式变为

$$w_q = z_q + \frac{1}{6}(z_q^2 - 1)\xi_P + \frac{1}{24}(z_q^3 - 3z_q)(\kappa_P - 3)$$

【例 14-3】 假定对于某一投资组合我们计算出 $\mu_P = -0.2$，$\sigma_P = 2.2$，$\xi_P = -0.4$，我们试图计算分布 1% 分位数（$q = 0.01$），对于这一情形，$z_q = -2.326$，假定 ΔP 的概率分布为正态，由此得出 1% 分位数为

$$-0.2 - 2.326 \times 2.2 = -5.318$$

换句话讲，我们有 99% 的把握肯定

$$\Delta P > -5.318$$

对应于 $q = 0.01$，采用柯尼斯 - 费希尔展开并将分布的偏态考虑在内，我们得出

$$w_q = -2.326 - \frac{1}{6}(2.326^2 - 1) \times 0.4 = -2.620$$

分布的 1% 分位数为

$$-0.2 - 2.620 \times 2.2 = -5.965$$

将偏态考虑在内时，投资组合的 VaR 由 5.318 变成了 5.965。假设我们还知道峰度 κ_P 为 3.3。对 w_q 的估计改为：

$$w_q = -2.620 + \frac{1}{24} \times (-2.326^3 + 3 \times 2.326) \times (3.3 - 3) = 2.691$$

分布的 1% 分位数估计为

$$-0.2 - 2.691 \times 2.2 = 6.119$$

14.7.4 Isserlis 定理

为了应用柯尼斯 - 费希尔展开结果，我们需要计算 ΔP 的矩。当 Δx_i 服从正态分布时，原则上可以使用 Isserlis 定理。定理指出，如果 X_i 是零均值正态分布，当 n 是奇数时

$$E(X_1X_2\cdots X_n) = 0$$

当 n 是偶数时

$$E(X_1X_2\cdots X_n) = \sum\prod E(X_iX_j)$$

$\sum\prod E(X_iX_j)$ 的含义为：①列出将 X_1，X_2，…，X_n 分成 $n/2$ 对组合的不同方式；②计算每种方式中每对（X_iX_j）的期望值 $E(X_iX_j)$，并将它们相乘；③对每组组合的结果求和。

例如

$$E(X_1X_2X_3X_4) = E(X_1X_2)E(X_3X_4) + E(X_1X_3)E(X_2X_4) + E(X_1X_4)E(X_2X_3)$$

$E(X_1X_2X_3X_4X_5X_6)$ 有 15 种表达形式，其中一种是

$$E(X_1X_2)E(X_3X_4)E(X_5X_6)$$

Isserlis 定理是一个具有潜在吸引力的结果，因为我们知道一对零均值正态分布变量的乘积的期望值是标准差 σ_X 和 σ_Y，它们的协方差为：$E(XY)=\rho\sigma_X\sigma_Y$，其中 ρ 是 σ_X 和 σ_Y 的相关系数。

当 n 为奇数时，n 个零均值正态分布变量的乘积为零，因此式（14-10）变为

$$E(\Delta P) = \frac{1}{2}\sum_{i,j}\gamma_{ij}\rho_{ij}\sigma_i\sigma_j$$

$$E(\Delta P^2) = \sum_{i,j}\delta_i\delta_j\sigma_i\sigma_j\rho_{ij} + \frac{1}{4}\sum_{i,j,k,l}\gamma_{i,j}\gamma_{k,l}E(\Delta x_i\Delta x_j\Delta x_k\Delta x_l)$$

$$E(\Delta P^3) = \frac{3}{2}\sum_{i,j,k,l}\delta_i\delta_j\gamma_{kl}E(\Delta x_i\Delta x_j\Delta x_k\Delta x_l) + \frac{1}{8}\sum_{i,j,k,l,m,n}\gamma_{ij}\gamma_{kl}\gamma_{mn}E(\Delta x_i\Delta x_j\Delta x_k\Delta x_l\Delta x_m\Delta x_n)$$

当只有一个风险因子时，去除下角标 σ、ρ、δ 和 γ，这些等式可简化为

$$E(\Delta P) = \frac{1}{2}\gamma\sigma^2$$

$$E(\Delta P^2) = \delta^2\sigma^2 + \frac{3}{4}\gamma^2\sigma^4$$

$$E(\Delta P^3) = \frac{9}{2}\delta^2\gamma\sigma^4 + \frac{15}{8\gamma^3\sigma^6}$$

然而，结构的数量随着风险因子数量的增加而迅速增加，因此即使风险因子数量并不多，第三阶矩的计算也变得非常耗时。

对 Isserlis 定理的一个变形是（考虑 gamma），在计算前二阶矩时以 VaR 或 ES 为基础，并且假设没有交叉 gamma。这意味着当 $i\neq j$ 时，$\gamma_{ij}=0$。为简化公式，我们设 $\gamma_{ii}=\gamma_i$

$$E(\Delta P) = \frac{1}{2}\sum_i\gamma_i\sigma_i^2 \tag{14-11}$$

$$E(\Delta P^2) = \sum_{i,j}\delta_i\delta_j\sigma_i\sigma_j\rho_{ij} + \frac{1}{4}\sum_{i,j}\gamma_i\gamma_jE(\Delta x_i^2\Delta x_j^2)$$

由 Isserlis 定理可得

$$E(\Delta x_i^2\Delta x_j^2) = 2[E(\Delta x_i\Delta x_j)]^2 + E(x_i^2)E(x_j^2) = 2\rho_{ij}^2\sigma_i^2\sigma_j^2 + \sigma_i^2\sigma_j^2$$

因此可得 ΔP 的标准差是

$$SD(\Delta P) = \sqrt{E(\Delta P^2) - E(\Delta P)^2} = \sqrt{\sum_{i,j}\delta_i\delta_j\sigma_i\sigma_j\rho_{ij} + \frac{1}{2}\sum_{i,j}\rho_{ij}^2\gamma_i\gamma_j\sigma_i^2\sigma_j^2} \tag{14-12}$$

我们在第 17 章中讨论标准初始保证金模型（SIMM）时将应用到这个定理。

14.8　模型构建法与历史模拟法的比较

在第 13 章和本章中，我们讨论了两种计算 VaR 的方法：历史模拟法和模型构建法。模型构建法的优点是计算速度快，并且这一方法可以与第 10 章和第 11 章讨论的波动率及相关性的更新法较为容易地结合到一起（在第 13.3 节中我们曾指出，波动率的更新法也可以用于历史

模拟法之中，但这种并用是一种非常牵强的做法）。模型构建法的主要缺点是，只有当投资组合价值的变化与风险因子每天的百分比变化或实际变化呈线性相关时，才能产生快速的结果，并假定风险因子的每天变化为多元正态分布。实际上，风险因子每天变化的分布往往与正态分布不同（例如，见表10-1）。模型构建法的使用者可以使用第14.5.2节中的方法，寄希望于存在某种形式的统计中心极限定理，从而使一个庞大的投资组合整体每天的盈亏服从正态分布，即便在投资组合各组成成分本身的变化并不服从正态分布的情况下。

实际上，模型构建法往往可被用于投资组合（毕竟这一方法同流行的马科维茨的期望值－方差法理论较为接近）。考虑到gamma的复杂性，对金融机构的交易活动很少用这一方法来计算VaR。可以认为，gamma对VaR或ES的影响远小于delta的影响。然而，通常情况并非如此，如第8章解释的那样，金融机构往往喜欢对冲头寸以将自身的delta敞口调整到接近于0的水平。

小 结

历史模拟法利用历史数据来决定市场变量每天变化的联合分布，而模型构建法假定分布为某种特殊形式，最为流行的选择是假定市场变量的百分比变化服从多元正态分布。当投资组合价值变化与市场变量百分比变化呈某种线性关系时，VaR和ES的准确值可以很快被计算得出。其他情形较难处理，一种实现模型构建法的方法是采用蒙特卡罗模拟（可容纳任何投资组合），但是这种方法在计算上要慢很多。

模型构建法常常被用于投资组合，因为难以对gamma进行建模，所以它很少被用于金融机构的投资组合。

延伸阅读

Frye, J. "Principals of Risk: Finding VAR through Factor-Based Interest Rate Scenarios." In *VAR: Understanding and Applying Value at Risk*. London: Risk Publications, 1997: 275–288.

Hull, J. C., and A. White. "Value at Risk When Daily Changes in Market Variables Are Not Normally Distributed." *Journal of Derivatives* 5 (Spring 1998): 9–19.

Jamshidian, F., and Y. Zhu. "Scenario Simulation Model: Theory and Methodology." *Finance and Stochastics* 1 (1997): 43–67.

练习题

14.1 假定某投资组合由价值为100 000美元资产A的投资以及价值为100 000美元资产B的投资构成，假定两种资产的日波动率均为1%，两项投资回报的相关系数为0.3，投资组合5天展望期的97%的VaR和ES为多少？

14.2 当利用模型构建法来计算VaR时，请描述3种处理利率产品的不同方法。

14.3 假设在12年利率中，每增加一个基点，投资组合的价值就增加5万美元，并且没有其他敏感因素。采用多顶点法对3个月、6个月、1年、2年、3年、5年、10年、15年、20年、30年的顶点进行建模。投资组合对期限结构每个顶点的一个基点增长的敏感度是多少？

14.4 一家金融机构拥有一个标的变量为USD/GBP汇率的期权投资组合，投资组合相对于汇率变化百分比的delta为3.9，如果汇率每天变化的波动率为

0.7%，请问10天展望期、99%置信度的VaR为多少？

14.5 假定在练习题14.4中投资组合的gamma为4.3（根据百分比变化计算），gamma的变化将如何影响投资组合价值变化与汇率变化的关系式？

14.6 投资组合有2年期利率和5年期利率的风险敞口。2年期利率每增加一个基点，会使投资组合的价值增加10 000美元。5年期利率每增加一个基点，投资组合的价值就会减少8 000美元。2年期利率和5年期利率的每日标准差分别为7个基点和8个基点，两者之间的相关系数为0.8。当置信水平为98%、展望期为5天时，投资组合的ES是多少？

14.7 解释在建立模型的方法中如何使用风险权重和风险敏感性。

14.8 假定某投资组合的每天价值变化与由主成分分析（PCA）法所计算出的两个因子呈很好的线性关系，投资组合对于第一个因子的delta为6，对于第二个因子的delta为-4，两个因子的标准差分别为20及8，投资组合5天展望期的90%的VaR为多少？

14.9 表14-6所对应的实例中假定了两个因子，当你假定有：(a) 一个因子；(b) 三个因子时，计算结果会分别有什么样的变化？

14.10 一家银行拥有某资产的多个期权投资组合，期权组合的delta为-30，gamma为-5，对这些数字应如何进行解释？资产的价格为20，每天价格变化的波动率为1%，采用Isserlis定理计算投资组合价值变化的前三阶矩。结合柯尼斯-费希尔展开分别采用：(a) 前二阶矩；(b) 前三阶矩来计算1天展望期的99%的VaR。

14.11 假设练习题14.10中投资组合的vega为-2，这一vega对应于年波动率的1%的变化，请导出投资组合每天价值变化与delta、gamma及vega的关系式的模型。

14.12 请解释为什么线性模型对包含期权的投资组合的VaR仅仅是提供了一个近似估计？

14.13 假定在过去的某一时间，某家公司进入了一项远期合约，合约约定这家公司在将来某时刻以100万英镑买入150万美元，这一远期合约在6个月后到期，6个月零息英国债券的每天波动率为0.06%（价格在转换成美元后），6个月期限零息债券的波动率为0.05%，两个债券回报的相关系数为0.8，当前的汇率为1.53。请计算远期合约1天（以美元计）价值变化的标准差，并计算10天展望期的99%的VaR。在计算中假定英镑及美元6月期的利率为5%，这里的利率为每年连续复利利率。

14.14 在第14.3节的计算中，投资于DJIA、FTSE 100、CAC 40及Nikkei 225的资金分别为400万美元、300万美元、100万美元及200万美元。如果我们投资于每个指数的资金均为250万美元，计算出的VaR和ES将如何改变？对以下情形进行计算：(a) 波动率及相关性是由等权重模型得出；(b) 利用参数$\lambda=0.94$的EWMA模型得出。请利用作者网站上的表单进行计算。

14.15 将第14.3节中EWMA计算中的参数λ由0.94换为0.97将发生什么？利用作者网站上的表单进行计算。

14.16 说明存在多个顶点时，使用单个相关参数定义两个期限结构之间相关关系的两种替代方法。

作业题

14.17 某投资组合由价值为300 000美元的黄金投资及价值为500 000美元的白银投资构成，假定以上两种资产变化每天的波动率分别为1.8%及1.2%，并且两种资产回报的相关系数为0.6，请问投资组合10天展望期的97.5%的VaR和ES为多少？投资分散效应所减小的VaR和ES为多少？

14.18 考虑对于某标的资产的期权投资组合，假定投资组合的delta为12，标的资产价格为10美元，标的资产每天价格变化的波动率为2%，相对于百分比变化的delta是多少？请由delta来估计投资组合1天展望期的95%的VaR。

14.19 假定作业题14.18中投资组合的gamma为-2.6（同样是根据实际变化来衡量的），相对于成比例变化的gamma是多少？请导出投资组合价值变化同标的资产价格每天变化的二次关系式并：

(a) 计算投资组合的前三阶矩。

(b) 利用前二阶矩并假定投资组合的每天价值变化为正态分布，计算投资组合1天展望期的95%的VaR。

(c) 利用第三阶矩及柯尼斯-费希尔展开来对(b)的答案进行修正。

14.20 一家公司持有2年期和3年期债券的多头及5年期债券的空头，每一项债券投资的面值为1亿美元，债券每年支付5%券息，请计算公司投资对于1年、2年、3年、4年及5年利率的风险敞口，采用表14-7和表14-8的数据及以下不同的有关利率变化的假设来计算20天展望期的95%的VaR，利率变动分别由(a)一个因子；(b)两个因子；(c)三个因子来解释。在计算中假定零息债券收益率保持在5%。

14.21 一家公司持有债券投资组合的价值为600万美元，投资组合的修正久期为5.2年，假定利率曲线的变化只有平行移动形式，并且我们假定利率曲线变动的标准差为0.09（利率以百分比计），利用久期模型来估测20天展望期的90%的VaR，请详细解释这里的VaR计算方式的缺点，给出两种更为准确的计算方法。

14.22 一家银行卖出了标的资产为某股票的看涨期权，同时又卖出了标的资产为另一家股票的看跌期权，看涨期权的标的资产股票价格为50，期权执行价格为51，标的资产变化波动率为每年28%，期权的到期日期为9个月；看跌期权的标的资产股票价格为20，执行价格为19，标的资产变化波动率为每年25%，期权的到期日期为1年。两种股票均不支付股息，无风险利率是每年6%，两种股票回报的相关系数为0.4，请采用以下方式计算银行投资组合的10天展望期的99%的VaR：(a)只采用delta；(b)采用局部模拟法；(c)采用整体模拟法。

14.23 在第14.3节的计算中，投资于DJIA、FTSE 100、CAC 40及Nikkei 225的资金分别为400万美元、300万美元、100万美元及200万美元。如果我们将投资于指数的资金数量变为300万美元、300万美元、100万美元及300万美元，计算出的VaR将如何改变？对以下情形进行计算：(a)波动率及相关性由等权重模型得出；(b)利用EWMA模型得出。如果将EWMA模型中的参数λ由0.94换为0.90，会发生什么变化？请利用作者网站上的表单进行计算。

PART 3

第三部分

监管规则

CHAPTER15

第15章 《巴塞尔协议Ⅰ》《巴塞尔协议Ⅱ》及《偿付能力法案Ⅱ》

《1988年巴塞尔协议》的发布标志着银行监管标准国际化时代的开始。自那以来，银行监管规则不断演化。尽管规则本身不断推陈出新，但原有的很多方法得以保留下来。因此，为了更好地理解当前的监管环境，我们有必要回顾一下监管规则的发展历史。本章介绍了2007年信用危机前监管环境的变迁。第16章将介绍自2007年危机以来的新变化。

在本章的开始，我们首先回顾一下20世纪80年代到2000年之间银行监管规则的进化。我们将解释《1988年巴塞尔协议》（即《巴塞尔协议I》（Basel Ⅰ））、净额结算规定（netting provision）和《1996年修正案》（1996 Amendment）。随后我们将讨论《巴塞尔协议Ⅱ》（Basel Ⅱ），这一协议是对前一个版本协议的巨大修订，世界各地的很多银行在2007年左右已经实施了该协议。在最后，我们将讨论《偿付能力法案Ⅱ》（Solvency Ⅱ），该法案类似于《巴塞尔协议Ⅱ》，但针对的对象是保险公司，2016年，这一法案在欧盟地区实施。

15.1 对银行业进行监管的原因

对银行业进行监管的主要出发点是确保银行持有足够的应对自身风险的资本金。完全消除银行破产的可能性是不切实际的，但政府想做到的是保证任何一家银行破产的概率要达到极小，并因此提供一个稳定的经济环境，来确保个人及企业对银行系统的信心。

一些人推崇以下观点：“对银行进行监管没有什么太多的必要，即使不设定监管条例，银行仍然会谨慎地管理其面临的风险，并且保证自身资本金水平与自身面临的风险一致。”不幸的是，从历史的角度来看，以上的观点并不正确。毫无疑问，银行监管条例对于增加银行资本金起了非常重要的作用，政府的监管使得银行对自身所面临的风险有了更好的认识。

如第2.3节所示，政府对存款提供保护的目的是保护存款人的利益。如果没有存款保险，相对自己的资本金来说，承担了过多风险的银行会有困难来吸引存款人。但与此同时，存款保险制度的存在令存款人不需要精心地挑选存款银行。银行在承担巨额风险时也无须担心会失去存款客户群体。[㊀]政府最不愿意看到的是存款制度造成银行承担过多的风险。因此，存款保险制度应与资本金制度相伴，以确保金融系统的稳定。

监管人员一个最大的担心是系统性风险，该风险是指某家大银行的倒闭会造成其他大银行的倒闭，从而触发整个金融系统崩溃的可能。业界事例15-1描述了系统性风险的产生过程。一家大型银行或金融机构出现生存危机时，政府会左右为难，如果不出手相救，则银行破产可能会将整个系统拖垮；如果出手相救，则可能是给市场发出了错误信号。这样做会使一些大的金融机构对其所面临的风险丧失应有的警惕性，因为它们会自认为可以“大而不倒”（too big to fail），当运作出现问题时，政府总会来救助。

业界事例15-1　系统风险

系统性风险是指由某一家金融机构违约而促成的连锁反应（ripple effect）。一家银行的违约可能会引发其他银行的违约，从而对整个金融系统的稳定性产生威胁。这是因为银行之间存在着大量的场外交易。当银行A破产时，银行B会因为与银行A之间的交易而蒙受损失，这些损失可能会造成银行B破产，银行C可能同银行A及银行B之间都有交易，因此银行C也可能会遭遇巨大损失，从而给自己的运作带来巨大的困难。这种连环反应可能进一步持续下去发生。

金融系统成功地经历了1990年的德崇证券（Drexel）、1995年的巴林银行和2008年的雷曼兄弟等违约事件的考验，但监管人员仍然忧心忡忡。在2007～2008年的金融动荡中，许多大型金融机构得到了政府救助，这正是因为政府考虑到要防止系统性风险。

在2008年的市场震荡中，美国和欧洲政府出面拯救了许多大型金融机构，却在2008年9月让雷曼兄弟破产。美国政府这么做可能是想告诉市场，政府救助不是总会有的。政府放任雷曼兄弟破产的做法也受到了抨击，因为这么做确实使得危机更加恶化。

15.2　1988年之前的银行监管

在1988年之前，一个国家内部的银行监管机构通过设定资本金占整体资产的最低比率来达到监管目的，但是不同的国家间对于资本金以及资产比率的定义也往往不同。有些国家对于监管规则的要求比其他国家更为严格。随着银行业国际化的发展，那些在监管规则较为宽松的国家运营的银行被认为相对于那些在监管规则更严格的国家运营的银行享有更多的竞争优势。另外，一些国际性银行给某些不发达国家，例如，墨西哥、巴西、阿根廷发放了大量贷款，因

㊀ 如第3章所讨论的，这一现象类似于保险公司面临的道德风险，即保险条约的存在会改变投保人的行为。

此产生了巨大的风险敞口，而且针对这些敞口，银行有时还会钻不同会计制度的空子（见业界事例2-3）。这些现象，使监管机构对银行的资本充足率提出了质疑。

另外一个问题是银行进行的交易变得越来越复杂。场外衍生产品，例如，利率互换、外汇互换以及汇率期权等产品发展迅猛，这些产品增加了银行的信用风险的敞口程度。例如，我们考虑一个利率互换合约，当互换合约对于银行有正的市场价值，即对交易对手有负价值时，如果对手违约，则银行会遭受损失，但是这些因衍生产品交易产生的潜在未来敞口（potential future exposure）并未被反映在银行所报告的资产中，这意味着这些产品对银行报告中的资产额没有影响，因此这些产品对银行持有资本金的数量也不会产生影响。对于监管机构来讲，总资产额不再能准确地反映银行整体风险的大小。由此可见，制定一个较为完善的管理方法，而不是仅仅简单地设定一个资本金同资产负债表内资产的最低比率就非常有必要。

巴塞尔委员会（Basel Committee on Banking Supervision）成立于1974年。委员会由来自以下国家的代表组成：比利时、加拿大、法国、德国、意大利、日本、卢森堡、荷兰、瑞典、瑞士、英国及美国。该委员会定期在瑞士的巴塞尔国际清算银行（Bank for International Settlements）召开会议。这些会议的第一个主要成果就是产生了《关于统一国际银行资本计算和资本标准的协议》(International Convergence of Capital Measurement and Capital Standards)，这一协议也被称为《1988年巴塞尔协议》（The 1988 BIS Accord）或被简称为“协议”（Accord），近来这一协议也被称为《巴塞尔协议Ⅰ》。

15.3 《1988年巴塞尔协议》

《1988年巴塞尔协议》是监管部门第一次尝试以风险为基础来定义资本充足率的国际性条约。条约产生之后，有人曾指出这一条约过于简单随意，但事实上这一条约是一个伟大的成就。所有12个巴塞尔委员会的参与国均签署了这一协定，这一条约大大增强了银行的自身风险管理意识，同时也大大提高了银行对于风险管理的投入。协议中引入的库克比率（Cooke ratio）[⊖]被认为是一个关键创新。

15.3.1 库克比率

库克比率将资产负债表内及表外所有的信用风险敞口都纳入了考虑范围。它建立在被称作**风险加权资产**（risk-weighted assets，有时也被称为**风险加权总量**（risk-weighted amounts））的概念上。这一指标被用来测定银行的整体信用风险敞口。

信用风险敞口可以分为三类：

(1) 对资产负债表内的资产的敞口（排除衍生产品）；

(2) 对资产负债表外的项目的敞口（排除衍生产品）；

(3) 对场外交易的衍生产品的敞口。

首先让我们考虑第一类。表内每一项资产都对应于一个权重，这一权重反映了资产所对应的风险。在表15-1中，我们展示了协议中某些资产的权重。现金及OECD(经合组织）政府债

⊖ 这一比率以当时英格兰银行（Bank of England）的彼得·库克（Peter Cooke）来命名。

券被认为是没有风险的资产，因此其对应权重为 0，企业债券的权重为 100%，OECD 银行的贷款及政府管理部门所对应的权重为 20%，无抵押房屋贷款的权重为 50%。表内资产的整体加权平均总和为

$$\sum_{i=1}^{N} w_i L_i$$

其中 L_i 为面额数额，w_i 为风险权重。

表 15-1 表内资产风险加权权重

风险权重（%）	资产类型
0	现金、金块、OECD 政府债券、有保险的按揭贷款
20	OECD 银行债券、OECD 政府管理部门发行的证券（例如，美国政府机构证券）、市政债券
50	无保险的按揭贷款
100	企业债券、非发达国家发行的债券、非 OECD 国家银行债券

【例 15-1】 某银行的资产包括 1 亿美元的企业贷款、1 000 万美元的 OECD 政府债券及 5 000 万美元的住房贷款，风险加权资产的总和为（以百万美元计）

$$1.0 \times 100 + 0.0 \times 10 + 0.5 \times 50 = 125$$

即 12 500 万美元。

现在考虑第二类风险。表外项目包括银行承兑票据（banker's acceptance）、保函（guarantee）和贷款承诺（loan commitment）等。对这些产品的本金乘以一个转换因子，就可以得到所谓的**等价信用量**（credit equivalent amount）。从信用的角度来看，与贷款信用风险类似的产品，例如银行承兑票据的转换因子为 100%。其他产品，如票据发行便利（note insurance facilities，即银行同意担保某家企业在将来某一时间以某些既定条款来发行短期债券）的转换因子会低一些。

接下来我们考虑第三类。对于场外衍生产品，例如利率互换或远期合约等，等价信用量的计算方式为

$$\max(V, 0) + aL \tag{15-1}$$

其中 V 为衍生产品合约的当前价值，a 为附加因子，L 为面额。以上表达式的第一项为当前风险敞口，如果对手今天违约，而 V 为正，则合同对于银行是资产，所以就会损失 V；如果对手今天违约，而 V 为负，则合同对于对手是资产，所以银行没有损失，也无收益。因此，银行的风险敞口为 $\max(V, 0)$（有关在双边清算的场外衍生产品市场中如何处理违约的更多详细信息，请参见第 17 章和第 20 章）。第二项附加项 aL 是为了应对风险敞口在未来增加而进行的补充。表 15-2 列举了附加因子 a 的数值。式（15-1）被称为**现期敞口法**（current exposure method，CEM）。在 1998 年以后的几年中，对附加因子进行了修订和扩展。

表 15-2 衍生产品附加因子（面额的百分比）和剩余期限

剩余期限（年）	利率	外汇及黄金	股票	贵重金属（不包括黄金）	其他商品
<1	0.0	1.0	6.0	7.0	10.0
1~5	0.5	5.0	8.0	7.0	12.0
>5	1.5	7.5	10.0	8.0	15.0

【例 15-2】 一家银行持有面额为 1 亿美元的利率互换，剩余期限为 4 年。利率互换的当前价值为 200 万美元，在这一情形下，附加因子为 0.5%，因此等价信用量为 200 + 50 = 250 万美元。

在计算风险加权资产时，第二类、第三类风险敞口的等价信用量还要和与对手有关的风险加权因子相乘，这里的风险加权因子与表 15-1 中的因子相似，其不同之处是此处企业所对应的风险加权因子为 0.5 而不是 1.0。

【例 15-3】 考虑例 15-2 中的银行，当利率互换的对手为企业时，风险加权资产为 250 × 0.5 = 125 万美元，而当交易对手为 OECD 银行时，风险加权资产为 250 × 0.2 = 50 万美元。

综上所述，我们得出，假如一家银行有 N 项表内资产及 M 项表外资产，风险加权资产的总和为

$$\sum_{i=1}^{N} w_i L_i + \sum_{j=1}^{M} w_j^* C_j \tag{15-2}$$

其中 L_i 为第 i 项表内资产的面额，w_i 为第 i 项资产的加权因子；C_j 为第 j 项表外资产的等价信用量，w_j^* 为与交易对手有关的风险因子。

15.3.2 资本金要求

协议要求银行持有的资本金至少是风险加权资产的 8%，资本金的构成包含两项内容：

（1）第一类资本，这类资本包含股本（除去商誉（goodwill）价值）和非累积永续优先股[㊀]（noncumulative perpetual preferred stock）（商誉从权益中减去[㊁]）。

（2）第二类资本，这类资本为附加资本（supplementary capital），它包括累积永续优先股[㊂]（cumulative perpetual preferred stock），一定类型的 99 年期限债券以及发行期限大于 5 年的次优先级债券（优先级次于贷款）。

股权资本是最重要的资本类型，因为它可以吸收损失。如果股权资本大于损失，银行就可以持续经营下去。如果股本低于损失，银行就陷入资不抵债的境地。在后一种情况下，第二类资本就可以发挥作用，为存款人提供保护。如果银行在耗尽了第一类资本后清盘，额外的损失首先由第二类资本承担，只有在第二类资本也耗尽的情况下，存款人才会遭受损失（见第 2.2 节）。

协议要求银行资本金中第一类资本不得低于 50%（即风险加权资产的 4%）。另外，协议要求普通股应占风险加权资产的 2%（在《巴塞尔协议Ⅲ》中，委员会更新了第一类资本金的组成内容和对普通股的定义）。

有些国家的监管机构要求银行持有的资本金高于巴塞尔委员会的最低要求，而有些银行自

㊀ 非累积永续优先股的期限为无限长，股息为某一指定比率，没有付出的股息不累积（即某年年末付的股息不延续到第二年）。

㊁ 当一家公司收购另一家公司时就会产生商誉，它等于购买价格减去资产的账面价值，代表获得的无形资产。

㊂ 在累积永续优先股中，没有付的股息必须在普通股（common stock）付股息之前付清。

身设定的资本金管理目标也会高于监管机构所设定的标准。

15.4 G30 政策建议

1993 年，一个由衍生产品用户、交易商、学术界人士、财会专家及衍生产品律师组成的工作小组推出一个报告。该报告给衍生产品交易商以及用户提出 20 项有关衍生产品的管理的建议，同时该报告也给立法机关、监管及督查机构提出了 4 项建议。这一报告是基于对全球 80 个交易商及 72 个产品用户的调查结果，在调查中采用了问卷及采访形式。该报告虽然不是监管条例，但报告的推出直接影响了风险管理实践的发展进程。报告的内容简介如下：

（1）一家公司的风险管理政策应在公司的高层，最好是董事会层面得以确认及通过。公司不同层次的管理层必须贯彻执行风险管理政策。

（2）衍生产品应在每一天盯市计价（即每天通过与市场价格相一致的模型对产品重新定价）。

（3）衍生产品交易商必须采取一致性的风险管理测度。例如，利用在险价值 VaR 来度量市场风险。对持有的市场风险必须设定额度。

（4）衍生产品交易商必须采取压力测试来求得在极端的市场条件下所面临的风险。

（5）公司必须建立与交易部门相独立的风险管理部门。

（6）衍生产品交易的信用风险的评估必须基于现有交易当前的重置价值（replacement value）以及未来潜在的重置成本。

（7）对某一交易对手的信用风险敞口，应通过可执行的净额结算协定实现聚合（在下一节中我们将讨论净额结算这一概念）。

（8）公司设定信用风险额度的管理人员必须独立于交易人员。

（9）交易商及用户必须谨慎评估如抵押品（collateralization）及降级触发（downgrade trigger）等信用风险缓释策略的成本和收益。特别是，交易商及用户必须评估自身及交易对手是否有能力支付降级触发的现金流要求（降级触发将在第 20 章中讨论）。

（10）只有具备合适背景及经验的人员才能承担与衍生产品交易、交易监督及后台管理等相关的责任。

（11）公司必须建立足够完善的系统来采集交易数据，处理交易，进行结算并且生成相关报告。

（12）交易商及用户应明确记录用来进行风险管理的衍生产品，以确保这些产品以及它们所管理的风险在收入处理上的一致性。

15.5 净额结算

场外衍生产品交易市场的参与者传统上会为交易签署一个国际互换和衍生产品协会（International Swaps and Derivatives Association，ISDA）的主协议。**净额结算**（netting）一词的含义来源于主协议中的一个条款，该条款声明，如果违约发生，则所有的交易都被当作是一笔交易。这意味着如果交易的一方在签署了主协议的一笔交易中违约，则该交易对手所有签署了主协议的交易都被认为违约。

净额结算和ISDA主协议将在第17章和第20章中讨论。目前，我们只需明确净额结算的直接效应是大幅减少信用风险。假定一家银行与某一个交易对手有3笔互换交易，对于银行而言，这3笔合约的价值分别为+2 400万美元、-1 700万美元及+800万美元，假如交易对手因为账务困难而不能履行义务。对于交易对手而言，三个合约的价值分别为-2 400万美元、+1 700万美元及-800万美元。在没有净额结算的情况下，交易对手会对第一个合约违约，保存第二个合约，对第三个合约违约，此时银行损失为3 200万美元（=2 400+800）。在有净额结算的情况下，交易对手在违约时也一定对第二个合约违约，因此银行的损失只有1 500万美元（=2 400-1 700+800）。

更一般地，假如一家金融机构与某交易对手有N笔交易，第i笔交易的当前价值为V_i，在没有净额结算的情况下，交易对手违约时引发的损失为

$$\sum_{i=1}^{N}\max(V_i,0)$$

在有净额结算的情况下，交易对手违约引发损失为

$$\max\left(\sum_{i=1}^{N}V_i,0\right)$$

在没有净额结算情况下，风险敞口类同于期权的投资组合，而在有净额结算的情况下，风险敞口类同于投资组合的一个期权。

《1988年巴塞尔协议》没有考虑净额结算的效果，由式（15-1）得出，对于某交易对手的等价信用量为

$$\sum_{i=1}^{N}[\max(V_i,0)+a_iL_i]$$

其中a_i为第i个交易的附加因子，L_i为第i个交易的面额。

截至1995年，净额结算在许多国家的法庭得到了认可。因此，1988年的条约被修改，当交易可能实施双边净额结算时，银行可以采用净额结算来降低其等价信用风险量，这样做首先要计算**净替换比率**（net replacement ratio，NRR），这一比率等于有净额结算的敞口与无净额结算后敞口的比率，即

$$\text{NRR}=\frac{\max\left(\sum_{i=1}^{N}V_i,0\right)}{\sum_{i=1}^{N}\max(V_i,0)}$$

等价信用量的计算被修改为

$$\max\left(\sum_{i=1}^{N}V_i,0\right)+\left(0.4+0.6\times\text{NRR}\right)\sum_{i=1}^{N}a_iL_i$$

【例15-4】 考虑表15-3中的例子。表中显示某家银行与某交易对手有3笔衍生产品合约。表中第3列显示合约的当前市场价值，第4列显示由表15-2得出的附加因子。在有净额结算的情况下，当前敞口为-60+70+55=65，而在无净额结算的情况下，当前敞口为0+70+55=125。

因此净替换比率为

$$\text{NRR} = \frac{65}{125} = 0.52$$

表 15-3 与某一交易对手进行的衍生产品交易组合

交易	面额 L_i	当前价值 V_i	由表 15-2 得出附加量，a_iL_i
3 年利率互换	1 000	-60	5
6 年汇率远期	1 000	70	75
9 个月股票期权	500	55	30

所有附加量总和为 $\sum_{i=1}^{N} a_iL_i = 5 + 75 + 30 = 110$。在有净额结算的情况下，等价信用量为 $65 + (0.4 + 0.6 \times 0.52) \times 110 = 143.32$。在无净额结算的情况下，等价信用量为 $125 + 110 = 235$。假定交易对手为某 OECD 银行，其对应风险权重为 0.2，这意味着在有净额结算的情况下，风险加权资产为 $0.2 \times 143.32 = 28.66$；在无净额结算的情况下，风险加权资产为 $0.2 \times 235 = 47$。

15.6 《1996 年修正案》

1995 年，巴塞尔委员会对 1988 年的协议提出了一个修正案，这一修正案在后来被称为《1996 年修正案》，并在 1998 年实施，所以有时这一修正案也被称为“BIS 1998”。修正案包括了对交易行为涉及的市场风险设定的资本金。

盯市计价（marking to market）是指利用经当前市场价格校准的模型，每天对资产和负债进行重新定价的措施。这一做法也被称为**公允价值会计制度**（fair-value accounting）。对于持有的以交易为目的的资产和负债，银行必须采用公允价值会计制度。这些产品包括大部分衍生产品、可变卖权益类证券、外汇和商品。这些产品构成了银行的交易账户。对于那些一直会被持有到期满的投资资产，银行不需要实行公允价值会计制度，这些资产包括贷款及某些债券，这些产品构成了银行的**银行账户**（banking book）。

在《1996 年修正案》中，巴塞尔委员会在 1988 年所提出的信用风险资本金对交易和银行账户中的表内及表外资产仍然适用，但对交易账户中的以下头寸存在例外：①债券及股票类证券交易；②大宗商品及外汇交易。另外，在《1996 年修正案》中，对于交易账户中的所有项目均设定了市场风险资本金。[⊖]

《1996 年修正案》提出了一种计算市场风险资本金的标准方法。标准法对于不同种类的债券、股票、外汇、商品及期权等产品均设定了不同的资本金要求，但没有考虑不同产品之间的相关性。较为先进并且具备完善风险管理功能的银行可以采用**内部模型法**（internal model-based approach）来计算市场风险资本金。内部模型法采用在险价值及在《1996 年修正案》中给出的公式来计算市场资本金数量。大部分规模较大的银行都希望采用内部模型法，因为采用该方法可以充分反映分散风险带来的好处，因此内部模型法计算出的市场资本金数量往往低于标准法。

⊖ 如果某些非交易账户中的头寸是为了对冲交易账户中的风险敞口，这些交易也需要包括在市场资本金的计算中。

在内部模型法中，计算在险价值 VaR 要求的设定为 10 天展望期和 99% 置信度。其含义是 10 天内有 1% 的可能性，损失会超出的数字。资本金要求是

$$\max(\mathrm{VaR}_{t-1}, m_c \times \mathrm{VaR}_{avg}) + \mathrm{SRC} \tag{15-3}$$

其中 m_c 为乘积因子，SRC 是指特定风险资本金（specific risk charge）数量。变量 VaR_{t-1} 是前一天的在险价值，VaR_{avg} 是过去 60 天在险价值的平均值。因子 m_c 的最小值为 3，当监管部门发现银行的内部模型有缺陷时，该值也可能会更大。稍后我们会对这一点做进一步的解释。

式（15-3）中的第一项覆盖了主要市场变量的变动带来的风险，如利率、汇率、股票指数和大宗商品价格等。第二项 SRC 则反映了与某特定企业相关的风险，如公司股票价格或信用价差的变动。

考虑第一项并假设 $m_c=3$。在大多数情况下，最近的 VaR，即 VaR_{t-1}，会小于过去 60 天 VaR 的均值的 3 倍。因此，在大多数情况下，应对大部分市场变量变动的资本金要求为

$$3 \times \mathrm{VaR}_{avg}$$

计算 VaR 的最常见方法是第 13 章中介绍的历史模拟法。如在第 12 章中介绍的，几乎所有的银行都会首先计算 1 天 99% 的 VaR。监管机构在制定《1996 年修正案》时，明确说明了 10 天 99% 的 VaR 可由 1 天 99% 的 VaR 乘以 $\sqrt{10}$ 得出。也就是说，当按照资本金要求计算 m_c 倍的 10 天 99% 的 VaR 的均值时，其本质是计算 $m_c \times \sqrt{10} = 3.16m_c$ 乘以 1 天 99% 的 VaR 的均值。如果 $m_c=3$，也就是 1 天 VaR 均值的 9.48 倍。

接下来考虑特定风险资本金。一种可以带来特定风险的金融产品为企业债券。企业债券包含两种风险：利率风险及信用风险。利率风险已经反映在式（15-3）的第一项中，而信用风险则由 SRC 来捕捉。[㊀]《1996 年修正案》提出了计算 SRC 的标准方法，但同时也允许银行在取得监管机构批准以后，采用内部模型法。

采用内部模型计算 SRC 同样采用 10 天展望期、99% 的置信度。监管资本金的计算也要将在险价值乘以一个因子（类似 m_c）。这一因子的最小值为 4，而且最终求得的资本金不得低于标准方法给出的资本金的 50%。第 21.5 节给出了计算 SRC 的一种方法。

在完成实施《1996 年修正案》后，银行（实施内部模型的银行）的整体资本金包括：①等于风险加权资产（RWA）8% 的信用风险资本金；②本节介绍的市场风险资本金。为了方便起见，针对市场资本金，RWA 等于 12.5 乘以由式（15-3）计算所得的数量。这意味着信用及市场资本金的总和为

$$\text{整体资本金} = 0.08 \times (\text{信用风险加权资产} + \text{市场风险加权资产}) \tag{15-4}$$

对于应对市场风险的资本类型，银行有更多选择。银行可以采用第一类资本及第二类资本，甚至还可以采用第三类资本。第三类资本包括原始期限至少为 2 年的次优先级无抵押并无付款拖欠的短期债券（第三类资本在《巴塞尔协议Ⅲ》中被取消了）。

回溯测试

BIS 修正案要求银行在计算 1 天 99% 置信度的 VaR 以后，要通过过去 250 天的历史数据进

㊀ 如前所述，根据《1996 年修正案》1988 年信用风险资本金不适用于交易账户中的债券。

行回溯测试。如第12.10节所示，测试过程中需要将银行目前计算VaR的程序应用到过去最近250天的情景。如果在某一天的实际损失超出了计算出的当天的VaR，这一天就被称为例外。进行计算时，通常考虑两种情况：①针对所考虑的某一天，计算中包括交易组合在当天的变化；②计算中假定交易组合在这一天没有变化（监管机构通常对前一种情景更加关心）。

如果在过去250天内，例外天数小于5，则因子 m_c 通常被设定为3；如果例外天数为5、6、7、8、9，则 m_c 分别被设定为3.4、3.5、3.65、3.75、3.85。银行监管当局通常有权来决定是否要实施更高的系数。当根据例外次数可以确认模型确实有缺陷时，监管当局往往会选取更高的参数来作为惩罚。在例外是由交易组合的变化所引发的情况下，监管当局可以考虑选取更高的 m_c，但并不一定要实施。当例外发生的原因完全是由于运气差时，修正案并没有给监管当局提出建议。当例外天数为10天或更多时，修正案要求系数等于4。练习题15.18从我们在第12.10节讨论的统计检验的角度，对以上指导意见进行了讨论。

15.7 《巴塞尔协议Ⅱ》

《1988年巴塞尔协议》显著地改善了资本金的计算方法，但仍存在许多明显的弱点。在《1988年巴塞尔协议》中，银行对所有企业的贷款权重均为100%，只要贷款金额相同，所需求的资本金也相同。也就是说，从资本金的角度，银行对一个信用等级为AAA的企业发放贷款的处理方式与对一个信用等级为B的企业发放贷款的处理方式是相同的。[㊀]另外，《1988年巴塞尔协议》没有考虑对违约相关性进行建模。

1999年6月，巴塞尔委员会提出了一个新提案，这一提案被称为《巴塞尔协议Ⅱ》，并在2001年1月及2003年4月得到了修正。经过一系列的定量影响测算（quantitative impact studies，QIS）后，协议的制定人员初步验证了协议的可应用性，并对协议所要求资本金的数量有了一定的认识。[㊁]2004年6月，协议最后一部分条款得到了所有参与成员的共识。2005年11月提案又得到了进一步更新。再经过又一轮的定量影响测算后，该协议在2007年得到实施。

《巴塞尔协议Ⅱ》对于活跃的大型国际银行较为适用，而对于美国许多地区性小银行，美国的监管部门认为《巴塞尔协议Ⅱ》对它们并不适用（对这些小银行监管部门采用与《巴塞尔协议Ⅰ》类似的《巴塞尔IA协议》）。在欧洲，银行无论大小都必须采用《巴塞尔协议Ⅱ》，另外，欧盟规定证券公司也像银行那样采用《巴塞尔协议Ⅱ》。

《巴塞尔协议Ⅱ》基于三个“支柱”：

（1）最低资本金要求；

（2）监督审查过程；

（3）市场纪律。

在第一支柱中，《巴塞尔协议Ⅱ》对于银行账户中的信用风险计算采用了新的计算方式，这一方式体现了对手（借款方）的信用风险。对于市场资本金，《巴塞尔协议Ⅱ》相对于

㊀ 信用等级划分已在第1.7节中讨论。

㊁ 定量影响测算忽略了在新协议实施以后，银行可能调整其投资组合结构来使得资本金需求量达到最小这一事实。

《1996 年修正案》没有改变。《巴塞尔协议Ⅱ》增加了操作风险资本金的内容。在《巴塞尔协议Ⅰ》中，银行持有的资本金数量（至少）为风险加权资产（RWA）的 8%，《巴塞尔协议Ⅱ》对这一要求保持不变。如果对于某一风险的资本金是直接计算的，而不是通过 RWA，那么我们要将资本金乘以 12.5，将其转换为与 RWA 等价的量。因此，我们得出以下关系式

$$整体资本金 = 0.08 \times (信用风险\ RWA + 市场风险\ RWA + 操作风险\ RWA) \tag{15-5}$$

第二支柱是关于监督审查过程，这部分包括了银行风险管理手段中定量和定性两个方面的内容。监管部门有责任确保银行建立了可靠的流程，以保证资本金水平能够维持。协议指出，银行的资本金水平应高于监管规则指定的最低标准，以应对资本金要求的起伏以及在短期内增加资本金时可能面临的困难。协议允许不同国家的监管机构对协议的实施方式采取一定的灵活性（以更好地适应当地的情况），但要求协议条款的实施具有总体上的一致性。第二支柱更加强调监管部门在问题发生时要尽早介入。监管部门所做的工作不应仅局限于确保银行的资本金达到最低要求，还应包括鼓励银行开发和采用更好的风险管理手段，并对这些手段进行评估。监管部门还应对《巴塞尔协议Ⅱ》第一支柱中没有涉及的风险（如集中风险）进行评估，并且在发现不足时与银行开展积极的对话。

第三支柱是关于市场纪律，这一支柱要求银行需要更多的披露资本金分配以及所承担风险的信息。这一支柱的根本出发点是使股东或潜在股东获得更多有关风险管理决策的信息，这种透明度的增加会促使银行在做出这些决策时更加严谨。

15.8 《巴塞尔协议Ⅱ》中的信用风险资本金

关于信用风险资本金的计算，在《巴塞尔协议Ⅱ》中，银行有以下三种选择：

（1）标准法；

（2）基础内部评级（internal rating based，IRB）法；

（3）高级内部评级法。

但是，美国（如上所述，只对大银行实行《巴塞尔协议Ⅱ》）决定只采用基础内部评级法。

15.8.1 标准法

如果某些银行的管理在监管部门看来还不够成熟，没有达到采用内部评级法的程度，这些银行可以采用标准法来计算资本金。标准法与《巴塞尔协议Ⅰ》类似，其不同之处在于风险权重的不同，[⊖]表 15-4 是对某些新规则的一个总结。将表 15-4 同表 15-1 进行比较，我们看到一家银行所在的国家是否拥有 OECD 身份在《巴塞尔协议Ⅱ》中已经不重要。对于一个主权国家的风险敞口的权重范围为 0 ~ 150%，而对于一家银行或企业的风险敞口的权重范围为 20% ~ 150%。在表 15-1 中，OECD 国家银行的信用风险被认为小于企业风险，OECD 银行的风险权重为 20%，企业的风险权重为 100%，而表 15-4 对于银行及企业的处理方式较为接近。表 15-4 有一点非常有趣，如果一个国家、企业或银行的信用评级很差，其风险权重可能比没有信用评

⊖ 采用新权重计算的比率有时被称为麦克唐纳比率，即以巴塞尔委员会主席威廉·麦克唐纳（William McDonough）来命名。

级的情况还要差，监管机构允许银行对自己注册地的国家或国家央行的敞口采用更低的风险权重（20%对应于50%，50%对应于100%，100%对应于150%）。

表 15-4 《巴塞尔协议Ⅱ》标准法中关于国家、银行及企业的风险权重（面额的比率）与信用级别有关

	AAA 至 AA−	A+ 至 A−	BBB+ 至 BBB−	BB+ 至 BB−	B+ 至 B−	低于 B−	未评级
国家①	0	20	50	100	100	150	100
银行②	20	50	50	100	100	150	50
企业	20	50	100	100	150	150	100

①包括对国家央行的风险敞口。
②国家监管机构有选择权。

在《巴塞尔协议Ⅱ》的标准法中，住房抵押贷款的风险权重为35%，其他零售贷款的风险权重为75%。如果是针对银行的风险敞口，那么计算规则会更加复杂。除了采用由表15-4给出的风险权重，国家监管部门可以选择根据银行注册国的主权评级来确定资本金要求。如果银行注册国的评级介于AAA及AA−之间，那么风险权重为20%；如果注册国的评级介于A+与A−之间，那么风险权重为50%；如果注册国的评级介于BBB+与B−之间，那么风险权重为100%；如果注册国的评级低于B−，那么风险权重为150%；如果注册国没有评级，那么权重为100%。另外一个复杂之处是如果国家监管部门采用表15-4定义的规则，则对于期限小于3个月的贷款处理可能更有利，当借款方信用级别介于AAA与BBB−之间时，权重为20%；当借款方信用级别介于BB+与B−之间时，权重为50%；当借款方信用级别低于B−时，权重为150%；对应于无信用级别的情形，权重为20%。

2017年12月，巴塞尔委员会创建了一个更加细化的标准化方法，用于确定信用风险敞口的风险权重。在某些情况下，它还限制了高级IRB法的使用。如第16.4节所述，修订后的标准化方法将为确定总资本要求提供依据。

【例 15-5】 假定一家银行资产的构成为贷款方信用评级为A级的1亿美元贷款、1 000万美元信用评级为AAA级的政府债券及5 000万美元房屋贷款。《巴塞尔协议Ⅱ》标准法所计算的风险加权资产总和为（以百万美元计）

$$0.5\times100+0.0\times10+0.35\times50=67.5$$

即6 750万美元，而《1988年巴塞尔协议》所计算的风险加权资产总和为12 500万美元（见例15-1）。

15.8.2 对于抵押品的调节

关于抵押品，银行可以采用两种办法来调整其风险权重。第一种方法被称为**简单法**（simple approach），这一方法同《1988年巴塞尔协议》中的方法类似；第二种方法被称为**综合法**（comprehensive approach）。对于银行账户中的资产，银行有权在两种方法中任选其一，而对于交易账户中的资产，在计算交易对手信用资本金时，银行只能采用综合法。

在简单法中，对应于抵押品所覆盖的风险敞口部分，交易对手的风险权重被抵押品的风险权重所代替（这里的敞口是通过净额结算所得），对于抵押品不覆盖的部分，仍然采用交易对

手所对应的风险权重。抵押品所对应的最小权重为20%，[⊖]抵押品的价格必须要每6个月重新定价一次，抵押品的期限一定要大于风险敞口的期限。

在综合法中，银行要向上调整风险敞口的计算以反映将来市场变化可能造成的风险敞口的增大，同时银行应减少抵押品的估值以反映市场变化可能造成的抵押品价格的下降[⊜]（具体调整的幅度与敞口及抵押品价格变化的波动率有关）。在进行调节后，新的风险敞口等于调整以后的风险敞口超出调整后的抵押品价值的余额，然后，我们将交易对手所对应的风险权重用于新的风险敞口得出风险加权资产。对于风险敞口及抵押品价值的调整，银行可采用《巴塞尔协议Ⅱ》中所设定的规则来进行计算，或者在经过监管部门批准之后，采用内部模型进行计算。当存在净额结算约定时，风险敞口及抵押品价值的净额结算要分开进行，各调节量的计算中要进行加权平均。

【例15-6】 假定一家银行对于某交易对手的风险敞口为8 000万美元，对应的抵押品的价值为7 000万美元。抵押品由信用评级为A的一家公司的债券组成，交易对手的信用级别为B+。对应于交易对手的权重为150%，而对应于抵押品的权重为50%，在简单法下银行的头寸所对应的风险加权资产为

$$0.5\times7\,000+1.5\times1\,000=5\,000(\text{万美元})$$

考虑综合法，假定风险敞口在今后可能会增加10%，而抵押品价值可能会减少15%，因此经过调整后的风险敞口为1.1×8 000－0.85×7 000＝2 850万美元，对应于这一敞口的风险权重为150%，我们得出风险加权资产为4 275万美元。

15.8.3 内部评级法

图15-1显示了内部评级法模型的基本思路。监管机构将资本金建立在在险价值（VaR）的基础上，而在险价值的计算要选定1年展望期及99.9%的置信区间。它们认识到金融机构在产品定价时往往已经考虑了预期损失（例如，银行贷款利率的设定要能够覆盖贷款预期损失），资本金应等于在险价值减去预期损失。

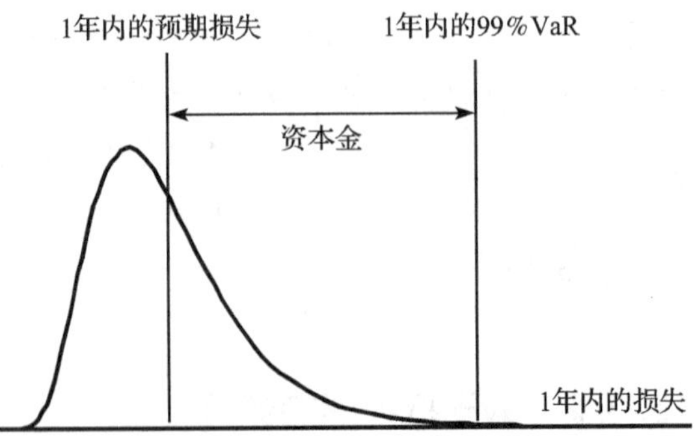

图15-1 损失概率密度函数以及金融机构所需要的资本金

这里VaR的计算基于第11.6节中的违约时间单因子高斯Copula模型。假定某银行的债务人很多，每个债务人在1年内的违约概率均为PD，债务人之间的Copula相关系数

㊀ 当抵押品为与敞口相同币种的现金或政府债券时，这一规定并不成立。

㊁ 对于贷款，这一调整并不是十分必要的，而对于场外型的衍生产品，就十分有必要，该调整是在附加因子之上的额外调整。

均为 ρ。[㊀]如第 11.6 节所示，我们定义

$$\mathrm{WCDR}_i = N\left[\frac{N^{-1}(\mathrm{PD}_i) + \sqrt{\rho}N^{-1}(0.999)}{\sqrt{1-\rho}}\right] \tag{15-6}$$

其中 WCDR_i 为"最坏情况下的违约概率"（worst-case default rate），即银行有 99.9% 的把握，下一年第 i 个交易对手的违约可能性不会超过该数。Gordy（2003）[㊁]的研究表明，对一个大的交易组合（贷款、贷款承诺、衍生产品等），如果相关性 ρ 相同，则 1 年展望期、99.9% 置信度的 VaR 近似于

$$\sum_i \mathrm{EAD}_i \times \mathrm{LGD}_i \times \mathrm{WCDR}_i$$

其中 EAD_i 为第 i 个交易对手在违约时的风险敞口，LGD_i 为第 i 个交易对手违约的情况下的损失率。变量 EAD_i 是一个货币量，是指在违约发生时，第 i 个交易对手欠款的数量。变量 LGD_i 是相对 EAD_i 的一个比例值，是指在违约时损失所占 EAD_i 的比率。例如，在债务人违约时，如果一家银行能收回贷款的 30%，则 $\mathrm{LGD}_i = 0.7$。

违约造成的预期损失为

$$\sum_i \mathrm{EAD}_i \times \mathrm{LGD}_i \times \mathrm{PD}_i$$

图 15-1 所示的资本金等于 99.9% 置信度所对应的最坏损失减去预期损失，即

$$\sum_i \mathrm{EAD}_i \times \mathrm{LGD}_i \times (\mathrm{WCDR}_i - \mathrm{PD}_i) \tag{15-7}$$

现在我们去掉下标，对一个交易对手，定义：

PD——交易对手在 1 年内违约的概率（表示为小数）；

EAD——违约时的敞口（货币值）；

LGD——当违约损失率或违约发生时，敞口中损失的比例（表示为小数）。

表 15-5 显示了在高斯 Copula 模型中，WCDR 与 PD 及 ρ 有关。当 $\rho=0$ 时，因为资产之间没有相关性且每一年的违约率相等，所以 WCDR = PD；当 ρ 增加时，WCDR 也会随之增加。

表 15-5　1 年期、99.9%置信区间的 WCDR 与 PD 及 ρ 的关系

	PD = 0.1%	PD = 0.5%	PD = 1%	PD = 1.5%	PD = 2.0%
ρ = 0.0	0.1%	0.5%	1.0%	1.5%	2.0%
ρ = 0.2	2.8%	9.1%	14.6%	18.9%	22.6%
ρ = 0.4	7.1%	21.1%	31.6%	39.0%	44.9%
ρ = 0.6	13.5%	38.7%	54.2%	63.8%	70.5%
ρ = 0.8	23.3%	66.3%	83.6%	90.8%	94.4%

15.8.4 违约风险敞口

在基础 IRB 法中，对衍生产品的 EAD 的计算通常基于《巴塞尔协议 I》[㊂]中的 CEM 方法。

㊀ 注意，巴塞尔委员会的文件对 Copula 相关系数采用的符号为 R，而不是 ρ。

㊁ See M. B. Gordy, "A Risk-Factor Model Foundation for Ratings-Based Bank Capital Ratios," *Journal of Financial Intermediation* 12(2003): 199-232.

㊂ 正如将在 16.4 节讨论的那样，此规定是根据被称为 SA-CCR 的法规变更进行修订的。

在高级 IRB 法中，银行可以使用其内部模型来计算 EAD。

使用内部模型的第一步是计算未来若干时间内每个交易对手的预期风险敞口（EE，通常涉及蒙特卡罗模拟和第 20 章讨论的方法）。在未来时间 t 的有效预期风险敞口（有效 EE）是时间 0 到时间 t 之间的最大 EE。EAD 设置为有效预期正风险敞口的 1.4 倍，该值是第一年有效 EE 的平均值。[㊀]

15.8.5 对企业、主权国家及银行的风险敞口

对于企业、主权国家及银行的风险敞口，《巴塞尔协议Ⅱ》根据实证研究结果，假定相关系数 ρ 与违约概率之间存在如下关系式[㊁]

$$\rho = 0.12\left[\frac{1-\exp(-50\times PD)}{1-\exp(-50)}\right]+0.24\left[1-\frac{1-\exp(-50\times PD)}{1-\exp(-50)}\right]$$

因为数量 exp(−50) 非常小，所以这一公式实际可以近似为

$$\rho = 0.12(1+e^{-50\times PD}) \tag{15-8}$$

当 PD 增加时，ρ 会减小。造成这种 PD 与 ρ 之间的反向关系的原因如下：当某家企业信用恶化时，企业所对应的 PD 会增大，此时公司的违约概率会变得更加独立，市场整体情况对该企业违约概率的影响会变得越来越小。

结合式（15-8）与式（15-6），我们得出表 15-6，该表展示了 WCDR 与 PD 的关系。如同我们预计的那样，WCDR 是 PD 的一个递增函数，但是，如果我们假定 ρ 与 PD 无关时，WCDR 增长速度并不快。

表 15-6 企业、政府和银行的 WCDR 与 PD 的关系

PD	0.1%	0.5%	1%	1.5%	2.0%
WCDR	3.4%	9.8%	14.0%	16.9%	19.0%

对一个交易对手，资本金的计算公式为

$$EAD\times LGD\times(WCDR-PD)\times MA \tag{15-9}$$

以上公式中前三项的含义已经在关于式（15-7）的讨论中解释过，变量 MA 是针对期限的调节，这一数量由如下公式决定

$$MA=\frac{1+(M-2.5)\times b}{1-1.5\times b} \tag{15-10}$$

其中

$$b=[0.11852-0.05478\times\ln(PD)]^2$$

M 为敞口的期限。针对期限的调整是因为考虑以下情况：当产品的期限大于 1 年时，1 年的信用风险敞口可能会因为对手信用评级降低或违约而增加（当 $M=1$ 时，$MA=1$，此时期限调整无任何效果）。如第 15.7 节所述（见式（15-5）），风险加权资产（RWA）等于 12.5 乘以资

㊀ 见巴塞尔银行监管委员会，"The Application of Basel II to Trading Activities and the Treatment of Double Default Effects," July 2005。

㊁ See J. Lopez, "The Empirical Relationship between Average Asset Correlation, Firm Probabilityof Default, and Asset Size," *Journal of Financial Intermediation* 13, no. 2(2004): 265-283.

本金

$$RWA = 12.5 \times EAD \times LGD \times (WCDR - PD) \times MA$$

因此，资本金等于 RWA 的 8%，其中 4% 应为第一类资本。

在基础 IRB 法中，银行提供参数 PD，而其他参数 LGD、EAD 及 M 是由巴塞尔委员会来设定的。针对银行和企业的风险敞口，需要设置 PD 的下限 0.03%。对于高优先级索赔（senior claims），LGD 被设定为 45%，而对于次优先级索赔（subordinated claims），LGD 被设定为 75%。当存在抵押品时，为了应用前述综合法，我们首先需要将 LGD 下调，下调的比例等于经调整后的抵押品价值与经调整后的风险敞口的比例。经调整的风险敞口及抵押品的价值都需要以综合法进行计算。对衍生产品，EAD 的计算与《1988 年巴塞尔协议》中计算衍生产品等价信用量的方法类似（即当前敞口加附加项），计算中应考虑净额结算的效应，在大多数情况下 $M=2.5$。

在高级 IRB 法中，对企业、主权国家及其他银行的敞口，银行均提供自己对 PD、LGD、EAD 及 M 等参数的估计。信用风险缓释措施，例如降级触发，会减小 PD 的数值（对于 PD，有一个与基础 IRB 法类似的要求，那就是 PD 的下限不能低于 0.03%）。影响 LGD 的两个主要因素为债券的优先级别及抵押品。在计算 EAD 时，银行可以在取得监管机构的批准后使用自己的模型。当涉及衍生产品时，模型往往会使用蒙特卡罗模拟来决定在未来 1 年内，预期敞口（考虑了净额结算及抵押品以后）会如何变化。

由式（15-9）给出的资本金是用于覆盖在 1 年内、99.9% 置信度之下非预期损失不会超过的数量（如前面所述，预期损失应该已经包含在银行对产品的定价中）。WCDR 对应于（理论上）千年一遇的违约概率。巴塞尔委员会保留了当由式（15-9）所得出的资本金过高或过低时，对其施加某乘积因子的权利（这里的乘积因子可能大于 1，也可能会小于 1），这一因子通常为 1.06。

【例 15-7】 假定某银行的资产构成为企业贷款，贷款的总面额为 1 亿美元，借款方的信用等级为 A，对于企业的 PD 的估计为 0.1%，LGD 为 60%，贷款的平均期限为 2.5 年，这意味着

$$b = [0.11852 - 0.05478 \times \ln(0.001)]^2 = 0.247$$

因此

$$MA = \frac{1}{1 - 1.5 \times 0.247} = 1.59$$

由表 15-6，我们得出 WCDR 为 3.4%，在《巴塞尔协议Ⅱ》基础 IRB 法中，对于企业贷款的风险加权资产的总量为

$$12.5 \times 100 \times 0.6 \times (0.034 - 0.001) \times 1.59 = 39.3(\text{百万美元}) = 3\,930(\text{万美元})$$

《巴塞尔协议Ⅰ》所对应的资本金为 1 亿美元，而由《巴塞尔协议Ⅱ》标准法所计算的数量为 5 000 万美元（见例 15-1 及例 15-5，这里的 1 亿美元贷款只是以上例子中投资组合的一部分）。

15.8.6 零售贷款敞口

零售贷款的资本金计算方法与对企业、政府及银行敞口的资本金计算方法相似，其不同之处在于这时基础 IRB 法与高级 IRB 法合并成了一个方法。每家银行都可以对参数 PD、EAD 及 LGD 进行估计。在计算中没有对于期限的调节，计算资本金的公式为

$$\text{EAD} \times \text{LGD} \times (\text{WCDR} - \text{PD})$$

风险加权资产为

$$\text{RWA} = 12.5 \times \text{EAD} \times \text{LGD} \times (\text{WCDR} - \text{PD})$$

其中 WCDR 由式（15-6）计算得出。对于住房抵押贷款，ρ 被设定为 0.15；[⊖]对于合格滚动贷款，ρ 被设定为 0.04；计算其他零售敞口的 WCDR 所采用的 ρ 由以下公式得出

$$\rho = 0.03\left[\frac{1-\exp(-35 \times \text{PD})}{1-\exp(-35)}\right] + 0.16\left[1 - \frac{1-\exp(-35 \times \text{PD})}{1-\exp(-35)}\right]$$

因为 exp(−35) 的数量很小，所以以上公式与以下公式基本等同于

$$\rho = 0.03 + 0.13e^{-35 \times \text{PD}} \tag{15-11}$$

将式（15-11）同式（15-8）进行比较，我们得出对于零售贷款所采用的相关性要比其他贷款低得多。类似于表 15-6，表 15-7 显示了零售贷款的 WCDR 与 PD 的关系。

表 15-7 关于零售贷款，1 年期、99.9%置信区间的 WCDR 与 PD 之间的关系

PD	0.1%	0.5%	1.0%	1.5%	2.0%
WCDR	2.1%	6.3%	9.1%	11.0%	12.3%

【例 15-8】 假定某银行资产由 5 000 万美元贷款组合构成，其中 PD 的估计值为 0.005，LGD 的估计值为 20%。对于这一情形，ρ =0.15 及

$$\text{WCDR} = N\left[\frac{N^{-1}(0.005) + \sqrt{0.15}N^{-1}(0.999)}{\sqrt{1-0.15}}\right] = 0.067$$

风险加权资产为

$$12.5 \times 50 \times 0.2 \times (0.067 - 0.005) = 7.8(\text{百万美元})$$

与此相对照，《巴塞尔协议Ⅰ》所对应的风险加权资产为 2 500 万美元，《巴塞尔协议Ⅱ》标准法所对应的风险加权资产为 1 750 万美元（见例 15-1 及例 15-5，这里讨论的 5 000 万美元房屋贷款只是投资组合结构的一部分）。

15.8.7 信用担保以及信用衍生产品

传统上巴塞尔委员会对于信用担保和信用衍生产品（如信用互换）所采用的处理方法为信用替换方法。假定一家信用评级为 AA 级的公司给一个信用评级为 BBB 级的借款方提供贷款担保。在计算资本金时，信用担保方的信用级别（AA 级）而不是借款方的信用级别（BBB

⊖ 根据我们从金融危机所观察到的，这个值有可能过低了。

级）被用于计算资本金，因此，这笔贷款看上去好像是贷给了一家 AA 级的公司。然而这种计算方式仍然夸大了信用风险，因为只有当担保方及借贷方同时破产时才会造成贷款损失（而且担保方要在借款方破产之前就已经破产）。[一]巴塞尔委员会对这一问题做了处理。2005 年 7 月，委员会对《巴塞尔协议Ⅱ》中的双重破产问题发表了一个报告，这一报告对于双重破产做了特殊处理。[二]这一方法代替了信用替换方法，银行首先在风险敞口没有任何担保的假设下进行资本金的计算，完成计算后将资本金再乘以 $0.15+160\times PD_g$，其中 PD_g为担保人的 1 年期的违约概率，最后的计算结果即为最终的资本金数量。

15.9 《巴塞尔协议Ⅱ》对于操作风险的处理

除了对银行计算信用风险资本金的方法进行了改进，对于操作风险，《巴塞尔协议Ⅱ》也提出了资本金要求。操作风险源于多个方面，包括银行内部的流程出现失误及银行外部突发的不良事件（比如关键设施发生火灾）等。

监管机构允许银行采用以下三种方法来计算操作风险资本金：

（1）基本指标法；

（2）标准法；

（3）高级计量法。

具体采取以上的哪一种方法取决于银行管理的先进程度。三种方法中最简单的是基本指标法，该方法下所需要的资本金等于银行过去 3 年毛收入的平均值乘以 0.15。[三]标准法与基本指标法较为接近，两种方法的不同之处在于，在标准法中，不同的业务类别所对应的计算因子会有所不同。在高级计量法中，银行采用自己的内部模型来求得在 1 年展望期及 99.9% 置信度下所对应的损失。类似于用于计算信用风险资本金的内部评级法，操作风险资本金等于该损失减去预期损失。采用高级计量法的一个好处在于，这一方法在一定条件下允许银行考虑保险措施所带来的风险缓解效应。我们将在第 23 章中进一步讨论操作风险。

如第 23 章所述，监管机构认为高级计量法并不成功，因此在 2016 年提出一种新的、更简单的方法替代它。

15.10 第二支柱：监督审查过程

《巴塞尔协议Ⅱ》中的第二支柱是关于监督审查过程。对此，《巴塞尔协议Ⅱ》提出了 4 项重要原则：

（1）银行必须根据自身的风险特征，建立评估自身资本金充足状况的过程，并且制定维持资本充足的战略。

[一] 第 19 章将要讨论的信用违约互换（CDS）为违约提供了保险，对于 CDS 的处理方式与对信用担保处理方式类似。

[二] See Bank for International Settlements, "The Application of Basel II to Trading Activities and the Treatment of Double Defaults," July 2005，这一文献可在 www. bis. org 上下载。

[三] 毛收入等于净利息收入加上非利息收入，净利息收入等于贷款利息收入与存款以及其他支撑贷款产品利息支出的差值。负毛收入的年份在计算中应该忽略。

(2) 监管机构必须审查和评估银行内部的资本充足率评估系统，以及银行监控并保证资本充足率合规的能力。监管机构如果对检查结果不满意，应采取适当的监管措施。

(3) 监管机构应期望银行在实际运营中所持的资本金高于最低的监管资本金要求，同时监管机构应该具有要求银行持有超额资本金的能力。

(4) 监管机构在发现问题时应尽早介入，以防止银行持有的资本金低于支撑其风险特征的最低资本金水平；如果资本充足率没有维持或者回升，则监管机构应督促银行及时采取补救措施。

巴塞尔委员会建议，各国监管部门对于银行账户上的利率风险、信用风险及操作风险要特别注意。信用风险管理的关键点包括银行所用的压力测试、违约的定义、信用风险集中度，以及与使用抵押品、信用担保及信用衍生产品相关联的风险等。

巴塞尔委员会还强调监管机构的监督审查过程应透明并落实责任。当监管机构在审查过程中需要酌情做出自己的判断或者设定的资本金要求高于《巴塞尔协议Ⅱ》规定的最低资本金要求时，这一点显得尤其重要。

15.11 第三支柱：市场纪律

《巴塞尔协议Ⅱ》的第三支柱是关于要求银行增加风险评估过程及资本充足率的信息披露。监管机构对信息披露的强制性程度在不同国家也各不相同。但是，银行一般不会忽视监管机构的建议，因为监管机构可以使银行管理人员的日子很难过。有时银行为了能够被准许采用特别的模型来计算资本金，必须披露更多的管理信息以增加透明度。

监管部门所要求的信息披露同财务信息披露可能不同，监管部门要求披露的信息并不一定出现在年度报告中，银行有权决定什么样的信息是相关且重要的，应予披露。这些信息应包括：

(1) 银行的什么部门实施了《巴塞尔协议Ⅱ》，对不实施《巴塞尔协议Ⅱ》的部门进行了什么样的调整；

(2) 资本金构成产品的期限及条件；

(3) 构成第一类资本的产品类型以及每种类型产品在第一类资本金中的占有比率；

(4) 第二类资本的数量；

(5) 对应于信用、市场及操作风险的各项资本金的数量；

(6) 银行面临的其他风险以及对不同风险的评估方法的信息；

(7) 风险管理部门的结构以及运作方式。

15.12 《偿付能力法案Ⅱ》

如第3.11节所述，当前对于保险公司监管还没有一个国际标准。在美国，保险公司的监管是各州的职责。美国保险监理官协会（NAIC）对各州的监管提供一定的协助。在欧洲，保险公司的监管是由欧盟来负责的。在欧洲已经延续多年的监管框架，即《偿付能力法案Ⅰ》在2016年被《偿付能力法案Ⅱ》替代。《偿付能力法案Ⅰ》中的资本金计算仅仅考虑了保险承保风险，而在《偿付能力法案Ⅱ》中，投资风险和操作风险也被考虑进来。

《偿付能力法案Ⅱ》与《巴塞尔协议Ⅱ》有许多相似之处。《偿付能力法案Ⅱ》也有三个支柱，第一支柱是关于资本金计算以及资本金的种类；第二支柱是关于监督审查过程；第三支柱是关于面向市场的风险管理信息披露。因此，我们可以看到这三个支柱类似于《巴塞尔协议Ⅱ》的三个支柱。

《偿付能力法案Ⅱ》的第一支柱阐明了**最低资本要求**（minimum capital requirement，MCR）和**偿付能力资本要求**（solvency capital requirement，SCR）。如果保险公司的资本金低于 SCR 的水平，那么保险公司至少要向监管当局提交一个计划，阐明如何将资本金恢复到 SCR 水平之上。监管机构也许会要求保险公司采取特殊措施来改善资本金现状。MCR 是保险公司资本金水平的绝对最低限度，如果资本金低于 MCR 水平，那么监管当局可以要求保险公司不再承接新业务。这可能会造成保险公司破产清算，并将保单转移给其他公司。MCR 通常为 SCR 的 25%~45%。

对于 SCR，有两种计算方式：一种是标准法，二是内部模型法。在内部模型法中，VaR 的计算要采用 1 年展望期和 99.5% 的置信度（这里采用的置信度低于《巴塞尔协议Ⅱ》中 99.9% 置信度的要求）。保险公司可以采用更长的时间段以及较低的置信度，只要资本金提供的保护是相当的。SCR 包括投资风险、承保风险和操作风险。投资风险可以被细分为市场风险和信用风险；承保风险可以进一步以风险来源分类，即来自人寿保险、非人寿保险（即财产及意外伤害险）以及健康保险业务。

资本金可以用于抵御重大不利事件，在定量影响测算中，这些不利事件包括：

（1）全球股市 32% 的下跌；

（2）房屋市场 20% 的下跌；

（3）汇率 20% 的变化；

（4）一些影响财产及意外伤害险的偿付的特定灾难情景；

（5）医疗健康服务的费用增长为历史费用标准差的某个倍数；

（6）死亡率增加 10%；

（7）死亡率减小 25%；

（8）承保费用增加 10%。

保险公司的内部模型要满足三个测试。第一个测试是统计质量测试（statistical quality testing），这一测试是关于计算 VaR 的数据和方法的合理性；第二个测试是校正测试（calibration test），这一测试用来检验对风险的评估是否与一般的 SCR 目标准则一致；第三个测试是使用测试（use test），这一测试用来检验模型是否真正与风险管理人员切实相关，并被他们所使用。

《偿付能力法案Ⅱ》的资本金有三种。第一类资本由股权资本、留存收益和其他等价的资金来源构成；第二类资本由优先级低于投保人保单的借贷组成，这些借贷要满足在不利条件（wind-down scenarios）下的可获得性；第三类资本也由优先级低于投保人保单的借贷组成，但这些借贷不需要满足以上的可获得性条件。类似于《巴塞尔协议Ⅱ》，《偿付能力法案Ⅱ》也阐明了 SCR 中第一类、第一类 + 第二类、第一类 + 第二类 + 第三类资本金构成比例的限制。

小 结

这一章是对全球范围内银行所面临的资本金要求的一个综述。自20世纪80年代以来，监管机构对银行所持有的最低限度资本金计算方法的要求发生了巨大变化。1988年以前，监管机构通常按资本金同资产的最低比率或资产同资本金的最高比率来设定资本金要求。20世纪80年代末，银行监管机构以及银行业自身都认识到对资本金计算方法进行变革的必要性。衍生产品交易的迅猛发展以及银行在全球范围内业务竞争的需要，促使监管机构颁布一个全球性的、统一的银行管理条约，以保证公平竞争。

《1988年巴塞尔协议》对表内及表外的信用风险敞口都设定了资本金要求。计算过程中对表内项目，都要计算风险加权资产。对一笔表内贷款，其对应的风险加权资产数量等于贷款本金乘以借贷方所对应的风险权重。而对于互换等衍生产品，银行首先要计算等价风险量，最终的风险加权资产等于等价风险量乘以交易对手的风险权重。银行持有的资本金数量不能低于整体风险加权资产的8%。1995年，巴塞尔委员会对信用风险量的计算进行了修改，在计算中允许净额结算。1996年，作为一个新的修正案，对市场风险也设定了资本金要求。具有先进管理水平的银行可以采用在险价值来计算资本金。

1999年，巴塞尔委员会又提出了《巴塞尔协议Ⅱ》。协议已在2007年左右被很多银行实施。《巴塞尔协议Ⅱ》中关于市场风险资本金的条款没有改动，但信用风险资本金的计算变得较以前更加复杂，这样做的目的是反映借贷人的信用评级或银行内部结合监管机构指定的相关参数对违约概率的估计。另外，在《巴塞尔协议Ⅱ》中增加了对操作风险资本金的要求。

《偿付能力法案Ⅱ》是关于保险公司的监管框架，2016年在欧盟地区实施。这一法案对投资风险、承保风险和操作风险都设定了最低资本金要求。《偿付能力法案Ⅱ》的整体框架与《巴塞尔协议Ⅱ》类似。

延伸阅读

Bank for International Settlements. "Basel II: International Convergence of Capital Measurement and Capital Standards," June 2006, www.bis.org.

Gordy, M. B. "A Risk-Factor Model Foundation for Ratings-Based Bank Capital Ratios." *Journal of Financial Intermediation* 12 (2003): 199–232.

Lopez, J. A. "The Empirical Relationship between Average Asset Correlation, Firm Probability of Default, and Asset Size." *Journal of Financial Intermediation* 13, no. 2 (2004): 265–283.

Vasicek, O. "Probability of Loss on a Loan Portfolio." Working Paper, KMV, 1987. (Published in *Risk* in December 2002 under the title "Loan Portfolio Value.")

练习题

15.1 “当一家钢铁企业破产时，其他在同一行业的企业可能会受益，因为这时竞争对手少了一个。但是当一家银行破产时，其他银行并不一定受益。”请解释这一观点。

15.2 “存款保险制度使得银行资本金监管制度变得更为重要。”请解释这一观点。

15.3 一个简单利率互换涉及固定利率及浮动利率的互换，固定利率及浮动利率所对应的面额相等，在互换到期时本金不互换。当一家银行进入一个期限为5年的利率互换时，互换面额为1亿美元，银行所面临的信用风险的特征是什么？这里假定在互换开始时，利率互换的价值为0。

15.4 在货币互换交易中，一个币种的本金要同另一个币种的本金进行交换，请说明为什么货币互换交易的信用风险要大于利率互换中的信用风险。

15.5 某笔4年期的利率互换对于某金融机构有负价值，在交易中金融机构是否面临信用风险？请对你的结论做出解释。利用《巴塞尔协议Ⅰ》，计算对资本金的要求数量。

15.6 请采用《巴塞尔协议Ⅰ》来计算持有以下交易（交易对手为某企业）的一家银行资本金的数量（计算中没有净额结算协议）：

(a) 一个9年期的利率互换，面额为2.5亿美元，当前市价为 -200万美元；

(b) 一个4年期的利率互换，面额为1亿美元，当前市价为350万美元；

(c) 一个6个月期的商品衍生产品交易，面额为5 000万美元，当前市价为100万美元。

15.7 采用1995年对于《巴塞尔协议Ⅰ》有关净额结算的改进，重新计算练习题15.6中的资本金数量。

15.8 某银行与一个企业客户之间的所有衍生产品合约的价值对银行来说都为正值。在与该客户签署的主协议中，净额结算条款会带来什么样的价值？

15.9 请解释为什么在《巴塞尔协议Ⅱ》中最终计算要将信用风险（IRB）、市场风险及操作风险所对应的数值乘以12.5？

15.10 银行的交易账户与银行账户的区别是什么？一家银行当前持有一笔给某客户的本金为1 000万美元的贷款，在贷款结束时，客户不再借贷，而是希望将自己的债券卖给银行，这一变化会如何改变银行监管资本金的数量？

15.11 在《巴塞尔协议Ⅰ》下，银行不愿意借钱给信用好的企业，而是希望帮助企业发行债券，这样做是为什么？你认为《巴塞尔协议Ⅱ》关于贷款的规定会影响银行的行为吗？

15.12 银行有时会利用监管套利来降低资本金数量，这里监管套利的含义是什么？

15.13 式（15-9）给出了《巴塞尔协议Ⅱ》关于资本金的计算公式，这一公式将4项乘到一起，请解释公式中每一项的含义。

15.14 请解释因抵押品对资本金进行调整时，简单法与综合法的不同之处。

15.15 请解释在《巴塞尔协议Ⅱ》中，计算信用风险资本金的标准法、IRB法及高级IRB法之间的差别。

15.16 请解释在《巴塞尔协议Ⅱ》中，计算操作风险资本金的基本指标法、标准法及高级计量法之间的差别。

15.17 假定某银行资产包括2亿美元的零售贷款（并非住房抵押贷款），其PD为1%，LGD为70%，《巴塞尔协议Ⅱ》中IRB法所对应的风险加权资产为多少？对于第一类及第二类资本的需求为多少？

15.18 在第12.10节，我们讨论了如何采用统计检验的方式来接受或拒绝一个VaR模型；在第15.6节，我们讨论了银行监管机构在计算监管资本时，如何设定乘数因子m_c。在这一节中，我们指出在250个抽样中，如果例外次数为5或更大，相应的乘数因子会增大，当VaR模型表现良好时，例外为5次或更多的概率为多大？

作业题

15.19 对于衍生产品，《巴塞尔协议Ⅰ》所要求附加量是什么？"如果其中有关附加量的规定使附加量与合约的市场价格挂钩，《巴塞尔协议Ⅰ》会更加完善。"你将如何说明这一观点。

15.20 请采用《巴塞尔协议Ⅰ》来计算某银行所持有的资本金，这家银行同另一家银行之间有以下合约（无净额结算协定）：

(a) 一个期限为2年的远期外汇合约，合约市价为200万美元，合约要求银行以5 000万美元价值买入某数量外币；

(b) 一个期限为6个月的期权的多头头寸，期权标的资产为标准普尔500指数，面额为2 000万美元，期权当前价值为400万美元；

(c) 一个期限为2年的石油商品互换合约，合约的面额为3 000万美元，当前市值为-500万美元。引入净额结算条款会对以上计算产生什么影响？

15.21 某银行与某信用级别为AA的企业有以下交易：

(a) 一个期限为2年的互换合约，面额为1亿美元，当前价值为300万美元；

(b) 一个期限为9个月的外汇远期合约，面额为1.5亿美元，当前价值为-500万美元；

(c) 一个期限为6个月的期权的多头头寸，期权标的资产为黄金，面额为5 000万美元，当前价值为700万美元。

采用《巴塞尔协议Ⅰ》及无净额结算协议所计算的资本金为多少？加入净额结算协议对计算结果的影响是什么？《巴塞尔协议Ⅱ》标准法所对应的资本金数量为多少？

15.22 假如一家银行的资产包含给信用级别为BBB级的企业的5亿美元贷款，贷款企业的PD估计值为0.3%，平均期限为3年，LGD的估计为60%，《巴塞尔协议Ⅱ》高级IRB法所对应的风险加权资产为多少？所需的第一类及第二类资本分别为多少？这与《巴塞尔协议Ⅱ》标准法及《巴塞尔协议Ⅰ》所计算的资本金数量有什么不同？

第 16 章

CHAPTER16

《巴塞尔协议Ⅱ.5》《巴塞尔协议Ⅲ》及其他后危机修订

《巴塞尔协议Ⅱ》的最终实施时间大体上和2007年金融危机的开始时间一致，此次危机是自20世纪30年代以来金融市场经历的最大危机，这种巧合对《巴塞尔协议Ⅱ》的名声来讲是一个不幸。市场上有些观点认为《巴塞尔协议Ⅱ》是造成危机的一个因素。这些观点指出，正是因为银行有自主权来计算PD、LGD和EAD等参数的值，将整个行业引入了自我监管的阶段。然而，指责《巴塞尔协议Ⅱ》是不公平的，如第6章所述，在《巴塞尔协议Ⅱ》实施之前，危机的种子已经撒下。[⊖]

在本章的开始，我们首先讨论《巴塞尔协议Ⅱ.5》。在目睹了银行业在危机中遭受的惨重损失后，巴塞尔银行监管委员会（Basel Committee on Banking Supervision）对市场风险资本金的计算进行了改进。《巴塞尔协议Ⅱ.5》是对这些改进的汇总，其实施期限是2011年12月31日。

本章的第二部分内容是《巴塞尔协议Ⅲ》，该版协议是对银行监管条例的一项重大改进。《巴塞尔协议Ⅲ》发布于2010年12月，其中包括一系列关于增加银行信用风险资本金的规定，并且对合格资本金的定义进行了加强。另外，《巴塞尔协议Ⅲ》的一个重要新特点是对银行面临的流动性风险进行了阐述。该版本协议会在较长时段内逐步实施，最终实施完成的日期为2019年。

本章还将讨论2008年来作为对巴塞尔委员会工作的补充所引入的其他监管规定，其中包括奥巴马总统在2010年7月21日签署的《多德－弗兰克法案》，以及欧盟和英国设立的一些新的规定。

⊖ 事实上，美国在《巴塞尔协议Ⅱ》实施方面曾落后于其他国家。如果在危机开始时，美国完成了对《巴塞尔协议Ⅱ》的实施，那么美国诸多银行的资本金比危机开始时的实际数量还要低。

16.1 《巴塞尔协议Ⅱ.5》

在信用危机中，市场参与者认识到巴塞尔协议框架下的市场风险资本金计算方法要进行调整。如上所述，这些调整在最后被归结成《巴塞尔协议Ⅱ.5》。实施日期为2011年12月31日。[⊖]这些调整包括：

（1）压力VaR的计算；

（2）加入了增量风险计提；

（3）对信用相关性产品设立的综合风险计量。

这些措施极大地增加了大型银行需要持有的市场风险资本金的数量。

16.1.1 压力VaR

1996年提出的对《巴塞尔协议Ⅰ》的修正案首先引进了针对市场风险的资本金，其计算是基于10天展望期、99%置信度的VaR。大部分银行采用基于历史模拟的计算方法。我们已在第13章中对这一方法进行了阐述。在银行采用1996年引入的规则前，历史模拟法的假设是市场变量在某个交易日接下来一天的百分比变化可从该变量在过去的1~4年中，日百分比变化的历史数据中随机抽样产生。2003~2006年市场变化的波动率较低，因此利用这一区间的数据所得出的市场在险价值从监管资本金的角度来看也偏低。另外，在危机开始后的一段时间内，VaR仍然持续偏低，因为此时用来计算VaR的大部分历史数据仍然来自波动率较低的时期。

以上观察到的现象促使巴塞尔委员会引入了压力VaR的概念。如在第13.1.3节中介绍的，压力VaR是基于市场在受压的条件下的250天（即12个月），而不是仅由过去1~4年的变动数据求得的。当采用历史模拟法计算压力VaR时，市场变量在下一个交易日中的百分比变化量是从市场受压条件下的250个交易日的日百分比变化量中抽样得出的。

《巴塞尔协议Ⅱ.5》要求银行计算两个VaR值，其中之一是一般的VaR（即基于过去1~4年的市场变量变动数据），另一个就是压力VaR（由市场受压区间内的250个交易日的数据得出）。在计算了两个VaR之后，银行要对其进行汇总。计算资本金总量的公式为

$$\max(\text{VaR}_{t-1}, m_c \times \text{VaR}_{\text{avg}}) + \max(\text{sVaR}_{t-1}, m_s \times \text{sVaR}_{\text{avg}})$$

其中VaR_{t-1}和sVaR_{t-1}分别为前一天的VaR和压力VaR（基于10天展望期和99%置信度）；VaR_{avg}和sVaR_{avg}分别为过去60天的平均VaR和压力VaR（同样是基于10天展望期和99%置信度）。参数m_c和m_s由银行监管部门决定，其下限为3。如第15.6节解释的那样，在《巴塞尔协议Ⅱ.5》之前，资本金要求为

$$\max(\text{VaR}_{t-1}, m_c \times \text{VaR}_{\text{avg}})$$

由于压力VaR不会小于正常的VaR值，以上公式说明（当$m_c = m_s$），在《巴塞尔协议Ⅱ.5》框架下，资本金数量至少是以前的两倍。事实上，资本金要求提高两倍的情况并不罕见。

起初，从业者普遍认为2008年的市场数据给压力VaR的计算提供了很好的为期1年的样

⊖ 见巴塞尔银行监管委员会，“Revisions to the Basel Ⅱ Market Risk Framework”，2011年2月。

本。后来大家才认识到，1 年承压期的选择应该反映银行本身的风险状态。因此，现在银行在计算压力 VaR 时，要选取某个长度为 1 年的时间段，在该时间段内，银行当前的投资组合会表现得非常差，因而不同银行选择的承压期很有可能是不同的。

16.1.2 增量风险计提

2005 年，巴塞尔委员会发现交易账户上的头寸敞口要求的资本金低于银行账户上的类似敞口并对此产生了担忧。以一个债券为例，如果将债券放在交易账户上，如第 15.6 节所述，资本金数量等于以 10 天展望期和 99% 置信度计算的 VaR 再乘以一个系数；如果将此债券放在银行账户上，如第 15.8 节所述，资本金数量等于以 1 年展望期和 99.9% 置信度计算的 VaR 值。交易账户所对应的资本金数量远远小于银行账户所对应的资本金。由于这个原因，银行往往更愿意将与信用有关的产品放在交易账户上。[1]

于是，监管机构在 2005 年提出了**增量违约风险计提**（incremental default risk charge，IDRC）的概念。其中，资本金数量是以 1 年展望期和 99.9% 置信区度为基准。这一计提针对交易账户中对违约风险有敏感性的产品而设定。如果实施这一规则，这些产品的资本金要求会等于使用交易账户计算方法得出的资本金和使用银行账户计算方法得出的资本金中的较大者。2008 年，当巴塞尔委员会发现 2007 年和 2008 年信用市场危机时，大部分损失来自信用风险级别的变化、信用价差的增大以及市场流动性的消失，而不仅仅是违约的结果。因此委员会对前面的提案进行了修订，以反映这些风险，于是 IDRC 演化为今天的**增量风险计提**（incremental risk charge，IRC）。[2]

增量风险计提要求银行在计算与信用有关的产品资本金时，展望期为 1 年，置信度为 99.9%。在计算过程中，银行不仅要考虑违约可能性，还要考虑信用评级变化。与 IDRC 一样，增量风险计提将资本金要求设定为利用交易账户计算和利用银行账户计算获得的资本金的最大值。因为增量风险计提是针对交易账户，假定银行在 1 年的展望期中可以对投资组合进行调整，所以违约风险由此可以得到缓解。因此，银行必须要对增量风险计提所覆盖的产品的流动性展望期进行评估。**流动性展望期**（liquidity horizon）是指在市场受压的情况下，银行对产品进行平仓或对所有重大风险进行对冲所需要的时间。

假定一个信用等级为 A 级的债券的流动性展望期为 3 个月，当计算 1 年展望期的 VaR 时，银行可以假定在第 3 个月的最后，如果债券评级发生改变或债券已经违约，银行可以利用另一个类似的 A 级债券取代最初持有的 A 级债券。在第 6 个月和第 9 个月结束时可进行类似的操作。这一假设被称为**风险水平恒定假设**（constant level of risk assumption）。

风险水平恒定假设造成的影响是违约的可能性会降低。但与此同时，为应对债券评级下降而对持仓进行调整会产生规模较小的损失。一般来说，风险水平恒定假设会使 1 年展望期、

---

[1] 如第 6 章所述，如果一家银行由银行账户的贷款来产生资产支持证券，然后将所有由此产生的份额全部买进，并将这些资产放置于交易账户，那么银行所需的监管资本金数量将下降，虽然银行的风险敞口并没有实质变化。这也是银行愿意将贷款证券化的原因之一。

[2] 见巴塞尔银行监管委员会，"Guidelines for Computing Capital for Incremental Risk in the Trading Book"，2009 年 7 月。

99.9%置信区间的 VaR 值变小。[⊖]巴塞尔委员会指定在计算增量风险计提时，采用的最小流动性展望期为 3 个月。

综上所述，增量风险计提框架对于信用产品在 1 年展望期、99.9%置信度内的违约和信用等级变化风险提供了度量手段，同时考虑了单一资产或投资组合的流动性展望期。

16.1.3 综合风险计量

综合风险计量（comprehensive risk measure，CRM）概念的引入是考虑到相关性账户（correlation book）存在的风险。这类投资组合包含诸如资产支持证券（asset backed securities，ABS）和担保债务凭证（collateralized debt obligations，CDO）等对不同资产违约风险的相关性敏感的金融工具。我们在第 6 章中对这类产品进行了讨论。假设一家银行持有一个 ABS 的 AAA 级分档。在正常的市场环境下，该分档资产遭受损失的可能性很小。但是在相关性增大，市场受压的情况下，此分档遭受损失的可能性大大提高，正如我们在2007 ~ 2009年的金融危机中看到的一样。

对于与相关性有关的产品，CRM 取代了增量风险计提和特定风险资本金。表 16-1 给出了《巴塞尔协议Ⅱ.5》中计算 CRM 的标准方法。经历了金融危机中证券化的惨痛教训（见第 6 章），监管机构对再证券化产品（如 ABS CDO）设定的资本金要比一般证券化产品（如 ABS）的资本金数量高。对此我们不应该感到意外。在表 16-1 中提到的资本减除（deduction）是指从资本金数量中直接减除了相应的面额数量，也就是说，相对面额设定了 100% 的资本金。

表 16-1 针对相关性产品的标准资本金

外部信用评级	AAA 至 AA -	A + 至 A -	BBB + 至 BBB -	BB + 至 BB -	BB - 以下或无评级
证券化	1.6%	4%	8%	28%	资本减除
再证券化	3.2%	8%	18%	52%	资本减除

《巴塞尔协议Ⅱ.5》阐明，在监管当局批准的前提下，对于一些无评级的产品，银行可以采用内部模型计算 CRM。而为获得监管机构的批准，银行所开发的模型必须要相当完善。例如，模型应能够捕捉多个违约的累积效应、信用价差风险、隐含相关性的波动率、信用价差和隐含相关性的关系、回收率的波动率、对冲失效的风险以及调整对冲状态所需的潜在费用等。同时银行还必须定期进行严格的压力测试。采用内部模型法计算出的资本金还受到由标准法计算出的资本金的某一下限的限制。

16.2 《巴塞尔协议Ⅲ》

在 2007 ~ 2009 年金融危机以后，巴塞尔委员意识到对于《巴塞尔协议Ⅱ》必须进行大幅改进。《巴塞尔协议Ⅱ.5》增加了市场风险资本金，同时委员会还希望进一步提高股本资本要求。另外，对于股本资本的定义必须加强，对于流动性风险也要增设监管规则。

巴塞尔委员会在 2009 年 12 月提出了一个提案，在征求了银行的意见、一轮定量影响研究

⊖ 对风险水平恒定假设的讨论见 C. Finger，"CreditMetrics and Constant Level of Risk"，MSCI 2010。

及几轮国际性会议以后，《巴塞尔协议Ⅲ》在2010年12月终于发布。[⊖]协议包括6个部分：

（1）资本金定义及要求；

（2）资本金留存缓冲；

（3）逆周期缓冲资本；

（4）杠杆比率；

（5）流动性风险；

（6）对手信用风险。

《巴塞尔协议Ⅲ》的实施是一个渐进过程，期限为2013~2019年。

16.2.1 资本金定义及要求

在《巴塞尔协议Ⅲ》框架下，银行的资本构成如下：

（1）第一类股权资本；

（2）附加第一类资本；

（3）第二类资本。

第三类资本不复存在。

第一类股权资本（也被称作核心第一类资本）包括股权资本和留存收益，但不包括商誉及延迟税务资产。第一类股权资本在固定收益养老金计划出现赤字的情况下要进行下调，但在固定收益养老金盈余的情况下不能向上调节（见第3.12节有关养老金计划的讨论）。出于监管目的，证券化交易对留存收益的影响不计入第一类资本。另外，由于金融机构自身的信用等级变化产生的留存收益变化也不能计入第一类资本（这对应于我们将在第20章中讨论的DVA）。对于纳入少数股东权益（minority interest）和合并报表的子公司（consolidated subsidiaries）的资本，《巴塞尔协议Ⅲ》也进行了相关规定。附加第一类资本包括原先被计入第一类资本，但并非普通股的项目，如非累积优先股等。第二类资本包括优先级低于存款、最初发行期限超过5年的债券。

普通股权资本在《巴塞尔协议Ⅲ》中被称作**持续经营资本金**（going-concern capital），这是指银行处于持续经营状态时（也即股权资本为正时），普通股权资本可用于承担损失。第二类资本被称作**破产清算资本**（gone-concern capital），这是指银行不能再持续经营时（也就是股权资本为负时），第二类资本承担损失。在破产过程中，第二类资本优先权低于存款人。如果在银行破产时，第二类资本为正，则从理论上讲，存款人可以收回全部存款。

协议对资本金要求如下：

（1）第一类股权资本金在任何时刻均不得低于风险加权资产的4.5%。

（2）整体第一类资本金（第一类股权资本金上附加第一类资本金）在任何时刻均不得低于风险加权资产的6%。

（3）整体资本金（整体第一类资本金加第二类资本金）在任何时刻均不得低于风险加权

⊖ 见巴塞尔银行监管委员会，“Basel III：A Global Regulatory Framework for More Resilient Banks and Banking Systems，”2011年6月；见巴塞尔银行监管委员会，“Basel III：International Framework for Liquidity Risk Measurement Standards and Monitoring，”2010年12月。

资产的8%。

《巴塞尔协议Ⅰ》要求第一类股权资本不低于风险加权资产的2%，整体第一类资本金不得低于风险加权资产的4%。《巴塞尔协议Ⅲ》的要求更加严格，表现在以下两点：第一，第一类股权资本和整体第一类资本占整体风险加权资产的比例更高；第二，用于满足监管资本金要求的股权资本的定义更加严格。但是第一类和第二类资本的总和占整体风险加权资产的比率仍与《巴塞尔协议Ⅰ》和《巴塞尔协议Ⅱ》的要求相同。

《巴塞尔协议Ⅲ》下资本金的过渡性安排是到2013年1月1日，第一类股权资本金和整体第一类资本金的比率分别要达到3.5%和4.5%；到2014年1月1日，分别要达到4%和5.5%；到2015年1月1日，新的资本金要求要全部满足，而关于合格资本金构成的实施则延迟到2018年1月1日。

巴塞尔委员会对于系统重要性（systemically important）银行要求更高资本金持有率。对于这一点，我们在本章后面的内容将做进一步讨论。

16.2.2 资本金留存缓冲

除以上提及的资本金，《巴塞尔协议Ⅲ》还要求金融机构在正常情况下持有第一类股权资本缓冲，数量等于风险加权资产的2.5%。巴塞尔委员会设计这个规定是为确保银行在正常市场情况下能将资本金提高到一定程度，而在金融市场出现困难的情况下用这些缓冲来吸收损失（建立资本金留存缓冲做法的依据是银行在正常的市场条件下比在受压的情况下能更为容易地吸纳资本），如果银行的资本金留存缓冲被全部或部分消耗，则在资本金缓冲被补充完毕前，银行的股息发放要受到限制。表16-2中给出了关于股息的规定。例如，当第一类股权资本占风险加权资产的比率为5.5%时，留存的收益要占80%。因此，派发的股息占收益的比率不能超过20%。在某种程度上，4.5%的基本股权资本金要求和7%的股权资本金要求之间的差异，类似于《偿付能力法案Ⅱ》中的MCR与SCR之间的差异（见第15.12节）。

表16-2 资本留存缓冲造成的股息限制

第一类股权资本比率	最小留存收益率
4.000%～5.125%	100%
5.125%～5.750%	80%
5.750%～6.375%	60%
6.375%～7.000%	40%
>7%	0%

《巴塞尔协议Ⅲ》对资本金留存缓冲做出的规定意味着在正常市场条件下（这里不包括系统性重要银行额外持有的资本金），银行持有的第一类股权资本金至少是风险加权资产的7%；整体第一类资本金至少是风险加权资产的8.5%；第一类和第二类资本金至少是风险加权资产的10.5%。如果以上这些比率在市场受压条件下（因为损失的缘故）分别下降到4.5%、6%和8%，那么银行会在监管部门的压力下，将资本金持有率提升回规定的水平。《巴塞尔协议Ⅲ》提高资本金比率的一个后果就是银行很难再取得1990～2006年的资本回报率，然而，银行的股东会因为银行持有额外的资本金从而降低了股票风险而感到欣慰。

资本金存留缓冲的实施时间是2016年1月1日至2019年1月1日。

16.2.3 逆周期缓冲资本金

除了以上提及的资本金留存缓冲，《巴塞尔协议Ⅲ》还制定了逆周期资本金缓冲。该缓冲与留存资本缓冲类似，但其在各个国家的实施程度取决于各国监管机构自己的决定。逆周期缓冲资本金是对银行盈利情况的周期性提供保护，该缓冲占风险加权资产的比率可以为 0～2.5%，其构成必须全部为第一类股权资本。

对于逆周期资本缓冲不为 0 的国家，表 16-2 要被修改。例如，当逆周期资本缓冲比率为 2.5% 时，表 16-2 被表 16-3 取代。类似于留存资本缓冲，逆周期资本缓冲的实施时间也为 2016 年 1 月 1 日至 2019 年 1 月 1 日。

表 16-3 在设定资本留存缓冲和 2.5% 逆周期缓冲资本后对股息发放的限制

第一类股权资本比率	最小存留收益率
4.50%～5.75%	100%
5.75%～7.00%	80%
7.00%～8.25%	60%
8.25%～9.50%	40%
>9.50%	0%

16.2.4 杠杆比率

除了设定基于风险加权资产的资本金比率外，《巴塞尔协议Ⅲ》还设定了一个最小杠杆比率，为 3%，[㊀]其定义为资本金占风险敞口的比率。这里的资本金是指一类整体资本。风险敞口是以下几项的加总：①资产负债表内敞口；②衍生产品敞口；③证券融资交易敞口；④资产负债表外项目。对各个项目加总时，不进行风险加权调整。资产负债表内敞口包括表内所有的资产。衍生产品敞口的计算方式为“重置成本加附加项”（replacement cost plus add-on），类似于《巴塞尔协议Ⅰ》中的规定（见第 15.3 节）。证券融资交易敞口包括不涉及表内资产的回购协议、证券借入/借出交易等。表外项目包括贷款承诺、贷款替代品、承兑及信用证等。经过过渡期后，于 2018 年 1 月引入杠杆比率。

一些国家的监管机构表示它们认为 3% 的标杆比率太低。2014 年 10 月，美国监管机构提议将美国最大的 8 家银行控股公司的杠杆比率提高到 5%（我们稍后将会提到，这 8 家银行控股公司被称作 G-SIB），并将这 8 家控股公司旗下受 FDIC 保护的子公司的比率提高到 6%。2014 年 10 月，英国金融政策委员会（England's Financial Policy Committee）将英国银行的杠杆比率提高到了 4.05%，并且在市场旺盛时有可能提高到 4.95%，以防止过度借贷。在中国，标杆比率被设定为 4%。

为什么巴塞尔委员会要引入杠杆比率？其原因是监管机构认为银行在计算风险加权资产时的灵活度太高了，而计算总敞口（total exposure）时的灵活度就小得多。需要说明的是，这并不意味着监管机构不再重视以风险加权资产为依据的资本金要求。它们要求银行同时满足：①本章前面提到的资本与风险加权资产的比率；②这里介绍的资本与非风险加权的敞口之间的杠杆比率要求。

这两种资本比率中的一种可能是银行的关键比率（即最接近不符合监管要求的比率）。如果风险加权资产比率是关键因素，那么可以说，杠杆比率是合理的，因为它为监管机构提供了有用的额外信息。但如果杠杆比率是关键因素（有证据表明，对于美国的一些银行来说，杠杆比率一直是关键因素），可能会鼓励银行持有风险资产，因为它们对杠杆比率的影响与安全资产相同，但提供更高的预期收益。这可能会给监管机构带来意想不到的不利后果。

㊀ 见国际清算银行，“Basel III Leverage Ratio Framework and Disclosure Requirements,” 2014 年 1 月。

16.2.5 流动性风险

在危机之前，《巴塞尔协议》一直将重点集中于银行是否有足够多的资本金来应对风险。但金融危机表明，危机带给很多金融机构的问题并非源自资本金的充足与否，而是因为银行承受的流动性风险。

流动性风险的根源是银行往往采用短期资金（例如商业票据）来为期限更长的资产提供资金支持。当市场认为银行的财务状况很健康时，这样的融资方式不是一个问题。[⊖]假定一家银行采用发行90天的商业票据所得资金来支持其业务行为，当90天票据期满时，银行要发行新的票据来进行再融资，并重复此模式，即对融资进行展期。当银行出现运作困难时（或市场认为其运作有困难时），以上模式就难以为继。这是因为银行很难再对其商业票据进行展期。这里所说的问题就是造成英国北岩银行及美国雷曼兄弟倒台的原因。

《巴塞尔协议Ⅲ》为确保银行能够承受流动性压力引入了两个流动性比率：

（1）流动性覆盖比率（liquidity coverage ratio，LCR）；

（2）净稳定融资比率（net stable funding ratio，NSFR）。

LCR侧重于描述银行在流动性受困的情况下，30天内的生存能力。其定义为

$$\frac{\text{高质量流动性资产}}{\text{30 天内的净流出资金}}$$

在计算流动性覆盖比率的30天区间内要包括银行资金受到剧烈冲击的情形，其中包括银行的信用级别被下调3个等级（例如从AA-级下调到A-级）、部分丧失存款、批发市场的资金来源全部丧失、资产减记比率提高（即以抵押品所获资金与抵押品的价值比率下降）以及信用额度被提取等。《巴塞尔协议Ⅲ》要求流动性覆盖比率至少为100%，这是为了保证银行有足够多流动性优良的资产来应对流动性压力。

净稳定融资比率（NSFR）侧重于1年期流动性管理，其定义为

$$\frac{\text{可获得的稳定资金供应量}}{\text{必需的稳定资金需求量}}$$

NSFR的分子等于每项可得资金（资本金、机构存款、零售存款等）乘以一个可得稳定资金（available stable fund，ASF）因子，再求和。这里的ASF因子反映了资金的稳定性。如表16-4所示，机构存款的ASF因子小于零售存款的ASF因子，而零售存款的ASF因子又小于第一类资本金和第二类资本金。NSFR分母根据需要资金支持的项目得出。每一项资金需求均要乘以一个所需稳定资金（required stable funding，RSF）因子，该因子反映了所需资金的持续性。表16-5显示了这些因子的数量。

表16-4 为净稳定融资比率设定的ASF因子

ASF因子	类别
100%	第一类和第二类资本金 优先股以及到期期限超过1年的借贷

⊖ 当短期资金被用于支持长期固定利率贷款时，如果利率升高，净息差就会受到挤压，但是这一风险可用利率互换这样的金融工具进行对冲（见例5-1）。

（续）

ASF 因子	类别
90%	零售及小型商业客户提供的“稳定”活期存款和 1 年内到期的定期存款
80%	零售及小型商业客户提供的“亚稳定”活期存款和 1 年内到期的定期存款
50%	非金融企业、国家、央行、多边发展银行和公营机构提供的活期存款和 1 年内到期的定期存款
0%	其他负债和股权等

表 16-5 为净稳定资金比率设定的 RSF 因子

RSF 因子	类别
0%	现金 短期金融工具和证券，以及剩余期限小于 1 年的对金融机构的贷款
5%	风险权重为 0，剩余期限大于 1 年的针对主权国家或类似实体的可变卖证券
20%	剩余期限大于 1 年，评级高于 AA－级的企业债券 风险权重为 20% 的主权国家或类似实体的证券
50%	黄金、股票和评级为 A＋级到 A－级的债券
65%	私人住房按揭贷款
85%	对个人或小型商业客户提供的剩余期限小于 1 年的贷款
100%	所有其他资产

《巴塞尔协议Ⅲ》要求 NSFR 的下限为 100%，这是为了保证计算得出的可获得稳定资金供应量高于必需的稳定资金需求量。

【例 16-1】 一家银行的资产负债表如下。

现金	5	零售存款（稳定的）	40
国库券（期限大于 1 年）	5	机构存款	48
按揭	20	第二类资本	4
小型商业贷款	60	第一类资本	8
固定资产	10		
	100		100

稳定资金供应量为：$40\times0.9+48\times0.5+4\times1.0+8\times1.0=72$

稳定资金需求量为：$5\times0+5\times0.05+20\times0.65+60\times0.85+10\times1.0=74.25$

NSFR 比率为 72/74.25＝0.970 或 97%，因此该银行没有达到 NSFR 的要求。

《巴塞尔协议Ⅲ》的新规定较为严格，并且有可能对银行的资产负债表产生极大影响。根据 2014 年 9 月的估计，要满足这些规定，美国的银行将不得不持有额外的 1 000 亿美元高流动性资产。LCR 的计划实施时间为 2015 年 1 月 1 日至 2019 年 1 月 1 日（但美国的监管机构要求必须在 2017 年 1 月 1 日前全面实施），NSFR 的计划实施时间是 2018 年 1 月 1 日。

16.2.6 对手信用风险

对每个衍生产品的交易对手，银行要计算**信用价值调整量**（credit value adjustment，CVA）。CVA 是由于对手存在违约的可能而造成的预期损失。计算 CVA 的方法将在第 20 章中讨论。在报告利润时，所有交易对手的 CVA 要从利润中扣除。

我们将在第 20 章中看到，针对某一交易对手的 CVA 的变化可能来自两个方面：①与对手进行的交易所涉及的市场变量发生变化；②用于对手借贷的信用价差发生变化。《巴塞尔协议Ⅲ》要求由对手信用价差变化引发的 CVA 风险要计入市场风险的 VaR 计算中。我们还将在第 20 章中看到，一旦 CVA 被计算出来，我们可以较容易地对交易对手的信用价差的期限结构曲线进行平行移动来求得 CVA 的敏感度，即 delta 和 gamma。这些敏感度可以被用来计算相应的市场风险指标。

2015 年，巴塞尔委员会提议对 CVA 风险的资本计算进行修改。㊀一个主要目的是，允许那些对冲信用价差变化和 CVA 风险因素变化的影响的银行，在计算监管资本时兼顾这两个因素。如果没有这种变化，对冲风险因素的变化将增加资本费用。

16.2.7 全球系统性重要银行（G-SIB）、系统性重要金融机构（SIFI）和国内系统性重要银行（D-SIB）

在 2007 ~ 2009 年金融危机期间，政府不得不对多家大型的、系统性重要金融机构实施救助，因此，监管机构对这类金融机构能否持有足够的资本金，从而避免重蹈覆辙尤为关注。

G-SIB 是全球系统性重要银行（global systemically important bank）的简称，而 SIFI 指的是系统性重要金融机构（systemically important financial institution），包括银行和非银金融机构。对 SIFI，一种广泛流行的看法是它们“大而不倒”，也就是说，如果这些机构出现了财务困难，政府将不得不对它们进行救助。

一家银行或其他金融机构的系统性重要程度取决于万一其倒闭，会对全球金融体系造成多大影响，而这又取决于这家机构的经营活动以及它与全球其他金融机构之间签署的合同。巴塞尔委员会用了一种打分的办法来评估哪些银行是 G-SIB。一些研究人员还尝试采用网络理论的方法来回答这一问题。

2013 年，巴塞尔委员会发表了要求 G-SIB 提高一类股权资本金比例的规定的最终版本。㊁G-SIB将按照额外股权资本占风险加权资产的 1%、1.5%、2%、2.5% 或 3.5% 归类。新的规定于 2016 年 1 月起生效。

每年金融稳定委员会都会发布 G-SIB 名单。2017 年 11 月，名单上有 30 家银行。这些银行中，17 家归于 1% 的类别，8 家归于 1.5% 的类别，4 家归于 2% 的类别，1 家（摩根大通）归于 2.5% 的类别。3.5% 的类别为空。㊂G-SIB 被要求持有至少占风险加权资产 4.5% 的第一类股权资本金，另加 2.5% 的资本留存缓冲，再加上我们上面刚刚讨论的额外资本金。假设总资产是风险加权资产的 $X\%$。根据第 16.2.1 节，所有一级资本（CET1 + AT1）必须至少为风险加

㊀ 见巴塞尔银行监管委员会，“Review of Credit Valuation Adjustment Risk Framework”，2015 年 10 月 1 日。

㊁ 见巴塞尔银行监管委员会，“Global Systemically Important Banks: Updated Assessment Methodology and the Higher Loss Absorbancy Requirement,” 2013 年 7 月。

㊂ 金融稳定委员会发布的 2016 年名单中，G-SIB 银行总数仍为 30 家，各类别中的数量也没有变化，但花旗集团取代汇丰被归于 2.5% 的类别。其他类别中的银行名单也发生了一些变化，2014 年名单中并不包括任何一家来自中国的银行，而在 2016 年名单上，中国工商银行被归于 1.5% 的类别，中国银行、中国农业银行和中国建设银行归于 1% 的类别。——译者注

权资产的（$X+1.5$）%，一级资本与二级资本之和必须至少为风险加权资产的（$X+3.5$）%。

2014 年 11 月，金融稳定委员会发布了针对 G-SIB 的关于总损失吸收能力（total loss-absorbing capacity，TLAC）的提案。该提案是对 2013 年圣彼得堡 G20 领袖峰会一项呼吁的回应，并咨询了巴塞尔银行监管委员会的意见。TLAC 由可以吸收损失并在违约情况下保护存款人的金融工具组成。所用到的工具包括股本、优先股和次级债。从 2019 年 1 月 1 日起，G-SIB 的最低 TLAC 将占风险加权资产的16%，到2022 年 1 月 1 日将增至18%。不遵守 TLAC 规定可能会妨碍银行发放股息的能力。

有些国家对资本金的要求高于《巴塞尔协议Ⅲ》和金融稳定委员会设定的最低标准或者要求提前实施新的标准。例如瑞士就对本国的两家大银行提出了更高的资本金要求，这两家银行是瑞银和瑞信，均为 G-SIB。瑞士之所以这样做的原因不难理解，这两家银行对其整体经济的影响很大，任何一家银行破产都会给国家带来严重后果。

各国的监管机构将一些没有被认作为 G-SIB 的银行归类为国内系统性重要银行（D-SIB）。这些银行可能被要求持有比最低标准更高的资本金、披露额外的信息或进行更加严格的压力测试（见第 22 章）。2016 年美国有 8 家银行被认作为 G-SIB，这 8 家银行是美国银行、纽约梅隆银行（Bank of New York Mellon）、花旗集团、高盛集团、摩根大通、摩根士丹利、道富银行（State Street Corp）和富国银行（Wells Fargo），其他资产规模大于 500 亿美元的银行被认作 D-SIB。

16.3 未定可转换债券

在金融危机后，银行发展出一种很有意思的筹措资本金的方式，即所谓的**未定可转换债券**（contingent convertible bonds，CoCo）。传统上，可转换债券发行后，在一定情形下，债券持有者可按事先约定的兑换比例将债券换成股份。一般来讲，债券持有者会选择公司表现较好、股票价值比较高的时机来进行转换。未定可转换债券和一般可转换债券有所不同，这些债券在某些条件满足时会自动转换。一般来讲，这些条件会在金融机构遭遇财务困难时满足。

未定可转换债券对银行具有吸引力，这是因为在正常情况下，这些债券以债务的形式存在，银行因而可获得较高的资本回报率。而在银行遭遇困难出现亏损时，这些债务转换成股份，因而银行可继续维持一定的股本缓冲，以避免破产。从监管当局的角度而言，未定可转换债券也具有潜在的吸引力。因为这样可避免在金融机构陷入困境时，政府被迫进行救助。实际上，未定可转换债券也被称为“自救”（bail-in）的一种方式。当金融机构出现危机时，私有领域的债券投资者会注入新的股权资本，这样就避免了公共部门的介入。

设计未定可转换债券的一个关键因素是如何制定转换的触发条件和设定转换的比率（即 1 份债券可转换的股权数量）。在已发行的这类债券中，一种较为流行的触发条件是第一类股权资本与风险加权资产的比率低于一定水平；另一种可能的触发条件是股票的市值与资产的账面价值的比率低于一定水平。

劳埃德银行（Lloyd's Banking Group）、荷兰合作银行（Rabobank Nederlands）和瑞信是第一批发行未定可转换债券的金融机构。业界事例 16-1 描述了瑞信在 2011 年发行的此类债券。这些债券在公司的第一类股权资本低于风险加权资产的 7% 时，或者瑞士监管当局认为瑞信需要政府救助时，会自动转换成股份。据估计，在2010~2020年的10年中，世界各地的银行会发行大约1万亿美元的未定可转换债券，这些债券将帮助银行应对《巴塞尔协议Ⅲ》中关于资本充足率的新的监管要求。

业界事例16-1 瑞信的未定可转换债券

2011年2月14日，瑞信公布将发行未定可转换债券，并将这些债券与两家中东投资者卡塔尔控股（Qatar Holding LLC）和奥拉扬集团（Olayan Group LLC）的现有投资进行交换。当以下两个条件中的任意一个被满足时，该未定可转换债券都将自动转换为股权：

(1) 第一类股权资本低于风险加权资产的7%；

(2) 瑞士监管当局认为瑞信需要政府救助，以避免破产。

以上消息公布后，瑞信在2011年2月17日公开发行了20亿美元的未定可转换债券。这些债券的条款和中东投资者已经持有的债券条款相似，惠誉给出的债券评级为BBB+。债券到期日为2041年，在2015年8月以后，债券可以被赎回。债券券息为7.875%。随着这次发行，事先对此类债券在市场上是否受欢迎的怀疑被一扫而光，因为市场上对债券的预订量是发行量的11倍。

瑞信已经声明，它计划用以上描述的债券来满足非股权资本金要求的1/3，其余的2/3将以另外发行的未定可转换债券来满足，其转换条件是第一类股权资本低于风险加权资产的5%（而不是7%）。

如果转换条件为第一类股权资本与风险加权资产的比例等于5.125%或更高，则转换前的CoCo债券可计入附加第一类资本；否则可作为第二类资本。

16.4 标准化方法和SA-CCR的使用

2017年12月，巴塞尔委员会宣布，从2022年开始，所有资本计算都将采用标准化方法。银行的总资本要求将是下列两种方法计算的最大值：①在使用批准的内部模型之前计算得出的；②标准化方法给出的一定百分比。到2022年，这一比例将达到50%，到2027年将升至72.5%。

2022年适用的市场风险资本的标准化方法将在第18章中说明。如第23章所述，操作风险资本将完全基于标准化方法。信用风险的标准化风险权重是对第15.8.1节中《巴塞尔协议Ⅱ》的权重的修订。

在《巴塞尔协议Ⅰ》中，CEM计算衍生产品违约风险敞口（EAD）的标准化方法已通过SA-CCR得到改进。[⊖]

$$EAD = 1.4 \times (RC + PFE)$$

其中RC为重置成本，PFE为潜在风险敞口。对于没有提交担保品的交易，RC计算为

[⊖] 见巴塞尔银行监管委员会，“The Standardized Approach for Measuring Counterparty Credit Risk Exposures,”，2014年4月。

$$RC = \max(V, 0)$$

对于受保证金协议约束的交易，调整为

$$RC = \max(V - C, D, 0)$$

其中 C 为交易对手提交的抵押物的净值（银行提交的抵押物被认为是负数）。V 为净额结算组合衍生产品的盯市价值，D 是在没有收到任何额外担保物的情况下 V 可能发生的变化（例如，因为担保品协议中规定了最低的转让金额）。它反映了担保品协议的条款。例如，如果 $V=C=50$，并且在没有收到任何额外的担保品的情况下 V 可以增加到51，则 $D=1$，$RC=1$。对于非现金担保物，要在计算 C 时削减。

PFE 是一种计算总附加敞口的相对复杂的方法。要考虑两个因素：

（1）当交易对手提交了超额抵押物时，风险就会降低，并且风险的降低程度随着抵押物数量的增加而增加。

（2）当没有抵押物时，信用风险随着 V 变得更负而减小，V 为轻微负值时的总附加敞口，应高于 V 是高度负值时的总附加敞口。

16.5 《多德－弗兰克法案》

《多德－弗兰克法案》在2010年7月正式成为法律，其目标是防止美国政府将来再次被迫对金融机构进行大规模救助，并同时保护消费者，该法案的要点如下。

（1）成立两个新的政府实体：金融稳定监管委员会（Financial Stability Oversight Council，FSOC）及金融研究办公室（Office of Financial Research，OFR）。目的是对系统性风险进行监管并对经济状况进行研究，这些机构的任务是识别威胁美国金融系统稳定的风险，推行市场纪律并维持投资者信心。

（2）联邦存款保险公司（Federal Deposit Insurance Corporation，FDIC）的有序清算（orderly liquidation）职权被扩大了，而联邦储蓄机构管理局（Office of Thrift Supervision）则被撤销。

（3）FDIC 的存款保险金额上限被永久性地增加到25万美元（原有的25万美元的受保金额上限是临时措施）。

（4）对于大型对冲基金和类似的金融中介机构引入了监管条款，这些机构必须在美国 SEC 注册，并披露其业务行为。

（5）成立联邦保险办公室（Federal Insurance Office），该办公室要与各州的监管机构协作，对保险行业进行全方位监管。

（6）对吸收贷款的金融机构的自营及类似交易进行限制。此项规定最初是由美联储前主席保罗·沃尔克提出，因此被称为“沃尔克法则”（Volcker Rule）。

（7）有些经营高风险的交易部门要分离成为资本独立的实体。

（8）标准场外衍生产品的交易必须通过电子平台互换执行设施（SEF）来执行。SEF 的功能类似于交易所，人们希望借此增加场外交易的市场透明度。金融机构之间的标准衍生产品交易必须通过中心清算机构（Central Clearing Party，CCP）进行清算（见第17章关于 CCP 的进一步讨论）。商品期货交易委员会（Commodity Futures Trading Commission，CFTC）被赋予了监督 CCP 和 SEF 活动的职责。

(9) 美联储要为从事支付、结算和清算等行为的系统性重要金融设施设定风险管理标准。

(10) 加强了对投资者的保护，完善了对证券的监管。

(11) 要求评级机构对其采用的评级方法和所用的假设增加透明度，而且其潜在的法律责任也有所增大。SEC 设立了一个信用评级办公室（Office of Credit Rating)，对评级机构进行监督。

(12) 外部信用评级不能再被用于金融机构的监管过程（此项规定直接与巴塞尔委员会的规定产生冲突。我们在本章和第 15 章中均已看到，《巴塞尔协议》中确实采用了外部评级信息)。

(13) 在美联储内成立金融保护局，其职责是保证消费者在购买诸如按揭贷款和信用卡一类的金融产品时能得到清晰、准确的信息。

(14) 发行证券化产品的机构须持有所发行的各个产品的 5%（关于此项规定，有一些例外)。

(15) 联邦银行监管机构应制定监管规则，防止金融机构采用那些可能带来过高风险的薪酬方案（例如，那些只与雇员短期表现挂钩的薪酬方案)。对于高管的薪酬，方案赋予了股东无约束力的投票权（non-binding vote)，并要求董事会薪酬委员会应由独立董事构成。

(16) 按揭贷款提供商应对借贷人的还款能力做合理的可信度鉴定（reasonable good faith determination)，这些鉴定要基于经过验证并存档的信息。不进行该鉴定可能会导致丧失（在借贷人断供时）拍卖房屋的权利。

(17) 大型金融机构的董事会中至少应包含一名具有大型复杂金融机构风险管理经验的专家。

(18) FDIC 在金融机构陷入破产时，可对其进行接管，并变卖其资产。财产损失将由其股东和债权人承担，而破产费用将由金融行业来承担。

(19) 在第 1 点中提到的对监督系统性风险负有责任的两家机构 FSOC 和 OFR，负责识别系统性重要金融机构（SIFI)。

(20) 美联储和 FDIC 要求所有系统性重要金融机构都准备一份“遗嘱”（living will)。遗嘱中要说明在危机发生时，机构将如何融资；在发生破产时，如何进行清算。

《多德 - 弗兰克法案》并没有阐述房利美和房地美将来的角色，而这两家机构在美国按揭市场上起着关键作用。2008 年 9 月，美国政府接管了这两家机构。

特朗普表示，他打算废除《多德 - 弗兰克法案》的某些部分，沃尔克法则和消费者金融保护局（Customer Financial Protection Bureau）是最有可能的目标。

16.6 其他国家的法案

大型银行是名副其实的全球性机构。当世界各地的监管环境有差异时，银行很有可能将其部分甚至全部业务从一个监管区域转移到另外一个监管区域。虽然世界不同地区均采用《巴塞尔协议Ⅲ》的监管规则，但各地的监管机构在规则的使用上还是拥有一些灵活度，各国的立法也不尽相同。2011 年，瑞银曾提出要将其投行的总部从苏黎世转移到伦敦、新加坡或纽约。

这项提议成了报纸的头版消息，瑞银之所以这么做是为了规避瑞士监管当局所提出的较高的资本金要求，当然瑞银最终没有这么做。

上一节讨论了美国立法当局引入的法律条款，其他国家对于其中一些议题也进行了立法。英国成立了一个由约翰·维克斯爵士（Sir John Vickers）任主席的独立委员会，处理银行业面临的问题，并通过了《2013 年金融服务（银行改革）法案》（Financial Services（Banking Reform）Act 2013）。欧盟则于 2011 年 11 月成立了一个由埃尔基·利卡宁（Erkki Liikanen）领导的委员会，并于 2012 年发表了一个报告。

英国、欧盟和其他一些国家的法规及建议与美国的法律要求有很多相似之处。例如《多德-弗兰克法案》要求美国的证券化产品发起人须持有所有资产的 5%（见上面第 14 点），欧盟发布的资本要求指令 2（Capital Requirement Directive 2，CRD2）也有类似的规定。[㊀]多数国家的立法机关都认为标准场外衍生产品交易应通过中央清算中心进行清算（见上面第 8 点），而不是进行双边清算。

有时，不同国家的规定相近，但不完全相同。《多德-弗兰克法案》规定标准衍生产品交易应在互换执行设施（见第 8 点）上进行。欧盟引入了类似的交易平台，被称为有组织交易设施（OTF），但是并没有教条地要求所有标准产品的交易都必须使用 OTF。

《多德-弗兰克法案》中最有争议的部分可能就是沃尔克法则了（见第 6 点）。该法则禁止银行进行自营交易，并对银行及其附属机构投资对冲基金和私募股权公司进行了限制。引入该规则的动机是合理的：银行不应该拿储户的钱去投机，因为这些资金是受 FDIC 保险保护的。但这条规则实施起来可能有难度，因为对有很大交易组合的银行来说，很难辨别一笔新加入的交易是为了对冲风险还是为了投机。[㊁]尽管如此，很多美国银行还是关闭了自营交易部门，很多原来在这些部门工作的员工离开银行，加入了对冲基金。英国的维克斯委员会也意识到保护储户资金的重要性，虽然并没有采取禁止自营交易这样的严厉手段，但要求零售银行业务到 2019 年进行所谓的“围栏”（ring-fenced）改革，实现与交易及投行等风险更高的业务的隔离。欧盟的利卡宁委员会也提出了类似的要求，将银行核心业务与自营交易及其他高风险活动分离。

大部分国家的监管机构都认为“遗嘱”（见第 20 点）对 SIFI 很重要，并因此给 SIFI 施加了很大的压力，促使它们制定遗嘱。出于税务及监管的考虑，SIFI 往往具有非常复杂的组织结构。新的监管要求可能导致 SIFI 的组织结构简化，使同一机构下的不同业务彼此分离成为资本独立的法律实体，这样一来，当一家 SIFI 面临破产需要救助时，就不必救助其所有的实体。如果 SIFI 制定的遗嘱不能令监管机构满意，监管机构有权强令其部分甚至全部剥离某些业务。监管机构不希望 2008 年雷曼兄弟破产时造成的恐慌和跨境诉讼重演。同时监管部门还认为，如果雷曼兄弟和它的 ISDA 主协议在结构上能使其衍生产品组合在公司破产后的几天内仍然存活以有序地平仓，则围绕其衍生产品组合清盘而进行的经年累月的法律官司就可以避免。

㊀ 德国将持有比率从 5% 提高到了 10%。

㊁ 对此，华尔街上流行一个笑话，说银行必须雇一些心理学家或者心理医生，来诊断交易员在交易前到底在想什么。

雇员薪酬也是一个重要问题。在危机以前，许多交易员及其他一些雇员的年度奖金是他们薪酬的主要部分。这导致了他们中很多人在进行决策时，更注重短期效益。奖金发放以后如果出现损失，雇员并不一定要退回奖金。许多银行已经认识到这个问题，并主动将奖金延期到3～5年内支付，而不是在1年内就全部支付。如果一个交易员在某一年的业绩很出色，而在接下来一年却很糟糕，那么业绩好的一年的奖金中被延迟的部分会在业绩不好的那一年被收回。《多德－弗兰克法案》关于金融企业薪酬制度的规定还算相对温和。当金融机构接受“受困资产救助项目”（Troubled Asset Relief Program，TARP）的资金援助时，雇员的薪酬会受到限制。但当资金被偿还后，银行在支付薪酬方面马上就恢复了自由。㊀

另外一些国家对薪酬进行了限制。有些限制是临时性的。例如2009年，英国曾经对超出25 000英镑的奖金施加了一次性“超级税”（supertax），但另一些限制则是永久性的。例如，2013年4月，在欧盟引入的资本要求指令4(CRD 4）中，对银行员工奖金进行了封顶。在新的指令下，银行员工奖金与固定薪金的比例最大为1（有一定灵活性，可提高到2，但需要股东批准），但英国的银行希望能够绕开这一规定。㊁

小 结

2007年开始的金融危机是世界很多地区自20世纪30年代以来经历的最严重的危机。危机中有些金融机构破产了，另外一些机构必须靠接受纳税人的资金救助才得以生存下来。巴塞尔委员会和世界不同地区的监管者试图对金融机构监管中的漏洞进行修补，这么做确实是非常有必要的。

《巴塞尔协议Ⅱ.5》对银行持有的市场风险资本金进行了上调。该协议明确了资本金除了应该反映正常情况下市场变量的变动，也应该反映市场受压情况下的波动率和相关性的变化；该协议还填补了另外一些漏洞，以避免银行通过将资产由银行账户转移到交易账户的手段来降低资本金要求；该协议还对依赖信用相关性的衍生产品提出了特殊资本金要求。众所周知，这些产品是金融危机的焦点。

《巴塞尔协议Ⅲ》较大幅度地增加了银行的股权资本金。巴塞尔委员会也意识到，危机期间银行遇到的很多困难源自流动性问题，因此协议对金融机构的流动性引入了新的监管规定。

各国政府也引入了针对金融机构的新的监管规定。在美国，《多德－弗兰克法案》有许多条款是为了保护消费者和投资者，避免将来的政府救助，同时对金融系统的监督也会变得更加谨慎。其他国家也通过了与此类似但并不完全相同的法规。

《巴塞尔协议Ⅲ》以及诸如《多德－弗兰克法案》一类的国家立法将如何实施仍有很多不确定性，这也是银行面临的重大风险之一。当这些新的措施付诸实施后，效果会如何呢？在一段时间内，我们还没有答案。监管当局面临的一个问题是那些意想不到的后果。《巴塞尔协议Ⅰ》产生的意想不到的后果是金融机构不愿为优质企业发放贷款，

㊀ 事实上，这正是TARP资金被尽快偿还的重要动机。

㊁ 随着2016年英国退出欧盟，英国银行可能不必再受到来自欧盟的这方面的“困扰”。英国金融监管当局也应该具有了更大的独立性。——译者注

因为此类贷款的风险权重为100%，而《1996年修正案》和信用衍生产品市场的发展则鼓励银行将信用风险由银行账户转移到交易账户，以此降低资本金要求。毫无疑问，《巴塞尔协议Ⅲ》及全球各国的其他相关立法也一定会产生这类意料之外的后果。我们希望新的条款给金融系统带来的益处可以弥补那些意想不到的后果所产生的副作用。

延伸阅读

Acharya, V. V., T. F. Cooley, M. P. Richardson, and I. Walter. *Regulating Wall Street: The Dodd–Frank Act and the New Architecture of Global Finance*. Hoboken, NJ: John Wiley & Sons, 2011.

Bank for International Settlements. "Basel III: Finalizing Post-Crisis Reforms," December 2017.

Basel Committee on Banking Supervision. "Basel III: A Global Regulatory Framework for More Resilient Banks and Banking Systems," June 2011.

Basel Committee on Banking Supervision. "Basel III: International Framework for Liquidity Risk Measurement Standards and Monitoring," December 2010.

Basel Committee on Banking Supervision. "Guidelines for Computing Capital for Incremental Risk in the Trading Book," July 2009.

Basel Committee on Banking Supervision. "Revisions to the Basel II Market Risk Framework," February 2011.

Finger, C. "CreditMetrics and Constant Level of Risk." MSCI, 2010.

练习题

16.1 《巴塞尔协议Ⅱ.5》的3个重要组成部分是什么？

16.2 《巴塞尔协议Ⅲ》的6个重要组成部分是什么？

16.3 采用传统方法计算的VaR和压力VaR有哪些不同？

16.4 解释增量风险计提的计算方法，巴塞尔委员会为什么要引入该条款？

16.5 在标准法下，面值为1亿美元的AAA级的资产抵押债券（ABS）与同样面值和评级的ABS CDO所需的资本金有什么不同？

16.6 与《巴塞尔协议Ⅰ》和《巴塞尔协议Ⅱ》相比，《巴塞尔协议Ⅲ》将第一类股权资本金（包括资本缓冲）增加了多少？

16.7 假定一家银行的第一类股权资本金比率为6%，银行可支付的最大股息在以下两种情况下分别为多少？(a) 在没有逆周期资本缓冲的情况下；(b) 在逆周期资本缓冲比率为2.5%的情况下。

16.8 解释杠杆比率与通常监管当局要求的资本比率有何不同。

16.9 解释流动性覆盖比率和净稳定资金比率的定义。

16.10 如果例16-1中的机构存款有一半被稳定的零售存款代替，净稳定资金比率将如何变化？

16.11 什么是CVA？在《巴塞尔协议Ⅲ》下，有关CVA的监管规则是什么？

16.12 解释未定可转换债券的运作方式，对于(a)银行和(b)监管当局而言，这些证券有什么吸引力？

作业题

16.13 试各举一例，说明《多德－弗兰克法案》的内容与以下规定存在冲突之处：(a) 巴塞尔国际监管规则；(b) 其他国家引入的监管规则。

16.14 某银行的资产负债表如下。
(a) 净稳定资金比率是多少？

(b) 如果银行为满足《巴塞尔协议Ⅲ》的要求，决定吸引更多（稳定的）零售存款，并用新增存款购买国库券，则银行需再吸引多少存款才能达到目的？

现金	3	零售存款（稳定的）	25
国库券（期限大于1年）	5	零售存款（次稳定的）	15
评级为A级的企业债券	4	机构储蓄	44
按揭	18	优先股	4
小型商业贷款	60	第二类资本	3
固定资产	10	第一类资本	9
	100		100

第17章 OTC衍生产品市场的监管

在第5章中，我们区分了场外交易市场（OTC）和交易所交易市场。交易所交易市场是在交易所开发的交易平台上买卖交易所开发的产品的市场。市场参与者的交易必须由交易所清算中心的成员进行结算。交易所清算中心要求其会员缴纳保证金（也可以是担保品），而会员则要求他们所结算的经纪人缴纳保证金。反过来，经纪人要求他们的客户缴纳保证金。

OTC市场是金融机构、基金经理和企业财务主管可以直接进行交易的市场，不受交易所的限制。在2007～2008年的信用危机之前，OTC交易市场基本上不受监管。两个市场参与者可以参与他们喜欢的任何交易。他们可以提供担保品，也可以不提供担保品；他们可以直接进行清算交易，也可以通过第三方。此外，他们没有义务向任何人透露交易的细节。

自金融危机以来，OTC交易市场受到了大量的监管。本章将解释这些规定，并说明监管压力正在导致OTC市场变得更像交易所交易市场。

17.1 OTC市场清算

首先，我们将介绍OTC交易是如何进行清算的。主要有两种方式：中央清算和双边清算。如图17-1所示（这是简化的假设，即只有8个市场参与者和1个中央对手方）。在双边清算中，市场参与者相互清算交易。在中央清算中，由中央对手方（CCP）的第三方进

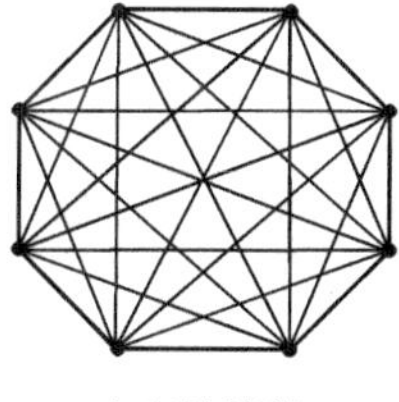

a）双边清算

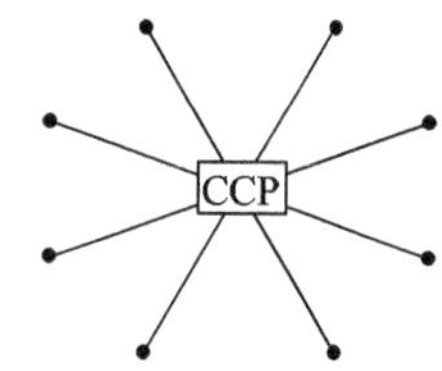

b）通过单一CCP清算

图17-1 双边清算和中心清算

行清算交易。

17.1.1 保证金

在进一步详细描述双边清算和中央清算之前，我们先回顾一下保证金账户的操作。**保证金**（margin）是指用来描述 OTC 交易市场和交易所交易市场的担保品。

变动保证金（variation margin）是反映衍生工具投资组合价值变化的抵押物。考虑到 A 与 B 进行交易的情况，担保协议规定双方必须缴纳变动保证金（起点金额或最低转让金额）。[一]这意味着，如果未平仓合约的价值在 1 天内发生变化，从而对 A 的价值增加了 X 美元（对 B 的价值下降了 X 美元），B 需要向 A 提供一个与 X 美元价值相当的抵押物。变动保证金的累积效应是，如果未偿付的衍生产品在某一特定时间对 A 的价值增加了 V 美元，对 B 的价值减少了 V 美元，那么在那之前，B 应该向 A 提交了 V 美元价值的担保品。[二]

变动保证金提供了一些防止交易对手违约的保护。在以下的理想情况中，它能提供全面保护：①交易对手在违约时未欠下任何变动保证金；②一旦交易对手违约，所有未平仓头寸都可以以市场中间价进行替代交易。实际上，违约的交易方通常会在违约的前几天停止提供担保品，而未违约方通常会因替代交易受到买卖价差的影响。[三]考虑到投资组合价值在违约前一段时间内的不利变动，当没有缴纳保证金时，市场参与者除了要提交变动保证金外，有时还要求缴纳初始保证金。请注意，在这种情况下，不利的市场变动是指投资组合对非违约方的价值增加，而不是减少。这是因为在未缴纳变动保证金的一段时间内，投资组合价值的增加导致了重置成本的增加。[四]初始保证金可以随着未平仓投资组合和相关波动率的变化而随时间变化，它反映了由于不利的市场状况和替代交易的成本所造成亏损风险。[五]

大多数变动保证金是以现金形式，但现行的协议可能会规定，证券能替代现金，这些证券可能会折价出售。这意味着证券的市场价值会被降低，以确定它们的保证金价值。例如，美国国债可能会有 10% 的折减，这意味着，如果它的市场价值是 100 美元，它将只能满足 90 美元的保证金要求。

现金保证金应赚取利息吗？这在期货市场和 OTC 交易市场存在差异。期货交易所清算所要求会员提供初始保证金和变动保证金。会员从初始保证金中获得利息，但他们不收取变动保证金的利息，因为期货合约采用每天结算制度，变动保证金不属于会员。在 OTC 交易中，由于交易不是每天结算的，所以所有的现金保证金通常都会产生利息。

[一] A 和 B 可能是两个衍生产品交易商或一个衍生产品交易商及其客户之一，A 和 B 中的一个也可以是 CCP。阈值是指在要求追加保证金之前投资组合对一方的最小价值，最低保证金是必须提交保证金所需的最小投资组合价值变动。

[二] 在这种情况下，请注意，如果 A 以 1 万美元从 B 手中购买期权，则必须向 B 支付 1 万美元，但 B 必须将这 1 万美元作为变动保证金返还给 A。

[三] 如后面所述，非违约方可向违约方索赔其在替代交易时所产生的与买卖价差有关的成本。

[四] 市场参与者担心交易价值的增加可能看起来很奇怪，但是，假设与违约交易对手的交易被与另一交易对手进行的另一笔交易对冲（通常是这种情况），那么与另一方的交易可能会造成损失，而不会对违约交易产生任何补偿性收益。

[五] 如前所述，允许非违约方将违约方所缴纳的保证金维持在合法要求的数额之内。

17.1.2　中央清算

在中央清算中，由中央对手方（CCP）负责交易清算。CCP的运作方式和场内清算所很类似。假设有两家公司A和B同意进行一笔场外衍生产品交易。它们可以将交易提交给CCP清算。如果CCP接受了清算请求，就会充当交易双方的中间人，与A和B分别进行一笔方向相反的交易。

例如，假设原来的交易是一个利率互换，面额为1亿美元，为期5年，其中A向B支付5%的固定利率，而B向A支付LIBOR利率，由此会生成两笔交易。其中，在公司A与CCP之间的交易中，A按1亿美元面额，支付5%固定利率，接收LIBOR利率；在公司B与CCP之间的交易中，B按1亿美元面额，支付LIBOR利率，并接收5%的固定利率。A和B之间不再有对彼此的信用敞口。图17-2对此进行了说明。如果交易中有一方不是CCP的会员，那么它可以通过一家会员进行清算。

3家大型的CCP是：

（1）SwapClear（伦敦LCH Clearnet的一部分）；

（2）ClearPort（芝加哥商业交易所集团的一部分）；

（3）ICE Clear Credit（洲际交易所的一部分）。

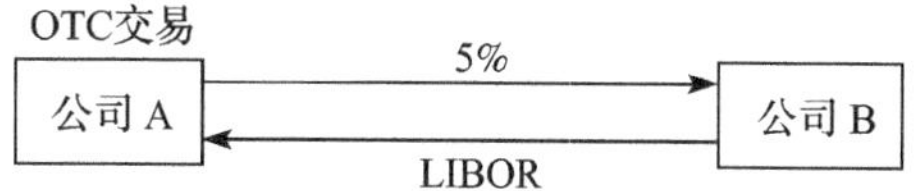

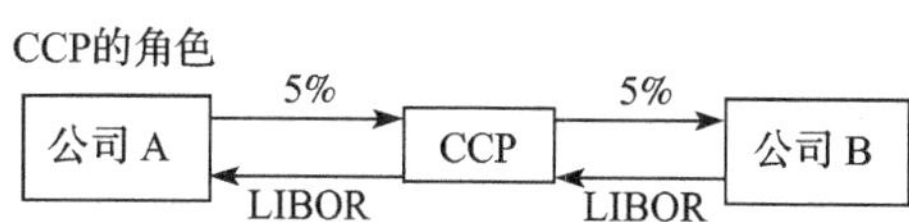

图17-2　CCP在OTC市场扮演的角色

CCP要求会员为经其清算的交易提供初始和变动保证金。一般来说，初始保证金的数额应足以覆盖5天展望期、99%置信度下的市场变动。这保护了中央对手方清算所在平仓或替换违约成员的头寸时免受损失。

考虑图17-2中的互换。如果该交易是交易双方通过CCP清算的唯一交易，那么CCP可能要求双方均提供50万美元的初始保证金。如果在交易后的第一天，利率下降导致交易对公司A的价值下降了10万美元，则公司A可能会被要求提供10万美元变动保证金，而CCP也需要对公司B支付相等的数额。CCP确定的初始保证金要求也可能发生变化。如果所要求的变动保证金不能被满足，则交易会被CCP以该价位平仓。通常现金和国债可用来作为保证金。一般来说，支付给保证金余额的利率通常会接近于美元的隔夜联邦基金利率（也接近于其他货币的隔夜利率）。

在实践中，每个市场参与者通常与CCP同时存在多笔交易。对某市场参与者来说，初始保证金要求反映了其与CCP之间所有头寸总价值的波动。CCP在OTC市场扮演着场内清算所在场内交易中相似的角色。二者之间的主要区别在于，经由CCP清算的交易通常不如场内清算所清算的交易那么标准化，因此在计算保证金要求时，前者往往更加复杂。

通过CCP清算交易的关键优势在于，在经由场内清算所清算的期货交易中，交易双方不必担心彼此的信用状况。因为由CCP充当了双方的直接对手方，而CCP要求的变动保证金和初始保证金可用来处置违约风险。

CCP会员需要缴纳清算基金（如果交易的一方或双方均不是CCP会员，它们就需要经过会员来清算。同时，他们需要向会员缴纳保证金）。如果某会员不能按时足额提供保证金，该会员就会被认为违约，其交易会被平仓。在平仓过程中，可能会产生损失。一个瀑布型的结构定义了承担损失的先后顺序：

（1）违约会员的初始保证金；

（2）违约会员缴纳的清算基金；

（3）其他会员缴纳的清算基金；

（4）CCP 的股本。㊀

正如我们在前面提到的，这跟场内清算所处理违约事件的机制非常相似。

17.1.3 双边清算

在双边清算中，每对市场参与者都要签订一份协议，协议中规定了他们之间未来所有交易的清算方式。通常由 ISDA 主协议来规范（ISDA 是国际互换和衍生产品协会的简称）。该协议的信用支持附件（CSA）规定了担保安排，如交易双方应该提供的担保品（如果有的话）、可以作为担保品的资产以及证券的折减等事项。协议的主体规定了一方违约时会发生的情况（例如，宣布破产，未能按时支付衍生产品款项，不能按要求提供担保品）。我们稍后将更详细地讨论这个问题。

17.1.4 净额结算

我们在第 15.5 节中讨论过《巴塞尔协议 I》中关于净额结算的内容。净额结算也是 ISDA 主协议以及 CCP 与其会员之间协议的重要内容。净额结算意味着在下述情况下，交易双方所有的交易会被作为一个交易来处理：①计算担保品数额时；②因为发生违约而造成提前终止事件。正如我们在第 15.5 节中解释的，净额结算减少了信用风险。因为有了此项规则，违约的一方就不能选择只对亏损的交易违约，而保留盈利的交易。

净额结算还可以节省初始保证金。假设 A 方与 CCP 有两个不完全相关的交易，投资组合的初始保证金很可能低于两笔交易的保证金。

17.1.5 如何处理违约

当发生违约或破产时，衍生产品交易的处置和其他交易的处置是不同的。例如，在 ISDA 主协议中，也有类似的提前终止条款。条款规定，如果发生“违约事件”，在一定的短时间内，㊁非违约方有权利终止与违约一方的所有交易。违约事件包括宣布破产、在到期时不能及时履行支付义务、不能按要求提供担保品等。㊂非衍生产品合约不一定总能以这种方式终止。衍生产品和非衍生产品交易的另一个重要区别是，衍生产品交易中一旦发生违约，非违约方可以立即将违约方提供的担保品留置，而无须再经过法院的指令。

㊀ 在某些情况下，如果有违约发生，未违约成员需要缴纳额外的清算基金。额外缴纳的数额会有一个上限（这种制度对场内清算所和 CCP 都适用）。

㊁ 非违约方不一定要履行这个权利。通常在交易中处于浮亏状态的一方会认为不终止是最好的选择。

㊂ 新的违约解决机制已经被提出。在保证金/担保品能继续被提供的前提下，即使一方已申请破产，交易也能够被保留一定时间而不是终止。这种机制可以使破产方的衍生产品组合以一种有序的方式出清。

如果交易双方签署有 ISDA 主协议，当违约发生后，非违约方会计算现有交易的市场中间价，然后可以对这个价格做出有利于非违约方的适当调整。调整量通常是买卖价差的一半，将调整以后的价格作为结算价格。这个价格调整可以看作是一种补偿，因为非违约方必须与另外一家交易商进行一笔同样的交易，以重置违约的交易。而在进行新交易时，会有买卖价差。假设一笔交易对非违约方的市场中间价是 2 000 万美元，市场上该交易的买入价是 1 800 万美元，卖出价是 2 200 万美元。结算时，该交易的定价应为 2 200 万美元，因为这是非违约方重置该交易的费用。如果非违约方在交易中处于另一个方向，即市场中间价为 -2 000 万美元，结算时该交易的定价应为 -1 800 万美元。在这种情况下，我们会假设第三方只愿意出价 1 800 万美元来从违约方手中接手该交易。

17.2 危机后的监管改革

许多人认为，OTC 衍生产品市场对 2008 年信用危机负有部分责任。2008 年金融危机爆发后，20 国集团（G20）领导人于 9 月在匹兹堡会晤，他们希望通过监管 OTC 市场来降低系统性风险。领导人会后发表声明达成共识：

> 所有标准化的 OTC 衍生产品合约应通过交易所或电子交易平台进行交易，在合适的情况下，应采用中央对手方的方式清算，改革最迟于 2012 年年底完成。OTC 衍生产品应向交易仓库报告。不采用中央清算的 OTC 衍生产品交易合同应适用更高的资本要求。我们要求金融稳定委员会及其相关成员评估实施情况及其是否足以提高衍生产品市场的透明度，降低系统性风险，防止市场滥用。

这引起 OTC 衍生产品的三个主要变化：

（1）要求所有标准化 OTC 衍生产品通过中央对手方进行清算。标准化衍生产品包括普通利率互换（占 OTC 衍生产品交易的绝大部分）和信用指数违约互换。这个要求的目的是降低系统性风险（见业界事例 15-1）。它导致衍生产品交易商之间的信用敞口减少，从而降低了金融机构间的内在联系导致金融体系崩溃的可能性。

（2）要求标准化的 OTC 衍生产品合约在电子平台上交易。这一举措是为了提高透明度。如果有一个电子平台来撮合买卖双方，那么所有市场参与者都应能随时获得产品交易的价格。[⊖]这些平台在美国被称为互换执行设施（SEF），在欧洲被称为有组织交易设施（OTF）。在实践上，标准化 OTC 衍生产品一旦在这些平台上进行交易，就会被自动转交给 CCP。

（3）要求 OTC 市场上的所有交易都报告给中央交易数据仓库。这一要求为监管机构提供了有关 OTC 交易市场参与者所承担风险的重要信息。这在一定程度上是对美国国际集团（AIG）惨败的回应。在 AIG 请求纾困之前，监管机构并不知道 AIG 的一家子公司所承担的巨大风险。

前两项规定仅适用于两家金融机构间的交易（或一家金融机构与一家因 OTC 衍生产品交易规模而具有系统性重要非金融公司之间的交易）。因此，衍生产品交易商可以继续以危机前

⊖ 这里的一个问题是，适用于互换的电子平台类型可能与交易所使用的电子平台类型不同。互换交易是间断性的，有大量的名义本金，而交易所中期货和期权交易的规模通常要小得多。

的方式，与许多非金融公司客户进行交易。

约25%的OTC交易在危机前通过中央交易方清算，其余75%通过双边清算。由于新规定的出现，这些比例发生了反转，现在约75%的OTC交易通过中央交易方清算，25%的交易通过双边清算。

17.2.1 未清算交易

在2011年举行的另一场G20会议之后，针对非标准OTC衍生产品的监管有所收紧。这些衍生产品不包括在上一节提到的规则中。它们适用于双边清算而不是集中清算，被称为**未清算交易**（uncleared trade）。监管（在2016～2020年实施）规定两家金融机构（或一家金融机构与一家被认为具有系统性重要非金融企业）之间的未清算交易必须遵循保证金规定。在此之前，双边清算的吸引力之一是，市场参与者可以自由协商其ISDA主协议的任何信用支持附件。

法规规定，对于未清算交易，交易双方都必须缴纳初始保证金和变动保证金。在金融危机前的OTC市场交易中（特别是在衍生产品交易商之间的交易中），变动保证金相当普遍，但很少要求缴纳初始保证金。当与信誉不高的交易对手进行交易时，衍生产品交易商可能会坚持要求对手提供初始保证金。但在双边清算市场上，需要缴纳初始保证金的情况极为鲜见。

变动保证金通常是直接由交易一方转交给另一方，但初始保证金不能这样处理。例如，如果A将100万美元的初始保证金转给B，B又将100万美元的初始保证金转给A，那么初始保证金就不能达到预期的目的，因为双方间的保证金会相互抵消。因此，法规要求初始保证金必须转给第三方，由第三方托管。

17.2.2 初始保证金的确定：SIMM

对于未清算交易的新规定，ISDA主协议的双方必须就变动保证金和初始保证金达成一致。变动保证金要求就未完成交易的估值达成协议，并已制定解决任何分歧的程序。初始保证金的计算比交易价值的计算更为复杂，不同的模型能给出截然不同的结果。因此，人们一直试图制定一个行业标准。

在双方未清算交易组合规则中有明确规定，在压力市场条件下，初始保证金有99%的概率不会超过10天的价值收益。需要注意的是，初始保证金是在险价值的一个标志。当计算在险价值时，就是在确定损失分布的极限百分位数，而当计算初始保证金时，是在确定收益分布的极限百分位数。这是因为风险敞口随着投资组合无抵押价值的增加而增加。

巴塞尔委员会提出了一种计算初始保证金的方法，它规定了不同类型交易的初始保证金占交易额的百分比。这不是一种主流的方法，因为它没有考虑净额结算。如果市场参与者在第1天和第5天的两笔交易几乎相抵，那么即使对交易对手的净风险敞口接近于0，第5天的初始保证金也几乎是第1天的2倍。ISDA提出了标准初始保证金模型（SIMM）来克服这一问题。这个模型现在已经得到了监管机构的批准。

SIMM使用第14章描述的模型构建法，[⊖]delta与vega风险使用式（14－8）的加权敏感性

⊖ See "ISDA SIMM: From Principles to Model Specification," ISDA, March 3, 2016.

和风险权重进行处理

$$\mathrm{IM}\ (\text{delta and vega}) = \sqrt{\sum_{i=1}^{n}\sum_{j=1}^{n}\delta_i\delta_j\rho_{ij}W_iW_j}$$

其中 W_i 为风险因子 i 的风险权重（由监管机构指定），δ_i 为所持头寸对风险因子 i 的敏感性（由银行决定），ρ_{ij}为风险因子 i 与 j 的相关性（由监管机构规定）。在置信度为 99%、10 天展望期的情况下，计算 W_i 的一个公式是

$$W_i = \sqrt{10} \times N^{-1}(0.99)\sigma_i \tag{17-1}$$

其中 σ_i 是在受压的市场条件下第 i 个风险因子的每日波动率（或标准差，如利率、信贷息差和波动率）。

为计算初始保证金 gamma 风险的增量效应，SIMM 首先考虑了所有 delta 为 0 且没有交叉 gamma 的情况。由式（14-11）和式（14-12）可知，1 天内投资组合价值变化的均值和标准差分别为

$$E(\Delta P) = \frac{1}{2}\sum_i \gamma_i\sigma_i^2$$

$$SD(\Delta P) = \sqrt{\frac{1}{2}\sum_{i,j}\rho_{ij}^2\gamma_i\gamma_j\sigma_i^2\sigma_j^2}$$

其中 γ_i 是对于第 i 个风险因子的 gamma 风险。

将 $\sqrt{10}\delta_i$ 代入 δ_i，可以获得 10 天内投资组合变化的平均值和标准差的估计值。定义

$$C_i = \frac{1}{2}\gamma_i(\sqrt{10}\sigma_i)^2$$

则 10 天变化中的平均值 m，标准差 s 分别为

$$m = \sum_i C_i$$

$$s^2 = 2\sum_{i,j}\rho_{ij}^2 C_i C_j$$

SIMM 模型中假设

$$\mathrm{IM}(\text{gamma}) = m + \lambda s/\sqrt{2}$$

式中参数 λ（见作业题 17.14）定义为

$$\beta = \frac{\sum_i C_i}{\sum_i |C_i|}$$

如图 17-3 所示。这种关系产生的结果具有正确的性质，并与使用蒙特卡罗模拟进行的测试密切相符。

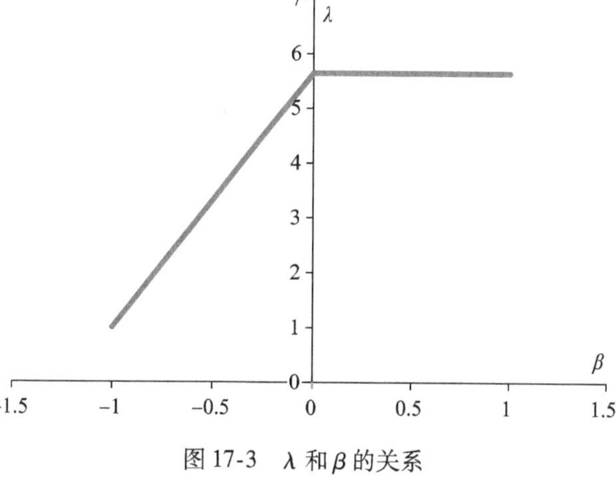

图 17-3 λ 和 β 的关系

SIMM 中还有很多其他的细节。为简化计算，gamma 由使用两种持有欧式期权的 vega 计算得来。风险因子被分成几组，一些风险因子涉及带有顶点的期限结构，按第 14 章中描述的进行处理。按照规定的规则计算组内与组间的相关性 ρ_{ij}。

17.3 OTC 交易新规定带来的影响

实行新的监管规则后，OTC 衍生产品交易所需的担保品数量上升了。在危机前，大部分 OTC 衍生产品是经过双边清算的，而初始保证金在大部分情况下是不需要的。在新的规定下，大部分交易将会通过 CCP 清算，并且双方都需要支付初始和变动保证金。更进一步，金融机构之间双边清算的交易，也需要支付与经过 CCP 清算的交易相类似的保证金。

有研究指出（Duffie and Zhu，2011），新规定下的巨大担保品要求可能会得到部分的中和。在中央清算的机制下，有可能进行更多的净额结算。在图 17-1 中，在双边清算机制下，市场参与方有很多不同的净额结算集合，每个集合对应一个不同的交易对手。在中央清算下，则只有一个净额结算集合。例如，银行 A 可以将与银行 B 的对手交易和与银行 C 的对手交易净额结算，只要与银行 B 和银行 C 的交易都经过同一个 CCP 清算。

但是图 17-1 只是一种简化情况。它假设我们只能在两种可能性中做出选择：要么是 100% 的双边清算，要么是所有交易都通过唯一的 CCP 清算。实际的情况是：①会有很多不同的 CCP，而这些 CCP 之间可能并不会相互协调以降低对初始保证金的要求；②有些交易将继续使用双边清算。因此，现实中的衍生产品清算机制将会是图 17-1 相结合的方式。

另外，在使用 CCP 清算的新规定下，净额结算在某些情形下有可能减少而不是增加。对此，图 17-4 做出了说明。图中给出了有三个市场参与者和一家 CCP 的情况。图中虚线代表的是标准化的交易，这些交易可以采用中央清算方式。实线代表的是非标准化交易，这些交易不能使用中央清算方式。例如，在银行 B 与银行 A 的交易中，非标准交易对于银行 B 而言，价值为 100，对于银行 A 而言，价值为 -100；标准交易对于银行 A 而言，价值为 50，对于银行 B 而言，价值为 -50。

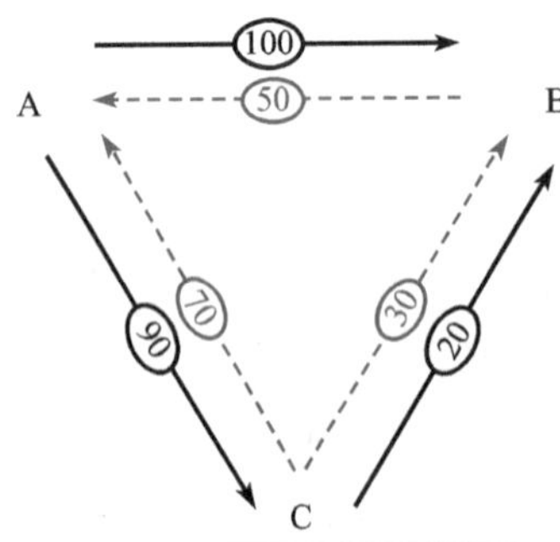

交易商	双边清算敞口
A	0
B	100
C	20
平均	40

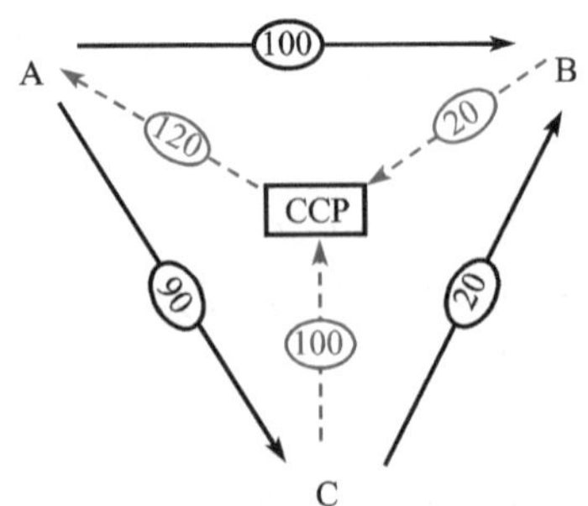

交易商	包括CCP的净额结算后敞口	不包括CCP的净额结算后敞口
A	120	0
B	120	120
C	90	90
平均	110	70

图 17-4 三个市场参与者、一家 CCP、两类交易的例子，其中一种交易可通过中央清算，而另一种不行

在没有中央清算的情况下，三方所面临的风险敞口平均值为 +40；在引入 CCP 以后，包括 CCP 在内的信用风险敞口平均值为 110，不考虑 CCP 的信用风险敞口平均值为 70。在这种简单

的情形下，中央清算有可能增加了市场参与者的保证金负担。这是因为在没有中央清算规定的情况下，标准交易和非标准交易是可以相互净额结算的，但在中央清算的制度下，这种净额结算不再被允许了。

大部分专家认为，尽管净额结算会增加，但整体上新的规定还是会大规模地增加对担保品和保证金的要求。在危机前，很少有 OTC 衍生产品交易会引入初始保证金。在危机后，大部分 OTC 衍生产品交易有初始保证金要求。另外，随着越来越多的交易通过 CCP 清算，金融机构被清算基金占用的资金量也会上升。

17.3.1 流动性

新监管规定下的担保品大多数必须是现金或政府债券。因此，对所有衍生产品市场参与者来说，流动性是一个日益重要的问题。在任何时候，不仅已经交出的担保品会造成流动性的流失，而且银行还必须在手头准备足够的高流动性资产，以应对可能的保证金催付（来自 CCP 的保证金催付必须即刻被满足）。我们在第 16 章中看到，《巴塞尔协议Ⅲ》已经意识到流动性的重要性并提出了两项银行必须遵守的新的流动性比率。传统上，资本金是决定银行内部各业务部门和不同项目盈利能力的关键衡量指标。在将来，包括资本金和流动性的二维衡量指标可能会得到广泛使用。通常在资本金和流动性之间要进行权衡，因为一个从资本金角度具有吸引力的项目往往在流动性方面不那么吸引人，反之亦然。

17.3.2 再抵押

另外一项危机后引入的变革也可能会增加流动性压力。在危机爆发前，在很多国家和地区（特别是英国），再抵押是很通行的做法（见业界事例 17-1）。所谓**再抵押**（rehypothecation），就是交易商用收到的来自某对手方的担保品去满足另一对手方的担保品要求。据估计，在危机前，衍生产品交易所需的担保品大约有 4 万亿美元，但由于再抵押的存在，只有约 1 万亿美元是新的担保品。[⊖]换句话说，每项担保品平均被使用了 4 次。在巴塞尔委员会及国际证监会组织（International Organization of Securities Commissions，IOSCO）正在制定的新规定中，再抵押的使用受到限制。这些新规定允许初始保证金在满足某些条件的情况下可再抵押一次。变动保证金可以被再抵押，但越来越多的交易商自己对再抵押施加限制，因为他们不想像雷曼兄弟的一些交易对手那样处于不利地位（见业界事例 17-1）。

业界事例 17-1　再抵押

担保品管理中再抵押的应用可能会引起麻烦。如果 A 方给 B 方提供了担保品而且担保品是允许再抵押的，那么 B 方可以用收到的担保品来满足 C 方对担保品的要求，C 方再用其满足 D 方对担保品的要求，依此类推。据估计，2007 年美国银行系统中有担保品 4 万亿美元，但这是由 1 万亿美元的原始担保品加再抵押制造出来的。在英国，再抵押更为常见，而且担保品的所有权会随之转移。

⊖ See M. Singh and J. Aitken, “The(Sizable) Role of Rehypothecation in the Shadow Banking System,” Working Paper, International Monetary Fund, 2010.

2008年8月雷曼兄弟宣布破产后，客户（特别是欧洲的对冲基金客户）发现他们交给雷曼兄弟的担保品很难收回，因为这些担保品很多都被再抵押出去了。有了这样的教训，现在市场参与者在再抵押问题上比以前更加谨慎，信用支持附件（CSA）中也加入了相应的条款来禁止或限制再抵押的使用。

17.3.3 OTC和场内交易市场的统一

上述发展已经使OTC衍生产品交易和场内交易的界限变得模糊。现在很多OTC交易已经在类似于交易所的平台上进行，并且通过与场内清算所相似的机构来清算。随着时间的推移，标准OTC交易的比例会进一步上升，这些交易的处理都会类似场内交易。另外，即使金融机构之间双边清算的交易也会越来越像场内交易。这是因为初始保证金必须交给第三方机构托管，我们预计为这些业务服务的机构也会相应地建立起来（类似场内清算所）。

从另外一个方面讲，交易所也在逐步努力向机构投资者提供非标准化的产品，以尽量从OTC市场多占份额。从结果来看，在OTC市场向场内市场方向靠拢的同时，场内市场也在相向而行，朝着OTC市场的方向推进。很多CCP和交易所的所有权已经统一，将来也会在保证金要求和业务实践等领域开展合作。一单交易是通过交易所或是CCP来清算在将来可能变得不再重要了，因为它都会经由同一个组织，以同样的方式进行处理。

17.4 CCP倒闭的风险

监管机构的一个核心目标是降低系统性风险。有些评论者批评新的监管规则将原来“大而不倒”的银行替换成了“大而不倒”的CCP。对金融体系而言，如果像伦敦清算所（LCH Clearnet）或芝加哥商业交易所清算中心（CME Clearing）这样的清算机构倒闭，确实意味着重大的灾难。正如赫尔（Hull，2012）指出的，虽然在理论上我们可以设计出CCP与会员之间的合约，使CCP的倒闭变得基本上不可能发生，[⊖]但在实践中，CCP保持适度的风险敞口是合理的，这样可以促使它们有动机对关键问题做出严谨的决策，如是否接收某个新会员、如何设置初始保证金等。

用“大而不倒”的CCP替代大而不倒的银行的合理性在于：相比银行，CCP的组织架构要简单得多，因此对CCP进行监管要比对银行进行监管容易很多。本质上，监管机构只需保证CCP在实务中做好以下几点工作：①选择会员；②交易定价；③确定初始保证金和清算基金份额。但要监管银行，就必须监控银行很多非常复杂的业务活动。因此对监管机构来说，确保CCP不把业务扩展到衍生产品交易中介这一核心职能以外，避免其成为更加复杂的组织，是非常重要的。

⊖ See J. Hull, “CCPs, Their Risks, and How They Can Be Reduced,” *Journal of Derivatives* 20, no. 1 (Fall 2012): 26-29.

小 结

在 2007 ~ 2009 年的信用危机之前，OTC 衍生产品市场大体上是没有监管的。市场参与者可以达成任何符合双方意愿的交易，然后以双方认可的方式进行交易的清算。他们也可以自由地选择担保品的处理方式，但这种情况已经不复存在了。现在，在世界范围内，OTC 衍生产品市场都受到大量的监管。OTC 衍生产品市场对金融危机有多大的责任并没有定论，但是监管法规的变化对该行业的影响是各经济门类中最大的。

金融机构间大部分标准的 OTC 衍生产品必须通过中央对手方 CCP 来进行清算，这和场内清算机制很类似。交易双方都需要提交初始保证金和变动保证金。金融机构间的非标准交易可以继续采用双边清算。但自 2015 年开始，监管规则也要求为这些交易提供担保品。特别地，金融机构间的交易需要初始保证金（与其他资产隔离）和变动保证金（当交易价值变化时，资金会由交易的一方转入另一方）。

15 ~ 20 年后，衍生产品市场将会是什么状况？目前的趋势表明，OTC 市场和场内市场正在相互融合，二者之间的区别逐渐模糊。但需要说明的是，我们并不能保证这样的趋势一定会持续下去。在金融危机前，OTC 市场对大型金融机构来说，利润非常丰厚。金融机构很可能会不断地尝试摆脱监管法规带来的影响，从而逐步找到重建新的衍生产品市场的方法，回到与金融危机前相仿的状况。监管机构的决心和银行的创造性之间将会展开一场较量。

延伸阅读

Basel Committee on Banking Supervision and IOSCO. "Margin Requirements for Non-Centrally Cleared Derivatives," September 2013.

Duffie, D., and H. Zhu. "Does a Central Counterparty Reduce Counterparty Risk?" *Review of Asset Pricing Studies* 1 (2011): 74–95.

Hull, J. "CCPs, Their Risks, and How They Can Be Reduced." *Journal of Derivatives* 20, no. 1 (Fall 2012): 26–29.

Hull, J. "The Changing Landscape for Derivatives." *Journal of Financial Engineering* 1, no. 2 (2014).

Hull, J. "OTC Derivatives and Central Clearing: Can All Transactions Be Cleared?" *Financial Stability Review* 14 (July 2010): 71–89.

Singh, M., and J. Aitken. "The (Sizable) Role of Rehypothecation in the Shadow Banking System." Working Paper, International Monetary Fund, 2010.

练习题

17.1 清算 OTC 衍生产品时，使用 ISDA 主协议和使用 CCP 之间有什么不同？

17.2 试着解释在 2007 ~ 2008 年金融危机后引入的新的监管规定，这些规定要求：(a) 某些交易必须通过 CCP 清算；(b) 对某些双边清算的交易，有额外的保证金要求。

17.3 为什么在 2007 ~ 2008 年金融危机后引入的监管规定会给某些金融机构带来流动性问题？

17.4 解释一下担保品协议中“折减”的含义。

17.5 解释一下 ISDA 主协议中“违约时间”和“提前终止”的含义。

17.6 在图 17-4 中用到了 CCP，假设 A 和 B

之间用实线表示的交易中的一半转入了 CCP，那么该变化对三方的平均敞口有何影响？考虑两种情况：(a) 计算中包括对 CCP 的敞口；(b) 计算中不包括对 CCP 的敞口。

17.7 一家公司成为 CCP 会员并通过 CCP 进行交易清算后，其面临的信用风险是什么？

17.8 “净额结算会影响交易方需要提供的担保品以及在出现提前终止事件时的结算。”试着解释这句话的含义。

17.9 什么是再抵押？

17.10 为什么对 CCP 实施监管要比对银行实施监管更简单？

17.11 在 ISDA 主协议下，如果出现了提前终止事件，非违约方求偿的数额如何计算？

作业题

17.12 “预计新规的某些方面将增加衍生产品担保品的数量，有些方面可能会减少。”解释这句话的含义。

17.13 在图 17-4 中用到了 CCP。假设 A 和 C 之间发生了一笔额外的交易，交易对 A 价值 140，交易采用双边清算。这笔交易对图 17-4 中的交易商的敞口有何影响？

17.14 考虑单个资产的 delta 中性头寸，其 gamma（相对于资产的百分比变化）为 γ ($\gamma > 0$)。假设资产的 10 天收益率服从均值为 0、标准差为 σ 的正态分布。

(a) 假设随机样本服从标准正态分布，写出在 10 天内投资组合价值变化 ΔP 作为 γ、σ 的函数的表达式。

(b) 标准正态分布的平方是具有一个自由度的卡方分布。根据这样的卡方分布和 C，将 (a) 中 ΔP 的表达式写为随机样本的函数，其中 $C=\gamma\sigma^2/2$。

(c) 具有一个自由度的卡方分布的第 99 个分位数为 6.63（参阅 Excel 中的 CHISQ. INV）。试说明 ΔP 的第 99 个分位数为 $6.63C$。

(d) 一个自由度的卡方分布的均值和方差分别为是 1 和 2。试说明该结果与图 17-3 和第 17.2.2 节中 IM (gamma) 的公式一致。

(e) 说明当 $\gamma<0$ 时，ΔP 的第 99 个分位数小于 0，因此图 17-3 中的 IM(gamma) = 0。

第18章 交易账户基本审查

CHAPTER18

2012年5月，巴塞尔银行监管委员会发布了一份咨询文件，提议对市场风险监管资本的计算方式进行重大修改。这种方法被称为“交易账户基本审查”（FRTB）。[一]巴塞尔委员会在收到市场参与者的意见，并进行了定量影响研究（QIS）后修改了提案，[二]且于2016年1月公布了最新版的文件，[三]同时要求各银行自2019年起实施新规。但是在2017年12月，实施时间又被推迟到了2022年。

FRTB确定市场风险资本金的方法比监管机构以前使用的方法复杂得多，本章将概述其主要内容。

18.1 背景

《巴塞尔协议Ⅰ》对市场风险资本的计算是基于10天展望期、99%置信水平计算出的在险价值（VaR）。VaR能够反映当前的情况，因为计算是基于最近一段时间（通常是1~4年）市场变量的变现。《巴塞尔协议Ⅱ.5》要求银行除计算现有的VaR指标外，还应计算压力VaR。正如第13.1节和第16.1节所描述的，这是基于市场变量在市场受压状况下的250天期间内的表现计算的VaR。为了确定承压期，银行需要通过回溯来查找一个银行的当前投资组合表现会非常差的250天的时间段。

FRTB提出改进用于确定市场风险资本金的计算方法，以97.5%置信水平的预期亏空（ES）取代现有的99%置信水平的VaR。与计算压力VaR的情况类似，

[一] 见国际清算银行，“Consultative Document: Fundamental Review of the Trading Book”，2012年5月。

[二] QIS由银行计算以评估拟议的监管改革对资本金要求的影响。

[三] 见国际清算银行，“Minimum Capital Requirements for Market Risk”，2016年1月。

97.5%置信水平下ES的计算是基于对市场受压时市场变量变动的观测。

在正态分布中，99%置信水平的VaR和97.5%置信水平的ES的计量结果几乎完全相等，假设损失服从均值为μ、标准差为σ的正态分布，99%的VaR为$\mu+2.326\sigma$，而97.5%的ES为$\mu+2.338\sigma$（见练习题18.2）。[⊖]对于具有比正态分布尾部更肥大的分布而言，97.5%的ES可能远大于99%的VaR。

FRTB进一步建议对《巴塞尔协议Ⅰ》与《巴塞尔协议Ⅱ.5》中使用的10天展望期进行更改，以反映交易涉及的市场变量因其流动性不同而变化的事实。FRTB要求市场变量的变化量（也被称作**扰动**（shocks））应为其在市场受压情况下某一时段内发生的改变量。这些市场变量则可称为**风险因子**（risk factors），这样的时间段被称为**流动性展望期**（liquidity horizons）。有5个不同的流动性展望期将被采用：10天、20天、40天、60天与120天。表18-1显示了这些流动性展望期内风险因子的分配情况。

表18-1 市场变量在不同流动性展望期上的分配

市场变量	流动性展望期（以天计）
利率（取决于货币）	10~60
利率波动率	60
信用价差：主权，投资级	20
信用价差：主权，非投资级	40
信用价差：企业，投资级	40
信用价差：企业，非投资级	60
信用价差：其他	120
信用价差波动率	120
股票价格：大盘股	10
股票价格：小盘股	20
股票价格：大盘股波动率	20
股票价格：小盘股波动率	60
股票：其他	60
外汇汇率（取决于货币）	10~40
外汇汇率波动率	40
能源价格	20
贵金属价格	20
其他商品价格	60
能源价格波动率	60
贵金属价格波动率	60
其他商品价格波动率	120
商品（其他）	120

FRTB规定了计算市场风险资本金时要采用标准法和内部模型法，即使银行已经获得批准使用内部模型法，监管机构仍然要求它们计算两种方法下的所需资本金。这与巴塞尔委员会要求使用标准法为计算资本金要求提供一个下限的安排相一致，正如第16.4节所述，2017年12月，巴塞尔委员会公布了一项规定，要求银行的总资本金至少达到标准法算出的资本金的72.5%，计划将以5年为一个阶段分步实施，于2027年前实现这一目标。这是巴塞尔委员会自2008年危机以来的一种变化趋势，减少对内部模型法的依赖，并使用标准法为计算资本金提供参考。

FRTB与以往市场风险监管要求的区别在于，大多数计算都是在交易部门进行的。此外，使用内部模型法的权限是按部门分配的。因此，可能在某一特定时间点，一家银行的外汇交易部门获准使用内部模型法，而股票交易部门却没得到批准。

前面几章说明了交易账户和银行账户计算资本金方式的不同，当银行为了最小化资本金而选择将产品分配到交易账户或者银行账户时，可能会导致监管套利。在《巴塞尔协议Ⅱ.5》中，增加的风险费用降低了这种做法的收益。FRTB通过更明确地定义两个账户间的差异来消除监管套利。

⊖ 根据式（12-2），一个均值为μ、标准差为σ的正态分布的ES的为$\mu+\sigma\exp(-Y^2/2)/[\sqrt{2\pi}(1-X)]$，其中$X$是置信水平，$Y$是标准正态分布上有$1-X$的概率被超过的点，故ES也可以为$\mu+\sigma^2 f(\text{VaR})/(1-X)$，其中$f$是损失的概率密度函数。

18.2　标准法

标准法规定资本金由三个部分组成：利用风险敏感分析衡量的风险费用、违约风险费用和剩余风险附加费用。

回顾第 18.1 节的内容，定义了 7 个风险类别：利率风险、外汇风险、商品风险、股权风险和三种信用价差风险。在每个风险类别中，分别计算 delta 风险费用、vega 风险费用和曲率风险费用。

每个风险类别中的 delta 风险费用根据第 14.6 节描述的风险权重和加权敏感性方法计算

$$风险费用 = \sum_i \sum_j \rho_{ij}\delta_i\delta_j W_i W_j \tag{18-1}$$

在这个公式中，将风险类别中所有的风险因子进行加总。风险权重 W_i 和风险因子相关系数 ρ_{ij}都是由巴塞尔委员会决定的。[㊀]加权敏感性 δ_i（或 delta）由银行决定的。如第 14 章所述，就股票价格、汇率或商品价格等风险因子而言，delta 度量投资组合对这些变量百分比变化的敏感性。例如，如果商品价格上涨 1%，就会使投资组合的价值增加 3 000 美元，delta 就是 3 000/0.01 = 300 000。在利率和信用价差等风险因子方面，delta 是用绝对变化来定义的。例如，如果利率上升一个基点（0.000 1）会使投资组合价值减少 200 美元，则对这一利率的 delta 为 −200/0.000 1 = −2 000 000。

思考监管机构如何设定风险权重 W_i。首先，假设所有的风险因子都来自股票价格、汇率或商品价格，delta 对百分比变化十分敏感。如果 W_i 设定为风险因子 i 的日波动率，则式（18-1）中的风险费用就等于投资组合每天价值变动的标准差。这与第 1 章和第 14 章讨论的马科维茨结果相一致。如果将 W_i 设为风险因子 i 在压力市场情况下的日波动率（受压日波动率），根据式（18-1）能计算出压力市场条件下投资组合每天价值变化的标准差。实际上，W_i 被设定为受压日波动率的倍数，以反映监管机构要求的流动性展望期和置信度水平。假设风险因子 i 的受压日波动率估计为 2%，且风险因子有 20 天的流动性展望期，风险权重可设定为 $0.02 \times \sqrt{20} \times 2.338 = 0.209$（注意，乘数 2.338 是在假定损失服从正态分布时，为得到 97.5% 置信度的 ES，标准差必须乘以的数字）。

现在假设风险因子是利率和信用价差，delta 是对于以基点衡量的实际变化的敏感性。风险因子 i 的风险权重 W_i 设为压力日标准差的倍数。如果倍数为 1，公式将给出组合在 1 天中的标准差。在实际操作中，确定乘数是为了反映流动性展望期和置信度水平。

计算 vega 风险的方法类似于 delta 风险，[㊁]使用式（18-1）计算每个风险类别的 vega 风险费用。假定风险因子（由 i 和 j 表示）为波动率，对风险类别中的所有波动率进行求和。参数 δ_i 实际上就是 vega，表示投资组合价值对波动率 i 微小变化的敏感性。[㊂]参数 ρ_{ij}是波动率 i 和波动率 j 间的相关性，而 W_i 是波动率 i 的风险权重。后者的确定类似于 delta 风险权重，反映波

㊀ 银行需要将巴塞尔委员会规定的相关系数分别乘以 1.25、1.00 和 0.75，然后设定资本费用为所获得结果的最大值。

㊁ 如第 14 章所述，这种方法很有效，因为在许多情况下，大多数衍生产品的价值近似线性地取决于波动率。

㊂ 银行可以选择是考虑波动率的百分比变化还是实际变化。

动率 i 的波动性、流动性展望期和置信度水平。

假设在不同风险类别的风险因子之间，同一风险类别内的 vega 风险和 delta 风险之间均不存在风险分散效应。到目前为止，资本金最终的计算结果是 7 个风险类别的 delta 风险费用与 7 个风险类别的 vega 风险费用之和。

18.2.1 期限结构

在风险因子为利率、波动率和信用价差的情况下，通常存在一个由若干个点定义的期限结构。例如，利率期限结构通常由 10 个点确定，分别是期限为 3 个月、6 个月、1 年、2 年、3 年、5 年、10 年、15 年、20 年和 30 年的零息利率。正如第 14 章所讨论的，期限结构的每个顶点都是一个独立的风险因子。投资组合对于期限结构中一个顶点的基点移动的 delta 风险，是通过在保持其他点不变的情况下对该顶点增加一个基点计算得来的。巴塞尔委员会规定了期限结构的每个顶点的风险权重以及同一期限结构中各顶点之间的相关性。

当确定了不同期限结构上各点之间的相关性时，可以采用一种简化方法，即假设期限结构 1 上的点 A 与期限结构 2 上的点 B 之间的相关性对于所有 A 和 B 都是相同的。这是第 14 章中考虑的备选办法之一，见式（14-6）。

18.2.2 曲率风险费用

曲率风险费用是在标准法下银行 gamma 风险敞口的资本费用。为了考察投资组合对第 i 个风险因子的风险敞口，银行需要通过改变风险权重 W_i 来检测增加风险因子和降低风险因子的影响。如果投资组合与风险因子线性相关，风险因子增加 W_i 对投资组合的影响为 $W_i\delta_i$。同样地，降低风险因子的 W_i 对投资组合的影响为 $-W_i\delta_i$。为了评估 delta 效应的净曲率的影响，标准法计算了：

（1）$W_i\delta_i$ 减去因风险因子的 W_i 增加所带来的影响；

（2）$-W_i\delta_i$ 减去因风险因子的 W_i 减少所带来的影响。

风险因子的曲率风险费用是这两者中的较大者。如果 delta 效应的净曲率的影响为负值，则定义为 0。如图 18-1 中所示的计算。在图 18-1a 中，O 点为投资组合目前的价值。如果没有曲率，风险因子的 W_i 的增加将使投资组合价值移到 C 点，而风险因子的 W_i 的降低将使投资组合价值移到 A 点。由于曲率的存在，W_i 的增加使投资组合价值增加到 D 点，而 W_i 的降低使投资组合价值增加到 B 点。又由于 $AB > CD$，所以风险费用为 AB。在图 18-1b 中，因为曲率实际上增加了在增加和减少风险因子情况下所持头寸的价值（相对于 delta 增加和减少的结果），所以风险费用为 0（图 18-1a 对应于期权中的空头头寸，图 18-1b 对应于期权中的多头头寸）。

当存在多个风险因子时，每个因子的处理方式类似于图 18-1。如果存在期限结构（例如，利率、信用价差和波动率），为了计算曲率的影响，所有的点都有相同的移动量（最大的 W_i）。在利率期限结构中，对应于 3 个月期的点的 W_i 往往是最大的，因此，期限结构会出现向上和向下的平行变化。通过使用 δ_i，可以使期限结构上的每个点都消除 delta 效应。

将不同风险因子的曲率风险费用组合起来，可以确定总曲率风险费用。当存在风险分散效应时，聚合公式大致与巴塞尔委员会规定的用于计算相关性的delta公式相似。

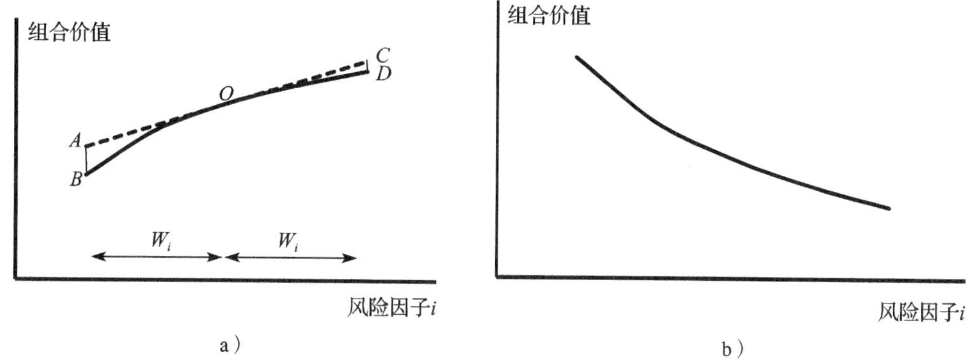

图18-1 计算风险因子的曲率风险费用

注：在图18-1a中，曲率风险费用为AB；在图18-1b中，曲率风险费用为0。

18.2.3 违约风险费用

在FRTB中，与交易对手信用价差变化相关的风险和与交易对手违约相关的风险将会被分别处理。在标准法中，信用价差风险通过前述的delta/vega/曲率方法处理。而违约风险，有时被称为**突发违约**（jump-to-default，JTD）风险，将收取单独的违约风险费用，这是通过将每个风险敞口乘以给定的违约损失（LGD）和违约风险权重计算得出的。LGD和风险权重均由巴塞尔委员会规定。例如，高级债务的LGD被指定为75%，评级为A级的对手方的违约风险为3%。对于股票头寸，需要支付LGD＝100%的违约风险费用。这些设定风险敞口的规则都由监管机构明确规定。

18.2.4 剩余风险附加

剩余风险附加主要用于处理前述的delta/vega/曲率方法无法处理的风险，其中包括不与普通期权成线性组合时的奇异期权。附加额通过将交易的名义金额乘以巴塞尔委员会指定的风险权重计算得来。奇异期权中的风险权重为1%。

18.2.5 一种简化的方法

在本节中，我们描述了巴塞尔委员会要求所有大银行使用的标准法。值得注意的是，2017年6月，巴塞尔委员会发表了一项咨询文件，概述了针对小型银行的一种简化的标准法，[⊖]在多个方面进行了简化，例如，无须考虑vega和gamma风险。这将使FRTB更适用于美国等有许多小银行的国家，因为这些银行往往只进行相对简单的交易。

18.3 内部模型法

内部模型法要求银行估计置信水平97.5%下的压力ES，但FRTB并没有为此规定一个具

⊖ 见巴塞尔银行监管委员会，“Simplified Alternative to the Standardized Approach to Market Risk Capital Requirements”，2017年6月。

体的方法。在通常情况下，很可能采用第 13 章所描述的历史模拟法。如表 18-1 所示，风险因子被赋予了不同的流动性展望期，定义：

- 类别 1：展望期为 10 天的风险因子；
- 类别 2：展望期为 20 天的风险因子；
- 类别 3：展望期为 40 天的风险因子；
- 类别 4：展望期为 60 天的风险因子；
- 类别 5：展望期为 120 天的风险因子。

所有的计算都是基于风险因子在 10 天内的变化量。《巴塞尔协议 I》和《巴塞尔协议 II.5》规定，银行可以通过考虑风险因子 1 天的变动来计算 1 天的 VaR，然后将该 VaR 放大$\sqrt{10}$倍得到 10 天展望期的 VaR。在 FRTB 中，银行还要考虑在过去一个压力时期里 10 天内发生的变化。计量经济学家自然倾向于在用历史模拟法估计 VaR 或者 ES 时使用非叠加时间段，因为他们希望观测到的损失是相互独立的。然而，由于要考虑到 10 天的变化，所以这种方法不可行，因为这需要一段很长的历史时期。FRTB 要求银行基于重叠的 10 天周期进行估算。在第一个模拟试验中，假设未来 10 天内所有风险因子的百分比变化与承压期第 0 ~ 10 天的百分比变化量相同；在第二次模拟实验中，假设未来 10 天内所有风险因子的百分比变化与承压期第 1 ~ 11 天的百分比变化量相同，依此类推。

银行需要首先计算所有风险因子均采用 10 天变化量的情形下的预期亏空（我们将此记为 ES_1）。然后，对类别 1 中的变量保持不变，对类别 2 及其以上类别的其他所有变量进行 10 天展望期的变动，再次计算预期亏空（我们将其记为 ES_2）。接下来，对类别 1 和类别 2 中的变量保持不变，对类别 3、4 和 5 中的所有变量进行 10 天展望期的变动，以此计算出的预期亏空记为 ES_3。然后，保持类别 1、2、3 中的变量不变，对类别 4 和 5 中的变量进行 10 天展望期的变动，将计算出的预期亏空记为 ES_4。最后，对类别 5 中的变量进行 10 天展望期的变动，而所有其他变量保持不变，计算出预期亏空记为 ES_5。

最终计算出的经流动性调整的 ES 为

$$\sqrt{ES_1^2 + \sum_{j=2}^{5}\left(ES_j\sqrt{\frac{LH_j - LH_{j-1}}{10}}\right)^2} \tag{18-2}$$

其中 LH_j 为类别 j 的流动性展望期。为更好地理解式（18-2），首先假设所有的风险因子都包含在类别 1 和类别 2 中，计算 ES_1 和 ES_2。假设所有风险因子在 10 天内的变动独立于类别 2 中风险因子在 10 天内的变动。根据第 13 章所述的平方根法则，经流动性调整的 ES 为

$$\sqrt{ES_1^2 + ES_2^2}$$

假设还存在类别 3 中的风险因子，如果第 3 类风险因子的流动性展望期是 20 天而不是 40 天，则表达式 $\sqrt{ES_1^2 + ES_2^2}$是正确的。假设在额外的 20 天内，类别 3 的风险因子的变动独立于已经考虑过的所有风险因子的变动。更进一步，假设第 3 类风险因子在 20 天内的 ES 等于 10 天内 ES 的$\sqrt{2}$倍。流动性调整的 ES 变为

$$\sqrt{ES_1^2 + ES_2^2 + 2ES_3^2}$$

依此类推，得到式（18-2），这是计算 ES 的**级联方法**（cascade approach，也可用于计算 VaR）。

对每一个交易部门的 ES 都要进行计算，如果有 6 个部门，就需要像上面那样通过内部模型法进行 5×6=30 次的 ES 计算。使用重叠的时间段并不是一个太理想的选择，因为相邻的历史模拟试验中用到的变化量不是相互独立的。这并不会给结果带来偏差，但降低了有效的样本数量，产生的结果与使用非重叠时间段数据的结果相比，带有更多的噪声。

FRTB 代表了一种趋势，不再以 1 天的变化量作为计算基础。巴塞尔委员会认为，尽管观察数据缺乏独立性，但基于 10 天变化量的计算得出的结果会比使用 1 天变化量的结果提供更多相关的信息。即使在相邻几天内的变化量不是相互独立的，也可以合理地假定在相邻 10 天期间的变化量之间相互独立。

银行需要寻找过去它们当前投资组合表现非常差的一个时间段（需要回溯到 2007 年）来计算受压 VaR 或受压 ES。当实施《巴塞尔协议Ⅱ.5》时，银行有时很难使用所有风险因子去寻找过去的承压期，因为一些风险因子可能没有足够的历史数据。因此，无法知道这些风险因子在过去 250 天的承压期内是如何表现的。FRTB 允许使用风险因子的子集来做承压期的计算（风险因子子集对 ES 的贡献要达到 75%），然后计算结果要按照使用所有风险因子计算出的最近 12 个月的 ES 与使用风险因子子集计算出的最近 12 个月的 ES 的比例进行放大（这可能使 ES 计算的数量增加一倍，从 30 个增至 60 个）。

除了计算投资组合整体的 ES 外，银行还需要计算每个交易部门的 ES，这样的 ES 被称为分项 ES。计算分项 ES 时，我们需要对相应交易部门中的相应风险因子进行扰动，同时保持其他所有部门的风险因子不变。分项 ES 的总和总是大于投资组合的整体 ES。我们所说的加权 ES（WES）是基于投资组合整体的 ES 和各分项 ES 的总和的加权平均。具体地说

$$WES = \lambda \times EST + (1-\lambda) \times \sum_j ESP_j$$

其中 EST 为投资组合整体的 ES，ESP_j 为第 j 个交易部门的分项 ES，参数 λ 由巴塞尔委员会设定为 0.5。

一些风险因子被归类为**不可建模的**（non-modelable）风险因子。特别地，如果在连续观测的 1 年或者超过 1 个月的时间内，对某个风险因子的观测值少于 24 个，则该风险因子是不可建模的。这些风险因子需要通过包含压力测试的特殊规则来处理。

第 t 天的总资本金要求为

$$\max(WES_{t-1} + NMC_{t-1},\ m_c \times WES_{\text{avg}} + NMC_{\text{avg}})$$

其中 WES_{t-1} 为第 $t-1$ 天的加权 ES，NMC_{t-1} 为第 $t-1$ 天的不可建模的风险因子的资本费用，WES_{avg} 为前 60 天的平均加权预期亏空，NMC_{avg} 为前 60 天的不可建模的风险因子的资本费用，参数 m_c 的最小值为 1.5。

18.3.1　回溯测试

FRTB 没有对内部模型法下用于计算的资本金要求的压力 ES 进行回溯测试，有两个原因：其一，ES 比 VaR 更难进行回测；其二，根本不可能对压力 VaR 和压力 ES 进行回测。压力测量所基于的压力数据都是极端数据，从统计学上讲，这些数据在未来被观测到的频率不会与在

压力期间内相同。

通过对每个交易部门在使用1天展望期和最近12个月历史数据计算得出的VaR都进行回溯测试，FRTB能回测银行的模型，测试中使用的置信水平为99%和97.5%。如果计算出的99%的VaR有超过12个结果，或97.5%的VaR有超过30个结果，交易部门就需要使用标准化方法计算资本金，直到这两种情况都消失。

监管机构还可能要求银行进行其他回溯测试，其中一些可能涉及计算每天损益的p值，即观测利润小于实际利润或者损失大于实际损失的概率。如果模型运行良好，得到的p值应该是均匀分布的。

18.3.2 损益归因

监管机构使用的另一种测试方法是损益归因。银行须将一天的实际损益与模型预测的损益进行比较，用以下两项衡量指标进行比较

$$\frac{U\text{的均值}}{V\text{的标准差}}$$

$$\frac{U\text{的方差}}{V\text{的方差}}$$

其中，U代表实际损益与模型预测的损益之间的差额，V表示一天的实际损益[㊀]。监管机构预计第一个指标在-10%到10%之间，而第二个指标小于20%。如果在12个月内有4个或更多的比率超出了这个范围，交易部门就必须使用标准化方法来确认资本金。

18.3.3 信用风险

正如前面所说，FRTB区分了公司的两种信用风险敞口。

（1）信用价差风险。这是公司信用价差发生变化带来的风险，会导致该产品的盯市价值发生变化。

（2）突发违约风险。这是公司直接违约的风险，通常会导致银行立即产生损失或收益。

在内部模型方法下，信用价差风险的处理方式与其他市场风险类似。表18-1显示，信用价差的流动性展望期从20天到120天不等，信用价差波动的流动性展望期为120天。违约风险的处理方式与银行账户中的违约风险相同。在内部模型方法中，资本金是通过VaR计算出的资本计提，具有1年的时间展望期和99.9%置信水平。

18.3.4 证券化产品

《巴塞尔协议Ⅱ.5》引入了综合风险度量（CRM）费用，以涵盖如资产支持证券和债务抵押债券等证券化产品的风险（见第16.1节）。CRM规则允许银行（经监管部门批准）使用内部模型法。但巴塞尔委员会认为，由于不同银行对同一投资组合计算的资本金差异太大，使用内部模型法的结果并不让人满意。因此，在FRTB下，必须对证券化产品使用标准化方法计算资本金。

㊀ “实际”损益应为如果一天内没有交易将发生的损益，有时又叫假设损益。

18.4 交易账户和银行账户的对比

交易账户的基本审查讨论了应将资产分配在交易账户还是银行账户中的问题。一般来说，交易账户包含那些银行计划用来交易的产品，银行账户包括预计将持有至到期的资产。银行账户中的产品会计入信用风险资本金，而交易账户中的产品则计入市场风险资本金。这两种资本金的计算方法完全不同，在过去曾造成了监管套利。例如，正如我们在前面的章节中提到的那样，银行通常选择在交易账户中持有与信用相关的产品，因为这样做需要的监管资本金比把这些产品放在银行账户上要少。

FRTB 试图使交易账户和银行账户之间的区别更清晰，以减少主观因素的影响。要将产品计入交易账户中，仅仅有交易的意向是不够的，银行还必须能够在交易专柜上交易和管理产品的潜在风险。每日的价值变动应影响到银行股本，并通过偿付能力风险体现出来。FRTB 为不同类型的金融工具提供了更客观的规则，以确定应该使用交易账户还是银行账户。

重要的一点是产品在最初一旦被分配到银行账户或交易账户后，有严格的规则阻止其随后在两类账户之间移动。从一类账户转移到另一类账户只能在非常特殊的情况（比如交易专柜的关闭，以及有关公允价值认定的会计准则发生变更）下才被允许。因在两类账户之间移动资产而带来的任何资本金收益将被禁止。

小结

FRTB 是对市场风险资本金计算方式的重大变化。在使用了 20 年的基于 10 天展望期和 99% 置信水平的 VaR 后，监管者将使用不同展望期和 97.5% 置信度的 ES 测度来确定市场风险资本金。时间展望期可能长达 120 天，旨在将流动性纳入资本金的计算中。在计算资本金时，要对市场变量进行扰动，扰动的幅度取决于市场受压的情况下的流动性展望期。

巴塞尔委员会规定了标准化方法和内部模型法。即使监管机构批准银行使用内部模型法，银行也必须实施标准化方法。标准化方法下监管资本金的计算基于涉及交易账户的 delta、vega 和 gamma 风险的公式。内部模型法下的监管资本金基于压力 ES 来计算。要对每个交易柜台分别进行计算。

延伸阅读

Bank for International Settlements. "Minimum Capital Requirements for Market Risk," January 2016.

练习题

18.1 总结一下以下监管规则中市场风险资本金计算的不同之处：(a)《巴塞尔协议Ⅰ》；(b)《巴塞尔协议Ⅱ.5》；(c) FRBT。

18.2 根据本章第 4 个脚注，验证当损失服从均值为 μ、标准差为 σ 的正态分布时，97.5% 的 ES 为 $\mu+2.338\sigma$。

18.3 解释为什么 FRTB 提出的使用带重叠的 10 天展望期观察到的市场数据变化不是相互独立的。

18.4 相比 VaR，ES 有何优点？

18.5 交易账户和银行账户之间有什么不同？

为什么在 FRTB 中，监管机构会认为确定一个金融产品放在交易账户还是银行账户很重要？

18.6 FRBT 中与信用相关的交易是如何处理的？

作业题

18.7 假设某投资者在2014年9月30日持有如表13-1所示的价值1 000美元的投资组合。当天的DJIA、FTSE 100、CAC 40和Nikkei 225的值指数分别为17 042.90、6 622.7、4 416.24和16 173.52，汇率分别为1.621 1USD/GBP、0.791 7EUR/USD、109.64JPY/USD。假设截至2008年9月9日的250天为该组合的历史承压时间段。结合历史模拟法和级联方法，通过重叠时段方法计算97.5%的ES。指数的相关数据见于作者的网站（请参阅“Worksheets for Value at Risk Example”）。在本题中，假设DJIA和FTSE具有10天的流动性展望期，CAC 40具有40天的流动性展望期，Nikkei 225具有20天的流动性展望期。对于承压期内的每一天，思考变量在该天后10天的变化量。

PART 4

第四部分

信用风险

CHAPTER19

第19章 估测违约概率

如第15章所述，监管部门多年来一直要求银行计提资本金来应对信用风险。在《巴塞尔协议Ⅱ》下，银行在得到监管部门批准后可以采用自有模型来估测违约概率，并计算应计提的资本金数量。《巴塞尔协议Ⅱ》的要求促使银行投入更多的人力和物力来开发更好的估计违约率的方法。

本章将讨论估测违约概率的不同方法，并解释风险中性违约概率与真实世界违约概率的差别。本章讨论的内容将在第20章中得到进一步的应用，届时我们将介绍如何对双边清算的场外衍生产品的价格进行交易对手信用风险调节，而在第21章中，我们将讨论信用在险价值的计算方法。

19.1 信用评级

如第1.7节中介绍过的，穆迪、标准普尔及惠誉等评级机构对企业债券的信用状况提供评级。[⊖]因为信用评级反映了有关信用质量的信息，所以人们可能往往认为公司的信用级别会随市场上的消息或好或坏而经常被调整。事实上，公司信用级别的变化并不是很频繁。评级公司在评定信用级别时，其中一个目标是保证级别的稳定性。例如，评级机构不想看到某家公司在被降级的几周后又得到升级。只是在有理由相信某公司的长期信用状况有所改变时，信用评级机构才会调整这家公司的信用级别。这主要是因为债券交易员往往是信用评级的主要用户，在很多情况下交易员持有的债券头寸的信用级别必须服从某些交易规则的限制（例如，只能投资于投

⊖ 理论上讲，信用级别应该对应于某给定的债券而不是某家公司，但是在大多数情况下，某公司发行的所有债券往往具备同样的信用级别，因此信用级别也就成了公司的某种特征。

资级别的债券)。如果信用级别变化太频繁的话，交易员必须进行频繁交易（并付出较大的交易费用）以满足有关信用级别的要求。

另外，信用评级机构在评级时往往要贯穿经济周期（rate through the cycle)。如果宏观经济形势变差，可能会使某家公司在今后6个月内的违约概率增大，而对这家公司在今后3~5年的违约概率影响很小。这时评级机构往往不会改变这家公司的信用评级。

穆迪KMV和Kamakura等公司会根据其股票价格和其他变量来估计公司违约的概率。这种估测值是不稳定的，而且对市场信息的反应往往比信用评级更快。我们将在第19.8节中讨论这个用于估计违约概率的模型。

19.1.1 内部评级

大部分银行都建立了针对企业及个人客户的信用状况评级过程。这么做非常有必要。因为评级机构一般只公布较大的企业的评级结果，这类企业发行公募债券。由于这个原因，评级机构往往不能覆盖中小企业。如在第15章中解释的那样，《巴塞尔协议Ⅱ》中的内部评级法（IRB）允许银行采用自己的模型来计算违约率（PD)。

采用内部评级法来估计PD时往往需要对某些财务指标进行估测，例如资产回报率（return on asset)，以及资产负债表中的一些指标，例如流动比率（current ratio）以及负债与股本的比率（权益负债率，debt-to-equity ratio）等。认识到公司持有的现金（而不是盈利）才能真正反映其偿还能力，因此银行常常将公司提供的财务信息转换成现金流报告，通过现金流报告银行可以估计贷款人偿还贷款的能力大小。

19.1.2 Altman Z 评分模型

爱德华·阿特曼（Edward Altman）最先提出以公司的财务指标比率来预测违约率。1968年他开发出著名的Z-score模型（Z-score model)。[⊖]通过采用统计学中的判别分析（discriminant analysis）方法，阿特曼试图从企业的5个财务比率入手来预测违约率：

X_1——流动资金/总资产（working capital/total asset)；

X_2——留存收益/总资产（retained earning/total asset)；

X_3——息税前利润/总资产（earning before interest and tax/total asset)；

X_4——股票市值/负债账面总额（market value of equity/book value of total liabilities)；

X_5——销售收入/总资产（sales/total assets)；

对于上市的制造业企业，Z-score模型由以下公式给出

$$Z = 1.2X_1 + 1.4X_2 + 3.3X_3 + 0.6X_4 + 0.999X_5 \tag{19-1}$$

当一家公司的Z-score大于3.0时，这家公司违约可能性不大；当一家公司的Z-score介于2.7与3.0之间时，这家公司的信用处于警戒（on alert）状态；当一家公司的Z-score介于1.8与2.7之间时，这家公司有一定的违约可能；当Z-score小于1.8时，这家公司违约的可能性很

⊖ See E. I. Altman, "Financial Ratios, Discriminant Analysis, and the Prediction of Corporate Bankruptcy," *Journal of Finance* 23, no. 4 (September 1968): 589-609.

大。式（19-1）来自对66家制造业上市公司进行的采样。在这66家公司中有33家公司在1年内违约，而另外33家得以幸免。Z-score模型对样本外预测（test out of sample）（即预测那些产生式（19-1）中系数的样本以外的公司的违约率）非常准确。模型的**第一类错误**（type Ⅰ error，即模型预测公司不会违约，而事实上却违约了）及**第二类错误**（type Ⅱ error，即模型预测公司会违约，而事实上却没有）均很小。[㊀]后来在原始模型的基础上，研究人员又开发出了用于非上市制造业企业以及非制造业企业的Z-score模型。

【例19-1】 考虑一家公司，其流动资金为170 000，总资产为670 000，息税前利润为60 000，销售额为2 200 000，股票市值为380 000，总负债为240 000，留存收益为300 000，与以上数据对应的各项比率为 $X_1=0.254$，$X_2=0.448$，$X_3=0.0896$，$X_4=1.583$，$X_5=3.284$，Z-score模型为

$$1.2\times0.254+1.4\times0.448+3.3\times0.0896+0.6\times1.583+0.999\times3.284=5.46$$

这一得分显示这家公司在近期不会有违约的危险。

自45年前阿特曼提出最初的Z-score方法以来，该方法得到了修订和扩展，现在已可用于《巴塞尔协议Ⅱ》框架下的违约概率估计。

19.2 历史违约概率

表19-1是由评级公司公布的一组典型数据，这些数据显示了公司的信用随时间推移而出现的不同变化。例如，表19-1显示某债券的初始穆迪信用级别为Baa，这家公司有0.177%的概率在1年内违约，并且有0.461%的概率在2年内违约等。债券在一个指定的年份违约的概率可由这一表格计算得出。例如，初始信用级别为Baa的公司在第2年违约的概率为0.461% - 0.177% = 0.284%。

表19-1 1970～2016年的平均累积违约率 （%）

期限（年）	1	2	3	4	5	7	10	15	20
Aaa	0.000	0.011	0.011	0.031	0.085	0.195	0.386	0.705	0.824
Aa	0.021	0.060	0.110	0.192	0.298	0.525	0.778	1.336	2.151
A	0.055	0.165	0.345	0.536	0.766	1.297	2.224	3.876	5.793
Baa	0.177	0.461	0.804	1.216	1.628	2.472	3.925	7.006	10.236
Ba	0.945	2.583	4.492	6.518	8.392	11.667	16.283	23.576	29.733
B	3.573	8.436	13.377	17.828	21.908	28.857	36.177	43.658	48.644
Caa-C	10.624	18.670	25.443	30.974	35.543	42.132	50.258	53.377	53.930

资料来源：穆迪。

表19-1显示具备投资级别的债券在某年内违约概率随着期限的增大而有所增大（例如，Aa级债券在第1～5年的违约概率分别为0.021%、0.039%、0.050%、0.082%及0.106%）。这是因为在最初发行时，债券的信用状况较好，但随着时间的推移，信用出现问题的可能性也

㊀ 很显然第一类错误所触发的贷款损失要远大于第二类错误所触发的损失。

会增大，而对于最初的信用级别较差的债券，每年的违约率常常是时间期限的一个递减函数（如 Caa 级别的债券在第 1 ~ 5 年的概率分别为 10.624%、8.046%、6.773%、5.531%、4.569%）。产生这一现象的原因是，对信用较差的债券，今后一两年是企业能否生存下去的关键期，如果企业能够度过这个阶段，则说明其财务状况很可能已得到改善。

违约密度

由表 19-1 我们可以计算出 Caa 级别的债券在第 3 年的违约概率，即 25.443% - 18.670% = 6.773%。这一违约概率被称为**无条件违约概率**（unconditional default probability）。此概率是今天，即在 0 时刻，所看到的第 3 年的违约概率。Caa 债券一直到第 2 年年底都不会破产的概率为 100% - 18.670% = 81.330%，因此我们得出在前 2 年没有违约的条件下，公司在第 3 年违约的概率为 6.773%/81.330% = 8.33%。

这里计算出的违约概率 8.33% 对应于 1 年的观察期。通过考虑在时间 t 之前没有违约的条件下，违约发生在 t 与 $t+\Delta t$ 之间的概率，我们可以求得对应于时间 t 的**违约密度**（default intensity），这一违约密度也被称为**风险率**（hazard rate）。时间 t 的违约密度 $\lambda(t)$ 的含义是指在从 0 时刻到 t 时刻违约没有发生的条件下，违约发生在 t 与 $t+\Delta t$ 之间的概率为 $\lambda(t)\Delta t$。如果 $V(t)$ 是从今天到时间 t 公司仍然生存的累积概率（就是说直到时间 t 违约仍没有发生），那么 t 与 $t+\Delta t$ 之间的无条件违约概率为 $V(t)-V(t+\Delta t)$，在时间 t 之前没有违约的前提下，违约发生在 t 与 $t+\Delta t$ 之间的条件概率为 $[V(t)-V(t+\Delta t)]/V(t)$，因此

$$\frac{V(t)-V(t+\Delta t)}{V(t)}=\lambda(t)\Delta t$$

或

$$\frac{V(t+\Delta t)-V(t)}{\Delta t}=-\lambda(t)V(t)$$

对以上公式求极限得出

$$\frac{\mathrm{d}V(t)}{\mathrm{d}t}=-\lambda(t)V(t)$$

因此

$$V(t)=\mathrm{e}^{-\int_0^t\lambda(\tau)\mathrm{d}\tau}$$

定义 $Q(t)$ 为时间 t 之前的违约概率，我们得出

$$Q(t)=1-\mathrm{e}^{-\int_0^t\lambda(\tau)\mathrm{d}\tau}$$

或者

$$Q(t)=1-\mathrm{e}^{-\bar{\lambda}(t)t}\tag{19-2}$$

其中 $\bar{\lambda}(t)$ 为介于 0 与时间 t 之间的平均风险率（违约密度）。

【例 19-2】 我们假定违约密度为常数，每年为 1.5%，截至第 1 年年末违约概率为 $1-\mathrm{e}^{-0.015\times1}=0.0149$；截至第 2 年年末违约概率为 $1-\mathrm{e}^{-0.015\times2}=0.0296$；截至第 3 年、第 4 年、第 5 年年末违约概率分别为 0.0440、0.0582、0.0723。第 4 年的无条件违约概率

为 0.058 2 − 0.044 0 = 0.014 2，在前 3 年没有违约的前提下，在第 4 年违约的条件概率为 0.014 2/(1 − 0.044 0) = 0.014 9。

19.3 回收率

当一家公司破产时，公司的债权人会对公司的资产进行追索。[一]有时公司会进行重组，而债权人会同意接受债务的部分偿付；在其他的情形下，公司资产会被清算变卖，所得资金最大限度地用于偿还债务。在债务追索过程中，有些债权具有优先权，能拿回更多的偿付。

债券回收率（recovery rate）是指在违约大约 30 天后，债券市场价值与债券面值的比率。正如我们在第 15 章中看到的那样，《巴塞尔协议Ⅱ》的公式是以违约损失率来表达的，债券回收率等于 1 减去违约损失率。

表 19-2 给出了美国不同种类型债券的历史平均回收率。这一数表显示，一级留置权资产的回收率可以达到 52.8%，更次级债券的回收率仅为 23.2%。

表 19-2 1983 ~ 2016 年企业债券和银行贷款的回收率

分类	平均回收率（%）
一级留置权资产	52.8
二级留置权资产	44.6
优先级无担保债券	37.2
优先次级债券	31.1
次级债券	31.9
更次级债券	23.2

资料来源：穆迪。

回收率对违约率的相关性

在第 6 章中，我们看到 2007 ~ 2008 年信用危机的教训之一是，抵押贷款的平均回收率与抵押贷款违约率呈负相关。随着抵押贷款违约率的上升，丧失抵押品赎回权会导致更多的房屋被出售，房价下跌，这反过来又导致了回收率下降。

回收率同违约概率有很强的负相关性。[二]在债券的违约率较少的年份，经济状况通常良好，违约债券的平均回收率可能高达 60%；在债券的违约率很高的年份，经济状况通常很差，违约债券的平均回收率可能低至 30%。这种负相关性的结果是，在违约率很高的年份，贷款人的情况会变得雪上加霜，因为此时回收率往往也会很低。

19.4 信用违约互换

信用市场上一种非常重要的衍生产品为信用违约互换（credit default swap，CDS）。如业界事例 19-1所示，这种产品的市场在 2007 年之前一直快速增长，然后下降。作为一种金融工具，形式最简单的 CDS 给信用保护的买入方提供了对某家公司违约的保险。这里所涉及的公司被称为**参考实体**（reference entity），而这家公司的违约事件被定义为**信用事件**（credit event）。在 CDS 中，保险的买入方在信用事件发生时有权利将违约公司的债券以债券面值作价卖给保险的卖出方。[三]可卖出的所有债券的面值总额被称为 CDS 的面值（notional principal）。

㊀ 在美国，债券持有者的索赔包括债券的本金以及应计利息。

㊁ See E. I. Altman, B. Brady, A. Resti, and A. Sironi, "The Link between Default and Recovery Rates: Theory, Empirical Evidence, and Implications," *Journal of Business* (November 2005): 2203-2228. 这一相关性在穆迪的投资者服务出版物中也有讨论。研究发现，1 年中的平均回收率和非投资级别债券的违约率高度相关。

㊂ 债券的面值（face value 或 par value）是指债券发行人在不违约情形下应偿还的本金数量。

业界事例 19-1 CDS 市场

在 1998 年和 1999 年，国际互换与衍生产品协会（International Swaps and Derivations Association，ISDA）制定了关于场外交易市场信用违约互换的标准条款。自从标准条款建立以后，CDS 市场增长迅猛。国际清算银行从 2004 年 12 月开始统计信用衍生产品市场的数据。在当时，未平仓的合约的面值估计有 6 万亿美元。2007 年 12 月，面额达到顶峰，有 58 万亿美元并开始回落。到 2016 年 12 月，这一数字已降至 10 万亿美元左右。银行和其他一些金融机构在 CDS 交易中既买入信用保护，也卖出信用保护。但就整体来看，银行是信用保护的净买入方，保险公司是信用保护的净卖出方。CDS（以及其他信用衍生产品）流行的一个后果是，承担贷款风险的金融机构往往不再是最初的发放贷款并进行最初信用查证的银行。

在 2007 年 8 月开始的信用危机中，监管机构对系统性风险非常担心（对系统性风险的讨论见业界事例 15-1）。毫无疑问，这种担心部分来自 AIG 保险公司遭受的损失。AIG 卖出了大量由按揭贷款所产生的 AAA 级证券的信用保护（见第 6 章）。因卖出信用保护，AIG 付出了惨重代价。如果 AIG 破产，将会波及金融系统的其他机构，造成巨大损失。美国政府不得不在 2008 年 9 月对 AIG 实施救助。

CDS 在欧洲主权债务危机中也备受诟病。一些立法机构认为，CDS 市场上的投机行为加剧了一些国家（比如希腊）的债务问题，因此对主权信用的 CDS 裸露头寸（即在没有对参照实体信用风险敞口的情况下买入 CDS）在 2013 年被禁止。

2007 ~ 2008 年，许多信用衍生产品的交易销声匿迹，但提供对单一参照实体信用保护的普通 CDS 交易仍十分活跃（不出意料，利差相比危机前有戏剧性增长），同其他衍生产品相比，CDS 的运作十分简单，而其他衍生产品（例如，由按揭产生的证券化产品 ABS 和 CDO，见第 6 章）就没有这么高的透明度。但是，正如业界事例 19-2 中指出的那样，这种结构中的缺陷正在显现，这可能是其受欢迎程度下降的原因。

当雷曼兄弟在 2008 年 9 月破产时，市场上存有大量以雷曼兄弟为参考实体的 CDS 合约。雷曼兄弟破产所对应的回收率（由拍卖过程决定）仅为 1 美元收回 8 美分，违约赔偿支付为面值的 92%。市场上曾有人预言，某些信用保护卖出方可能不能承担支付义务，因而会有更多的破产发生。但在清算日（2008 年 10 月 21 日）到来时，一切都进行得很顺利。

CDS 的买入方必须向卖出方定期付款，直到 CDS 到期或者信用事件发生。付款日期通常在每个季度末尾。

以下的实例可以帮助我们理解 CDS 的结构。假如某两家公司在 2018 年 12 月 20 日进入了一个 5 年期的 CDS。假定 CDS 的面值为 1 亿美元，CDS 的买入方费率为每年 90 个基点（支付时间为每季度的结束）。买入方因此得到了对某参考实体的信用保护。

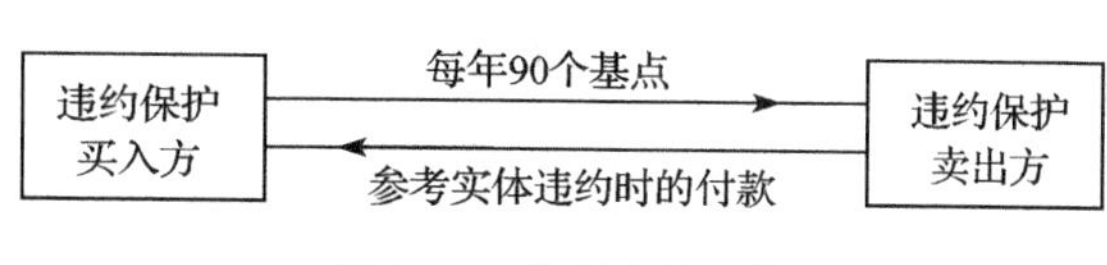

图 19-1 信用违约互换

图 19-1 展示了该 CDS 交易。如果参考实体没有违约（也就是没有信用事件发生），信用违约互换的买入方就不会得到任何回报，且需在 2019 ~ 2023 年每年的 3 月 20 日、6 月 20 日、9 月 20 日和 12 月 20 日向卖出方支付大约 225 000（$=0.25\times0.0090\times100\,000\,000$）美

元。[㊀]当有信用事件发生时，卖出方须向买入方支付一笔可观的赔偿。假定在2021年5月20日（即第3年的第5个月），CDS的买入方通知卖出方有信用事件发生，如果合约阐明交割的方式为实物交割，CDS买入方可以以1亿美元的价格向CDS的卖出方卖出面值为1亿美元的参考实体发行的债券；如果合约阐明交割的方式为现金交割（这种方式现在更为普遍），则会在违约发生后的几天内，采用一个两阶段式的拍卖过程以确定最便宜可交割债券（cheapest deliverable bond）的市场中间价。假定拍卖显示最便宜可交割债券的价格为100美元面值合35美元，这时CDS卖出方必须向买入方支付6 500万美元。

当信用事件发生后，信用保护的买入方向卖出方进行的支付会终止。但是，付款准确时间为每个时间区间的末段，因此通常买入方必须向卖出方支付最后的应计累积款（accrual payment）。在我们的例子中，当违约事件发生在2021年5月20日时，买入方必须向卖出方支付由2021年3月20日到2021年5月20日的应计款（大约为150 000美元），在这之后，买入方不需要再支付任何其他费用。

信用保护买入方每年所付出的费用与面值的百分比为**CDS利差**（CDS spread，在我们的例子中，CDS利差是90个基点）。市场上有若干家大银行是CDS的做市商。对于某家公司（参考实体）的一个5年期CDS利差的报价，有的做市商可能给出250个基点的买入价、260个基点的卖出价，这意味着该做市商准备以每年250个基点（每年支付面额的2.5%）买入该公司的信用保护，同时也准备以每年收入260个基点（每年收入面额的2.6%）来卖出该公司的信用保护。

许多公司和国家是CDS交易中的参考实体。5年期CDS合约最为常见，其他期限（例如1年、2年、3年、7年和10年）也有交易。通常合约的到期日为3月20日、6月20日、9月20日和12月20日。这种安排的结果是合约实际到期期限可能并不一定完全等于合约中指定的年限。假定你在2018年11月15日通知交易商你想买入一个5年期信用保护，合约的到期日是2023年12月20日。你的第一个付款日期为2018年12月20日，付款数量对应于2018年11月15日到2018年12月20日这一时间段。[㊁]在此之后，就是每季度付款。

CDS合约的一个关键点是关于信用事件（即违约）的定义。通常信用事件包括不能按期付款、债务重组或破产。在北美采用的合约中，重组事件有时候被排除在外，特别是在参考实体公司的债券收益率非常高的情况下。CDS市场存在一个信息不对称问题，业界事例19-2对此做了说明，这可能是市场热度下降的原因。

业界事例19-2 CDS市场是一种公平游戏吗

CDS同其他衍生产品有一个很重要的不同，那就是其他衍生产品通常与利率、汇率、股指价格、商品价格等变量有关，对于这些变量我们没有理由相信某个市场参与者会比其他市场参与者具有更好的信息。

某家公司的CDS利差与将来某个时间段内这家公司的违约率有关。因此，有些市场参

㊀ 因为天数计算惯例的影响，所以每次支付的数量并不完全等于225 000美元。

㊁ 如果当前时间距第一个付款日少于一个月，那么第一次支付通常会挪到第二个付款日进行，否则应在第一个付款日支付。

与者对参照实体的违约概率的估计可能比其他人更好。如果某家金融机构同一家公司业务来往频繁，并向这家公司提供业务咨询、贷款，且帮这家公司发行新债券，那么该金融机构对这家公司的信用的了解肯定要好于与这家公司毫无来往的其他金融机构。经济学家将这种情形命名为**信息不对称**（asymmetric information）问题。

2018 年 1 月 11 日的《金融时报》报道了对 CDS 市场的公然滥用。美国房屋建筑商 Hovnanian 从对冲基金 GSO Capital Partners 中获得了诱人的资金，并同意将不支付利息，从而技术性违约（technical default）。GSO 购买了 Hovnanian 的信用保护，并获得了可观的回报。假设这是一项法律安排，则可能导致 CDS（目前的结构）完全消失。

19.4.1 最便宜可交割债券

通常 CDS 合约中会规定，在违约发生时有哪几种债券可以用于交割。可交割债券的优先级往往相同，但在违约刚刚发生后，债券价格与本金的比率可能会不同。[一]这样一来，CDS 就为信用保护的买入方提供了一个最便宜可交割债券的选项。如前面所述，当违约发生后，一个拍卖过程会被用来确定最便宜可交割债券的价格，进而决定信用保护的买入方的收益。

附录 K 讨论了如何确定 CDS 利差以及如何对 CDS 交易进行定价。

19.4.2 信用指数

信用市场上的参与者已经开发出用于跟踪 CDS 利差的指数。早在 2004 年，市场上多个指数的产生方就达成了一个协议，促成了不同指数间一定程度上的合并。现在用于生成指数的两个重要的标准组合是：

（1）CDX NA IG 指数，该指数用于跟踪北美 125 家投资级公司的 CDS 利差；

（2）iTraxx 欧洲指数，该指数用于跟踪欧洲 125 家投资级公司的 CDS 利差。

指数中包含的参照实体在每年的 3 月 20 日和 9 月 20 日会被更新。当一家公司不再是投资级时，就会被移出组合，由其他投资级的公司取而代之。[二]

假设某做市商对 CDX NA IG 5 年指数报出的买入价为 165 个基点，卖出价为 166 个基点，这意味着投资者可以对指数内的每家公司以每年 166 个基点的价格，买入指数中 125 个参照实体的信用保护。如果对每个参照实体要求保护的面额均为 800 000 美元，则投资者的费用为 $0.0166\times800\,000\times125$，即每年 1 660 000 美元。同时投资者也可以卖出关于这 125 个实体的每个面额为 800 000 美元、为期 5 年的信用保护，投资者的收入为每年 1 650 000 美元。当某个参照实体违约时，信用保护的买入方会收到通常的 CDS 违约赔偿，每年为信用保护所付的费用减少 $1\,660\,000/125=13\,280$ 美元。对于期限是 3 年、5 年、7 年和 10 年的 CDS 指数，市场上的买入

㊀ 有几个原因会造成这种现象，违约时对于债券的追索往往包括面值和应计利息，应计利息高的债券在违约时的价格往往会比较高。同时，市场也会判断重组事件发生之后，公司的决定会对哪些债券的持有者更为有利。

㊁ 2014 年 9 月 20 日，市场定义了 iTraxx 欧洲 22 系列（Series 22 iTraxx European）以及 CDX NA IG 23 系列（Series 23 CDX NA IG），这些序列号说明，截至 2014 年 9 月，iTraxx 欧洲组合已被更新 21 次，CDX NA IG 系列已被更新 22 次。

和卖出都很活跃。这类合约的到期日通常是12月20日和6月20日(这意味着,“5年”合约的实际期限介于4.75年与5.25年之间)。大体上讲,指数的利差是构成指数的参照实体的CDS利差的平均值。[㊀]

19.4.3 固定息票的使用

为了满足交易的需要,CDS和CDS指数合约的实际运作方式比这里描述的更为复杂一些。在真正的市场上,CDS和CDS指数交易类似于债券交易。对每一种交易的标准合约,都要标明固定的息票(coupon)和回收率。用于购买信用保护的定期付款数额等于息票数额。CDS利差(类似于债券的收益率)可以从市场报价中得到。在进行交易时,要用一个特定的过程来计算交易期限内,使用CDS利差得出的付款额的贴现值与使用息票率得出的付款额的贴现值之间的差。如果利差的报价低于息票,在交易开始时,信用保护的卖出方须向买入方支付这一差价。如果利差的报价高于息票,在交易开始时,信用保护的买入方须向卖出方支付这一差价;在此之后,信用保护的买入方定期向卖出方支付的费用等于息票率乘以到目前为止指数组合中尚未违约的公司所对应的总面额。

19.5 信用价差

信用价差是投资者因为承担某种信用风险而每年索取的额外回报。从上一小节中,我们已经看到CDS利差提供了度量信用价差的一种手段。另外一种手段是采用债券收益率利差。该利差等于企业债券收益率高出无风险利率的那部分。我们接下来将说明以上两种利差应近似相等。

19.5.1 CDS利差与债券的收益率

CDS可以用来对企业债券风险进行对冲,假设某投资者买入了一个5年期的企业债券,债券收益率为每年7%,同时投资者又进入了一个5年期CDS合约,在此合约中买入针对债券发行企业的违约保护。如果CDS利差为每年200个基点(即2%),这里CDS的作用是将企业债券转换为无风险债券(至少在近似意义上)。如果债券发行人不违约,则投资者的收益率为每年5%(企业债券收益率减去CDS的利差),投资者在违约发生前的收益回报率为5%;如果债券发行人违约,投资者在违约发生前仍获得5%的收益率。违约发生后,按照CDS条款,投资者可以将手中的债券换回本金,然后在余下的期限内,将这些资金投资于无风险资产,直至5年期满。

以上讨论说明,n年期CDS利差应该大约等于n年企业债券的平价收益率与n年无风险债券收益率的差价。[㊁]如果CDS利差远小于企业债券收益率与无风险债券收益率的差价,那么投

㊀ 更为准确地讲,指数本身的利差取值比指数中所包含的公司的CDS利差的平均值要稍低一些。为了解释这一点,我们考虑两家公司,假定一家公司的CDS利差为1 000个基点,另一家公司的CDS利差为10个基点。买入这两家公司的信用保护所对应的平均利差应该稍稍低于505个基点。这是因为支付1 000个基点的利差的预期时间会短于支付10个基点的利差的时间,因此1 000个基点的利差的权重应较小。关于CDX NA 1G的另外一个复杂的情况是,指数上违约事件的定义包含重组,而构成指数的公司的CDS合约中不包含重组事件。这种情况不存在于iTraxx欧洲指数中。

㊁ n年期债券的平价收益率是指债券价格等于其面值时所对应的息票率。

资者通过买入企业债券及买入信用保护而得到的收益率（近似于无风险）会大于无风险利率；如果 CDS 利差远大于企业债券收益率与无风险债券收益率的差价，那么投资者可以卖空企业债券及卖出信用保护而得到比无风险利率更低的贷款利率。在后面的内容中，我们将会讨论，上面描述的套利并不完美，在实际中能否使用这些策略，受到流动性限制以及其他一些考虑的影响。

19.5.2 无风险利率

CDS 利差是对信用价差的一个直接估算。为了通过债券收益率来估计信用价差，我们必须对无风险利率做出假设。当交易员对债券收益率利差给出报价时，具有某个期限的无风险利率一般是对应于类似期限的国债利率。例如，债券交易员对某企业债券收益率的报价可能是国库券收益率加上 250 个基点。

若干研究人员比较了债券收益率与 CDS 利差，并以此来推算无风险利率。为了做到这一点，必须将 CDS 的期限与债券期限进行匹配，并通过上述套利策略得出无风险利率，例如，假定 5 年期债券的收益率为 4.7%，5 年期 CDS 利差为 80 个基点，5 年期隐含无风险利率为 3.9%。

如第 9.2 节所示，传统上，交易员在衍生产品定价时，往往将 LIBOR/互换曲线作为对无风险利率的近似。研究结果显示这一做法也被延续到信用市场。市场隐含无风险利率与 LIBOR/互换曲线的差别远远小于与国债利率的差别。一项测算显示，隐含无风险利率在平均意义上大致等于 LIBOR/互换利率减去 10 个基点。[㊀]这一估计似乎是合理的。在第 9.2 节中我们曾指出，利率互换交易中的信用风险可类比为信用等级为 AA 级公司的一系列短期贷款的信用风险，信用级别为 AA 级的短期产品含有 10 个基点的违约风险利差是较为合理的。

19.5.3 资产互换

资产互换（asset swap）为信用市场交易员提供了方便的参照物，这是因为资产互换价格中的利差是对企业债券收益率与 LIBOR/互换收益率之间的差价的直接估计。

为了解释资产互换的机制，我们假定对于某债券的资产互换的利差报价为 150 个基点，对应于这一报价有三种可能：

（1）债券价格等于票面价值（par value），即 100 美元。资产互换的一方（公司 A）支付债券的息票，而另一方（公司 B）支付 LIBOR + 150 个基点。[㊁]

（2）债券价格低于其票面价值，假定债券价格为 95 美元。在资产互换中，除了指定的息票以及浮动利率，在互换协议开始时，A 方首先对每 100 美元的面值支付 5 美元，然后，在资产互换中 A 方支付债券的息票，B 方支付 LIBOR + 150 个基点。

（3）债券价格高于其账面价格，假定债券价格为 108 美元。在互换开始时，B 方首先对每 100 美元的面值支付 8 美元，然后，在资产互换中 A 方支付债券的息票，B 方支付LIBOR + 150 个基点。

㊀ See J. Hull, M. Predescu, and A. White, "The Relationship between Credit Default Swap Spreads, Bond Yields, and Credit Rating Announcements," *Journal of Banking and Finance* 28(November 2004): 2789-2811.

㊁ 注意，这里交换的是息票。无论债券是否违约，A、B 双方都必须支付条款中规定的款项。

以上三种不同方式均可使资产互换的利差（我们例子中为150个基点）的贴现值等于无风险债券的价格超出类似企业债券的差价，这里的无风险利率被假定为LIBOR/互换曲线（见练习题19.16）。

19.5.4 CDS－债券基差

一家公司的**CDS－债券基差**（CDS-bond basis）等于这家公司CDS的利差与这家公司债券收益率利差的差，即

CDS－债券基差 = CDS利差－债券收益率利差

债券收益率利差是通过公司债与LIBOR/互换基准利率的差得出的，通常可认为是资产互换利差。

根据前面讨论的关于CDS利差与债券收益率的套利策略得出，以上基差应接近于0。但事实上，有若干原因导致这个基差不为0，例如：

（1）债券的交易价格可能与面额之间有很大的不同（价格高于面额的债券的基差往往为正，价格低于面额的债券的基差往往为负）。

（2）CDS的交易对手可能会违约（这会带来基差为负的倾向）。

（3）在CDS合约中，暗含一个支付最便宜债券的期权（这会带来基差为正的倾向）。

（4）CDS收益中不包括用于交割债券的应计利息（这会带来基差为负的倾向）。

（5）CDS合约中的重组条款（restructuring clause）可能会触发在无违约（破产）情况下的赔偿支付（这会带来基差为正的倾向）。

（6）市场认为LIBOR利率高于无风险利率（这会带来基差为正的倾向）。

在2007年市场危机之前，CDS－债券基差基本为正。例如，De Witt估计在2004～2005年，基差大约为16个基点。[㊀]在2007年8月开始的信用危机中，基差变为很大的负值。但正如Bai和Dufresne（2011）在研究中揭示的那样，因为缺乏流动性和其他一些考虑，金融机构很难在债券和CDS之间套利。[㊁]自金融危机以来，CDS－债券基差（有时为正，有时为负）已经大大减小了。

19.6 由信用价差来估算违约概率

我们现在讨论如何用信用价差来估计违约概率。

19.6.1 近似计算

某个5年期信用价差（CDS利差、债券收益率利差或资产互换利差）为240个基点，预期回收率为40%。这意味着违约带给企业债券持有者损失的期望值为240个基点（或每年2.4%）。粗略地说，我们可以认为信用价差大致相当于平均损失率。回收率为40%，我们得

㊀ See J. De Witt, "Exploring the CDS-Bond Basis," Working Paper no. 104, National Bank of Belgium, 2006.

㊁ See J. Bai and P. Collin-Dufresne, "The CDS-Bond Basis," Working Paper, 2013, SSRN-id2024531.

出在没有前期违约的条件下，5年内平均每年的条件违约密度为0.024/(1－0.4)＝4%，一般来讲条件违约概率满足

$$\bar{\lambda} = \frac{s(T)}{1 - R} \tag{19-3}$$

其中$s(T)$是期限为T的信用价差（以连续复利计算），R为回收率，$\bar{\lambda}$为从时间0到时间T之间的平均违约密度（风险率）。

假定已知若干不同期限的信用价差，我们可以通过利差剥离方法（bootstrap）来求得违约密度的期限结构（至少在近似意义上讲），以下我们举例说明计算过程。

【例19-3】 假定3年期、5年期、10年期的CDS利差分别为50、60和100个基点，违约回收率为60%，3年期平均违约密度近似为0.005/(1－0.6)＝0.0125；5年期平均违约密度近似为0.006/(1－0.6)＝0.015；10年期平均违约密度近似为0.01/(1－0.6)＝0.025。由此得出，3年期与5年期之间的违约平均密度为(5×0.015－3×0.0125)/2＝0.01875；5年期与10年期之间的违约平均密度为(10×0.025－5×0.015)/5＝0.035。

19.6.2 更加准确的计算

以上计算对CDS利差较为适用，当标的债券价格接近于面值时，以上计算对于债券收益率利差和资产互换利差也可以给出比较好的近似。我们接下来给出一个更加准确的计算，这一方法对债券价格不接近于面值时也适用。

假设面值为100美元的某企业5年期债券的息票率为每年6%(每半年付息一次)，收益率为每年7%(连续复利)。类似的无风险债券的收益率为5%(连续复利)。由收益率隐含得出的企业债券价格为95.34美元，无风险债券的价格为104.09美元，因此，未来5年内，由违约引发的预期损失为104.09－95.34，即8.75美元。为了简单起见，假定企业债券每年的违约率为Q，并且违约只会发生在0.5年、1.5年、2.5年、3.5年及4.5年时，即刚好发生在支付息票之前。对所有的期限，假定无风险利率均为5%(连续复利)，债券预期回收率为40%(这一分析可以扩展到违约发生更频繁的情况)。

表19-3计算了与违约率Q有关的预期损失。为了说明计算过程，我们考虑表19-3中对应3.5年的一行，在3.5年时，不考虑违约的债券价格的期望值为（在计算中利用远期无风险利率）

$$3 + 3e^{-0.05\times0.5} + 3e^{-0.05\times1.0} + 103e^{-0.05\times15} = 104.34(\text{美元})$$

表19-3 由债券每年的违约概率 Q 来计算违约损失

时间（年）	违约概率	回收的量（美元）	无风险价值（美元）	损失（美元）	贴现因子	预期损失的贴现值（美元）
0.5	Q	40	106.73	66.73	0.9753	65.08Q
1.5	Q	40	105.97	65.97	0.9277	61.20Q
2.5	Q	40	105.17	65.17	0.8825	57.52Q
3.5	Q	40	104.34	64.34	0.8395	54.01Q
4.5	Q	40	103.46	63.46	0.7985	50.67Q
总计						288.48Q

注：本金＝100美元。

由第19.3节回收率的定义得出，违约发生时债券的回收价值为40美元，因此违约触发的损失为104.34 - 40 = 64.34美元，这一损失所对应的贴现值为54.01美元，因此违约预期损失为54.01Q。

表19-3显示预期损失的总和为288.48Q，该预期损失等于前面计算出的8.75美元的预期损失，因此Q的值为8.75/288.48，即3.03%。我们在计算中假定每年的违约概率相等，而且每年只能发生一次违约。我们可以把计算扩展到违约发生频率更高的情况。同时，我们也可以假设违约密度为一个常数，或者违约概率随时间呈现一定的模式，而不是假定一个不变的无条件违约概率。使用几只不同的债券，我们可以估计关于违约概率期限结构的多个参数。例如，假定有期限分别为3年、5年、7年和10年的4只债券，并且违约概率服从一个阶跃函数(step function)。我们可以利用第1只债券来估计前3年中每年的违约概率，利用第2只债券来估计第4年和第5年的违约概率，利用第3只债券来估计第6年和第7年的违约概率，利用第4只债券来估计第8年、第9年和第10年的违约概率（见练习题19.15和练习题19.24）。这一方法和附录B中给出的用券息剥离法计算利率的期限结构的过程很类似。

19.7 违约概率的比较

现在，我们比较一下由历史数据得出的违约概率以及由信用价差推算出的违约概率。表19-4显示了：

- 不同信用等级的公司7年的平均累积违约概率，数据由穆迪发布。与表19-1中7年期违约率所在的列是一致的。
- 1996年12月~2007年6月，不同信用等级的公司的平均信用价差。这些数据取自美林发布的债券收益率数据，其中使用的假设是无风险利率比同期互换利率低10个基点(关于无风险利率的近似见第19.5.2节)。债券的平均期限在7年左右。

表19-4 累积违约概率与信用价差的比较

信用评级	累积7年违约概率（%）1970~2016年	7年信用价差（基点）1996~2007年	信用评级	累积7年违约概率（%）1970~2016年	7年信用价差（基点）1996~2007年
Aaa	0.195	35.74	Ba	11.667	280.28
Aa	0.525	43.67	B	28.857	481.04
A	1.297	68.68	Caa	42.132	1 103.70
Baa	2.472	127.53			

表中考虑的数据截至金融危机爆发之前。在金融危机中，信用价差暴涨。我们会看到由信用价差推算出的违约密度要高于由历史数据统计得出的违约密度。如果这种非常时期也被包括进来，那么这一结果会变得更加显著。

表19-5显示了7年平均风险率。[⊖]7年历史违约密度（风险率）的计算与表19-4中的累积

⊖ 这里分析类似J. Hull, M. Predescu, and A. White, "Bond Prices, Default Probabilities, and Risk Premiums," *Journal of Credit Risk* 1, no. 2(Spring 2005): 53-60。

违约率一致。假设 Q 为 7 年累积违约概率。由式（19-2）

$$Q = 1 - e^{-7\bar{\lambda}}$$

表 19-5 7 年平均违约密度

信用等级	历史违约密度（%）	信用价差推算出的违约密度（%）	比率	差别
Aaa	0.028	0.596	21.4	0.568
Aa	0.075	0.728	9.7	0.653
A	0.186	1.145	6.1	0.959
Baa	0.358	2.126	5.9	1.768
Ba	1.772	4.671	2.6	2.899
B	4.864	8.017	1.6	3.153
Caa	7.814	18.395	2.4	10.581

其中 $\bar{\lambda}$ 为平均风险率，并且

$$\bar{\lambda}(7) = -\frac{1}{7}\ln(1 - Q)$$

例如，对于信用级别为 A 的公司，7 年累积违约率为 1.217% 或 0.012 17，因此 7 年违约密度的平均值为

$$-\frac{1}{7}\ln(1 - 0.012\,97) = 0.001\,86$$

即 0.186%。表 19-5 所示的由信用价差所得出的违约密度基于式（19-3），使用的回收率为 40%。再次考虑一个评级为 A 的债券。表 19-4 中给出的平均的 7 年信用价差为 68.68 基点或 0.006 868，因此平均的 7 年违约密度为

$$0.006\,868/(1 - 0.4) = 0.011\,45$$

表 19-5 显示，在金融危机前，由信用价差推出的违约密度比通过长期历史数据得出的要高。债券的信用等级越高，由债券价格倒推出来的违约密度与由历史数据得出的违约密度之比就越大，随着信用质量的下降，这个比率也随之降低。与之相对，两种违约概率的差随着信用级别的降低而增加。[㊀]

表 19-6 是对这些结果的另一种解释。此表显示出投资者从不同信用级别的债券获得的超出无风险利率之上的投资回报（这里的无风险利率仍然等于 7 年互换利率减去 10 个基点）。我们还是考虑 A 级债券，这种债券的收益率超过 7 年国债收益率的平均利差为 111 个基点，这 111 个基点中的 42 个基点是我们选取的无风险利率近似与 7 年国债收益率的利差。补偿预期违约需要 11 个基点（这一数值等于由表 19-5 中的历史违约密度算出的 1 年违约概率乘以 1 减去回收率 0.4）。最终我们得出额外预期回报（在考虑了预期违约后）为 58 个基点。[㊁]

表 19-5 及表 19-6 显示，当两种违约概率的百分比差距较大时，债券的额外预期回报相对较小。对于 Aaa 级债券，两种违约概率的比率为 21.4，但额外预期回报只有 34 个基点。预期

㊀ 其他一些研究也已注意到了两种方法估算出的违约概率的不同，例如 J. S. Fons，"The Default Premium and Corporate Bond Experience，" *Journal of Finance* 42，no. 1（March 1987）：81-97，and E. I. Altman，"Measuring Corporate Bond Mortality and Performance，" *Journal of Finance* 44，no. 4（September 1989）：909-922。

㊁ 为了简便起见，我们在计算过程中没有考虑复利频率对利差、回报和违约密度的影响。

额外回报随着信用级别的降低而有所增加。

表 19-6 债券的额外预期回报

信用等级	债券收益率超出国债收益率的利差（基点）	无风险利率超出国债收益率的利差（基点）	历史违约的利差（基点）	预期额外利差（基点）
Aaa	78	42	2	34
Aa	86	42	5	39
A	111	42	11	58
Baa	169	42	21	106
Ba	322	42	106	174
B	523	42	292	189
Caa	1 146	42	469	635

表 19-6 中的额外回报并不总为常数。信用价差（及由此导致的额外回报）在 2001 年、2002 年及 2003 年的前半年很高，之后一段时间很低，一直到 2007 年年中信用危机开始后，额外回报和信用价差急剧增加。

19.7.1 真实世界与风险中性概率比较

在第 7.2 节中，我们解释了风险中性定价方法。通过这一方法，我们可以假设所有投资者在风险中性的前提下，对现金流进行定价（也就是说，投资者并不因承担风险而索取超额收益）。采用风险中性定价，我们可以求得产品价格，计算出的价格无论是在真实世界或风险中性世界中均适用。

第 7.2 节已经解释了风险中性违约概率的理论基础。这些违约概率（有时也被称作隐含违约概率）就是由信用价差推导出的违约概率。与此相对，由历史数据得到的违约概率为真实世界违约率（有时也被称作物理违约率）。表 19-6 中的额外预期回报直接来自真实世界及风险中性世界违约概率的差异，当没有额外预期回报时，真实世界违约率会等同于风险中性违约率，这一结论反过来也成立。

为什么真实世界中的违约概率与风险中性世界中的违约概率会相差甚远呢？就像我们刚刚讨论的那样，这一问题等同于，为什么企业债券交易员的平均收益要高于无风险利率？

一个原因是企业债券的流动性较差，债券交易员会因此而索求更高的回报，但这只占整体额外回报的一小部分。在正常市场情况下，这一说法大概可以解释表 19-6 所示的额外回报中的 25 个基点。另外一个可能的原因是债券交易员的主观违约率假设可能比表 19-1 中给出的违约率要高得多。交易员所假想的萧条情景可能比他们所用的数据中出现的真实情形更差。但是，以上说法很难解释额外回报中的大部分。[⊖]

目前为止，造成表 19-5 及表 19-6 中结果的最主要原因是债券违约并不是相互独立的（也就是说，金融市场上的违约是有相关性的）。每年违约率的显著变化就是证据。穆迪在 1970 ~ 2016 年的统计结果显示（见表 11-6），在对所有被评级的公司中，1979 年的违约率最低，仅为 0.088%，而 2009 年的违约率最高达 4.996%。这种债券违约率的年度变化会引发系统性风险

⊖ 除了基于 1970 ~ 2016 年时间段的表 19-1 以外，穆迪也产生了一个基于 1920 ~ 2016 年时间段的数据表。采用这一较长时间段的数据，我们发现对应于表 19-5 中的投资级债券的历史违约密度有所增加，但是，非投资等级债券的违约密度有所下降。

（即不能通过风险分散而消除的风险）。债券交易员因承担风险自然会索取回报。从这个角度，债券交易员和股票交易员并没有什么不同，后者因承担系统性风险而每年获得5%或6%的额外回报。从表19-6中我们可以看到，交易高质量债券的交易员获得的额外回报远小于这个数字。但是，随着债券信用质量的下降，额外回报会增加，接近股票的回报。

是什么导致了违约的相关性进而引发系统性风险？一个解释是宏观经济。好的宏观经济形势会减少所有公司的违约概率，坏的宏观经济形势会增加所有公司违约的可能（在第11章中讨论的Vasicek模型中，可以认为因子F代表了经济的健康情况）。另一种解释被称作“传染”（contagion）效应。业界事例19-3讨论了这一现象。

业界事例19-3　传染效应

信用危机传染效应是世界经济中一个领域的问题引发其他不相关领域的问题的过程。1998年，俄罗斯国债违约引发了安全投资转移现象，所有债券的信用价差都增大了。在2007年开始的信用危机中，存在类似的安全投资转移现象，信用价差再次加大。随之而来的衰退造成了2009年违约公司的数量创下纪录。2011年，希腊的债务问题使得投资者不愿购买其他国家（如西班牙、爱尔兰、葡萄牙和意大利等）的国债，结果这些国家发行的国债的信用价差大幅增加。

造成信用危机传染效应的原因在研究人员中存在争议。系统性风险（见业界事例15-1）可能是传染的原因之一。也可能是投资者在一个行业遭受损失后，对风险变得更加厌恶。还可能是一个行业出现问题后，导致投资者对其他不相关的行业也变得悲观。不论原因是什么，不同行业的实体都会发现为自己的业务活动融资变得更加困难，并因此增加了违约的可能性。

除了我们刚刚讨论的系统性风险，每一个债券还会伴有非系统性（或特殊（idiosyncratic））风险。当我们讨论股票时，我们认为投资者可以选取一个股票组合，例如，由30个股票构成的股票组合来对非系统性风险进行分散，因此投资者对承担非系统性风险不应要求额外风险利差（risk premium）。对于债券，我们就没有这么清晰的结论。债券收益具有非常大的偏态性（highly skewed），而且上涨的幅度有限（例如，对于单一债券可能在1年内有99.75%的概率收益率为7%，而有0.25%的概率收益率为-60%。第一个情形对应于有没有违约发生，第二个情形对应于有违约发生）。这类风险难以分散，[⊖]我们必须持有成千上万的债券才能将风险分散。在实际中，许多债券组合与完全风险分散相去甚远。因此，和前面一段提到的因承担系统性风险而要求额外回报一样，债券交易员对于自身所承担的非系统性风险也应要求额外回报。

19.7.2 究竟应该采用哪种估计

到这一步我们自然会问，在信用风险分析中应该采用真实世界的违约率还是风险中性世界的违约率？这个问题在第7章中有更常规的讨论。对这一问题的回答取决于分析目的，当对衍生产品定价或者分析违约对产品价格的影响时，应该采用风险中性违约概率，这是因为在分析

⊖ See J. D. Amato and E. M. Remolona, “The Credit Spread Puzzle,” *BIS Quarterly Review*(December 2003): 51-63.

中会涉及计算将来预期的现金流的贴现值，在计算中会不可避免（有意或无意）地采用风险中性定价理论。当采用情景分析法来估测因违约而触发的损失时，应该采用真实世界的违约率。例如，在计算监管资本金时采用的违约概率即为真实世界的违约概率。

19.8 利用股价来估计违约概率

当采用类似表19-1中的数据来估计公司真实世界的违约率时，必须依赖公司的信用评级，不幸的是公司信用评级的更新较慢，因此有些人认为股票价格为估测违约概率提供了更为及时的信息。

1974年，默顿（Merton）提出了一个模型，在模型中公司的股票被当作公司资产的期权。[⊖]为了便于讨论，假设公司仅发行一个零息债券，债券到期时间为T，定义

V_0——公司资产的当前价值；

V_T——公司资产在时间T的价值；

E_0——公司股票的当前价值；

E_T——公司股票在时间T的价值；

D——在时间T公司发行债券的本息的总和；

σ_V——资产波动率（假设为常数）；

σ_E——股票的瞬时波动率。

当$V_T<D$时，公司会对自己发行的债券违约（至少在理论上如此），此时公司的股价为0；当$V_T>D$时，公司会支付自己在时间T的负债，在时间T，股票价值为V_T-D。在默顿模型中，公司在时间T的股价为

$$E_T = \max(V_T - D, 0)$$

以上公式显示出公司的股票可以看作是对公司资产的看涨期权，期权的执行价格为债券应偿还的本息总量。布莱克－斯科尔斯公式（见本书附录E）给出了这一期权的当前价格

$$E_0 = V_0N(d_1) - De^{-rT}N(d_2) \tag{19-4}$$

其中

$$d_1 = \frac{\ln(V_0/D) + (r + \sigma_V^2/2)T}{\sigma_V\sqrt{T}}, \quad d_2 = d_1 - \sigma_V\sqrt{T}$$

其中$N(\cdot)$代表累积正态分布函数。

在默顿模型中，如果期权不被行使，则意味着公司违约。公司在时间T的违约风险中性概率为$N(-d_2)$。为计算这一数量，我们需要V_0及σ_V，这两个变量都不能在市场上直接观察。如果公司是一家上市公司，我们可以观察到E_0，这意味着式（19-4）是V_0及σ_V必须遵守的一个等式，我们此时也可以估计σ_E，由随机微积分中的伊藤引理（Ito's Lemma），我们得出

$$\sigma_E E_0 = \frac{\partial E}{\partial V}\sigma_V V_0$$

这里$\partial E/\partial V$为股票的delta。由附录E得出，delta $=N(d_1)$，因此

⊖ See R. Merton, "On the Pricing of Corporate Debt: The Risk Structure of Interest Rates," *Journal of Finance* 29 (1974): 449-470.

$$\sigma_E E_0 = N(d_1)\sigma_V V_0 \tag{19-5}$$

上式是 V_0 及 σ_V 必须遵守的另一个等式。式（19-4）及式（19-5）给出了一组关于 V_0 及 σ_V 的方程组，由这两个方程我们可以求得 V_0 及 σ_V 的解。[㊀]

【例19-4】 假如一家公司的股价市值为300万美元，股价变化的波动率为80%。公司在1年后必须偿还的债务为1 000万美元，无风险利率为每年5%。对应这一情形：$E_0=3$，$\sigma_E=0.80$，$r=0.05$，$T=1$ 及 $D=10$。对式（19-4）及式（19-5）求解，我们得出（以百万计）$V_0=12.40$ 及 $\sigma_V=0.212\,3$，变量 $d_2=1.140\,8$，公司违约概率为 $N(-d_2)=0.127$，即12.7%。债券的当前市价为 V_0-E_0，即9.40。债券预期付款的贴现值为 $10e^{-0.05\times1}=9.51$。债券的预期损失为 $(9.51-9.40)/9.51$，为债券不违约时价值的1.2%。

19.8.1 基本模型的扩展

我们接下来将说明基本默顿模型在哪几个方面可以得到扩展。例如，一种扩展形式是假定每当资产价格低于一定的障碍值时，就会触发违约；另外一种扩展方式是假定债券可以分期偿还。许多研究人员发现公司发行股票的隐含波动率是反映公司违约率的一个很好的指标（隐含波动率越大，违约概率也越高）。赫尔等（2004）的研究证明了这一结果与默顿模型的一致性。[㊁]这项研究给出了采用两个股票隐含波动率来实现默顿模型的方法，结果显示这种扩展的模型与最初的实现方式结果非常接近。

19.8.2 模型的表现

由默顿模型及其扩展形式所产生的违约概率与实际违约概率有多么接近呢？这一问题的答案是：在风险中性及真实世界中，默顿模型及其扩展形式均对违约概率提供了较好的排序。这意味着通过建立某种单调性关系，我们可以将由默顿模型产生的违约概率映射为真实世界或风险中性世界的违约率。穆迪KMV和Kamakura公司提供一项服务，将默顿模型的违约概率转换为真实世界的违约概率。CreditGrades采用默顿模型来估计信用价差，这一信用价差与风险中性违约概率密切相关。在理论上，违约概率 $N(-d_2)$ 为风险中性违约概率。这使得穆迪KMV和Kamakura用它来估计真实世界的违约率的做法有些牵强。根据以上描述的校正过程，我们在分析计算中所采用的一个根本假设是：风险中性世界的违约概率、真实世界的违约概率以及由默顿模型估算的违约概率在排序上是一致的。

19.8.3 真实世界与风险中性世界的违约概率的比较

默顿模型有助于我们理解为什么风险中性世界中的违约概率会高于真实世界。在风险中性世界中，公司资产的预期增长率是无风险利率。在真实世界中，公司资产的预期增长率通常高

㊀ 为了对两个非线性方程 $F(x, y)=0$ 及 $G(x, y)=0$ 求解，我们可以采用Excel中的Solver程序，通过求取 $[F(x, y)]^2+[G(x, y)]^2$ 的极小值来达到目的。

㊁ See J. Hull, I. Nelken, and A. White, "Merton's Model, Credit Risk, and Volatility Skews," *Journal of Credit Risk* 1, no. 1(2004): 1-27.

于无风险利率（反映出市场所要求的风险溢价）。因此，在风险中性世界中，未来资产价值跌到债务价值以下的概率也会比在真实世界中更高。

19.8.4 违约距离

违约距离（distance to default）用来描述默顿模型的输出结果。这是指要在将来 T 时刻引发违约所需的、以标准差计算的资产价格的变化量。违约距离的公式为

$$\frac{\ln V_0 - \ln D + (r - \sigma_V^2/2)T}{\sigma_V \sqrt{T}}$$

当违约距离降低时，公司违约的可能性会加大。在例 19-4 中，1 年的违约距离为标准差的 1.14 倍。

小 结

对风险管理人员而言，估计违约概率及回收率是一个很重要的业务事项。如果一家公司公开发行债券，那么信用评级是一个重要信息来源。对于被评级的公司，穆迪等评级机构都提供了大量有关其违约率的统计数据。回收率是指违约发生不久以后，债券的市场价格与其面值的比率。对于不同种类的债券，评级机构也提供关于回收率的统计数据。

我们也可以通过多种方法来估计违约概率，信用违约互换（CDS）就是其中一个信息来源。在一个 CDS 合约中，一家公司从另外一家公司买入参考实体（即第三方公司或国家）对其义务违约的保险。CDS 利差是为买入信用保护每年需要支付的费用与受保面额的比率。信用价差的另外两个来源分别是公司发行的债券的收益率高出无风险利率的超额收益率以及资产互换利差。基于一定的回收率假设，风险中性世界的违约概率可以通过信用价差计算出来。

基于历史数据的违约概率，例如由评级公司所产生的违约概率，被称为真实世界或物理世界的违约概率。由 CDS、债券和资产互换得出的违约概率被称为风险中性违约概率。风险中性违约概率会高于真实世界中的违约概率。在对资产进行定价时，应使用风险中性违约概率，而真实世界的违约概率应用于情景分析。这两种概率都可以通过默顿在 1974 年提出的模型来估计，前提是模型能得到恰当的校正。

延伸阅读

Altman, E. I. "Measuring Corporate Bond Mortality and Performance." *Journal of Finance* 44 (1989): 902–922.

Duffie, D., and K. Singleton. "Modeling Term Structures of Defaultable Bonds." *Review of Financial Studies* 12 (1999): 687–720.

Fons, J. S. "The Default Premium and Corporate Bond Experience." *Journal of Finance* 42, no. 1 (March 1987): 81–97.

Hull, J., M. Predescu, and A. White. "Bond Prices, Default Probabilities, and Risk Premiums." *Journal of Credit Risk* 1, no. 2 (Spring 2005): 53–60.

Hull, J., M. Predescu, and A. White. "Relationship between Credit Default Swap Spreads, Bond Yields, and Credit Rating Announcements." *Journal of Banking and Finance* 28 (November 2004): 2789–2811.

Kealhofer S. "Quantifying Credit Risk I: Default Prediction." *Financial Analysts Journal* 59, no. 1 (2003): 30–44.

Kealhofer S. "Quantifying Credit Risk II: Debt Valuation." *Financial Analysts Journal* 59, no. 3 (2003): 78–92.

Litterman, R., and T. Iben. "Corporate Bond Valuation and the Term Structure of Credit Spreads." *Journal of Portfolio Management* (Spring 1991): 52–64.

Merton, R. C. "On the Pricing of Corporate Debt: The Risk Structure of Interest Rates." *Journal of Finance* 29 (1974): 449–470.

Rodriguez, R. J. "Default Risk, Yield Spreads, and Time to Maturity." *Journal of Financial and Quantitative Analysis* 23 (1988): 111–117.

练习题

19.1 穆迪对于还没有违约的公司提供多少个信用评级？这些信用级别分别都是什么？

19.2 标准普尔对于还没有违约的公司提供多少个信用评级？这些信用级别分别都是什么？

19.3 利用表 19-1 中的数据来计算评级为 B 的公司在第 1 年的平均违约概率。

19.4 利用表 19-1 中的数据来计算评级为 Ba 的公司在第 3 年的平均违约概率。

19.5 某信用违约互换每半年支付一次利息，CDS 利差为 60 个基点，信用违约互换的面额为 3 亿美元，交割方式为现金形式。假设违约发生在第 4 年零 2 个月，而交易价值计算代理人（calculation agent）所提供的最便宜可交割债券在刚刚违约时的价格等于面值的 40%，请从信用保护卖出方的角度，陈述此合约所涉及的现金流以及时间安排。

19.6 请说明信用违约互换的两种交割方式。

19.7 请解释风险中性概率与真实世界违约概率的差别。

19.8 哪一个公式建立了 CDS 回报与 CDS 面值及回收率的关系？

19.9 某家企业 3 年期债券的收益率与类似无风险债券的收益率的利差为 50 个基点，假定回收率为 30%，请估计 3 年内每年平均违约密度。

19.10 某家企业 5 年期债券的收益率与类似无风险债券的收益率的利差为 80 个基点，假定回收率为 40%，请估计 5 年内每年平均违约密度，如果企业 3 年期债券的利差为 70 个基点，计算结果显示第 4 年到第 5 年的平均违约密度为多少？

19.11 对于以下情形，研究人员应采用真实世界还是风险中性违约概率？

(a) 计算信用在险价值；

(b) 因违约而造成的价格调整。

19.12 回收率通常是怎么定义的？

19.13 请验证：(a) 表 19-5 中第 2 列结果与表 19-4 中第 2 列的一致性；(b) 表 19-6中第 4 列结果与表 19-5 的一致性，在计算中假设回收率为 40%。

19.14 一个 4 年期企业债券的息票率为每年 4%，每半年付息一次，以连续复利表示的收益率为 5%。假设无风险收益率曲线水平为 3%（以连续复利为计），假定违约事件仅仅发生在年末（在付息或偿还本金之前）并假设回收率为 30%，假定风险中性违约率在今后每年均相同，请使用表 19-3 中的方法估计风险中性违约率。

19.15 假定某公司发行了 3 年期及 5 年期债券，两只债券每年均支付 4% 息票，每半年付息一次。债券的收益率（连续复利）分别是 4.5% 和 4.75%。对所有的期限，无风险连续复利利率是

3.5%。债券回收率为40%，违约事件均发生在每年的正中间。从第1年到第3年的每年风险中性违约率为Q_1，从第4年到第5年的为Q_2，估计Q_1及Q_2的值。

19.16 考虑某资产互换，B为对应于1美元单位面值的债券价格，B^*为对应于1美元单位面值的无风险债券价格，V为对应1美元单位面值的资产互换利差的贴现值，请证明$V=B^*-B$。

19.17 证明第19.8节中默顿模型中的T年期限零息债券的信用价差等于

$$-\ln[N(d_2)+N(-d_1)/L]/T$$

其中$L=De^{-rT}/V_0$。

19.18 某公司的股票市价为200万美元，股票价格变化的波动率为50%，1年后债券偿还数量为500万美元，无风险利率为每年4%，采用默顿模型计算违约概率（提示：Excel中的Solver程序可以对问题中的方程求解）。

19.19 某交易员在2013年6月20日进入一个5年信用违约互换，合约要求每季度付款，利差为每年400个基点。面值为1亿美元。违约发生在第4年零2个月。拍卖过程确定的最便宜可交割债券的价格为其面值的30%。请列出信用违约互换卖出方的现金流及其时间。

19.20 “在信用违约互换中买入方的头寸与持有某个无风险债券的多头及某个企业债券的空头的组合相似。”请解释这一观点。

19.21 为什么在信用违约互换中存在信息不对称问题？

19.22 假定LIBOR/互换曲线水平为6%（以连续复利计），5年期息票率为5%（每半年付息一次）的债券价格为90.00，无风险债券的价格是多少？违约预期损失的贴现值是多少？对应于这一债券的资产互换应如何构造？此时资产互换的利差应如何计算？

作业题

19.23 假定一个企业债券每年支付7%的息票，每半年付息一次，收益率为5%（以每半年复利计）。所有期限的无风险债券的收益率为每年4%（以每半年复利计）。假设违约事件每半年发生一次（刚好在券息付出日之前），回收率为45%。请在以下假设下估计违约概率：(a) 在每个可能违约的日期，无条件违约概率均相同；(b) 在每个可能的违约日期之前无违约的条件下，发生违约的条件概率均相同。

19.24 某公司发行了1年期和2年期债券，均提供8%的息票，每年付息一次。债券收益率（以连续复利计）分别是6%和6.6%。对应于所有期限的无风险利率均为4.5%，回收率为35%。违约事件均发生在年正中间，请估计每年的风险中性违约率。

19.25 某公司的股票市价为400万美元，股票变动的波动率为60%。2年后需偿还的债券的数量为1 500万美元，无风险利率为每年6%。采用默顿模型来估测违约预期损失、违约概率及违约时的回收率（以无违约值的百分比表示），请解释为什么默顿模型会给出一个较高的回收率（提示：Excel中的Solver程序可以对问题中的方程求解）。

第20章 CVA和DVA

CHAPTER20

如在第 17 章中讨论过的，场外衍生产品的清算有两种方式：通过中央清算方（CCP）进行清算或进行双边清算。根据金融危机后引入的新的监管规则，金融机构间进行的标准衍生产品交易必须通过 CCP 清算。金融机构间的非标准衍生产品合约进行双边清算，但是新引入的监管规则要求双方提供大量的担保品，使得信用风险基本被消除。在本章中，我们将重点讨论双边清算的场外衍生产品交易中的信用风险。这其中包括与非系统重要性终端用户的交易，以及在新规则实施前与其他交易对手已经达成的交易。

对衍生产品交易的信用风险进行评估的复杂性要远远超过对贷款中的信用风险进行评估，这是因为衍生产品交易中将来的风险敞口（即在违约发生时的损失数额）并不是已知的。如果一家银行为客户提供了一笔本金为 1 000 万美元、无抵押、期限为 5 年的贷款，本金在到期时偿还，则银行基本明确，这 5 年间的风险敞口大约为 1 000 万美元。但如果银行与客户进行了一笔 5 年期的利率互换交易，则银行面临的风险敞口就不再像贷款的敞口那样容易确定，这是因为利率互换的价值与将来的利率变化有关。如果对于银行而言，利率互换价值为正，则银行面临的风险敞口等于互换的价值（即如果对手违约，银行将损失该数量）；如果价值为负，则银行面临的风险敞口为零（因为在这种情况下，如果对手违约，银行将没有任何损失）。

本章将讨论信用价值调整量（credit valuation adjustment，CVA）和债务价值调整量（debit valuation adjustment，DVA）。CVA 是衍生产品交易商遭受的因交易对手可能违约而带来的预期损失，DVA 是衍生产品交易商获取的因自身可能违约而带来的预期收益（即交易对手的预期损失）。

20.1 衍生产品的信用敞口

首先我们简要地讨论一下衍生产品交易所产生的风险敞口的特性。先考虑最简单的情况，即在衍生产品交易商与某对手之间只存在一个衍生产品交易的情况。我们假设交易采用双边清算，双方都不需要向对方提供担保品。

总共会有以下三种可能：

(1) 该衍生产品永远是交易商的负债；

(2) 该衍生产品永远是交易商的资产；

(3) 该衍生产品既可能是交易商的资产，也可能是交易商的负债。

以上第一种情形的实例是期权的空头头寸，第二种情形的实例是期权的多头头寸，第三种情形的实例是远期合约或利率互换。

对于交易商来讲，第一种情形中的衍生产品交易不会产生交易对手信用风险。当交易对手违约时（例如，因为破产），交易就终止了。[⊖]如在第 17.1.5 节中解释的，在其后的清算过程中，交易商需要支付衍生产品的价值（如果该交易的价值对交易商为负。定价时要考虑买卖价差，以反映交易商替换该交易的成本）作为破产的交易对手的财产。因此交易商不会在对手的破产中受损，也不会从中获利。

在第二种情形下，对交易商而言，对手信用风险敞口始终存在。如果交易对手破产，则交易商往往会遭受损失。对交易对手而言，交易商实际上成为一个无抵押债权人，债务的面值即为衍生产品的价值（同样，对价值也要进行买卖价差调整，以反映交易商的替换成本），损失数量与对手违约时的衍生产品价值有关。

第三种情形更为复杂，交易商对于交易对手的信用风险敞口在将来可能存在也可能不存在。如果衍生产品对于交易商的价值为正时交易对手违约，则交易商可能会遭受损失；如果交易对手违约时衍生产品对于交易商的价值为负，则交易商不会有任何损益，正如第一种情况。

在计算自己面对的敞口时，交易商通常不会将第 18.2 节中介绍的买卖价差调整量考虑在内。因此，在我们上面考虑的这个简单例子中，交易商的净敞口是

$$\max(V,\ 0)$$

其中变量 V 是衍生产品在违约时的市场价值。

当交易商和交易对手之间存在很多交易时，根据交易商和交易对手之间的双边协议，这些交易会进行净额结算（见第 15.5 节）。在任意时刻，如果没有担保品，交易商的净敞口为 $\max(V,\ 0)$，其中 V 等于所有交易市场价值净额结算后的净值。

在计算其信用风险时，交易商既关心其当前的信用风险敞口，也关心未来的信用风险敞口。监管机构已经意识到这一点。如第 15.3 节所述，《巴塞尔协议 Ⅰ》采用了 CEM 方法，其中贷款等价敞口为当前风险敞口加上附加额。此版本用于计算《巴塞尔协议 Ⅱ》中的违约风险敞口（EAD），并在 SA-CCR 中进行了修订（见第 16.4 节）。在《巴塞尔协议 Ⅱ》的高级 IRB 方法中计算 EAD 的程序涉及有效预期正风险敞口的计算（见第 15.8.4 节）。

⊖ 注意，衍生产品对于对手而言是一个资产，因此当对手破产时，造成破产的原因一定与该衍生产品无关。

在本章中，我们将重点讨论 CVA 和 DVA 的计算方法，估计可能的违约造成的预期损失。

20.2 CVA

在场外衍生产品交易中，对每一个进行双边清算的交易对手，交易商都要计算一个信用价值调整量（CVA）。[⊖]这一数量是对交易对手违约所带来的预期损失的估计。CVA 会导致衍生产品的价值下降。在某个时间段内，CVA 总值的提高（或降低）会导致同期利润的降低（或提高）。

假定 T 代表与某交易对手的所有衍生产品交易中最长的期限，为了计算 CVA，我们将 0 ~ T 的区间化成若干小的时间段（例如，从现在到 1 个月，从 1 个月到 3 个月，等等）。

假定第 i 个时间区间起始为 t_{i-1}，结束为 t_i($t_0=0$)，假定时间段的数量为 n，定义

q_i——交易对手在第 i 个时间段内的风险中性违约概率；

v_i——如果在第 i 个时间段内发生违约，在该时间段中点上交易商对交易对手净预期风险敞口（考虑担保品以后）的当前价值；

R——交易对手违约时，交易商作为无抵押债权人的回收率。

假定净风险敞口与对手违约概率无关，对手在第 i 个时间段违约所产生的预期损失的当前值为

$$(1-R)q_iv_i$$

整体预期损失为

$$CVA=\sum_{i=1}^{n}(1-R)q_iv_i \tag{20-1}$$

变量 q_i 是风险中性违约概率（这是因为 CVA 的计算涉及对未来现金流的定价。如第 7 章所示，在定价时，应使用风险中性违约概率而不是真实世界的违约概率）。q_i 的值可以由对手的信用价差来进行估计，如第 19.6 节所示。假定 s_i 为交易对手对应于时间 t_i 的信用价差的估计，根据式（19-3），时间 0 ~ t_i 的平均风险率（hazard rate）为

$$\bar{\lambda}_i=\frac{s_i}{1-R} \tag{20-2}$$

时间 0 ~ t_i 的不违约的概率为

$$e^{-\bar{\lambda}_i t_i}$$

因此

$$q_i=e^{-\bar{\lambda}_{i-1}t_{i-1}}-e^{-\bar{\lambda}_i t_i}$$

或者

⊖ 关于 CVA 的更多内容，可参阅 J. Hull and A. White，"CVA and Wrong Way Risk," *Financial Analysts Journal* 65，no. 5(September/October 2012)：5869；E. Canabarro and D. Duffie，"Measuring and Marking Counterparty Risk，" Chapter 9 in *Asset/Liability Management for Financial Institutions*，ed. L. Tilman(New York：Institutional Investor Books，2003)；E. Picault，"Calculating and Hedging Exposure，CVA，and Economic Capital，" in *Counterparty Credit RiskModeling*，ed. M. Pykhtin(London：Risk Books，2005)；and J. Gregory，*Counterparty Credit Risk：The New Challenge for Financial Markets*，2nd ed.（Hoboken，NJ：John Wiley & Sons，2012）。

$$q_i = \exp\left(-\frac{s_{i-1}t_{i-1}}{1-R}\right) - \exp\left(-\frac{s_i t_i}{1-R}\right) \tag{20-3}$$

v_i 通常是通过蒙特卡罗模拟计算得出的，即在风险中性世界，从时间 0 到 T，我们要对市场变量进行模拟，这些模拟变量决定了交易商与交易对手的交易价值。在每次模拟抽样中，对于每个小的时间段的中点，我们要计算交易商对于交易对手的风险敞口，然后求得这些敞口的均值，v_i 等于对应于第 i 个区间的均值的贴现。在实践中，交易商可能与数千个对手存在交易，因此要计算对所有对手的风险敞口 v_i 对计算量的要求非常大。

20.2.1 担保品和补救期

在计算 v_i 的过程中，我们需要考虑担保品协议。交易双方达成的担保品协议通常是信用支持附件（CSA）或 ISDA 主协议的一部分。协议中会指明交易双方提交的担保品计算细节，以及对非现金担保品价值的折减量。假设违约发生时，交易对手提交的担保品的价值为 C（如果 C 为负值，则 $-C$ 为交易商向交易对手提交的担保品的价值）。在任意情况下，交易商对交易对手的风险敞口为

$$E = \max(V - C, 0) \tag{20-4}$$

这里 V 是所有现有交易对交易商的市场价值的总和。

式（20-4）说明了一个简单的事实：当交易的价值 $-V$ 对交易商来说是正值时，交易对手提供的担保品可以用来降低（某些情况下甚至消除）由此产生的风险敞口。如果交易商向对手提供了担保品（$C<0$ 的情况），当对手发生违约时，这部分价值不会被返还，而如果 $-C>-V$，则超出的部分也变成了敞口的一部分。前面提到过，在 CVA 和 DVA 的计算中，对敞口的考虑一般采用交易的市场中间价（在第 17.1.5 节中，我们曾展示过一个类似的结果：当违约发生时，需要对市场中间价进行调整，调整幅度为买卖价差的一半，以得出索偿的数额）。

在实践中，从交易对手停止提供担保品到交易被平仓通常会有一段时间，这段时间被称为**补救期**（cure period），也被称作**风险边际期**（margin period of risk）。这段长时间的长度通常介于 10 到 20 天之间。补救期的存在意味着当违约发生时，担保品的价值并不反映违约时刻的交易组合的价值，而是 10 ~ 20 天之前的价值。

假定第 i 个区间的中间值为 t_i^*，即 $t_i^* = (t_{i-1}+t_i)/2$，c 为补救期。在进行蒙特卡罗模拟计算 v_i 时，计算过程既要考虑到与对手的交易组合在 t_i^* 的价值，也要考虑到其在 t_i^*-c 的价值（$i=1, 2, \cdots, n$）。在每次模拟过程中，交易在 t_i^*-c 的价值与 CSA 条款结合起来，用来确定在 t_i^* 时刻持有的担保品的价值，然后通过式（20-4）得出 t_i^* 时刻敞口的值。[⊖]例 20-1 对计算过程进行了说明。

【例 20-1】 假设一家银行和某个客户之间的协议要求双边、零起点金额提供担保品。设其中一方为 A，另一方为 B。这意味着在任意交易日，A 方提供给 B 方的担保品的数量

⊖ 这里的结论基于一些简化假设，即担保品的支付是一个不间断的过程，而且没有最小支付数量的限制，为了反映真实情形，这些假设可以被放松。

应等于 max(V, 0)，即所有未清偿交易对另一方的价值。补救期为20天。这意味着当有违约发生时，A方提供给B方的担保品的价值等于 max(V, 0)，而 V 为交易组合20天前对B的价值。假设时刻 τ 为银行计算CVA时使用的时间段的中点值。

（1）在某次模拟试验中，τ 时刻未清偿交易组合对银行的价值为50，而20天前的价值为45。当对手在 τ 时刻违约时，银行持有的担保品的价值为45。因此，银行的敞口为5，即衍生产品交易价值中未被担保的部分。

（2）在某次模拟试验中，τ 时刻未清偿交易组合对银行的价值为50，而20天前的价值为55。因此，在这种情况下，我们认为银行持有足够的担保品，风险敞口为零。

（3）在某次模拟试验中，τ 时刻未清偿交易组合对银行的价值为－50，而20天前的价值为－45。在这种情况下，当对手在 τ 时刻违约时，银行提交给交易对手的担保品价值低于50。因此，银行的敞口为零。

（4）在某次模拟试验中，τ 时刻未清偿交易组合对银行的价值为－50，而20天前的价值为－55。在这种情况下，当对手在 τ 时刻违约时，我们会认为银行20天前提交给交易对手的价值55的担保品不会被返还。因此，银行的敞口为5，即担保品价值超出衍生产品价值的部分。

20.2.2 峰值敞口

除了计算CVA，交易商通常还会计算在每个时间段中点上风险敞口的峰值（peak exposure）。该峰值对应于蒙特卡罗模拟的高分位数，例如，我们设定了97.5%的分位数，蒙特卡罗模拟的次数为10 000次。时刻 t_i^* 的敞口峰值为在10 000个抽样值中，该时刻对应敞口值按由大到小顺序排序的第250个值。**最高峰值**（maximum peak exposure）对应于所有 t_i^* 峰值中的最大值。

这里有一个常常被忽略的理论问题。为了计算CVA，我们要在风险中性世界对市场变量进行模拟，并且在计算中使用的贴现利率为无风险利率（如第7章所述，对衍生产品进行定价时，我们通常这样做）。但在计算峰值敞口时，我们是在进行情景分析。实际上我们是在问：“将来我们对交易对手的敞口在最坏的情况下有多大？”要回答这个问题，如第7章中讨论过的，我们理论上应该是在真实世界而不是风险中性世界中对市场变量进行模拟。[⊖]

20.2.3 降级触发

净额结算和担保品协议是双边清算的衍生产品交易中降低信用风险的重要手段。有时，ISDA主协议的信用支持附件（CSA）中还会包含降级触发条款。该条款会申明，如果交易中一方的信用评级下滑到某一级别时，另一方有权索取更多的担保品或将交易终止。

AIG事件为降级触发条款的运作提供了一个实例，许多AIG的交易申明，当AIG的信用高

⊖ 当对不远的将来的峰值敞口进行计算时，使用真实世界进行模拟和使用风险中性世界进行模拟所得的结果差别很小。

于 AA 级时，AIG 无须为交易支付担保品，而当 AIG 的信用低于 AA 时，交易对手就会要求 AIG 提供担保品。2008 年 9 月 15 日，AIG 被三家评级公司降级到 AA 以下，这导致了担保品的催付而 AIG 无力支付，AIG 最终只有凭借政府的大规模援助才得以幸存。

其他深陷降级触发条款困境的公司还有安然（Enron）、施乐（Xerox）和安巴克（Ambac）。如果发生跳跃性降级（例如由 AA 级直接降至违约），降级触发条款对被降级公司的交易对手并不能提供保护。另外，某公司的交易对手，只有在有限度的适用针对此公司的降级触发条款时，才能对自身提供有效的保护。假如一家公司在与许多对手的交易中都设定了信用降级触发条款，当该公司的信用评级低于一定级别时，会出现类似 AIG 的情形，造成该公司对现金的需求猛增，如果现金不足，则会迅速导致破产。

20.3 新交易的影响

当交易商与一个交易对手商谈一笔新的衍生产品交易时，这笔新交易对 CVA 的附加效应会影响到交易的条款。如果这笔新增交易的价值与交易商和该对手之间已有的其他交易的价值是正相关的，则该笔新交易会使 CVA 增大；如果相关性是负的，则该笔新交易会使已有 CVA 减小。

例如，假设交易商和交易对手之间只有一笔交易，即一个 5 年期的外汇远期合约。在合约中，交易对手将买入外汇。如果交易对手有兴趣再进行一笔 3 年期的同币种外汇远期交易，则交易商给出的价格的竞争性将与新增交易中交易对手是买入外汇还是卖出外汇有关。如果交易对手希望买入外汇，则新增 3 年期交易会使交易商的 CVA 增大（这样会降低交易商的收入，因此新交易对交易商的吸引力会降低）；反过来讲，如果交易对手希望卖出外汇，则新增交易会与已有交易净额结算，从而降低交易商的 CVA（这样新交易对交易商会更具吸引力）。这些 CVA 和净额结算考虑说明，当交易进行双边清算并且没有完全担保时，如果一家企业希望进行一笔新的衍生产品交易，那么对该企业而言，一个与它已经有未清偿交易的交易商给出的价格往往会比另一家没有与其交易的交易商给出的价格更为有利。

CVA 的计算量一般会很大，一家交易商同一个交易对手之间往往会有成百上千个交易。[㊀]通过重新计算整体 CVA 的方式来计算一个新交易的 CVA 增量通常不是一个合乎实际的做法。好在对于 CVA 增量的计算，我们有了一个比较高效的做法。

在第 20.2 节描述的 CVA 计算过程中，由模拟产生的市场变量的路径以及交易组合在每个路径上的价值可以被储存起来。[㊁]当考虑一个新交易时，我们可以采用已经被记录下来的市场变量取值，并基于这些市场变量，来对新增交易的将来价值进行计算。这样一来，对未来任意时刻，我们都可以求得在之前产生的蒙特卡罗模拟路径上，新增交易对于交易组合将来价值的附加效应。在此基础上，我们也可以得出在每条蒙特卡罗路径上，新交易对未来敞口的附加效应。由此，对于风险敞口的附加效应的均值也可以计算出来，再利用式（20-1），我们就可以

㊀ 雷曼兄弟在破产时，总共与超过 8 000 个交易对手之间进行了 150 万笔交易。

㊁ 准确地讲，在每次计算 CVA 时，市场变量在节点 t_i^* 和 $t_i^* - c$ 的值（$1 \leqslant i \leqslant n$）要被储存起来，交易组合在这些节点的市场价值也要被储存起来（直到下一次计算 CVA 时，这些数据才可以被清除）。

求得对CVA的附加效应。

为了说明计算过程，假定某交易商与一个交易对手的交易组合的价值只与黄金价格有关。在计算CVA的模拟过程中，对应于第2.5年时间节点，在第545次抽样中，黄金价格为每盎司1 572美元，此时投资组合对交易商的价值为240万美元。假定没有担保品，此价值也就对应于风险敞口。如果第2.5年也对应于第20个时间段的中间值，则意味着v_{20}等于在第2.5年的价值（即240万美元）的贴现，假设贴现值为230万美元。

如果在完成CVA计算不久，交易商要与此交易对手进行一笔新的交易，交易价值同样仅与黄金价格有关。对于这笔交易，在所有的关于黄金价格的模拟路径上，我们要对新增交易进行定价。假定在第545次模拟路径上，在第2.5年（黄金价格为1 572美元时），新增交易的价值为-420万美元。这意味着在第545次的模拟路径上，在2.5年时间节点上，交易组合价值在加入了新交易以后，将最初的230万美元减至-190万美元，因此风险敞口也减至0，新的v_{20}的取值也为0，从而新交易的效果是将v_{20}的值减小了230万美元。对于所有的模拟和时间节点，我们可以进行类似的计算。定义Δv_i为所有模拟路径中v_i变化的均值，新增交易对于既存交易组合的附加效应也可以由下式估算得出

$$\sum_{i=1}^{n}(1-R)q_i\Delta v_i$$

20.4 CVA风险

对于每个交易对手，交易商都要计算CVA，这里的CVA本身也可以被看作衍生产品，而且是一种比较复杂的衍生产品。事实上，对任意交易对手的CVA，都比与此交易对手之间已有的任何其他交易要更加复杂，这是因为CVA的大小取决于交易商与交易对手之间的所有交易的净值。

CVA增大（减小），交易商报告的净收益会减小（增大）。正因为此，许多交易商也会像对待其他衍生产品那样，谨慎地对CVA进行对冲。这也意味着交易商要采用第8章讨论的方式，对CVA的希腊值（delta、gamma、vega）进行计算。

决定v_i数量的市场变量包括利率、汇率、商品价格等，针对这些变量来计算希腊值会很花费时间。例如，在计算CVA对于汇率的敏感性（delta）时，我们要对汇率进行扰动，然后重新计算CVA。一项被称作联合差分（adjoint differentiation）的方法可以用来减小计算负担。[⊖]

决定q_i的变量为交易对手的不同期限上的信用价差。由式（20-3）得出

$$q_i=\exp\left(-\frac{s_{i-1}t_{i-1}}{1-R}\right)-\exp\left(-\frac{s_it_i}{1-R}\right)$$

由式（20-1）

$$CVA=\sum_{i=1}^{n}(1-R)q_iv_i$$

⊖ See for example M. Giles and P. Glasserman, "Smoking Adjoints: Fast Monte Carlo Greeks," *Risk* 19, no. 1 (2006): 88-92, and M. Henrard, "Adjoint Algorithmic Differentiation: Calibration and the Implicit Function Theorem," *Journal of Computational Finance* 17, no. 4(2014): 37-47.

利用 delta/gamma 近似，当信用价差的期限结构有一个平行移动 Δs 时（假定其他与 v_i 数量有关的市场变量不变），相应的 CVA 变化为

$$\Delta(CVA)=\sum_{i=1}^{n}\left[t_i\exp\left(-\frac{s_it_i}{1-R}\right)-t_{i-1}\exp\left(-\frac{s_{i-1}t_{i-1}}{1-R}\right)\right]v_i\Delta s$$

$$+\frac{1}{2(1-R)}\sum_{i=1}^{n}\left[t_{i-1}^2\exp\left(-\frac{s_{i-1}t_{i-1}}{1-R}\right)-t_i^2\exp\left(-\frac{s_it_i}{1-R}\right)\right]v_i(\Delta s)^2 \qquad (20\text{-}5)$$

在 v_i 已知的情况下，以上计算非常简单。

《巴塞尔协议Ⅲ》中要求交易商利用上式，将信用价差变化带来的风险纳入市场风险资本金的计算中。最初，这种由市场变量变化引起的并能影响 V_i 的风险不包括在市场风险资本金计算中。这使得交易商不愿对冲与 V_i 相关的风险，因为对冲会增加而不是减少为计算资本金时评估的市场风险。巴塞尔委员会于 2015 年解决了这个问题。㊀

20.5 错向风险

截至目前，我们一直都在假定交易对手的违约概率与风险敞口无关。有时以上两个因素有一定相关性，也就是说，当交易商对于对手的风险敞口较高（较低）时，对手违约可能性也较大（较低）。这种现象被称作**错向风险**（wrong-way risk）；类似地，当交易商对于对手的风险敞口较高（较低）时，对手违约可能性较低（较高），这种现象被称作**正向风险**（right-way risk）。

与交易对手进行交易时，交易商对于错向风险或者正向风险的主观判断取决于交易商对于对手业务，尤其是交易对手所面临的风险的特质的了解程度。要做出正确判断还取决于对对手与其他交易商进行的其他交易的了解。针对这一点的准确信息较难取得。

错向风险可能发生的一种情形是，某个交易对手利用信用违约互换，向交易商卖出信用保护（AIG 就是众所周知的例子）。当交易商从一个交易对手买入了信用保护，而该保护所针对实体的信用价差增大时，该信用保护对于交易商的价值为正。然而，因为不同公司的信用价差具有相关性，此时交易对手的信用价差很有可能也增大了，并导致计算得出的违约概率增大。类似地，正向风险往往发生在一个交易对手从交易商买入信用保护的情形。

当一家公司试图投机并因此与一个或多个交易商进行了大量的相似交易时，对这些交易商来说，也可能引入错向风险。这是因为对手公司的财务状态决定了，当交易价值走向对其变得不利时，公司违约的可能性会变大。

当公司进行交易的目的是部分对冲既存风险时，这在理论上对交易商而言，会是正向风险。这是因为当交易价值走向变得对对手公司不利时，公司可以从没有被对冲的风险敞口中获益，因此其违约概率会相对较小。㊁

一种错向风险的处理方法是针对 v_i 和 q_i 相互无关的模型，引入某一个乘数因子，该因子被称作 alpha 乘积因子（alpha multiplier）。这样可以通过该因子来增大最终 CVA 的数量。《巴

㊀ 见巴塞尔银行监管委员会，“Review of Credit Valuation Adjustment Risk Framework,” 2015 年 10 月 1 日。

㊁ 当交易对手出现流动性困难时，是以上结论的一个例外，在此时即使被对冲的资产价值有所提高，交易对手却没有能力为对冲交易提供担保品，见业界事例 24-2 关于 Ashanti Goldfields 案例的讨论。

塞尔协议Ⅱ》将 alpha 设定为1.4，但也允许银行使用自己的错向风险模型，但其中 alpha 因子的下限不得低于1.2。这意味着，CVA 的最终数量也会比假定 v_i 和 q_i 相互无关的模型产生的结果至少高出20%；如果银行没有自己的模型来处理错向风险，则必须负担高出40%的数量。银行通过内部模型计算公布的因子值通常介于1.07和1.10之间。

目前也已经有一些模型被开发出来，用以捕捉风险敞口与违约概率之间的相关性。例如，Hull 和 White 在2012年提出了一个简单模型，其中在任意时刻 t 的风险率与此时刻观测到的变量值有关。[㊀]在该模型中，描述相关程度的参数既可以主观估计，也可以通过历史数据，将交易对手过去的信用价差与当前交易组合在过去市场状况下的价值进行关联来进行估计。只需要对第20.2节的计算进行一些微调，我们就可以实现这个模型。

20.6 DVA

债务价值调整量（DVA）[㊁]是 CVA 的镜像。CVA 是交易商由于交易对手可能违约而遭受的损失的预期，而 DVA 是交易对手因为交易商可能违约而造成的损失的预期，也就是交易对手的 CVA。如果 DVA 对交易对手而言是一项成本，那么它对交易商而言应该是收益（这是因为衍生产品交易是一项零和游戏，一方的收益就是另一方的损失）。能够产生这项收益是因为，如果交易商违约了，那它就不必再向对手支付未清偿衍生产品的价值（如果未违约，支付要照常进行）。财会规则已经纳入了 CVA 和 DVA。与交易对手的未清偿衍生产品的账面价值计为

$$f_{nd} - CVA + DVA$$

其中，f_{nd}是不考虑任何一方的违约可能性时衍生产品组合的价值。

我们可以采用与计算 CVA 同样的方式来计算 DVA。将式（20-1）中交易对手违约时的回收率 R 替换为交易商本身违约时的回收率，我们就可以采用同一公式来计算 DVA，其中 v_i 是在第 i 个区间中点上交易对手对交易商的风险敞口的当前价值，q_i 为交易商在第 i 个区间的违约概率。采用类似于计算交易商对于交易对手的净风险敞口的方法，在考虑了交易商缴纳的担保品以后，我们也可以求得交易对手对于交易商的净风险敞口。

DVA 效用的出人意料之处在于，当衍生产品交易商的信用价差增大时，DVA 会增加，由此造成交易商持有的衍生产品的账面价值增大，交易商的盈利也因此增加。有些银行在2011年第三季度报告的利润额因此曾增加了几十亿美元。这引起了监管机构的担忧，并因此决定，在计算监管资本金时，DVA 的损益要从普通股本的定义中剔除。

20.7 一些简单例子

为了进一步说明本章的内容，我们在此给出一些简单例子。

20.7.1 价值为正的单笔交易

首先我们假设某交易商与一个交易对手进行了一笔衍生产品交易，交易对于交易商的价值

㊀ See J. Hull and A. White, "CVA and Wrong Way Risk," *Financial Analysts Journal* 68, no. 5 (September/October 2012): 58-69.

㊁ DVA 有时也被称作 "debt value adjustment"。

一直为正，对交易对手的价值一直为负（例如，交易商从对手处买入期权）。我们假设在交易中没有担保品，为了简单起见，我们还假定此衍生产品交易的支付只发生在产品的最终到期日。

在将来任意时刻，交易商对交易对手的风险敞口等于交易的价值。因此，在 t_i 时刻的预期风险敞口的贴现值（被计为 v_i）等于交易在 t_i 时刻预期价值的贴现值。我们假定在交易期满之前没有任何支付，交易在 t_i 时刻预期价值的贴现值总是等于产品的当前价值。

因此，式（20-1）变为

$$CVA = (1-R)f_0\sum_{i=1}^{n}q_i$$

其中 f_0 是在假设交易对手不会违约的情况下的衍生产品价值，假定 f_0^* 为将对手违约可能考虑在内的衍生产品价值

$$f_0^* = f_0 - CVA$$

或者

$$f_0^* = f_0\left[1-(1-R)\sum_{i=1}^{n}q_i\right] \tag{20-6}$$

这意味着在这一情形下，对手违约对于衍生产品的价值的影响是将其价值按一定比率减小，这里的比率如式（20-6）所示，等于累计风险中性违约概率与1减去回收率的乘积。

我们现在考虑一个由交易对手发行的无抵押零息债券。债券在 T 时刻支付1 000美元。定义 B_0 为无违约风险时的债券价格，B_0^* 为债券的实际价格。假定在违约时，债券的索偿优先权与衍生产品索偿的优先权等同。因此，违约时衍生产品的回收率等于债券的回收率，类似于式（20-6），我们可以得出

$$B_0^* = B_0\left[1-(1-R)\sum_{i=1}^{n}q_i\right] \tag{20-7}$$

由式（20-6）和式（20-7）得出

$$\frac{f_0^*}{f_0} = \frac{B_0^*}{B_0} \tag{20-8}$$

如果 y 为在 T 时刻到期的无风险零息债券的收益率，y^* 为在 T 时刻到期的由衍生产品交易对手发行的零息债券收益率，即 $B_0=\mathrm{e}^{-yT}$ 与 $B_0^*=\mathrm{e}^{-y^*T}$，由式（20-8）得出

$$f_0^* = f_0\mathrm{e}^{-(y^*-y)T} \tag{20-9}$$

上式说明，衍生产品的价格等于无风险的衍生产品价格以 y^*-y 进行贴现。

【例20-2】 考虑公司X在场外交易市场卖出的一个2年期的期权，在无违约前提下期权的价值为3美元。假定由公司X发行的2年期零息债券的收益率比相应的无风险利率高1.5%，期权的实际价值为

$$3\mathrm{e}^{-0.015\times 2} = 2.91$$

即2.91美元。

20.7.2 利率互换与货币互换

我们接下来考虑交易商进行了一对与不同交易对手的互换交易，交易之间相互抵消（也被

称作背靠背交易)。图 20-1 比较了当互换交易分别为汇率互换和利率互换时，将来的整体预期风险敞口。利率互换的预期风险敞口的起始值为零，然后随时间变化会增加，最后又会下降；汇率互换的预期风险敞口与之形成对比，随时间变化会持续增加。利率互换和汇率互换的预期风险敞口不同的主要原因是在汇率互换中，会有最终本金的互换，而进行本金互换时的汇率有很大的不确定性。当利率互换到期时，双方需要互换的金额很小。因此我们可以得出，汇率互换交易的对手违约风险的影响要远大于利率互换交易。对两类互换，式（20-1）中交易商计算的交易对手的违约概率 q_i 是相同的，但是汇率互换的 v_i 一般来说会更大。

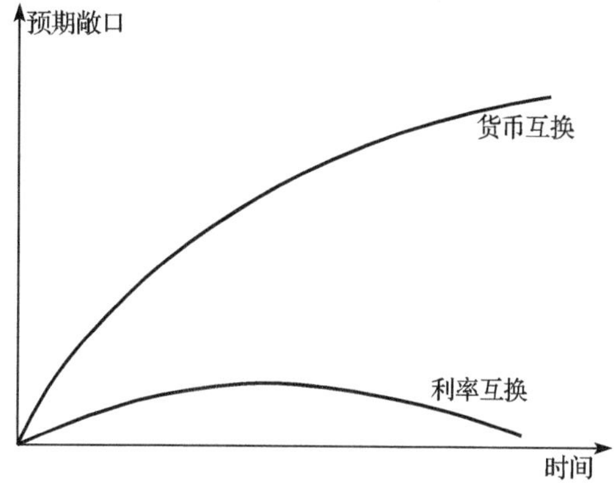

图 20-1 一对背靠背的利率互换和一对背靠背的汇率互换的预期敞口对比

20.7.3 单一远期交易

下面一个例子是交易商与交易对手之间进行了一笔远期交易，其中交易商要在将来时间 T 以特定价格 K 买入资产。假设在交易中没有担保品，资产在今天的远期价格为 F_0（在今天为已知)，在时间 $t(t\leqslant T)$ 的远期价格为 F_t(在今天为未知)。如附录 C 所示，远期价格在时间 t 的价值为

$$(F_t - K)e^{-r(T-t)}$$

其中 r 为无风险利率（假定为常数)。

在时间 t 的风险敞口为

$$\max[(F_t - K)e^{-r(T-t)}, 0] = e^{-r(T-t)}\max[(F_t - K), 0] \tag{20-10}$$

风险敞口的当前价值等于在时间 t 支付回报 $\max[(F_t - K), 0]$ 的衍生产品的贴现值，该衍生产品是关于远期价格的期权，由附录 E 的期权公式得出，该衍生产品的价值为

$$e^{-rt}[F_0N(d_1) - KN(d_2)]$$

其中

$$d_1 = \frac{\ln(F_0/K) + \sigma^2 t/2}{\sigma\sqrt{t}}$$

以及

$$d_2 = \frac{\ln(F_0/K) - \sigma^2 t/2}{\sigma\sqrt{t}}$$

其中 σ 是资产远期价格的波动率。由式（20-10）我们可以得出，在时间 t 的风险敞口的当前值为

$$e^{-rt}[F_0N(d_1) - KN(d_2)]$$

因此式（20-1）中的 v_i 满足

$$v_i = e^{-rT}[F_0N(d_{1,i}) - KN(d_{2,i})] \tag{20-11}$$

其中

$$d_{1,i}=\frac{\ln(F_0/K)+\sigma^2 t_i/2}{\sigma\sqrt{t_i}}$$

以及

$$d_{2,i}=\frac{\ln(F_0/K)-\sigma^2 t_i/2}{\sigma\sqrt{t_i}}$$

【例20-3】 假定某银行和一家矿业公司进行了一笔关于黄金的远期交易，交易规定在两年后银行将以每盎司1 500美元的价格买入100万盎司黄金，黄金的远期价格为每盎司1 600美元。矿业公司在第1年的违约概率为2%，在第2年的违约概率为3%，假定矿业公司违约的时间发生在每年的年正中，无风险利率为每年5%，金融机构预测矿业公司违约回收率为30%，在黄金远期合约两年期满时，远期价格的波动率为20%。

在这一情形下，按式（20-11）

$$v_1=e^{-0.05\times 2}[1\,600N(d_{1,1})-1\,500N(d_{2,1})]$$

其中

$$d_{1,1}=\frac{\ln(1\,600/1\,500)+0.2^2\times 0.5/2}{0.2\times\sqrt{0.5}}=0.527\,1$$

以及

$$d_{2,1}=\frac{\ln(1\,600/1\,500)-0.2^2\times 0.5/2}{0.2\times\sqrt{0.5}}=0.385\,6$$

由此得出 $v_1=132.38$。同理

$$v_2=e^{-0.05\times 2}[1\,600N(d_{1,2})-1\,500N(d_{2,2})]$$

其中

$$d_{1,2}=\frac{\ln(1\,600/1\,500)+0.2^2\times 1.5/2}{0.2\times\sqrt{1.5}}=0.386\,0$$

以及

$$d_{2,2}=\frac{\ln(1\,600/1\,500)-0.2^2\times 1.5/2}{0.2\times\sqrt{1.5}}=0.141\,0$$

由此得出 $v_2=186.65$。

其他变量的取值为 $q_1=0.02$、$q_2=0.03$ 以及 $R=0.3$，因此

$$CVA=(1-0.3)\times(0.02\times 132.38+0.03\times 186.65)=5.77$$

在没有违约的假设下，远期合约的价值为 $(1\,600-1\,500)e^{-2\times 0.05}=90.48$，将对手违约考虑在内，远期合约的价值为

$$90.48-5.77=84.71$$

我们可以将该例扩展到矿业公司的违约发生时间更为频繁的情形（见作业题20.13和作业题20.14）。

小结

衍生产品交易商与某交易对手之间双边清算的衍生产品的信用价值调整量（CVA）是交易对手未来可能违约而造成的损失的当前价值。一般来说，交易商会建立一个系统，计算针对所有进行双边清算的交易对手的CVA。系统对与交易的市场价值有关的变量进行模拟，由此来决定在将来违约发生时，交易商面临的净风险敞口。计算中还要考虑净额结算和担保品协议。一个简单假设是风险敞口与违约概率相互无关。考虑错向风险（风险敞口与违约正相关）和正向风险（二者负相关）的模型也可以被开发出来。

CVA本身是一种比较复杂的衍生产品，许多交易商也像管理其他衍生产品那样，对CVA风险进行对冲。CVA相关的风险有两类：交易对手信用价差的变化以及与交易相关的市场变量本身的变动。CVA计算出来以后，对前一种风险，计量起来较为简单，并且在《巴塞尔协议Ⅲ》中，监管机构要求交易商计提针对这一风险的资本金。计算CVA对其他基础市场变量变动的敏感性更加困难。对这部分风险，监管机构目前没有要求资本金计提。

交易商针对双边清算的衍生产品交易对手的债务价值调整量（DVA）是交易商本身在将来可能的违约给交易对手造成的预期损失的当前价值。对交易商来说，DVA是盈利。DVA可与CVA同时计算。

延伸阅读

Basel Committee on Banking Supervision. “Basel III: A Global Regulatory Framework for More Resilient Banks and Banking Systems,” www.bis.org/publ/bcbs189dec2010.pdf, December 2010.

Canabarro, E., and D. Duffie. “Measuring and Marking Counterparty Risk.” Chapter 9 in *Asset/Liability Management for Financial Institutions*, edited by L. Tilman. New York: Institutional Investor Books, 2003.

Gregory, J. *Counterparty Credit Risk: The New Challenge for Financial Markets*. 2nd ed. Hoboken, NJ: John Wiley & Sons, 2012.

Hull, J., and A. White. “The Impact of Default Risk on the Prices of Options and Other Derivative Securities.” *Journal of Banking and Finance* 19 (1995): 299–322.

Pengelley, M. “CVA Melee.” *Risk* 24, no. 2 (2011): 37–39.

Picault, E. “Calculating and Hedging Exposure, CVA, and Economic Capital for Counterparty Credit Risk.” In *Counterparty Credit Risk Modeling*, edited by M. Pykhtin. London: Risk Books, 2005.

Sokol, A. “A Practical Guide to Monte Carlo CVA.” Chapter 14 in *Lessons from the Crisis*, edited by A. Berd. London: Risk Books, 2010.

练习题

20.1 银行与交易对手进行一笔新交易，该交易可能降低也能增大银行对该交易对手的信用风险敞口，请解释为什么。

20.2 一家公司提议使用该公司本身的股票作为担保品。你该如何回应？

20.3 假设一家金融机构与两个不同的交易对手X和Y分别进行了一笔交易，以下哪些正确说法？

(a) 在1年时，两笔交易迭加的预期风险敞口等于与X交易的预期风险敞口加上与Y交易的预期风险敞口。

(b) 整体违约损失的当前值等于交易对手X的违约损失的当前值加上交易对手Y的违约损失的当前值。

(c) 在1年时，整体风险敞口的第95%分位数等于与交易对手X的风险敞口的第95%分位数加上与交易对手Y的风险敞口的第95%分位数。

解释你的答案。

20.4 “在没有担保品和其他交易的情况下，远期合约多头头寸的信用敞口等于一个无违约风险看跌期权空头与一个有违约风险看涨期权多头的信用敞口的总和。”请解释这一观点。

20.5 假定一家公司发行的3年期零息债券的收益率与3年期无风险零息债券的收益率的利差为120个基点。这家公司卖出的由布莱克－斯科尔斯－默顿模型定价的标准期权的价格被高估了多少？假定公司和其对手之间只有一笔交易，交易中没有担保品。

20.6 降级触发条款会增大违约风险吗？解释你的答案。

20.7 给出发生：(a) 错向风险；(b) 正向风险的两个例子。

20.8 什么是“补救期”？

20.9 “净额结算规定意味着CVA不能按交易逐笔计算。”请解释为什么。

20.10 “在银行财务遭遇困难时，DVA可以让公司的账面利润看上去更漂亮一些。”请解释为什么。

20.11 《巴塞尔协议Ⅲ》包括了CVA风险中的哪一部分？

20.12 某交易商与其交易对手的CSA规定，双方都必须提交担保品而且起点金额为0。如果补救期为15天，在什么情况下，交易商的CVA模型会产生损失？

作业题

20.13 将例20-3的计算进行扩展，假定违约可以发生在每个月的中间点上，第1年每个月发生违约的概率为0.001 667，第2年每个月发生违约的概率为0.002 5。

20.14 使用例20-3中的数据计算银行的DVA。假设银行可能在每个月的中点违约。两年内违约概率为每月0.001。假设银行违约时，交易对手能得到的回收率为40%。

20.15 考虑某欧式看涨期权，期权标的资产为某不付股息的股票，股票的价格为52美元，期权执行价格为50美元，无风险利率为5%，波动率为30%，期权期限为1年，假定回收率为0，无担保品，无其他交易，并且违约概率与期权价格无关，计算：

(a) 假定无违约风险，期权价值为多少？

(b) 假定期权承约商在期权到期时有2%的违约概率，期权的价格为多少？

(c) 假如期权买入方不是在交易开始时付费，而是在期权到期时付费(包括应计利息)，如果期权承约人在期权到期时有2%的违约概率，那么以上期权费的时间安排将如何降低期权购买方的违约损失？

(d) 假如在(c)中期权买入方有1%的违约概率，这对期权卖出方的风险是什么？请讨论这一情形下违约的两面性，对于交易双方期权的价格分别为多少？

20.16 假定一家银行发行的3年期零息债券的收益率与3年期无风险零息债券的收益率的利差为210个基点，由布莱克－斯科尔斯－默顿公式得出的期权价格为4.10美元，如果你从银行买入期权，你愿意支付的实际价格为多少？

第21章 信用在险价值

在险价值（VaR）是测算监管资本金的关键，也是金融和非金融企业风险管理实践的核心内容。在本章中，我们将讨论计算信用风险 VaR 的一些方法。

信用风险 VaR 的定义与市场风险 VaR 类似，是在某一展望期内，在一定的置信度下，信用损失不会超出的数量。有些信用风险 VaR 模型仅考虑由违约造成的损失；其他一些不仅考虑违约，还考虑由于降级和信用价差变化造成的损失。

银行通过计算信用风险 VaR 来求得监管资本金和经济资本金。监管资本金要求已经在第 15 章和第 16 章中讨论过。经济资本金是金融机构对自身承担的风险的自我估计，并用来计算各业务部门的资本回报率。我们将在第 26 章中对经济资本金做进一步讨论。有时，银行选择用来计算其信用风险经济资本金的 VaR 模型可能不同于用来计算监管资本金的 VaR 模型。

VaR 是一种情景分析的方法。因此，依照我们在第 7 章中的解释，对用来生成不同展望期的场景的违约概率的估计应该来自真实世界。然后再使用风险中性估计来计算组合在 VaR 展望期内的价值。在第 19 章中，我们还曾讨论过真实世界中的违约概率小于风险中性世界中的违约概率。

信用风险 VaR 采用的展望期通常比市场风险 VaR 长。计算市场风险 VaR 的展望期通常是 1 天，然后在计算监管资本金时再延展到 10 天。而对于信用风险 VaR，当持有的产品是出于非交易目的时，采用的展望期通常为 1 年。历史模拟法是计算市场风险 VaR 的主要工具（见第 13 章），而信用风险 VaR 的计算通常需要更加复杂的模型。

任何信用风险 VaR 模型面临的一个核心问题是信用相关性。不同公司的违约（或降级或信用价差变化）事件的发生并不是彼此独立的。在经济衰退时，大部分公司都会受到不利的影响，变得更可能违约。当经济形势趋好时，情况相反。这种违约率和经济形势之间的关系是产生信用相关性的重要原因。如果信用相关性增加（就像在市场受压的情况下发生的那样），投资组合有信用风险敞口的金融机构面临的风险就会增大。

21.1 信用评级迁移矩阵

金融机构采用的计算信用风险 VaR 的模型中经常会用到**信用评级迁移矩阵**（rating transition matrices）。这些矩阵揭示了在某一段时间内，公司的信用等级从一个级别迁移到另一个级别的概率。这些概率基于历史数据得出。信用等级可以是金融机构内部产生的，也可能是由穆迪、标准普尔或惠誉等专业评级机构发布的。表 21-1 给出了由穆迪发布的 1 年期信用评级迁移矩阵，该矩阵通过追踪 1970～2016 年拥有穆迪评级的公司的表现得出。例如，该矩阵表明一家初始评级为 A 的公司，在 1 年后有 90.90% 的概率仍然拥有 A 评级；有 2.64% 的概率会升级为 Aa；有 5.67% 的概率会降级成 Baa，依此类推。这类公司 1 年内违约的概率为 0.06%，或者说每 10 000 家中会有 6 家违约。

表 21-1 1970～2016 年 1 年期信用评级迁移矩阵

初始信用评级	年终时的信用评级								
	Aaa	Aa	A	Baa	Ba	B	Caa	Ca-C	违约
Aaa	90.94	8.36	0.59	0.08	0.02	0.00	0.00	0.00	0.00
Aa	0.87	89.68	8.84	0.45	0.07	0.04	0.02	0.00	0.02
A	0.06	2.64	90.90	5.67	0.51	0.12	0.04	0.01	0.06
Baa	0.04	0.16	4.44	90.16	4.09	0.75	0.17	0.02	0.18
Ba	0.01	0.05	0.47	6.66	83.03	7.90	0.78	0.12	0.99
B	0.01	0.03	0.16	0.51	5.32	82.18	7.39	0.61	3.79
Caa	0.00	0.01	0.03	0.11	0.46	7.82	78.52	3.30	9.75
Ca-C	0.00	0.00	0.07	0.00	0.80	3.19	11.41	51.28	33.24
违约	0.00	0.00	0.00	0.00	0.00	0.00	0.00	0.00	100.00

注：概率以百分数表示，并对跳转到无评级的情况进行了调整。

资料来源：穆迪。

假设在一定时间段内信用评级的变化独立于其他时间段，表 21-1 可用来计算 1 年期限以上的评级迁移矩阵。例如，2 年期矩阵可以将两个 1 年期矩阵相乘。如表 21-2 所示，5 年期迁移矩阵是 1 年期迁移矩阵的 5 次方。由表 21-2我们可以显而易见地看出，一家公司在 5 年中维持同一评级的概率大大低于在 1 年中维持该评级的概率，5 年中违约的概率也大大高于 1 年中违约的概率。

表 21-2 由表 21-1 计算出的 5 年期信用评级迁移矩阵，概率以百分数表示

初始信用评级	年终时的信用评级								
	Aaa	Aa	A	Baa	Ba	B	Caa	Ca-C	违约
Aaa	62.75	28.14	7.58	1.16	0.20	0.07	0.02	0.00	0.03
Aa	2.96	60.27	29.98	5.27	0.82	0.33	0.13	0.01	0.20
A	0.40	9.00	65.74	19.73	3.19	1.08	0.32	0.04	0.55
Baa	0.18	1.45	15.45	63.40	12.25	4.33	1.18	0.13	1.68
Ba	0.06	0.39	3.57	19.72	43.71	19.78	5.10	0.55	7.16
B	0.04	0.16	0.94	3.83	13.22	43.21	16.56	1.65	20.39
Caa	0.01	0.06	0.26	0.94	3.46	17.61	34.25	3.53	39.88
Ca-C	0.00	0.03	0.21	0.51	2.09	7.30	12.50	4.53	72.82
违约	0.00	0.00	0.00	0.00	0.00	0.00	0.00	0.00	100.00

在小于 1 年的期限中计算信用评级的变化不太容易。例如，估计 6 个月期信用评级迁移矩阵要将表 21-1 中的矩阵开方，估计 3 个月期信用评级迁移矩阵需要开 4 次方，依此类推，附录 J 介绍了计算方法，在作者的网页上可下载计算工具。

表 21-3 显示了由表 21-1得出的 1 个月期信用评级迁移矩阵。正如我们预想的，一家公司在 1 个月中信用评级不变的概率非常高。

表 21-3　由表 21-1 计算出的 1 个月期信用迁移矩阵，概率以百分数表示

初始信用评级	年终时的信用评级								
	Aaa	Aa	A	Baa	Ba	B	Caa	Ca-C	违约
Aaa	99.21	0.77	0.02	0.01	0.00	0.00	0.00	0.00	0.00
Aa	0.08	99.08	0.81	0.02	0.00	0.00	0.00	0.00	0.00
A	0.00	0.24	99.19	0.52	0.04	0.01	0.00	0.00	0.00
Baa	0.00	0.01	0.40	99.12	0.39	0.05	0.01	0.00	0.01
Ba	0.00	0.00	0.03	0.63	98.42	0.78	0.04	0.01	0.07
B	0.00	0.00	0.01	0.03	0.53	98.32	0.75	0.06	0.30
Caa	0.00	0.00	0.00	0.01	0.02	0.79	97.94	0.41	0.82
Ca-C	0.00	0.00	0.01	0.00	0.08	0.32	1.42	94.55	3.62
违约	0.00	0.00	0.00	0.00	0.00	0.00	0.00	0.00	100.00

表 21-2 和表 21-3 中的结果假设在一定时间段内信用评级的变化是独立于其他时间段的，这并不完全符合实际情况。如果一家公司最近被降级，那么它在接下来一段时间再次被降级的可能性很高。[㊀]这种现象有时被称作**评级冲量**（ratings momentum）。但是对大部分的情况，独立性假设并非很不合理。[㊁]

21.2　Vasicek 模型

《巴塞尔协议Ⅱ》中内部评级法（IRB）对银行账户的信用风险资本金要求是基于 Vasicek 的高斯 Copula 模型（见第 11.6 节和第 15.8 节）。该方法用于计算贷款组合违约率分布的高分位数。如第 11 章所示，我们定义 WCDR(T, X) 为时长为 T 的区间内，违约率分布的第 X 个分位数。注意，WCDR 代表最坏违约率。Vasicek 模型将 WCDR(T, X) 与违约概率 PD 以及用来描述信用相关性的参数 ρ 建立了联系。第 11.6 节中给出了其公式

$$\mathrm{WCDR}(T,\ X) = N\left(\frac{N^{-1}(\mathrm{PD}) + \sqrt{\rho}N^{-1}(X)}{\sqrt{1-\rho}}\right) \tag{21-1}$$

对单笔贷款，令 EAD 代表违约时的风险敞口，LGD 为违约损失，损失分布的第 X 个分位数大致为

$$\mathrm{WCDR}(T,\ X) \times \mathrm{EAD} \times \mathrm{LGD}$$

㊀ 对这一点的讨论，见 E. Altman and D. Kao, "The Implications of Corporate Bond Rating Drift," *Financial Analysts Journal*(May-June 1992): 64-75, and D. Lando and T. Skodeberg, "Analyzing Rating Transitions and Rating Drift with Continuous Observations," *Journal of Banking and Finance* 26(2002): 423-444。

㊁ 当我们将表 21-2 中的 5 年期信用迁移矩阵和穆迪发布的实际 5 年期信用迁移矩阵做比较时，发现二者是非常接近的。表 21-2 中的违约概率比实际中的略小，这符合评级冲量现象。

Gordy 的研究结果使我们能够将上式进行扩展。[㊀]假定我们有一个由 n 笔贷款组成的贷款组合，其中每笔贷款相比整个组合来说都很小。损失分布的第 X 个分位数大致为

$$\sum_{i=1}^{n} \mathrm{WCDR}_i(T,\ X) \times \mathrm{EAD}_i \times \mathrm{LGD}_i \tag{21-2}$$

其中，$\mathrm{WCDR}_i(T,\ X)$、EAD_i 和 LGD_i 分别是组合中第 i 笔贷款的 WCDR、EAD 和 LGD。

如第 15 章中讨论的那样，银行账户中的监管资本金等于式（21-2）在展望期 T 为 1 年、置信水平 X 为99.9%时的值。有时式（21-2）中求和的各项需乘以一个期限调整因子 MA_i。这是考虑到以下的情况：如果贷款 i 的期限长于 1 年，其信用质量可能仅仅是逐渐下降而不是一下违约。在 IRB 的基础方法中，银行估计 PD 的值，EAD、LGD 和 MA 的值由《巴塞尔协议Ⅱ》的规则设定。在 IRB 高级方法中，上述各值全部由银行估计。但在两种方法中，参数 ρ 均由《巴塞尔协议Ⅱ》的规则设定。

当 Vasicek 模型用来确定经济资本金时，银行可以自行估计 ρ 值。第 19.8 节中讨论的结构化模型表明，两家公司的 ρ 应该大致等于它们资产回报率之间的相关性。[㊁]作为一种近似，这和它们的股票回报率之间的相关性应该是相等的。因此，通过计算一组公司股票回报率之间的相关性，我们可以确定出对这组有公司风险敞口的投资组合的相关性（ρ）。如果这些公司不是上市公司，我们可以使用与之类似的上市公司进行估计。另外一种途径是第 11.6.2 节中介绍的最大似然法。

我们在第 11 章中曾经指出，Vasicek 模型的缺点是它对尾部相关性的考虑不够充分。采用其他 Copula 模型来取代高斯 Copula 模型可以对这一点进行修正（其他 Copula 模型参见第 11.6.3 节）。

21.3 Credit Risk Plus

1997 年，瑞士信贷（Credit Suisse）金融产品小组开发了一个计算信用 VaR 的模型，这一模型被命名为 Credit Risk Plus，[㊂]该模型使用了保险行业中一种被广泛采用的解析近似法。

假定一家金融机构有 n 笔某类型的贷款，每笔贷款在 1 年时间内违约的概率为 q，整个交易组合的违约数量的期望值为 qn。假定违约事件之间相互独立，根据二项分布可得出有 m 笔贷款违约的概率是

$$\frac{n!}{m!(n-m)!}q^m(1-q)^{n-m}$$

如果 q 的值较小而 n 值很大，我们可由泊松分布（Poisson distribution）给出上式的近似

$$\mathrm{Prob}(m\ \text{defaults}) = \frac{e^{-qn}(qn)^m}{m!} \tag{21-3}$$

即使各贷款之间的违约概率不相等，上式仍然基本上是正确的，只要所有贷款的违约概率

㊀ See M. Gordy, "A Risk-Factor Model Foundation for Ratings-Based Capital Rules," *Journal of Financial Intermediation* 12, no. 3(July 2003): 199-233.

㊁ See for example, J. Hull, M. Predescu, and A. White, "The Valuation of Correlation Dependent Derivatives Using a Structural Model," *Journal of Credit Risk* 6, no. 3(Fall 2010): 99-132.

㊂ 见瑞士信贷金融产品小组的报告，"Credit Risk Management Framework", October, 1997。

都很小，且 q 等于未来一年中贷款组合中贷款的平均违约概率。

在实际中，我们并不能确定未来一年内的违约概率 q。如表 11-6 显示的，不同年份的违约率可能相去甚远。一个比较方便的假设是预期的违约数量 qn 服从一个 gamma 分布，分布的均值为 μ，标准差为 σ。

这样，式（21-3）中的泊松分布变成了一个负二项分布

$$\text{Prob}(m\ \text{defaults}) = p^m(1-p)^\alpha \frac{\Gamma(m+\alpha)}{\Gamma(m+1)\Gamma(\alpha)} \tag{21-4}$$

这里 $\alpha=\mu^2/\sigma^2$，$p=\sigma^2/(\mu+\sigma^2)$，$\Gamma(x)$ 为 gamma 函数。[⊖]

表 21-4 给出了当 $\mu=4$ 时，不同 σ 下各违约数的概率分布。第 1 列（$\sigma=0$）通过式（21-3）得出，其他列由式（21-4）得出。从表中可以看出，当 σ 趋向于 0 时，式（21-4）中的负二项分布得出的各违约数的概率分布趋向泊松分布。随着 σ 增加，发生极端情况即出现大违约数的概率会增加。假设违约产生的损失是常数，如表中最后一行显示的，当 $\sigma=0$ 时，即违约率不存在不确定性时，99.9% 的 VaR 损失对应 11 个违约。当 $\sigma=10$ 时，即违约率的不确定性很大时，99.9% 的 VaR 变得非常大，其对应发生 98 个违约时的损失。

表 21-4　当预期违约数为 4 时，违约数的概率分布

违约数	违约率的标准差						
	0	0.1	0.5	1.0	2.0	5.0	10.0
0	0.018 3	0.018 4	0.020 7	0.028 1	0.062 5	0.281 4	0.593 8
1	0.073 3	0.073 4	0.077 7	0.090 1	0.125 0	0.155 3	0.091 3
2	0.146 5	0.146 6	0.148 6	0.153 1	0.156 3	0.109 8	0.050 9
3	0.195 4	0.195 2	0.192 3	0.183 7	0.156 3	0.083 3	0.035 3
4	0.195 4	0.195 1	0.189 5	0.174 6	0.136 7	0.065 3	0.026 8
5	0.156 3	0.156 1	0.151 6	0.139 6	0.109 4	0.052 3	0.021 4
6	0.104 2	0.104 1	0.102 6	0.097 8	0.082 0	0.042 3	0.017 7
7	0.059 5	0.059 6	0.060 3	0.061 4	0.058 6	0.034 6	0.015 0
8	0.029 8	0.029 8	0.031 5	0.035 3	0.040 3	0.028 5	0.012 9
9	0.013 2	0.013 3	0.014 8	0.018 8	0.026 9	0.023 6	0.011 3
10	0.005 3	0.005 3	0.006 4	0.009 4	0.017 5	0.019 6	0.009 9
11	0.001 9	0.001 9	0.002 5	0.004 5	0.011 1	0.016 3	0.008 8
12	0.000 6	0.000 7	0.000 9	0.002 0	0.006 9	0.013 7	0.007 9
13	0.000 2	0.000 2	0.000 3	0.000 9	0.004 3	0.011 5	0.007 1
14	0.000 1	0.000 1	0.000 1	0.000 4	0.002 6	0.009 6	0.006 4
15	0.000 0	0.000 0	0.000 0	0.000 1	0.001 6	0.008 1	0.005 8
16	0.000 0	0.000 0	0.000 0	0.000 1	0.000 9	0.006 8	0.005 3
17	0.000 0	0.000 0	0.000 0	0.000 0	0.000 5	0.005 8	0.004 8
18	0.000 0	0.000 0	0.000 0	0.000 0	0.000 3	0.004 9	0.004 4
19	0.000 0	0.000 0	0.000 0	0.000 0	0.000 2	0.004 1	0.004 1
20	0.000 0	0.000 0	0.000 0	0.000 0	0.000 1	0.003 5	0.003 8
99.9% 分位数对应的违约数	11	11	12	13	17	39	98

⊖ 在 Excel 中，GAMMALN 函数可以返回 gamma 函数 $\Gamma(x)$ 的自然对数。当 x 为整数时，$\Gamma(x)=(x-1)!$。

在实际中，违约损失具有不确定性，而且银行的风险敞口也有很多类别，各类别的违约率也各不相同。我们可以更深入地运用解析方法，但是一种更灵活的方法是使用蒙特卡罗模拟。模拟过程如下：

（1）在整体违约率中进行抽样。抽样中使用的数据样本可以来自类似表 11-6 的数据源。

（2）开发将各类别的债务人的违约率与整体违约率相关联起来的模型。一个简单的做法是建立整体违约率与各类别违约率的回归模型。

（3）对各类别的债务人的违约事件进行抽样。

（4）对各类别的每一违约事件的违约损失进行抽样。

（5）计算所有违约造成的整体损失。

（6）重复以上（1）~（5）的计算，求得整体损失的概率分布。

（7）由整体损失概率分布来计算所要求的 VaR。

有多种方法可以进一步改进蒙特卡罗模拟的结果。对表 11-6 中的数据的分析表明，某年中的违约概率与前一年的违约概率存在相关性，这说明由表 11-6 中的数据直接对违约率随机取样以决定下一年内的违约率可能不是最好的办法。开发一个模型，能够将下一年的违约率与前一年的违约率或其他宏观经济因素关联起来，可能是个不错的选择。

需要注意的是，违约率的不确定性在分析中占有重要地位。如果没有这个不确定性，就不会有违约相关性，并且如表 21-4 所显示的，产生大量违约事件的概率是很小的。随着违约率不确定性的升高，违约相关性也会增加，大量违约事件出现的概率也会增加。出现违约相关性的原因在于，所有公司都具有相同的违约率，违约率或高或低。没有违约相关性，损失的概率分布会很对称。当存在违约相关性时，损失会呈现正偏态，如图 21-1 所示。

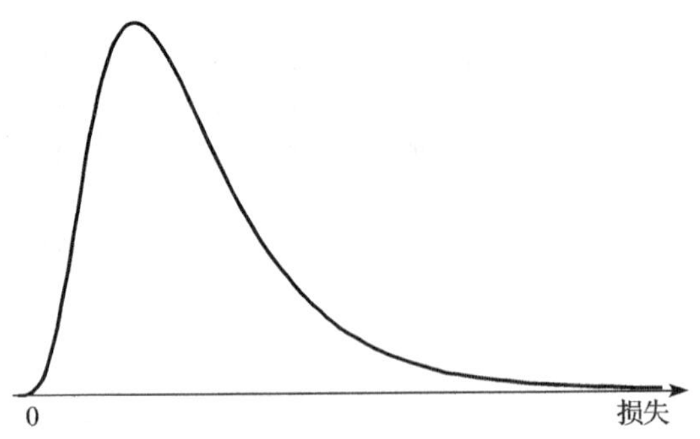

图 21-1 违约损失概率分布的一般形态

21.4 CreditMetrics

Vasicek 模型和 Credit Risk Plus 模型仅估算由违约引起的损失的概率分布，降级引发的影响没有被考虑在内。[⊖]我们现在讨论能处理降级和违约两种情况的 CreditMetrics 模型。该模型最先由摩根大通在 1997 年提出，基于类似于表 21-1 中所示的某种信用迁移矩阵。评级可由内部产生（由银行自己的历史数据）或由评级机构发布。

计算一个包含有很多对手方的组合 1 年展望期的信用 VaR 需要进行蒙特卡罗模拟。在每一条模拟路径上，每个对手方在一年后的信用等级要被确定下来（我们在稍后会解释如何做到这一点）。针对每一个交易对手的信用损失由此也可以算出来。如果在一年后某交易对手的信用评级不是违约，那么我们就要在一年后这个时间点上对与该交易对手进行的所有交易重新定

⊖ 但是在用于监管资本金的 Vasicek 模型实现中，期限调整因子可以用来考虑降级。

价，然后求出信用损失。如果一年后的信用等级为违约，信用损失等于违约时的敞口乘以1减去回收率。[⊖]

计算过程需要用到每个信用等级的信用价差期限结构。一种简单的假设是，该期限结构与目前市场上观察到的是一样的。另外一种假设是存在一个信用价差指数，指数服从某概率分布，而所有信用价差都与该指数具有某种线性关系。

当与某交易对手的交易中包含衍生产品时，我们需要对第20章中描述的CVA计算进行扩展。回忆一下，对每个交易对手，计算CVA时需要将从目前开始一直到与该对手进行的期限最长的交易结束时为止的这一时间段划分为n个区间。我们定义q_i为第i个区间内发生违约的概率；v_i为区间i的中点上预期净敞口的贴现值，其中考虑了担保品；R为回收率。在当前看来，一年以外违约造成的预期损失为

$$\sum_{i=j}^{n}(1-R)q_i v_i$$

这里假设第j个区间就是自一年后开始的区间。

在CreditMetrics的每次模拟试验中，如果在第一年没有违约，那么根据式（20-3），一年时的信用价差期限结构会给出一年以后的各区间上的违约概率。假设q_i^*为某次模拟试验中第i个区间（$i \geqslant j$）的违约概率。此次试验中的信用损失为

$$\sum_{i=j}^{n}(1-R)(q_i^* - q_i)v_i \tag{21-5}$$

注意，如果对手的信用评级在年内得到改善（即使保持不变），这一违约损失有可能变成负值。

如果某次模拟试验中，第一年内发生了违约，会对违约时间进行抽样，以确定违约时的敞口。该值会被乘以1减去回收率，得出违约损失。

CreditMetrics蒙特卡罗模拟的结果会生成一个包括所有交易对手的违约以及降级造成的总损失的概率分布。所需的信用VaR可由这个分布得出来。

相关性模型

在确定信用损失的抽样过程中，我们不应假设不同交易对手的信用评级变化是相互独立的。高斯Copula模型可以用来构造信用评级变化的联合概率分布（见第11.5节有关Copula模型的讨论），两家公司信用迁移的Copula的相关性一般被设定为等于股票回报的相关性（第1章中介绍的资本资产定价模型提供了一个股票回报的单因子模型。类似第11.4.2节所讨论的，此模型可以用来生成具有内部一致性的相关性矩阵）。

假设我们需要对一个A级债券及一个B级债券的信用变化进行模拟。模拟中采用的信用迁移矩阵如表21-1所示。假如两家公司股票回报的相关性为0.2，在每一个抽样过程中，我们对两个服从标准正态分布的变量x_A及x_B进行抽样，并保证x_A及x_B的相关性为0.2。变量x_A决定A级公司的新的信用等级，变量x_B决定B级公司的新的信用等级。由表21-1，一家评级为A的公司变为Aaa，Aa，A，…的概率分别是0.0006，0.0264，0.9090，…，因为

⊖ 回收率通常会从一个经验数据集中抽样。

$$N^{-1}(0.0006) = -3.2389$$

$$N^{-1}(0.0006 + 0.0264) = -1.9268$$

$$N^{-1}(0.0006 + 0.0264 + 0.9090) = 1.5220$$

当 $x_A < -3.2389$ 时，A 级公司信用级别上升为 Aaa 级；当 $-3.2389 < x_A < -1.9268$ 时，A 级公司信用级别变为 Aa；当 $-1.9268 < x_A < 1.5220$ 时，A 级公司级别保持不变；依此类推。类似地，表 21-1 同样显示了一家评级为 B 的公司变为 Aaa，Aa，A，…的概率分别是 0.000 1，0.000 3，0.001 6，…，因为

$$N^{-1}(0.0001) = -3.7190$$

$$N^{-1}(0.0001 + 0.0003) = -3.3528$$

$$N^{-1}(0.0001 + 0.0003 + 0.0016) = -2.8782$$

当 $x_B < -3.7190$ 时，B 级公司信用级别上升为 Aaa；当 $-3.7190 < x_B < -3.3528$ 时，B 级公司信用级别变为 Aa；当 $-3.3528 < x_B < -2.8782$ 时，B 级公司信用级别变为 A；等等。A 级公司在 $x_A > N^{-1}(0.9994)$ 时违约，对应于 $x_A > 3.2389$；B 级公司在 $x_B > N^{-1}$（0.962 1）时违约，对应于 $x_B > 1.7756$。图 21-2 是此例的图形显示。

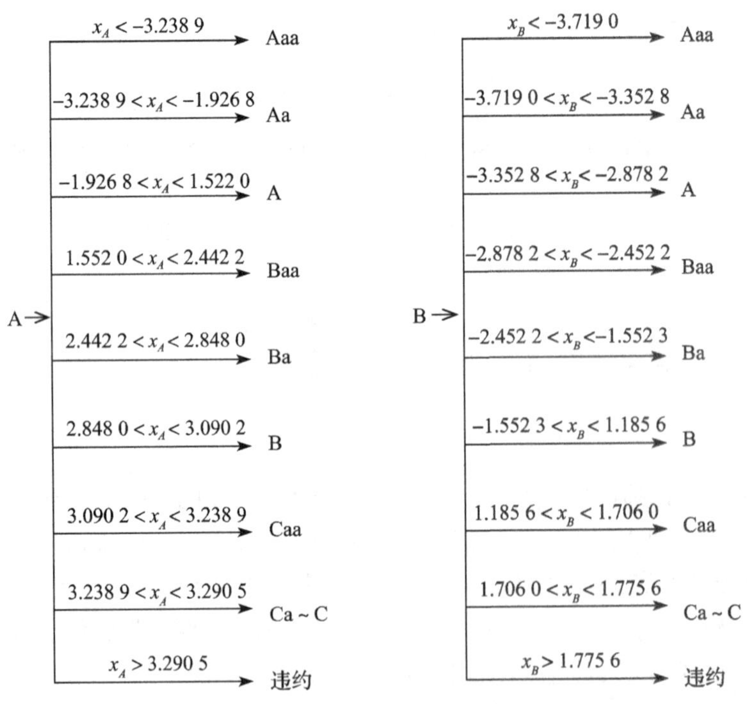

图 21-2 CreditMetrics 相关性模型

注：一家 A 级公司和一家 B 级公司在一年后信用转移的可能，图中 x_A 和 x_B 分别服从标准正态分布，其相关性等于 A 级公司及 B 级公司股票回报的相关性。

有一点值得说明的是，如果 CreditMetrics 和 Credit Risk Plus 都使用同样的一组假设，那么在理论上它们应产生相同的长期违约损失分布，主要的区别在于损失发生的时间。例如，假设某组合中包含一笔贷款。在第 1 年，借贷方的评级从 A 降到了 BBB；在第 2 年，又从 BBB 降到了 B。我们可以假设在第 1 年和第 2 年没有损失，而在第 3 年计算损失（Credit Risk Plus 的方

法)。另外一个方法是，我们可以通过重新定价，分别计算第1年、第2年、第3年的损失(CreditMetrics 方法)。第二种方法计算出的各年损失相加后应等于第一种方法计算的损失。

21.5 信用价差风险

交易账户上大部分对信用敏感的产品都严重依赖信用价差。因此，计算信用风险 VaR 或 ES 时需要考虑信用价差的可能变化。一种可能的手段是，类似于市场风险 VaR，用历史模拟法计算出展望期为1天、置信度为99%的信用风险 VaR。由1天的 VaR，放大$\sqrt{10}$倍，可得10天展望期的 VaR。为此，需要统计所有相关企业过去500天内（或其他区间）信用价差的变化。第一个历史模拟场景假设所有公司的信用价差的百分比变化等于第1天的变化，第二个历史模拟场景假设信用价差的百分比变化等于第2天的变化；依此类推。但是，这个方法有一个显而易见的问题，如果某家公司在当前还存在，那它过去就没有违约过，因此该方法实际上假设以后没有违约的可能性。[⊖]另一个问题是，并不是所有企业的信用价差都是每天更新的，因此数据的质量可能不高。

另一种办法是采用 CreditMetrics 中用到的一种方法。第21.1节给出了计算10天期限的信用评级迁移矩阵的方法。该矩阵给出了一家公司的信用等级在10天内发生各种变化或者违约的概率。信用评级变化的历史数据定义了与各个信用等级有关的10天后信用价差变化的概率分布，然后采用蒙特卡罗模拟。在每次模拟中，从迁移矩阵中产生一个抽样，以决定该公司是维持原评级、迁移到一个新的评级还是发生违约。对信用价差变化的概率分布同样进行抽样，以决定每个信用等级10天后的信用价差，由此我们可得到10天后整个组合的价值并由此进一步得到 VaR。

信用相关性可以通过两种途径引入。第一种：采用第21.4.1节中介绍的方法，使用高斯 Copula 模型，将各企业信用评级的变化关联起来。第二种：各信用等级信用价差的变化可假设为完全（或近似完全）相关，因此当一个评级为 A 的产品的信用价差上升时，其他信用等级的产品的利差也会上升。

【例21-1】 为说明上述方法，让我们考虑下面一个简单例子。假设某公司有一个2年零息债券，面值为1 000美元。无风险利率为3%，当前信用价差为200个基点，因此，债券的收益率为5%（均为年复利）。当前的债券价格为$1\,000/1.05^2=907.03$美元。假设债券现在的评级为 Ba，近似于表21-3中的数据，在下个月，债券评级上升到 Baa 的可能性为0.6%，有98.5%的可能性评级保持不变，有0.8%的可能性评级会下降到 B，还有0.1%的可能性会违约。如果违约，债券的价格将变为400美元。对每一个可能的信用等级，有三个可能性均等的信用价差，按基点计算，这些利差分别为：对 Baa 级别的80、100和120；对 Ba 级别的160、200和240；对 B 级别的400、450和500。

很明显，最坏的情况是违约。违约发生的可能性为0.1%，将导致的损失为907.03 -

⊖ 解决这一问题的方法之一是假设当信用价差超过某一水平时，即发生违约。另一种方法是将跳跃式违约(jump-to-default) 的风险分开另外处理。

400 =507.3 美元。第二坏的情况是评级被降为 B，同时利差变为 500 基点。这种情况发生的可能性为 0.8/3 =0.267%。因为债券还有 1.917 年到期，其价格将变为 $1\ 000/1.08^{1.917}$ = 862.85，损失为 907.03 −862.85 =44.17 美元。表 21-5 显示了所有可能发生的情况的概率及其带来的损益。

表 21-5 例 21-1 中的结算结果

评级	利差	概率（%）	债券价值（美元）	损失（美元）
违约		0.100	400.00	507.03
B	500	0.267	862.85	44.17
B	450	0.267	870.56	36.47
B	400	0.267	878.38	28.65
Ba	240	32.833	904.11	2.92
Ba	200	32.833	910.72	−3.70
Ba	160	32.833	917.41	−10.38
Baa	120	0.200	924.17	−17.14
Baa	100	0.200	927.58	−20.55
Baa	80	0.200	931.01	−23.98

该表表明，如果置信度高于 99.9%，得出的 VaR 为 507.03 美元；如果置信区间在 99.9% 和 99.633% 之间，VaR 为 44.17 美元；依此类推。当置信度为 99% 时，VaR 为 2.92 美元。

风险水平恒定假设

在计算 VaR 或 ES 时，银行有时会做出一个恒定的风险水平假设，它们假设一个投资组合会周期性地重新平衡，将风险恢复到最初的水平。

例如，假设一家公司投资于 Baa 级债券，并正在考虑两种替换交易策略：

（1）持有债券 1 年，然后卖出债券（“买入并持有”策略）。

（2）在每个月月底进行再平衡，以便如果债券不再是 Baa 级，它们将被卖出，并被 Baa 级债券取代（“恒定风险水平”策略）。

表 21-1 中 Baa 列的数值是第一种策略的结果，而在第二种策略的情况下，表 21-3 中 Baa 列的结果重复 12 次。

考虑第一次违约的情况，根据表 21-1，买入并持有策略下的违约概率为 0.001 8。根据表 21-3，每月违约概率为 0.000 121 5。[⊖]因此，当使用恒定风险水平策略时，一次违约的概率是

$$12 \times 0.000\ 121\ 5 \times 0.999\ 878\ 5^{11} = 0.001\ 456$$

这比买入并持有策略下的违约概率低 19%。两次或两次以上违约的概率暂不考虑。

接下来考虑债券评级下降至 C 的概率。根据表 21-1，在买入并持有策略下这一概率为 0.001 7。而在恒定风险水平策略下，一次降级为 C 的概率为

⊖ 注意，这些结果是基于比表 21-3 中小数点后更多的数字得出的，可在作者的网站上看到结果。

$$12 \times 0.0001277 \times 0.9998723^{11} = 0.001530$$

这比买入并持有策略下的概率减少了 10%。不止一次降级为 C 的概率暂不考虑。

最后，考虑降级为 Ba 的概率。根据表 21-2，在买入并持有策略下，这一概率为 0.040 9。在恒定风险水平策略下，一次降级为 Ba 的概率为

$$12 \times 0.0038735 \times 0.9961265^{11} = 0.045505$$

这比买入并持有策略下降级为 Ba 的概率增加了 10%。恒定风险水平策略下多次降级的概率约为 0.001。

计算结果表明，买入并持有策略比恒定风险水平策略将导致更大的违约损失和债券更大幅度的降级，但小幅度评级变动带来损失的可能性更小。因此，当使用恒定风险水平策略时，VaR 和 ES 通常较小。

小 结

信用风险 VaR 的定义方式与市场风险 VaR 类似，是在一定时间展望期内和置信度下，信用损失不会被超出的数量。

巴塞尔监管规定要求计算展望期为 1 年、置信度为 99.9% 的信用风险 VaR。对出于经济资本目的的计算，可能使用不同的置信度。我们介绍了三种计算银行账户 VaR 的方法：Vasicek 模型、Credit Risk Plus 和 CreditMetrics。Vasicek 模型基于组合中涉及的企业的违约时间的单因子高斯 Copula 模型，该方法被用来计算监管资本金。Credit Risk Plus 采用类似保险业中常用的步骤，通过设定单家公司的违约分布来计算违约损失。CreditMetrics 与以上二者不同，其将违约和降级两种情况都考虑在内。该方法将高斯 Copula 模型和信用迁移矩阵结合起来使用。

为确定交易账户的信用风险 VaR，一种方法是收集公司信用价差变化的历史数据，并使用与计算市场风险 VaR 类似的历史模拟法。另一种方法是建立针对公司的信用等级迁移和各信用等级的平均信用价差的模型。

延伸阅读

Credit Suisse Financial Products. "Credit Risk Management Framework" (October 1997).

Finger, C. C. "Creditmetrics and Constant Level of Risk." Working paper, RiskMetrics Group-MSCI, September 2010.

Gordy, M. "A Risk-Factor Model Foundation for Ratings-Based Capital Rules." *Journal of Financial Intermediation* 12, no. 3 (July 2003): 199–233.

J. P. Morgan. "CreditMetrics–Technical Document" (April 1997).

Vasicek, O. "Probability of Loss on a Loan Portfolio." Working paper, KMV, 1987. (Published in *Risk* in December 2002 under the title "Loan Portfolio Value.")

练习题

21.1 解释 Vasicek 模型、Credit Risk Plus 和 CreditMetrics 在以下几个方面的不同：

(a) 信用损失的认定；

(b) 违约相关性的处理。

21.2 请解释风险水平恒定假设的含义。

21.3 使用表 21-1 中的信用评级迁移矩阵，计算 2 年期的信用评级迁移矩阵。一家评级为 Aaa 的公司在两年内保持

Aaa 评级的概率是多少？被降级为 Aa 的概率是多少？

21.4 使用表 21-1 中的信用评级迁移矩阵和作者网页上的计算工具，计算 6 个月期的信用评级转移矩阵。一家评级为 Aaa 的公司在 6 个月内保持 Aaa 评级的概率是多少？被降级为 Aa 的概率是多少？

21.5 如何使用历史模拟法来计算交易账户上债券的信用风险 VaR？其中展望期为 1 天，置信度为 99%。该方法的缺点是什么？

21.6 某银行持有 100 笔期限为 1 年的贷款，每笔贷款的违约概率是 1%。至少有 6 笔贷款违约的概率是多少？（假设每笔贷款的违约事件是独立的。）

21.7 假设每笔贷款的违约率可能是 0.5% 或 1.5%，这两种情况的可能性相等。重复练习题 21.6 中的计算。

21.8 解释表 11-6（数据也可在作者网站上的计算表中找到）中违约率的自相关性，其对 Credit Risk Plus 模型有何影响？

作业题

21.9 请详细解释真实世界概率与风险中性世界概率的不同。这两个概率中的哪个会更高一些？某银行进入了一个信用衍生产品合约，合约规定如果某公司的信用从 A 级降为 Baa 级或更低时，银行将支付 100 美元。1 年的无风险利率为 5%，采用表 21-1来估计衍生产品的价格，在计算中你需要什么样的假设？你对衍生产品的价格可能是高估了还是低估了？

21.10 假设某银行有某类总值为 1 000 万美元的风险敞口，但单笔敞口都很小。1 年的违约概率为 1%，回收率为 40%，Copula 相关系数为 0.2。使用 Vasicek 模型计算展望期为 1 年、置信度为 99.5% 的 VaR。

21.11 使用表 21-1 中的信用评级迁移矩阵和作者网站上的工具计算为期 1.25 年的信用评级迁移矩阵。

PART 5

第五部分

其他内容

CHAPTER22

第22章 情景分析和压力测试

压力测试（stress testing）的目的是评估极端情况的影响，这些情况有发生的可能性，但又没有被在险价值（VaR）或预期亏空（ES）模型所考虑。如果我们要从2007年夏天开始的金融危机吸取一个教训的话，那就是我们应该更加重视压力测试，而不应只是机械地应用VaR/ES模型。VaR/ES模型很有用，但这种模型不可避免地受到历史回望的局限，而风险管理应当更关心今后将会发生什么。

本章将讨论产生压力测试情景的不同方法，以及如何应用得到的结果。我们将说明为什么2007～2008年的金融危机会促使银行监管机构要求银行进行更多的压力测试，而且监管机构本身也越来越多地亲自操刀定义压力场景以保证银行持有足够的资本金应对市场突变。

22.1 产生分析情景

计算VaR/ES最为流行的方法是在第13章中所讨论的历史模拟法。在这一方法中，我们假定过去几年的历史数据为我们提供了在今后1～10天内市场变化的指导。如果某种事件在历史数据所覆盖的时间内没有发生，那么在基本计算方法中，这一事件不会对计算出的VaR有任何影响。

我们已经讨论过几种改进的计算VaR/ES的方法，这些方法不再简单地假设市场变量在未来短期内的变化仅仅是以往情景的随机抽样，特别地：

（1）当市场变动很大时，对波动率进行更新（第13.3节）可以产生更多的极端结果。

（2）极值理论（第13.5节）可以对从历史数据中获取的损失分布的尾部进行外延。

（3）压力 VaR 或压力 ES（见第 13. 1 节）选取投资组合表现非常差的 250 天历史数据，以计算这一特定时间段产生的影响。

但是，VaR/ES 计算方法的本质是回望型的，那些将来可能会发生但又不能在历史数据中体现的情形是不能在 VaR/ES 中体现出来的。压力测试就是为了克服 VaR/ES 测度中的这一弱点。

压力测试包含估测金融机构的投资组合在极端市场条件下的表现。有时，极端市场变化以标准差来度量，如我们在表 10-1 中讨论过的汇率的例子。如果日变化量是正态分布的，那么 5 个标准差所对应的事件将会每 7 000 年才发生一次。但在实际中，平均每 5 年左右就会发生一次 5 个标准差的市场变动（这一事实说明在风险管理过程中，市场变化服从正态分布并不是一个好的假设）。

压力测试的关键是如何选择情景，我们接下来考虑不同的选择方法。

22. 1. 1 对单一变量进行压力测试

一种方法是使用假设某一变量有很大变化而其他变量保持不变的情景。对于这类情形，有时会考虑下面的例子：

（1）收益率曲线平行移动（上或下）100 个基点；

（2）假定某资产的隐含波动率会由当前水平上下波动 50%；

（3）股指上下变动 10%；

（4）一个主要货币的汇率上下变动 6%；

（5）一个非主要货币的汇率上下变动 20%。

如在第 8 章中所讨论的那样，市场变量的一个微小变化所产生的影响可由 delta 来描述。市场变量的一个较大变化所产生的影响可由 delta 及 gamma 组合来描述。在以上所描述的情景中，市场变化量太大，用希腊值来估计产品组合价值的变化很可能不再可靠。

22. 1. 2 涉及多个变量的情景

通常当一个市场变量有剧烈变化时，其他变量也会变化。为应对这种情况，金融机构须生成涉及多个变量同时变化的情景。一种流行的做法是采用市场变量在历史上曾出现过的极端变化情景。例如，为了检验美国股票价格的剧烈变化，某公司可以假设所有市场变量的百分比变化等于 1987 年 10 月 19 日的变化（在这一天，标准普尔 500 指数变化幅度达 22. 3 个标准差）。如果认为这一变化太过极端，可以采用 1988 年 1 月 18 日的市场变化（这一天市场变化幅度为 6. 8 个标准差）。其他可以选择的股市剧烈变化的日子为 2001 年 9 月 11 日（这一天恐怖分子袭击了纽约的世贸中心）和 2008 年 9 月 15 日（这一天雷曼兄弟宣告破产）。为了检验英国利率剧烈变动的效应，金融机构可以假定所有市场变量的百分比变化等于 1992 年 4 月 10 日的变化（这一天 10 年期债券收益率的变化为 8. 7 个标准差）。

另外一种方法是把过去发生的变化量放大。例如，我们可以选取一个市场趋向不利但变化比较温和的时期，然后将这一时期的实际变化幅度放大 3 ~ 5 倍。这样做的一个问题是，在市场受压的情况下，相关度会增加，但将所有市场变量同时放大一定的倍数，不会增大相关性。

有些历史情景对应于一天市场变化的幅度，而其他一些情景，尤其是涉及信用及流动性的变量，其变化对应于若干天、若干星期甚至若干个月。在情景中考虑市场变量的波动率十分重要。一般来讲，当利率及汇率有剧烈变动时，其隐含波动率以及其他很多变量的波动率也会大幅增加。有些情景可能会涉及大宗商品价格的剧烈变化，例如2014年下半年，石油价格大幅下跌。还有另外一些情况导致安全投资转移以及与之相伴的流动性短缺和信用价差扩大。1998年8月俄罗斯国债违约以及2007年8月投资者对由次贷生成的证券化产品丧失信心时都出现了这类情况（见第6章）。

22.1.3 由管理人员所产生的情景

历史绝对不会一成不变地重复，其中的部分原因是交易员对过去的危机有一定了解，并引以为鉴以避免重蹈覆辙。美国按揭贷款市场导致了2007年开始的金融危机。将来的信用危机不太可能仍是由于按揭信用审批制度的松懈而导致，但无论如何，今后仍有可能会出现信用危机。

从多方面来看，压力测试中最有用处的情景是由金融机构的高管或经济研究团队所提出的。公司高管和经济研究团队可以综合他们对市场、世界政治、经济环境以及当前全球市场的不确定性来产生合理的、会造成巨大损失的情景。有时管理人员产生的某些情景是基于历史事件，但往往根据当前金融及经济状况对这些事件进行了调节。

一种产生压力测试情景的方法是由高管组成一个委员会，定期召开会议，并通过头脑风暴（brainstorm）的形式来回答以下一个简单问题：“市场会出现什么预想不到的情景?” Clemens和Winkler（1999）对这种委员会的最佳构成进行了研究，[⊖]他们的结论是：①委员会应由3~5个成员组成；②委员会成员的背景应各不相同；③委员会成员之间应有一个健康的交流渠道。为了能对整个宏观状况有全面的把握，委员会成员必须能跳出他们日常工作的窠臼，这一点非常重要。

在产生有价值的情景方面，高管的想法有时并不一定要十分有创意。在2005年及2006年，许多金融评论员认识到美国住房市场正在经历一场泡沫，而这些泡沫迟早会破。当然我们现在很容易做事后诸葛亮，但在当时压力测试委员会要是能提出一个全国范围内房价会下跌20%~30%的情景，也是很合理的要求。

公司高管及董事会都要理解压力测试的重要性，做到这一点十分重要。公司高管与董事会成员要以压力测试为依据来做出战略决策。由公司高管来提出分析情景的一大好处是，这能使高管更容易接受压力测试的重要性。而由公司中层管理人员所产生的情景往往不会得到严肃的对待。

22.1.4 核心变量和周边变量

当对单个市场变量产生受压情景或情景是由管理层产生时，这些场景可能只涉及几个核心变量（core variable）的变动，因而不够完善。一种进行压力测试的方法是将没有被检验的周边变量（peripheral variable）的变化设为0，但这种方法往往不令人满意。另外一种方法是首

⊖ See R. Clemens and R. Winkler, “Combining Probability Distributions from Experts in Risk Analysis,” *Risk Analysis* 19, no. 2(April 1999): 187-203.

先假定核心变量产生了剧烈变动，并建立周边变量对核心变量的回归（regression），这种回归可以预测周边变量的变化程度与核心变量变化程度的关系，最后将这些预测（以预测点或概率分布的形式）用于压力测试之中。

这种压力测试方式被称为**条件压力测试**（conditional stress testing），最初由 Kupiec（1999）提出。[㊀]Kim 和 Finger（2000）进一步将这一想法推广到所谓的“断箭”（broken arrow）压力测试方法中。在该方法中，他们假设核心变量与周边变量之间的相关性是以受压市场为基准的，而不是以过去的平均值为基准。[㊁]

22. 1. 5 完善压力测试情景

管理人员应该仔细检查压力测试情景，以尽力确保所有的不利情景均已被考虑在内。这些情景不但要包括市场剧烈变化对金融机构自身投资组合的即时效应（immediate effect），同时还要考虑来自其他众多金融机构的连带效应（knock-on effect），因为这些金融机构往往受到相同的冲击，并做出相同的反应。许多人声称，他们认识到美国住房市场的泡沫会在 2007 年破裂，但是他们并没有认识到泡沫破裂的严重后果，也没有充分认识到许多金融机构会同时蒙受损失，从而造成市场的安全投资转移现象以及随之而来的流动性问题和信用价差的巨幅增大。

另外一个关于连带效应的例子是 1998 年长期资本管理公司（LTCM）的失败（见业界事例 22-1）。LTCM 的业务模式是持有流动性差的证券，同时卖空流动性好的证券。LTCM 的破产是由于俄罗斯国债违约而引发的安全投资转移现象。许多投资者只想买入流动性好的证券。流动性好的与流动性差的证券间的利差显著增加。LTCM 认为自身已经进行了压力测试检验，并对 1998 年之前所发生的安全投资转移现象的冲击有了一定认识。但不幸的是，其中恰恰没有考虑连带效应。1998 年，许多对冲基金交易策略都在追随 LTCM 的交易策略。所以当安全投资转移现象出现后，它们也几乎在同时试图将各自的交易平仓。平仓即意味着要变卖流动性差的证券，同时买入流动性好的证券，这进一步加重了投资安全转移的幅度，使其比以前发生过的同类现象更为严重。

业界事例 22-1　　LTCM 的巨大损失

20 世纪 90 年代中期成立的对冲基金公司 LTCM 在其交易中一直采用证券抵押融资的方法。该对冲基金的投资策略被称为收敛套利（convergence arbitrage）。这一策略的简单例子如下：假如 X 及 Y 是同一家公司发行的两个债券，X 及 Y 具有相同的回报，但 X 的流动性比 Y 要差（X 的交易没有 Y 活跃），市场对于差的流动性要求一定的补偿，因此 X 的价格比 Y 要低一些。LTCM 在交易中首先对 X 持多头，并对 Y 持空头，之后 LTCM 等待在将来某个时刻两个债券的价格趋向一致，这样 LTCM 可能达到套利的目的。

当利率增长时，LTCM 预计 X 及 Y 债券价格下降的数量基本相同，因此对于 X 债券付出的担保品与 Y 债券收回的担保品基本相等；类似地，当利率下降时，LTCM 预计 X 及 Y

㊀ P. Kupiec, “Stress Testing in a Value at Risk Framework,” *Journal of Derivatives* 6(1999): 7-24.

㊁ See J. Kim and C. C. Finger, “A Stress Test to Incorporate Correlation Breakdown,” *Journal of Risk* 2, no. 3(Spring 2000): 5-19.

债券价格上涨的数量也会基本相同，因此由 X 收回的担保品和对 Y 支出的担保品应大致相等，所以因担保合约造成的资金外流不应该很大。

1998 年 8 月，俄罗斯国债违约，因此造成了资本市场的安全投资转移现象。这一现象导致投资者对流动性好的产品的定价远高于平时，从而使得 LTCM 投资组合中流动性好的产品与流动性差的产品的差价急剧增大。LTCM 买入的债券价格大幅下降，而 LTCM 卖空的债券价格急剧增长。这时 LTCM 无论是对多头还是空头交易都必须注入更多担保品。公司的财务又处于高杠杆状态（高负债比率）。LTCM 因不能满足交易合约中担保品的要求，必须对交易进行平仓，从而造成了 40 亿美元的损失。假如其财务并不处于高杠杆状态，LTCM 也许能够承受安全投资转移现象所带来的压力，从而有机会等到流动性好的产品价格及流动性差的产品价格趋向一致。

压力测试情景最好能动态变化，以考虑进行压力测试的金融机构以及其他金融机构对剧烈变化的反应。例如，考虑一家卖出期权的金融机构，这里的期权依赖某标的产品，金融机构在交易中保持 delta 中性。标的资产价格的大幅上升（或下降）会马上触发期权交易的损失（见第 8.1 节）。为了保持 delta 中性，金融机构需要买入（或卖出）大量的标的资产。因此，delta 对冲费用与资产价格的波动率有关。通常，在资产价格回稳之前，由于波动率较高，进行 delta 对冲的成本也会很高。

22.1.6 逆向压力测试

逆向压力测试（reverse stress testing）是指通过一定的计算步骤，寻找会导致金融机构蒙受重大损失的情景。逆向压力测试已经成为风险管理中的一个重要工具，很多银行监管机构要求银行建立逆向压力测试机制。

【例 22-1】 作为逆向压力测试的一个例子，我们考虑以下情景，假定某金融机构持有 4 份某资产的欧式看涨期权，资产价格为 50 美元，无风险利率为 3%，波动率为 20%，资产本身不提供任何收入。下表给出了交易头寸、执行价格、期限等信息。当前头寸的价值为 -25.90 美元（以千美元计）。很多程序可以用来搜索可造成最大损失的日内资产价格以及波动率变化。在分析中我们需考虑变化的边界值。在此，我们假设资产价格将介于 40 美元与 60 美元之间时，波动率将介于 10% 与 30% 之间。

头寸（千美元）	执行价格	期限（年）	头寸价值（百万美元）
+250	50	1.0	1 176.67
-125	60	1.5	-293.56
-75	40	0.8	-843.72
-50	55	0.5	-65.30
总计			-25.90

采用欧式期权的计算公式（见附录 E）以及 Excel 的 Solver 程序，我们可以确定最差情景，即波动率降至 10%，资产价格降至 45.99 美元时，最大损失为 2.893 8 亿美元。于是通过逆向压力测试，我们得出该金融机构的最大损失发生在资产价格下跌 8% 而且波动率急剧下降的情景。

这个情景看起来不太合理。当资产价格下跌8%时，波动率不太可能会急剧下降。我们在使用 Solver 时可以将波动率的下限设定为20%而不是10%，这样我们就可以求得一个新的最差情景，即波动率为20%，资产价格下跌至42.86美元时，相应的最大损失为8 719万美元。

在实际应用中，如例22-1一般对金融机构有风险敞口的每一个市场变量进行搜索因计算量过大而不切实际。一种做法是，识别出5~10个关键的市场变量，并假定其他变量的变化依赖于这些变量的变化。

另一个简化搜索过程的办法是将搜索问题结构化。主成分分析法（见第9.7节）可以应用于市场变量（比较理想的情况是数据应来自受压市场条件），然后进行搜索以确定会造成重大损失的主成分变化量。这一方法会降低搜索空间的维数，而且会减少不合理的情景的产生。

另一个方法是风险管理人员可以将情景结构化。例如，管理层可能对过去发生的某个情景感兴趣，在这一情景中，利率升高、股价下跌，某些汇率下滑。根据这样的要求，风险分析师可以找出应该对历史上观测到的变量的变化幅度做多少倍的放大，才能使损失达到某种程度。例如，我们可能发现，如果2008年的信用危机重现，一家金融机构可以生存下来，但是如果市场的变化量再增大50%，可能就会出现大麻烦。

逆向压力测试可以作为一个工具，辅助压力测试委员进行头脑风暴。在压力测试委员会召开会议之前，分析人员可以通过逆向压力测试来求得几种会给金融机构带来灾难的情景，这些情景和委员会成员产生的情景将在会议上讨论，委员会成员可以凭借自己的判断来排除那些分析员给出的不合理情景，并对其他一些情景进行修改来使其合理，然后对这些情景进行更深入的研究。

22.2 监管条例

巴塞尔委员会要求当银行采用内部VaR模型计算市场风险资本金时，要同时伴有“严格以及全面”的压力测试。与此类似，银行采用《巴塞尔协议Ⅱ》中的内部评级法（高级法和基础法）来计算信用风险资本金时，也必须同时通过压力测试来检验模型假设的合理性。

2009年5月，巴塞尔委员会发表了关于压力测试在实践中的应用以及监管机构如何对其进行监督的最终建议。[⊖]建议强调了压力测试在确定银行为吸收市场巨大变动所需的资本金变量方面发挥的重要作用，并且特别指出，当温和的市场条件持续相当长的一段时间之后，压力测试尤其重要，因为在这种情况下，市场参与者容易产生麻痹自满情绪。

建议强调公司最高管理层以及董事会在压力测试中应扮演重要角色，特别是最高管理层及董事会应该积极参与压力测试管理，并积极参与制定压力测试的目标、定义压力测试情景、讨论压力测试结果以及对潜在应对措施进行评估，从而做出决策。建议还指出，那些在2007年金融危机中表现好的银行的高级管理层都积极参与了压力测试的开发以及实施，并以压力测试结果为基础制定银行的战略发展策略。压力测试必须涵盖银行的所有业务领域，而不是每个领域单独进行自己的压力测试。

⊖ See “Principles for Sound Stress-Testing Practices and Supervision,” Basel Committee on Banking Supervision, May 2009.

巴塞尔委员会的建议还指出，2007 年以前压力测试的情景大多是基于历史数据，变化的幅度比市场上真正的变化幅度要低很多。具体的建议包括以下几个。[㊀]

（1）压力测试应成为一家银行整体治理和风险管理文化的组成部分。压力测试应具备可操作性，压力测试的相关分析结果应当被用于管理决策，包括董事会和高管层做出的战略性业务决策。董事会和高管层的参与对压力测试的有效实施至关重要。

（2）银行应通过开展压力测试，促进风险识别和控制，弥补其他风险管理工具的不足，改善资本和流动性管理，加强内部与外部的沟通与交流。

（3）压力测试应综合考虑银行内部各方的意见并从一系列不同的视角和技术出发加以考虑。

（4）银行应制定书面的压力测试政策和流程。对项目的实施应进行适当的文档记录。

（5）银行应有一个稳健、强有力的基础设施，该设施应具备足够的灵活性以便适当开展不同精细度的、不断变化的压力测试。

（6）银行应定期维护和更新其压力测试框架，并定期由独立部门评估压力测试项目主要构成部分的有效性和主要环节的稳健性。

（7）压力测试应覆盖全银行范围内各类风险和各个业务领域。银行应能有效地整合各类压力测试活动，以提供一个全银行全面风险情况的描述。

（8）压力测试应该涵盖包括前瞻性压力情景在内的一系列情景，并充分考虑和体现整个系统的相互作用与反馈效应。

（9）压力测试应能产生不同严重程度的场景，包括那些能导致严重后果的事件，无论这些后果是因为损失的规模还是因为银行的声誉受到伤害而导致。压力测试方案也应确定哪些情景会影响银行的生存能力（逆向压力测试），从而可以发现潜在风险以及风险之间的相互作用。

（10）银行在整体压力测试方案中，应考虑同时来自资金和资产市场的双重压力以及市场流动性下降对风险敞口估值造成的影响。

（11）风险缓释技术的有效性应接受系统性的检验。

（12）压力测试方案应明确包括复杂和定制产品（bespoke product），例如，证券化产品敞口。针对证券化资产开展的压力测试应考虑标的资产、受系统因素影响的风险敞口、相关合同安排、内嵌的触发条款以及杠杆的影响，特别是与发行结构中的优先次序有关联时，这些尤为重要。

（13）压力测试方案应包括进行中（pipeline）风险和库存（warehousing）风险。[㊁]银行应在压力测试中包括这类风险，而不考虑其被证券化的可能性。

（14）银行应改进压力测试的方法以反映声誉风险的影响。银行应将表外业务（off-balance-sheet）和其他相关实体的风险整合到其压力测试方案中。

（15）银行应改进其针对高杠杆交易对手的压力测试方法，考虑这些高杠杆交易对手对特定资产类别或市场变动的脆弱性，并评估与风险缓解有关的潜在的错向风险。

对银行监管当局的建议如下所示。

㊀ 在本节的翻译过程中，译者参考了中国银监会（2018 年已和中国保监会合并为中国银保监会）发布的《稳健的压力测试实践和监管原则》。——译者注

㊁ “进行中风险和库存风险”是指已准备被证券化，但受限于市场条件，最终不一定会被证券化的资产相关的风险，这些风险在危机中导致了损失。

（1）监管当局应该定期综合评估银行的压力测试方案。

（2）当发现压力测试方案存在严重不足或者决策程序中没有充分考虑到压力测试结果时，监管当局应要求银行管理层采取整改措施。

（3）针对那些能对银行整体风险产生影响的情景，监管当局应当评估其影响范围和危害程度，而且在必要时对银行进行质询。监管当局可以要求银行在特定场景下使用特定投资组合或参数进行敏感度分析，或对银行的生存产生威胁的情景（逆向压力测试情景）进行评估。

（4）在《巴塞尔协议Ⅱ》框架的第二支柱（监管审查过程）下，监管当局应当把检查银行压力测试的结果作为银行内部资本充足性评估和流动性管理审查工作的一部分。监管当局在评估资本和流动性充足与否时，应考虑前瞻性压力测试的结果。

（5）监管当局应考虑实施基于通用情景的压力测试。

（6）监管当局应与其他公共部门及银行业开展建设性对话，识别出系统的薄弱环节。监管当局还应具备评估银行压力测试方案的能力和技巧。

监管当局选择的场景

银行监管机构要求银行要考虑极端情景，并且确保在不同情景下都有足够多的资本金。很明显，银行希望监管资本金越低越好，所以银行管理人员不会有强烈的意愿主动考虑那些会引发监管资本金大幅上升的极端情景。正是由于这个原因，银行会很自然地倾向于在分析过程中使用那些被淡化过的、相对温和的情景。

一种克服这一弊端的方法是由银行监管机构亲自提供压力情景（巴塞尔委员会给出的第 18 条和第 20 条建议）。很多国家和地区的监管部门（包括英国、欧盟和美国）现在已经常规性地进行这类压力测试，以确保自己监管范围内的银行持有充足的资本金以应对极端不利事件。如果银行不能通过这类压力测试，就会被要求提升资本金水平并且可能在股利分派方面会有所限制。

美联储从 2009 年开始，对总资产超过 500 亿美元的银行（即全球系统性重要银行（G-SIB）和区域系统性重要银行（D-SIB））进行年度压力测试。从 2011 年起，这一测试被称为**全面资本评估与评审**（Comprehensive Capital Analysis and Review，CCAR）。银行要求提交资本计划（包括股票分红计划）。美联储产生的情景是类似 1973 ~ 1975 年、1981 ~ 1982 年和 2007 ~ 2009 年经济萧条的情景。这些情景包括对 25 个变量的预测，包括宏观经济变量，如国内生产总值（GDP）增长率、失业率、股票指数和房价指数等。

总资产超过 100 亿美元的美国银行需要进行《多德 - 弗兰克法案》压力测试（Dodd-Frank Act Stress Test，DFAST）。DFAST 中考虑的情景和 CCAR 中的类似，但是银行不必提交资本计划，而是假设银行的资本管理建立在一套标准的设定上。CCAR 和 DFAST 都承担了银行的大量工作，其中包括数千页证明所使用模型的合理性的文件。

监管机构通过亲自选定情景，可以使银行关注的重点集中到经济衰退的情景中，而这些情景是监管机构最关切的。如果监管当局发现许多银行进行风险相近的交易，它们可以要求这些银行考虑同一组特殊的情景，来分析其对这些交易所带来的不良影响。由监管当局提出压力情景也有缺点，监管当局之所以花费很多精力来亲自生成压力测试情景，部分原因是希望借此鼓励金融机构在场景的生成上也投入更多的精力，并对不良后果有更多关注。如果压力情景完全由监管部门来制定，那么监管部门的这一目的可能就不能完全达到，因为银行的关注重点可能全部集中到了监管制定的场景中。在一个理想的监管环境中，对银行管理层制定的场景和监管部门制定的情景都应该进行评估。

存在一种危险，即金融机构可能采取一些措施，使自己能够通过压力测试，但这些措施不能使自己变得更加安全。业界事例 22-2 给出了一个比较极端的例子。当监管机构给丹麦的人寿保险及养老基金公司制定了主要情景以后，有些公司选择针对监管使用的情景进行对冲，并且是仅对这些情景进行对冲。[⊖]这不是监管当局的初衷。压力测试中的每一个情景都应该被看作可能会发生的一系列事件的代表。金融机构不仅应该确保自己持有的资本金足以应对某一特定情景，而且在其他类似或相关的场景中也能保证充足。现在监管机构已经对这类问题有了非常好的认识，并且建立相关的程序保证银行不能通过上述方式钻监管制度的空子。

业界事例 22-2　　交通灯期权

2001 年 6 月，丹麦金融监管局（Danish Financial Supervisory Authority，DFSA）引入了一套交通灯（traffic light）式偿付能力压力测试系统。在这一系统下，人寿保险及养老基金须每半年提交一个报告来说明事先定义的市场变动对于自身的影响。红灯情景（red light scenario）对应于利率 70 个基点的下降、股票价格 12% 的下跌以及房地产市场 8% 的下跌，如果在这种情景下，某家公司的资本金低于一定的水平，这家公司就被分类为红灯状态（red light status），要受到更为频繁的审查，公司每个月都需要提交报告。黄灯情景（yellow light scenario）对应于利率 100 个基点的下降、股票价格 30% 的下跌以及房地产市场 12% 的下跌，如果在这种情景下，某家公司资本金低于一定的水平，这家公司就被分类为黄灯状态（yellow light status），须每个季度提交报告。如果公司的资本金无论是在红灯情景还是在黄灯情景下都高于一定的水平，则称为处于绿灯状态（green light status），公司只需每半年提交一次报告。

衍生产品经纪商开发了一类特殊产品，帮助人寿保险及养老基金维持绿灯状态。这些产品被称为交通灯期权（traffic light option）。在交通灯情景下，这些产品能产生回报，因此能够在这些情景下提升金融机构的表现。交通灯期权仅在市场变动接近监管定义的红灯和黄灯情景的情况下才会产生回报。这类期权通常比较便宜。

22.3 如何应用结果

压力测试一个最大的问题就是如何有效地应用测试结果。一种非常普遍的现象是压力测试结果常常被高管忽略。一种典型的态度是：“对呀，总有一两种情景会给我们带来灾难，但我们无法在所有可能发生的情况下都能保护自己。”一种避免这种回应的做法是（如前所述）让高管提出压力情景。来自高管的另外一种更积极的回应是：“与这些情景相关的风险是否可以

⊖ 业界事例 22-2 的信息来自 P. L. Jorgensen，“Traffic Light Options,” *Journal of Banking and Finance* 31，no. 12 (December 2007)：3698-3719。

接受？如果不能接受，让我们分析一下应该如何进行交易或者采取其他措施，以保证风险被控制在可以被接受的范围之内。”

高管及风险管理人员所面临的难题是，对可能出现的不利情况，他们要面对两份不同的风险报告：一份报告是通过 VaR 或 ES 模型生成的，另一份报告是通过压力测试生成的。管理人员的决策应基于哪一份报告呢？

22. 3. 1 压力测试与 VaR 计算的结合

Berkowitz（2000）指出，如果能做到将压力测试的结果与 VaR 计算结合起来，那么压力测试会得到更多重视。[㊀]为了达到这一目的，我们可以给每个情景赋予一定概率。假定某金融机构考虑了 n_s 数量的压力测试情景，而这些情景所对应的总概率为 p，进一步假定有 n_v 数量的 VaR 情景是通过历史模拟来生成的，从而共有 n_s+n_v 数量的情景，其中 n_s 数量的压力情景的概率为 p，n_v 数量的历史情景的概率为 $1-p$。

不幸的是，人类并不擅长估计极端事件出现的概率。为了使压力测试委员会能够完成这一任务，一种合理的做法是对压力情景进行分类，对每一个分类，事先赋予一个概率。可以如下分类：

（1）概率 =0. 05%，极端事件，每 2 000 个情景中出现一次。

（2）概率 =0. 2%，非常事件，但其权重应该与具有 500 个情景的历史模拟法中每个情景的权重相同。

（3）概率 =0. 5%，小概率事件，但其权重应该大于具有 500 个情景的历史模拟法中每个情景的权重。

【例 22-2】 假定在第 13. 1 节的例子中采用 5 个极端情景，这些情景所对应的损失（以千美元计）分别为 235、300、450、750 及 850。对于每个情景所设定的主观概率分别为 0. 5%、0. 2%、0. 2%、0. 05% 及 0. 05%，因此全部压力情景所对应的概率为 1%，这意味着我们将对由历史模拟所产生的情景设定 99% 的概率。如果采用相同的权重，每个历史模拟情景所对应的概率为 0. 99/500 =0. 019 8。表 13-4 也因此被表 22-1 取代，将损失由最差到最好进行排序，每个情景所对应的概率也从最差情景开始进行累积，[㊁]当置信水平为 99% 时，VaR 等于累积概率大于 0. 01 的第一个损失量，在我们的例子中，为 282 204 美元。

表 22-1 损失由最高到最低进行排序

情景	损失（千美元）	概率	累积概率
s5	850. 000	0. 000 50	0. 000 50
s4	750. 000	0. 000 50	0. 001 00
v494	477. 841	0. 001 98	0. 002 98
s3	450. 000	0. 002 00	0. 004 98
v339	345. 435	0. 001 98	0. 006 96
s2	300. 000	0. 002 00	0. 008 96
v349	282. 204	0. 001 98	0. 010 94
v329	277. 041	0. 001 98	0. 012 92
v487	253. 385	0. 001 98	0. 014 90
s1	235. 000	0. 005 00	0. 019 90
v227	217. 974	0. 001 98	0. 021 88
v131	205. 256	0. 001 98	0. 023 86
v238	201. 389	0. 001 98	0. 025 84
⋮	⋮	⋮	⋮

注：对于例 22-2，s1、s2……为压力情景；v1、v2……为 VaR 历史模拟情景。

㊀ See J. Berkowitz, “A Coherent Framework for Stress Testing,” *Journal of Risk* 2, no. 2 (Winter 1999/2000): 5-15.

㊁ 这种做法与历史模拟法中设定场景权重的做法相同（见第 13. 3 节的表 13-5）。

Rebonato在2010年提出了一个更加精细的估计场景概率的方法。该方法用到了统计学中广为人知的贝叶斯定理（Bayes theorem）和贝叶斯网络（Bayersian network）。[⊖]一个包含两个事件的场景的概率等于第一个事件发生的概率乘以在第一个事件发生的前提下第二个事件发生的条件概率。类似地，一个包含三个事件的场景发生的概率等于第一个事件发生的概率乘以在第一个事件发生的前提下第二个事件发生的条件概率，再乘以在第一个和第二个事件发生的前提下第三个事件发生的条件概率，Rebonato的方法提供了估测条件概率的一种方法。

22.3.2 客观概率与主观概率

对概率的估计有两类：客观估计和主观估计。**客观概率**（objective probability）是通过进行若干次实验来观察某个事件出现的频率从而得出的概率。一个很好的例子是假设某个罐子中有红球和黑球，红球和黑球的比例未知，我们想求得从罐子中抽取任意一球为红球的概率。为此，我们可以从罐子中随意抽取一球，并观察颜色，然后将球放回罐子中；然后我们再随机抽取一球，并观察颜色，再将球放回罐子中；我们可以持续地进行100次这样的实验，实验后发现有30次为红球，70次为黑球，我们由此估计出抽取红球的概率为0.3。不幸的是，对实际生活中的大多数客观概率的估计要远比这个例子困难，因为实际生活中事件的概率在每次抽样中并不等同，同时抽样之间可能并不独立。

主观概率（subjective probability）是依据某个人对某一特定事件发生机会的判断而得出的概率。主观概率估计不基于历史数据，这一概率反映了一种信念程度。对于同样事件，不同的人可能会给出不同的主观概率。

历史模拟中的概率为客观概率，而我们给压力测试情景所设定的概率为主观概率。许多分析员不喜欢主观概率，因为这些概率并不是基于数据得出的。还有一个问题在于，往往出于政治方面的考虑，金融机构也更偏重于历史数据。假定你采用历史数据进行管理，如果管理出现失误，你可以将过错怪罪于数据；但是，假定你采用由一些人估计的主观概率，如果管理出现失误，那些提供主观概率的人就要承担责任。

但是，如果所有的概率估计仅仅是局限于客观概率，风险管理无疑只能拘泥于历史，这样就不能充分利用高管的判断及专长。金融机构高管的职责就是要对机构本身的运作进行把控，从而设法避免灾难性风险。

小结

压力测试是风险管理过程的重要组成部分。压力测试促使金融机构考虑那些被VaR或ES模型所忽略的但时有发生的极端情景。一旦合理情景被审定后，金融机构可以采取措施，来减缓不利情况对于自身的影响。全面压力测试的好处是金融机构可以通过测试结果来了解自己产品组合中的风险特性。

⊖ See Riccardo Rebonato, *Coherent Stress Testing: A Bayesian Approach to Financial Stress* (Chichester, UK: John Wiley & Sons, 2010).

我们可以采用几种不同方式产生压力测试情景。一种做法是假定某个市场变量会有剧烈变化，而其他变量保持不变；另外一种做法参照过往市场发生极端变动时变量的变化幅度。最好的方法是由高管和经济学家成立专门的委员会，利用他们的判断和经验来产生合理的极端情景。有时金融机构要进行逆向压力测试，即利用计算机算法来搜索会导致大幅损失的情景。情景的设定要尽量全面，并且要考虑连带效应以及市场变量最初的变化发生后造成的后继影响。2007 年夏天开始的市场波动说明，连带效应有时可能会非常严重，甚至会导致安全投资转移现象的产生、信用价差的增大以及市场流动性的枯竭。

监管人员要求银行要持有充足的资本金以应对压力情景。美国、欧盟和英国的监管机构会定期设计压力场景，供所有大型金融机构使用。这有可能导致一些金融机构不得不提高资本金并发现与系统性风险有关的问题。

如果对极端情景设定主观概率，我们可以将压力测试与 VaR 模型结合到一起，虽然这一想法很好，但 2009 年 5 月巴塞尔委员会公布的压力测试指导意见中并没有包括这一做法。

延伸阅读

Alexander, C., and E. A. Sheedy. "Developing a Stress-Testing Framework Based on Market Risk Models." *Journal of Banking and Finance* 32, no. 10 (2008): 2220–2236.

Aragonés, J. R., C. Blanco, and K. Dowd. "Incorporating Stress Tests into Market Risk Modeling." *Derivatives Quarterly* 7 (Spring 2001): 44–49.

Aragonés, J. R., C. Blanco, and K. Dowd. "Stress Tests, Market Risk Measures, and Extremes: Bringing Stress Tests to the Forefront of Market Risk Management." In *Stress Testing for Financial Institutions: Applications, Regulations, and Techniques*, edited by D. Rösch and H. Scheule. London: Risk Books, 2008.

Basel Committee on Banking Supervision. "Principles for Sound Stress-Testing Practices and Supervision," May 2009.

Berkowitz, J. "A Coherent Framework for Stress Testing." *Journal of Risk* 2, no. 2 (Winter 1999/2000): 5–15.

Bogle, J. C. "Black Monday and Black Swans." *Financial Analysts Journal* 64, no. 2 (March/April 2008): 30–40.

Clemens, R., and R. Winkler. "Combining Probability Distributions from Experts in Risk Analysis." *Risk Analysis* 19, no. 2 (April 1999): 187–203.

Duffie, D. "Systemic Risk Exposures: A 10-by-10-by-10 Approach." Working Paper, Stanford University, 2011.

Glasserman, P., C. Kang, and W. Kang. "Stress Scenario Selection by Empirical Likelihood." *Quantitative Finance* 15 (2015): 25–41.

Hassani, B. *Scenario Analysis in Risk Management*. Cham, Switzerland: Springer, 2016.

Hua, P., and P. Wilmott. "Crash Courses." *Risk* 10, no. 6 (June 1997): 64–67.

Kim, J., and C. C. Finger. "A Stress Test to Incorporate Correlation Breakdown." *Journal of Risk* 2, no. 3 (Spring 2000): 5–19.

Kupiec, P. "Stress Testing in a Value at Risk Framework." *Journal of Derivatives* 6 (1999): 7–24.

Rebonato, R. *Coherent Stress Testing: A Bayesian Approach to the Analysis of Financial Stress*. Chichester, UK: John Wiley & Sons, 2010.

Taleb, N. N. *The Black Swan: The Impact of the Highly Improbable*. New York: Random House, 2007.

练习题

22.1 解释3种不同的产生压力测试情景的做法。

22.2 什么是逆向压力测试？如何应用？

22.3 为什么监管环境会导致金融机构低估其采用压力情景的严重性？

22.4 什么是交通灯期权？其缺点是什么？

22.5 为什么高管要参与压力测试？

22.6 由银行监管机构制定压力测试情景的优缺点各是什么？

22.7 解释主观概率及客观概率的不同。

22.8 在第13.1节的例子中，考虑7个压力情景，这些情景所触发的损失（以千美元计）分别为240、280、340、500、700、850以及1 050，这些情景对应的主观概率分别为0.5%、0.5%、0.2%、0.2%、0.05%、0.05%及0.05%。采用第22.3节中讨论的做法，计算新的展望期为1天、置信度为99%的VaR。

22.9 假定例22-1中的4个期权头寸被改为200、-70、-120及-60。用Solver程序来求取对于一天内盈利变化的最差情况。假定资产价格变化介于40美元与60美元之间，波动率变化介于10%与30%之间。

作业题

22.10 以下变化对于例22-1中的最差情景有什么影响？(a) 期权为美式期权，而不是欧式期权；(b) 期权为障碍期权，其中当资产价格达到65美元时，期权被敲出。用Solver程序来求取盈利变化的最差情景。假定资产价格变化介于40美元与60美元之间，波动率变化介于18%与30%之间。

22.11 采用第13.3节中的指数加权平均移动模型来对于不同情景设定权重，例22-2中的VaR结果会有什么不同？

第23章 操作风险

CHAPTER23

在1999年颁布的《巴塞尔协议Ⅱ》中，银行监管机构增加了有关操作风险资本金的内容。这一举动受到了来自银行的阻力。某著名国际性银行的总裁兼CEO曾对监管部门的计划有这样一种评述："这是我看到的最昏头昏脑的事情。"但是随着《巴塞尔协议Ⅱ》实施日期的临近，监管部门并没有从原有立场上退缩。因为它们知道，过去10年里，银行遭受的许多重大损失都是操作风险损失，而不是信用风险损失或市场风险损失。

自1999年协议实施以来，操作风险也导致了一些重大损失。我们在业界事例5-5中讨论了法国兴业银行无赖交易员导致的损失以及2011年UBS发生的类似事件。我们将在业界事例25-1中讨论2012年摩根大通的伦敦鲸事件。2014年，法国巴黎银行（BNP Paribas）被迫向美国政府支付90亿美元的罚金（约为银行一年的利润），该银行被控代表苏丹、伊朗、古巴等受美国制裁的国家的客户，通过美国的银行进行以美元计价的交易。除此以外，该银行还被禁止一年内在美国从事某些业务。

对银行来说，网络风险变得日趋重要。银行部署了先进的安全系统防卫网络攻击，但攻击手段也在不断进化。另外，银行对计算机和互联网的使用越来越倚重，这也为网络欺诈提供了更多机会。银行的客户和员工必须不断地接受教育与培训，以维护银行的数据安全。对犯罪分子而言，对银行发动网络攻击是很有吸引力的，因为正如美国著名的银行抢劫犯Willie Sutton所说，"那里是钱之所在"（that's where the money is）。对恐怖分子而言，银行也是高价值目标，因为攻击银行可以破坏一个国家的经济和社会生活。

一些监管机构已经把操作风险视作银行面临的最重要风险。美国货币监理署

（Office of the Comptroller of the Currency，OCC）署长托马斯（Thomas J. Curry）在2012年曾说："面对目前如此复杂的银行市场以及在底层对其进行支撑的复杂技术，OCC认为操作风险很高并且还在增加是理所当然的。事实上，我们监管下的机构应把它列为事关安全性和稳健性的头等大事之一。"他进一步认为操作风险的重要性已经超过了信用风险。[⊖]大多数银行原本已经制定了对于操作风险的一些管理框架，但是监管当局对于操作风险资本金新的要求促使银行加大了对操作风险度量及监督等方面的投入。

同信用风险及市场风险相比，操作风险更加难以量化，风险管理的难度也更大。对于信用风险及市场风险，银行是有意识地承担一定量的风险，在市场上有很多产品可以帮助银行降低这些风险。与市场及信用风险不同的是，操作风险注定是银行业务运作中的一部分。在操作风险管理过程中最重要的任务就是首先对风险类型进行识别，然后是有的放矢地制定管理措施。在业务操作过程中，我们不可避免地会面临事先（exante）没有预见到的某种操作风险，而这些操作风险所带来的损失也往往是巨大的。

有些人可能认为诸如法国兴业银行遭受的损失（见业界事例5-5）是由市场风险导致的，因为是市场因素的变化使得银行损失惨重。但是我们应该把这类事件归咎于操作风险，因为这涉及了内部诈骗（杰洛米·科维尔构造了虚假的交易，以隐瞒自己的豪赌）。假定没有诈骗行为，如果银行政策允许自己的交易员承担巨大风险，那么此损失可以被归为市场风险。如果银行的政策不允许交易员承担如此巨大的风险，但交易员利用风险控制过程中的漏洞进行交易，那么这些损失应该被归类为操作风险。法国兴业银行的例子表明操作风险损失通常与市场变化有关。假如市场变化对科维尔有利，那么科维尔的交易不会引发损失。科维尔的诈骗行为以及法国兴业银行风险控制中的漏洞也许永远不会被发现。

操作风险损失与保险公司的损失有某种可比性。保险公司面临的一些风险事件具备小概率大损失的特性，这些事件包括台风、地震及其他自然灾害。与此类似，银行面临的操作风险也具备小概率大损失的特性。但这两种风险之间有一个很大的不同：当保险公司因为某种自然灾害遭受了很大损失时，这一自然灾害可能影响了保险业中所有的公司，下一年的保险费可能会飞涨，以弥补损失，而操作风险可能只影响某一家银行，因为行业竞争激烈，银行在下一年度往往不敢增加服务收费以弥补上一年的损失。

23.1 操作风险的定义

操作风险的定义多种多样，有人喜欢将操作风险定义为剩余风险（residual risk），也就是说操作风险是除市场风险及信用风险之外的银行面对的所有其他风险。为了对操作风险进行估计，我们可以研究一下金融机构的财务报告并在营收中扣除：①信用损失的影响；②由市场风险敞口而带来的损益。扣除这两项后的收入波动应归咎于操作风险。

大多数人认为这种操作风险的定义太宽了。这种定义囊括了诸如进入某一新市场、开发某种新产品以及经济环境等不同因素。而另外的一种定义是，所谓操作风险，正如它的名字所称的，是因为业务操作而造成的风险。这种定义包括交易处理、支付等过程中出现错误而带来的

⊖ 见托马斯于2012年5月16日在财政俱乐部（Exchequer Club）的演讲。

风险。但这种定义方式又太狭隘了。这种定义不包含诸如无赖交易员（如杰洛米·科维尔）等重要风险。

操作风险分为内部风险及外部风险。内部风险是公司可以控制的那部分风险，公司可以选择自己的雇员，可以选择计算机系统，可以建立自己的风险控制政策，等等。有人将操作风险定义为所有的内部风险。这样一来，操作风险包含的内容比仅仅是由业务操作而造成的风险要广泛，还包括诸如无赖交易员及其他雇员诈骗等许多内控措施不力所引发的风险。

监管机构对于操作风险的定义不仅仅只是包括内部风险，它们认为由外部事件引发的风险也应是操作风险的一部分。这些外部事件包括某种自然灾害（例如，影响银行运作的火灾及地震等）、政治及监管风险（例如，一家公司在某个国家被勒令停业）、保安体系被侵犯等。以上列举的不同操作风险均被包含在巴塞尔银行监管委员会在2001年给出的操作风险的定义中：

> 因内部措施、人员或系统不足或失效，以及外部事件引发损失的风险。

这种定义包括法律风险，但不包括声誉风险以及业务策略所造成的风险。

有些操作风险可能会造成银行运营费用的增加或者银行利润的降低，还有一些操作风险与信用及市场风险有互动关系。例如，如果某个贷款文件中有错误，损失往往只发生在对手违约的时候；当某个交易员超出了自己的交易额度并且错误地报告了自己的头寸时，此时只有在市场变动对交易员不利时才会造成损失。

23.2 操作风险的分类

巴塞尔银行监管委员会将操作风险分成7类，[⊖]它们是：

（1）内部诈骗（internal fraud）：这类行为包括涉及至少一个内部方的旨在诈骗、挪用财产、逃避法律条款及规定以及公司政策的行为（不包括涉及多元化和歧视事件）。例如，风险头寸报告做假、雇员偷窃、利用雇员账户来进行内部交易（insider trading）和流氓交易等。

（2）外部诈骗（external fraud）：指第三方意图诈骗、挪用财产以及规避法律的行为。例如，抢劫、伪造证件、支票连续透支以及计算机黑客等。

（3）雇用实务以及工作场所的安全性（employment practices and workplace safety）：这类行为包括因违反雇用、健康以及安全协议等造成的人员伤亡赔偿，或与多元化及歧视有关的赔偿。这类行为的实例包括工人薪酬的索赔、违反雇员健康和安全制度、有组织的工会行为、反歧视行为的索赔以及一般的索赔事件（例如，某个客户在某分行滑倒后受伤而引起的索赔）。

（4）客户、产品以及业务实践（clients，products，and business practices）：因不经意或粗心大意而无法兑现对客户应尽的专业义务，或使用了不恰当的产品或业务实践。这类行为的实例包括违反诚信、滥用托管保密信息、银行账户的不合法交易、洗钱行为以及销售未经批准的产品，等等。

⊖ 见巴塞尔委员会关于银行监管的报告，"Sound Practices for the Management and Supervision of Operational Risk，" Bank for International Settlements，July 2002。

(5) 对于有形资产的破坏 (damage to physical assets): 自然灾害或其他事件而造成的有形资产的损失或破坏。例如恐怖分子袭击或破坏分子打砸抢烧、地震、火灾及水灾等事件。

(6) 业务中断以及系统故障 (business disruption and system failures): 这类事件的实例包括计算机硬件及软件的失效、通信故障以及停水、停电等。

(7) 交易的执行、交付以及过程管理 (execution, delivery, and process management): 这一类风险包括与交易对手和供应商有关的交易过程、管理的失效以及因此造成的争议。实例包括输入数据错误、担保品管理错误、法律文件不完整、未经批准进入客户账户、非客户交易对手的不当行为以及与供应商的争端等。

银行中有8种业务类别:

(1) 企业融资;

(2) 交易与销售;

(3) 零售银行;

(4) 商业银行;

(5) 支付及交割;

(6) 代理服务;

(7) 资产管理;

(8) 零售经纪。

将7类操作风险与8种业务类别相结合,我们可以得出一家银行共有7×8=56个潜在的操作风险来源。

23.3 《巴塞尔协议Ⅱ》下的监管资本

我们现在讨论如何通过《巴塞尔协议Ⅱ》来确定监管资本金。正如我们将在第23.4节看到的,巴塞尔委员会已表示,打算完全改变其用以确定操作风险监管资本的程序。它特别指出,将放弃使用高级计量法(AMA),该方法是一种用于确定操作风险损失基于1年展望期和99%置信水平的VaR的复杂程序。然而,许多银行已经投入了大量资源来实施AMA,这种情况不大可能马上转变。实际上,一些国家的监管机构表示,支持它们的银行继续使用AMA方法。因此,我们将在本节中回顾AMA方法。

根据《巴塞尔协议Ⅱ》,银行可以采用三种不同的方法来计算操作风险监管资本金。最简单的方法被称为**基本指标法**(basic indicator approach)。在这种方法中,操作风险资本金等于过去3年毛收入平均值的15%。这里的毛收入等于净利息收入与非利息收入的和。[㊀][㊁]另外一种较为复杂的计算操作风险资本金的方法被称为**标准法**(standardized approach)。在标准法中银行业务被分成8个不同业务类别:企业融资、交易及销售、零售银行、商业银行、支付及交割、代理服务、资产管理以及零售经纪。我们首先计算以上列举的每一业务类别在过去3年中毛收入的平均值与该业务部门相应的"beta因子"乘积,然后我们对以上计算结果求和,最终

㊀ 净利息收入等于由贷款所带来利息与支撑贷款的产品的应付利息之差(见第2.2节)。

㊁ 如果某年的毛收入为负,则被0取代。——译者注

结果即为操作风险资本金。表 23-1 展示了不同业务类别所对应的 beta 因子。计算操作资本金的第三个方法被称为**高级计量法**（advanced measurement approach，AMA），在这一方法中银行可以采用自己设定的定量及定性标准来计算操作风险监管资本金。[⊖]与信用风险资本金类似，其基于 1 年展望期、99.9% 置信度的 VaR。

表 23-1 标准法中的 beta 因子

业务类别	beta 因子（%）
企业融资	18
交易及销售	18
零售银行	12
商业银行	15
支付及交割	18
代理服务	15
资产管理	12
零售经纪	12

银行采用 AMA 方法来计算操作风险资本金的目的可以与银行对信用风险进行定量化管理的目的进行类比。其最终的目标是产生一个类似图 23-1 中的损失分布，如果银行可以使监管人员相信它们计算出的操作风险的预期成本已被包含在产品价格之中，那么资本金自然也就是用来覆盖非预期成本的。在计算时所采用的置信水平为 99.9%，展望期为 1 年。非预期损失等于展望期为 1 年、置信水平为 99.9% 的 VaR 与展望期为 1 年 ES 的差。

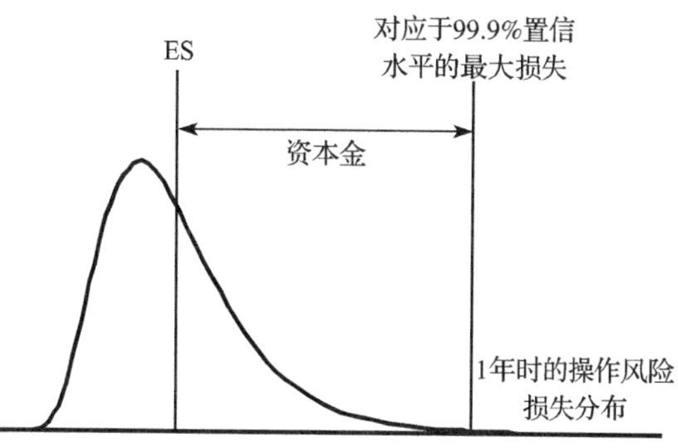

图 23-1 计算操作风险的 VaR

如前所述，考虑有 8 种业务类别，一共有 7 × 8 = 56（7 种风险类别和 8 种业务类别）种风险与业务类别的不同组合。使用第 12.9 节描述的方法，对每一个组合，银行须估计 1 年期、置信度 99% 的 VaR，然后再将它们汇总起来，以产生一个单一的操作风险 VaR 测度。

23.3.1 损失程度及损失频率

有两个分布对估计操作风险的损失非常重要：一个是损失频率分布，另一个是损失程度分布。**损失频率分布**（loss frequency distribution）是在某个时间段（通常是一年）内观察到的损失出现的次数，而**损失程度分布**（loss severity distribution）是指在损失事件出现后损失量的大小。通常我们假设损失频率分布与损失程度分布相互独立。

对于损失频率，一个比较自然的概率分布是泊松分布，在这一分布中，损失在各个时间段内随机发生，并且在任意一个 Δt 的时间段内，损失出现的概率为 $\lambda\Delta t$。在时间 T 有 n 个损失出现的概率为

$$e^{-\lambda T}\frac{(\lambda T)^n}{n!}$$

参数 λ 为每一个单位时间内损失出现的平均次数。例如，假如在 10 年时内损失出现了 12 次，

⊖ 巴塞尔委员会在 2016 年 3 月正式公告，将操作风险的 AMA 从监管资本金体系中删除。理由是该方法过于复杂，在实践中缺乏统一标准，容易造成银行的风险加权资产不合理波动。委员会提出了新的标准计量法（standardized measurement approach，SMA）以取代 AMA。——译者注

对应的 λ 为每年 1.2 次，或每个月 0.1 次。泊松分布具有一个特性，即损失频率的期望值等于损失频率的方差。㊀

我们通常假定损失程度分布服从对数正态分布。这一概率分布中的参数分别为损失的对数的期望值以及方差。

对于每一个业务类别和损失类型的组合，损失频率分布与损失程度分布必须结合在一起以产生整体损失分布。计算过程可采用蒙特卡罗模拟方法。㊁我们曾提到，通常假定损失程度与损失频率相互独立，对于每一次模拟抽样，我们进行以下计算：

（1）在频率分布中进行抽样，以决定损失事件的数量（$=n$）。

（2）在损失程度分布中进行 n 次抽样以决定每次损失事件所对应的损失数量（L_1，L_2，…，L_n）。

（3）计算整体损失（$=L_1+L_2+\cdots+L_n$）。

进行多次抽样后，我们可以得出所考虑的损失类型的整体损失分布。接下来可以确定分布的 99.9 分位数。

图 23-2 显示了这个计算过程。在这一实例中预期损失频率为每年 3 次，而损失程度为某种对数正态分布，每个损失的对数的期望值被假设为 0，损失对数的标准差被假设为 0.4，这里的计量单位为百万美元，读者可以在作者网页上下载产生图 23-2 的 Excel 计算表。

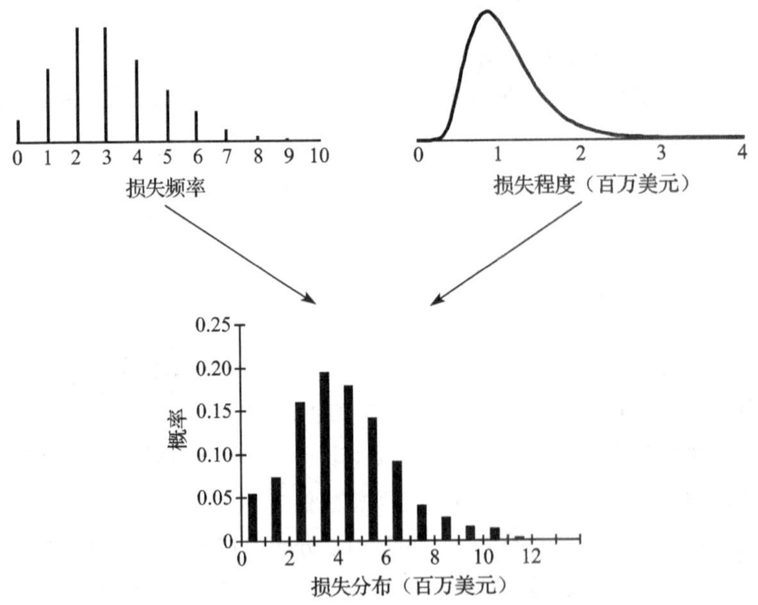

图 23-2　由损失频率分布以及损失程度分布来计算损失分布

巴塞尔委员会要求 AMA 的实现中要包含 4 个要素：内部数据、外部数据、情景分析以及

㊀ 如果期望值大于方差，选择二项分布（binomial distribution）可能更为合理。如果期望值小于方差，选择负二项分布（negative binomial distribution，也即混合泊松分布）可能更为合理。

㊁ 将损失程度与损失频率分布进行结合在保险业中是个十分常见的问题。除了蒙特卡罗法，另外两个方法也较为流行，一个方法是 Panjer 算法，另一个方法是快速傅立叶变换（fast Fourier transforms），见 H. H. Panjer，"Recursive Evaluation of a Family of Compound Distributions，" *ASTIN Bulletin* 12(1981)：22-29。

业务环境和内部控制因素。[㊀]下面我们将对每一个展开详细讨论。

23.3.2 内部数据

不幸的是，银行内部可以用来估测某一风险种类的损失程度以及损失频率分布的历史数据往往比较少。许多银行根本就没有保存自己以往的操作风险损失数据。现在银行开始收集这些数据，但要采集到合理水平的数据量还需要一些时间。从这个角度，将信用损失数据同操作风险数据进行比较，我们会发现许多有趣的地方。传统上银行对于信用风险的记录要比对操作风险所做的好得多。另外，对于信用风险，银行可以依赖信用评级公司公布的大量数据来估测违约概率以及违约损失。银行对操作风险数据的采集在过去远没有像采集信用风险数据那么系统化。

通常，操作风险损失可以归为两类：高频低额损失（high-frequency low-severity loss，HFLSL）和低频高额损失（low-frequency high-severity loss，LFHSL）。前一类损失的例子是信用卡诈骗造成的损失，后一类损失的例子是无赖交易员造成的损失。银行应关注的重点应该是低频高额损失。这些损失构成了损失分布的尾部。整体损失分布的某个分位数可以通过整体低频高额损失分布的相应分位数加上整体高频低额损失的均值来估计。关注低频高额损失的另一个原因是，高频低额损失通常已经被考虑在产品定价当中。

按照定义，低频高额损失发生的频率低。即使损失数据记录完整，仅靠内部数据也难以满足要求，因此需要外部数据和情景分析来弥补。正如我们所讲的，外部数据可以用来确定损失严重性的分布。损失频率分布仅限于用银行内部数据和情景分析估算出来。

23.3.3 外部数据

外部数据的来源主要有两个：一个是数据联盟，即为银行提供数据共享服务的公司（保险行业中的数据共享机制由来已久，现在银行业也开始这么做）；另一个是数据提供商，这些公司采用系统化的手段采集公开发布的数据。外部数据增加了银行可用来估算损失的数据量，它的另一个好处是，银行可以借此将那些没有发生在自己内部但已经发生在其他银行中的损失纳入考虑范围。

无论是利用内部数据还是外部数据都要对通货膨胀进行调节。另外，对于外部数据，银行还必须进行比例调整。假如一家银行的销售额为 100 亿美元，而对应的操作风险损失为 800 万美元，这一数据应如何被应用于销售额仅为 50 亿美元的另一家银行呢？一个自然假设是当销售额为 50 亿美元时，操作风险损失就应该是 400 万美元。这种估计可能低估了操作风险损失。Shih 等（2000）的研究结果显示公司的规模和损失的规模呈非线性关系。[㊁]他们估计的模型是

$$\text{银行 A 的损失估计} = \text{观测到的银行 B 的损失} \times \left(\frac{\text{银行 A 的营业收入}}{\text{银行 B 的营业收入}}\right)^{\alpha}$$

其中 $\alpha = 0.23$，这意味着我们例子中销售额为 50 亿美元的银行的相应损失估计大约为 8 ×

㊀ See Basel Committee on Banking Supervision, "Operational Risk: Supervisory Guidelines for the Advanced Measurement Approach," June 2011.

㊁ See J. Shih, A. Samad-Khan, and P. Medapa, "Is the Size of an Operational Loss Related to Firm Size?" *Operational Risk Magazine* 2, no. 1 (January 2000). Shih 的结果是否适应于法律风险非常有争议，我们常常看到一些大的法律纠纷的赔偿数量通常与银行的承受力有关。

$0.5^{0.23}=6.82$（百万美元）。在进行恰当的比例调整后，我们可以将其他银行的共享数据同本银行的数据进行合并，由此可以得出一个损失程度分布的更大的数据库。

数据提供商的数据来自公开发布的数据源，如报纸和交易期刊。数据提供商给出的数据不同于内部数据和银行业共享数据，因为含有一定的偏差。例如，只有较大的损失才会被披露，而且损失越大，被公开报道的可能性就越高。

外部公开数据对于确定相对损失程度非常有用。假如，一家银行对本行公司财务部门发生的内部诈骗案所造成损失的期望值及标准差有很好的估计，但是对涉及公司财务的外部诈骗以及发生在交易及销售部门的内部诈骗所造成的损失没有太好的数据。如果银行估计公司财务部门内部诈骗的期望及标准差分别为5 000万美元及3 000万美元，进一步假设外部数据显示公司财务部门外部诈骗损失程度的期望值是内部诈骗损失程度的期望值的两倍，而外部诈骗损失程度分布的标准差是内部诈骗的1.5倍。在没有更好的选择的情况下，银行可以假定公司财务部门因为外部诈骗所造成损失程度的期望值为$2\times5\,000=10\,000$万美元，标准差为$1.5\times3\,000=4\,500$万美元。与此类似，如果外部数据显示交易及销售部门内部诈骗损失分布的期望值及标准差分别是公司财务部门内部诈骗损失分布的期望值及标准差的2.5倍及2倍，银行就可以假定本行交易及销售部门因内部诈骗所造成的损失分布的期望值为$2.5\times5\,000=12\,500$万美元，标准差为$2\times3\,000=6\,000$万美元。

23.3.4 情景分析

在AMA中，情景分析是一个评估操作风险的关键工具。情景分析的目的是生成能够全面覆盖各种可能的低频高额损失事件的情景。这些情景有可能来自银行本身的经历，也可能是基于其他银行遭受的损失，还有一些可能是咨询人员建议的，或由风险管理团队和高管以及业务部门经理一起产生的。巴塞尔委员会估计，在很多银行内部，经考虑过的可能导致1 000万欧元以上损失的情景的数量是内部实际发生的、达到这一数字的损失的数量的20倍。

一个由风险管理团队和公司高管所组成的委员会应该负责估计这些场景中的损失程度和损失频率的参数。如第23.4节中解释的，对数正态分布常常被用来产生损失程度分布，而泊松分布常常被用来产生损失频率分布。来自其他银行的数据可能对估计损失程度有帮助。损失频率应能反映银行已实施的控制措施的效果和从事的业务类型。它们还应反映操作风险委员会成员的观点。与第22.3节类似，不同类别的损失频率可定义如下：

（1）平均千年一遇的情景（$\lambda=0.001$）；

（2）平均百年一遇的情景（$\lambda=0.01$）；

（3）平均50年一遇的情景（$\lambda=0.02$）；

（4）平均10年一遇的情景（$\lambda=0.1$）；

（5）平均5年一遇的情景（$\lambda=0.2$）。

委员会可以将产生的每一个情景划分给以上任意一个类别。

这里的情景分析与第22章中的分析有一个差别，我们在这里并没有用来确定损失的模型，而且如果无法获取数据，损失程度分布的参数应由委员会来估计。一种方法是由委员会来估计平均损失并确定在99%的置信度下，不会被超出的高额损失数量。然后我们可以使用一个对数正态分布来拟合已有的估计。

幸运的是，操作风险的环境变化不会像市场风险和信用风险环境变化那么快，因此产生操作风险情景并持续更新的工作量不会像产生市场风险和信用风险情景那么繁重。但无论如何，高管需要对以上描述的管理过程投入大量的时间。一家银行采用的情景通常与其他银行的相关情景类似。行业内的咨询顾问和行业协会可能会开发出一些标准情景，从某种意义上讲，这会减轻操作风险管理委员会的负担。但是，对损失频率的估计应该与银行的特定情况有关，并反映银行风险控制现状以及当前的业务状况。

类似于市场和信用风险压力测试，基于高管的判断来产生操作风险压力情景的优点是，这一方法可以生成金融机构从来没有经历过，但可能会出现的损失情景。情景分析可以促使管理人员以更主动和更有创造力的方式来管理将来可能发生的不利事件。这样做会带来许多好处。对于有些情景，银行可以事先制定政策以保证在不利事件发生时如何将损失程度控制到最小，而对于另外一些情景，银行可以主动提出预防措施来减小不利事件发生的概率。

无论是采用情景分析法还是内部/外部数据法，每个特定损失种类的分布都必须合并起来以产生最终的整体操作风险损失分布。各操作风险类别间的相关性假设可能导致算出的 1 年展望期、99.9% 置信度的 VaR 的结果有很大不同，因此最终的 AMA 资本金也会不同。基于第 12.9 节中的材料，第 26 章给出了如何利用相关性来合并包括市场风险、信用风险和操作风险在内的经济资本金。同样的方法也可被用来合并不同类型的操作风险资本金要求。人们常常认为操作风险损失之间基本上没有相关性，而且有实证研究结果支持这一主张。如果假设相关性为 0，我们就可以简单地采用蒙特卡罗模拟的方法，从各个情景的分布中抽样来得到整体风险损失的分布。

23.3.5 业务环境和内部控制因素

在估计损失程度和损失频率时，业务环境和内部控制因素（business environment and internal control factor，BEICF）应被考虑在内。这些因素包括业务部门的复杂程度、采用的技术的先进程度、变化的快慢、监管的力度、员工更换的频率等。例如，影响对无赖交易员这一情景的估计的因素可能包括：对交易员的监管力度、对交易的监控程度以及中台和后台系统的长处和缺点。

23.4 标准计量法

巴塞尔委员会一直致力于使各银行在实施其监管时保持一致。如果不同的银行根据同样的数据计算出截然不同的资本金，巴塞尔委员会认为这样的基本监管没有奏效。这就是采用 AMA 所面临的情况。巴塞尔委员会希望，AMA 的灵活性最终会使得各银行监管趋于一致性。但实际上，AMA 的内在复杂性和内部建模法的广泛性导致了资本金的高度不确定性。

2016 年 3 月，巴塞尔委员会发布了一项咨询文件，指出它将用一种新的方法——**标准计量法**（standardized measurement approach，SMA），取代以往所有用于确定操作风险资本金的方法。[㊀]在

㊀ 见巴塞尔银行监管委员会，“Consultative Document：Standardized Approach for Operational Risk”，2016 年 3 月。

实施 AMA 过程中，大量投资的银行感到恼火是可以理解的，如前所述，某些国家的监管机构很可能会允许它们继续使用 AMA 方法。

SMA 比 AMA 简单。它首先定义了业务指标（BI），这是一个用于衡量银行规模的指标，类似于《巴塞尔协议Ⅱ》中基本指标方法使用的总收入（Gross Income，GI）。关键区别在于：

（1）虽然负收入（例如，来自贸易）将会降低 GI，但不会降低 BI。

（2）BI 包括了一些在 GI 中省略，但会产生操作风险的项目。

（3）操作费用会降低 GI，但因为它们会导致操作风险，所以 BI 会增加。

银行的 BI 成分是根据其 BI 值使用表 23-2 所示的分段线性关系计算出来的。随着银行规模的扩大，BI 每增加 1 美元，BI 成分也随之增加。对于 BI 在 0～10 亿欧元的小型银行来说，该比率是 0.11；对于 BI 在 10 亿～30 亿欧元的银行来说，该比率将上升到 0.15；对于 BI 在 30 亿～100 亿欧元的银行来说，该比率是 0.19；对于 BI 在 100 亿～300 亿欧元的银行来说，该比率为 0.23；对于 BI 高于 300 亿欧元的银行来说，该比率为 0.29。

表 23-2 根据 BI 计算 BI 成分

BI（10 亿欧元）	BI 成分（100 万欧元）
0～1	$110 \times BI$
1～3	$110 + 150 \times (BI - 1)$
3～10	$410 + 190 \times (BI - 3)$
10～30	$1\,740 + 230 \times (BI - 10)$
>30	$6\,340 + 290 \times (BI - 30)$

对 BI 超过 10 亿欧元的银行需要计算如下损失

$$\text{损失成分} = 7X + 7Y + 5Z$$

其中 X 为操作风险导致的年平均损失总额，Y 为仅包含 1 000 万欧元以上损失的年平均损失总额，Z 为仅包含 1 亿欧元以上损失的年平均损失总额。这些损失数据应该是平均超过 10 年的高质量数据。[⊖]根据巴塞尔委员会的估计，损失成分和 BI 成分的计算结果表明，对于一家普通银行来说，损失成分等于 BI 成分。

内部损失乘数计算公式为

$$\text{内部损失乘数} = \ln\left(e - 1 + \frac{\text{损失成分}}{BI\ \text{成分}}\right)$$

其中，e 是指数常数 2.718，这样计算的目的是使银行平均的内部损失乘数为 1。平均损失高于（低于）行业平均水平的银行，其内部损失乘数将大于（小于）1。可能的最小内部损失乘数为 ln 1.718，即 0.514。

最后，可以计算出 SMA 的资本要求。对于 BI 小于 10 亿欧元的小银行，SMA 资本金等于其 BI 成分（因此这些小银行都被视为“平均”）。对于其他银行，SMA 资本金的计算方式（以百万欧元计）为

$$SMA\ \text{资本金} = 110 + (BI\ \text{成分} - 110) \times \text{内部损失乘数}$$

23.5 操作风险损失的预防

到目前为止，为了确定资本金，我们一直侧重于对操作风险的度量。操作风险经理工作的

⊖ 在过渡时期，没有 10 年高质量损失数据的银行可以使用至少 5 年的数据。

关键是未雨绸缪，在损失发生之前加以防范，尽量避免损失。现在我们探讨一些可以做到这一点的方法。

一种途径是跟踪其他银行的损失并从中吸取教训。2002年，当7亿美元的无赖交易员损失发生在爱尔兰联合银行的巴尔的摩（Baltimore）子公司时，世界不同地区的风险管理人员应仔细分析此案例并且自问："这种情况会发生在我们身上吗?"业界事例23-1讲述的是发生在20世纪80年代末的一个关于英国执法机关的故事。这一事件发生后，所有银行立即开始着手建立程序，以检查交易对手是否有资质进行衍生产品交易。

业界事例23-1 哈默史密斯和富勒姆的故事

1987～1989年，英国伦敦地区的哈默史密斯和富勒姆（Hammersmith and Fulham）进行了600个左右总面值大约为60亿英镑的利率互换以及相关交易。这些交易的目的看起来不是对冲风险而是投机，对这些交易负有直接责任的两位雇员对这些产品的交易风险及运作方式知之甚少。

到1989年，由于利率的变化，哈默史密斯和富勒姆因为这些利率互换交易损失了数以百万计英镑。对与哈默史密斯和富勒姆进行交易的银行而言，这些交易价值连城。但此时银行对信用风险产生了担忧。因为为了对冲利率风险，这些银行已经与其他交易对手进行了反方向的利率互换交易，如果哈默史密斯和富勒姆违约的话，银行仍必须兑现在这些反方向交易中承担的义务，从而会蒙受损失。

但真正发生的事情并不是违约。哈默史密斯和富勒姆的审计部门认为这些利率互换交易无效，因为哈默史密斯和富勒姆没有权力交易这些产品。英国法庭也支持了这一决定。这一纠纷后来被一直上诉到英国的上议院（House of Lords），即英国的最高法院。上议院最后裁决认为哈默史密斯和富勒姆没有权利交易这些互换产品，议会同时又裁定将来如果是因为风险管理的需要，哈默史密斯和富勒姆有权利进行利率互换交易。无论如何，同哈默史密斯和富勒姆进行交易的银行对于这些合约被法庭中止而感到无比的愤怒。

23.5.1 因果关系

操作风险管理人员应该试着定义自己的业务决策与操作风险损失间的因果关系。银行应准备回答以下问题：雇员平均教育水平的提高是否可以减少将来交易处理过程中的错误？一个新的计算机系统是否可以减少系统故障而带来的损失？操作风险是否和雇员离职率有关？如果这两者确实相关的话，我们是否可以通过减少雇员离职率来降低操作风险的程度？我们是否可以通过清楚地划分雇员的职责以及改善交易员的奖励机制来降低无赖交易员风险？

一种定义因果关系的方式是通过统计方法，如果我们检验了一家银行在12个开展业务的不同地区并且发现银行后台雇员的教育与交易处理中的错误有一个较强的负相关性，这时我们要进行一个以提高这些地区后台雇员教育背景为目的的成本效益分析（cost benefit analysis）。在某些场合，一个较为详细的损失分析也许能够使管理人员对问题有一个更深刻的认识。例如，如果有40%计算机故障可以归咎于硬件的落后，这时我们应做一个硬件更新的成本收益分析。

23.5.2 风险控制自我评估以及主要风险指标

风险控制自我评估（risk and control self-assessment，RCSA）是银行试图了解操作风险敞口的一个重要方式。RCSA 过程要求业务部门的管理人员对自己面临的操作风险进行识别，有时要采用由高级管理层或咨询人员设计的问卷（questionnaires）或计分卡（scorecard）的形式。

通过度量与理解操作风险，我们很可能会进一步制定主要风险指标（key risk indicators，KRI）。[⊖]风险指标是管理操作风险的重要工具，最重要的风险指标是前瞻性的。这些指标对公司各个环节存在的操作风险提供了前期预警（early warning）。适用于某些特定情况的风险指标的例子如下：

（1）雇员离职率；

（2）交易过程失败的次数；

（3）临时雇员的数量；

（4）管理人员和工作人员的比例；

（5）空缺职位的数量；

（6）过去 12 个月内，没有连续休假 10 天以上的雇员的比例。

管理层希望通过这些关键指标发现问题并能够及时采取改正措施，以避免损失。银行对操作风险进行量化非常重要，但更重要的是银行必须采取措施来对这些操作风险进行管理以及控制。

23.5.3 电子邮件和电话

降低操作风险的一个重要途径是教育雇员仔细斟酌他们在电子邮件中写下的文字以及当他们在交易大厅工作时在电话中的通话内容。针对金融机构雇员不当行为指控的法律诉讼以及监管调查是重要的操作风险源。当一桩诉讼或投诉被发起以后，金融机构最先要做的事情之一就是提供所有的相关通信记录。这类记录常常让金融机构陷入很难堪的境地，从而难以为自己辩护（业界事例 27-3 中给出的法布里斯·图尔的电子邮件就是让人尴尬的一个生动例子）。在发出一封电子邮件或拨打一通要被录音的电话前，雇员应考虑这样一个问题："如果通信的内容被公众所知，会不会对我的雇主造成伤害？"

23.6 操作风险资本金的分配

操作风险资本金分配方式的出发点是鼓励业务部门积极地增强自身的操作风险管理能力。在第 12.8 节和第 26.6 节中，我们讨论了资本金的分配。如果一个业务部门能证明通过自身采取的措施减小了操作风险出现的频率以及损失程度，那么该部门的资本金就应该有所降低。这样一来会提高该业务部门的资本回报率（因此也会提高该部门管理人员的奖金）。

我们应注意到有时无限制地降低操作风险对于管理过程来讲并不一定是最优的。有时为降低风险而付出的代价可能大大超过资本金减少所带来的好处，从而降低资本回报率。银行应该

⊖ 有时也被认为是业务环境和内部控制因素（BEICF）。

鼓励业务部门恰当地计算和确认所承担的操作风险，以优化资本回报率。

对操作风险的评估以及操作风险资本金的分配要达到使业务部门更深切地体会到管理操作风险的重要性。操作风险管理应成为每一个管理人员日常工作重要的一部分。成功的操作风险管理制度中的一个重要组成部分是来自高级管理层的支持。巴塞尔银行监管委员会已充分意识到了这一点。委员会建议银行的董事会应参与风险管理制度审批并对制度的落实进行定期检查。

23.7 幂律的应用

在第10.4节中，我们介绍过幂律。该定律阐明对于许多变量，以下关系式成立

$$\text{Prob}(v > x) = Kx^{-\alpha}$$

其中v代表变量的值，x是v所取的一个较大数值，K及α均为常数。在第13.5节中讨论极值理论时，我们曾讨论过幂律的理论基础以及最大似然估计的过程。

DeFontnouvelle等（2003）采用由外部供应商给出的数据证明了银行所经历的大额损失服从幂律。[㊀]这一结果使计算高置信度（如99.9%）的VaR变得更加简单。应用内部及外部数据和情景分析，我们可以通过第13章所介绍的最大似然估计法估计幂律中的参数。损失分布中第99.9%百分位数可以由式（13-9）估算得出。

当我们对损失分布进行迭加时，具有最肥尾部的分布往往会最显著，这意味着具有幂律中最低的α值的损失会决定整体损失分布的尾部极值。[㊁]因此如果在计算中我们仅仅是对整体操作损失的尾部极值感兴趣，那我们仅需考虑一到两个业务类别与损失类型不同的组合。

23.8 保险

操作风险管理人员需要做的一个重要决策是要在多大程度上对操作风险进行投保。对于不同形式的风险如火灾损失及无赖交易员损失等，保险公司都可以提供保险产品。在保险公司的资产负债表满足一定条件下，采用AMA计算资本金的银行可以通过在某家保险公司投保来降低资本金计提量。在第3.7节中我们讨论了保险公司在设计保险产品时要面临的道德风险和逆向选择，在这一节中我们将从操作风险的角度再次讨论这些问题。

23.8.1 道德风险

保险公司对银行的操作风险承保时面临的风险之一是**道德风险**（moral hazard），这种风险是指银行持有保险合约时与没有投保时相比行为会发生变化，这种行为的变化会增加保险公司的风险。例如，一家银行对抢劫进行了投保，保险合约的存在可能会使银行对自身安保工作有所松懈。银行对安保工作的懈怠会使抢劫案件相比投保之前更容易发生。

㊀ See P. de Fontnouvelle, V. DeJesus-Rueff, J. Jordan, and E. Rosengren, "Capital and Risk: New Evidence on Implications of Large Operational Risk Losses," *Journal of Money, Credit and Banking* 38, no.7 (October 2006): 1819-1846.

㊁ 在第13章中，参数ξ与$1/\alpha$相等，因此具有最大ξ值的损失分布会决定尾部的极值。

传统上保险公司采用多种不同的方式来应对道德风险，通常的做法是保险公司在保险合约中会注明一定的免赔额（deductible），免赔额的存在意味着银行必须首先要承担一定的损失。保险公司有时也会采用“共保条款”（coinsurance provision）来应对道德风险，在这种方法中，保险公司只承担超出免赔额以上损失的一个比例（小于100%）。另外几乎所有保险合约都有一个保单限额（policy limit），即保险公司应付赔偿款的上限。让我们再次考虑为抢劫投保的那家银行，因为免赔额，共保协议以及保单限额的存在会使银行对自己分行的安保不再掉以轻心。业界事例23-2讨论了无赖交易员保险中的道德风险问题。

业界事例 23-2　　无赖交易员保险

无赖交易员保险反映了道德风险的独特之处。一家贪图利益的银行可以买入这种保险来保护自己，同时放松对交易风险额度的控制，如果一个交易员超出交易额度但是获得了盈利，那么这种结果对银行有利；如果交易员的交易带来损失，那么银行可以通过向保险公司索赔无赖交易员赔偿金来弥补损失。将免赔额、共保条款以及保单限额等若干条件考虑在内以后，保险所带来的收益会小于交易员所造成的损失，但是无赖交易员超额交易所带来的可能的损失有可能要远小于可能的盈利，对于银行来讲这种超额交易仍然很划算。

考虑到以上问题，我们也许会对有些保险公司仍愿意为无赖交易员承保感到奇怪。提供这类保险的保险公司会特别注重银行如何管理交易额度，而且往往要求银行不要向交易人员泄露保险条款的存在。保险公司通常保留对损失事件进行调查的权利。

从银行的角度来看，上面提到的放松对交易额度的管理是目光短浅的做法。银行可能发现无赖交易员索赔造成了今后所有保险价格的显著增长。另外，一个大额度无赖交易员损失（即使在投保后）也会给银行声誉造成巨大损害。

23.8.2 逆向选择

保险公司面临的另外一个问题是**逆向选择**（adverse selection），这是指保险公司无法分辨低风险投保人与高风险投保人。如果保险公司给每个人提供的保险价格都一样，那么这样不可避免会吸引更多的高风险投保人。例如，不具备良好的内控系统的银行往往会购买无赖交易员保险；同样的道理，没有良好的外部风险控制措施的银行常常会购买外部诈骗保险。

为了应对逆向选择问题，保险公司必须了解银行的风控过程以及银行过去的损失。在做过最初风险评估以后，对于同样的保险合约，针对不同的投保银行，保险公司会给出不同的报价。随着时间的推移，保险公司会收集到更多的有关银行操作风险损失的信息，这时保险公司对保单的收费有可能增加也可能减少。这一做法同保险公司卖出汽车保险时的做法没有什么不同，在汽车保险刚刚开始时，保险公司会尽量收集有关驾驶员的信息，随着时间的推移，保险公司可以收集到更多有关驾驶员风险（车祸次数、超速罚款次数等）的信息，然后保险公司能够以这些信息为基准来对保险价格进行修正。

23.9 《萨班斯－奥克斯利法案》

美国政府在2002年通过了《萨班斯－奥克斯利法案》（Sarbanes-Oxley Act），这一法案的通过在很大程度上是由于安然公司的垮台而直接导致的。该法案给美国的金融机构以及非金融机构在操作风险管理方面又提供了一个新的指导方针。法案要求公司董事会成员要花更多的精力在公司的日常运作上，董事会必须对公司的内控进行监督并保证风险能得到评估和恰当处理。

该法案对上市公司董事会的构成提出了规定，并阐述了公司董事会的职责。SEC 被赋予了对董事会进行审查以及促使董事会承担更多责任的权力。法案规定，为某家公司提供审计服务的公司不能再给这家公司提供任何重大的非审计服务。[㊀]审计公司必须采取轮换制。董事会中的审计委员会必须要了解不同的财会处理方式。发布审计报告时，要附带公司 CEO 以及 CFO 对财务报告准确性的保证。如果公司的年终报告出现严重错误而被调整，公司 CEO 及 CFO 则必须退还自己的奖金。法案的其他条款对内部人交易、信息披露、给公司高管的个人贷款、公司董事的投资交易报告以及董事对公司内控措施的监督都做出了相应规定。

小结

1999 年，银行监管机构提出设定操作风险资本金的意向，作为《巴塞尔协议Ⅱ》的一部分，这种意向促使银行对于操作风险的评估以及管理进行了认真思考。监管机构定义了 7 种不同的操作风险类型和 8 个不同的业务类别，并鼓励银行对这 56 种业务及风险类型组合提供量化管理。

从理论上讲，某一特定类型的操作风险损失的处理方式同保险精算中损失的处理方法非常类似。在量化过程中首先需要估计操作风险损失频率分布以及损失程度分布，然后这两个分布被结合在一起来产生整体损失分布。当采用《巴塞尔协议Ⅱ》中的高级计量法(AMA)时，银行需使用内部数据、外部数据、情景分析以及业务环境和风险控制因素来估计这些分布。

2016 年，巴塞尔委员会宣布，AMA 的表现不如预期，并表示计划要求银行采用新的方法——标准计量法（SMA）。作为 SMA 的一部分，巴塞尔委员会制定了业务指标，以衡量银行的规模，这与银行潜在的操作风险敞口相关。将该指标与银行过去 10 年的平均损失经验相结合，可以确定操作风险监管资本金。

操作风险经理的一部分工作是提高员工对操作风险的认识，从而防止造成损失。他们还应明白产生操作风险损失的原因，并制定关键风险指标以跟踪机构不同部门的操作风险水平。

在对操作风险资本金进行估算后，我们还应该将资本金在不同业务类别中进行合理分配，分配方式要尽量做到在不过分提高管理成本的前提下鼓励业务部门降低操作风险。

第 10 章所讨论的幂律可以被用于描述操作损失分布。幂律能够从实证数据出发并利用极值理论（见第 13 章）来估算损失分布的尾部状态。将几种损失分布进行迭加时，尾部最肥的分布最为突出，这一性质可以简化整体操作风险 VaR 的计算过程。

对许多操作风险类别，银行可以买入保险。然而许多保险合约包括免赔额、共保条款以及保单限额等条款，因此银行在购买保险以后仍需承担一定的风险。再有，随着时间的推移，保险费会根据保险理赔次数以及保险公司对投保机构操作风险管理状况的评

㊀ 安然公司的审计公司安达信（Arthur Anderson）除了为安然公司提供审计外，还为该公司提供许多其他服务，在安然公司倒台时，安达信也没有幸免。

估指标的掌握发生变化。

银行对于操作风险（资本金）的度量、管理以及分配过程仍然处在较为初级阶段。随着时间的推移，会积累更多的关于操作风险的数据，更为精确地描述操作风险的方法也会逐渐产生。一个核心问题是，操作风险有两个重要类型：高频低额损失以及低频高额损失。对于前者，我们比较容易量化，但高级计量法（AMA）产生的操作风险 VaR 往往取决于后者。

监管机构已经较为成功地使银行意识到操作风险的重要性。从许多角度来看我们都可以这么讲：操作风险管理过程给银行带来的好处不只是最后产生的那个操作风险计量数字，而是产生这个数字的过程本身。如果这一过程实施得当，将使银行管理人员对操作风险更加关注，并对这一风险产生新的认识。

延伸阅读

Bank for International Settlements. "Consultative Document: Standardized Measurement Approach for Operational Risk," March 2016.

Bank for International Settlements. "Operational Risk: Supervisory Guidelines for the Advanced Measurement Approach," June 2011.

Bank for International Settlements. "Sound Practices for the Management and Supervision of Operational Risk," February 2003.

Baud, N., A. Frachot, and T. Roncalli. "Internal Data, External Data and Consortium Data for Operational Risk Management: How to Pool Data Properly." Working Paper, Groupe de Recherche Operationelle, Credit Lyonnais, 2002.

Brunel, V. "Operational Risk Modelled Analytically." *Risk* 27, no. 7 (July 2014): 55–59.

Chorafas, D. N. *Operational Risk Control with Basel II: Basic Principles and Capital Requirements*. Elsevier, 2003.

Davis, E., ed. *The Advanced Measurement Approach to Operational Risk*. London: Risk Books, 2006.

De Fontnouvelle, P., V. DeJesus-Rueff, J. Jordan, and E. Rosengren. "Capital and Risk: New Evidence on Implications of Large Operational Risk Losses." *Journal of Money, Credit, and Banking* 38, no. 7 (October 2006): 1819–1846.

Dutta, K., and D. Babbel. "Scenario Analysis in the Measurement of Operational Risk Capital: A Change of Measure Approach." *Journal of Risk and Insurance* 81, no. 2 (2014): 303–334.

Girling, P. X. *Operational Risk Management: A Complete Guide to a Successful Operational Risk Framework*. Hoboken, NJ: John Wiley & Sons, 2013.

Lambrigger, D. D., P. V. Shevchenko, and M. V. Wüthrich. "The Quantification of Operational Risk Using Internal Data, Relevant External Data, and Expert Opinion." *Journal of Operational Risk* 2, no. 3 (Fall 2007): 3–28.

McCormack, P., A. Sheen, and P. Umande. "Managing Operational Risk: Moving Towards the Advanced Measurement Approach." *Journal of Risk Management in Financial Institutions* 7, no. 3 (Summer 2014): 239–256.

练习题

23.1 监管机构对于操作风险的定义都包括哪些风险？哪些风险不在定义之内？

23.2 假定一个外部数据显示的一家年收入为 10 亿美元的银行的操作损失为 1 亿美元，假定你所在的银行的年收入为 30 亿美元，你所在的银行由外部数据隐含推算出的操作损失的估计为多少？（使用 Shih 的结论。）

23.3 假定一种操作损失的数量不超过2 000 万美元的概率为 90%，幂律参数 α 为 0.8，损失不超过以下数量的概率分别为多少？（a）4 000 万美元；（b）8 000万美元；

(c) 2 亿美元。

23.4 请讨论道德风险以及逆向选择问题在汽车保险中是怎样被处理的。

23.5 请列举《萨班斯 – 奥克斯利法案》对上市公司 CEO 的两个影响。

23.6 在什么情况下交易损失可划归市场风险？在什么情况下应划归操作风险？

23.7 请讨论在人寿保险合约中是否有：(a) 风险道德；(b) 逆向选择问题。

23.8 什么是外部损失数据？这些数据是如何取得的？如何应用这些数据来决定一家银行的操作风险？

23.9 哪些分布被经常应用于描述损失频率及损失程度？

23.10 请列举两个被银行中央操作风险管理部门监控的主要风险指标的例子。

23.11 在作者网页上可以下载生成图 23-2 的计算表。损失分布的期望值及标准差分别等于多少？改变模拟数据来找出损失频率由 3 变为 4 对于损失分布的影响。

23.12 根据标准计量法（SMA），决定监管资本的关键投入因素是什么？

23.13 有两家 BI 成分为 3 亿欧元的银行。在过去的 10 年间，A 银行已经遭受了 10 次 2 000 万欧元的操作风险损失，而 B 银行只发生了一次 2 亿欧元的操作风险损失，请问 SMA 下两家银行的操作风险监管资本各是多少？

作业题

23.14 假定某银行操作风险损失小于 1 000 万美元的概率为 99%，请采用幂律求出当 α 分别等于以下数值时：(a) 0.25；(b) 0.5；(c) 0.9；(d) 1.0，对应于 99.97% 概率的最坏操作损失为多少。

23.15 考虑以下两个事件：(a) 某银行因为与某交易对手的交易造成突如其来的法律纠纷，法律纠纷带来的损失为 10 亿美元；(b) 由于得克萨斯州突如其来的飓风使某家保险公司损失了 10 亿美元。假如你同时持有这家银行及这家保险公司的相同数量的股票，这时你对于哪个损失会更为介意？为什么？

23.16 在作者网页上可以下载生成图 23-2 的计算表，如果损失程度为 beta 分布，则损失分布会发生怎样的变化？这里 beta 分布参数上限等于 5，下限等于 0，其他参数均等于 1。

23.17 一家银行有 55 亿欧元的 BI，在过去的 10 年里，它发生了 8 次操作风险损失，损失的金额分别为 3、7、15、65、85、150、250 和 300（以百万欧元为单位）。在 SMA 下，银行的操作风险监管资本是多少？

CHAPTER24

第24章 流动性风险

对金融机构和监管人员来讲，在2007年中期开始的信用危机突出了流动性风险管理的重要性。当投资者丧失对金融机构的信心时，许多依赖于机构储蓄来取得资金的银行的运营遭遇了危机。金融机构进而发现，它们持有的许多曾具有良好流动性的产品，在危机中只能以大甩卖的价格出售。

区分偿付能力（solvency）与流动性（liquidity）的不同十分重要。有偿付能力是指公司的资产大于负债，因此公司的净值为正；流动性是指在指定付款日，银行有足够的现金进行支付。有偿付能力的银行有时可能会因为流动性问题而破产。考虑一家银行，其资产大部分是由流动性不好的按揭贷款构成的。假如资产融资的90%来自存款，10%来自股权，银行有良好的偿付能力。但如果市场上出现挤兑现象，假如有25%的存款人突然抽取资金，这很有可能会造成银行破产。在这一章中，我们将讨论英国一家经营按揭贷款的银行——北岩银行因流动性问题而破产的过程。

金融机构应谨慎管理流动性风险，这一点显然很重要。金融机构的流动性需求常常带有不确定性，因此必须对流动性最差的情况进行评估，并确保在这种情况下，仍能通过将资产转换为现金，或通过外部拆借的形式来取得现金以确保机构的存续。

在交易过程中，确保流动性也非常关键。一个流动性好的资产头寸是指在短时间内可以变卖的头寸。当一个资产的流动性变差时，因为买卖价差的增大，交易员往往会蒙受损失。对于期权和其他衍生产品，非常重要的一点是衍生产品的标的资产市场应具有良好的流动性，因为只有在这个前提下，交易员才能进行日常交易，以维持自身的delta中性（见第8章）。

本章将讨论流动性风险的不同方面。我们会考虑交易流动性风险（liquidity trading risk）以及融资流动性风险（liquidity funding risk），还将讨论所谓的“流动性黑洞”。**流动性黑洞**（liquidity black holes）是指由市场的震荡所造成的流动性枯竭的现象。

24.1 交易流动性风险

假定一家金融机构持有 100 份、1 000 份、10 000 份甚至 100 000 份 IBM 股票，这时流动性不会是一个大问题，因为纽约股票交易所每天有数以百万计的 IBM 股票交易，市场给出的报价与金融机构可以卖出的价格没有太大的不同。但是，并非所有的资产均可以轻易地转换为现金。例如，想要在一天内以市场价格出售价值 1 亿美元的一家非投资级美国公司债券，就不太容易，新兴市场的公司股票和债券可能会更加难以变卖。

一个特定资产的出售价格取决于以下因素：

（1）资产的中间价格，或对其价值的估计；

（2）资产被出售的数量；

（3）资产被变卖的速度；

（4）经济环境。

当一家做市商给出一个金融资产的买入价和卖出价时，金融机构能够以该买入价来买入或以该卖出价来卖出一定小数量的资产。但是，做市商给出的价格只适用于一定数量。在此数量之上，做市商会提高买卖价差。这是因为，当交易数量增大后，对风险敞口的对冲也会变得更加困难。

当一个金融产品没有做市商时，市场上仍会有一个隐性的买卖价差。如果一家金融机构想同另外一家金融机构进行交易（也许是中间商），那么产品交易价格取决于金融机构是希望买入还是卖出。买卖价差可能介于资产中间价的 0.05% ~ 5%，甚至高达 10%。

买卖价差与交易量有关，买入报价及卖出报价与交易数量的关系如图 24-1 所示。当交易数量增大时，买入价会逐渐降低，卖出价会逐渐升高。对于某种产品，如果市场上存在做市商，在交易量不超过做市商交易容量限制的情况下，买入价和卖出价不会发生变化，一旦超出做市商的额度，买入价和卖出价就会逐渐分离。

图 24-1 描述了大型金融机构之间的市场运作。有趣的是零售市场的买卖价差会出现与图 24-1 相反的图形。例如，有人想在某银行的支行买入外汇或将资金投资 90 天，当交易数量增大时，他也许会拿到更好的报价。

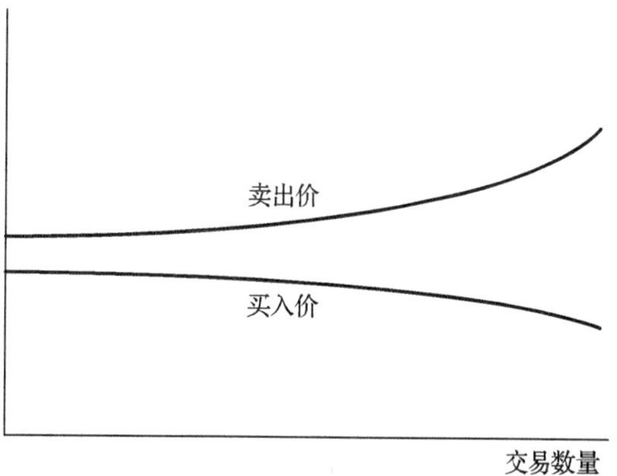

图 24-1 买入价和卖出价作为交易数量的函数

一个资产所能实现的价格取决于资产变卖的速度和市场条件。假如你想卖出你的住房。有时房地产市场是卖方市场（seller’s market）。当你刚刚将房屋投入市场，你可能就会马上收到几个报价，也许你在一周内就能将房子卖掉。而在其他市场上，也许你要花 6 个月或更长时间才能将房子卖掉。在第二种情形中，如果你想马上将房子卖掉，也许你所能得到的价格会远远低于市场的估价。

金融资产与房地产有非常相似之处，有时市场流动性很差（例如，1998 年俄罗斯国债违约后，或 2007 ~ 2008 年次债危机后），这时即使变卖很小数量的资产也会花很长时间，甚至根本卖不出去。但在市场流动性很好的其他情形下，即使卖出较大数量的资产也不会出现什么问题。

出售数量巨大的资产可能会沦为“掠夺性交易”（predatory trading）的受害者。情况通常发生在这样的情形下：某市场参与者（假设为公司 A），持有数量巨大的类资产，而其他市场参与者猜测公司 A 将被迫在短期内将这些资产平仓，此时这些市场参与者就会与公司 A 进行同样的交易，以试图从中牟利。比如，如果市场预期公司 A 将必须出售大量的某只股票，其他的参与者就会事先做空这只股票，以期在股价下跌时获利。如果发生这种情况，公司 A 就难以用比较有竞争力的股价，从自己的持仓中脱身。为避免遭遇这种境地，金融机构都要求自己的员工对本机构的持仓和未来的交易计划严格保密。在 2012 年发生的“伦敦鲸”事件（见业界事例 25-1）以及德国金属公司的案例（见业界事例 24-3）中，掠夺性交易都扮演了重要角色。而在长期资本管理公司（见业界事例 22-1）的案例中，基金所持头寸在美联储的监督下缓慢平仓，从而避免了成为掠夺性交易的猎物。

金融资产市场的另一个问题是，当某家金融机构出于某种原因希望将某头寸平仓时，常常其他金融机构也想做出类似举动，因此正常市场存在的流动性可能会瞬间蒸发，随之会产生流动性黑洞，我们在本章后面的内容中将对这一现象进行讨论。

24.1.1 透明度的重要性

市场参与者从 2007 年的信用危机中所得到的教训之一是透明度对流动性的重要意义。如果一个资产具有不确定性，那么该资产的流动性也不会持续很久。

如第 6 章所示，在 2007 年以前，市场上非常流行建立次级按揭贷款和其他资产的组合，并通过证券化、再证券化甚至再再证券化将其中的信用风险生成金融工具。有些金融工具比第 6 章介绍的还要复杂，因为有时 ABS CDO 中包含了非按揭贷款，甚至是其他 ABS CDO 中的分档。在 2007 年 8 月以后，市场参与者意识到自己对交易的这些产品的风险实际上知之甚少。更糟糕的是，要取得这方面的信息也很困难。当市场参与者意识到自己错误地用信用评级取代了对产品的真正理解时，为时已晚。

2007 年 8 月以后，由次级按揭贷款所生成的债券流动性消失，金融机构没有能力对自己几个月前还争先买入的投资进行盯市计价。它们意识到自己买入了高度复杂的信用衍生产品，而且没有有效的工具给出其实际的价值。它们既缺少必要的模型，也没有足够关于衍生产品标的投资组合的信息。

与此相对照的是其他机制完善的信用衍生产品（例如信用违约互换），在 2007 年信用危机后一直在市场上进行交易。由此我们得出的教训是：市场有时会被一些不透明的产品迷惑，但是一旦醒悟过来，这些产品的流动性会随即消失。当这些复杂产品再次交易时，价格可能很低而且买卖价差可能会很高。如第 6 章所述，美林曾在 2008 年 7 月以每美元面值仅合 22 美分的价格卖给

Lone Star Funds 总额达 306 亿美元的 ABS CDO 分档（这些产品曾经的信用评级为 AAA 级）。

24.1.2　市场流动性的度量

某资产的买卖价差可以用货币值（dollar value）来衡量，也可以用与资产价格的比率来衡量。当以货币值衡量时，买卖价差为

$$p = \text{卖出价} - \text{买入价}$$

买卖价差比率（proportional bid-offer spread）的定义为

$$s = \frac{\text{卖出价} - \text{买入价}}{\text{市场中间价}}$$

分母中的市场中间价等于买入价与卖出价的平均值。在有些情况下，使用货币值 p 可能会更方便，而在另外的情况下，使用差价比例 s 可能会更方便。

市场中间价可以被视为公允价值。当对某资产的头寸进行平仓时，金融机构支付的费用为 $s\alpha/2$，其中 α 为头寸的货币价值（市场中间价），这反映出市场交易并非以市场中间价格成交这一事实，而是买入交易以买入价格执行，而卖出交易以卖出价格执行。

一种度量交易账户流动性的手段是计算在一定的时间段，在正常市场条件下，对交易账户中的头寸进行平仓的成本。假定 s_i 为某金融机构持有的第 i 个产品的买卖价差比率，α_i 为相应头寸的货币价值，因此

$$\text{平仓费用(正常市场条件下)} = \sum_{i=1}^{n} \frac{s_i\alpha_i}{2} \tag{24-1}$$

其中 n 为头寸的总数量。注意，虽然产品的多元化会减少市场风险，但多元化并不一定会自动降低交易流动风险。如前所述，随着第 i 个头寸的增大，s_i 会有所增大。持有许多小的头寸而不是一个大的头寸，会减小流动性风险。设定头寸的限额（position limit）是减小交易流动风险的一种手段。

【例 24-1】 假定一家金融机构买入 1 000 万股某公司的股票，同时买入了 5 000 万盎司某种商品。股票价格的每股买入价为 89.5 美元，卖出价为 90.5 美元；每盎司商品的买入价为 15 美元，卖出价为 15.1 美元。股票头寸的市场中间价为 90 ×1 000 万 =9 亿美元；大宗商品头寸的市场中间价为 15.05 × 5 000 万 = 7.525 亿美元。股票的买卖价差比率为 1/90，即 0.011 11；大宗商品的买卖价差比率为 0.1/15.05，即 0.006 645，正常市场的平仓费用为（以百万美元计）

$$900 \times 0.011\,11/2 + 752.5 \times 0.006\,645/2 = 7.5$$

即 750 万美元。

另外一种检验流动性的方法是：计算在一定时间区间内，在受压市场条件下的平仓费用。定义 μ_i 和 σ_i 为买卖价差比率的均值和标准差，因此

$$\text{平仓费用(受压市场)} = \sum_{i=1}^{n} \frac{(\mu_i + \lambda\sigma_i)\alpha_i}{2} \tag{24-2}$$

参数 λ 定义了差价的置信区间。例如，如果我们想求得在“99%的最差情形”下的平仓费用（即买卖价差仅有1%的概率会被超出的情况），假定价差服从正态分布，那么对于所有的 i，$\lambda=2.326$。

【例24-2】 假定在例24-1中股票的买卖价差的均值和标准差分别为1.0及2.0，商品的买卖价差的均值和标准差均为0.1。股票的买卖价差比率的均值和标准差分别为0.011 11及0.022 22，商品的买卖价差比率的均值和标准差均为0.006 645。假定差价均服从正态分布，在99%的置信程度下，平仓费用不会超过以下数额（以百万美元计）

$$900\times\frac{1}{2}(0.011\,11+2.326\times0.022\,22)+752.5\times\frac{1}{2}(0.006\,645+2.326\times0.006\,645)$$

$$=36.58$$

即3 658万美元。这一费用几乎是正常市场条件下平仓费用的5倍。

在实践中，买卖价差并不服从正态分布，参数 λ 需要被加以修正以便反映实际分布。例如，对于某类金融产品，如果我们发现99%的分位数与均值的差距等于3.6倍的标准差，那么这些产品的 λ 应被设定为3.6。

式（24-2）假设所有产品的价差之间有完美的相关性（即完全相关），这一假设看起来有些过分保守，但实际情况常常如此。当流动性较差，买卖价差较大时，所有产品差价均趋向于高度相关。对于金融机构而言，通过式（24-1）及式（24-2）的方式来定期监控流动性的变化非常有意义。正如我们看到的那样，买卖价差与平仓的速度有关，因此式（24-1）及式（24-2）定义的测度应该是平仓时间长度的一个递减函数。

24.1.3 经流动性调整的VaR

我们在第12~14章中讨论的VaR是为了估算银行交易账户在盯市计价前提下，对应于“最差情况”下的损失程度。式（24-1）和式（24-2）是为了计算当市场价格不变时，对交易组合进行平仓所需的费用。虽然VaR及流动性风险测度是为了度量不同的风险，但有些研究人员还是建议应该将它们结合起来，形成**经流动性调整的VaR**（liquidity adjusted VaR）。对这一概念的一种定义方法是由常规VaR加上正常市场平仓交易组合的费用。由式（24-1）出发，得出

$$\text{经流动性调整的 VaR}=\text{VaR}+\sum_{i=1}^{n}\frac{s_i\alpha_i}{2}\tag{24-3}$$

另外一种做法是，将其定义为常规VaR加上在受压市场下平仓交易组合的费用，由式（24-2）出发，得出[⊖]

$$\text{经流动性调整的 VaR}=\text{VaR}+\sum_{i=1}^{n}\frac{(\mu_i+\lambda\sigma_i)\alpha_i}{2}$$

⊖ A. Bangia, F. Diebold, T. Schuermann, and J. Stroughair, “Liquidity on the Outside,” *Risk* 12 (June): 68-73.

24.1.4 优化平仓

交易员想将一个持仓数量较大的金融产品平仓，一定要做出最佳交易决策。如果平仓太快，交易员将面临很大的买卖价差，但因为平仓时间短，市场中间的变化不会太大；如果由交易员决定花几天时间来将交易平仓，其面临的买卖价差将会低一些，但是，由于中间市场价格变动而造成的潜在损失会大一些。

Almgren 和 Chriss(2001) 在他们的文章中讨论过这一问题。[⊖]假定某交易员想在 n 天内将 V 个单位数量的头寸平仓。定义在一天内，交易员交易 q 单位数量债券的买卖价差为 $p(q)$ （以每单位美元价格计量），q_i 为在第 i 天的交易量，x_i 为第 i 天天末交易员的头寸，$1 \leqslant i \leqslant n$。由此得出，$x_i = x_{i-1} - q_i$，$1 \leqslant i \leqslant n$，其中 x_0 等于最初的头寸数量 V。

每笔交易的费用为买卖价差的一半，买卖价差带来的费用总共为

$$\sum_{i=1}^{n} q_i \frac{p(q_i)}{2}$$

假设市场中间价格的变化服从正态分布，每天变化标准差为 σ，且交易均发生在每天的开始，交易员头寸在第 i 天变化的标准差为 $\sigma^2 x_i^2$。假定在连续日期的价格变化是独立的，因此对尚待平仓的头寸，价格变化的标准差为

$$\sum_{i=1}^{n} \sigma^2 x_i^2$$

在考虑交易费用后，交易员可能对 VaR 进行极小化。被极小化的目标函数与式（24-3）定义的经流动性调节的 VaR 有些相似，交易员的目标是选择 q_i，并在 $\sum_{i=1}^{n} q_i = V$ 的条件下，使

$$\lambda \sqrt{\sum_{i=1}^{n} \sigma^2 x_i^2} + \sum_{i=1}^{n} q_i \frac{p(q_i)}{2}$$

取得极小值。如上所述，x_i 通过 V 和 q_i 来求得，参数 λ 给出了 VaR 估计值中的置信区间。例如，在每天价格变化服从正态分布的假设前提下，考虑 99% 的置信水平，即 $\lambda = 2.326$。一旦估计出函数 $p(q)$，我们可以采用 Excel 中的 Solver 程序来对目标函数进行优化。

【例 24-3】 假设某交易员希望在 5 天内将 1 亿单位的某资产头寸平仓，假定以货币值计，买卖价差与每天交易量的函数关系为

$$P(q) = a + be^{cq}$$

其中 $a = 0.1$，$b = 0.05$，$c = 0.03$，这里 q(以百万计) 为交易数量。

每天价格变化的标准差为 0.1，在作者网页（www-2. rotman. utoronto. ca/ ~ hull/riskman)上，读者可以下载一个计算优化交易策略的计算表。当置信区间设定为 95% 时，第 1 ~5 天的交易量分别为 48.9、30.0、14.1、5.1、1.9(以百万计)。当 VaR 置信度减小时，每日交易量变化的幅度也会变小。例如，当置信度设定为 90% 时，每日交易量分别为

⊖ See R. Almgren and N. Chriss, "Optimal Execution of Portfolio Transactions," *Journal of Risk* 3 (Winter 2001): 5-39.

45.0、29.1、15.6、7.0、3.3(以百万计)；当置信度设定为75%时，每日交易量分别为36.1、26.2、17.7、11.6、8.4(以百万计)。对于置信度小于50%的极限情形，交易员只对预期费用感兴趣，而不再关心费用的标准差，这时，交易员每天需要交易2 000万单位的资产。

这一例子说明，当头寸需要在 n 天内平仓时，有超过 $1/n$ 的资产需要在第一天内交易，这是因为持有头寸的期限越长，市场朝不利方向变化所带来风险也会越大。

24.1.5 度量市场流动性的其他方法

到目前为止，我们的讨论集中在买卖价差这一度量市场流动性的指标上，还有很多其他的度量指标也已经被提出来。每日交易量（即每天发生在某资产上的交易次数）也是一个重要的指标。当一个资产流动性很差时，每日交易量常常为零。每笔交易的规模对价格的影响幅度是另外一个度量指标。Amihud（2003）[㊀]提出了一个与此类似，但计算更加简便的指标。该指标是所考虑的时间段内，以下值的日平均值

$$\frac{\text{每日收益的绝对值}}{\text{每日交易量}}$$

这个指标现在已被研究人员广泛采纳。Amihud的研究表明某一资产的预期回报会随着流动性的下降而上升，换句话说，投资者会为持有流动性差的资产而要求额外补偿。

24.2 融资流动性风险

我们接下来考虑融资流动性风险，这种风险与金融机构在出现现金需求时，是否能够满足这种需求有关。在本章开篇部分中，我们曾指出流动性不同于偿付能力，一个有偿付能力（即股权值为正）的金融机构因为流动性困难也可能会破产。英国的一家按揭贷款商北岩银行的破产就说明了这一点（见业界事例24-1）。

业界事例24-1　　北岩银行

英国北岩银行由此前的北岩建筑协会（Northern Rock Building Society）于1997年在伦敦股票交易所上市而创立。到2007年，北岩银行已经成为英国前五大按揭贷款提供商。当时北岩银行已有76家分行，其提供的服务包括存款账户、储蓄账户、贷款和住房及财产保险。这家银行在1997～2007年发展迅猛，其发行的部分按揭贷款通过其在开曼群岛注册的子公司Granite进行了证券化。

北岩银行主要依靠出售短期债券来融资。自2007年8月次债危机后，银行发现很难再通过发行新债券来替换已到期的债券，这是因为机构投资者不愿意借出资金给那些在按揭业务中涉足太深的银行。当时，银行资产足以偿还负债，因此北岩银行没有丧失偿还能力。英国金融服务监管局（Financial Services Authority，FSA）在2007年指出“FSA断定北

㊀ See Y. Amihud, “Illiquidity and Stock Returns: Cross-Section and Time Series Effects,” *Journal of Financial Markets* 5 (2002): 31-56.

岩银行具有偿付能力，资本金持有量超出监管资本金的要求，并且其贷款组合的质量很好”，但北岩银行无法筹措资金，这给其运作带来了严重困难。北岩银行在 2007 年 9 月 12 日向英格兰银行求助，并在接下来几天内，向三方监管部门（Tripartite Authority）——英格兰银行、英国金融服务监管局以及英国财政部（HM Treasury）借入了 30 亿英镑的资金。

2007 年 9 月 13 日，英国广播公司（BBC）的商务栏目编辑罗伯特·佩斯顿（Robert Peston）发布消息，声称北岩银行已经向英格兰银行寻求紧急救助。9 月 14 日，星期五，北岩银行出现了挤兑现象，数以千计的北岩银行客户排长队提取存款，这是 150 年来首次出现的英国银行挤兑现象。北岩银行的某些客户持有“纯网络”（internet-only）账户，因为尝试登录网络的客户过多，导致很多客户不能够访问自己的账户。9 月 17 日，星期一，忧心忡忡的存款人继续提取存款。据估计，从 2007 年 9 月 12 日到 9 月 17 日客户提取的资金总量达 20 亿英镑。

英国存款保险对储户 2 000 英镑以内的存款有 100% 的保障，对 2 000 ~ 33 000 英镑的存款有 90% 的保障。在 2007 年 9 月 17 日晚间，英国财务大臣阿利斯泰尔·达林（Alistair Darling）宣布，英国政府和英格兰银行将保证北岩银行客户全部存款的安全。在这一消息公布后，英国报纸进行了大量宣传，北岩银行分行外的长队才逐渐消失。在达林先生的消息公布之后，北岩银行股票自 2. 67 英镑回升了 16%，而在当年年初，其股价为 12 英镑。

在 2007 年 9 月 12 日以后的几个月内，北岩银行寻求的紧急救助资金大幅增加。英格兰银行坚持对北岩银行的资金施以惩罚性利率，这样做是想告诫其他银行不要承担过多风险。北岩银行通过变卖资产筹措了一些资金，但到 2008 年 2 月为止，紧急救助资金的需求已高达 250 亿英镑。这时英国政府宣布将北岩银行国有化，银行的管理团队也被更换。银行被拆分成北岩公共有限公司（Northern Rock plc）和北岩资产管理（Northern Rock Asset Management）。银行的坏账由北岩资产管理继承。2011 年 11 月，由带有传奇色彩的企业家理查德·布兰森（Richard Branson）爵士领导的维珍集团（Virgin Group）以 7. 47 亿英镑的价格从英国政府手中收购了北岩公共有限公司。

北岩银行的故事说明流动性问题可以使一家银行在短时间内陷入崩溃边缘。如果这家银行管理得更保守一点，更注意确保自己能够获得融资，则它可能会存活下来。

金融机构中融资流动性问题来源于以下方面：

（1）宏观经济环境造成的流动性压力（例如，2007 ~ 2009 年金融危机期间的安全投资转移）。投资者不愿意为任何有信用风险的资产提供资金。

（2）过于激进的融资决策。所有的金融机构都有用短期工具支持长期资金需求的倾向，并因此造成流动性错配。金融机构需要问自己一个问题：“多少错配才算多?”

（3）财务表现欠佳，造成信心缺乏，由此可能导致储蓄流失以及滚动融资困难。

通常，当一家公司遭遇严重的流动性问题时，上述三种情况是相伴发生的。管理流动性风险的关键是预测现金需求并保证在不利情况下也能满足这些需求。有些现金需求可以被较好地预测到，例如一家银行发行了债券，银行知道息票的支付时间。对于其他的情况，例如零售客户提取存款，或企业使用银行提供的信用额度时，流动性的可预测性则相对较小。而随着金融机构交易的产品越来越复杂，对现金需求的预测也会变得越来越困难。例如信用触发条款（见第 20. 2. 3 节)、金融机构提供的担保以及衍生产品中交易对手的破产均会对现金来源产生难以预料的影响。

24. 2. 1 流动性的来源

金融机构的流动性主要来源如下:

(1) 持有的现金和随时可以变现的短期国债;

(2) 变卖交易账户中头寸的能力;

(3) 在短时间内拆借现金的能力;

(4) 在短时间内通过有利的条款以吸引零售和批发存款的能力;

(5) 在短时间内将资产(例如贷款)进行证券化的能力;

(6) 由中央银行借入资金。

下面我们逐一讨论这些项目。

1. 现金和国债

现金和国债是非常好的流动性来源。现金理所当然地可以随时用来满足流动性要求,而诸如由美国和英国政府发行的国债通常可以在短时间内很容易地变现。但是现金和国债作为流动性来源,是比较昂贵的。在资产所提供的流动性与其所提供的收益之间通常需要做一定的权衡。为了能够盈利,金融机构必须投资于诸如企业贷款一类的资产。相对于国债,这些资产带来的收益较高。因此,金融机构合理地持有的现金和国债是有一定限制的。

2. 变卖交易头寸

在第 24. 1 节中,我们曾讨论过融资流动性风险与交易流动性风险是相关的,因为金融机构满足融资流动性的一种手段是变卖交易账户中的部分头寸。因此,对金融机构而言,对交易账户的流动性进行量化,进而把握使用交易账户来筹措现金的能力是非常重要的。金融机构要保证自己能在市场受压的情况下存活下来,在这种市场状况下,通常流动性是短缺的。因此,对流动性的分析应基于受压市场条件,而不是正常市场条件。这也是上一节所讨论的流动性测度要考虑受压市场条件下的买卖价差的原因。

3. 拆借现金的能力

在市场状况正常时,信用良好的银行拆借现金通常是没有什么困难的。但在市场承压的状况下,市场上对风险的厌恶程度会上升。这就导致贷款的利率更高,期限更短,甚至在有些情况下贷不到款。金融机构应监控那些可以在短时间内转换为贷款担保品的资产的状况。金融机构可以通过从其他金融机构获得授信额度(当然有一定成本)的办法,来降低自身的融资流动性风险。例如美国的一家抵押贷款发行商 Countrywide,有一笔 115 亿美元的财团贷款便利 (loan facility)。在 2007 年的金融危机中,该便利被用来救急(尽管如此,Countrywide 还是遭遇了严重的问题,于 2008 年 1 月被美国银行收购)。如业界事例 24-1 讨论的,英国一家类似的住房贷款提供商北岩银行则没有做到这一点。

4. 零售和批发存款的能力

相比零售存款,批发存款是变动幅度更大的资金来源,在市场受压的情况下,可能迅速枯竭，但即便是当今的零售存款也不像从前那样稳定。现在存款人可以很容易地比较不同金融机构提供的存款利率，并可以通过互联网来转移资金。然而，流动性不是只影响一两家金融机构的问题，而是整个市场所面临的问题。当一家金融机构因为流动性问题而试图吸纳更多的批发及零售存款时，其他金融机构往往也有类似的需求，因此增大存款市场份额的愿望并不十分容易实现。

5. 证券化

如第2章所述，银行发现发起－分销的经营模式确实很具吸引力。银行与其将流动性不好的资产保留在资产负债表上，不如将这些资产进行证券化。我们曾在第6章中讨论了证券化的过程。在2007年8月以前，证券化是银行一个很重要的流动性来源。但是在2007年8月后，投资者发现证券化产品风险太大，使得这种资产的流动性在瞬间消失，发起－分销模式难以为继。银行不得不为发放的贷款提供资金支持，因此银行变得不再那么愿意发放贷款。

证券化还导致了2007年8月后的其他流动性问题。很多银行有为资产支持商业票据（asset-backed commercial paper，ABCP）提供流动性支持的安排。这些票据被用来为证券化之前的债务类产品如按揭贷款提供资金支持。当投资者不再愿意购买资产支持商业票据时，银行就不得不将这些票据收入自己账下。有时为了避免声誉受到不良影响，即使在没有法律责任的情况下，银行也不得不对参与证券化的“管道”（conduit）公司及其他资产负债表外机构进行财务支持。

6. 由中央银行借入资金

中央银行（例如美国的美联储、英国的英格兰银行及欧洲中央银行）常常被认为是最后贷款人（lenders of last resort）。当金融机构面临财务困难时，为了保证金融系统的安全，央行往往会向出现危机的机构提供资金支持。借入资金的银行必须提供担保品，央行通常要对担保品折价，即借出资金的数量会低于抵押品的价值，且中央银行通常会收取很高的利息。2008年3月，在贝尔斯登（后来被摩根大通收购）出现问题时，美联储为投行及商业银行延长了拆借便利，[⊖]后来这些便利也向房利美及房地美（二者在2008年9月被美国政府接管）开放。

不同央行的拆款规定各不相同。在2007年8月信用危机后，欧洲中央银行（European Central Bank，ECB）的折价率比其他中央银行更小。因此有些英国银行更希望从ECB借入资金，而不是从英格兰银行借入资金。有一种说法是，甚至北美一些银行也考虑在爱尔兰开设分行来取得欧洲中央银行的资金。截至2008年9月，ECB共借出了4 670亿欧元资金。在这之后，ECB宣布它将实行更高的折价率。

银行一般对自己从央行借入资金的举动保持低调。因为从央行举借资金的行为可能被市场解读为银行运作出现困难，从而导致丧失其他流动性的来源。如业界事例24-1所示，关于北岩银行需要紧急救助资金的消息导致了储蓄客户的挤兑行为，进一步加剧了流动性问题。

7. 对冲问题

当一家公司利用有保证金要求的合约来对冲流动性差的资产时，往往会出现流动性问题。

⊖ 中央银行担心投资银行破产会引发系统性风险（见业界事例15-1）。投行与其他投行及商业银行之间签有衍生产品交易，这些衍生产品交易数量很大。危险的是，因为银行之间的巨额交易，一家投行破产可能会引发金融行业内的连锁反应，进而可能导致商业银行的破产。

如业界事例8-1所示，金矿公司往往采用与金融机构签署的在2~3年内卖出黄金的远期合约来对冲风险。在远期合约中金矿公司要支付保证金，而且保证金的数额是每日计算的，以反映远期合约的价值。如果黄金价格上升很快，远期合约价值就会快速下降，这会造成金融机构向金矿公司催收巨额保证金的局面。远期合约的损失会被尚未开掘的黄金价格的上升所抵消，但是地下的黄金不具备流动性。如业界事例24-2所示，Ashanti Goldfields公司在黄金价格急速上涨而不能满足保证金催收时，不得不对公司进行了一个大的改组。

业界事例24-2　Ashanti Goldfields

Ashanti Goldfields是一家位于加纳（Ghana）的西非金矿公司，该公司在1999年因为对冲而面临运营困难。最初，为了保证其股东在黄金价格下跌时不受损失，公司决定使用远期合约来对冲风险。在远期合约中，Ashanti Goldfields以固定价格卖出黄金。在1999年9月26日，欧洲中央银行突然宣布它们将在接下来的5年中对黄金的出售保持克制，这个消息令市场感到意外。消息公布后，黄金价格一下上涨了25%。Ashanti Goldfields不能满足远期合约中的保证金催收要求，不得不进行大的改组，其中包括出售一个矿井、稀释股东权益以及重新建立对冲头寸等。

另外一个因为对冲带来融资流动性困难的极端例子源自一家德国公司——德国金属公司（Metallgesellschaft，MG）。最初，这家公司与客户之间签署了协议，在协议中该公司以固定价格向其客户提供石油及天然气（见业界事例24-3）。Ashanti Goldfields和德国金属公司的事例并不是说公司不能使用远期或期货合约来对冲风险，而是公司在进入合约时，应确保自身有足够的资金来应对在紧急情形下的资金需求。

业界事例24-3　德国金属公司

20世纪90年代初期，德国金属公司（MG）以高出市场价6~8美分的固定价格向客户售出了大笔5年及10年期的取暖油以及汽油合约。为对冲这些敞口，这家公司买入短期期货并对这些短期期货进行滚动展期。但在这么做了以后，油料价格下降，期货合约中的多头触发了增补保证金的要求。雪上加霜的是，MG的交易量特别大，而且能够被其他市场参与者所预见，因此交易变得愈加困难。

MG的短期现金流承受了巨大的压力。MG对冲策略的设计者认为短期资金外流会被长期固定合约的正收益所补偿，但是MG的高管及为其提供服务的银行对巨额的现金流出产生了担忧。结果是，公司决定将所有的对冲交易平仓，并且与那些持有固定价格合约的客户达成协议，将合约取消。最终这些事件造成了MG 13.3亿美元的损失。

24.2.2 准备金要求

有些国家存在准备金制度，要求银行将存款的一部分以现金的形式存放在银行的金库或存入央行账户。准备金的要求只适用于交易存款（transaction deposits，实际上就是存入支票账户的存款）。对于美国大银行而言，目前准备金的要求为10%。而某些国家（例如加拿大和英国）没有强制的准备金要求，另外一些国家的准备金要求要高于美国。

除了用来确保银行有最起码的流动性，准备金要求还会影响市场的货币供应。当准备金要求为10%时，100美元的存款只有90美元可用于贷款，而这些贷款又会给金融系统带来90美元的存款，从而又产生了81美元可用于贷款，这个过程会一直持续。随着这个过程进行下去，市场上的总货币供应量（M1）[一]为90+81+72.9+…，即900美元。当准备金的要求为20%时，100美元的存款可以产生80美元的贷款，进而产生64美元贷款等，这时整体M1货币供应量为400美元。大多数国家并不采用调整准备金率的方式来管理货币供应量，但中国是一个例外。中国对准备金的要求经常发生变化。

24.2.3 监管规则

如在第16章中介绍过的，《巴塞尔协议Ⅲ》引入了两个流动性风险要求：流动性覆盖比率（LCR）和净稳定融资比率（NSFR）。

对LCR的要求是

$$\frac{\text{高质量流动性资产}}{\text{30 天内的净流出资金}} \geqslant 100\%$$

计算LCR时考虑的30天期限要包含严重受压的情景，如信用评级被下调3个等级（例如从AA+降到A+）、失去部分存款、丧失全部批发融资渠道、抵押品折价率升高和信用额度提取完毕等。LCR在2015~2019年执行（2015年要求的比率为60%，2019年要求的比率为100%）。

对NSFR的要求是

$$\frac{\text{可获得的稳定资金支持}}{\text{必需的稳定支持资金}} \geqslant 100\%$$

其中分子数量等于每项可得资金（资本金、机构存款、零售存款等）乘以一个可得稳定资金因子（ASF因子）再求和，其中ASF因子反映了不同种类资金的稳定性（见表16-4）。分母由需要资金支持的资产和表外项目计算得出，每一项要乘以一个所需稳定资金因子（RSF因子），该因子反映了资金需求的稳定性（见表16-5）。这一要求计划在2018年1月1日起实施。[二]

在2007年流动性危机之后，银行监管部门修改了关于银行管理流动性的规则，[三]这些规则可以总结如下。

（1）各银行必须承担稳健管理流动性风险的责任。银行须制定流动性风险管理框架来保证维持足够的流动性。其中包括通过持有不受限的、高流动性资产来建立流动性风险缓冲，以应对极端受压情况，如部分或全部丧失担保和非担保融资渠道。银行监管部门应该对银行的流动性风险管理框架和流动性资产持有水平进行评估，确保其满足要求。在银行不能满足其中任何一项要求时，监管部门要迅速采取行动，以保护存款人并避免对整个金融系统产生冲击。

[一] 即狭义货币。——译者注

[二] 因为NSFR对银行影响较大，有些国家的监管机构将其实施期限延后。例如加拿大将NSFR的实施时间从2018年1月1日推后了1年到2019年1月1日。——译者注

[三] See Bank for International Settlements, "Principles for Sound Liquidity Risk Management and Supervision," September 2008.

（2）银行必须明确地阐明自身的流动性风险容忍度，并确保其容忍度与其业务战略相符，同时也要与银行本身在金融系统中所扮演角色相符。

（3）银行的高管必须制定与风险容忍度相符的流动性风险管理战略、政策和实施措施，并保证银行持有足够的流动性。高管应时刻注意银行流动性水平的变化并定期向公司董事会报告。银行董事会应至少每年审查和批复以上战略、政策和措施，并保证高管对流动性风险的管理是有效的。

（4）在所有重要的业务活动中，银行都应将与流动性相关的成本、收益和风险引入内部定价、绩效评估和新产品核准过程中，不论这些活动是在资产负债表内还是表外。由此，可使各个业务部门的风险激励（risk-taking incentive）与其业务活动在整个银行层面带来的流动性风险保持一致。

（5）银行应该具备识别、度量和监控流动性风险的完善过程。这一过程应包括一个健全的框架，以预测银行的资产、负债以及资产负债表外项目在一个合理的时间跨度内、不同情形下所产生的现金流。

（6）银行应主动地监控其所有的法律实体（即分公司）、业务部门和货币种类内部以及彼此之间的流动性风险敞口与融资需求，并考虑到与流动性转移有关的法律、监管规则和操作等方面的限制。

（7）银行应建立适当的融资战略，以保证资金来源以及期限的多元化。在其选定的融资市场上，银行应保持业务的连续性，并和资金提供者建立密切的联系，以提升资金来源的多样性。银行应经常性地调整自己从不同的渠道快速获取资金的能力，识别会影响这种快速融资能力的关键因素，并对这些因素进行密切监控，从而保证预估的融资能力是真实有效的。

（8）银行应主动地管理其日间流动性头寸（intraday liquidity position）及风险，并保证在正常及受压市场条件下均能及时满足付款及交割义务，并以此对金融体系中支付和交割活动的平滑运作做出贡献。

（9）银行应该积极地管理其担保品头寸，对有担保负担的资产（encumbered asset）和无担保负担的抵押资产（unencumbered asset）区别对待。银行应对持有担保品的法律实体和其所在地理位置进行监控，以备不时之需。

（10）银行要定期进行压力测试。测试应涵盖短期和长期不同时间跨度、与金融机构自身有关的特定情景以及整个市场均处于受压状态的情景。通过单独的情景或综合众多情景，识别会造成流动性枯竭的原因，并保证当前的风险敞口处于银行确立的流动性风险容忍度之内。压力测试结果应被用于调整银行的流动性风险管理策略、产品头寸及开发有效的预案。

（11）银行应制定正式的融资计划预案（contingency funding plan，CFP），其中须明确紧急情况下应对短期流动性的策略。预案应明确针对不同受压环境的政策，建立清晰的问责制度，还应包括请求协助及向上汇报的过程。对预案应进行定期测试，以保证其具备良好的可操作性。

（12）为了能够应对不同的流动性受压情景（如全部或部分丧失无担保和通常情况下有担保的资金来源），银行应该持有一定数量的、具有高流动性并无担保责任的资产作为缓冲。在使用这些资产来取得资金时，不应该有任何关于法律、监管及操作方面的障碍。

（13）银行要定期公开披露自己的信息，以使市场参与者能对其流动性风险管理框架和流动性资产持仓水平的可靠性做出有依据的判断。

对监管部门的建议是：

（14）监管部门应该定期对银行的整体流动性风险管理框架和流动性资产持仓水平进行全面评估，以判断银行对流动性风险是否有足够的应对措施，并与银行在金融系统中所扮演的角色相符。

（15）监管部门在对银行的流动性风险管理框架和流动性资产持仓水平进行评估时，还应综合考察银行的内部报告和市场信息。

（16）如发现银行的流动性风险管理过程或流动性资产水平存在不足之处，监管部门应要求银行及时采取相应的补救措施。

（17）国内和国际监管部门之间以及公共职能部门（如央行）之间应相互交流，在对流动性风险管理的监督和审查过程中相互合作。这种交流在平时应定期进行，而在市场受压时，交流的深度和频率都应相应加强。

24.3 流动性黑洞

人们有时认为，科技及其他领域的进步已经改善了金融市场的流动性，这种说法值得商榷。市场上的买卖价差确实呈下降的趋势，但也确实出现了在同一时刻几乎所有的市场参与者都想进行同样交易的倾向。这也就产生了所谓的流动性黑洞现象，并且这一现象产生的频率在逐渐增加。[一]流动性黑洞是指，在某一市场上，几乎所有人都希望买入（而不希望卖出）或卖出（而不买入）而造成的市场流动性枯竭现象。这种现象有时也被称作“出口拥堵”(crowded exit)。[二]

在一个运作良好的市场上，因为新的信息出现，市场参与者可能会改变他们对某个资产价格的观点。但在这样的市场，价格变化不会对新信息过分敏感。如果价格下跌幅度太大，市场参与者就会马上行动买入资产，这时一个新的均衡价格会被建立；当一个资产的价格大幅度下跌时，造成更多的市场参与者都想卖出，从而导致价格远低于其平稳成交价格时，就会产生流动性黑洞。在市场大量抛售资产时，流动性会枯竭，这时资产只能以大甩卖的价格卖出。[三]

24.3.1 正反馈和负反馈交易员

金融市场的流动性变化取决于市场交易员的行为。市场上存在两类交易员：提供负反馈(negative feedback）的交易员和提供正反馈（positive feedback）的交易员。[四]负反馈交易员在价格下跌时买入资产，而在价格上涨时卖出资产；正反馈交易员在价格下跌时卖出资产，而在价

㊀ See A. D. Persaud, ed. , *Liquidity Black Holes: Understanding, Quantifying and Managing Financial Liquidity Risk* (London: Risk Books, 1999).

㊁ See for example J. Clunie, *Predatory Trading and Crowded Exits: New Thinking on Market Volatility* (Petersfield, UK: Harriman House, 2010).

㊂ 流动性黑洞往往与资产价格下跌密切相关，但有时这一现象也会产生于资产价格上涨的情形。

㊃ 这一假设是对真实世界的简化，这样做是为了帮助我们理解市场的动态过程，有些交易员的交易策略要比正负反馈这一假设更为复杂。

格上涨时买入资产。

在一个具有流动性的市场里，负反馈交易员占据交易的主导地位。当一个资产的价格低于合理价格时，交易员会买入资产，从而造成了市场需求，使得资产价格回升到一个较为合理的价位；类似地，当一个资产价格上升太大时，交易员会出售资产，这时会产生资产供应，使资产价格回落到一个更为合理的价位。以上过程促使资产价格在买方和卖方之间实现平衡，从而使市场具有良好的流动性。

当正反馈交易员主导交易时，资产的价格会趋向于不稳定，市场会变成单边市场，流动性会变差。这时资产价格下跌会导致交易员变卖资产，从而造成价格进一步下跌和更多的资产被出售；资产价格上涨会促使交易员买入资产，使得资产价格进一步上涨，这又会造成更多的资产被买入。

市场上存在正反馈交易有若干原因，例如：

（1）**趋势交易**（trend trading）：趋势交易者试图识别资产价格的趋势。他们在资产价格上涨时买入，在资产价格下跌时卖出。一个相关的策略是**突破交易**（breakout trading），指当资产价格超出一个确定的范围之外时的交易。例如，如果一只股票在过去 6 个月的交易价格在 25 ~ 30 美元，交易员可能倾向于在价格高于 30 美元时买入，在价格低于 25 美元时卖出。

（2）**止损规定**（stop-loss rules）：交易员通常受制于损失额度的规定。当某资产价格下跌到一定水平时，他们要自动卖出资产以限定损失的幅度，这些规定就是所谓的止损规定，这也是正反馈的来源之一。市场上总是存在这一现象。

（3）**动态对冲**（dynamic hedging）：在第 8 章中，我们讨论了期权交易员可以采用动态对冲来保持投资组合的 delta 中性状态。表 8-2 及表 8-3 说明了交易员如何在 20 周内对一个期权空头进行对冲。要对（看涨或看跌）期权空头进行对冲，我们需要在价格上涨时买入标的资产，并在价格下跌时卖出标的资产。该类对冲所产生的交易具有正反馈效应，有可能降低市场流动性（与之相对，对一个（看涨或看跌）期权的多头进行对冲需要在价格上升时卖出资产，并在价格下跌时买入资产，这种交易具有负反馈效应，因此不会对市场的流动性产生负面作用）。当银行持有大量期权空头时，又可能会造成市场的不稳定性和低流动性。如业界事例 3-1 所示，银行曾经向英国保险公司卖出了大量的长期限的利率期权，当银行对冲自身风险时，英国的长期利率的变化受到了严重影响。

（4）**产生合成期权**（creating options synthetically）：对期权的空头进行对冲，与以合成的方式产生期权的多头头寸是等价的。正是这个原因，金融机构可以进行市场交易来生成合成期权，就如同对期权空头进行对冲那样。合成期权交易会导致正反馈交易的产生，从而会影响市场的稳定性，并导致流动性恶化。1987 年 10 月的股票市场大跌就是一个经典实例。在大跌的前一段时间，股票市场表现良好，这时有越来越多的投资组合经理采用商业软件，以合成的形式产生所持投资组合的看跌期权。软件会提醒投资组合经理在价格下跌时卖出组合资产的一部分，并在价格上涨时马上买入组合资产的一部分。如业界事例 24-4 所示，投资组合经理的交易行为在 1987 年 10 月 19 日造成了流动性黑洞的产生。当时，股票价格暴跌。相对来讲，1987 年的流动性黑洞现象是短期的，市场在 4 个月后恢复到暴跌前的水平。

业界事例24-4 1987年股票暴跌

1987年10月19日，星期一，道琼斯工业平均指数下跌幅度超过20%。在这次下跌中，组合保险策略起了关键的作用。1987年10月，有超过600亿美元的股票资产被用于组合保险策略。这一保险策略以合成的形式构造了组合的看跌期权，即在股市下降时，卖出股票（或卖出指数期货）；在股市上升时，买入股票（或买入指数期货）。

在1987年10月14日星期三至1987年10月16日星期五这段时间，市场下跌了近10%，其中大部分跌幅发生在星期五的下午。由此，由交易组合保险策略程序显示至少有120亿美元的股票或股指期货需要被出售。然而事实上，当天交易组合保险持有者在当天只来得及卖出价值40亿美元的资产。在接下来的一周，保险持有者需要继续卖出大笔的资产以达到他们的模型所要求的数量。据估计，10月19日由三家交易组合保险持有者所卖出的股票数量占整个纽约股票交易所成交量的10%，而整个交易组合保险策略所产生的交易占到了整个股指期货交易的21.3%。其他投资者预见到交易组合保险持有者会大笔抛出股票，这些投资者也纷纷将自己的股票抛出，这可能也进一步加剧了股票市场的下跌幅度。

股票市场下跌造成了整个交易市场的超负荷运作，许多组合保险持有者不能够及时完成模型所要求的交易，因此组合保险也没有带来预定的效果。不管怎么说，1987年后，交易组合保险策略不再受人青睐。这一事件说明当所有市场参与者都在从事某种交易时，如果我们也进行类似策略（即使是对冲策略），则可能会非常危险。在这里我们引用Brady关于暴跌的报告："当所有的投资者同时出现在某类交易的同一侧时，小额交易市场流动性的充足会使人产生错觉，认为在大量交易的情况下，市场也具备流动性。具有讽刺意味的是，正是这个错觉，使很多具有相似动机的投资者（例如，组合资产保险的投资者）采用的交易策略所需要的流动性远远超出了市场所能提供的流动性。"

（5）**保证金**：当市场变量有一个大幅度变化，特别是当交易员的头寸具有很高的杠杆时，可能会造成保证金催付。这时交易员可能没有足够多的资金来满足保证金催付要求，而不得不将交易平仓。这会进一步导致市场变量朝某个方向移动。波动率很可能会增加，并使得形势进一步恶化，因为交易所会因此增加保证金要求。

（6）**掠夺性交易**：这在第24.1节中提过。如果交易员事先知道某企业遇到了麻烦，将被迫大量抛售某资产，他们就会知道该资产的价格很可能会下跌。因此，他们会卖空该资产。而这将加剧价格的下滑，且下滑的幅度会比没有卖空行为时更大。为避免成为掠夺性交易的受害者，对大量资产的平仓要缓慢进行。

（7）**LTCM**：业界事例22-1所描述长期资本管理公司（LTCM）的失败就是一个正反馈效应的实例。LTCM交易中的一类交易为"相对价值固定收益"（relative value fixed income）。在这类交易中，LCTM持有流动性较好的债券的空头头寸，并同时持有与之类似，但流动性较差的债券的多头头寸。LCTM持有这些头寸的目的是等待两类债券的价格在将来趋于一致。1998年俄罗斯国债违约后，相对于流动性好的债券，流动性较差的债券价格开始下跌。LTCM（及与LTCM持有类似头寸的公司）的头寸具有高杠杆，它们不能满足保证金催付的要求，只能将交易平仓。而平仓交易需要买入流动性好的债券并同时卖出流动性差的债券，这些交易会进一步加重安全投资转移现象，进一步造成不同流动性的债券之间价格的偏离。

24.3.2 杠杆化和去杠杆化

杠杆化和去杠杆化是市场上的常见现象。图 24-2 及图 24-3 描述了这两个过程。当银行具有充足的流动性（例如，银行能够对资产进行证券化或存款水平比一般情况更高）时，银行会比较容易地给企业、投资者及消费者提供更多的信用，这时信用价差会降低。而当信用的获取变得更加容易时，市场对金融及非金融资产的需求也会随之增大，从而使得资产价格上扬。资产常常被用作贷款的担保品，而贷款又被用作买入资产的资金。当资产价格上升时，作为贷款担保品的资产价值（以市场价格计）也会增加，使得贷款额度可以进一步增加。这就造成更多的资产会被买入，并由此循环下去。这种循环会造成经济生活中产生更多的贷款，因此被称为**杠杆化**（leveraging）。

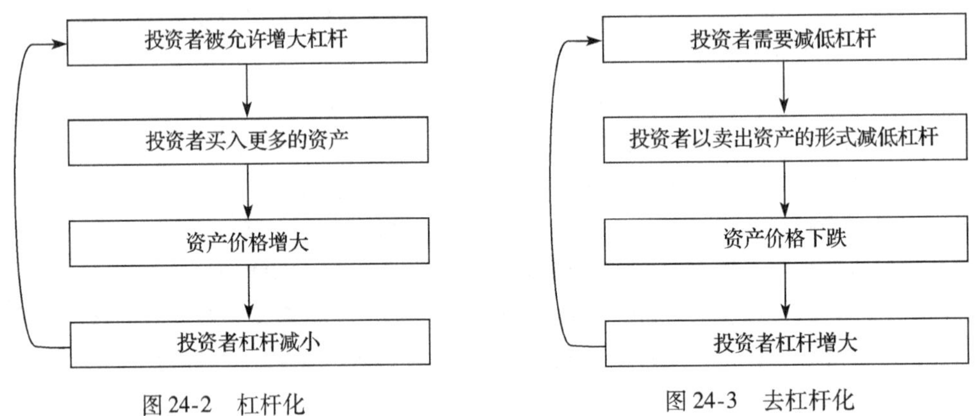

图 24-2 杠杆化　　　　图 24-3 去杠杆化

去杠杆化（deleveraging）与杠杆化过程正好相反。因某种原因银行发现流动性不足（例如，市场对证券化产品的需求下降），这时，银行不愿意再提供贷款，信用价差会增大，市场对金融资产及非金融资产的需求会下降，资产价格会下跌，用于支撑贷款的担保品价值也会下跌，银行会因而减少信用额度，这会进一步造成资产的抛售，也会加剧资产价格的下跌。

世界不同地区的经济形势在 2007 年之前均呈现杠杆化的特征。在这一期间，信用价差下降。不管是为了做什么，贷款人都可以较为容易地取得贷款。但自 2007 年年中开始，形势发生了变化，由图 24-3 所示的去杠杆化现象开始出现，信用价差开始增大，在市场上不再那么容易取得贷款，资产价格开始下跌。[⊖]

对冲基金受到杠杆化和去杠杆化周期的影响尤其显著。考虑一家对冲基金，该基金可以借入的资金是自身股本的 20 倍。2007 年下半年开始，对冲基金经理可能会从其机构经纪那里得到警示需要降低杠杆。假定杠杆需要被减至 5 倍，对冲基金只有变卖资产才能达到目的，这家对冲基金及其他类似的对冲基金的做法会使资产价格下跌。对冲基金的股本价值也会下跌，从而必须卖出更多资产。

⊖ 显然这里描述的去杠杆化的情况并不适用于中国和加拿大等国家。即使从全球范围内来看，这种情况也仅持续了较短的时间。伴随着主要央行的货币宽松政策，各类资产的价格在过去的几年间普遍大涨。——译者注

24.3.3 非理性繁荣

1996年12月，美联储前主席艾伦·格林斯潘在谈到股票市场时提出了“非理性繁荣”(irrational exuberance)这一说法。格林斯潘说道：“我们怎样才能知晓非理性繁荣何时过分地推高了资产价格呢?”(“非理性繁荣”这一词汇一直被市场参与者铭记在心，因为在格林斯潘演讲之后，全球股市全线下跌。)大多数的流动性黑洞可以归根于各类不同的非理性繁荣。非理性繁荣的产生是因为受雇于很多不同金融机构的交易员，对于某种资产或某个市场变量进行了不理性的追捧，造成金融机构的资产负债表过多地累积了对该资产或该变量的风险敞口，而且这种过程会不断地自我强化。当许多金融机构决定进入某个特定的头寸时，与之有关的资产价格会上升，这使得金融机构的头寸看起来会带来利润，而这又会使金融机构有更大的欲望进入更多类似的头寸以从中获利。金融机构中的风险管理人员应该对机构所承担的风险表示疑义(也许他们会这样做的)，但大多数时候金融机构的高级管理人员可能会对这些质疑采取置之不理的态度，因为这些高风险业务线还在赚钱。正如花旗银行的前CEO查克·普林斯(Chuck Prince)在2007年7月10日指出的那样：“如果将流动性比作音乐，当音乐停止时，事情会变得复杂，但只要音乐还在演奏，你就必须起来跳舞。我们到现在还一直在跳舞。”

最终，在某个时刻，市场的泡沫总会破裂。许多交易员会同时试图平仓，这会引发流动性的消失，从而造成巨额损失。波动率的增大以及金融机构采用的风险管理步骤(例如，由历史数据来计算市场VaR)会导致许多金融机构同时对某个较大规模的风险头寸进行平仓。这有可能引发进一步损失，并造成更加严重的流动性问题。一些银行可能会破产或受到破产谣言的打击。多数银行可能会经历流动性融资困难，因此会收紧贷款的发放。

关于以上讨论的一个经典实例就是2007年开始的次债危机。其他例子包括1987年的股票市场的暴跌、1994年债券市场的暴跌、1997~1998年的亚洲金融危机和1998年长期资本管理公司的破产。非理性繁荣是人类的特性之一。从某种意义上讲，这一现象不可避免。如第6章所述，交易员薪酬制度进一步促成了非理性繁荣的产生。我们知道交易员薪酬中的一大部分是年终奖金，年终奖金与交易员当年的表现有关。一个交易员的头脑可能十分清醒，意识到市场上出现了非理性繁荣，并且迟早会调整。但是，如果交易员判断市场调整很可能要明年才会发生，那么他仍会有动机继续建立自己的头寸，以图短线回报最大化。

24.3.4 监管规定的影响

从许多方面我们都已经看到建立全球统一的政策来确保世界各地的银行遵循同样的监管规定是监管部门的一个重要目标，这一点是值得称道的。像我们在第15章中解释的那样，在《巴塞尔协议I》之前，世界上不同国家对于资本金的要求和执行力度各不相同。银行必须在全球范围内竞争，那些受较低资本金制约或者所受的监管规定执行不够严格的银行就能更容易地承担风险，并因而在对某些产品的定价方面享有竞争优势。

但是，打造一致的监管环境是需要代价的。所有银行对外部事件的反应会比较一致。以市场风险为例，波动率及相关性的变大会造成市场VaR数量和市场资本金的增大，因此银行会尽量减小自己的风险敞口。银行所持交易比较类似，不同银行会做出类似的交易举动，这时流动性黑洞也会因此产生。

信用风险管理过程中也有类似的问题。当经济周期处于最低点时，违约概率会相对较高，因此由《巴塞尔协议Ⅱ》中内部模型法所测算的用于贷款的资本金要求也比较高。这时银行不太愿意借钱给客户，因此造成中小企业融资困难。而当经济周期处于高点时，违约概率相对较低，这时金融机构发放贷款的意愿有可能过高（这与图 24-2 和图 24-3 的现象类似）。巴塞尔委员会意识到了这一问题，因此《巴塞尔协议》要求在进行参数估计时，违约概率应该是一个包含了整个经济周期的平均违约概率，而不应该只是针对某一时刻所做的估计。

其他金融机构，如保险公司、养老基金和主权财富基金，是否应该接受和银行一样的监管呢？也许我们会倾向于回答“是”，因为我们不想让某家金融机构享有对其他金融机构的政策优势，但正确的答案是“否”。这些金融机构的交易时间跨度比银行大，它们不应该因为交易非流动性的资产而受到惩罚。另外，当波动率和相关性增大时，这些金融机构也不应该被要求对它们的投资组合进行调整。这些参数都有回归均值的趋势，因此会逐渐回落。

24.3.5 多元化的重要性

经济学模型通常假设市场参与者的行为是相互独立的。但我们曾指出，事实上并非如此。正是由于参与者之间不是相互独立的，才会产生流动性黑洞。为不同金融机构工作的交易员往往会在同样的时间做同样的交易。为了解决流动性黑洞问题，我们需要将金融市场多元化。建立多元化的一种办法是，意识到不同种类的金融机构承受的风险是不同的，因此对它们的监管规则也应该是不同的。

对冲基金已经成为市场的主要参与者，它们基本不受监管的制约，并可以采用任何自己喜欢的交易策略。从某种意义上讲，对冲基金增强了市场的多元化（也增强了流动性），但是，如上所述，对冲基金往往具有高杠杆性。当流动性变差时，例如在 2007 年，所有的对冲基金同时都想对交易进行平仓，这反而会使市场流动性更加恶化。

从我们的讨论中得出的一个结论是：逆向投资策略有一定的好处。如果市场因为以上原因反应过激，投资者可以在流动性恶劣、其他人大量抛售资产的时候买入，并从此获利。但是，当以短期 VaR 为基准的风险测度成为风险管理标准时，金融机构很难做到这一点。

小 结

市场上存在两类流动性风险：交易流动性风险和融资流动性风险。交易流动性风险针对的是交易账户上的头寸平仓的难易度。资产的交易流动性风险与资产的特点、交易数量、交易的速度和经济环境有关。2007 年的信用危机强调了透明度的重要性。没有被投资者理解或定义不明确的资产的流动性往往不会持久。在某一特定时刻，资产的流动性能够以买卖价差比率来测算。这一比率等于买入价与卖出价的差除以买入价和卖出价的平均值。一个头寸的平仓费用与资产价格的比，等于买卖价差比率的一半。金融机构应监控在正常及受压市场条件下，平仓全部交易账户资产的费用。

当交易员要对一个较大的资产头寸进行平仓时，需要在市场风险及买卖价差之间进行权衡。快速的平仓会引发较高的买卖价差，但同时市场风险也会较低；缓慢的平仓的买卖价差较低，但市场风险较高。最优交易策略与以下因素有关：①买卖价差的货币价值，该价值与每天的交易数量有一定的函数关系；②每天资产价格变化的分布。对于任意给定的平仓策略，交易员可以选择一定的置信区间，并且计算出在不超出置信区间的前提下的平仓费用。由此，我们可以得出一个将费用最小化的平仓策略。

融资流动性风险与金融机构在有需要时能否获得足够的资金有关。金融机构要在正常及受压市场条件下，对现金需求进行预测，并有相当大的把握能够满足现金要求。这样做对金融机构而言至关重要。金融机构对现金的需求与储蓄客户提取存款、贷款客户使用信用额度的多少、金融机构的担保承诺、交易对手违约等因素有关。现金来源可以是易于转化为现金的产品、批发市场的拆借、资产证券化、吸收新的存款、自有现金及由央行贷入的资金（从央行贷入现金往往是最后一种手段）。2008年6月，银行监管机构公布了银行流动性管理应遵循的17条原则。监管机构指出，将来它们会更加谨慎地监控银行的流动性风险管理流程。

最为严重的流动性风险来自被称为流动性黑洞的现象。这种现象之所以会发生，是因为市场上的交易员都希望在同一时刻进入同样的交易。交易员之所以会这么做可能是因为他们持有相同的头寸或采用相似的方法来管理风险。还有一种可能性是，由于交易员之间所产生的盲目追捧心理，导致某一风险的过分集中。为了避免流动性黑洞，投资者需要建立多元化的投资策略。具有长期投资目标的交易员应该尽量做到不受短期市场变化的影响。

延伸阅读

Almgren, R., and N. Chriss. "Optimal Execution of Portfolio Transactions." *Journal of Risk* 3 (Winter 2001): 5–39.

Bangia, A., F. Diebold, T. Schuermann, and J. Stroughair. "Liquidity on the Outside." *Risk* 12 (June 1999): 68–73.

Bank for International Settlements. "Liquidity Risk Management and Supervisory Challenges." February 2008.

Bank for International Settlements. "Principles for Sound Liquidity Risk Management and Supervision." September 2008.

Brunnermeier, M. K., and L. H. Pedersen. "Market Liquidity and Funding Liquidity." *Review of Financial Studies* 22, no. 6 (2009): 2201–2238.

Brunnermeier, M. K., and L. H. Pedersen. "Predatory Trading." *Journal of Finance* 60, no. 4 (2005): 1825–1863.

Clunie, J. *Predatory Trading and Crowded Exits: New Thinking on Market Volatility.* Petersfield, UK: Harriman House, 2010.

Persaud, A. D., ed. *Liquidity Black Holes: Understanding, Quantifying and Managing Financial Liquidity Risk*. London: Risk Books, 1999.

练习题

24.1 2007年次债危机时的透明度问题是什么？

24.2 某个资产的买入价为50美元，卖出价为55美元，这些报价的含义是什么？买卖价差比率为多少？

24.3 假定某投资者持有价值5 000美元的公司A股票的空头，并持有价值3 000美元的公司B股票的多头，公司A股票的买卖价差比率为0.01，公司B股票的买卖价差比率为0.02，投资者平仓自己的头寸的费用为多少？

24.4 假设在练习题24.3中，两家公司的买卖价差均服从正态公布，公司A的买卖价差的均值为0.01，标准差为0.01；公司B的买卖价差的均值为0.02，标准差为0.03。在95%的置信度下，投资者的平仓费用为多少？

24.5 一位交易员想在今后10天内将一个价值6 000万美元的头寸平仓。买卖价差的货币值作为每天交易量q的函数可以被写为$a+be^{cq}$，其中$a=0.2$、$b=0.1$以及$c=0.08$，q以百万计。价格每天变化的标准差为0.1美元，在95%的置信度下，使平仓费用极小化的最优交易策略是什么？

24.6 解释流动性覆盖比率（LCR）和净稳定融资比率（NSFR）的区别。

24.7 依赖批发市场取得资金来进行运作，为什么会有风险？

24.8 Ashanti Goldfields和德国金属公司的融资风险的特性是什么？

24.9 （a）正反馈交易和（b）负反馈交易的含义是什么？哪类交易会造成流动性问题？

24.10 经流动性调节的VaR的含义是什么？

24.11 流动性黑洞是如何产生的？请解释为什么监管规定也会导致流动性黑洞。

24.12 为什么遵从一个多元化的交易策略会给市场的流动性带来好处？

作业题

24.13 讨论对于市场流动性而言，对冲基金带来的好处和坏处。

24.14 假设某交易员买入了某些流动性差的股票。其中包括公司A的100股，买入价为50美元，卖出价为60美元；公司B的200股，买入价为25美元，卖出价为35美元。这些头寸的买卖价差比率为多少？在平仓时，一个高的买卖价差对交易费用的影响是什么？如果买卖价差服从正态分布，均值为10美元，标准差为3美元，在99%的置信度下，交易费用与交易组合价值的比率最高是多少？

24.15 一个交易员想在8天之内将一个200 000单位的资产头寸平仓。买卖价差作为每天交易量q的函数可以被写为$a+be^{cq}$，其中$a=0.2$、$b=0.15$以及$c=0.1$，q以千单位计。每天价格变化的标准差为1.5美元。在99%的置信度下，使交易费用极小的最佳交易策略是什么？在卖出资产前，交易员的平均等待时间为多少？随着置信度的变化，平均等待时间如何变化？

第25章 模型风险

CHAPTER25

金融机构对模型的使用正在快速增长。模型被用于制定信用决策、流动性管理、信用风险评估、衍生产品估值、在险价值（VaR）和预期亏空（ES）等风险度量的计算、客户金融资产投资组合的管理、资本充足率的评估、客户关系管理、欺诈检测、识别洗钱，等等。融入先进分析技术（例如机器学习）的复杂模型，使得一些以往由人们进行的活动自动化（参见第28章关于机器学习的讨论）。现在人们意识到，大型金融机构需要具备模型风险管理功能，以确保模型适合其预期目标，并以正确的方式使用。

我们可以利用模型来模拟现实世界。建立一个为某金融产品定价的模型的艺术在于该模型能够捕获产品的重要特性，同时又不会复杂到难以使用。模型几乎总是依赖于对所建模的现象的一些假设。重要的是要理解这些假设，并知道什么时候这些假设不适用。

以往，定量分析师可以在电子表格中创建模型，并在极少监督下使用。现在情况已经不同了，必须对模型进行充分的记录和定期审查，以确定它们是否仍然合适和按预期运行。模型的更改通常需要得到批准。模型风险管理的这些方面通常不受模型构建者的欢迎。他们往往喜欢模型开发的创造性方面，不喜欢花时间证明他们的模型和记录它们。

在前面，我们已经指出，自2007～2008年金融危机以来，监管机构已不再那么热衷于利用内部模型来确定资本金要求了。它们更加关注金融机构内部将模型用于其他目的的方式。模型风险是操作风险的一个组成部分。监管者希望银行有一个管理模型风险的系统，模型必须由该系统开发、验证和使用。

本章首先回顾了模型风险管理的监管要求，描述了模型验证小组的角色，比较模型在金融领域的应用方式与其在物理学家以及其他科学领域的应用方式的不同。在此之后，本章重点放在模型的评估和风险管理上，并探讨了一些可以从该领域所犯的错误中吸取的教训。

25.1 监管要求

2011年4月，美国联邦储备系统理事会发布了SR 11-7，为银行提供了有效的模型风险管理指导。[⊖]事实证明，这份文件的影响力非常大，因此美国银行将确保其行为与文件中概述的原则一致。其他地方的银行监管机构表示，它们希望有类似的系统性方法来理解和管理模型风险。如果银行监管机构认为银行的模型风险管理系统不完善，则可能会要求银行持有更多的资本金。

SR 11-7将模型风险定义为“基于不正确或误用的模型输出和报告的决策可能产生的不良后果”。产生模型风险主要有以下两个原因。

（1）从其目标的角度来看，该模型可能存在根本性错误。这些错误可能与它使用的数据、计算方式、数值过程、假设等有关。

（2）模型可能被不正确或不恰当地使用。了解模型的局限性是很重要的。一个模型可能是基于一组特定的市场条件或一种特定类型的客户行为而开发的。当条件改变时，模型可能不再适用。

金融机构应确定模型风险的来源及其严重程度。与简单模型相比，复杂模型通常会导致更大的模型风险。当模型是相互联系的，或者多个模型基于相同的基本假设集时，模型风险的程度就会更大。监控模型性能很重要，以便尽早确定模型是由于何种原因而没有实现预期的效果。

25.1.1 模型创建

在开发模型时要做好存档工作，这么做有几个原因。如果模型开发人员离开了开发小组，并且没有做好存档，其他人可能很难承担继续完成模型的责任，开发人员可能会因此丢失工作。其次，监管机构在评估金融机构使用的程序时，经常会要求查看模型文档。此外，如果模型有良好的文档记录，那么模型验证和定期评审也会变得更加方便。

模型文档的一个重要方面是阐述模型的目的、基础理论、行业实践的评估和已发表的研究的回顾。重要的是，文档中必须清楚地解释基本的数学、使用的数值计算过程和做出的假设等。文件应该足够详细，以便新手能够理解已经完成的工作。如前所述，整理模型文档对于模型开发人员来说常常被视为无聊的工作。但是在实践中，这一个有用的规程，迫使模型开发人员后退一步，以前所未有的方式来思考他们的工作。有时还会改变模型的结果。

模型应该尽可能彻底地进行测试。这应该包括仔细测试计算机代码的所有部分，并评估模型在输入一系列数据时的表现。测试应该确定模型运行良好和运行不良时的情况。这可以通过逐渐输入极值并观察模型的性能来实现。在某些情况下，将所提出的模型的输出结果与更精细

⊖ 参见联邦储备系统理事会，货币监理署，“Supervisory Guidance on Model Risk Management”，SR 11-7，2011年4月。

的模型的输出结果进行比较是合适的，因为后者的计算速度太慢，无法在实践中使用。

测试模型性能的方法取决于模型的性质。根据历史数据开发的模型应该在样本外进行测试。例如，如果制定贷款决策的模型是从特定时期收集的特定数据集开发的，那么显然不适合再使用这些数据对其进行测试。同样，如果消费者的投资组合管理策略是通过分析某个特定时期的资产价格行为而开发的，那么应该使用另一个时期的数据对其进行测试。

我们在前面的章节中已经讨论了如何回测 VaR 模型，它也可以用于其他情况。假设一个基于特定假设集的模型被用来为障碍期权定价。这可能可以确定它在过去的运行情况，但使用该模型的用户会平均获利吗？如果能获利，利润是否足以补偿所承担的风险？

在实践中使用模型时，金融机构应收集信息，以确定其是否反映了经济和商业现实，是否按照预期的方式运行。模型的存在可能会带来行为改变的危险。例如，用于管理客户关系的模型可能导致客户行为的不同；潜在的洗钱者在了解（也许通过反复试验）这种模型是如何运作的并相应地调整自己的行为之前，用于检测洗钱的模型可能会很有效。甚至使用模型的用户也可能找到调整模型输入或模型使用方式的方法，以使自己使用的模型结果看起来更好。

25.1.2 模型验证

人们越来越关注模型风险管理，由此组成了模型验证小组，这些小组负责验证组织使用的所有模型是否按预期执行。他们检查模型开发人员的工作，并严格审查了所生成的模型以及模型是如何执行的。

负责验证模型的人员应该独立于模型开发者和模型用户。确保验证的独立性对于模型风险管理功能的成功至关重要。应选择采用报告的方式和激励措施来促进独立性。模型验证功能的成功与否，应该通过模型评审的客观性、提出的问题以及管理层为解决问题而采取的行动来评判。企业文化很重要。如果不鼓励客观思考和决策的挑战性，那么模型验证过程很可能是无效的。监管机构可能会要求查看模型，以及经过模型验证并适当修改后的模型的应用实例。

在进行初始验证之前，模型有时会在小范围内被非正式地使用。然而，在金融机构正式运行模型之前，进行第一次验证非常重要。验证的范围和严格程度应取决于模型提出的风险。考虑已经开发出一个使数十亿美元的贷款决策自动化的模型的情况。此时，模型的验证非常必要。即使模型运行良好且符合其目标，模型验证小组也应该分阶段实施对模型的密切监控，以减少模型风险。

在模型被批准使用后，模型验证也应该持续进行，以监控市场和商业惯例的变化对模型性能的影响。SR 11-7 建议验证组至少每年审查一次模型。模型的用户（特别是与开发人员不同的用户）可以输入参数，验证组可以使用最近的数据来检验模型的性能是否与首次使用可用数据验证的模型性能一样好。模型的应用结果（如信用决策的制定、使用该模型的投资回报、防止的欺诈企图）都应该记录在案，并将其与预期结果进行比较。

业界事例 25-1 描述了伦敦鲸事件，这是模型验证组在压力下批准模型的一个例子。这是因为，当一种产品的巨大头寸与一种类似产品的相反头寸对冲时，该模型为降低在险价值，进而降低监管资本金提供了理由。如果模型验证组有更多的时间，他们就会对模型进行更仔细的检查。可能有人会认为这两种产品的相关性过大，还可能会有人指出，对小头寸有效的对冲策略，并不总是对大头寸有效。银行对规模大的头寸使用该模型，有可能导致掠夺性交易，从而降低对交易产品价格的历史比较的相关性。

业界事例 25-1 伦敦鲸事件

这里所说的“伦敦鲸”是指摩根大通（JP Morgan Chase，JPM）首席投资办公室（Chief Investment Office，CIO）的一名交易员布鲁诺·伊克希尔（Bruno Iksil）。伊克希尔因为在 CDX 和 iTraxx 指数上的信用违约互换的巨大头寸而得到了这个绰号（如第 19.4 节解释的，这些信用违约互换产品提供了对一组公司的违约事件的保护）。

CIO 的职责是将银行的富余现金进行投资。截至 2011 年年末，CIO 在信用指数上的头寸虽然比较大，但还算合理，而且是净多头（也就是说 CIO 买进的违约保护多于卖出的违约保护）。这一净多头为 CIO 在固定收益产品上的头寸提供了对冲。JPM 希望降低其风险加权资产，以满足新的《巴塞尔协议》的监管要求，同时在经济状况改善的展望下，也希望将自己在信用指数上的头寸变得更加中性。但是如果将手中的信用指数产品平仓，就会导致损失。这主要是因为这些产品的盯市计价结果是负的，另外还因为 JPM 在这些产品上的头寸太大，如果平仓，市场就会朝不利于自己的方向移动。出于这些考虑，CIO 采取的对策是卖空与手中持有的指数不同的信用指数来进行对冲。

CIO 的如意算盘是自己持有的多头和空头能够彼此抵消。但实际上，这种情况没有发生。其他市场参与者意识到，有人持有巨大的头寸（像其他机构一样，JPM 当然竭力为自己的头寸保密。但是其他市场参与者意识到市场上潜伏着一条“鲸鱼”，随着事态逐渐明朗，大家发现这条鲸鱼正是来自 JPM 的交易员）。意识到这些头寸将来必将被平仓，并且将引发市场较大的调整，部分市场参与者实施了掠夺性交易策略，即建立与 JPM 相反的头寸。其结果是，市场朝不利于 JPM 的方向发展，JPM 预想的多头和空头价格会紧密相关的情况没有出现。

CIO 进一步加大了头寸。这样做一方面是出于技术对冲的原因，另一方面也是为保护自己避免成为掠夺性交易的受害者。理论上，CIO 的巨大头寸平衡得很好（也就是说，模型显示头寸价值不会因信用价差变动而受到任何较大的影响）。CIO 持有 CDX 投资级（investment grade，IG）和 CDX 高收益（high yield，HY，即非投资级）指数的多头与空头。举例来说，CIO 卖出了大量 10 年期 CDX IG9 指数，买入了大量 5 年期 CDX IG9 指数（这是 2007 年 9 月生成的包含 125 个参照实体的信用指数。尽管不是现在市场上最新的 CDX IG 指数，但其交易还算活跃。125 个参照实体中的 121 个尚未违约）。不幸的是，指数价格的走向没有按照 CIO 所预期的那样发生。2012 年 4 月和 5 月，JPM 承认蒙受了 60 亿美元的损失。CIO 雇员的延迟分红被收回，JPM 主席兼 CEO 吉米·戴蒙（Jamie Dimon）当年也被减薪。美国政府部门还对 CIO 交易组合价值误报的指控进行了调查，其结果是 JPM 又被罚款 10 亿美元。

为什么 CIO 会被允许持有这么大的风险？2012 年 1 月，CIO 超出了自己的 VaR 限额，而且因为 CIO 的巨大交易头寸，整个银行的 VaR 限额也被超出，但是一个新的 VaR 模型被开发出来。这个模型是在 2012 年 1 月的下半月完成的，并被模型检验部门匆匆批准。该模型将CIO的VaR降低了50%。因此，在1月前报告的VaR值又回到了限额以内。2013年1月，JPM关于伦敦鲸事件的内部报告显示，在这一过程中存在多处错误。开发模型的量化人员以及模型检验部门都面临很大的压力，必须完成模型的开发和审批。CIO交易员手下的量化人员以及模型检验部门仅对模型进行了非常有限的回望测试。2012年5月，这个模型又被重新检验，发现其中存在多个严重错误，并就此停止使用。

这个事件强调了模型验证功能的重要性，以及模型验证为什么需要独立进行。

SR 11-7认为全面的验证应该包括三个核心要素：

（1）对概念合理性的评估，包括文档记录；

（2）持续监控，包括过程验证和基准测试；

（3）结果分析，包括回溯测试。

一个良好的模型开发过程应该产生有据可查的记录文档来支持所有的模型假设。有一种危险是，模型开发人员偏向于特定类型的模型，或者甚至会通过开发一个不必要的复杂模型来展示其量化技能。验证工作应该确保这种情况不会发生。稳定性是模型的一个重要属性。如果输入参数时的一个微小变化会导致输出的较大变化，那么该模型可能不稳定且不适用于其预定用途。模型验证应包括模型应力测试，即对模型输入极端参数以测试其适用性范围。

如前所述，持续监测是模型验证的核心部分。这包括确保对模型所做的所有更改都经过了验证并存档记录。如果模型用户和模型开发人员是同一个人（有时是这样的情况），那么模型用户就有可能调整代码以提高模型性能。这不能令人满意，并可能导致模型只不过是一组没有统一理论的调整而已。如果一个模型没有达到它所能达到的效果，就应该对其进行审查，并开发出一个基础更好的新模型。对于模型验证功能来说，重要的是调查不使用模型的情况，因为经理认为输出与他们的经验和判断不一致。这可能表明改进模型或使用新方法是必要的。

结果分析（如回测）对于监控模型的性能非常重要。其中的一些工作应该由模型开发人员进行，并形成记录文档。这项工作应该由模型验证小组持续进行检查，并分析预期结果与实际结果之间存在差异的原因。例如，一个特定的流动性管理模型可能在低利率环境下运行良好，但在利率上升时表现不佳，经过这种类型的分析可以改进模型。

25.1.3 供应商模型

并非所有的模型都是内部开发的，有些模型是从供应商那里购买的。有时，购买模型的目的是对内部开发的类似模型进行基准测试。此时，供应商模型可能是一个有用的验证工具。在实践中，金融机构也可以使用供应商模型，因为它比内部开发类似模型便宜。在这种情况下，供应商模型应该与内部模型受到相同的验证。然而，这对模型验证组提出了特殊的挑战，因为建模专家是组织的外部人员，模型的某些方面可能是专有的。

金融机构应该有选择供应商模型的流程，应要求供应商提供说明模型设计、测试结果和模型局限的文档。金融机构应坚持要求供应商进行持续的绩效监控和结果分析，并将结果提供给客户。

验证组应负责批准金融机构使用供应商模型。他们可能无法访问计算机代码，但仍可以针对模型对各种输入参数产生的结果进行广泛的分析。验证小组应该要求供应商提供关于用于开发模型的数据的完整信息。对于供应商停业或决定停止提供模型的情况，应该有一个应急计划。这里的一个办法是将计算机代码和所有其他专有资料置于托管状态，并在供应商不再能够提供支持的情况下提供给客户。

25.2 物理和金融模型

现在，有许多物理专业的工作人员从事金融模型开发工作。金融领域的一些模型在结构上与物理领域的模型类似。例如，著名的布莱克－斯科尔斯－默顿期权定价模型所对应的微分方程是被物理学家应用了多年的热交换方程。然而，正如 Derman 所指出的，物理学家采用的物理模型和金融模型有一个重要的区别。[㊀]在物理学中，模型用于描述物理现象，具有很高的精确性。而同物理模型相比，金融模型是为了描述市场变量，而这些变量同人类的举止行为有关（如客户、借款人的行为），因此这些模型不过是对市场变量的尽可能好的估计。

物理模型和金融模型的一个重要区别在于模型参数。物理模型参数通常是不变的常数。例如，地球表面的引力始终为 32 英尺每二次方秒。[㊁]而金融模型中的参数每天都在变化，一个期权的波动率在某一天可能是 20%，第二天可能是 22%，第三天又可能是 19%。实际上，我们将在后面看到，在某一日，金融模型参数的取值通常要尽量与当日市场上观测到的价格相匹配，这一匹配模型参数的过程被称为校正。

25.3 简单的模型：代价高昂的错误

不一定只有复杂的模型才可能导致损失。业界事例 25-2 说明了一个简单的模型也能引起风险的例子。基德－皮博迪（Kidder Peabody）公司的计算机系统没有准确计算线性产品中的融资成本，其后果是模型将交易员的巨大损失错误地报告为一笔可观的利润。基德－皮博迪公司使用的模型应该经过独立的验证后再使用。即使没有解决模型的理论问题，模型价格和市场价格之间的差异也会向模型验证组表明模型存在严重错误。

如果基德－皮博迪公司能够质疑交易员的操作，那么模型的错误会很容易被识别。事实上，政府债券部门的风险经理巴里·芬纳（Barry Finer）曾经指出在一个与美国同样高效的市场上很难获取巨额套利利润，但他的担忧并没有引起重视。

业界事例 25-2　基德－皮博迪公司的低级错误

通过将带息国债的本金和利息现金流作为两个独立的证券卖出，投资银行可以用带息国债生成零息债券，这种零息债券被称作本息分离债券（strip）。一位为券商基德－皮博迪工作的名叫约瑟夫·杰特（Joseph Jett）的交易员有一个非常简单的交易方式，其做法是买入本息分离债券，然后将其在远期市场出售。远期市场上本息分离债券的价格总是高于现市价格，因此表面上看来这位交易员发现了印钞机！事实上远期市场同现市的差别仅仅是

㊀ 见 E. Derman, My Life as a Quant: Reflection on Physics and Finance, Wiley, 2004; E. Derman, "Model Risk", *Risk*, 9, 2 (May 1996): 139-145。

㊁ 物理学家可能不能同意这一说法。重力加速度是随纬度而变化的。——译者注

因为购买债券的融资费用而造成的。例如，假定3个月期的利率为每年4%，本息分离债券的市价为70美元，3个月期本息分离债券的远期价格应该是$70e^{0.04\times3/12}=70.70$美元。这是因为，对于想在3个月后持有本息分离债券的人来说，远期合约节约了0.70美元的融资成本。

基德－皮博迪公司的计算机系统显示杰特的每一笔交易的盈利都等于远期价格同现市价格的差（我们的例子中为0.70美元）。通过不断将每一笔远期进行滚转，杰特得以逃避应计的融资费用。最后系统显示杰特的交易盈利1亿美元（他也因此拿到了一笔可观的分红），但实际上损失了3.5亿美元。这一事例说明一家大的金融机构也可能会犯简单低级的错误。

有时模型开发人员会做出错误的假设，但不如基德－皮博迪公司的模型那样容易识别。利率互换市场就是一个例子。在第5.5.3节中我们指出，对于一个简单的标准利率互换，我们可以假设远期利率等于将来的实际利率，附录D对于这一方法进行了陈述。例如，当计算利率互换的价格时，如果在第2年和第2.5年时间段的远期利率是4.3%，我们就可以假定在浮动利率与固定利率进行互换时，这一时间段所采用的浮动利率为4.3%。这一结果看上去很容易被误认为：所有将来交换现金流的互换合约都可以基于远期利率将成为实际利率这一假设来定价，但事实并非如此。例如，在LIBOR置后互换（LIBOR-in-arrears swap）合约中，浮动利息的支付与利息的确定发生在同一天（而不是像在一般利率互换中有一个计利期（accrual period）的延后）。LIBOR置后互换所采用的假设应该是今后实际发生的利率等于远期利率加上一个“凸性调整”（convexity adjustment）。如业界事例25-3所示，这一性质在20世纪90年代中期给那些对凸性调整不了解的金融机构造成了损失。

业界事例25-3 发现竞争对手模型中的弱点

LIBOR置后互换是一种利率互换合约，在这种合约中，浮动利率支付日与观察日相同，而不是在一个计利期之后。在一般的标准互换合约中，我们可以假定将来的利率等于远期利率，而在LIBOR置后互换定价中，我们应该假设将来的利率等于远期利率再加上一个“凸性调整”项。

20世纪90年代中期，一些较为成熟的金融机构掌握了利率置后互换合约的正确定价方式，一些不太成熟的金融机构仍然采用“远期利率等于将来利率”这一天真假设。由此，这使那些成熟老到的公司便可以从那些不太成熟的公司那里赢得可观的利润。

在衍生产品市场上，交易员一旦发现了交易对手模型中的弱点，是不会心慈手软的。

利率期货市场也提供了类似的例子。在大多数情况下，可以合理地假设期货价格等于相应的远期价格。例如，一年内交割黄金的期货合约的期货价格应该与同期交割黄金的远期价格非常接近。这两份合同有一些不同之处。例如，期货合约每天结算，空头寸方对确定准确的交割日期有一定的灵活性，但这些区别并没有在期货价格和远期价格之间产生实质性的差异。20世纪90年代中期，许多市场参与者选择假设利率期货合约的期货利率与相应的远期利率相同。事实上，大多数对期货合约价格近似等于远期价格的假设并不适用于利率期货合约，这是因为利率期货合约持续的时间长，每日结算制度都会造成影响。同样，在利率相等的情况下，期货和远期在不同的时间结算。期货在期初按基础利率结算，而远期则在期末结算。[⊖]

交易检测模式

我们刚才概述的情况表明，在产品估值中识别模型风险的一个重要方法是交易检测模式。特别是，金融机构内部的风险管理职能人员应跟踪以下内容：

（1）金融机构与其他金融机构之间的交易类型；

（2）在竞标不同类型的结构性交易时，竞争的激烈程度；

（3）从不同产品的交易中获得的利润。

对某一特定类型的业务投资过多，或从相对简单的交易策略中赚取巨额利润，都可能是一个警告信号。如果金融机构发现自己的价格与市场脱节，就必须调整估值程序，使之与市场接轨。

杰特在基德 - 皮博迪公司的交易中获得高额利润（参见业界事例 25-2），这应该说明出了问题。同样，在 20 世纪 90 年代中期，如果某个金融机构的风险管理团队发现交易员与其他金融机构正在进行大量收到固定利息而支付浮动利息 LIBOR 置后互换（参见业界事例 25-3），他们就可以警示模型开发人员模型存在潜在的问题，并指示暂时停止互换交易。

25.4 标准产品的模型

如果某些产品在市场上交易活跃，我们就不需要采用模型来对这些产品定价，市场交易价格就是实际价格。假设市场上某种交易活跃的股指期权，做市商报出的买入价为 30 美元，卖出价为 30.5 美元。我们对这一期权的最佳估价为其中间价 30.25 美元。

场外交易市场一种普遍的情况是尽管被定价的产品是一种标准产品（比如期权），但该产品与市场交易的产品并不完全相同。例如，被定价产品是一种期权，但其执行价格或者期限（或者两者）与市场上可以直接观察到的期权有所不同。此时模型被用来保证该产品的定价方式与市场上可观察到的类似产品的价格一致。布莱克 - 斯科尔斯 - 默顿模型在实际中的应用方式为我们提供了一个很好实例（关于布莱克 - 斯科尔斯 - 默顿模型，见附录 E）。

布莱克 - 斯科尔斯 - 默顿模型之所以有效，是因为它的所有输入参数（除了一个参数以外）都已知，模型中唯一一个不能被观察到的变量即是波动率，这意味着价格和波动之间存在一对一的对应关系。当指定了期权的波动率时，就可以计算价格。同样，如果市场上存在该资产的期权，就可以确定与市场价格相符的波动率。与期权价格保持一致的资产波动率被称为隐含波动率（implied volatility）。负责对某一特定资产进行投资的交易员会跟踪所谓的波动率曲面，这一曲面显示了期权波动率同期权执行价格以及期限的函数关系。

⊖ 见 J. Hull，Options，Futures，and Other Derivatives，10th edition（Upper Saddle River，NJ：Pearson，2017），可供更详细的讨论。

表25-1显示了一个汇率期权的波动率曲面（为简单起见，我们假设当前汇率接近1）。注意，如果布莱克－斯科尔斯－默顿模型确实是对市场假设的一个准确描述的话，那么表中的波动率应该为常数，不会随时间而变化。针对不同的执行价格和期限，期权的隐含波动率是不一样的，并且它们会随着时间而变化（对于所有资产的期权都是如此）。交易员的工作是了解当前的波动率曲面以及其随时间的变化情况。

表25-1 波动率曲面 (%)

期限	执行价格				
	0.90	0.95	1.00	1.05	1.10
1个月	14.2	13.0	12.0	13.1	14.5
3个月	14.0	13.0	12.0	13.1	14.2
6个月	14.1	13.3	12.5	13.4	14.3
1年	14.7	14.0	13.5	14.0	14.8
2年	15.0	14.4	14.0	14.5	15.1
5年	14.8	14.6	14.4	14.7	15.0

注：不同执行价格和期限的波动率以年百分比的形式给出。

假设某交易员想要为一个9个月期限和执行价格为1.05的期权进行定价（见表25-1）。具有此行权价的6个月期限的期权的波动率为13.4%，1年期限的期权的波动率为14.0%。交易员可以对13.4%及14.0%进行插值，作为对波动率估计，插值结果为13.7%。这一数据可以用于布莱克－斯科尔斯－默顿模型，从而评估波动率为13.7%的期权的价值。假设期限和执行价格都与表中不同，我们可采用二维插值。首先在执行价格之间插入，然后在期限之间插入（如果先在到期期限之间插值，然后在执行价格之间插值，也会得到相同的答案。见练习题25.12）。考虑执行价格为0.92和期限为1.5年的期权。具有此行权价的1年期限的期权的插值隐含波动率为14.42%，2年期限的期权的插值波动率为14.76%，因此1.5年期权的插值波动率为14.59%。

25.4.1 标准产品的模型风险来源

模型验证组面临的一个问题是，对活跃交易产品价格的确定是否取决于所使用的模型。如果在刚刚考虑的例子中，我们用另一个模型代替布莱克－斯科尔斯－默顿模型，价格会是相似的吗？这个问题的答案是，当被估值产品的性质与活跃交易的产品完全相同时（即只有执行价格和期限等参数不同），该模型通常不会对价格产生实质性影响。[⊖]这是因为这个模型仅仅被用作一个复杂的插值工具，如果另一种合理的模型使用的方式类似于布莱克－斯科尔斯－默顿模型，那么两个不同的模型通常会给出相似的交易活跃产品价格。

在极端情况下容易产生模型风险，模型验证组应该对此进行检查。例如，当波动率曲面在执行价格或期限维度上非常陡峭时，应该检查不同模型的运行情况。此外，模型验证组应该检查市场上可用的定价数据的可靠性，以及当可用数据比通常少时模型如何工作。

⊖ 这在S. Figlewski, "Assessing the Incremental Value of Option Pricing Theory Relative to an Informationally Passive Benchmark," *Journal of Derivatives* (Fall 2002): 80-96中已经说明。

25.4.2 对冲

对于交易活跃的产品，主要的模型风险是对冲。正如我们所讨论的，使用不同的模型通常不会对价格产生太大的影响，但会对对冲业绩产生影响。

我们应该区分模型内对冲（within-model hedging）以及模型外对冲（outside-model hedging）。模型内对冲是指对模型内已假设具有不确定性的变量来进行对冲，模型外对冲是指对在模型内被假设为常量（或者非随机变量）的变量来进行对冲。以布莱克－斯科尔斯－默顿模型为例，采用该模型对股票价格的变化进行对冲（delta 及 gamma 对冲）是模型内对冲，这是因为模型假定标的资产价格变化具有不确定性，但是对波动率对冲（vega 对冲）是模型外对冲，这是因为模型本身假定波动率为常数。

在实践中，交易员几乎总会同时进行模型外对冲和模型内对冲。如我们以前的解释，这样做的原因是在参数校正过程中，波动率（在模型中被假设为常数）等参数每天都会发生变化。一个好的交易员在对交易账户的风险进行监控时，会关心交易账户对于市场常见的波动率曲面移动的敏感性。㊀

如果一个模型给出的产品价格与市场价格一致，并且对每天会产生变化的变量都进行对冲（这里的参数包括模型中假设的常量以及随机变量），那么理论上对冲后会使交易员头寸的价值保持恒定。事实上，这并不一定成立。再次考虑布莱克－斯科尔斯－默顿模型来评估汇率期权中的头寸价值。每个期权价格都是汇率、其隐含波动率和期限的确定性函数，㊁这意味着交易员对投资组合中所有期权的汇率和隐含波动率都有风险敞口。通过外汇交易，可以很容易地对冲汇率风险，这被称为 delta 对冲，通常至少进行一次（参见第 8 章）。对冲波动率变化的风险并不那么容易，这需要在其他期权（可能是昂贵的）上进行交易，并且基于波动率曲面会随时间变化的假设。㊂因此，波动率对冲不可能像 delta 对冲那样有效。

在实践中，delta 对冲往往是交易员唯一定期进行的对冲。期权头寸的 delta 取决于所使用的模型，这意味着交易员采取的对冲头寸因模型而异。模型验证组的一项重要工作是测试用于替代模型的 delta 对冲的有效性。

25.4.3 损益分解

可以进行的一种分析称为损益分解（P&L decomposition）。风险经理将投资组合每天价格的变化分解成以下成分：

（1）没有被对冲的风险所带来的变化；

（2）由于对冲模型的不完善所带来的变化；

（3）每一天新的交易所带来的变化。

㊀ 我们可以采用第 9 章描述的主成分分析方法。如果风险敞口对每个主要成分的敏感性都很小，则敞口对实际中观察的移动的敏感性也会很小。

㊁ 为简化例子，假设利率和股息收益率恒定。

㊂ 如果可以完全对冲波动率曲面的波动，那么 delta 对冲的差异将被波动率对冲的差异所抵消，但这在实践中并不能完美实现。

如果某天价格变化变得不可接受，损益分析就会指出在哪些方面我们应花更多精力。好消息是，平均来讲，根据错误模型进行对冲导致总损失或总收益通常很小，这是因为在一家较大的金融机构中，不完美对冲所带来的风险通常会被不同的交易组合分散。

25.5 非标准产品的模型

衍生产品定价的一般步骤是建立一个模型，然后根据市场上可以观察到的标准产品的价格来确定模型的参数。图 25-1 展示了某一金融产品常用定价的方法。选择某种或某几种其价格在市场上可以直接观察到的产品作为“校准产品”（calibrating instruments），选择这些产品的依据是它们应与目标产品相似。由校正产品我们可以得出模型参数，这些参数可用于对目标产品的定价。

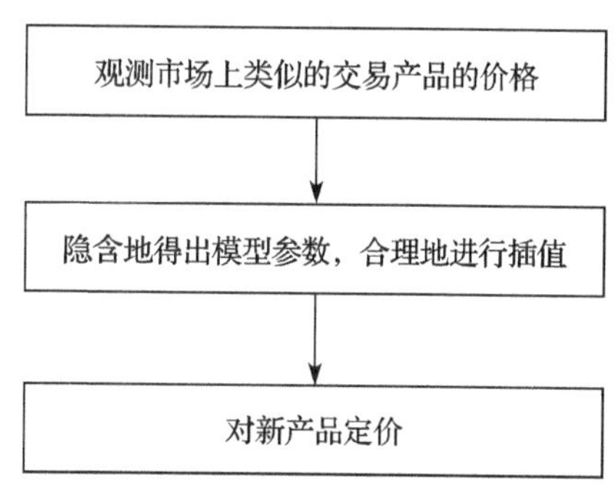

图 25-1 如何应用模型对金融产品定价

当这种方法用于交易活跃的标准产品时，其价格没有太高的不确定性。对于非标准产品则不一样，模型风险会更大，因为模型的选择对于定价及对冲均会有较大的影响。业界事例 6-1 中给出了结构化产品定价中的模型风险的例子。这个例子说明，在对资产支持证券（ABS）和担保债务凭证（CDO）分档定价时，认为 ABS 的 BBB 分档类似于 BBB 级债券的假设并不可取。

需要注意的重要一点是，我们几乎总是关注所谓的相对估值（relative valuation），目的是使金融产品的价值与市场上可以观察到的其他类似金融产品的价值一致。使用模型给出的绝对值价格对衍生产品进行估值非常罕见。这是金融模型和物理模型之间的另一个区别。

金融机构不应该仅仅依赖单一模式为非标准产品定价，而应该尽可能使用多种模型。通过采用不同的模型，我们会得到产品价格的分布区间，并且有助于我们更好地理解面临的模型风险。

假如金融机构要将某产品出售给客户，三种不同的模型显示该产品的价格分别是 600 万美元、750 万美元和 850 万美元。即使金融机构认为第一种模式是最好的，并计划以这一模型作为每天定价和对冲的正式模型，但金融机构给客户的报价至少应该是 850 万美元。此外，金融机构对自己的账面盈利应持保守态度。如果产品以 900 万美元的价格出售，这时将账面盈利记为 300 万美元会很诱人（900 万美元减去被认为是最好的模型计算出的价格 600 万美元）。然而，这种做法过于激进。另外一个更好也更保守的做法是，将这 300 万美元盈利记入一个准备金账户，将这些盈利在产品的整个期限中逐渐释放出来。[⊖]

加权蒙特卡罗模拟法

当使用多种模型时，这些模型都应该根据市场上观察到的交易活跃的标准产品的价格进行校验。例如，在对一个障碍期权进行定价时，测试模型给出的普通看涨期权和看跌期权的价格

⊖ 这么做也会保证交易员的分红制度更为合理。

应等于市场上观察到的价格。我们不应满足于测试少数几个不同的模型，而是应该通过严密的分析，尝试回答这样一个问题："那些能够对活跃交易正确定价的模型给出的模型价格区间有多大?"如果能正确地进行这种分析，那么对非标准产品，我们能得到一个最佳的价格和一个最差的价格。有一种方法被称为**加权蒙特卡罗模拟法**（weighted Monte Carlo simulation）。[⊖]在该方法中，我们先对正式模型进行蒙特卡罗模拟，然后对每次取样赋予不同的权重。权重的分配有一定限制，需保证加权后的蒙特卡罗模拟结果与市场上观察到的标准产品的价格相匹配。在这一限制下，我们可以通过一个优化过程来搜索分别使得非标准化产品价格最高和最低的权重分配。

25.6 盯市计价

金融机构必须每天对交易账户上的产品进行定价，这个过程被交易员称为**盯市计价**（marking to market）。这些价值被财会人员用来生成财务季报。财会人员把按盯市计价规则称为"公允价值会计准则"（fair-value accounting）。

财会人员认识到，有些模型比其他模型给出的价格更可靠。美国财务会计准则委员会（FAS 157）和欧洲国际会计准则委员会（IAS 39）要求银行将交易账户下的产品归为3类分别估值定价：

- 第1类（Level Ⅰ）估值定价是对那些从活跃市场可以取得报价的产品的估值；
- 第2类（Level Ⅱ）估值定价是对那些从活跃市场可以取得与之类似的产品的报价，或从某些不活跃的市场上可以直接取得报价的产品的估值；
- 第3类（Level Ⅲ）估值定价是必须通过一定的模型（有时被称为**盯住模型**（making to model））假设才能得出价格的产品的估值。

我们在第25.4节中讨论的定价（该模型被用作复杂的插值工具）将被归类为第2类估值。如果第25.5节中的校准产品与被评估的产品有些不同，则该估值将归为第3类估值。

25.7 如何建立成功的定价模型

许多人会认为，当一个模型的参量每天都在变化时，这样的模型基本没有什么用处。对于物理模型而言，这一观点十分正确。但是正如我们讨论的那样，金融产品的定价模型的应用与物理模型不同。

布莱克－斯科尔斯－默顿模型之所以流行是因为以下几点。

（1）正如我们讨论的那样，模型可以与对波动率曲面的插值并用，这样做可以保证模型价格同市场观察到的价格的一致性。

（2）定价模型通常被用作交易人员之间的交流工具，交易员对于期权价格的报价通常是用隐含波动率的形式而不是期权的实际价格。这样做的原因是隐含波动率要比期权价格更为稳

⊖ See, for example, A. Elices and E. Gimenez, "Weighted Monte Carlo," *Risk* (May 2006).

定，因此报价变化频率更低。例如，当标的资产价格或利率有所变动时，期权价格会变化，但波动率可能不会变。

（3）模型被充分简化，交易员可以得出对模型的直观认识，并由此来建立自己对期权交易市场的理解和观点。

具有这些特性的其他领域的模型也很受欢迎。模型开发人员和模型验证小组应清楚，模型的最终目的通常是使模型用户能够了解市场并更有效地执行其判断。在比较替代模型时，这是一个重要的考虑因素，可能会导致更简单的模型优于更复杂的模型。

25.8 构建模型过程中的误区

建立模型的精髓是保证模型能够抓住产品定价和对冲的要点，同时又不能过于复杂。有时，为了抓住产品的重要特性的要求，模型不得不变得复杂，但情况并非总是如此。

模型构建中一个误区是过度拟合（over-fitting）。考虑表 25-1 所定义的波动率曲面，我们可以扩展布莱克－斯科尔斯－默顿模型，使波动率成为标的资产价格和期限的某种复杂函数，[1]这对于某些应用程序可能是可取的，但是模型将变得很复杂而难以使用。我们可能会发现与简单模型相比，扩展模型的其他一些性质不够合理。特别是，资产价格在多个时间点的联合概率分布变得不够合理，而且在某些情况下，模型给出的未来波动率曲面与今天市场上观察到的波动率曲面相比，可能变化会非常大。[2]

模型构建中的另一个潜在错误是过度参数化（over-parameterization）。我们可以扩展布莱克－斯科尔斯－默顿模型，加入随机波动率或标的资产价格的跳跃等特性。这样做不可避免地会引入更多需要估计的参数，使模型更难使用。通常认为，复杂模型中的参数比简单模型中的参数更稳定，不需要逐日调整。这可能是真的，但是应注意我们不是在处理物理过程。虽然复杂系统的参数在某一个较长的时间会相对稳定，但在一段时间后，参数可能会发生变化，这可能是因为存在经济学家所说的“常态转型”（regime shift）的现象。在常态变化发生之前，金融机构可能会认为复杂模型是对简单模型的改进，但是在变化发生以后，这些复杂的模型可能没有灵活性来应付不断变化的市场情况。[3]

正如我们刚刚讨论的那样，简单模型通常是最成功的。用户通常对复杂模型持怀疑态度，他们认为这些模型是“黑匣子”（black box），并认为这些模型在直观上很难理解。在某些情况下，由于以上讨论的原因，这种怀疑态度是有根据的。

---

[1] 这一隐含波动率函数模型在以下论文中被提出：B. Dupire，“Pricing with a Smile,” *Risk*，7（February 1994），18-20；E. Derman and I Kani，“Riding on a Smile,” *Risk*，7（February 1994），32-39；M. Rubinstein，“Implied Binomial Trees,” *Journal of Finance* 49，3（July 1994），771-818。

[2] 如果模型能匹配将来各个时间点的波动率，则对未来收益只依赖即时资产价格的产品，这类模型可以准确地定价。但对障碍期权或复合期权等产品的定价就不那么准确，这些产品的价格与标的资产在不同时间点的价格的联合分布有关。赫尔和索吾林教授发现，隐含波动率函数模型对于复合期权的定价大体上合理，但是对于障碍期权会产生较大的误差，见 J. C. Hull and W. Suo，“A Methodology for the Assessment of Model Risk and its Application to the Implied Volatility Function Model,” *Journal of Financial and Quantitative Analysis*，37，2（June 2002），297-318。

[3] 经济学家罗伯特·卢卡斯在 1976 年提出的著名的卢卡斯评论中讨论了这类社会科学问题的性质。参见 R. Lucas，“Economic Policy Evaluation：A Critique,” *Carnegie-Rochester Conference Series on Public Policy* 1（1976）：19-46。

小 结

模型风险是操作风险的一种形式。现在人们认识到它需要被特别注意。监管机构希望看到金融机构在开发、记录、验证和使用模型方面具有全面流程。应该定期检查模型，以确保它们能够按预期运行。模型验证小组应该独立于模型开发人员和模型用户。他们应该检查模型开发人员的工作，并得出应使用模型的情况。

金融模型与物理科学模型存在根本的差别，因为金融模型最终是人类行为的模型，最好也不过是对市场变量的行为的一种近似而已。此外，模型还会碰到不时出现的常态转型现象，在这一现象中，模型的性能会发生根本转变。

估值定价模型通常不过是复杂的插值工具，以确保模型价格与其他类似产品的价格一致。随着被定价产品的标准化程度降低，定价模型的选择也变得越来越重要。因此，模型验证组可以通过测试不同模型，获得实际的价格区间并了解随之而来的模型风险。这些模型应始终根据活跃交易产品的当前价格进行校准。模型的对冲业绩和估值定价业绩都应该仔细评估。

延伸阅读

Avellaneda, M., R. Buff, C. Friedman, N. Grandchamp, L. Kruk, and J. Newman. "Weighted Monte Carlo: A New Technique for Calibrating Asset Pricing Models." *International Journal of Theoretical and Applied Finance* 4, no. 1 (February 2001): 91–119.

Bates, D. S. "Post '87 Crash Fears in the S&P Futures Market." *Journal of Econometrics* 94 (January/February 2000): 181–238.

Board of Governors of the Federal Reserve System, Office of the Comptroller of the Currency. "Supervisory Guidance on Model Risk Management," April 2011.

Cont, R. "Model Uncertainty and Its Impact on the Pricing of Derivative Instruments." *Mathematical Finance* 16, no. 3 (July 2006): 519–547.

Derman, E. "Model Risk," *Risk* 9, no. 5 (May 1996): 139–145.

Derman, E. *My Life as a Quant: Reflections on Physics and Finance*. Hoboken, NJ: John Wiley & Sons, 2004.

Elices, A., and E. Gimenez. "Weighted Monte Carlo." *Risk* (May 2006).

Glasserman, P., and X. Xu. "Robust Risk Measurement and Model Risk." *Quantitative Finance* 14, no. 1 (January 2014): 29–58.

Hull, J. C., and W. Suo. "A Methodology for the Assessment of Model Risk and Its Application to the Implied Volatility Function Model." *Journal of Financial and Quantitative Analysis* 37, no. 2 (June 2002): 297–318.

JPMorgan Chase. "Report of JPMorgan Chase & Co. Management Task Force Regarding 2012 CIO Losses," January 2013.

练习题

25.1 解释（a）盯市计价；（b）按模型定价。

25.2 解释 SR 11-7 中确定的两类模型风险。

25.3 解释为什么一个模型必须有完整的文档记录。

25.4 “布莱克－斯科尔斯－默顿模型无非是一种较为复杂的插值工具。”讨论这一观点。

25.5 利用表 25-1，计算交易员对执行价格为 1.04、期限为 8 个月的期权定价时，使用的波动率。

25.6 物理模型与金融模型的主要区别是什么？

25.7 对于某一特殊衍生产品，一家金融机构如何判断其模型有别于竞争对手的模型？

25.8 模型内对冲及模型外对冲的区别是什么？

25.9 解释损益分解的含义。

25.10 解释财会中的“Level Ⅰ”“Level Ⅱ”和“Level Ⅲ”估值的含义？

25.11 构建模型过程中的过度拟合和过度参数化是什么意思？

25.12 第 25.4 节使用表 25-1 中的数据计算执行价格为 0.92、到期期限为 1.5 年的期权的隐含波动率为 14.59%。它是这样做的，首先沿着执行价格维度进行插值，然后沿着时间维度插值。证明：通过先沿着时间维度插值，再沿着期限维度插值，可以得到相同的隐含波动率。

25.13 “对于结构性产品，交易员采用模型来对产品定价，而不是盯市计价。”请解释这句话的含义。

作业题

25.14 假设所有的期权交易员都决定放弃布莱克 - 斯科尔斯 - 默顿模型，并采用另外一个对资产价格有不同假设的模型，这一变化对以下内容会有什么影响：（a）标准期权定价；（b）标准期权对冲。

25.15 采用表 25-1 来计算交易员对执行价格为 0.98、期限为 11 个月的期权定价时使用的波动率。

25.16 假设金融机构使用一个不精确的模型来给某种结构化产品定价和对冲，讨论该机构会如何（如果会的话）认识到自身的错误。

CHAPTER26

第26章 经济资本金与RAROC

到目前为止，我们讨论的重点是如何建立合理的规程来衡量金融机构面对的不同风险（信用风险、市场风险、操作风险和流动性风险等），现在我们将讨论风险是如何被汇集并分配给各个业务部门的。

经济资本金（economic capital，有时也被称作风险资本金，risk capital）是金融机构内部评估的为应对本机构持有的风险所需要的资本金数量。经济资本金和监管资本金不同，对后者，所有的银行都要遵从巴塞尔委员会制定的统一规则。经济资本金可以被认为是银行为了具备承担一定风险能力而需要的“货币”量。一个业务部门只有在具备相应经济资本金的情况下才能持有某种特定的风险。业务部门的盈利水平应基于为该部门所分配的经济资本金的数量来衡量。

本章将讨论金融机构针对某一特定风险以及某些特定业务部门如何估算经济资本金，并且说明这些经济资本金如何汇总来产生对整个机构的经济资本金的估计。我们将在本章中讨论风险调整后的资本回报率，即 RAROC。该回报率等于某业务部门的回报除以该部门的资本金配额，RAROC 既可以用于评估业务部门在过去某一时间段内的业绩，也可以用来预测该业务部门未来的业绩表现，从而帮助管理层计划未来资本金的分配方式，并且为某些业务活动在未来的发展规划中是应该停止还是扩大提供决策基础。

26.1 经济资本金的定义

经济资本金是指在一定的置信水平下，银行为了能够承担一年内的损失而必须持有的资本金的数量。因此，置信水平等于在一年内银行的损失不会超过资本金的概率。大型国际性银行的管理目标通常是保持其 AA 级的信用等级，具有 AA 级的公司一年的违约概率小于 0.02%，这说明银行应选择的经济资本金置信水平至少应该是 99.98%，作为维持 AA 级的必要指标。由于存在资本金不足以吸收损失的可能性，因此要求违约概率小于 0.02%。如果某家银行想维持的信用等级是 BBB，其对应的置信水平也会低一些，一家具有 BBB 信用评级的公司一年的违约概率为 0.2%，因此其对应的置信水平应该是 99.80%。

资本金的要求必须能覆盖非预期损失，非预期损失的定义为实际损失与预期损失的差。如第 15 章所述，预期损失应该已包含在银行产品的定价之中，因此只有非预期损失才需要资本金。如图 26-1 所示，经济资本金的数量等于损失概率分布中第 X 分位数与预期损失的差，其中 $X\%$ 是置信水平。

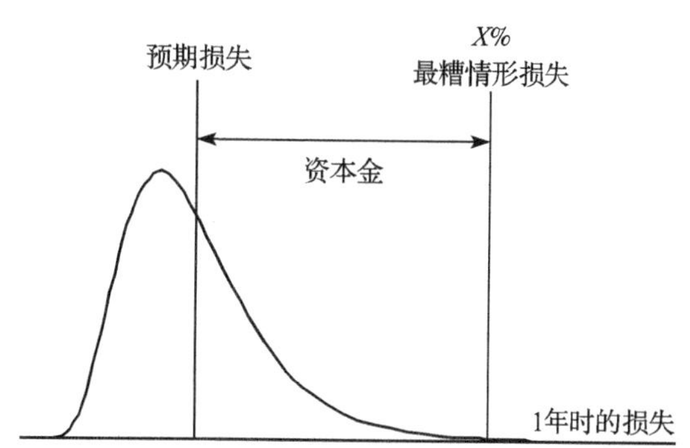

图 26-1　由 1 年期损失概率分布来计算经济资本金，$X\%$ 为置信水平

【例 26-1】　某信用评级为 AA 的银行在世界某地区发放贷款。银行估计平均每年违约的贷款占未偿还本金的 1%。在 1 年展望期、99.98% 置信水平下的 VaR 下估计贷款损失为未偿还本金的 5%，因此每 100 美元贷款所需要的资本金为 4 美元（在 99.98% 的置信水平下 VaR 与 ES 的差）。

测算方法

银行可以采用两种方法来计算经济资本金，它们分别是自上而下法（top-down approach）以及自下而上法（bottom-up approach）。在自上而下法中，我们首先需要估计银行资产的波动率，然后根据波动率可以得出在一定展望期内银行资产低于其负债的概率。一种可用于自上而下法的理论框架是默顿模型，在第 19.8 节中我们曾对默顿模型做过讨论。

在实际中采用最多的方法是自下而上法。在这一方法中，我们首先建立各业务部门对不同风险类别的损失分布，然后进行汇总。汇总过程的第一步是计算各类风险的总损失分布或各业务部门的总损失分布，最后一步是求出整个金融机构的整体损失的概率分布。

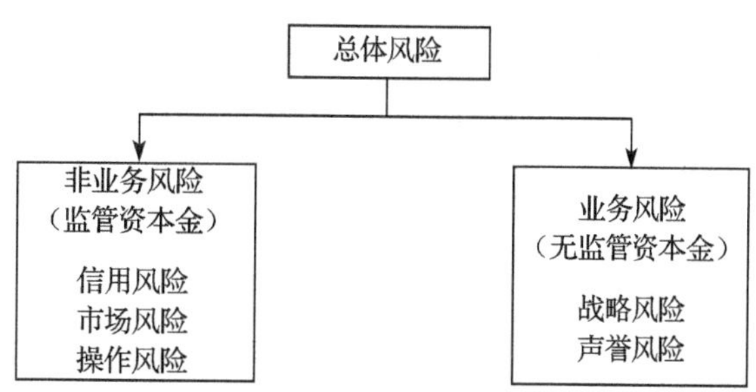

图 26-2　银行面对的损失种类，以及是否有资本金要求

在图 26-2 中，我们对银行面临的不同风险进行了总结。像我们在第 23 章中看到的那样，监管机构将操作风险定义为“由于内部控制过程、人员及系统不当或失效以及外部事件所造成的损失”。操作风险包括模型风险以及法律风险，但不包括战略风险以及声誉风险。这里不包括的几项风险被统称为业务风险。对业务风险没有监管资本金要求，但有些银行仍然会评估该风

险所需的经济资本金。

26.2 经济资本金的构成成分

在前面的几章中，我们曾经讨论了对于不同的风险如何计算损失分布，接下来我们将对这些方法中的关键问题进行简单总结。

26.2.1 市场风险经济资本金

在第13章及第14章中，我们讨论了如何利用历史模拟法以及模型构建法来估计市场风险损益的概率分布。如前面讨论的，该分布首先要基于1天展望期计算得出。《巴塞尔协议Ⅰ》和《巴塞尔协议Ⅱ.5》中的市场风险监管资本金基于10天展望期、置信度99%的VaR计算得出，如第18章所述，在FRTB中，确定ES的时间展望期由流动性决定。

在计算经济资本金时，对于所有的风险类别，我们通常选定同样的展望期及置信区间，展望期通常为1年，置信区间可能高达99.98%。最简单的假设是：①在今后一年中每天的损益分布均相同；②所有的分布相互独立，那么一年内的损益的分布大致为正态分布。假定一年有252天，一年损益分布的标准差等于$\sqrt{252}$乘以一天损益分布的标准差。如果损失的期望值为0，对应于99.98%置信水平的损失等于3.54乘以损益分布的标准差，对应于99.8%置信水平的最坏损失等于2.88乘以损益分布的标准差。请注意，我们并不假设每日损益是正常的。假设每日损益是独立同分布的，根据统计中心极限定理，大样本中独立同分布的和近似于正态分布。

【例26-2】 如果日市场风险损益分布的标准差为500万美元，对应于1年展望期，在99.8%置信水平下的VaR等于（以百万计）$2.88\times\sqrt{252}\times 5=228.6$，即2.286亿美元。

在实践中，每日损益并不是完全彼此独立并服从相同的分布。相互独立的假设可以被放松为假设日回报之间的自相关性是个常数。这样式（12-5）给出的结果就可以使用，而且只要自相关性不是太大，我们仍然可以大致认为一年内的损益为正态分布。在某些情况下，开发一个更精细的刻画日损益期望值和方差如何随时间变化的模型也许更合适。然后我们可以使用蒙特卡罗模拟来汇总每日的损益分布，这样得到的结果就不一定再是正态分布的了。

26.2.2 信用风险经济资本金

虽然《巴塞尔协议Ⅱ》给予采用内部评级法来计算监管资本金的银行很大的自由度，但协议仍然不允许银行采用自己的信用相关模型以及相关性参数。在计算经济资本金时，银行有权利根据银行本身的情况选择自认为恰当的内部模型。如第21.4节中解释过，CreditMetrics常常被用来计算信用风险经济资本金。

另外一种计算经济资本金的方法是Credit Risk Plus，我们在第21.3节中曾对其做过描述。Credit Risk Plus方法借用了精算的一些方法来计算违约概率分布。CreditMetrics能够计算由信用降级及违约所产生的损失，而Credit Risk Plus只计算由违约造成的损失。

在计算信用风险经济资本金时，金融机构可采用条件模型或非条件模型。在条件模型（与经济周期有关）中，预期损失及非预期损失均将当前的市场条件考虑在内；在非条件模型（与经济周期无关）中，计算结果建立在某种跨周期的平均经济环境条件之下。评级公司给出的评级是非条件化的。再有，当采用内部评级法来计算监管资本金时，对于 PD（违约率）以及 LGD（违约损失率）的估计应该是无条件性的。很明显，我们在计算经济资本金时一定要保持一致性。如果预期损失为条件性的，那么非预期损失也应该是条件性的；如果预期损失为无条件性的，那么非预期损失也应该是无条件性的。

无论采用什么方法，我们往往需要采用蒙特卡罗模拟来计算信用损失的概率分布。如在第 20 章和第 21 章中解释过的，衍生产品因为在违约或降级时的风险敞口具有不确定性，所以计算时更加复杂。

26.2.3　操作风险经济资本金

像在第 23 章中阐述的那样，银行监管机构正在从确定操作风险监管资本金的高级计量法（AMA）转向基于银行亏损历史的一种简化方法。基于图 26-1 中的模型，一些老练的银行可能会继续使用 AMA 来计算经济资本金。

26.2.4　业务风险经济资本金

在前面我们曾经提到过，业务风险包括策略风险（这与金融机构在进入新市场以及开发新产品等方面的决策有关）及声誉风险。业务风险比操作风险更难以定量化，因此对业务风险的估测大多是主观性的。然而，尝试量化业务风险也很有必要，可以使金融机构的高级风险管理人员对业务风险情况的构成有良好的理解。这可以帮助他们衡量正在酝酿中的新的战略决策对整体风险的影响。

26.3　损失分布的形状

市场风险、信用风险以及操作风险损失的概率分布各不相同。Rosenberg 和 Schuermann 采用了来自不同方面的数据来估测这些不同损失分布的形状，[⊖]这些分布分别在图 26-3、图 26-4 及图 26-5中给出。市场风险分布（见图 26-3）形状对称，但并不是完全服从正态分布，一个具有 11 个自由度的 t-分布与市场损失分布匹配较好。图 26-4 显示的信用损失分布具有相当的偏态，这与预期也比较一致。由图 26-5 展示的操作风险分布形状比较极端，在大多数时候损失不是很大，在某些极端情形损失量巨大。

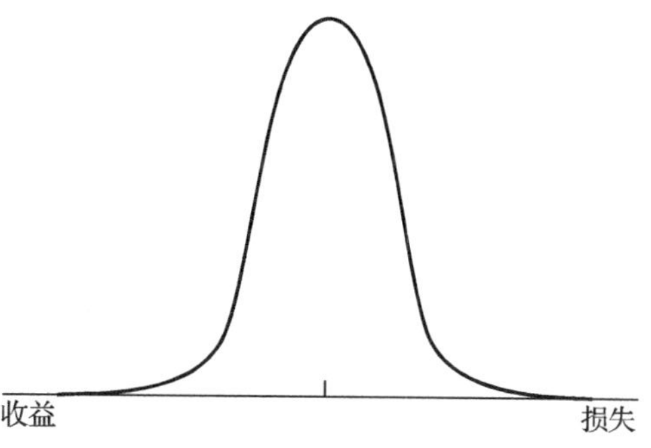

图 26-3　市场风险损失概率分布密度函数

⊖ See J. V. Rosenberg and T. Schuermann, "A General Approach to Integrated Risk Management with Skewed, Fat-Tailed Risks," Federal Reserve Bank of New York, Staff Report no. 185, May 2004.

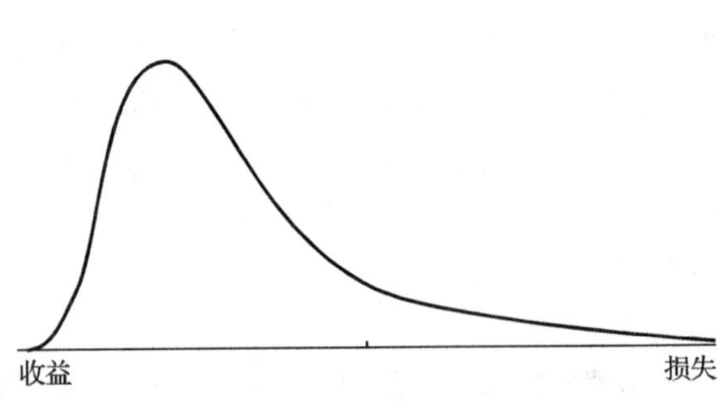

图 26-4 信用风险损失概率分布密度函数

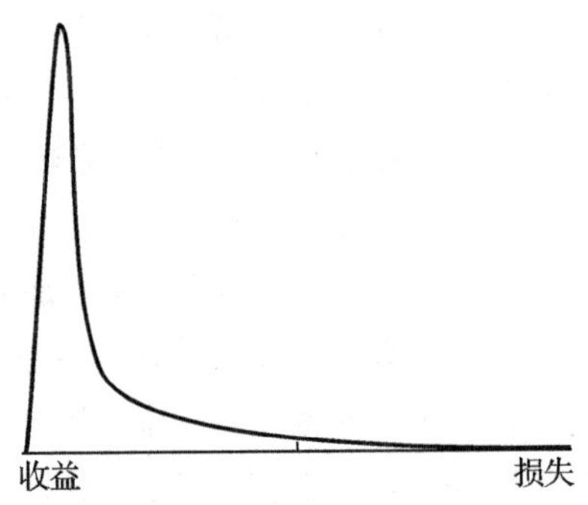

图 26-5 操作风险损失概率分布密度函数

我们能够利用损失分布的二阶矩、三阶矩以及四阶矩来刻画这些分布的特征。不太严格地讲，二阶矩是为了估测标准差（或方差），三阶矩是为了估测偏态，四阶矩是为了估测峰度（也就是尾部的厚度）。表 26-1 对于市场、信用以及操作损失分布的性质进行了总结。

表 26-1 不同风险损失分布的特征

风险类型	二阶矩（标准差）	三阶矩（偏态）	四阶矩（峰度）
市场风险	高	0	低
信用风险	中	中	中
操作风险	低	高	高

26.4 风险的相对重要性

风险的相对重要性与业务构成有关。信用风险对金融机构的商业贷款、零售贷款和衍生产品交易非常重要，市场风险对交易以及某些投行业务十分重要。但如在第 23 章中讨论的，操作风险（特别是网络风险、法律风险以及合规风险）被很多观察家认为是金融机构目前面临的最重要的风险。

对于资产管理公司而言，操作风险一直是最大的风险源。如果资产管理经理工作有疏忽，很可能会导致来自投资者的昂贵的法律诉讼。业界事例 26-1 给出了一个例证。另外一个引人注目的例子来自联合利华（Unilever）的养老金计划。美林证券旗下的水星资产管理公司（Mercury Asset Management）曾声称自己的投资表现不会比参照指数低超过 3%。1997 年 1 月 ~ 1998 年 3 月，水星资产管理公司的资产回报比参照指数低了 10.5%，联合利华因此控告了美林证券，并索赔 1.85 亿美元。这个纠纷最后以庭外和解收场。2009 年，西班牙的桑坦德银行（Santander Bank）因将其管理的客户资金委托给伯纳德·麦道夫（Bernard Madoff）而遭受了巨大操作风险损失。麦道夫潜心经营了一个高达 500 亿美元的庞氏骗局。

业界事例 26-1　EGT 基金

1996 年，彼得·扬（Peter Young）是德意志银行（Deutsche Bank）下属基金管理公司 Deutsche Morgan Grenfell 的一个经理，他的责任是管理欧洲增长信托（European Growth Trust，EGT）基金。基金增长的幅度较大，最终彼得·扬所掌管的客户资产超过了 10 亿英镑。

对于 EGT 的投资有一定的规定，其中一条是不能有超过 10% 的基金投放于非公开发行的证券。彼得·扬违反了这一规定。从某种意义上讲，他的投资对于他个人有利。当事实被披露后，他被公司解雇，但德意志银行必须面对投资者的索赔，最后德意志银行的总损失超过了 2 亿英镑。

不同风险之间的相互作用

不同风险之间有一定的相互作用。如果金融机构的对手发生违约，只有在市场变量的变化使衍生产品对于该金融机构有正的价值时，信用风险才会产生。另外一种风险间的相互作用是：交易对手违约概率同金融机构与对手之间的合约价值有关。这就是我们在第 20 章中讨论的错向风险。如果交易对手是为了对冲才进行交易，这一依赖关系就会比较弱。但是，如果合约的目的是投机，并且这一合约规模对于交易对手而言非常可观，那么以上的相互作用关系应该被重视。

长期资本管理基金事件清楚地证明了流动性风险与市场风险（见业界事例 22-1）之间存在的相互作用关系。在市场风险与操作风险之间也存在相互作用关系。如果法国兴业银行的杰洛米·科维尔对市场变化趋势的猜测是正确的，也许我们就不会发现他的违法行为（见业界事例5-5）。同样，如果基金经理的违规行为带来的是盈利而非损失，我们也许就不会发现这些违反投资规定的行为了（见业界事例 26-1）。

26.5　经济资本金的汇总

通常来讲，金融机构对各业务部门要分别计算市场风险、信用风险、操作风险及（可能的）业务风险损失分布。完成这些计算以后，金融机构需要将所有的损失分布进行汇总以产生整个机构所需要的经济资本金的总量。

最简单的做法是假定涵盖 n 个不同风险的整体经济资本金等于各项风险资本金的总和，因此

$$E_{\text{total}} = \sum_{i=1}^{n} E_i \tag{26-1}$$

其中 E_{total} 为面临 n 种不同风险的金融机构整体资本金的数量，E_i 为第 i 项风险所对应的资本金数量。巴塞尔委员会对于监管资本的做法与上式一致。银行的整体监管资本金等于信用风险、市场风险及操作风险资本金的总和。

式（26-1）采用了一个非常保守的假设，即假定完美的相关性（完全相关）。假设对于经济资本金进行计算采用的置信水平为99.9%，这意味着市场风险、信用风险及操作风险各自所对应的 99.9% 的最坏情形会同时发生。Rosenberg 和 Schuermann 估测市场风险与信用风险的相关性大约是 50%，市场风险及信用风险同操作风险的相关性大约都是 20%。他们的结果显示了当采用式（26-1）来对市场风险、信用风险及操作风险进行汇总时会高估整体资本金达 40%。

26.5.1 假设正态分布

一种简单汇总损失的计算方法是假设损失服从正态分布，由 n 个不同种类风险组成的整体风险的标准差为

$$\sigma_{\text{total}} = \sqrt{\sum_{i=1}^{n}\sum_{j=1}^{n}\sigma_i\sigma_j\rho_{ij}} \tag{26-2}$$

其中 σ_i 为第 i 项风险的损失分布的标准差，ρ_{ij} 为第 i 项风险与第 j 项风险的相关性。由以上公式可以计算资本金，例如，对应于99.9%置信水平的 VaR 等于3.09与式（26-2）所得数量的乘积。

以上的方式往往会低估资本金的数量，因为计算没有考虑分布的偏态以及峰度。Rosenberg 和 Schuermann 证明采用以上做法对市场风险、信用风险及操作风险进行汇总时会低估整体资本金达40%。

26.5.2 采用 Copula 函数

一种更为精确的对损失分布进行汇总的方法是采用 Copula 函数，在第11章中我们对 Copula 函数曾做过讨论。每种损失分布均以分位数对分位数的映射形式被映射到某种标准并且性状良好的分布上。在这种标准分布上我们可以定义某种相关性结构，并由此间接地得出原始分布的相关性结构。

在计算过程中我们可采用不同形式的 Copula 函数。当采用高斯 Copula 函数时，标准分布被假设为多元正态分布。选择其他函数时可以得到尾部更肥厚的相关性结构。关于这一点我们在第11.6节中已经进行过讨论。

26.5.3 混合型

在第12.9节中，汇总 VaR 的方法是一种流行的汇总经济资本金的方法，这种方法被称为**混合型方法**（hybrid approach）。在这种方法中整体风险的经济资本金与各个单项风险的资本金有如下关系

$$E_{\text{total}} = \sqrt{\sum_{i=1}^{n}\sum_{j=1}^{n}E_iE_j\rho_{ij}} \tag{26-3}$$

当损益分布为正态分布时，以上关系式完全成立；当损失分布为非正态时，以上关系式近似成立，但这种近似能够反映单项损益分布的肥尾特征。Rosenberg 和 Schuermann 的研究结果证明上式给出的结果同 Copula 模型的结果十分接近。

【例26-3】 假设两个业务部门的市场风险、信用风险及操作风险经济资本金的估计在表26-2中给出，同时表26-3给出了各个业务部门损失的相关性，在每个业务部门中信用风险同市场风险的相关性为0.5，操作风险同市场风险及信用

表26-2 例26-3中的经济资本金的估计

风险类型	业务部门	
	1	2
市场风险	30	40
信用风险	70	80
操作风险	30	90

风险的相关性均为 0.2（这里参数的选取同 Rosenberg 和 Schuermann 的结果一致）。不同业务部门间不同风险类型的相关性为 0，在不同业务类别之间所有市场风险的相关性为 0.4，在不同业务类别之间所有信用风险的相关性为 0.6，在不同业务类别之间所有操作风险的相关性为 0。

表 26-3 例 26-3 中损益分布的相关性

	MR-1	CR-1	OR-1	MR-2	CR-2	OR-2
MR-1	1.0	0.5	0.2	0.4	0.0	0.0
CR-1	0.5	1.0	0.2	0.0	0.6	0.0
OR-1	0.2	0.2	1.0	0.0	0.0	0.0
MR-2	0.4	0.0	0.0	1.0	0.5	0.2
CR-2	0.0	0.6	0.0	0.5	1.0	0.2
OR-2	0.0	0.0	0.0	0.2	0.2	1.0

注：MR、CR 和 OR 分别代表市场风险、信用风险和操作风险；数字 1 和 2 分别代表业务部门类别。

我们可以将经济资本金以混合方法进行汇总。整体市场风险经济资本金为

$$\sqrt{30^2+40^2+2\times 0.4\times 30\times 40}=58.8$$

整体信用风险经济资本金为

$$\sqrt{70^2+80^2+2\times 0.6\times 70\times 80}=134.2$$

整体操作风险经济资本金为

$$\sqrt{30^2+90^2}=94.9$$

第一个业务部门的整体经济资本金估计为

$$\sqrt{30^2+70^2+30^2+2\times 0.5\times 30\times 70+2\times 0.2\times 30\times 30+2\times 0.2\times 70\times 30}=100.0$$

第二个业务部门的整体经济资本金估计为

$$\sqrt{40^2+80^2+90^2+2\times 0.5\times 40\times 80+2\times 0.2\times 40\times 90+2\times 0.2\times 80\times 90}=153.7$$

整个企业的经济资本金是以下数量的平方根

$$30^2+40^2+70^2+80^2+30^2+90^2+2\times 0.4\times 30\times 40+2\times 0.5\times 30\times 70+$$
$$2\times 0.2\times 30\times 30+2\times 0.5\times 40\times 80+2\times 0.2\times 40\times 90+$$
$$2\times 0.6\times 70\times 80+2\times 0.2\times 70\times 30+2\times 0.2\times 80\times 90$$

即 203.2。

以上计算在很大程度上显示了风险分散所带来的好处。市场风险、信用风险及操作风险经济资本金的总和为 58.8 + 134.2 + 94.9 = 287.9，两个业务部门的经济资本金的总和为 100 + 153.7 = 253.7，以上两个数值都比实际的经济资本金估计值 203.2 要高。

26.6 经济资本金的分配

假设所有业务部门的经济资本金的总和 $\sum_{i=1}^{n} E_i$ 为 20 亿美元，而在考虑了非完全的相关性后，整个银行实际的经济资本金为 13 亿美元（实际资本金是各项资本金总和的 65%）。这种

计算方式给银行带来了7亿美元的风险分散效益，银行应如何分配经济资本金呢？

一种简单的方法是将第 i 个业务部门的经济资本金分配定为 $0.65E_i$，这种方法可能不是最优的。假如我们总共有50个业务部门，其中两个业务部门的经济资本金均为1亿美元，如果在计算中不考虑第一个部门，则银行整体经济资本金降低6 000万美元；如果在计算中不考虑第二个部门，则银行整体资本金降低1 000万美元。因此，第一个部门应持有的资本金要高于第二个部门，这是因为这一部门对银行的整体经济资本金的递增效应比第二个部门要更强。

这一问题与在第12.8节中讨论的VaR的分配问题类似。一种方法是对每个业务部门计算增量资本金（incremental capital），然后根据增量资本金的比例分配经济资本金（增量资本金等于包括某业务部门时与不包括该业务部门时的资本金数量的差）。另外一种很流行的方法是采用成分经济资本金法（component economic capital method），即第 i 个业务部门所分配的资本金为

$$x_i \frac{\partial E_{\text{Total}}}{\partial x_i}$$

这里 x_i 为对第 i 个业务部门的投资额。如第12.8节指出的那样，欧拉定理保证各个业务部门所分得资本金总和仍然为 E_{Total}。

定义 Q_i 为 x_i 增加 Δx_i 时相应的经济资本金的增加量，业务部门 i 的成分资本金的离散估计为

$$\frac{Q_i}{y_i} \tag{26-4}$$

其中 $y_i = \Delta x_i / x_i$。

【例26-4】 现在我们再一次考虑例26-3，这里整体经济资本金为203.2。针对第一个业务部门计算的经济资本金为100，针对第二个业务部门计算的经济资本金为153.7。

一种比较简单的方式是将占整体资本金100/253.7的部分摊派给部门1，而将占整体资本金153.7/253.7的部分摊派给部门2，这样一来部门1分摊的经济资本金为80.1，部门2分摊的资本金为123.1。

部门1对整体资本金的递增效应为203.2 − 153.7 = 49.5；类似地，部门2对于整体资本金的递增效应为203.2 − 100 = 103.2，两个递增效应之和不等于整体资本金（通常是这样）。我们可以采用递增数量作为分母来对资本金进行分摊，将整体资本金49.5/(49.5 + 103.2）分摊给部门1，并将103.2/(49.5 + 103.2）分摊给部门2。部门1及部门2分摊的资本金数量分别为65.9及137.3。

为了使用式（26-4），并对每个部门计算成分经济资本金，我们可以对偏导数求得解析解；另外一种做法是求出数值解。如果将部门1的规模增长1%，则由表26-2显示的市场风险、信用风险及操作风险的经济资本金分别变为30.3、70.7及30.3。这时整体经济资本金变为203.906，因而 $Q_1 = 203.906 - 203.224 = 0.682$。

如果将部门2的规模增长1%，则由表26-2显示的市场风险、信用风险及操作风险的经

济资本金分别变为40.4、80.8 及90.9，这时整体资本金变为204.577，因而 $Q_2 = 204.577 - 203.224 = 1.353$。

在这里我们考虑的是每个业务部门规模均增长 1%，即 $y_1 = y_2 = 0.01$。由式 (26-4) 我们可以得出分摊到两个部门的经济资本金分别为 68.2 及 135.2（这两个数量之和与 203.2 有一些差别，这是由于计算偏导数的误差所致）。

26.7 德意志银行的经济资本金

德意志银行在其年报上发表其经济资本金的数量。表 26-4 是对其 2016 年监管及经济资本金的一个总结。德意志银行计算了市场风险、信用风险、操作风险及业务风险资本金，也计算了市场风险、信用风险及操作风险的分散效应，但没有考虑业务风险的分散效应。德意志银行整体经济资本金为 354 亿欧元。

表 26-4　德意志银行的经济资本金以及监管资本金

（2016 年 12 月，金额单位：100 万欧元）

信用风险	13 105
市场风险	14 593
操作风险	10 488
业务风险	5 098
分散效应	(7 846)
整体经济资本金	35 438
整体风险加权资产	357 518
第一类资本充足率（占整体风险加权资产的比率）	11.8%
整体第一类资本（核心 + 附加）充足率（占整体风险加权资产的比率）	13.1%
整体资本（第一类 + 第二类）充足率（占整体风险加权资产的比率）	16.6%

德意志银行实际持有的资本金包括 423 亿欧元的第一类核心资本（即普通股）、46 亿欧元的附加第一类资本和大约 127 亿欧元的第二类资本。表 26-4 显示了这些资本占风险加权资产的百分比。德意志银行超过了《巴塞尔协议Ⅲ》的资本要求，包括 G-SIB 的附加资本，德意志银行的风险加权资本为 2%。

表 26-5　德意志银行的经济资本金分配

（2016 年 12 月，百万欧元）

分配	分配的经济资本金
全球市场	15 587
公司和投资银行	5 015
私人财富和商业客户	2 473
德意志资产管理	2 480
邮政银行	3 976
非核心业务单位	735
合并、调整和其他	5 172
总计	35 438

表 26-5 显示了如何将此资本分配给业务部门。迄今为止，经济资本金的最大使用者是全球市场部门，德意志银行表示，全球市场部门以支持自营、代客交易和做市的市场交易为主。该部门的信用风险、市场风险、操作风险和业务风险都是最大的。

26.8 RAROC

经风险调节的绩效指标（risk-adjusted performance measurement，RAPM）在近年来已经成为评估银行业务的重要工具。其测算方式多种多样，但这些方式的共同点是在对比回报与资本金的关系时都要考虑风险的影响。

在这些方法中，最为流行的方法是将回报与经济资本金进行比较，这一方法被命名为风险调整后的资本回报率（risk adjusted return on capital，RAROC）。公式为

$$\text{RAROC}=\frac{\text{收入}-\text{费用}-\text{预期损失}}{\text{经济资本金}} \tag{26-5}$$

上式中的分子既可以是税前收入也可以是税后收入。有时，由经济资本金所带来的无风险利息收入也被包括在分子项中。

【例26-5】 某AA级银行在某地区发放贷款。每年贷款的平均损失为1%。对应于99.98%置信水平的VaR（即损失超过这一数量的概率仅为0.02%）为未偿还本金的5%。如在例26-1中展示的那样，每100美元贷款所对应的经济资本金为4美元，这一数量为99.98%置信水平所对应的VaR与ES的差（这里忽略了实际贷款中的风险分散效应）。资金费用与利息收入的利差为2.5%。将1%的ES从中扣除，我们得出每100美元贷款盈利为1.5美元，假定贷款部门管理费用为整体贷款数额的0.7%，每100美元的预期盈利降为0.8美元，因此RAROC = 0.8/4 = 20%。

另外一种计算方法是将由经济资本金带来的利息也考虑在分子中。假设无风险利率为2%，那么0.02 × 4 = 0.08被加到分子上，这时RAROC = 0.88/4 = 22%。

正如Matten（2000）指出的那样，由式（26-5）计算出的数量应称为回报与经风险调整的资本比率（return on risk adjusted capital，RORAC），而不是风险调整后的资本回报率，即RAROC。㊀理论上讲，在RAROC计算中我们应该对回报（分子项）进行风险调整，而在式（26-5）中我们只对资本金（即分母项）进行了调整。㊁

RAROC的应用有两种方式，即事前（即在年初）和事后（即在年末）两种形式。事前形式是基于对将来预期收益的估算，事后形式是基于实际的利润情况。采用事前形式，我们可以决定在将来哪些部门应该缩减或扩大；采用事后形式，我们可以测算不同部门的表现并决定分红。

在决定将来哪些部门应该缩减或扩大时，事后形式通常并不适用（虽然我们会倾向于这种做法）。某年的糟糕表现可能是由于信用损失比平均值要高，或者在某年出现了一个较大的操作风险损失，重大业务决策应基于管理人员对业务长期表现的预测。

㊀ See C. Matten, *Managing Bank Capital: Capital Allocation and Performance Measurement*, 2nd ed. (Chichester, UK: John Wiley & Sons, 2000).

㊁ 实际上这个问题在将RAROC翻译成风险调整后的资本回报率时已经阴错阳差地解决了，也就是说，在中文里并不存在Matten所说的这个问题。——译者注

小 结

经济资本金是为了保证银行或其他金融机构有能力应付自身面对的风险。在计算经济资本金时，金融机构有权对模型做出选择，选择的模型并不一定同监管部门提出的模型一致。一般来讲，模型需要计算市场风险、信用风险、操作风险以及（可能的话）业务风险经济资本金，然后将这些数值进行汇总来产生整个企业的经济资本金。通常我们假设风险并不是完全相关的，我们对风险分散化的收益要进行估测，并将资本金分配到业务部门。通常计算资本金的方法要反映业务部门对整体资本金的贡献。

对应于1年展望期的市场风险损失分布、信用风险损失分布以及操作风险损失分布会很不同。市场风险损失分布比较对称，信用风险损失分布具有一定的倾斜度，而操作风险损失分布具有很高的偏态及肥尾特性。

整体经济资本金要在整个金融机构的各个部门间进行分摊，然后每个业务部门的风险调整后的资本回报率（RAROC）才可以被计算出来。分摊方式有很多种，但最好的方式应该体现业务部门对金融机构整体资本金的递增效应。因为风险多元化，分配给每个部门的资本金一般比对这个部门单独进行计算所得的资本金数量要低。前瞻性的RAROC测算可以帮助管理人员决定在将来哪些部门应该缩减或扩大，实际的RAROC可以用来衡量一个部门的业务表现。

延伸阅读

Dev, A. *Economic Capital: A Practitioner's Guide*. London: Risk Books, 2004.

Matten, C. *Managing Bank Capital: Capital Allocation and Performance Measurement*. 2nd ed. Chichester, UK: John Wiley & Sons, 2000.

Rosenberg, J. V., and T. Schuermann. "A General Approach to Integrated Risk Management with Skewed, Fat-Tailed Risks." Federal Reserve Bank of New York, Staff Report no. 185, May 2004.

练习题

26.1 经济资本金与监管资本金的区别是什么？

26.2 一家评级为AA的金融机构经济资本金置信水平的决定因素是什么？

26.3 业务风险都包括什么内容？

26.4 采用内部模型来计算市场风险、信用风险及操作风险经济资本金与计算监管资本金相比，在哪些方面不同？

26.5 假定信用损失服从对数正态分布。损失的对数为正态分布，其期望值为0.5，标准差为4。99.97%的置信水平所对应的经济资本金为多少？

26.6 假如两个不同的业务部门所估测的经济资本金如下表所示。

	业务部门	
	1	2
市场风险	20	40
信用风险	40	30
操作风险	70	10

假定风险之间的相关性如表26-3所示，计算每一个业务部门的经济资本金。将两个业务部门合并在一起总的经济资本金数量为多少？

26.7 在练习题26.6中，每一个业务部门对于整体经济资本金的递增效应为多少？并以此来计算每个业务部门的资本金的分摊量。每个业务类别规模分别增长

0.5%，对于整体资本金的影响是什么？请验证你的结果与欧拉定理的一致性。

26.8 一家银行在考虑扩大其资产管理业务，这种业务的主要风险是操作风险。经估算得知新业务一年的ES为200万美元，而99.97%置信水平的VaR为4 000万美元（来自大客户的法律诉讼的微小可能性）。每年从客户收取的资产管理费为1 200万美元，管理费用预计为300万美元，这项业务的税前RAROC为多少？

26.9 RAROC能够以哪两种形式得到应用？

作业题

26.10 假定每天的损益为正态分布，标准差为500万美元：

(a) 估计市场风险最低监管资本金的数量（假定乘积因子为4.0）。

(b) 采用1年展望期及99.9%的置信水平，并假设日间损益的相关系数为0.05，根据以上假设计算经济资本金。

26.11 假如两个不同业务部门的经济资本金的估计如下表所示。

	业务部门	
	1	2
市场风险	10	50
信用风险	30	30
操作风险	50	10

同一业务部门的市场风险与信用风险的相关性为0.3，业务部门之间信用风险的相关性为0.7，市场风险的相关性为0.2，其他风险之间的相关性为0。请计算整体经济资本金，每个业务部门分摊的资本金分别为多少？

26.12 假设某银行仅有的业务是在世界上的两个不同地区开展信贷业务。各地区的放贷特征与第26.8节例26-5中给出的情形相同。在地区A的放贷规模是地区B的3倍，两个地区贷款损失的相关性为0.4，请估算整体RAROC。

26.13 假如交易的每日损益服从正态分布并相互独立，均值为0。计算以下数值（以日损益的标准差为单位）：

(a)《巴塞尔协议Ⅰ》规定的监管资本金，即10天展望期、置信度为99%的VaR的3倍；

(b) 1年展望期、置信度为99.97%的经济资本金。

如果日损益的分布是比正态分布具有更肥大的尾部的某种分布，你预计监管资本金和经济资本金是会彼此接近还是差得更远？如果日损益之间存在正相关性，那么情况会怎样？

第27章 企业风险管理

CHAPTER27

到目前为止，我们讨论的重点是如何建立合理的规程来理解和量化金融机构面对的不同风险（信用风险、市场风险、操作风险和流动性风险等）。确保对风险进行正确的评估是风险管理人员的重要职责之一。同等重要的是，金融机构中的风险管理部门应建立针对风险的统一的、全局性的系统，识别可能出现的不利事件以及它们造成的后果。某一不利事件造成的全局性影响可能比逐个考虑单一风险类别得出的结果更大（或更小）。这种对风险进行整体管理的方法被称为**企业风险管理**（enterprise risk management，ERM）。

要理解企业风险管理，需要区分风险管理中的自上而下法与自下而上法。自下而上法关注不同业务类别中不同风险种类的评估和汇总，在前面的章节中我们已经讨论过如何完成这项任务。而在自上而下法中，会首先明确整个机构的风险偏好（risk appetite），然后据此制定各个部门风险的容忍度（risk limit）。在实践中，金融机构需要同时采用这两种方法。自上而下法用来制定风险偏好，而自下而上法用来评估各部门承担的风险是否与风险偏好一致。

2004 年，全美反舞弊性财务报告委员发起组织（Committee of Sponsoring Organization of the Treadway Commission，COSO）发布了企业风险管理整合框架（enterprise risk management integrated framework，详见 www. coso. org），其中对企业风险管理进行了如下定义：

企业风险管理是这样一个过程：它由企业董事会成员、管理层及其他人员把控，在战略层面横跨企业各部门实施，用于识别对企业有不利影响的潜在事件，并管理风险使其符合风险偏好，以确保有较大的把握实现企业的既定目标。

以上定义突出了几点：第一，企业风险管理要有董事会成员的参与；第二，企业风险管理是企业战略的一部分；第三，涉及对潜在不利事件的识别；第四，作为企业风险管理的一部分，企业必须制定自己的风险偏好，并据此管理自己的风险；第五，企业风险管理应帮助企业达成自己的目标，是战略规划和战略实施过程中的一个核心部分。

传统上，在自上而下的风险管理中，很多金融机构（以及它们的董事会）普遍存在合规至上的导向，它们的目标仅是让监管机构满意并在法律的条文内行事。企业风险管理正在改变金融机构的这种心态，它使风险管理部门具备了战略导向以及价值提升的作用。一家风险管理更加有效的公司相对其他公司，会拥有竞争优势。

本章将讨论企业风险管理中的核心因素，包括风险偏好、风险文化、如何识别潜在不利事件以及企业风险管理如何与金融机构的战略进行整合。

27.1 风险偏好

企业风险管理的一个重要部分是明确本企业的风险偏好。为实现企业的既定战略目标和业务计划，企业准备承担多大的风险？要明确金融机构风险偏好，其中的一个问题是在最坏的情况下，机构会承受多大的损失。这一损失可以通过企业整体的在险价值或预期亏空来测算。

对一个基金经理来说，这个问题回答起来相对简单（至少在理论上是这样的）。第 1 章解释了预期回报与风险之间的权衡关系。不同资产的配置会影响组合的 beta，而这又在理论上决定了预期的回报和风险。[⊖]图 27-1与第 1 章的图 1-4 相似，显示了一个组合预期收益与风险的权衡关系。如在第 1.2 节中介绍过的，投资组合的 beta 为β，预期回报μ_p为

$$\mu_p = (1-\beta)R_F + \beta R_M$$

回报率的标准差是

$$\sigma_P = \beta\sigma_M$$

这里σ_M是市场回报率的标准差，R_F是无风险回报，R_M是市场的预期回报。假设回报服从正态分布。[⊜]在一年内，在概率 p 下会被超出的回报 R 满足下式

$$N\left(\frac{R-\mu_P}{\sigma_P}\right) = (1-p)$$

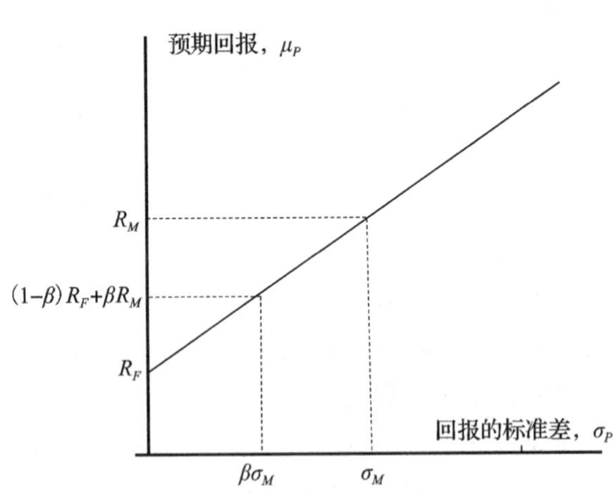

图 27-1 某投资组合中回报的均值和标准差与 beta 的关系

这里 N 是累积正态分布函数。将μ_P和σ_P替换后，我们得到

$$\frac{R-(1-\beta)R_F-\beta R_M}{\beta\sigma_M} = N^{-1}(1-p)$$

⊖ 如在第 1 章中解释过的，在实践中，某一特定 beta 值对应的理论回报通常被用作基准。能超过基准回报的基金经理被认为取得了超额收益。

⊜ 采用这一假设只是为了简化说明。与正态分布相比，市场回报的分布有更肥大的尾部，因此在实践中，通常会采用其他分布进行拟合，如有较小自由度的学生 t-分布。

或者

$$\beta = \frac{R - R_F}{R_M - R_F + N^{-1}(1 - p)\sigma_M} \tag{27-1}$$

通过上述公式我们可以计算出与特定置信度的 VaR 相一致的 beta。表 27-1 给出了 1970～2016 年的 47 年中，标准普尔 500 指数的回报（包括股息）。表 27-2 给出了将最后 10 年、最后 20 年以及全部 47 年的数据使用正态分布进行拟合后得出的均值和标准差。假设无风险利率是 2%（$R_F = 0.02$），使用过去 10 年的数据来计算 σ_M 和 σ_M，因此 $\sigma_M = 0.1711$，$R_M = 0.0875$。进一步假设基金的风险偏好是在任一年内，损失不能超过 10% 的把握是 95%。将 $R = -0.1$ 及 $p = 0.95$ 代入式（27-1），基金经理的 beta 应该为

$$\beta = \frac{-0.1 - 0.02}{0.0875 - 0.02 + N^{-1}(0.05) + 0.1711} = 0.56$$

表 27-1　标准普尔 500 指数在 1970～2016 年的年化总收益（包括股息）

年份	收益（%）	年份	收益（%）	年份	收益（%）
1970	4.01	1986	18.67	2002	-22.10
1971	14.31	1987	5.25	2003	28.68
1972	18.98	1988	16.61	2004	10.88
1973	-14.66	1989	31.69	2005	4.91
1974	-26.47	1990	-3.10	2006	15.79
1975	37.20	1991	30.47	2007	5.49
1976	23.84	1992	7.62	2008	-37.00
1977	-7.18	1993	10.08	2009	26.46
1978	6.56	1994	1.32	2010	15.06
1979	18.44	1995	37.58	2011	2.11
1980	32.50	1996	22.96	2012	16.00
1981	-4.92	1997	33.36	2013	32.39
1982	21.55	1998	28.58	2014	13.69
1983	22.56	1999	21.04	2015	1.38
1984	6.27	2000	-9.10	2016	18.86
1985	31.73	2001	-11.89		

表 27-2　由表 27-1 得出的收益统计数据

时期	平均年化收益率（%）	年化收益率标准差
2007～2016 年	8.75	17.11
1997～2016 年	9.38	18.50
1970～2016 年	11.74	18.86

这意味着要达到 VaR 目标，风险管理人员需要大致将投资组合的一半投资于市场，剩下的另一半投资于无风险资产。[⊖]

不幸的是，对银行或保险公司这类金融机构来说，要对不同的风险－收益折中方案量化，

⊖ 在实践中，基金经理在选择投资组合时，倾向于将自己对收益的判断纳入其中。如何做到这一点。参见 F. Black and R. Litterman, "Asset Allocation: Combining Investor Views with Market Equilibrium," *Journal of Fixed Income* 1, no. 2 (September 1991): 7-18。

做起来并不像基金经理那样简单。在市场有效时，我们可以根据第1章中的论述，认为对股票市场或其他投资，与图27-1中给出的类似的有效边界是存在的。但是，对银行、保险公司和其他金融机构的重大战略性投资来说，我们没有理由认为会存在一个能定义收益和风险之间权衡关系的有效边界。有些战略投资会位于有效边界的上方，有些则会位于下方。

对很多公司而言，位于有效边界上方的战略性投资通常是那些能充分发挥公司竞争优势的项目。因此，无论是金融还是非金融企业，都应该明确自己的竞争优势，并据此来寻找能发挥这些优势的战略性投资项目。有证据表明，企业在这方面并不总是成功。鲍曼（Bowman）[㊀]所做的一项著名的研究显示，大部分行业中的企业，风险和收益是负相关的。这种现象被称为**鲍曼悖论**（Bowman paradox）。在进一步的研究后，鲍曼发现境况越差的公司，承担的风险越缺乏合理性。[㊁]对这种现象的一种解释是，时常陷入困境的公司往往缺乏竞争优势。这些公司会经营一些成功概率很低的项目，但只要这样的项目成功，公司就可以生存下去。

金融机构所在的市场是高度竞争的。与其他一些行业相比，竞争优势往往并不普遍。一般来说，一家金融机构采取的增加收益的措施会涉及系统性风险（beta）的增加，金融机构的股东会也往往会获得相应的（有些情况下是更好的）风险-收益折中关系。金融机构主要的竞争优势在于已经建立起来的客户群体（零售和批发）的信任。给这样的客户群体提供服务可以提供令人满意的风险-收益折中关系。对受监管的金融机构来说，风险-收益折中关系还受到日益严格的资本和流动性要求的影响。

如前面所述，金融机构风险偏好有一个维度是关于最坏情况下的损失，或者换一种说法，最坏情况下股本的侵蚀。这个问题可通过特定的展望期和置信度的VaR或ES来表示。风险偏好中的其他维度上的问题就没有这么容易被量化。这些问题包括声誉风险、信用评级风险、监管不合规的风险、法律风险等。这些风险中的一部分适合定性而不是定量表达。例如，银行可以申明任何战略性项目，如果预计会降低银行在核心客户群体中的声誉或者其在这些客户心目中的信任度，则该项目是不可接受的；任何战略性的举措，如果在市场看来，会使银行显著变得比其主要竞争对手的风险更高，则这样的项目也是不能被接受的等。此外，银行还可以采取针对洗钱、行贿、资助恐怖组织等犯罪行为的更加严厉的措施。

业界事例27-1描述了富国银行为了提高销售额，如何让员工承受巨大的压力，以达到不切实际的销售目标。这种策略导致员工为了达到目标而从事可疑的，有时甚至是欺诈的活动。该策略本应被否决（或至少被更仔细地监控），因为它可能使客户对银行产生负面影响，也可能影响银行与员工的关系。

业界事例27-1 富国银行交叉销售

富国银行是一家在2007~2008年的危机中幸存下来的银行。它避免了其他银行在危机爆发前所承担的风险，并赢得了稳定的声誉。不幸的是，随后的事件玷污了它的声誉，导致其潜在客户对它失去了信任。

㊀ Bowman, E. H., "A Risk-Return Paradox for Strategic Management," *Sloan Management Review* 21(1980): 17-31.

㊁ Bowman, E. H., "Risk Seeking by Troubled Firms," *Sloan Management Review* 23(1982): 33-42.

交叉销售包括试图向客户销售多种产品。拥有支票账户的客户可能会被鼓励取出信用卡或开立储蓄账户。富国银行被认为是最擅长交叉销售的银行之一，事实上，交叉销售并没有错，但如果实施得过于激进，可能会损害银行的声誉，甚至造成欺诈。

富国银行认为分行员工是“销售人员”，而客户是“客户”。分行工作人员被给予了非常激进的配额，要求他们完成向客户销售产品的数量，并承受着巨大的压力。结果，他们未经客户同意就为客户订购信用卡。他们还为没有申请的客户开设了支票账户和储蓄账户。在许多情况下，这些活动导致客户向银行支付额外费用。有时甚至通过让无家可归者购买收费产品来满足配额，尽管他们几乎肯定无法按时付款。

2011年，《华尔街日报》首次报道了富国银行不正常的销售文化；2013年，《洛杉矶时报》的一篇文章进一步描述了这种文化。随后富国银行进行了一些改革，但该银行在2016年9月被罚款1.85亿美元，原因是它在2011～2016年创建了150多万个未经授权的存款账户和50多万个未经授权的信用卡账户。2017年5月的后期估计显示，未授权账户的数量高于这个数字，总计接近350万个。

高管声称，由于公司高压的销售文化，他们不知道发生了什么。这似乎不太可能，因为员工打了公司的道德热线电话，而客户的投诉必须得到处理。2011～2016年，该银行因欺诈性销售行为解雇了5 300名员工。首席执行官约翰·斯顿夫（John Stumpf）同意放弃价值4 100万美元的股票期权，并于2016年10月辞职。后来，他的2 800万美元收入被追回。其他高管也损失了收益。该银行向未经许可而开户的客户支付了1.1亿美元。参议院银行委员会、美国证券交易委员会和多个司法管辖区的检察官已展开调查。

显然，富国银行激进的销售文化是被误导了。它疏远了员工，他们中的许多人承受着不合理的压力，而且在被解雇后发现很难找到新工作。它还破坏了富国银行多年来与客户建立起来的信任和良好声誉。如果富国银行的风险偏好包括希望避免从事可能对其声誉造成负面影响的活动，它肯定会减少销售压力，并强调与客户建立良好长期关系的重要性。

2016年年底，在新任CEO的领导下，富国银行采取措施改变销售文化。它停止了给员工设定销售配额的做法。一些曾经被解雇的雇员被重新雇用了。银行与员工和客户的关系需要一段时间才能恢复，但富国银行是一家财务实力雄厚的银行，我们可以预期它最终会恢复元气。

对风险的量化一直是本书的主题。迄今为止，我们一直在采用自下而上法。我们已经讨论了业务部门可采用的计算各种风险指标的不同方法，然后怎样将这些指标汇总起来，产生整个企业的整体风险指标。例如，在讨论经济资本金时，我们讨论了如何将不同业务部门承担的不同类别的风险汇总起来，产生一个整体的经济资本金指标。风险偏好的制定是一种应由董事会参与的自上而下的行为。风险偏好首先应该针对全机构整体定义，然后再用来制定各业务部门的风险限额。这会涉及一些实验措施，其中会使用自下而上法来验证企业的风险偏好是否得到满足。例如，一家希望维持AA评级的金融机构可能决定，一年内遭受超过500亿美元损失的概率不能高于0.03%。接下来，该机构就需要通过不断的实验试错，找出其交易损失、信用损失和其他损失的恰当的VaR限额，使得当这些限额被集中起来时，能够与其在风险偏好中的相应位置保持一致。风险限额一旦确认，一项重要工作就是监控各个业务部门的决策，以确保风险限额被严格遵守。

风险偏好中的一个重要因素是风险集中度。尽管有些事后诸葛亮，但我们还是要说2006年和2007年，很多大型金融机构在次级住房抵押贷款上的集中度太高了。金融机构阐释的风险偏好会直接或间接地影响到风险集中度。风险偏好中应对以下敞口做出限制：对单一企业的信用风险敞口、对经济体中某行业的信用风险敞口、对某市场变量变动的敞口等。

很自然地，监管机构会鼓励银行建立风险偏好框架。实际上，银行监管机构必须确保所辖银行有效地建立和实施了风险偏好阐释制度。2013年，美国金融稳定委员会发布了一份包含风险偏好框架核心概念和原则的文件。[㊀]文件中明确了董事会、首席执行官、首席风险官、首席财务官以及业务部门主管各自的职责。

27.2 风险文化

一家金融机构的风险文化的全部要义在于决策是如何产生的。如果风险文化是良性的，那么一个决策的制定过程一定有章可循，并仔细考虑各种可能出现的结果，以及风险和收益的权衡。需要强调的是，这样做不意味着没有风险，而是说风险要跟可能的收益以及企业的风险偏好结合起来考虑。金融稳定委员会建议银行监管部门对大型系统重要性银行的风险文化做出评估。[㊁]

做出决策时常常要在短期效益以及中长期风险之间做出权衡。一项可以获得立竿见影的效益的措施可能会在将来造成严重的问题。设想这样一个情景，一家金融机构的销售人员正在决定是否要卖给客户一个非常复杂的金融产品，而他知道这个产品并不能真正满足客户的需要。如果成交，金融机构会从中获利，销售员以及开发该产品的团队也会得到数额不菲的年终奖金，但这笔交易在将来也许会有不良后果。例如，如果这个产品给客户造成损失，金融机构的声誉就会受到影响，随之而来的可能是昂贵的法律诉讼。

业界事例5-4描述的信孚银行卖给宝洁公司的产品就是这种情况的一个经典例子。该产品给宝洁公司提供了一个很高的概率，可降低融资利率75个基点，但有一个较小的概率会给宝洁公司造成惨重损失。信孚银行的销售人员可能并没有给宝洁公司解释过可能会给后者带来严重损失的情景。但是，如果信孚银行有一个良性的风险文化，管理人员就会从根本上质疑销售这样一个产品是不是合理的。实际上，或许从一开始，信孚银行的量化人员就该被告知不应开发这个产品。

宝洁公司只是众多与信孚银行进行了类似交易的公司中的一家。正如我们知道的，小概率事件发生了，与信孚银行交易的客户蒙受了重大的损失。这导致了多个法律诉讼，最后都以庭外和解告终。信孚银行这家在金融市场上显赫一时的机构变得声名狼藉，最后被德意志银行收购。当然，事情也可能是个大圆满的结局，信孚银行的客户会因为信孚银行给自己节省了75个基点的融资利率而感激它。但很明显，这笔交易对信孚银行本身的风险以及因客户损失导致

㊀ See Financial Stability Board, "FSB Principles for an Effective Risk Appetite Framework," Consultative Document, July 2013.

㊁ See Financial Stability Board, "Guidance on Supervisory Interaction with Financial Institutions on Risk Culture: A Framework for Assessing Risk Culture," April 2014.

的声誉损失明显太大了。其风险文化表现为员工只注重短期利益而不是长期后果。

还有一个例子是2007年西班牙的桑坦德银行与葡萄牙国营轨道交通运营商波多捷运之间的一笔交易，业界事例27-2描述了这个例子。在这笔交易中，波多捷运可以在交易的头两年降低自己的融资成本，但是作为代价，在此之后的年度中可能会面临极高的融资成本。从波多捷运的角度看，以长期风险换取短期收益的做法固然是值得推敲的，但对桑坦德银行来说，这个问题同样成立。这只是桑坦德银行卖给很多葡萄牙国有企业的类似产品中的一个。毫无疑问，进行这些交易时，在桑坦德银行看来可从中获取可观的利润，但后来的法律诉讼包括和解费用以及对桑坦德银行声誉的负面影响表明这些交易带来的损失远超过短期的利润。

业界事例27-2 桑坦德轨道交通交易

2007年，葡萄牙轨道交通公司波多捷运（Metro do Porto，MdP）正在寻找途径，降低自己每年4.76%的融资利率。在咨询了多家银行以后，MdP同意与西班牙银行桑坦德进行一笔14年的互换交易。在这笔互换交易中，桑坦德支付4.76%的融资利率给MdP，而MdP支付给桑坦德1.76%的利率加一个利差。在最初的两年，利差为0，这样MdP就节省了3%的融资利率。两年以后，利差通过下式计算得出

$$\max[0,\ \text{Previous Spread} + 2\times\max(2\% - R,0) + 2\times\max(R-6\%,0) - D]$$

其中R为3个月的欧洲银行间同业拆借利率（Euribor），D被称作二值息票（DigiCoupon）。如果R为2%～6%，则$D=0.5\%$，否则$D=0$。

在交易开始时，3个月期限的Euribor大概为4%。如果Euribor在14年内始终停留在2%～6%，那么在整个期限内，MdP可以每年节省不少于3%的融资成本。但实际情况是，到2009年，当这笔交易满两年时，3个月期限的Euribor跌到了2%以下。因此，利差迅速上涨，到2013年9月，竟然达到了40.6%。MdP的问题在于，本季度的利差依赖上一个季度。假设在第二年开始时，3个月的Euribor为0.5%，MdP的利差将每季度上升3%，也就是每年12%。如果后来3个月的Euribor上升，回到2%～6%，利差会下降，但幅度只有每季度0.5%，或者每年2%。

这个交易最后被诉诸法庭（桑坦德与葡萄牙国有企业进行的其他类似交易都以庭外和解告终）。MdP当然应该通过情景测试来理解交易可能带来的巨额成本。我们并不清楚它是否进行过这样的测试以及是否理解交易中利差会递增这个特性。也许，在开始的两年中每年能节省3%的融资成本这一条件诱惑力太大。根据2014年*Risk*杂志的一篇文章，一家位于伦敦的企业对冲策略咨询公司将这笔交易描绘成史上最糟糕的交易的有力竞争者之一。

业界事例27-3给出了另一个短期效益和长期风险冲突的例子。在这个例子中，高盛集团与一家客户进行了一笔被称为ABACUS[㊀]的交易，但高盛集团被指控没有详尽地披露交易的风险以及交易是如何构建的。这个例子再次显示了只顾短期效益而不考虑长期声誉风险和代价的做法。

㊀ 这个词在中文中的意思是算盘，倒是很符合语境。——译者注

业界事例 27-3 ABACUS

2007 年，高盛集团基于合成 ABS CDO 开发了一种被称为 ABACUS 的产品。如第 6 章介绍过的，合成 ABS CDO 建立在多个 ABS 分档的组合之上（通常是中间档）。这里合成（synthetic）的意思是，高盛集团在这里定义了 ABS CDO，但并不真正买入标的 ABS 的分档，而是在两方之间充当中间人的角色。其中 A 方买入一个信用违约互换，该互换为名义上生成的 ABS CDO 高级档的信用损失提供保护；B 方卖出这样一个 CDS，并承诺提供信用保护。A 方付给 B 方一个保险费用（即 CDS 利差）。

看上去万事大吉。这就是高盛集团一类的投行一直在做的事情——在买家和卖家之间充当中介。在这个具体的案例中，我们所指的 A 方是约翰·保尔森所掌控的对冲基金。这是少数几个投下巨额赌注，押注次级住房抵押贷款以及房市崩盘的对冲基金之一。保尔森的基金付给高盛集团 1 500 万美元，建立交易结构，而且保尔森的基金有权选择结构中包含哪些 ABS。交易的 B 方是位于德国杜塞尔多夫（Dusseldorf）的德国工业银行（IKB Deutsche Industriebank AG，IKB）。这家公司的主要业务是对中小型企业提供贷款。交易组合的管理方是 ACA，这在当时也是一家在 ABS CDO 管理方面声誉很好的机构。

在该交易中，高盛集团被控对 IKB 提供不实信息，使其认为 ABS CDO 是由 ACA 定义的。但实际情况是，组合中的 ABS 是由保尔森的对冲基金选取的，而这些 ABS 发生巨额损失的可能性非常高。特别是，据说保尔森在构建 ABS CDO 时，特意选取了那些由来自低 FICO 分数的贷款者和房价上涨幅度最大的地区的抵押贷款组合构成的 ABS 分档。

IKB 和 ACA 都遭受了巨额损失，而保尔森的对冲基金却赚得盆满钵满（因为在次债危机中损失惨重，IKB 不得不接受救助）。SEC 对这笔交易进行了调查，结果是高盛集团被罚款 5.5 亿美元，这在当时是 SEC 史上开出的金额最高的罚单。事后调查发现，负责这笔交易的高盛集团交易员法布里斯·图尔（Fabrice Tourre）曾给一位朋友写了一封电子邮件，这封邮件使高盛集团的地位受到了很大的伤害。图尔在信中说：“系统中的杠杆越来越高，大厦将倾倒……唯一的幸存者将是伟大的法布（指图尔自己）……矗立在这一堆他自己一手搭建的复杂的、高杠杆的、光怪陆离的交易之间，而连他自己可能也不清楚这些怪物会带来什么。”㊀

ABACUS 交易以及其他几起事件促使高盛集团着手改变自己的企业文化。高盛集团的上层一致认为，高盛集团要赢回企业和投资客户的忠诚，就必须做出改变。CEO 劳尔德·贝兰克梵（Lloyd Blankfein）在 18 个月内访问了 23 个国家，其间他一再强调银行的道德和声誉与利润同等重要（也就是说，如果存在潜在的长期不良后果，则不能以此为代价去换取短期的效益）。加里·科恩（Gary Cohn）㊁被任命执掌全公司客户及业务标准委员会（The Firmwide Client and Business Standards Committee）。该委员会的一项工作就是评估“我们的客户是否有足够的经验和能力去理解他们将与我们进行的交易所产生的各种结果”。全公司客户及业务标准委员会采取了

㊀ 图尔离开高盛集团和华尔街后去芝加哥大学攻读经济学博士学位。2014 年法庭判 SEC 对他的欺诈指控成立，他被要求支付 82.5 万美元的罚款和其他费用。图尔本人发表声明表示不会上诉，并希望这一事件尽快了结，使自己能够专心学术。——译者注

㊁ 加里·科恩现在担任特朗普总统的首席经济顾问和国家经济委员会主任。——译者注

一系列步骤确保高盛集团的银行职员和交易员对客户坦诚相待，并避免任何可能会产生争议的举动。在采取了这些措施后，业界普遍认为高盛集团的声誉得到了改善。

在金融机构中，薪酬制度在决定短期绩效与长期风险的取舍方面扮演着重要角色。传统上，奖金是根据雇员当年的业绩发放的。这意味着雇员在做决定时，考虑的期限仅到下一次发放奖金的日子（总是少于1年）。如果一笔交易会导致不良后果，但是后果不会在年终之前显现，则这种不良后果往往会被忽视。很多金融机构已经开始采取措施来改变这种只注重短期绩效的薪酬制度。现在，某一年度的奖金会在接下来的几年中分批发放，而且如果后来发现当年的盈利并不如原来设想的那样好的话，该年度的奖金可以被追回（clawed back，也就是不再继续发放）。[㊀]

27.3 识别重大风险

金融机构企业风险管理的一项重要内容是识别已有业务和重大战略投资计划的关键风险敞口。要识别这些风险敞口在很大程度上与选择压力测试的情景类似。历史可以提供一些指引。例如，金融机构应该考虑，如果类似2007～2009年的衰退再次发生，它应该怎样应对，对正在发生以及初现端倪的趋势也应加以仔细分析。为金融机构工作的经济学家以及高管也可以提供有价值的见解。正如前面章节解释的，银行所处的环境在改变。2007年信用危机的后果之一是金融机构受监管的幅度增强了。有些业务，如衍生产品交易的利润幅度不像危机前那样大；另一些业务，如自营交易干脆被禁止（至少在美国是这样的）。资本金要求以及流动性要求变得更高。一些金融媒介业务由银行转移到了影子银行，如货币市场基金、住房抵押贷款公司、证券化机构等。在很多情况下，影子银行受到的监管比银行要轻，因此可以提供更有竞争力的服务。

认知偏差

有效识别风险的能力会受到被称为认知偏差现象的影响。**认知偏差**（cognitive biases）是指人类思考问题的方式有一定的倾向性而且并不是完全理性的。认知偏差的一个例子是一厢情愿。有时我们很难分清什么是我们想要发生的（如一个项目会成功）以及什么是我们认为会发生的（作为一个测试，我们不妨问一下曼联队的球迷，曼联下一个年度夺得足总杯的把握有多大）。当希望某件事会发生时，我们往往只考虑能够促成这件事发生的因素。

心理学家罗列了超过100种认知偏差的表现。很多开创性的工作是由丹尼尔·卡尼曼（Daniel Kahmeman）和阿莫斯·特沃斯基（Amos Tversky）完成的。[㊁]因为在前景理论（prospect theory）方面与特沃斯基的共同贡献，卡尼曼获得了2002年度诺贝尔经济学奖（特沃斯基不幸在此前去世）。该理论研究的是人们在面临不同的带有风险的选项时，是如何做出决策的。

一种重要的偏差被称作**锚定效应**（anchoring）。在评估一种可能出现的结果时（例如，一

㊀ 烦琐的法律问题导致金融机构很难追回已经发放的奖金，因此奖金追回的条款通常需要与奖金的递延（deferral）发放结合起来。

㊁ See, for example, D. Kahneman, P. Slovic, and A. Tversky, *Judgment under Uncertainty: Heuristics and Biases* (New York: Cambridge University Press, 1982).

项新的风险投资的收益），我们很可能固守在最初评估得出的结论上。我们会倾向于仅对最初的估计做较小的修正（这种现象被称为“锚定与调整”现象），而通常不会去考虑更全面的可能性。特别是，重大的不良后果会被有意无意地认作根本不会发生。要说明锚定效应，我们可以做个试验。询问一组人一个他们并不知道答案的问题，如冰岛的人口数量。先请他们给出自己认为对答案的最好的猜测，然后请他们给出自己主观认为的人口数量概率分布的5%和95%分位数之间的范围。如果他们的估计是好的，则人口的真实数量位于这个区间之外的概率只有10%。但实际上，发生这种情况的频率远大于此。锚定效应的存在使人们认为自己了解的比实际了解得更多。

另外一种认知偏差被称为**可得性启发**（availability）。这是指较新的信息会被赋予过大的权重。不幸的是，企业风险管理（对一般的风险管理也是如此）就是该现象的受害者。在金融危机之前，很多金融机构的风控人员的意见不受重视，因为危机爆发前的情况一直很好。金融危机后，这种情况得到了改善，风控人员有了更大的影响力。但是随着对危机记忆的消退，“美好的光景可以一直持续下去”这种态度又开始回潮了。

还有一种认知偏差被称为**代表性启发**（representativeness）。这种现象是指一个人会以自己过去在类似背景下的经历或形成的观点为模式，对某一件事做出分类。这种现象有助于做出迅速的决策，但是也存在缺陷，因为它会导致思维闭塞和刻板印象。基于过去的经历，一家金融机构的某位高管可能会认为在某一市场领域，其他任何机构都几乎不可能具备与本机构竞争的能力。但是，如果这位高管的经历是有限的，那么他过去的经历也许对未来可能会发生的情况缺乏代表性。

人们在估计某一情况可能出现的概率时，有时会犯条件倒置的错误。假设有一种特殊的疾病，平均每10 000人中会有1个病例。如果有一个准确率为99%的测试发现你的检查结果为阳性（阳性表示带有这种疾病），那么你得病的概率是多大？你可能马上会认为这个概率是99%，但正确的答案是1%。我们感兴趣的概率是

$$\text{Prob}(D \mid TP)$$

其中D为得病的概率，TP为检查结果呈阳性的概率。

从检查本身的准确度看，我们有

$$\text{Prob}(TP \mid D) = 0.99$$

但是

$$\text{Prob}(D \mid TP) \neq \text{Prob}(TP \mid D)$$

在每10 000个人中，平均有大约100个人的检查结果呈阳性，但只有1个人是真正的患者。[㊀]因此，我们真正感兴趣的概率只有0.01。这是概率论中的贝叶斯定理的运用。

还有一种偏差被称作“沉没成本偏差”（sunk cost bias）。假设有一家金融机构为打开某个新市场已经花费了10亿美元，但是情况并不乐观，成功的希望渺茫，那么这10亿美元的花费会影响这家机构的决策吗？答案是这10亿美元是会计上所称的沉没成本。不管现在如何决策，这部分成本都已不能被收回。关键的问题是未来的效益是不是足够高，成为继续投入的理由。

㊀ 如果有100例检查结果呈阳性，那么这个检查结果对9 901人是准确的，所以准确率是99%。

在实践中，很多人并不情愿承认错误，而是花费大量时间把明显已经失败的项目继续进行下去。即使明知成功的概率很小，他们还是指望能够把投入的钱捞回来，这是缺乏理性的。

了解这些认知偏差有助于我们做出正确的决策，并识别关键风险。但是，我们也应注意，心理学家的实验表明，偏差是非常难避免的。即便研究人员已经向试验对象仔细解释过这些偏差（如锚定效应），并且给予他们经济上的奖励，鼓励他们做出好的估计，偏差还是会出现。

企业风险管理面临的挑战是需要识别尾部风险，并尽量准确地估计在尾部风险上升的条件下，各种不良情况发生的概率。我们讨论的认知偏差（包括很多没有在此讨论但是已经被心理学家记录的偏差）表明风险可能被低估。纳西姆·塔勒布（Nassim Taleb）在其畅销书《黑天鹅》中对此做出了论述。[⊖]在书中他对采用正态分布来计算风险指标的做法（正如我们在本书中经常做的）提出了尤其严厉的批评，并且指出类似 1987 年的股灾以及 2007 ~ 2009 年的信用危机一类的事件发生的可能性远比我们预想的要大。

通过由高管组成的委员会或经济学家来定义可能的不良情境是有益的。在讨论观点时，我们还应鼓励员工充当魔鬼代言人（即充分表达相反甚至极端的意见）。如果 CEO 独断专行，总是相信自己的主要战略决策是正确的，且不喜欢听反对的意见，那么很显然潜在风险是很难得到充分考虑的。

27.4 战略风险管理

一家公司的战略一旦被制定，战略风险管理就要考虑已制定的战略建立在哪些假设的基础上，以及发生什么样的情况会导致这些假设不再成立。竞争者会怎么样做？客户的反馈如何？外部不良事件会怎样影响到这些战略？迈克尔·波特（Michael Porter）曾说：“风险实际上就是一个反映在不利的情况发生时，某一战略表现如何的函数。”[⊜]

在识别出现有业务或新的战略性投资中存在特定风险之后，可以采取几种不同的应对措施：

- 规避：退出这项业务或投资；
- 降低：采取措施降低不良事件发生的概率或者带来的影响；
- 调整：改变计划降低风险；
- 分担或保险：将风险转移出去或者由合作伙伴分担；
- 接受：什么也不做。

具体应采取哪项措施取决于实际情况，但是正确识别风险以及仔细考虑应对措施始终是关键，而不能简单地忽略。

假设一家成功的加拿大银行计划通过并购一家小银行的办法扩张在美国的零售业务。银行已为此制订了计划，分析表明这项扩张计划将提升股东的价值并扩大在美国的客户群体。同时，有多处风险需要考虑。这家银行能否在一个竞争更加激烈的市场上复制它在加拿大的成功？它是否

⊖ See N. N. Taleb, *The Black Swan: The Impact of the Highly Improbable* (New York: Random House, 2007).

⊜ See M. E. Porter, *Competitive Advantage* (New York: Free Press, 1985), 476.

有能力留住美国客户？能否保持稳定的核心管理团队？如果在收购完成后，经济马上陷入两年的衰退，将如何应对？这家加拿大银行要确保收购行为与自己的风险偏好是一致的，而已制定的风险偏好要求在最坏的情况下，银行要能保证生存而且在加拿大的业务不能受到明显的影响。因此，银行要确保新业务的风险是可以监控和管理的，如果结局不妙，要有能够退出的战略。

小结

企业风险管理的目标是从整体上管理风险，而不是逐个应对。其核心理念是，金融机构中的各个业务部门应该是一个统一的、战略性的和企业全局性管理系统的组成部分。机构的风险偏好应该由顶层制定，并经董事会批准。然后须据此制定相应的规程，保证不同业务部门中不同类型风险的管理实践与整体的风险偏好框架是一致的。

一家金融机构的风险偏好中应阐明为实现既定目标，其准备承担多大的风险。风险偏好中的一些层面可以通过定量的方式来表示，例如金融机构可以承受的资本金损失。另外一些层面，例如声誉风险，可能以定性的方式来描述。明确了风险偏好以后，还必须据此制定业务部门在准备承担风险时的指导方针，恰当地设定交易风险限额、金融机构投资组合的集中度限制、信用风险限额等。金融机构承担的风险必须被持续地监控以确保这些风险与整个机构的风险偏好的一致性。

建立一种良性的风险文化是企业风险管理重要的组成部分。风险文化中的一个关键因素是在评估能产生短期效益的项目时，应考虑其在中长期的风险。很多金融机构非常激进地追求短期效益，结果导致在几年后发生严重问题，如法律诉讼、罚款以及声誉损失。这样的案例不胜枚举。在过去，金融机构的奖励机制造成雇员把追求短期效益最大化作为唯一的决策标准。2008 年危机以后，金融机构已通过引入奖金延迟发放和追回制度，努力改变这种文化。

金融机构应建立适当的流程来识别极端不利情况造成的后果，这是非常重要的。不幸的是，有很多认知偏差会导致管理人员误判将来可能发生的情况以及相关的概率。一旦承担的风险被识别出来，金融机构就应该对其进行积极的管理。有时终止某些业务活动是必要的；有时风险可以被分担（例如，通过购买保险或成立合资企业）；有时可以采取措施来降低风险的影响；当然也可能风险在机构的风险偏好内可以被接受而无须采取额外措施。

延伸阅读

Fraser, J., and B. J. Simkins. *Enterprise Risk Management: Today's Leading Research and Best Practices for Tomorrow's Executives*. Hoboken, NJ: John Wiley & Sons, 2010.

Los Angeles Times. "Wells Fargo's Pressure-Cooker Sales Culture Comes at a Cost," December 21, 2013.

Osborn, T. "Worst Trade of All Time Pits Santander Against Portuguese Client." *Risk* (May 2014).

Porter, M. E. *Competitive Advantage*. New York: Free Press, 1985.

练习题

27.1 解释风险管理中自上而下法与自下而上法的区别。为什么在企业风险管理中二者都需要？

27.2 鲍曼悖论是什么？

27.3 “银行的风险文化应将决策的长期影响与短期效益并重。”讨论这一观点。

27.4 银行可以采取哪些措施鼓励员工在思考问题时，不拘泥于短期效益的影响？

27.5 企业风险管理与其他传统的风险管理方法之间的区别是什么？

27.6 一家基金的风险偏好阐明，基金要有90%的把握在一年内损失不会超过20%。根据表27-2中提供的1970～2016年标准普尔的表现，计算基金应有的beta。计算中假设无风险利率为3%。

27.7 如果Euribor利率从第2年开始为8%，计算业界事例27-2中交易开始后6年MdP支付的利率。

27.8 给出认知偏差的三个例子。

作业题

27.9 假设在业界事例27-2中，3个月的Euribor在每季度中的变化服从正态分布，其中平均值为0，一个标准差等于x个基点。使用蒙特卡罗试验（500次）计算MdP在4年中需要支付的平均利息是多少？设x分别等于10、20和50。

27.10 一家基金的风险偏好阐明一年内损失超过25%的概率应低于97.5%。使用表27-2给出的标准普尔500指数在1997～2016年的表现数据，计算基金应有的beta。假设无风险利率为每年2.5%。

CHAPTER28

第28章 金融创新

20世纪80年代，当预订从纽约到伦敦的航班时，旅客会联系旅行社，旅行社会检查航班的可预订性、提供选项、接收指示，然后最终进行预订。而今天，客户可能会访问航空公司的网站，直接向航空公司订票。我们把这种不再需要旅行社作为中间人所发生的过程叫作一个**脱媒**（disintermediation）的过程。

这并不意味着在旅游业务中根本不需要中间商。当客户不知道该使用哪家航空公司，或者想快速比较不同航空公司提供的价格时，Expedia 和 Travelocity 等在线服务就能提供帮助。但旅游行业中介机构的性质已经发生了变化，在直接安排航班的过程中，人们的参与基本上已经消失。像 Expedia 和 Travelocity 这种基于新技术的中介机构的创建被称为**复媒**（reintermediation）。"脱媒后复媒"是一种常见的技术变革的模式。

银行和其他金融公司是中介机构，就像20世纪80年代的旅行社一样，它们所提供的服务同样有被技术冲击的风险。商业银行是把钱从存款人转移到借款人的中介机构，它也是根据客户的指示结算支票和转账资金的支付系统中介机构。投资银行是促进股票和债券发行的中介机构。银行和其他金融公司作为中介机构，在为客户提供理财服务时将客户的储蓄投资于合适的产品。

金融科技关注的是技术在金融服务中的应用，如自动取款机、网上银行和网上交易。本章着眼于未来金融服务可能受到金融科技的何种影响，哪些活动最有可能被数字化，客户将如何反应，以及金融服务公司如何进行自我调整以适应快速的技术变化。这些都是当今风险管理专业人士面对的重要问题。

28.1 技术的进步

在计算机时代的头50年里，计算机处理能力的增长速度确实令人震惊，这使得许多社会科技进步成为可能。1965 年，英特尔（Intel）联合创始人戈登·摩尔（Gordon Moore）正确预测到，计算机的处理能力将每两年翻一番。现在，一部智能手机的处理能力已经超过了 1969 年美国宇航局将人类送上月球时的计算机的处理能力。

许多以前人类进行的活动已经被自动化了。**机器人流程自动化**（robot process automation, RPA）是一个令人感兴趣的发展方向。这是一个软件应用程序，可以复制人类与各种应用系统交互的行为，是一种让系统实现自动化的方式。软件机器人是一种虚拟的工作人员，可以通过训练来执行某些任务，其方法与人类训练的方法非常相似。例如，这些任务可能与开立新客户账户或雇用新员工有关。通常，数据被发送到组织内的许多不同系统。

28.1.1 机器学习

计算能力增长的一个重要结果是机器学习的增长。这是人工智能的一个分支，它允许计算机无须显式编程就能学习。

假设我们想教一台计算机在英语和日语之间进行翻译。一种方法是编写英语字典中包含的所有语法规则和定义，对日语也这样做，然后提供一个日英词典。谷歌率先提出的另一种方法是使用机器学习，事实证明这种方法更为成功。计算机被输入许多由英日双语者翻译成日语的英语文本。然后，计算机使用各种工具来搜索模式，并开发自己的复杂翻译规则。

机器学习在金融领域有许多潜在的应用，如欺诈识别和贷款决策自动化。

机器学习有以下三种类型。

（1）**监督学习**（supervised learning）：向计算机提供由输入和期望输出组成的数据，目标是为将输入映射到输出制定规则。我们刚才给出的翻译例子属于这一类。

（2）**无监督学习**（unsupervised learning）：要求计算机通过查找数据中的结构或隐藏模式来学习。

（3）**强化学习**（reinforcement learning）：计算机程序与动态环境交互，在动态环境中，它必须执行特定的目标，例如驾驶车辆。

在机器学习中，运用多种不同的统计方法和其他工具揭示数据的内在性质与规律。监督学习可以包括线性回归和逻辑回归。无监督学习可以包括聚类技术，如 K-means 算法，有时在处理数据前使用降维算法，如主成分分析。

人类非常擅长一些模式识别任务，而这些任务在传统上是计算机难以完成的，例如，将一个人的脸与另一个人的脸区分开来。一项关于我们如何做到这一点的研究已经在机器学习神经网络方面取得了一些重要突破。神经网络是模仿人类识别模式的工具。它们依赖于一种被称为反向传播的数学过程来迭代地计算节点上的权重，从而生成所需的输出。

机器学习算法需要大量的数据进行训练，所以如果没有并行处理、云计算和其他软硬件方面的进步，今天的应用是不可能实现的。

28.1.2 区块链

在通常情况下，记录资产所有权的分类账都涉及欺诈、用户对其缺乏信任和计算机黑客行为。许多读者都听说过所有权欺诈的事例，比如有人宣称自己拥有房屋所有权，并借此获得抵押贷款。有时，记录相同项目的分类账由不同组织的人员保管。这样，记录中可能会出现不一致的情况，而整理这些问题可能既昂贵又耗时。

区块链是一个分布式分类账，用户可以在其中添加条目，一旦达成一致意见，分布式分类账将自动更新。涉及不一致的记录、欺诈或黑客行为的问题要么是不可能的，要么是极其不可能的，因为相同的记录存在许多不同的计算机上，可以在任何时候进行检查。区块链最早是在2009年作为与比特币相关的领域被开发出来的，但目前该技术的许多其他应用正在探索之中。单个分类账是一个记录列表，被视为一个区块。当创建一个新交易块时（对于比特币，每10分钟创建一个），一个新块就被添加到链中。每个参与的人都会得到一个不断更新的块列表。

区块链的一个重要方面是哈希。哈希是由64个字符组成的字符串。任何文本都可以转换为哈希，但是哈希值转换成文本的反转进程是不可以的。即使文本中的一个小更改也会完全改变哈希。为了说明这一点，我们可以访问SHA 256哈希计算器，网址是：

http://www.xorbin.com/tools/sha256-hash-calculator

哈希本书书名，“Risk Management and Financial Institutions”（非斜体），给出：

1dcc48387a27cd95378b08ab26261b161a97c51a7c9146f3d3ff73710d656a3f

添加我们新的版本号后“Risk Management and Financial Institutions 5”（同样不使用斜体），将生成一个完全不同的哈希值：

117e1e23121f8db4b75d3e2a63d37ef052b11a63cf448721825aadb882492c6b

从理论上讲，两组记录可以给出相同的哈希，但实际上，这是完全不可能的。我们刚才看到的哈希由数字0~9和字母表的前6个字母组成。这意味着有$16^{64}-1$个不同的哈希。[⊖]

区块链的每个块中的记录都是密封的，并使用哈希进行防篡改。哈希的一个输入是紧接前一个块的哈希，这意味着任何试图篡改一个块的操作都会立即被发现，因为它将影响该块和所有后续块。

为了使区块链不受人为干预，我们必须激励参与者检查新块并对其进行哈希。比特币通过邀请参与者（被称为“矿工”）搜索一种叫作“nonce”的东西来实现这一目的。当nonce被添加到比特币块中时，它将导致一个以几个0开始的哈希。而找到nonce的参与者将获得预先确定的比特币数量作为奖励，同时，也会将新块哈希并分发到所有参与者的计算机上。

区块链有两种：需要许可的和无须许可的。比特币等无须许可的区块链对参与没有限制，参与者也不需要相互了解或信任。需要许可的区块链是私有共享系统，参与者可能彼此了解，并且可能（至少在某种程度上）彼此信任。需要许可的区块链是金融机构共享数据以加速交易结算的一种方式。

像区块链这样的分布式账本技术（DLT）现在正受到金融机构、四大会计师事务所以及许多其他大型企业的关注。2016年8月，世界经济论坛报告了六项进展。[⊜]

（1）自2013年以来，DLT已有14亿美元的风险资本投资。

（2）自2013年以来，共有超过2 500项的专利申请，其中许多是由金融机构申请的。

（3）目前有超过24个国家正在投资DLT。

（4）90多家央行参与了DLT的讨论。

（5）已有90多家公司加入了DLT协会。

（6）到2017年，约80%的银行将启动DLT项目。

⊖ 这大约等于已知可观测宇宙中的原子数（在我们的计算中排除了由64个0组成的哈希）。

⊜ See World Economic Forum, *The Future of Financial Infrastructure: An Ambitious Look at How Blockchain Can Reshape Financial Services*, August 2016.

区块链和其他 DLT 的想法是否能达到宣传的效果还有待观察。2017 年，IBM 宣布正在与 7 家欧洲银行合作使用区块链技术，使中小企业之间的贸易更加容易。金融领域的其他潜在应用包括证券交易、结算和其他后台功能，而 DLT 有可能加快这些进程。事实上，几乎实时的贸易结算将成为可能，这同时降低了成本，减少了人为干预的需要。操作风险也应该随之降低，因为欺诈或网络攻击的可能性应该更低。这可能会引起监管资本金的减少。

28.2 支付系统

技术已经对支付方式产生了巨大的影响。从现金和支票到信用卡和借记卡，再到移动钱包的使用，支付方式发生了很多变化。发展中国家在某些方面比发达国家取得了更大的进展，部分原因是在这些发展中国家，传统的支付系统并不完善。许多金融科技初创企业正在提供新的服务，如一些大型、成熟的公司，美国的 PayPal、Apple Pay 和谷歌钱包，以及中国的支付宝（阿里巴巴旗下）和腾讯。

支付方法的关键属性是速度快、方便、安全、简单和成本低。许多服务，如 PayPal，几乎可以立即转账，它将类似信用卡的信息存储在 iPhone 或类似设备中，为许多消费者增加了便利。事实上，考虑到苹果在智能手机市场的主导地位，苹果向支付领域扩张是很自然的，一些人猜测，苹果不久就会提供更广泛的银行服务。可以想象，手表、手镯，甚至拥有植入物的可穿戴设备，可能都会像智能手机一样被用来增加支付方式的便利性。

安全是所有支付形式的一个大问题。信用卡诈骗每年造成数百亿美元的损失。在卡片中嵌入芯片和磁条并不能消除这个问题。我们很可能会看到未来避免欺诈的方式发生重大变化：数字钱包被认为比信用卡更安全。包括银行在内的许多支付提供商同时也正在调研生物识别认证的使用情况（生物识别学通常涉及机器学习，这一点我们已经讨论过了）。未来，可能会出现这样的情况：在阅读器上挥动手掌就可以完成购买。视网膜扫描、面部识别、语音认证，甚至心跳监测都在考虑之中。欺诈的成本通常由支付系统提供商承担，当然也会以收取费用的形式转嫁给商家（例如，PayPal 在 2017 年年中对每笔交易收取 2.9% 的手续费，再加 0.30 美元），商家又把费用转嫁给消费者。每个人都希望能减少欺诈，我们刚才讨论的提高支付安全性的方法应该受到欢迎。

如果说生物识别认证似乎遥不可及，那么请记住，印度已经向超过 10 亿人发放了生物识别身份认证（包括指纹和视网膜扫描），为无现金社会打下了基础。使更多的人成为金融生态系统的一部分是国家发展的重要目标。生物识别技术的优势还在于，政府的一些有利于民众的举措不需要经过太多的中介机构就可以到达民众的手中。当然，有些人会辩称，提供生物特征信息是对个人隐私的不可接受的侵犯，这可能会减缓发达国家对这种行为的接受。

一些支付系统允许用户借钱。信用卡公司收取的利率非常高，但应该记住，从购买到下一个月的到期日期之间的这段时间内，用户确实可以获得免费信贷（PayPal 的竞争对手提供 14 天的免费信贷）。有的支付系统很可能会发展更方便的信贷设施，以满足用户的需要。阿里巴巴通过旗下的支付宝（Alipay）和网商银行（Mybank）等子公司，已经提供了许多与银行相同的服务。

支付系统还可以提供哪些其他的服务来使自身更具吸引力？许多人定期向居住在另一个国家的家庭成员汇款。与这些交易相关的外汇服务很可能会变得更方便、更具竞争力。企业可能会开发出能与银行竞争的简便易用的外汇对冲服务。金融科技公司可能会对销售数据进行复杂的分析，以帮助公司更好地了解客户或提供会计服务。

当然，还是有喜欢现金的人。有些人有不良的信用记录，没有资格使用信用卡，而另一些人则非常厌恶风险，不愿将自己的信用卡信息透露给第三方。亚马逊已经意识到这一点，并允许客户通过存入现金在精心挑选的零售商处开设账户，当客户购买货物时，货款将记入所开设账户的借方。

数字化支付使收集个人消费习惯的数据变得容易得多。这可能对银行做出信贷决策有用（了解潜在借款人如何花钱几乎和了解他赚了多少钱一样重要）。当然，这也带来了巨大的隐私问题，比如有时支付系统会出售匿名数据。通常这些支付系统会使用机器学习等技术来分析数据，以便更好地理解消费者的偏好。

28.2.1 加密货币

自 2009 年比特币首次出现以来，有越来越多的人和机构使用比特币作为一种支付手段。2014 年 8 月、2015 年 8 月、2016 年 8 月，比特币日交易量分别为 6 万、12 万、22 万。在未来，我们能看到美元、欧元或者日元被比特币或其他加密货币取代吗？很多人看好比特币，2017 年比特币的价值增长就表明了这一点（见图 28-1）。

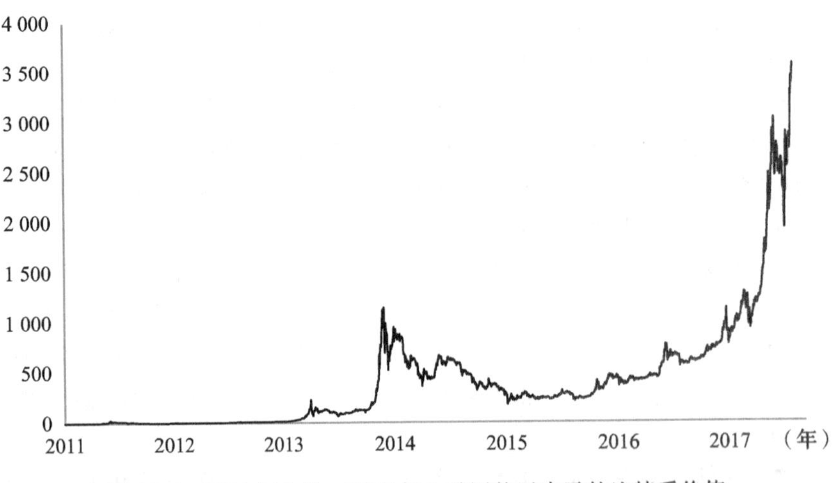

图 28-1 2011 年 1 月 ~2017 年 8 月用美元表示的比特币价值

使用比特币等加密货币作为支付手段的优势是，它不受任何一个政府的控制，因此它的价值不可能受到任何政府的控制，它也不会因为政府的货币政策而贬值。[㊀]这对生活在委内瑞拉或津巴布韦等发展中国家的个人尤其有吸引力，因为这些国家的本币币值波动很大。个人在使用加密货币时可以保持匿名，而且支付也是安全的、私人的，成本非常低。

加密货币的缺点是它的价值比其他法定（传统）货币更不稳定。[㊁]它不支付利息，而且常常（公平或不公平）与毒品交易等非法活动联系在一起。摩根大通的 CEO 杰米 · 戴蒙在 2017 年 9 月表示："比特币是一种欺诈行为，最终会崩塌。" 中国在 2017 年出台了有关加密货币的

㊀ 如第 28.1.2 节所述，比特币供应量的增加取决于在矿工（参与者）验证交易时支付给他们的金额。

㊁ 根据 2006 年 8 月 ~2007 年 8 月的数据计算，比特币美元价值的波动率约为每年 57%。欧元、英镑或日元等法定货币以美元表示时，其波动率通常每年不到 20%。

规定，其他国家的政府可能也会这么做。加密货币的用户对于加密货币的设置方式非常依赖，如果其设置方式发现了缺陷，货币就会一文不值。比特币协议尚未被成功破解，但比特币交易所已被破解（见业界事例28-1）。

业界事例28-1　　Mt. Gox

虽然比特币是一种安全的支付方式，但一些允许个人用比特币兑换传统（法定）货币的比特币交易平台存在问题。已经有很多关于交易所被黑客入侵的报道，最引人注目的是位于东京涩谷区的Mt. Gox。2014年2月，该公司宣布价值超过4.5亿美元的比特币丢失，可能被盗，而造成这一损失的原因尚不清楚。看来，糟糕的管理和控制不力的计算机代码让黑客得以窃取比特币。一些人指责CEO挪用了资金，但这一说法遭到了否认。不管是什么原因，Mt. Gox在2014年4月申请破产。这损害了加密货币的形象，但正如图28-1所示，比特币的价值在2017年恢复并大幅提升。

怎样才能避免这类损失？比特币应不应该存储在交易所？它们应该转移到一个值得信赖的只有当你想交易时才存在的在线交易所吗？

现在有许多可以替代比特币的加密货币。例如litecoin、ripple、dogecoin、nxt、monero、ethereum和zcash。其中，有些货币的交易安全程序与比特币的交易安全程序截然不同。另外还有一些加密货币，如以太坊，为智能合约（smart contracts）提供了便利。若满足了契约中的所有条件，则契约将自动执行，从而消除了对中介的需求。

28.2.2　中央银行

各国央行正在研究加密货币的使用，这其中可能有“如果你不能打败它们，那就加入它们”的因素，但央行发行的数字货币可能会让央行更容易控制货币供应。在目前的体系中，银行创造货币（银行贷款给实体，该实体将该款项存入银行，或使用该款项从另一实体处购买东西，另一实体将款项存入银行，接受资金的银行转贷，等等）。在数字货币体系中，货币总量可以是固定的，除非央行明确决定增加货币总量。此外，通过联邦存款保险公司（Federal Deposit Insurance Corporation）等为银行存款提供担保的必要性可能也会降低。像美国这样拥有许多小银行的国家的支付系统可以简化。数字货币使用的另一个优势是普惠金融（尤其是在发展中国家）。无论出于何种原因，没有银行账户的个人都可能成为金融生态系统的一部分。

可以想象，在一个国家中，所有公民都在央行拥有一个数字货币账户，私营企业竞相提供支付服务。中央银行可以通过公平的方式增加所有公民的持有量来增加货币供应量（这可能会增加总需求）。

当然，这一切行为的潜在风险是不确定的。用数字货币取代有形的银行票据将使一个国家的居民更容易与另一个国家的居民进行数字货币的交易。这可能导致不同国家的货币之间形成一种新的竞争形式，并可能最终使任何一个国家更难通过控制货币供应量来管理其经济。

28.3　贷款

所有学习金融的学生都知道，与贷款相关的C有很多：品德（character）、还款能力（capacity)、资产（capital）、抵押品（collateral）等。科技能使贷款决策自动化吗？一些银行认为可以。一些大银行的信贷员正被能使用机器学习科技的系统所取代。只要提供了足够的有关银行贷款经验的数据，人们认为机器学习算法可以像人类一样，甚至比人类更好地从不良贷款中分类出好贷款。原则上，机器学习程序可以比人类更客观，表现出更少的偏差。[1]

28.3.1 P2P 贷款

银行的净息差由其支付的负债利息与资产利息之间的差额决定的。如果它以每年 2% 的利率获得存款，然后以每年 5% 的利率借出资金，那么它的净息差为 3%。其中一些（可能高达 1%）是为了补偿预期的贷款损失，但如果存款人能够以 4% 的利率直接贷款给借款人，双方的情况都有可能变得更好。**P2P 贷款**（peer-to-peer lending）包括脱媒和复媒。银行不再是中介机构，新成立的中介机构要能够提供以下服务：

（1）为借款人和贷款人提供相互联系的在线平台；

（2）核实借款人的身份、银行账户、工作情况、收入情况等；

（3）评估借款人的信贷风险，如果借款人的申请获得批准，确定适当的利率；

（4）处理借款人和贷款人之间的现金流；

（5）尝试从违约的借款人处收取款项。

许多目前使用 P2P 平台的借款人已经被银行拒绝，因此，与传统贷款相比，P2P 的利率可能相当高（但低于中等至高风险借款人的信用卡余额和其他信贷来源的利率）。美国两家著名的 P2P 贷款平台是 Prosper 和 Lending Club，它们都位于旧金山。P2P 贷款平台对借款人的信用评级与银行的做法大致相同。[2]例如，Lending Club 通过在 A 和 G 之间指定一个字母等级来对借款人进行分类。对信用等级较低的借款人收取的利率高于信用等级为 A 级的借款人，但违约的预期损失也更高。Lending Club 于 2017 年 6 月发布的统计数据汇总如表 28-1 所示。这表明，其利率和贷款损失都高于银行发放的大多数贷款。然而，与其他机会相比，投资者平均获得的净年回报率相当有吸引力。

表 28-1 2017 年 6 月 30 日 Lending Club 公布的借款人支付的利率和贷款人收到的贷款收益

等级	A	B	C	D	E	F+G
平均利率（%）	7.26	10.79	14.01	17.20	19.94	24.04
平均净年收益率（%）	4.86	6.29	6.69	6.32	5.59	4.52

P2P 贷款机构的收费可能相当高。例如，在 Lending Club，借款人通常要支付贷款金额 1%～5% 的初始化费用。出借方要对收到的款项支付服务费（通常约为 1%），还可能要支付拖欠账款的催收相关费用。

寻找分散化的贷款来源是有道理的。通常，贷款人可以选择自己的贷款组合，也可以要求 P2P 贷款平台构建一个符合它们风险偏好的投资组合。借款人的风险通常是特殊的，因此不同

[1] 但事实证明，机器学习并非完全没有偏差。机器学习算法使用的数据可能包含偏差。机器学习程序员可能有意识或无意识地在算法的使用和交易中加入偏差。

[2] 出于监管方面的原因，P2P 公司要与一家银行达成协议，贷款需要通过银行进行，贷款人需要获得贷款的担保。

贷款的表现之间的相关性很低，这使得分散化更加容易。

一些借贷平台可能会受到批评，因为它们没有参与其中。如果贷款的表现没有预期的好，贷款人将承担全部成本。但是，一个例外是 Upstart（由谷歌的前员工在 2014 年创建）。它有着不同于 Lending Club 和 Prosper 的模式。它向借款人收取初始费用，但不向出借方收取费用。在这种贷款中，贷款平台也参与了对贷款的使用。若贷款获利，则平台可获得贷款的部分绩效；若贷款违约，则平台会用贷款的初始费偿还贷款方。它的信用评估着眼于借款人的教育背景、FICO 分数和其他数据。事实证明，该公司的信用评估相当准确，业务增长迅速。

P2P 贷款也未能幸免于丑闻。Lending Club（2014 年通过 IPO 成为上市公司）创始人因监管不力的丑闻于 2016 年辞职（但该公司股票似乎已经反弹）。所有的金融创新都有可能在初期遇到类似的麻烦。的确，银行在其漫长的历史中也有过不少丑闻。P2P 贷款的真正问题在于，它是否会进入传统的银行放贷领域？P2P 贷款可被用于更大的汽车和房屋贷款市场吗？企业间的 P2P 会变得更加普遍吗？由于 P2P 平台形式相对较新，所以观察它们在经济低迷时期或利率上升时的表现将是一件有趣的事情。

一些 P2P 平台允许出借人在贷款尚未完全偿还前出售贷款，但这取决于 P2P 贷款平台的另一个客户是否愿意接管贷款。或者我们考虑一个自然的假设，即如果贷款人想出售贷款，那么贷款就有问题。[㊀]然而，事实可能只是贷款人遇到了流动性问题，所以他需要现金。为贷款创造一个更好的二级市场是市场发展的一个方向。一个可以用来增加流动性的想法是，按照第 6 章所描述的，从贷款组合中创建分档，并将这些贷款组合创建的证券出售给贷款人。

28.3.2 众筹

众筹是另一种可能成为金融颠覆力量的活动，它包括从大量不同的人那里为一个项目筹集资金。据估计，2015 年通过这种方式筹集的资金超过 340 亿美元。一些众筹项目以捐赠为基础，目的是资助那些捐赠者认同并希望得到资金的项目。Kickstarter 是处理此类项目的知名平台。

其他众筹平台旨在为投资者提供回报。Funding Circle 是一家成功的英国众筹平台，平台投资者将资金借给小型企业。Companisto 也是一个众筹平台，旨在为初创企业和高增长公司提供资金，而平台投资者获得固定利率或股权投资。SyndicateRoom 为初创企业提供股权投资。

与风险投资家和天使投资者相比，众筹向更多的投资者开放了私募股权投资。公司估值是股权众筹的重要组成部分。如果一家公司的估值为 50 万美元，那么占公司 1% 的股份需要 5 000美元的投资；如果价值 100 万美元，获得 1% 的股份则需要投资 1 万美元。有时公司会决定估值，有时投资者也会这么做。在后一种情况下，一些平台会选择经验丰富的专业人士来进行尽职调查，确保投资定价的合理性。理想的情况是，参与这场游戏的专业人士中有一些是天使投资者。当然，他通常会要求以某种方式获得补偿，而且应该认识到，即使是一位经验丰富的专业人士，他的估值也是高度主观的。[㊁]

㊀ 经济学家在乔治 · 阿克洛夫（George Akerlof）于 1970 年发表同名论文之后，把这个问题称为“柠檬市场”问题。

㊁ 正如《创智赢家》（*Shark Tank*）等电视娱乐节目所展示的那样，在评估初创企业的价值时，专家并不总是意见一致。

由于监管的原因，股权众筹的增长速度有所放缓。大多数国家对债券和股票的发行都有严格的规定。在美国，2012 年的《创业企业扶助法案》（Jumpstart Our Business Startups Act，《JOBS 法案》）为某些众筹活动提供了豁免。根据《JOBS 法案》，一家公司一年能筹集的资金上限为 100 万美元左右，投资者能提供的资金上限取决于投资者的收入。

首次代币发行（ICO）是一种涉及加密货币的众筹形式。在通常情况下，公司会向投资者发行自己的加密货币，以换取比特币或以太币等已发行的加密货币。投资者对该公司没有任何权利，但如果该公司表现良好，他们预计该公司发行的加密货币将升值，这是因为使用新的加密货币对公司的运营是不可或缺的。但是，ICO 已经引起了监管部门的注意，有不少国家正在考虑是否应该像 IPO 一样对它们进行监管。

28.4 财富管理

传统上，财富管理对银行来说是非常有利可图的。费用通常在每年投资额的 1% ~1.5%，如果将与共同基金投资和交易成本相关的隐性费用考虑在内，费用可能会高得多。一旦评估了客户的风险偏好，财富管理就开始为客户寻找合适的投资。通常，类似的投资被推荐给所有有类似风险偏好的客户，从而减轻了理财经理的工作负担。但是，财富管理行业正处于被颠覆的过程中，这并不奇怪。正如在第 4 章中提到的，约翰 · 博格在 1975 年第一个指数基金中迈出了降低投资成本的第一步。从那以后，指数基金变得非常受欢迎，收费低至 0.15%，不需要理财经理的人为干预。

机器人投顾（robo-advisers）最早出现在 2010 年左右。在大多数国家，它们必须向当局登记，并接受监管。它们提供数字平台，让投资者表达他们的风险偏好，然后选择一个投资组合，通常包括跟踪股票指数和安全投资的 ETF，并在必要时自动对该投资组合进行再融资。几乎没有人为干预。机器人投顾的收费比传统的财富管理公司要低，一般为每年投资额的 0.50% ~0.75%。在这一领域知名的公司包括 Wealthfront 和 Betterment。一些银行和其他财富管理公司现在正通过提供自己的自动化财富管理服务来应对机器人投顾的竞争。事实上，那些未能做到这一点的企业不太可能生存下来。先锋等指数共同基金提供商也在这一领域表现活跃。

机器人投顾正将投资建议提供给比以往更广泛的个人投资者。投资者的最小投资额通常可以是 500 美元或 1 000 美元，而传统的财富管理公司的最小投资额可能是 5 万美元。机器人投顾让客户可以很容易地定期向管理的基金中增加资金。可以说，它们在社会上扮演着重要的角色，鼓励人们在可能不会储蓄的时候储蓄。在早期，机器人投顾往往以小额投资吸引年轻投资者，但现在使用该服务的投资者范围要广泛得多，包括那些被列为"高净值"和"亨利一族"（高收入但还不富裕的人群）的投资者。

到目前为止，机器人投顾的主要创新在于以一种更便宜、更新颖的方式提供服务，同时许多投资者认为这种方式颇具吸引力。所提供的投资策略通常与投资行业多年来使用的策略相似（见第 1 章）。与税收相关的策略（如税收损失获取）通常被纳入所提供的建议中。[⊖]

⊖ 税收损失获取包括在年底出售出现资本损失的股票，以减少应付的资本利得税。

这些策略很有可能会变得更加复杂。投资可以更好地实现国际和跨部门的多样化，更好地针对投资者的目标，考虑到投资者的年龄、退休计划、子女的高等教育计划等。

1992年，高盛集团的费希尔·布莱克和罗伯特·利特曼发表了一种广泛使用的方法，将投资者的观点纳入投资组合的选择之中。[㊀]机器人投顾可能会找到方法，扩大使用这项技术的投资者的选择范围，或者可以提出具有理论依据的不同意见，请投资者从中做出选择，甚至有可能让投资者的意见成为决定投资组合的一种不那么结构化的直接输入。

在第27章中，我们提到了在决策过程中存在的一些认知偏差，投资者容易受到这些偏差的影响。例如，他们不愿意卖出亏损的股票，他们追逐潮流，他们幻想破灭，在应该长期持有的时候退出股市。专业投资者与业余投资者的区别，往往在于专业投资者拥有避免这些偏差的能力。而机器人投顾可以开发创新的解决方法，从而试图阻止投资者成为这种偏差的受害者。最后，机器人投顾可以与其他金融创新相结合，使客户的资金有一定比例分配给P2P贷款或股权众筹。

机器人投顾已经成为金融领域的一个重要组成部分，随着千禧一代逐渐积累财富，它可能会得到更广泛的应用。对这一代人来说，用iPhone投资比去银行要酷得多。然而，值得注意的是，自2010年开始提供机器人投顾服务以来，股票市场表现非常好。但是，当经济低迷、之前从未做过投资的机器人投顾的客户抱怨亏本时，机器人投顾的吸引力可能会下降。人们同时也希望，这些投顾将能够教育投资者保持长期关注的重要性。

28.5　保险

技术在保险业中的应用被称为保险技术。在某些方面，保险公司比银行更不容易受到技术创新的干扰。这是因为保险的本质是，消费者需要一家经营保守的、稳定的公司。例如，如果房屋有很大可能性被烧毁，保险公司一般不会接受这样一份保险，所以此时购买住房保险是没有意义的。监管机构会仔细监控保险公司的财务状况，一家新公司除非拥有大量资金来支付理赔费用，否则它很难被监管者批准提供保险。然而，一些技术在保险中的应用是直接的，例如，现在很容易在网上比较许多不同保险公司的报价。

通常客户不会直接与保险公司打交道，而是必须通过经纪人或代理人。这些中介机构有时只与一家保险公司或少数几家保险公司联系在一起，而不是自由地为客户寻找最佳交易。一个自然的发展将是脱媒，即保险公司创建网站，直接与客户打交道。然而，这似乎进展相当缓慢。在许多情况下，保险公司不愿惹恼与它们密切合作多年的经纪人和代理人。但最终，随着市场的发展，经纪人和代理商可能要么消失，要么成为价格比较的数字化提供者。

一个重要的潜在保险技术应用是由保险公司收集数据，以便更准确地评估风险。汽车保险就是一个很好的例子。通过在汽车上放置一个"黑匣子"，保险公司可以使用telematics（信息技术的一个分支，处理计算机信息的远程传输）来收集客户的驾驶数据。黑匣子可以记录行驶速度、行驶距离、昼夜行驶时间、行驶方式（如制动频率和转弯速度）以及通常使用的道路

㊀ See F. Black and R. Litterman, "Global Portfolio Optimization," *Financial Analysts Journal* 48, no. 5 (1992): 28-43。

类型。这使得保险公司能够为司机建立精确的费率档案。如果司机的风险低于平均水平，保险费就会下降；如果司机的风险高于平均水平，保险费就会上升。尽管黑匣子保险已进入英国保险市场，但仍处于起步阶段。随着汽车保险成本的上升，它可能会变得更受欢迎，尤其是在年轻人当中。当驾驶记录很少甚至没有时，年轻司机传统上面临着非常高的保费。黑匣子可以为他们提供一种更快捷的方式，让保险公司相信他们是好司机。需要注意的另一点是，黑匣子的成本（通常由驱动程序支付）已经下降了。

同样，黑匣子可以向驾驶员提供路况信息，它也可以用于司机教育。司机可以访问一个安全的网站，以了解他的表现如何。网站还可以给出改变驾驶风格的建议，并提供降低保险成本的建议。原则上，这可以提高司机的平均驾驶能力，使行车更加安全。当然，并不是每个人都能指望黑匣子会降低保费，一些司机可能认为黑匣子会侵犯隐私。可以推测，随着黑匣子越来越被广泛接受，只有优秀的司机才会使用它们，而非用户的保险费用将会增加。

对于保险公司来说，黑匣子的主要优势在于它能够收集数据，从而更准确地评估风险。在一个理想的世界里，保险费应该能够反映驾驶里程和驾驶员所承担的风险。[⊖]黑匣子对保险公司的另一个潜在优势是，在发生事故时，它们可能能够查明责任所在，使索赔变得更简单。

总的来说，保险公司现在有机会收集比以往任何时候都多的数据来评估它们所承担的风险。这些数据可以潜在地帮助它们提高对个人预期寿命、一幢小房子被烧毁的可能性的估计，或者提高对世界某一地区发生飓风的可能性的估计，而机器学习为分析这些数据提供了工具。保险业在本质上是保守的（也许是正确的），所以我们很难想象金融科技会彻底改变保险业的结构（在许多情况下，新进入者必须与老牌保险公司合作），但是，成功的公司很可能是那些利用大数据创造出发展机遇的公司。

28.6 监管和合规

技术对监管的影响有两个方面：一个是监管机构应如何处理那些以创新方式使用技术，并有可能成为金融业颠覆力量的公司；另一个被称为监管科技（RegTech），关注的是监管本身如何使用技术。我们将在本节中同时考虑这两个问题。

28.6.1 对金融创新者的监管

正如我们在本书中所看到的，金融机构受到高度监管，它们必须与许多不同的监管机构打交道。对于小型金融科技初创企业来说，这是一个进入壁垒。美国的P2P贷款机构必须与银行达成协议，以遵守监管规定。机器人投顾必须满足“了解你的客户”（know your customer，KYC）的规则，并向当局登记，尽管它们的服务中人与人之间互动很有限，甚至可能完全没有。如果一家金融科技公司无视监管规定，它很可能会被监管部门关闭，至少是暂时关闭，并遭受声誉损失。

监管机构不想扼杀金融创新。的确，正如我们所指出的，金融创新可以通过发展创新的储

⊖ 旧金山的Metromile公司就是朝这个方向发展的一家保险公司。它使用一个小工具来监测驾驶里程，并向投保人发送每月的保险发票，以反映驾驶里程记录。这些保单实际上是由一家资金雄厚、监管严格的大型保险公司——国家一般保险公司（National General Insurance Company）制定的。

蓄、投资和借贷方式给社会带来许多好处，从而鼓励更多的人成为金融生态系统的一部分。但监管机构必须小心行事，比如它们不希望影子银行（shadow bank，即提供与银行相似业务的非银行机构）给客户带来不合理的风险。

英国金融行为监管局（FCA）开发了一个“沙箱”计划。[一]它将沙箱定义为一个安全的空间，在这个空间中，企业可以测试创新的产品、服务、业务模型和交付机制，而不会立即引起试点活动的所有正常监管后果。创新者必须填写一份申请表，解释他们打算做什么。FCA 鼓励创新者在使用真实用户之前进行虚拟测试，并考虑了其他 4 种保护用户的方法。

（1）必须在消费者知情同意的情况下才能参与检测，他们会被告知风险和可能的补偿。

（2）根据不同的具体情况，FCA 同意适度的信息披露和赔偿计划。

（3）客户享有与 FCA 设立并授权的其他公司客户相同的权利。

（4）进行沙箱试验的企业必须赔偿个人的任何损失，并且必须证明它有能力做到这一点。

FCA 似乎更喜欢第二种方法，它可以包含一种或多种其他方法。

尽管面临来自科技公司和具有前瞻性的成熟金融机构的压力，但美国并没有沙箱计划。一些人认为，这可能使美国处于竞争劣势。但正如前面所讨论的，美国《JOBS 法案》减轻了众筹活动的监管负担。

监管金融科技公司可能是监管机构未来面临的一个挑战。金融科技公司的主要资产通常是其计算机代码，监管者要像评估银行风险管理水平一样评估这些代码，绝非易事。高频交易者（HTF）就是最典型的案例。他们的交易活动完全由他们的计算机代码决定。2010 年 5 月 6 日，很大程度上由于高频交易的影响，美国股市发生了一场“闪崩”，道琼斯工业平均指数在几分钟内下跌了约 9%，随后部分回升。2012 年 8 月 1 日，一家高频交易公司使用的程序出现软件错误，导致纽约股票交易所 148 只股票的价格出现重大波动。SEC 已经采取了一些措施，以避免未来出现类似的问题，但它很难防范软件（有意或无意地）对金融市场运行产生不利影响的所有方式。

监管机构面临的另一个问题是，对一些金融科技公司来说，管辖权可能难以确定。如果它的所有交易都是用数字货币进行的，情况可能更为严重。

28.6.2 RegTech

监管科技（RegTech）是将技术应用于监管和合规性。有些应用很简单。监管报告传统上包括在每个报告期间（例如，每个季度）结束时向监管机构提供大量文件。将这些数据转移到网上并实时提供数据，有可能简化监管机构和受监管金融机构的工作，同时有利于监管的及时性，也能够提高效率。

不遵守监管规定的罚款可能会很高。[二]例如，在第 23 章中，我们提到一家法国银行——法国巴黎银行，因违反美国的监管条例而被处以与其全年利润相等的罚款。毫无疑问，这是因为少数员工的活动没有受到银行合规部门的密切监控。技术可以使银行更容易地确保自己的业务

[一] See Financial Conduct Authority, “Regulatory Sandbox,” November 2015。

[二] 在 2007 ~ 2008 年金融危机结束至 2017 年期间，全世界的银行共支付了约 3 210 亿美元的罚款。因此，改善银行合规性的技术可能会产生巨额收益。

符合其业务所在国的法规和法律。例如，科技使它能够实时筛查新客户和新交易，以识别问题。如果使用由监管机构批准并反映最新规则的实时 RegTech 应用程序，涉及毒品洗钱、恐怖主义融资和制裁等问题的违规行为可以被有效消除。

防止员工做出有问题的行为对金融机构很重要，因为这种行为可能会被证明在监管罚款、法律成本和声誉方面代价高昂。一些创新使得公司可以通过多个通信平台跟踪员工的对话。例如，总部位于纳什维尔，在伦敦、纽约和华盛顿设有办事处的 Digital Reasoning 公司，已经开发出一些供大型银行和资产管理公司使用的监控软件。它可以监控英语会话（处理6 种不同的方言），它可以通过分析数以百万计的电子邮件、聊天记录和电话对话来监视员工的行为，从而使用机器检测可疑或不寻常的活动。如果机器学习检测到一名员工的行为与通常的模式有很大不同，那就可能需要进行进一步的调查。在一家资产管理公司，这种行为可能会被证明是内幕交易的指示性行为，如果允许这种行为继续下去，可能会导致巨额罚款。在一家银行，这种行为可能会被证明是流氓交易或不尊重下属的表现。

如第 23 章所述，网络风险是银行最大的经营风险，这也成为一个监管问题。例如，欧洲的《全面数据保护条例》（General Data Protection Regulation）于 2018 年 5 月开始实施，如果金融机构丢失了意在保密的数据，将被处以巨额罚款。一些 RegTech 应用程序正在帮助银行保证它们的数据安全，并遵守这样的规定。

对金融机构来说，仅仅了解现有的所有监管规定就是一个重大问题，因为它在全球范围内运作的监管环境几乎每天都在发生变化。IBM 的 Watson 监管合规允许相关员工访问一个法规需求库，其中可以根据地理位置、业务类型、产品和监管合规性区域对材料进行过滤。此应用程序可以自动突出显示与特定问题相关的新法规的部分，并将与世界不同地区的特定活动相关的法规进行比较。

正如本书第三部分所解释的那样，监管已从单一的形式转变为多维的形式。监管机构过去只关注单一的资本指标，它们现在有两个资本指标（一个基于风险加权资产，另一个基于更简单的杠杆计算）和两个流动性比率（流动性覆盖率和净稳定融资比率）。银行开展的不同活动对比率有不同的影响，这使得技术公司有可能提出优化银行战略的方法，或提供方便的场景分析工具。

28.7 金融机构应如何应对

金融科技创新给大型银行和其他金融机构带来了战略风险，它们提供的许多服务将会中断，应该如何应对？显然，它们应该接受技术变革，而不是希望技术变革只是昙花一现。它们也应该仔细评估消费者行为如何受到技术变革的影响，并相应地采取措施改变它们的商业模式。

业界事例 28-2 讲述了柯达——一家没有很好地适应技术变革的公司的案例。关键的一点是柯达并没有意识到其行业正在发生的变化。事实上，第一台数码相机是 1975 年一位为柯达工作的工程师发明的，柯达在这项新技术上投入了数十亿美元。那么柯达是哪里出问题了呢？其实在当时，很大一部分人（不仅仅是年轻人）开始乐于分享照片并将其存储在计算机上，他们不再觉得有必要打印照片，这一转变并没有花费太长时间。柯达掌握了关键技术，却没有意识到它可以适应消费者正在改变的行为方式。等柯达意识到这一点时，已为时过晚。

业界事例28-2 柯达和数码摄影

在20世纪80年代和90年代，伊士曼·柯达公司（Eastman Kodak Company）是一家成功的企业，专注于销售相机和相机胶卷。它几乎凭一己之力将美国的摄影从专业摄影师的专属领域，转变为几乎人人都能做的事情。它成功地驾驭了行业的技术变革。它从干版（dry-plate）电影转向黑白电影，然后明智地投资于彩色电影，即使彩色电影的收入明显低于黑白电影。它在1997年的市值约为300亿美元。

1975年，柯达工程师史蒂夫·萨森发明了第一台数码相机。据萨森说，该公司的回应是："这很可爱，但不要告诉任何人。"事实上，柯达并没有忽视数码相机的发展趋势。1995年，公司投入巨资，推出了首款数码相机DC40。2001年，公司推出了EasyShare傻瓜相机系列。柯达拥有一流的研究能力。它有能力开发出最先进的相机，可以增强色彩、自动调整灯光、实现多种拍摄效果、分享照片、检测微笑以选出最佳照片，等等。

不幸的是，柯达表现出了一些不愿继续提升产品和创新的态度，这对于身处一个技术变化迅速的行业的柯达是一个错误。以进步的名义蚕食现有产品是痛苦的，但也是必要的（即使新产品的利润低于旧产品）。如果柯达采取不同的战略，那么它在智能手机革命中是否能够生存下来、能够有怎样的发展是存在争议的。我们只能说，富士等竞争对手的表现要好一些。2017年，富士的市值超过150亿美元。柯达在2012年年底申请破产，2017年其继任者公司的市值约为3亿美元。

柯达公司创造了"柯达一刻"这个词，并在其广告中广泛使用，以说服人们，他们应该有一个装有柯达胶卷的柯达相机随时准备使用。当事后诸葛亮很容易，战略专业人士会辩称，该公司本可以从销售说辞中推断出自己所从事的业务——成像或瞬间分享业务，而不是电影业务。我们永远不会知道，如果它在市场初期更热情地拥抱电子共享和数字图像存储，它会生存得有多好（正如业界事例28-2所示，总部位于日本的富士的业绩要好于柯达，两者是类似的公司）。柯达公司深信，对打印照片的需求将持续下去，这最终导致了该公司的倒闭。

大型金融机构的瓦解似乎没有柯达的瓦解来得那么快。它们有许多竞争优势，而且资本充足（苹果、谷歌和阿里巴巴都是如此）。它们懂得如何应对自己所处的高度监管环境（许多金融科技初创企业发现这很难）。它们有庞大的客户群而且仍然得到了许多客户的信任（尽管2007~2008年的金融危机以及此后发生的事件（如业界事例27-1中描述的富国银行的崩溃）削弱了这种信任）。可以推测，金融机构不像柯达那样脆弱，因为许多人在选择管理金钱的方式上要比选择摄影方式谨慎得多。此外，许多初创企业需要成熟的金融机构来提供产品。

然而，有一些警告迹象表明，银行应该做出回应。Millennial Disruption Index调查显示，71%的千禧一代宁愿去看牙医，也不愿听银行在说什么；73%的千禧一代宁愿通过谷歌、亚马逊、苹果、Paypal或Square来处理他们的金融服务需求。[㊀]千禧一代是在1981~2000年出生的独立个体，是未来银行服务的重要消费者。到2022年，他们将占劳动力的40%；到2050年，他们将继承约30万亿美元。随着年龄的增长，他们对金融服务的兴趣可能会减弱，但银行不

㊀ See www. millennialdisruptionindex. com。

应局限于此。

由于在智能手机中添加了数码相机的功能，柯达最终变得无足轻重。金融机构自然不想变得同样无关紧要。它们已经意识到，有必要为支付、财富管理和其他一系列服务提供移动应用程序。但重要的是，它们要能够真正接受技术的变化，而不只是嘴上说说。金融领域的技术变革将继续加速。在许多情况下，它将侵蚀银行以前依赖的利润（柯达就是一个例子）。最终，能够实现灵活地调整将是一个持续的挑战。

银行开发的新服务需要考虑到方便性和设计性，以便年轻人将其归类为“酷”，而老年人发现它们易于使用。有许多不同的方法被采用：一些金融机构已经在内部开发了新的服务；一些公司收购了已经开发了这些服务的初创企业；一些公司与初创企业建立了合作关系。第一个替代方案虽然成本最低，对许多在金融服务业工作的人也最有吸引力，但是考虑到大公司往往弥漫着多少有些沾沾自喜的文化，因此它做起来可能相当困难。第二种和第三种选择可以作为一种破坏文化和加速变革的方式。一些银行发现，成立一个组织独特的部门很有用，这个部门有能力在必要时引入外部人才，并能与初创企业合作。无论采用何种方法，CEO 和董事会的大力支持都是成功的必要条件。

发展势头良好的金融机构将设法改变它们的文化，使它们能够以快速、可靠的方式提供对消费者有吸引力的服务。郭士纳于 20 世纪 90 年代被任命为 IBM 的 CEO，当时该公司正在亏损。他成功地改变了企业文化，将其转变为一家盈利的公司。他说：“文化不仅仅是比赛的一个方面。它就是比赛。”他成功地将 IBM 从一家大型计算机供应商转变为一个业务问题解决者，在那里，人们可以很好地合作。银行与 IBM 的相似之处在于，它们是拥有许多聪明员工的大型组织。CEO 的工作是创造一种文化，在这种文化中，个人因接受技术并找到创新方法使他们的服务更方便、更有价值而受到奖励。

小 结

2035 年金融服务业将会是什么样子的？当然，技术变革的速度如此之快，做出准确的预测是不可能的。然而，提供一些预测是总结本章中一些观点的一种方便的方法。

支票和信用卡将在很大程度上消失。智能手机和可穿戴设备上的移动钱包将成为常态。生物识别技术将被用来使支付更加安全。一些央行将选择从纸币转向数字货币，数字货币的交易将变得更加普遍。机器学习将能够比人类更好地承担信用评估和欺诈检测等许多任务。使用区块链和其他 DLT，记录保存将更安全、更快速。

大型保险公司将继续存在，但经纪人和代理人将不复存在。保险公司将获得比以往更多的数据，并将使用机器学习和其他技术更精确地评估风险。保险公司和科技公司将结成伙伴关系，以创新的方式提供保险服务。

投资和借贷将发生巨大变化。众筹和 P2P 贷款将得到更广泛的应用。今天的一些大银行将发现有必要向储户和借款人提供这些服务。资金闲置一段时间是不寻常的，借贷和投资的便利将使更多的人成为金融生态系统的一部分。

一些未能积极适应新技术的银行将会倒闭，并被其他银行收购（事实上，“大而不倒”可能不再被认为是对超大型银行的相关描述）。一些大型科技公司将成为银行，提供全方位的银行服务。大多数银行服务将比以前更便宜、更有效，因此银行将失去一些传统的利润来源。幸存下来的银行将不得不通过大幅削减分支机构数量和员工数量来降低成本。银行将不得不与许多不同的科技公司建立合作关系，以保证它们提供的服务是最新的。

延伸阅读

Chishti, S., and J. Barberis. *The FinTech Book: The Financial Technology Handbook for Investors, Entrepreneurs, and Visionaries*. Chichester, UK: John Wiley & Sons, 2016.

Christensen, C. M., and M. E. Raynor. *The Innovator's Solution*. Boston: Harvard Business Review Press, 2003.

Harvey, C. R. "Cryptofinance." Working Paper, SSRN 2438299.

IOSCO. *Research Report on Financial Technologies*, February 2017.

Sironi, P. *FinTech Innovation: From Robo-Advisors to Goal-Based Investing and Gamification*. Chichester, UK: John Wiley & Sons, 2016.

练习题

28.1　解释“脱媒”和“复媒”。

28.2　解释如下概念（a）机器学习；（b）分布式分类账技术。

28.3　什么是生物识别认证？给出一些例子。

28.4　为什么央行会从法定货币转向数字货币？

28.5　解释 P2P 贷款和股权众筹是如何运作的。

28.6　“考虑到金融科技的影响，金融机构应该感谢监管。”解释这句话的含义。

28.7　“指数基金是个好主意，但如果每个人都选择它们，就不会有价格发现。”你同意这个论点吗？

28.8　RegTech 是什么意思？给出一些例子。

28.9　“银行应该像 IBM 那样应对变化，而不是像柯达那样。”讨论这个说法。

作业题

28.10　泡沫是什么意思？考虑一下 2017 年比特币价格的上涨是否存在泡沫。

28.11　参考表 28-1 的数据，Lending Club 擅长评估风险吗？对于贷款人来说，风险和收益之间是否存在合理的平衡？放贷人在承担什么样的风险？

28.12　事后来看，我们可以说柯达从事的是成像和瞬间分享业务。银行从事什么业务？

CHAPTER29

第29章 避免风险管理失误

自20世纪80年代中期开始，金融市场出现了若干起引人注目的重大损失，本章将要讨论我们能够从中吸取的教训，并且回顾以前若干章的要点。我们把在本章中将讨论的重大损失列举在业界事例29-1中。

业界事例29-1　重大金融损失

- 爱尔兰联合银行
  这家银行因为其外汇交易员约翰·拉斯纳克若干年的非授权投机交易而损失了7亿美元，拉斯纳克以制造虚假期权交易的形式掩盖了他的损失。
- 巴林银行
  这家经营了200年的英国老牌银行因为其外派新加坡的交易员尼可·利森的行为而毁于一旦。尼可·利森的职责是从新加坡及大阪的日经225期货指数的报价中进行套利，而实际上他采用了期货及期权对日经225指数进行了大笔方向性投机。全部损失接近10亿美元。
- 安然公司的对手方
  安然公司精心设计出一些合同，向公司股东隐瞒公司的实际情况。在后来，协助安然公司达到其欺诈目的的许多金融机构因法律纠纷向安然公司股东支付的赔偿超过了10亿美元。
- 哈默史密斯和富勒姆（见业界事例23-1）
  这个英国城市的市政当局因为英镑互换以及期权交易在1988年损失了近6亿美元，对这些交易负有直接责任的两个交易员对产品知识的匮乏令人吃惊。

- 基德－皮博迪公司（见业界事例25-2）

  公司交易员约瑟夫·杰特的个人行为给这个纽约投资经纪商带来了3.5亿美元的损失。杰特交易的产品主要是美国国债，他的损失由公司计算机系统计算盈利的公式的错误而造成。
- 长期资本管理公司（LTCM）（见业界事例22-1）

  这家对冲基金在1998年进行收敛套利交易时损失了约40亿美元，损失的发生是由于在俄罗斯政府违约后市场发生安全投资转移现象所致。
- 国民西敏寺银行（National Westminster Bank）

  这家英国银行在1997年因使用错误的模型来对互换期权定价而损失了1.3亿美元。
- 奥兰治县（Orange County）（见附录B）

  奥兰治县的财政官员罗伯特·西特伦（Robert Citron）的行为使这个加州城市在1994损失了近20亿美元。这位财政官员利用衍生产品来对利率进行投机，他赌的是利率不会增长。
- 宝洁公司（见业界事例5-4）

  这家美国公司的财务部与信孚银行在1994年进行奇异利率衍生产品合约交易时损失了近9 000万美元。后来宝洁公司起诉了信孚银行，法律纠纷最终庭外和解。
- 法国兴业银行（见业界事例5-5）

  法国兴业银行的股票交易员杰洛米·科维尔因在2008年1月对股指进行豪赌，损失达70亿美元。杰洛米·科维尔被控通过构造虚假交易的方式来掩盖自己的风险敞口。和巴林银行的利森一样，他的职责是进行套利交易。
- 次债损失（见第6章）

  2007年，投资者对由美国次级住房按揭贷款所生成的结构化产品失去了信心。这引发了市场的信用紧缩和自20世纪30年代以来最大的市场萧条，在这期间金融机构的损失高达数百亿美元。
- 瑞银集团（UBS）

  2011年，基库·阿杜伯利因没有经过授权而对股票指数投机，损失了23亿美元。

业界事例29-1所列举的事件有一个显著特点，那就是由单个雇员造成重大损失出现的次数尤为突出。1995年尼可·利森的交易造成一家经营了200年之久的英国老牌银行巴林银行的垮台；1994年罗伯特·西特伦的交易造成加州的奥兰治县损失近20亿美元；约瑟夫·杰特的交易造成基德－皮博迪公司损失3.5亿美元；约翰·拉斯纳克给爱尔兰联合银行带来的7亿美元损失在2002年被曝光；2008年杰洛米·科维尔给法国兴业银行造成的损失达70亿美元；基库·阿杜伯利在2011年给瑞银集团（UBS）带来23亿美元的损失。

从这些损失中得出的教训是内部控制的重要性。我们将要讨论的很多损失之所以发生，就是因为系统不够完善以至于高风险的交易能大行其道而无人知晓。同样重要的是，风险管理人员要不落窠臼，发现潜在的危险，并将其消灭在萌芽状态。

29.1 风险限额

由这些损失我们应吸取的第一个也是最重要的一个教训是风险限额。所有的公司（金融以及非金融公司）必须对自身所能承担的风险有一个清晰及含义明确的认识，公司应该设定管理规程来保证限额的贯彻执行。理想地，整体的风险限额应由董事会确立，然后再转化为各个负责管理特定风险的人员所掌握的额度。每天的风险报告应该阐明某一市场变量的特定变动将会带来的损益。风险报告所预测的数值要与实际损失进行比较，以保证产生报告的定价流程的准确性。

在涉及衍生产品的使用上，公司应该特别注意监控风险。这是因为衍生产品既可以被用来对冲风险，也可以被用于进行投机及套利。如果不对风险进行严格监控，我们几乎不可能知道交易员是否由一个对冲者变成了投机者，或者从一个套利者变成了一个投机者。巴林银行、法国兴业银行和瑞银集团就是这种情况的典型的案例。在每一个事件中，交易员本来的职责都是进行低风险的套利和对冲交易，但是他们从套利者和对冲者变成了投机者，并对市场的变动方向投下了巨额赌注，而他们的上级还被蒙在鼓里。这说明，银行的管理系统不够完善，不能及时发现这种情况。

我们的观点并不是说我们不能承担任何形式的风险。一家金融机构的交易员或者基金经理应该拥有对市场变量变动趋势采取行动的权利，但我们想强调的是这些交易员的交易量一定要受到某种制约，公司必须建立系统以准确地报告有关交易的风险。

29.1.1 进退维谷的处境

如果某个交易员在超过风险限额的情况下获得了盈利，我们这时应该怎么办？对于管理人员来讲，这是一个棘手的问题。交易员的盈利会使人们忽略其违反限额的行为，但这是一种短视的做法。因为它会导致一种风险限额不受重视的文化，而这会给将来的失败埋下伏笔。这里一个典型的事例发生在奥兰治县。奥兰治县的罗伯特·西特伦在1991～1993年曾给这个城市带来了巨大的盈利，城市以他的交易收入作为运转资金。这时人们因为罗伯特·西特伦的盈利而忽略了他所承担的风险，不幸的是，1994年罗伯特·西特伦的损失远超过了他若干年的盈利。

对于违反交易限额的盈利的惩罚与违反交易限额而造成的损失的惩罚应该是一样的，否则交易员在遭受损失之后很可能会加大赌注来博取盈利，希望扭亏为盈并因此得到豁免。

29.1.2 不要认为你会猜透市场

有些交易员对于市场的预测可能比其他人更为优秀，但是他们的预测也不可能永远正确。交易员在所有的预测中有60%的正确率就已经相当不错了。交易员出类拔萃的战绩（像20世纪90年代初的罗伯特·西特伦）往往可能是由于运气，而并不是因为高超的交易技巧。如我们在第4章中讨论的共同基金表现，基金经理所展示的超额回报通常都是因为运气而非技巧。

假设某金融机构雇用了16名交易员，其中一位交易员在过去一年中的每一个季度都带来了盈利，这位交易员是否应拿到更多的分红呢？他的交易限额是否应该增加呢？对第一个问题的答案无疑是肯定的，但对于第二个问题的答案应该是否定的。在4个季度中均盈利的概率为

0.5^4，即 1/16，这意味着即使完全出于随机的概率，每 16 个交易员中都应该会有一个交易员每个季度“都会盈利”。我们不应该相信交易员的运气会永远持续，不应该因为交易员的暂时盈利而给他增加交易限额。

29.1.3　不要低估分散化的好处

如果某个交易员比较擅长预测某些市场变量，公司就会比较愿意给该交易员增加限额。我们在前面指出，这么做可能是一个很糟糕的决策，因为交易员的交易结果可能是出于运气而并非智慧。即使我们确信某交易员具备某种天赋，我们应该在多大程度上去分散化而更多地依赖这个交易员的天赋来盈利呢？如第 1.1 节所述，风险分散所带来的好处是巨大的。我们应该认识到世界上不存在如此出色的交易员以至于我们能为他而忽略风险分散的好处，我们不应该对交易员寄予过分的希望。

接下来我们用一个实例来说明问题。假如我们有 20 只股票，每只股票的预期回报均为 10%，每只股票回报率的标准差为 30%，股票两两之间的相关性为 0.2。投资者将资产以均等的形式投入这 20 只股票，投资者投资组合的预期回报为 10%，投资组合标准差为 14.7%。分散投资使得投资者的风险降低了一半多。换一种说法就是分散投资将我们每承担一份风险而获得的回报加大了一倍。只进行一种股票投资的投资者必须极其“优秀”才能取得比以上更好的风险 - 回报的替换关系。

29.1.4　进行情景分析以及压力测试

如第 22 章所述，在计算诸如 VaR 一类的风险指标的同时，我们还必须进行情景分析以及压力测试，这有助于我们进一步理解薄弱环节的风险。如果没有很严格的压力测试管理流程约束，人类会有一个很不好的倾向，那就是在做出决策时往往过分依赖于一两个情形。例如在 1993 年及 1994 年，宝洁公司在其决策过程中坚信利率会维持在低水平，而完全忽略了利率增长 100 个基点的可能性。

一旦压力测试的结果出台，它们就应成为金融机构制定战略决策过程中应考虑的一个部分。通常在年景好的时候，压力测试结果往往会被忽略。在 2007 年 7 月以前，一些金融机构就发生了这样的情况。

29.2　对于交易平台的管理

在交易部门有一个倾向，那些交易表现出色的交易员往往是不可冒犯的。对于这些交易员的监督要比对于其他交易员的监督松散得多。很显然基德 - 皮博迪公司的明星交易员约瑟夫・杰特平时可能如此之“忙”，以至于他没有时间来回答公司风险管理人员的问题并与他们讨论自己的头寸。

所有的交易员，特别是那些盈利高的交易员都应该恪尽职守，做到这一点至关重要。金融机构对某笔获利很高的交易是不是由于承担了不合理的高风险所致应该有一个清醒的认识。另外，金融机构还必须检查自己的计算机系统以及定价模型的准确性，以确保这些工具没有被滥用。

29.2.1 确保前台、中台以及后台职责的分离

金融机构的前台主要由交易员组成，这些交易员的职责是进行交易，即对产品进行买卖；**中台**（middle office）主要由风险管理人员组成，这些风险管理人员的职责是监控前台的风险；**后台**（back office）的职责主要是记账以及财会结算。有些金融衍生产品灾难的起因就是没对以上几个职能部门的职责进行区分。尼克·利森掌管了巴林银行在新加坡分行的前台以及后台，因此他有机会在长时间内掩盖巨额交易损失，而远在伦敦的上级高管对他的行为毫无察觉。

29.2.2 不盲目地相信模型

我们在第25章中对模型风险有过讨论。某些金融机构的巨额损失是由于模型及计算机系统的错误造成的。基德－皮博迪公司就是被自己的计算机系统愚弄了。另外一个例子是国民西敏寺银行，这家银行因使用了错误的互换期权定价模型，使自己蒙受了惨重损失。

如果某家金融机构采用相对简单的交易策略而获得大笔盈利，那么有很大的可能是这家机构计算盈利的模型中存在问题；类似地，如果某家金融机构对某个特定产品的报价一直比其他同业竞争者的报价更具竞争力，那么有很大的可能这家公司采用的模型同其他市场参与者的模型有所不同。这时这家机构应对自己的模型进行仔细的分析。对于交易大厅的负责人来讲，同一种生意做成的太多或这种生意做成的太少，都应令人感到担忧。

29.2.3 以保守的方式记录起始盈利

当金融机构向非金融企业出售非常复杂的结构性产品时，产品的价格会与模型有直接的关系。例如，产品中如果包含期限较长的利率期权，这时产品价格会同所采用的利率模型有相当大的关系。这时市场上经常以模型计价的方式来计算产品每天的价格变动，因为在市场上通常找不到类似的产品来作为这些结构性产品的定价参照物。

假定某金融机构出售给客户的产品的价格比实际价格或者模型价格高出1 000万美元，这里的1 000万美元被称为**起始盈利**（inception profit）。起始盈利应该在什么时刻被确认呢？不同的衍生产品经纪商会有不同的做法。有些做法是立即将这笔钱计为盈利，而其他更为保守的做法是在合约期限内逐渐地将这笔收入计为盈利。

立即确认起始盈利是一种非常危险的做法。这样做会鼓励交易员采用激进的模型，先挣得奖金，然后在模型以及交易价格受到更严格的审核之前抽身而去。将起始盈利先计为储备金，然后逐渐确认为最终盈利的方法明显更好。这样做可以鼓励交易员在进行交易之前，去研究不同模型以及不同假设对于产品价格的影响。

29.2.4 不要向客户出售不适当的产品

向企业客户销售不适当的产品在金融机构中是很容易发生的事情，在客户对某种风险具有偏好时，这种情况更容易发生，但这么做是非常没有远见的。关于这一点最明显的例子是信孚银行在1994年春天之前进行的一些交易行为。许多信孚银行的客户，包括宝洁公司，被说服

购买了许多风险很高但根本不适当的产品。其中一个典型产品是给客户提供一个较大的机会节省几个基点的融资费用，但同时有一个较小的机会给客户造成严重损失。这些产品在 1992 年及 1993 年给许多信孚银行的客户带来了收益，但在 1994 年利率上涨时，这些产品终于出现问题。这些问题公之于世后对信孚银行的公众形象产生了很大伤害。信孚银行长期以来与企业客户建立的信任以及在衍生产品创新方面积累的声誉，被几个激进的销售员的错误行为毁于一旦。信孚银行不得不向客户支付大笔赔偿以解决法律纠纷。后来它终于在 1999 年被德意志银行吞并。

29.2.5　对轻松赚大钱的生意要保持警惕

安然公司给我们提供了激进交易员会造成巨大损失的又一实例。曾经有一段时间，许多金融机构认为与安然公司做生意会带来滚滚财源。因此，许多银行争先恐后地与安然公司合作。但我们要注意，即使许多银行都推崇某种业务，也并不意味着该业务最终一定会盈利。事实上，安然公司与银行进行的很多业务最终陷入了与股东的昂贵的法律纠纷。一般来说，如果某一业务很轻松就能赚得高额利润，我们就应仔细检视其潜在的操作、信用及市场风险。

曾经有一段时间，对许多银行而言，投资由次贷生成的 ABS 和 ABS CDO 的 AAA 级简直就像打开了一个印钞机（见第 6 章）。这些产品所承诺的收益远高于其他的 AAA 级债券，而市场上几乎没有交易员去质疑这些分级的高收益是不是因为评级机构可能忽视了某些风险。

29.3　流动性风险

我们在第 24 章中对流动性风险进行了讨论。金融工程师在对市场上交易不太活跃的奇异产品或其他一些产品定价时，常常采用市场上交易活跃的产品价格作为基础，例如：

（1）交易员往往采用市场上交易活跃的政府债券，即被称为新券（on the run bonds）[⊖]的债券来建立零息收益曲线，然后将这些曲线用于对交易不频繁的产品（如旧券，off the run bonds）来进行定价。

（2）交易员经常由交易活跃的期权价格来计算出隐含资产波动率，然后将这些波动率用于市场不活跃的产品定价之中。

（3）交易员经常从交易活跃的利率产品（例如利率上限及利率期权）之中，求得利率变动的信息，然后用这些信息计算复杂的结构性产品的价格。

以上做法并不是不合理。但是，有时假设市场交易不频繁的产品的交易价格与其理论价格类似的做法可能会非常危险。当金融市场因各种原因出现大的震荡时，市场上可能会出现流动性黑洞（见第 24.3 节），这时流动性对于投资者来讲非常重要，而流动性不好的产品的价格同其理论价格相比会有一个很大的折价。

长期资本管理公司（LTCM）提供了一个流动性风险的实例，这一实例在业界事例 22-1 中有详细的描述。LTCM 采用的套利策略被称为收敛套利，在该策略中需要找到两种证券（或证券的组合），这两种证券的理论价格应该一致。如果在市场上某种证券的价格较低，这时可以

⊖　指最近发行的国债，相对应的、更早发行的、尚未到期的债券就是 off-the-run，即旧券。——译者注

买入价格偏低的证券而卖出价格较高的债券。这种套利的根本假设就是，如果两个证券的理论价格一致，那么其市场价格在最终也会一致。

1998 年夏天，LTCM 蒙受了巨大损失，其损失的根本原因是俄罗斯政府债券的违约造成了市场安全投资转移现象的发生。LTCM 在交易中持有流动性差的产品的多头并同时持有流动性好的产品的空头（例如，LTCM 同时持有旧券的多头及新券的空头）。在俄罗斯国债违约后，流动性好的产品与流动性差的产品的差价急剧增大。LTCM 杠杆率很强。在蒙受损失的同时又伴随着追加保证金的要求，LTCM 难以满足这些要求。

LTCM 的故事再一次强调了情景分析以及压力测试的重要性。通过情景分析及压力测试，我们可以了解极端情况下会发生什么。如第 22 章所述，在分析中，我们不但需要考虑即时的损失，同时还要考虑由其他公司损失所带来的连带效应。

29.3.1 当所有人都在做同样的交易时应加倍小心

有时市场上的很多参与者会同时进行相同的交易，这种现象会造成危险的市场环境，这样的市场会产生大幅度振荡，导致流动性黑洞的出现并使市场参与者蒙受巨大损失。

我们在业界事例 24-4 中给出了另一个实例。这一实例是关于投资组合保险策略及 1987 年 10 月的市场暴跌。在市场暴跌的前一个月，有越来越多的基金经理以合成看跌期权的形式来对他们的投资组合进行保护。他们在市场升值时买入股票或股票指数期货，而在市场下跌时卖出股票或股票指数期货。这种策略造成了一个不稳定的市场。市场一个较小的下跌会引发基金经理抛出股票的浪潮，这一浪潮会进一步使得市场下跌，从而进一步促使基金经理抛售股票。毫无疑问，如果没有投资组合保险策略的存在，1987 年 10 月股票的下跌也不会那么严重。

另外一个实例来自 1998 年 LTCM 的经历。LTCM 在遇到麻烦以后，其他采用同样收敛套利策略的对冲基金使得 LTCM 的处境雪上加霜。在俄罗斯国债违约造成安全投资转移现象以后，LTCM 曾试图变卖自己的部分资产以满足保证金的要求。不幸的是其他对冲基金也面临类似的问题，这些对冲基金也想进行类似的交易，这进而又使市场状况进一步恶化，流动性差价变得比原来更大，同时使得安全投资转移现象更加严重。LTCM 所持头寸为美国国债，其交易策略是持有流动性差的国债旧券的多头以及流动性好的国债新券的空头。当安全投资转移现象产生后，两种债券的收益率差价增大，LTCM 只有变卖其部分旧券并且同时买入新券来平仓。其他对冲基金也在进行同样的交易。所有这些交易促使新券价格相对于旧券价格持续上涨，两种债券收益率的利差进一步增大。

另外一个实例是关于 20 世纪 90 年代英国保险公司的损失，我们曾在业界事例 3-1 中讨论过这一实例。当时所有英国保险公司都决定对自己的利率敞口进行对冲，以应对长期利率下降的风险，而这些对冲行为本身却造成了长期利率的下降。

从这些故事中我们得到的主要教训是，对于金融市场的整体状况要有一个清醒的认识，这一点至关重要。我们要了解，当大量的市场参与者执行相似的交易策略时，市场会蕴含着什么样的风险。

29.3.2 不要过分依赖短期负债来支撑长期资产

所有的金融机构都或多或少地依赖短期资金来源来支持长期资金需求，但如果一家机构过分依赖短期资金源，则其遭受不可克服的流动性困难的可能性会增加。

在2007年信用紧缩开始之前，市场上有一种倾向，就是在次级按揭和其他长期资产被打包成结构性产品之前，市场参与者常常利用商业票据来进行融资。管道公司和其他特殊目的实体一直有这样的运作方式。商业票据每个月都被进行滚转，例如，买入4月1日发行的商业票据的投资者在5月1日赎回的资金将用于购买5月1日发行的商业票据，买入5月1日发行的商业票据的投资者在6月1日赎回的资金将用于购买6月1日发行的商业票据，并依此类推。当投资者在2007年8月失去对次级贷款的信心时，这些商业票据不再能够滚转。在许多情况下，银行必须为证券化产品提供担保和融资支持，这造成了流动性短缺。正是由于没有长期资产融资的安排，信用紧缩才会这么严重。

危机期间很多金融机构难逃厄运（如雷曼兄弟和北岩银行），都是因为过分地依赖短期资金。一旦市场对金融机构的健康情况产生怀疑，无论这种怀疑是对还是错，对金融机构短期的融资进行滚转都很难做到。当我们明白这一点后，就不难理解为什么监管机构在《巴塞尔协议Ⅲ》中会对银行引入了流动性要求。

29.3.3　市场透明度非常重要

2007年的信用紧缩给我们的一个教训是：市场透明度十分重要。在2007年危机以前，投资者热衷于结构性产品交易，但实际上他们对标的资产并不了解，他们仅有的信息是交易产品的信用评级。现在回头看，投资者应该要求关于标的资产的更多信息，同时应对自身承担的风险进行谨慎分析。

2007年8月，因为次贷违约，投资者对所有结构化产品失去了信心，并退出了市场。这造成了市场的崩溃。结构化产品的各个分档只能以远远低于其理论价格的价格抛售。市场出现了安全投资转移现象，信用价差也激增。如果市场具有良好的透明度，投资者确实对自身买入的资产抵押证券有所了解，那么，尽管市场上仍然还会出现次贷损失，但安全投资转移现象以及市场所受到的冲击就不会这么严重。

29.4　对于非金融机构的教训

我们在下面将总结一下这些损失带给非金融机构的教训。

29.4.1　理解你的交易目的

企业一定不要去做自己不理解的交易或者使用自己不完全理解的交易策略。这听起来是十分浅显的事，但我们会吃惊地发现，仍有如此之多的非金融机构的交易员在遭受了巨大损失之后，才承认自己的无知并且声称自己的错误是由于投资银行的误导。奥兰治县的资金主管罗伯特·西特伦就是其中一员，还有哈默史密斯和富勒姆的交易员，虽然他们的交易量巨大，但他们对于利率互换及其他利率衍生产品的知识十分匮乏。

如果一家企业的高管对于下级所提出的交易不理解，那么这个交易就不应该被批准。一个简单原则是，如果一个交易的动机是如此复杂以至于管理人员都不能理解，我们基本可以确定该交易对于企业是不适当的。如果采用这一原则，宝洁公司的交易一定会被否决。

一种保证透彻理解某一个金融产品的方法是对该产品进行定价。如果一家企业内部没有能力去进行产品定价，那么这家企业就不应该交易这种产品。在实践中企业常常依赖自己的投资银行所给出的价格建议，这么做是很危险的。宝洁公司的教训就说明了这一点。当宝洁公司想将交易进行平仓时，发现产品的价格是由信孚银行的特有模型计算得出的，宝洁公司没有办法对其进行检查。

29.4.2 保证对冲者不要成为投机者

生活中有一个不幸的事实，那就是进行对冲相对来讲缺乏悬念，而投机行为往往激动人心。当一家公司雇用了一个交易员来管理其外汇、商品以及利率风险时，以下的危险现象可能会产生：在最初时交易员工作勤奋，并赢得了公司高管的信任，这时他会对公司的风险敞口进行评估并采取对冲措施。随着时间的推移，交易员逐渐确信自己可以把握市场，渐渐地，交易员会变成投机者。在刚刚开始投机时，可能一切顺利。但不久产生了交易损失，为了掩盖损失，交易员会将交易量加倍来进行赌博，进而有可能造成更大的损失，最终结果就是导致灾难性的损失。

就像我们先前讨论的那样，风险限额一定要由高管来事先确定，对于限额的实施要设置一定的控制环节。企业在进行交易之前要对自己面临的外汇、利率、商品等风险做一个分析，交易决策是为了保证将风险控制在一定的可接受范围内，企业的交易策略与企业的风险敞口脱节是出现问题的明显前兆。

29.4.3 要警惕将财务部变成盈利中心

在过去的30年有一种将公司的财务部转换为盈利中心的趋势。这么做看来有一定的好处，因为财务部有动力去减小企业融资费用，并且尽可能地以有利可图的方式管理风险。但问题是，财务部所能取得的盈利是有限的。在进行融资或者将额外资金进行投资时，财务主管面临的市场是一个有效市场。财务部只有在承担更大风险的前提下才能给企业带来利润。公司的对冲项目给财务主管提供了做出精明的决定来提高盈利的机会。但我们应该记住对冲的目的是降低风险，而不是增加预期利润。在大概50%的情况下，决定采用对冲造成的后果比不采用对冲还要差。将财务部变为盈利中心的危险是使得财务部（主管）有动机成为投机者，因此像奥兰治县及宝洁公司的现象也就容易产生。

29.5 结束语

本书考虑的大部分风险都是已知的，如市场风险和信用风险可以根据历史数据来定量分析。还有两类风险对金融机构来说也至关重要：未知风险和不可知风险。

未知风险（unknown risk）是指能够引发风险的事件已知，但是事件发生的可能性不能轻易确定。操作风险中包含了很多种类的未知风险。由无赖交易员导致损失的概率是多少？重大法律诉讼导致损失的概率是多少？在某新兴经济体中，业务被中断的概率是多少？这些概率通常不能从历史数据中得出。如同在第22章中讨论的，主观概率经常会被使用。在一本被广泛引用的著作中，Knight（1921）使用“风险”来指代已知风险，使用“不确定性”来指代未知风险。[1]

不可知风险（unknowable risk）是指那些我们甚至连能触发损失的事件都不清楚的风险。从各种角度来讲，不可知风险是最险恶的，因为它们总是突然出现并常常导致巨额损失。不可知风险有时被称作“黑天鹅”（black swan，黑天鹅过去被认为是不可能存在的，直到它们在澳大利亚被发现）。正如纳西姆·塔勒布（2007）指出的，黑天鹅一旦发生，这些事件往往被当作是显而易见的。[2]在20世纪70年代出版多卷本百科全书的出版商考虑过技术的进步会使他们的产品分文不值吗？可能不会，但事后我们会觉得这很自然。

公司该如何管理未知风险和不可知风险呢？一个重要工具是灵活性，公司应避免过高的杠杆并尽量保证它们的成本是变化的而不是固定的。对产品和市场进行多元化也有利于增加灵活性。在将来，保险公司可能会开发更多的产品来应对未知风险和不可知风险。如在第23章中讨论的，现在市场上已经有产品可对操作风险（未知风险）提供保护。处理不可知风险在合约设计上具有很大挑战性，但也不是完全不可能。

延伸阅读

Diebold, F. X., N. A. Doherty, and R. J. Herring. *The Known, the Unknown, and the Unknowable in Financial Risk Management*. Princeton, NJ: Princeton University Press, 2010.

Dunbar, N. *Inventing Money: The Story of Long-Term Capital Management and the Legends Behind It*. Chichester, UK: John Wiley & Sons, 2000.

Gomory, R. "The Known, the Unknown and the Unknowable." *Scientific American*, June 1995.

Jorion, P. *Big Bets Gone Bad: Derivatives and Bankruptcy in Orange County*. New York: Academic Press, 1995.

Jorion, P. "How Long-Term Lost Its Capital." *Risk* (September 1999): 31–36.

Ju, X., and N. Pearson. "Using Value at Risk to Control Risk Taking: How Wrong Can You Be?" *Journal of Risk* 1 (1999): 5–36.

Persaud, A. D., ed. *Liquidity Black Holes: Understanding Quantifying and Managing Financial Liquidity Risk*. London: Risk Books, 2003.

Sorkin, A. R. *Too Big to Fail*. New York: Penguin, 2009.

Tett, G. *Fool's Gold: How the Bold Dream of a Small Tribe at JPMorgan Was Corrupted by Wall Street Greed and Unleashed a Catastrophe*. New York: Free Press, 2009.

Thomson, R. *Apocalypse Roulette: The Lethal World of Derivatives*. London: Macmillan, 1998.

Zhang, P. G. *Barings Bankruptcy and Financial Derivatives*. Singapore: World Scientific Publishing, 1995.

---

[1] See F. H. Knight, *Risk*, *Uncertainty and Profit*(Boston: Houghton Mifflin Company, 1921).

[2] SeeN. N. Taleb, *The Black Swan*: *The Impact of the Highly Improbable*(New York: Random House, 2007).

PART 6

第六部分

附　　录

APPENDIX A

附录 A

利率复利频率

某银行声明1年期储蓄利率为每年10%，这句话虽然听起来简单明了，但事实上，其准确的含义依赖利率的计量方式。

假定利率计量方式为每年复利1次，则银行声明中给出的10%利率是指100美元的投资在年终会变成

$$100 \times 1.1 = 110(\text{美元})$$

当利率计量方式为每年复利2次时，这意味着每6个月会有5%的利息收入。如果利息也被用于再投资，则100美元的投资在1年后会增长为

$$100 \times 1.05 \times 1.05 = 110.25(\text{美元})$$

当利率计量方式为每年复利4次时，这意味着每3个月会有2.5%的利息收入。假定投资所得利息均用于再投资，100美元的投资在1年后会增长为

$$100 \times 1.025^4 = 110.38(\text{美元})$$

表A-1显示出复利频率的增长对投资回报的影响。

表A-1　利率为每年10%，复利频率增加对于100美元投资在1年后的终值的影响

复利频率	100美元的投资在1年后的价值	复利频率	100美元的投资在1年后的价值
一年复利1次（$m=1$）	110.00	一年复利12次（$m=12$）	110.47
一年复利2次（$m=2$）	110.25	一年复利52次（$m=52$）	110.51
一年复利4次（$m=4$）	110.38	一年复利365次（$m=365$）	110.52

利率复利的频率定义了利率的计量方式，一个一年复利1次的利率可以被转换成一个以不同频率复利的利率。例如，由表A-1我们可以看出，一年复利1次计息利率10.25%与一年复利2次计息利率10%等价。利率在不同计息频率下的相互关

系可类比为公里同英里的关系，它们是两个不同的计量单位。

为了推广以上结果，我们假设将 A 数量资金以一年复利 1 次利率投资 n 年，投资的终值为

$$A(1+R)^n$$

如果利率对应于一年复利 m 次利息，投资终值为

$$A\left(1+\frac{R}{m}\right)^{mn} \tag{A-1}$$

$m=1$ 时所对应的利率有时被称为**年等价利率**（equivalent annual interest rate）。

连续复利

复利频率趋于无穷大时所对应的利率就被称为**连续复利**（continuous compounding）利率，[⊖]在连续复利情况下，我们将 A 数量资金投资 n 年，投资的终值为

$$Ae^{Rn} \tag{A-2}$$

这里的 e = 2.718 28，在大多数计算器中都有计算函数 e^x 的功能，所以式（A-2）不会产生任何问题。在表 A-1 的例子中，$A=100$，$n=1$，$R=0.1$，以连续复利计息，A 数量资金在投资 1 年后将增长到

$$100e^{0.1}=110.52(\text{美元})$$

这个精确到小数点后两位的数值与用每天复利所得的结果一样，在大多数情况下，我们认为连续复利与每天计算复利等价。对一笔资金以连续复利利率 R 滚动 n 年，其效果是相当于乘上 e^{Rn} 项。而对一笔在第 n 年的资金以连续复利利率 R 进行贴现，其效果是相当于乘上 e^{-Rn}。

假设 R_c 是某一连续复利利率，R_m 是与之等价的每年 m 次复利利率。由式（A-1）及式（A-2），我们得出

$$Ae^{R_cn}=A\left(1+\frac{R_m}{m}\right)^{mn}$$

及

$$e^{R_c}=\left(1+\frac{R_m}{m}\right)^{m}$$

这就是说

$$R_c=m\ln\left(1+\frac{R_m}{m}\right) \tag{A-3}$$

及

$$R_m=m(e^{R_c/m}-1) \tag{A-4}$$

这些公式可将每年 m 次复利的利率转换为连续复利的利率，反之亦然。函数 ln 是大多数计算器设有的自然对数功能。此函数的定义是：如果 $y=\ln(x)$，则 $x=e^y$。

【例 A-1】 考虑一个年息为 10% 的利率，一年复利 2 次。将 $m=2$ 及 $R_m=0.1$ 代入式（A-3）可得出一个等价的连续复利利率

⊖ 在精算领域，连续复利利率也被称为**利息力**（force of interest）。

$$2\ln\left(1+\frac{0.1}{2}\right)=0.09758$$

即 9.758%。

【例 A-2】 假如某债权人给出的每年连续复利利率为 8%，而实际利息是每季度支付一次。将 $m=4$ 及 $R_c=0.08$ 代入式（A-4），一年复利 4 次的年等价利率为

$$4(e^{0.08/4}-1)=0.0808$$

即 8.08%，这意味着，对于 1 000 美元的贷款，借款人每季度必须支付 20.20 美元的利息。

附录 B

零息利率、远期利率及零息收益率曲线

APPENDIX B

n 年的零息利率是指在今天投入资金，连续持有 n 年后所对应回报的收益率。所有的利息及本金都在 n 年年末支付给投资者，在 n 年期满之前，投资不支付任何利息回报。n 年期的零息利率有时也被称作 n 年期的**即期利率**（spot interest rate）、n 年期的**零利率**（zero rate）或者 n 年期的**零率**（zero）。作为时间期限的函数，零息利率被称为零息曲线。假如一个 5 年期连续复利的零息利率为每年 5%（复利频率见附录 A），这意味着今天 100 美元的投资在 5 年后会增长到

$$100 \times e^{0.05 \times 5} = 128.40$$

一个远期利率是由今天零息利率所导出的对应将来某时刻的利率。考虑如表 B-1 所示的零息利率，6 ~ 12 个月的远期利率为 6.6%，这是因为将前 6 个月 5% 的利率与后 6 个月 6.6% 的利率组合在一起会得出一年的平均利率为 5.8%。类似地，12 ~ 18 个月的远期利率为 7.6%，这一利率与今天到 12 个月 5.8% 的利率组合在一起所产生的 18 个月平均利率为 6.4%。一般来讲，$T_1 \sim T_2$ 的远期利率 F 可表达为

$$F = \frac{R_2 T_2 - R_1 T_1}{T_2 - T_1} \tag{B-1}$$

其中 R_1 对应于期限为 T_1 的零息利率，而 R_2 对应于期限为 T_2 的零息利率。这一公式在连续复利情形下是个恒等式，而对应于其他计息频率只是近似式。采用表 B-1 的数据，应用公式可得出表 B-2，例如将 $T_1 = 1.5$、$T_2 = 2.0$、$R_1 = 0.064$ 及 $R_2 = 0.068$ 代入公式，我们得出 $F = 0.08$，这说明 18 ~ 24 个月的远期利率为 8.0%。

表 B-1 某零息利率结构

期限（年）	零息利率（连续复利）（%）	期限（年）	零息利率（连续复利）（%）
0.5	5.0	1.5	6.4
1.0	5.8	2.0	6.8

认为将来的实际利率同远期利率会有很大出入的投资者会很容易地在市场上找到某种交易来反映他们的信念。考虑一个投资者可以由表 B-1 所示的利率借出或借入资金，假定该投资者认为在今后两年的利率没有变化。这个投资者可以借入 6 个月期的资金，在 6 个月、12 个月及 18 个月时再进行延展投资，以这种形式可将资金投资两年，6 个月的借款可以在 6 个月月末、12 个月月末和 18 个月月末再延展，如果利率保持恒定，这种投资决策每年会盈利 1.8%，这是因为收入利率为 6.8%，而支出利率为 5%。这种形式的投资方式被称为对收益曲线的下注（yield curve play），投资者对将来利率进行投机，认为将来的利率会不同于由表 B-2给出的远期利率。

表 B-2 由表 B-1（零票息利率）得出的远期利率（连续复利）

时期（年）	远期利率（连续复利）（%）
0.5 ~ 1.0	6.6
1.0 ~ 1.5	7.6
1.5 ~ 2.0	8.0

奥兰治县的财政官员罗伯特·西特伦在 1992 年及 1993 年采用了以上的投资方式，并且在一段时间内获得了成功。罗伯特·西特伦的盈利在奥兰治县的预算中起了很大的作用，因此他也得以连任。1994 年罗伯特·西特伦进一步增加了对收益曲线的赌注。如果短期利率恒定或下降，他的投资依然会表现不错。但在 1994 年，利率急剧上扬，1994 年 12 月奥兰治县宣布其投资组合损失 15 亿美元。几天之后，奥兰治县宣布寻求破产保护。

B.1 债券价格

大多数债券提供周期性的券息，债券发行人在债券期满时将债券的本金（有时也被称为票面值或面值）偿还给投资者。债券的理论价格等于债券将来的现金流贴现后的总和，计算贴现最精确的办法是对于不同时期的现金流采用不同的零息贴现利率。假定一个 2 年期的债券的面值为 100 美元，每年券息利率为 6%，半年付息一次。为了计算第一个 3 美元券息的贴现值，我们采用对应于 6 个月的贴现率 5%；为了计算第二个 3 美元券息的贴现值，我们采用对应于 1 年的贴现率 5.8%；依此类推，债券的理论价格为

$$3e^{-0.05\times0.5}+3e^{-0.058\times1.0}+3e^{-0.064\times1.5}+103e^{-0.068\times2.0}=98.39(\text{美元})$$

B.2 债券收益率

一只债券的收益率是使得债券的贴现的现金流总和等于其市场价格的贴现率，假定一只债券的理论价格为 98.39 美元，此价格也等于其市场价格（这里的债券的市场价格与表 B-1的数据完全一致）。如果 y 对应于连续复利的债券收益率，我们应有等式

$$3e^{-y\times0.5}+3e^{-y\times1.0}+3e^{-y\times1.5}+103e^{-y\times2.0}=98.39(\text{美元})$$

这一方程式的解可以通过 Excel 的 Solver 程序或其他方式得出，其解为 $y=6.76\%$。

B.3 国债收益率

国债收益率是投资者投资国库券或国债时所得的收益率。国库券及国债是政府借入以本国货币为计量单位的资金而发行的金融产品。日元国债收益率是指日本政府借入日元资金的利

率，美国国债收益率是指美国政府借入美元的利率，其他国家国债收益率也有类似含义。

B.4 零息收益曲线的确定

一种计算表B-1显示的零息利率的方法是直接观测本息分离债券所对应的利率，这些产品是交易员在卖出与本金分离后的票息时人工生成的零息债券。

另一种确定零息收益率曲线的方法是从一般的国债及国库券价格入手来计算零息利率，最流行的方法就是所谓的**息票剥离方法**（bootstrap method）。这种方法从短期产品入手，然后通过以匹配价格的形式逐渐导出长期利率。假设表B-3是已经确定的零息收益率，我们假设一个息率为8%的债券价格为102美元，债券本金为100美元。我们将2.5年所对应的零息利率计为R，应用表B-3数据，可以给出此债券的正确价格，这一过程会涉及对以下方程求解

表B-3 由息票剥离方法计算的2.5年利率

期限（年）	零息利率（连续复利）（%）
0.5	5.00
1.0	5.80
1.5	6.40
2.0	6.80
2.5	??

$$4e^{-0.05\times0.5}+4e^{-0.058\times1.0}+4e^{-0.064\times1.5}+4e^{-0.068\times2.0}+104e^{-R\times2.5}=102$$

其解$R=7.05\%$。至此我们可以得出一个关于零息利率的表B-3。介于息票剥离节点之间，收益率一般被假设为线性（在我们的例子中，2.25年所对应的零息利率为6.9025%）。通常的习惯约定是将息票剥离第一节点之前的利率以及最后一个节点之后的利率设定为常数，我们在图B-1中画出这里讨论的利率曲线。

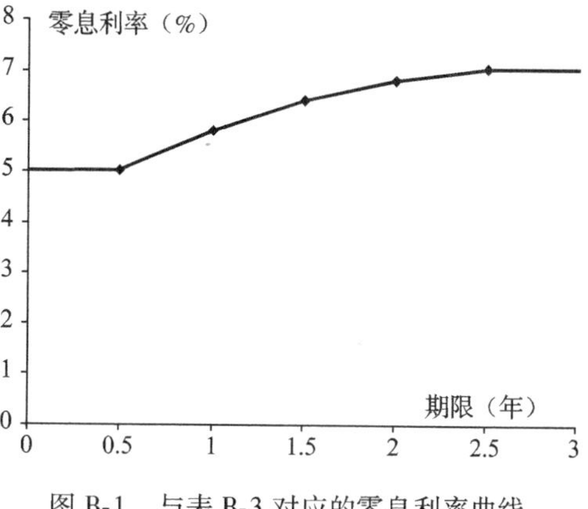

图B-1 与表B-3对应的零息利率曲线

B.5 OIS零息利率

OIS零息利率曲线的确定方式与确定国债零息曲线的息票剥离法类似。期限为1年的OIS利率适用于1年到期的互换，它们能立即提供有关这些期限的零息利率的信息。期限超过1年的OIS利率通常适用于每3个月交易一次的互换合约，表示按面值出售并按季度支付的债券收益率。

假设3个月、6个月、9个月和12个月的OIS零息利率分别为2%、2.3%、2.5%和2.7%（连续复利）。进一步假设1.25年期的OIS利率为2.8%，一张面值为100美元的1.25年期的债券与每3个月支付0.7利息的债券的价值相等。如果债券收益率R等于1.25年期的OIS零息利率，那么有

$$0.7e^{-0.02\times0.25}+0.7e^{-0.023\times0.5}+0.7e^{-0.025\times0.75}+0.7e^{-0.027\times1}+100.7e^{-R\times1.25}=100$$

即$R=2.794\%$。

APPENDIX C

附录 C

远期合约及期货合约的定价

一个不提供中间收入的资产的远期或期货价值为

$$F_0 = S_0 e^{rT}$$

其中 S_0 为资产今天的现市价格，T 为期货或远期的到期期限，r 为对应于期限 T 的连续复利无风险利率。如果资产在期限 T 前提供收入，收入的贴现值为 I，则以上表达式变为

$$F_0 = (S_0 - I)e^{rT}$$

如果资产提供收入的收益率为 q，资产的远期或期货价值为

$$F_0 = S_0 e^{(r-q)T}$$

外汇可以被看作是提供收入的投资资产，收入的收益率为外汇所对应的无风险利率，所以外汇远期和期货的价值为

$$F_0 = S_0 e^{(r-r_f)T}$$

其中 r_f 为外国无风险利率（连续复利），S_0 为即期汇率。

如果一个远期合约的持有方能够以价格 K 买入资产，那么这一远期合约的价格为

$$(F_0 - K)e^{-rT}$$

其中 F 为远期价格，如果持有方可以价格 K 卖出资产，那么其价格就变为

$$(K - F_0)e^{-rT}$$

【例 C-1】 我们考虑一个 6 个月期的 S&P 500 期货合约，S&P 500 股指的当前价格为 1 200，6 个月期无风险利率为每年 5%，S&P 500 在今后 6 个月的预期收益率为每年 2%（两个利率均为连续复利），期货合约的价格为 $1\,200e^{(0.05-0.02)\times 0.5}$，即 1 218.14。

【例 C-2】 一个期限为9个月的黄金合约的远期价格为550美元，某家公司持有远期合约，公司可以在9个月以每盎司530美元的价格买入1 000盎司黄金，9个月期无风险利率为每年4%（连续复利），远期合约的价值为 $1\ 000 \times (550-530)\ e^{-0.04\times 9/12}$，即19 409美元。

在大多数情况下，远期合约和期货合约的价格可以假设相等。但是合约的利率除外，欧洲美元期货合约的报价不能假设为与相应的远期利率相同，特别是当合约到期时间较长时。

APPENDIX D

附录 D

互换合约定价

对于利率互换合约定价,我们可以假定在将来某时刻的利率等于今天观察到的远期利率。例如,我们考虑某利率互换合约,从现在到利率互换的到期日还有 14 个月,利率互换合约的本金为 1 亿美元,假定我们在合约中收入的固定利率为 5%,付出的浮动利率为 LIBOR,资产流互换频率为每 6 个月一次。假定:①4 个月以前设定的 6 个月期 LIBOR 利率为 4%;②在今后 2 个月开始的 6 个月远期利率为 4.6%;③在将来 8 个月时的 6 个月远期利率为 5.2%。所有利率的计算方式为每半年复利一次,假定远期利率在今后会得以实现,利率互换所对应的现金流在表 D-1中有所展示(例如在 8 个月时收入的固定利率的现金流为 0.5 ×0.05 × 100,即 250 万美元;付出的浮动利率现金流为 0.05 ×0.046 ×100,即 230 万美元),利率互换的价值是表 D-1 中最后一列净现金流的贴现值。[⊖]用于贴现现金流的利率通常是 OIS 零息利率(计算见附录 B)。

表 D-1 在利率互换合约定价中假定远期利率在将来会得以实现

(百万美元)

时间	固定利率的现金流	浮动利率的现金流	净现金流
2 个月	2.5	−2.0	0.5
8 个月	2.5	−2.3	0.2
14 个月	2.5	−2.6	−0.1

D.1 LIBOR 远期利率

LIBOR 远期利率可以用息票剥离法计算。假设 6 个月、12 个月、18 个月和 24

⊖ 注意现金流的精确时间取决于天数计算方式和节假日。

个月的 OIS 零息利率分别为 3.8%、4.3%、4.6% 和 4.75%（连续复利）。假设在每 6 个月交换一次现金流的 2 年期互换协议中，互换利率为 5%。进一步假设 0.5 年期的 LIBOR 远期利率为 5.5%（全部以半年复利）。收到 LIBOR 并支付 5% 的 2 年期互换合约的价值为 0。第一次互换的价值为

$$0.5\times(0.04-0.05)\times100\times e^{-0.038\times0.5}=-0.4906$$

第二次互换的价值为

$$0.5\times(0.05-0.05)\times100\times e^{-0.043\times1}=0$$

第三次互换的价值为

$$0.5\times(0.055-0.05)\times100\times e^{-0.046\times1.5}=0.2333$$

前三次支付的总价值是 $-0.4906+0+0.2333=-0.2573$，假设最后一次支付的远期利率为 F，互换价值为 0，有

$$0.5\times(F-0.05)\times100\times e^{-0.0475\times2}=0.2573$$

即 $F=0.05565$ 或 5.565%。

D.2 货币互换

在货币互换的定价中，我们可以假设将来的汇率等于今天的远期汇率。接下来我们考虑一个货币互换的实例，这一货币互换是以 4% 的英镑利率与 6% 的美元利率每年进行交换。两种货币的面值分别为 1 000 万美元以及 500 万英镑，互换交易的期限为 3 年，互换交易的现金流如表 D-2 中第 2 列及第 3 列所示，远期汇率（我们假定）如表中第 4 列所示。我们采用这些汇率将英镑转换为美元，最后一列展示了净现金流，互换的价值等于这些现金流的贴现值。

表 D-2 在货币互换中假定远期汇率在将来会得以实现 （百万美元）

时间	美元现金流	英镑现金流	远期汇率	以美元为计的英镑现金流的价值	以美元为计的净现金流
1	-0.6	0.2	1.8000	0.360	-0.240
2	-0.6	0.2	1.8400	0.368	-0.232
3	-0.6	0.2	1.8800	0.376	-0.224
3	-10.0	5.0	1.8800	9.400	-0.600

另外一种方式（最终计算价值同以上计算结果相等）是将互换交易作为英镑债券的多头与美元债券的空头进行交换。每一债券均在所对应的货币体系下进行定价，最后在计算中，利用当前汇率将英镑债券的价格转换为美元价格。

APPENDIX E

附录 E

欧式期权定价

对于一个不提供中间收入的资产的欧式看涨期权及欧式看跌期权，布莱克－斯科尔斯－默顿定价公式为

$$c = S_0N(d_1) - Ke^{-rT}N(d_2)$$

及

$$p = Ke^{-rT}N(-d_2) - S_0N(-d_1)$$

其中

$$d_1 = \frac{\ln(S_0/K) + (r + \sigma^2/2)T}{\sigma\sqrt{T}}$$

$$d_2 = \frac{\ln(S_0/K) + (r - \sigma^2/2)T}{\sigma\sqrt{T}} = d_1 - \sigma\sqrt{T}$$

其中 $N(x)$ 为正态分布的累积分布函数（函数表列于本书最后或 Excel 里的 NORMSDIST 功能），变量 c 及 p 分别代表欧式看涨期权及欧式看跌期权的价格，S_0 为在时间 0 的股票价格，K 为执行价格，r 为连续复利的无风险利率，σ 为股票波动率，T 为期权的到期期限。

当资产提供现金收入时，在期权期限内的现金收入的贴现值应该在 S_0 中扣除，当资产提供收入的收益率为 q 时，以上公式变为

$$c = S_0e^{-qT}N(d_1) - Ke^{-rT}N(d_2)$$

及

$$p = Ke^{-rT}N(-d_2) - S_0e^{-qT}N(-d_1)$$

其中

$$d_1 = \frac{\ln(S_0/K) + (r - q + \sigma^2/2)T}{\sigma\sqrt{T}}$$

$$d_2 = \frac{\ln(S_0/K) + (r - q - \sigma^2/2)T}{\sigma\sqrt{T}} = d_1 - \sigma\sqrt{T}$$

对于汇率期权可以通过设定 q 等于外汇无风险利率来估值。对于远期或期货期权，我们可以采用以上公式，其中，S_0 等于远期或期货的现值，σ 是远期或者期货价格的波动率。

表 E-1 给出了期权所对应的希腊值，$N'(x)$ 代表正态分布密度函数，其公式为

$$N'(x) = \frac{1}{\sqrt{2\pi}}e^{-x^2/2}$$

期权的隐含波动率的定义为使得布莱克－斯科尔斯－默顿模型给出的期权价格等于市场价格的波动性（见第 10.2 节），即 σ 为隐含波动率。

表 E-1 资产的收益率为 q 的期权的希腊值

希腊值	看涨期权	看跌期权
delta	$e^{-qT}N(d_1)$	$e^{-qT}[N(d_1) - 1]$
gamma	$\frac{N'(d_1)e^{-qT}}{S_0\sigma\sqrt{T}}$	$\frac{N'(d_1)e^{-qT}}{S_0\sigma\sqrt{T}}$
theta（每年）	$-S_0N'(d_1)\sigma e^{-qT}/(2\sqrt{T})$ $+ qS_0N(d_1)e^{-qT}$ $- rKe^{-rT}N(d_2)$	$-S_0N'(d_1)\sigma e^{-qT}/(2\sqrt{T})$ $- qS_0N(-d_1)e^{-qT}$ $+ rKe^{-rT}N(-d_2)$
vega（每1%）	$\frac{S_0\sqrt{T}N'(d_1)e^{-qT}}{100}$	$\frac{S_0\sqrt{T}N'(d_1)e^{-qT}}{100}$
rho（每1%）	$\frac{KTe^{-rT}N(d_2)}{100}$	$-\frac{KTe^{-rT}N(-d_2)}{100}$

【例 E-1】 我们考虑一个 6 个月期的欧式股指期权，股指的当前价格为 1 200，期权执行价格为 1 250，无风险利率为 5%。股指的股息率为 2%，股指的波动率为 0.2，这时 $S_0 = 1\,200$，$K = 1\,250$，$r = 0.05$，$q = 0.02$，$\sigma = 0.2$，$T = 0.5$，期权价格为 53.44，期权的 delta 为 0.45，gamma 为 0.002 3，theta 为 −0.22，vega 为 3.33，rho 为 2.44，注意表 E-1 给出的 theta 的时间单位为每年，我们这里计算出的 theta 对应于日历天。

以上计算可以用 RMFI 软件实现，这一软件可在作者的网页上下载，在计算中选择“期权类型：布莱克－斯科尔斯欧式期权”（Option Type：Black-Scholes European），在赫尔（2018）的著作中有关于期权定价更详细的描述。[⊖]

⊖ See J. C. Hull, *Options*, *Futures*, *and Other Derivatives*, 10th ed.（Upper Saddle River, NJ：Pearson, 2018）.

APPENDIX F

附录 F

美式期权定价

对于美式期权进行定价，我们需要将期权的期限分成 n 个等份，每一个等份的长度为 Δt。假设资产在时间开始的价格为 S，在 Δt 时间后，S 上涨为 Su 的概率为 p，S 下降为 Sd 的概率为 $1-p$，对于不提供中间收入的资产，变量 u、d 及 p 分别为

$$u = e^{\sigma\sqrt{\Delta t}}, \quad d = \frac{1}{u}, \quad p = \frac{a-d}{u-d}$$

其中

$$a = e^{r\Delta t}$$

r 为无风险利率，σ 为波动率。

图 F-1 显示了一个期限为 5 个月的美式看跌期权的定价二叉树，这里的标的资产为某不付股息的股票，股票的当前价格为 50，期权的执行价格为 50，无风险利率为 10%，波动率为 40%，在二叉树中总共有 5 步，$\Delta t = 0.083\,3$，$u = 1.122\,4$，$d = 0.890\,9$，$a = 1.008\,4$，$p = 0.507\,3$，图中每一个节点上部所对应的数值为股票价格，节点下部所对应的数值为期权价格。

在二叉树最终端期权价格为期权的内含价格（intrinsic value）。例如，在节点 G 上，期权价格为 $50 - 35.36 = 14.64$。在到期之前的每一个节点，我们假定期权持有者会将期权持有到下一个时间 Δt，并且持有者会验证提早行使期权是否会为最优。首先让我们考虑节点 E，如果期权会被持有到下一个时间段，如价格上涨时（对应概率 p），期权价格为 0；如价格下跌（对应概率为 $1-p$）时，期权价格为 5.45，期权价格的期望为 $0.507\,3 \times 0 + 0.492\,7 \times 5.45$，即 2.686，利用 10% 利率进行贴现，对应于节点 E 的期权期望值的贴现为 2.66。因此期权在 E 点不应该被得以行使，因为这样做所得回报为 0。接下来考虑节点 A，假定期权仍然会持有到一个时间段，

通过一个类似的计算我们可以得出期权在A点的价格为9.90，如果期权在这一时刻得以行使，回报值为50 - 39.69 = 10.31，这时期权在A节点应该被提前行使，因此期权在A节点的价格为10.31。

从二叉树的最终端开始以后退的形式继续计算，在到达初始节点D时，我们得出的期权价格为4.49。当我们采用的二叉树步数增大时，期权价格的精度也增大，利用30、50及100步的二叉树，我们得出的期权价格分别为4.263、4.272及4.278。

在每一个节点上：
上部数值为股票价格
下部数值为期权价格
阴影节点代表期权被行使

执行价格 = 50
贴现因子 = 0.991 7
时间长度 Δt = 0.083 3年，即30.42天

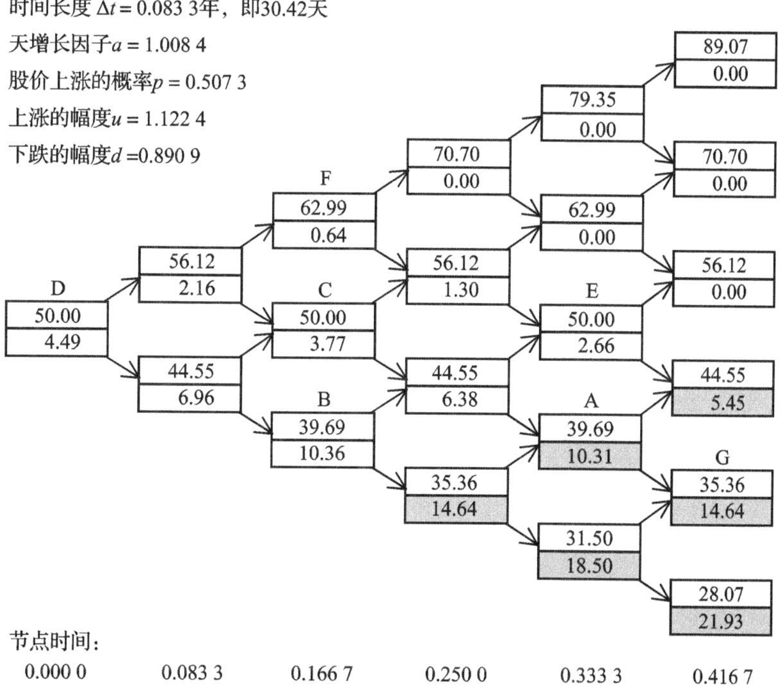

图F-1　某不付股息的股票的美式看跌期权的定价二叉树

为了计算delta，我们考虑在Δt时的两个节点，在我们的例子中，从低位节点转移到高位节点时，期权价格变化由6.96变为2.16，相应的股票价格由44.55变为56.12，因此delta的近似值为期权价格的变化除以股票价格的变化

$$\text{delta} = \frac{2.16 - 6.96}{56.12 - 44.55} = -0.41$$

为了计算gamma，我们考虑在$2\Delta t$时刻的三个节点，由树的上半部分两个节点（C及F）所计算的delta为 -0.241，这一delta所对应的股票价格近似为（62.99 + 50）/2 = 56.49，由树的下半部分两个节点（B及C）所计算出的delta为 -0.639，这一delta所对应的股票价格近似

为（50 +39.69）/2 =44.84，因此 gamma 的近似值为期权 delta 的变化除以相应股票价格的变化

$$\text{gamma} = \frac{-0.241 - (-0.639)}{56.49 - 44.84} = 0.034$$

由 D 及 C 节点我们可以估计出

$$\text{theta} = \frac{3.77 - 4.49}{2 \times 0.0833}$$

即 -4.30（每年）。以上数量对得出每个日历天所对应的 theta 为 -0.0118。vega 的估计可以通过加大波动率、重新构造新的二叉树并计算新的期权价格来取得，rho 的计算方式和 vega 类似。

如果标的资产的中间收入的收益率为 q，以上计算方式除了 $a = e^{(r-q)\Delta t}$（而不是 $e^{r\Delta t}$）以外，其他计算过程完全相同（当标的资产是外汇时，q 等于外国的无风险利率）。当期权标的资产为期货或远期价格时，a 设为 1，二叉树各节点可显示出期货或远期的价格。以上我们描述的过程可利用软件 RMFI 来实现，这一软件可在作者的网页上下载。在软件中选择“期权类型：二叉树美式期权”（Option Type: Binomial American）。在赫尔（2018）关于衍生产品定价的著作中有关于美式期权定价的更详细描述。[⊖]

⊖ See J. C. Hull, *Options*, *Futures*, *and Other Derivatives*, 10th ed. (Upper Saddle River, NJ: Pearson, 2018).

附录 G

APPENDIX G

泰勒级数展开

考虑函数 $z=F(x)$，假定变量 x 有一个小的变化，即 Δx，变量 z 随之也会有一个小的变化，即 Δz，Δz 和 Δx 的一阶近似关系为

$$\Delta z = \frac{\mathrm{d}z}{\mathrm{d}x}\Delta x \tag{G-1}$$

当 $z=F(x)$ 为线性函数时，以上关系式为恒等式，在其他情形下为近似式。另外一个更为准确的近似式为

$$\Delta z = \frac{\mathrm{d}z}{\mathrm{d}x}\Delta x + \frac{1}{2}\frac{\mathrm{d}^2 z}{\mathrm{d}x^2}(\Delta x)^2 \tag{G-2}$$

当 $z=F(x)$ 为二次函数时，以上关系式为恒等式，在其他情形下为近似式。在近似式中加入更多的项，我们可以提高近似精度。泰勒展开的完整表达式为

$$\Delta z = \frac{\mathrm{d}z}{\mathrm{d}x}\Delta x + \frac{1}{2!}\frac{\mathrm{d}^2 z}{\mathrm{d}x^2}(\Delta x)^2 + \frac{1}{3!}\frac{\mathrm{d}^3 z}{\mathrm{d}x^3}(\Delta x)^3 + \frac{1}{4!}\frac{\mathrm{d}^4 z}{\mathrm{d}x^4}(\Delta x)^4 + \cdots$$

这里“!”表示阶乘函数。$2!=2\times1=2$，$3!=3\times2\times1=6$，$4!=4\times3\times2\times1=24$，依此类推。

【例 G-1】 考虑函数 $z=\sqrt{x}$，因此

$$\frac{\mathrm{d}z}{\mathrm{d}x}=\frac{1}{2x^{1/2}},\quad \frac{\mathrm{d}^2 z}{\mathrm{d}x^2}=-\frac{1}{4x^{3/2}},\quad \frac{\mathrm{d}^3 z}{\mathrm{d}x^3}=\frac{3}{8x^{5/2}}$$

假定 $x=2$ 以及 $\Delta x=0.1$，因此 $\Delta z=\sqrt{2.1}-\sqrt{2}=0.034\,924$，当 $x=2$ 时

$$\frac{\mathrm{d}z}{\mathrm{d}x}=0.353\,55,\quad \frac{\mathrm{d}^2 z}{\mathrm{d}x^2}=-0.088\,39,\quad \frac{\mathrm{d}^3 z}{\mathrm{d}x^3}=0.066\,29$$

式（G-1）给出 Δz 的一阶近似为

$$\Delta z = 0.35355 \times 0.1 = 0.035355$$

式（G-2）给出 $z=F(x)$ 的二阶近似为

$$\Delta z = 0.35355 \times 0.1 + \frac{1}{2} \times (-0.08839) \times 0.1^2 = 0.034913$$

三阶近似为

$$\Delta z = 0.35355 \times 0.1 + \frac{1}{2} \times (-0.08839) \times 0.1^2 + \frac{1}{6} \times 0.06629 \times 0.1^3 = 0.034924$$

我们可以看出泰勒级数很快就收敛到正确答案0.034 924。

G.1 两个变量的情形

接下来我们考虑两个变量的函数 $z=F(x, y)$，假定变量 x 和 y 分别有小的变化 Δx 和 Δy，变量 z 随之也会有一个小的变化，即 Δz，这时一阶近似关系为

$$\Delta z = \frac{\partial z}{\partial x}\Delta x + \frac{\partial z}{\partial y}\Delta y \tag{G-3}$$

二阶近似关系式为

$$\Delta z = \frac{\partial z}{\partial x}\Delta x + \frac{\partial z}{\partial y}\Delta y + \frac{1}{2}\frac{\partial^2 z}{\partial x^2}(\Delta x)^2 + \frac{1}{2}\frac{\partial^2 z}{\partial y^2}(\Delta y)^2 + \frac{\partial^2 z}{\partial x \partial y}\Delta x \Delta y \tag{G-4}$$

【例 G-2】 考虑函数 $z=\sqrt{xy}$，因此

$$\frac{\partial z}{\partial x} = \frac{y^{1/2}}{2x^{1/2}}, \quad \frac{\partial z}{\partial y} = \frac{x^{1/2}}{2y^{1/2}}$$

$$\frac{\partial^2 z}{\partial x^2} = -\frac{y^{1/2}}{4x^{3/2}}, \quad \frac{\partial^2 z}{\partial y^2} = -\frac{x^{1/2}}{4y^{3/2}}, \quad \frac{\partial^2 z}{\partial x \partial y} = \frac{1}{4(xy)^{1/2}}$$

假定 $x=2$，$y=1$；$\Delta x=0.1$，$\Delta y=0.1$，因此

$$\Delta z = \sqrt{2.1 \times 1.1} - \sqrt{2 \times 1} = 0.10565$$

当 $x=2$ 和 $y=1$ 时

$$\frac{\partial z}{\partial x} = 0.35355, \quad \frac{\partial z}{\partial y} = 0.70711$$

$$\frac{\partial^2 z}{\partial x^2} = -0.08839, \quad \frac{\partial^2 z}{\partial y^2} = -0.35355, \quad \frac{\partial^2 z}{\partial x \partial y} = 0.17678$$

式（G-3）给出 Δz 的一阶近似为

$$\Delta z = 0.35355 \times 0.1 + 0.70711 \times 0.1 = 0.10607$$

式（G-4）给出的二阶近似为

$$\Delta z = 0.35355 \times 0.1 + 0.70711 \times 0.1 + \frac{1}{2} \times (-0.08839) \times 0.1^2 + \frac{1}{2} \times (-0.35355) \times 0.1^2 + 0.17678 \times 0.1 \times 0.1 = 0.10562$$

泰勒级数将收敛到0.105 62。[⊖]

G.2 一般结果

对于一个n个变量x_1，x_2，…，x_n的函数，Δz的泰勒展开式为

$$\Delta z = \sum_{m_1=0}^{\infty} \cdots \sum_{m_n=0}^{\infty} \frac{1}{m_1! \cdots m_n!} \frac{\partial^m z}{\partial x_1^{m_1} \cdots \partial x_n^{m_n}} \Delta x_1^{m_1} \cdots \Delta x_n^{m_n}$$

其中$m = m_1 + \cdots + m_n$，以及对应于所有m_i为0的项的取值均为0。

⊖ 原书为0.105 65，疑有误，更正为此。——译者注

APPENDIX H

附录 H

特征向量和特征值

考虑一个 $n\times n$ 矩阵 $\boldsymbol{A}$，假定 $\boldsymbol{x}$ 为一个 $n\times 1$ 的向量，考虑方程

$$\boldsymbol{A}\boldsymbol{x} = \lambda\boldsymbol{x} \tag{H-1}$$

以上方程可以写为

$$(\boldsymbol{A}-\lambda\boldsymbol{I})\boldsymbol{x} = 0$$

其中 $\boldsymbol{I}$ 为 $n\times n$ 单位矩阵（在该 $n\times n$ 矩阵中，对角元素为 1，非对角元素均为 0）。显然 $\boldsymbol{x}=0$ 是式（H-1）的解，但在什么条件下，以上方程具有非零解呢？线性代数的一个定理保证，如果 $\boldsymbol{A}-\lambda\boldsymbol{I}$ 的行列式为零，那么式（H-1）有非零解。满足以上方程的 λ 就是满足令 $\boldsymbol{A}-\lambda\boldsymbol{I}$ 的行列式为零的一个 n 次多项式的解，一般来讲，这个 n 次多项式有 n 个解，这些解被称为是矩阵 $\boldsymbol{A}$ 的特征值，对应于某个特征值，满足式（H-1）的向量 $\boldsymbol{x}$ 为特征向量。一般来讲矩阵 $\boldsymbol{A}$ 有 n 个特征向量，即每一个特征值会对应一个特征向量。

作为一个简单例子，假定

$$\boldsymbol{A} = \begin{bmatrix} 1 & -1 \\ 2 & 4 \end{bmatrix}$$

这时

$$\boldsymbol{A}-\lambda\boldsymbol{I} = \begin{bmatrix} 1-\lambda & -1 \\ 2 & 4-\lambda \end{bmatrix}$$

以上矩阵的行列式等于

$$(1-\lambda)(4-\lambda)-(-1)\times 2 = \lambda^2-5\lambda+6$$

以上的解为 $\lambda=3$ 及 $\lambda=2$，这两个值即为矩阵的特征值。

为了确定对应于 $\lambda=3$ 的特征向量，我们对式（H-1）求解，即

$$\begin{bmatrix}1 & -1\\2 & 4\end{bmatrix}\boldsymbol{x} = 3\boldsymbol{x}$$

令

$$\boldsymbol{x} = \begin{bmatrix}x_1\\x_2\end{bmatrix}$$

以上方程等价于

$$\begin{bmatrix}1 & -1\\2 & 4\end{bmatrix}\begin{bmatrix}x_1\\x_2\end{bmatrix} = 3\begin{bmatrix}x_1\\x_2\end{bmatrix}$$

与此相对应的联立方程为

$$x_1 - x_2 = 3x_1$$

及

$$2x_1 + 4x_2 = 3x_2$$

以上两个方程均等价于

$$x_2 + 2x_1 = 0$$

以上方程说明当 $\lambda=3$ 时满足 $x_2=-2x_1$ 的任意 x_1 和 x_2 均满足以上方程。一种约定是选取 x_1 和 x_2 保证向量 $\boldsymbol{x}$ 的长度为 1，这意味着 $x_1^2+x_2^2=1$，这时满足 $\boldsymbol{x}$ 的长度为 1 的解为 $x_1=\sqrt{0.2}=0.447$ 及 $x_2=-2\sqrt{0.2}=-0.894$（另外一组解为 $x_1=-\sqrt{0.2}=-0.447$ 及 $x_1=2\sqrt{0.2}=0.894$），向量

$$\boldsymbol{x} = \begin{bmatrix}0.447\\-0.894\end{bmatrix}$$

就是对应于特征值 $\lambda=3$ 的特征向量。

通过一个类似的计算得出，对应于 $\lambda=2$，式（H-1）为 $x_1+x_2=0$，满足以上方程，并且长度为 1 的向量为 $x_1=\sqrt{0.5}=0.707$ 及 $x_2=-\sqrt{0.5}=-0.707$（另外一组解为 $x_1=-\sqrt{0.5}=-0.707$ 及 $x_1=\sqrt{0.5}=0.707$），向量

$$\boldsymbol{x} = \begin{bmatrix}0.707\\-0.707\end{bmatrix}$$

就是对应于特征值 $\lambda=2$ 的特征向量。对于大型矩阵，我们必须采用数值分析方法来确定特征值和特征向量，一种数值方法是由 Press 等（2007）提供的。[⊖]

附录 I 和附录 J 是关于特征值和特征向量的应用，计算特征值和特征向量的软件在作者的网站上。

⊖ See W. H. Press, S. A. Teukolsky, W. T. Vetterling, and B. P. Flannery, *Numerical Recipes: The Art of Scientific Computing*, 3rd ed.（Cambridge, UK: Cambridge University Press, 2007）.

APPENDIX I

附录 I

主成分分析法

主成分分析法是理解 n 个相关变量的数据的一种方法，这一分析的目的是用一个小数量不相关的变量取代这里 n 个变量。在第 9.7 节的例子中，总共有 8 个变量，这些变量是关于1 年、2 年、3 年、4 年、5 年、7 年、10 年及30 年的互换利率的日变化量。

分析的第一步是计算数据的协方差矩阵。如第 11.3 节所示，$n \times n$ 协方差矩阵的第（i, j）个元素为数据中第 i 个变量与第 j 个变量的协方差，对角元（即 $i=j$）为方差。

接下来一步是计算以上矩阵的特征值和特征向量（见附录 H），特征向量的长度要等于1（如附录 H 所示，这意味着向量的元素的平方之和等于1）。最高特征值所对应的特征向量为第一主元素，第二高数量特征值所对应的特征向量为第二主元素，等等。第 9.7 节中的例子所对应的主元素在表 9-6 中给出了。

第 i 个主元素的特征值所占所有特征值的和的比率，即为第 i 个主元素能够解释的整体方差的百分比。第 i 个特征值的平方根即为第 i 个因子得分的标准差（见表 9-7）。

读者可在作者的网页上找到进行主成分分析法的软件。

附录 J

对信用迁移矩阵的处理

APPENDIX J

假定一个 $n\times n$ 矩阵 $\boldsymbol{A}$ 为一年的信用迁移矩阵，这一矩阵就如表 21-1 所示。假定相连的时间段中，评级的变化是相互独立的，对应于 m 年的信用迁移矩阵为 $\boldsymbol{A}^m$。如果 m 为整数，对于 $\boldsymbol{A}^m$ 的计算可以采用常规的矩阵乘法规则。

接下来考虑如何计算当 m 为整数时，对应于 $1/m$ 年的迁移矩阵（例如，如果我们想知道一个月的变化，可令 $m=12$）。这个问题要复杂得多，因为我们要计算一个矩阵的 m 次方根。我们首先需要计算出矩阵的特征向量 $\boldsymbol{x}_1$，$\boldsymbol{x}_2$，…，$\boldsymbol{x}_n$ 及特征值 λ_1，λ_2，…，λ_n，这些特征值及特征向量满足

$$\boldsymbol{A}\boldsymbol{x}_i = \lambda_i \boldsymbol{x}_i \tag{J-1}$$

定义一个 $n\times n$ 矩阵 $\boldsymbol{X}$，其第 i 列为 $\boldsymbol{x}_i$，$\boldsymbol{\Lambda}$ 为 $n\times n$ 对角矩阵（即除主对角线以外其他位置都是 0 的矩阵），第 i 个对角元为 λ_i，由式（J-1），我们可以给出以下关系式

$$\boldsymbol{A}\cdot\boldsymbol{X} = \boldsymbol{X}\cdot\boldsymbol{\Lambda}$$

即

$$\boldsymbol{A} = \boldsymbol{X}\cdot\boldsymbol{\Lambda}\cdot\boldsymbol{X}^{-1}$$

定义 $\boldsymbol{\Lambda}^*$ 为对角矩阵，第 i 个对角元为 $\lambda_i^{1/m}$，因此

$$\begin{aligned}(\boldsymbol{X}\cdot\boldsymbol{\Lambda}^*\cdot\boldsymbol{X}^{-1})^m &= (\boldsymbol{X}\cdot\boldsymbol{\Lambda}^*\cdot\boldsymbol{X}^{-1})(\boldsymbol{X}\cdot\boldsymbol{\Lambda}^*\cdot\boldsymbol{X}^{-1})\cdots(\boldsymbol{X}\cdot\boldsymbol{\Lambda}^*\cdot\boldsymbol{X}^{-1})\\ &= \boldsymbol{X}\cdot(\boldsymbol{\Lambda}^*)^m\cdot\boldsymbol{X}^{-1} = \boldsymbol{X}\cdot\boldsymbol{\Lambda}\cdot\boldsymbol{X}^{-1} = \boldsymbol{A}\end{aligned}$$

以上过程说明矩阵 $\boldsymbol{A}$ 的 m 次方根为 $\boldsymbol{X}\cdot\boldsymbol{\Lambda}^*\cdot\boldsymbol{X}^{-1}$，我们从而得到了 $1/m$ 年的迁移矩阵。

有些作者，例如 Jarrow、Lando 和 Turnbull（1997），[㊀]对于以上计算喜欢采用**生成矩阵**（generator matrix）的方法。生成矩阵 $\boldsymbol{\Gamma}$ 满足：对应某个较短时间段 Δt，迁移矩阵为 $\boldsymbol{I}+\boldsymbol{\Gamma}\Delta t$，其中 $\boldsymbol{I}$ 为单位矩阵；对应于一个较长时间段 t，转移矩阵为

$$\exp(t\boldsymbol{\Gamma}) = \sum_{k=0}^{\infty} \frac{(t\boldsymbol{\Gamma})^k}{k!}$$

其中 $\boldsymbol{I}$ 为单位矩阵（对角元为 1，其他元素为 0）。

进行上述计算的软件可以从作者的网页上下载。

㊀ See R. A. Jarrow, D. Lando, and S. M. Turnbull, "A Markov Model for the Term Structure of Credit Spreads," *Review of Financial Studies* 10(1997): 481-523.

附录 K

信用违约互换的定价

我们在第 19 章中介绍了信用违约互换（CDS），该产品可以通过（风险中性）违约概率来定价。

假设在没有提前违约发生的条件下，某参照实体在一年内违约的条件概率为 2%。表 K-1 给出了 5 年中每一年的生存概率和非条件违约概率（即在 0 时刻看到的违约概率）。由式（19-2），生存到 t 时刻的概率为 $e^{-0.02t}$。一年内违约的概率为存活到该年年初的概率减去存活到该年年末的概率。例如，存活到第二年年末的概率为 $e^{-0.02\times2}=0.960\,8$，而存活到第三年年末的概率为 $e^{-0.02\times0.3}=0.941\,8$。因此在第三年内违约的概率为 $0.960\,8-0.941\,8=0.019\,0$。

表 K-1　无条件违约概率和生存概率

时间（年）	违约概率	生存概率	时间（年）	违约概率	生存概率
1	0.980 2	0.019 8	4	0.932 1	0.018 6
2	0.960 8	0.019 4	5	0.904 8	0.018 3
3	0.941 8	0.019 0			

我们假设违约总发生在每一年的年中，一个 5 年期的信用违约互换每年结束时付款一次。我们还假设连续复利的无风险年利率是 5%，回收率是 40%。计算分作三个部分，分别显示在表 K-2、表 K-3 和表 K-4 中。

表 K-2　计算 CDS 预期付款的贴现值　（每年的数量为 s）

时间（年）	生存概率	预期支付	贴现率	预期付款的贴现值
1	0.980 2	0.980 2s	0.951 2	0.932 4s
2	0.960 8	0.960 8s	0.904 8	0.869 4s
3	0.941 8	0.941 8s	0.860 7	0.810 6s
4	0.923 1	0.923 1s	0.818 7	0.755 8s
5	0.904 8	0.904 8s	0.778 8	0.704 7s
总计				4.072 8s

表 K-3 计算 CDS 预期收益的贴现值 （面值 1 美元）

时间（年）	违约概率	回收率	预期回报（美元）	贴现率	预期收益的贴现值（美元）
0.5	0.019 8	0.4	0.011 9	0.975 3	0.011 6
1.5	0.019 4	0.4	0.011 6	0.927 7	0.010 8
2.5	0.019 0	0.4	0.011 4	0.882 5	0.010 1
3.5	0.018 6	0.4	0.011 2	0.839 5	0.009 4
4.5	0.018 3	0.4	0.011 0	0.798 5	0.008 8
总计					0.050 6

表 K-4 计算应计付款的贴现值

时间（年）	违约概率	预期应计付款	贴现率	预期应计付款的贴现值
0.5	0.019 8	0.009 9s	0.975 3	0.009 7s
1.5	0.019 4	0.009 7s	0.927 7	0.009 0s
2.5	0.019 0	0.009 5s	0.882 5	0.008 4s
3.5	0.018 6	0.009 3s	0.839 5	0.007 8s
4.5	0.018 3	0.009 1s	0.798 5	0.007 3s
总计				0.042 2s

表 K-2 显示了计算 CDS 预期付款的当前价值的过程，其中假设每年的费率（CDS 利差）为 s，CDS 的面值为 1 美元。例如，有 0.941 8 的概率第三次付款会发生，因此预期付款是 0.941 8s，其贴现值为 $0.941\ 8se^{-0.05\times 3}=0.810\ 6s$。表 K-2 显示，预期付款的贴现总值为 4.072 8s。

表 K-3 显示了 CDS 预期收益的贴现值的计算过程，其中假设的面值也为 1 美元。如同前面提到过的，我们假设违约总是发生在年中。例如，有 0.019 0 的概率 CDS 在第三年的年中会产生回报。考虑到 40% 的回收率，这时的预期收益为 $0.019\ 0\times 0.6\times 1=0.011\ 4$。收益的贴现值为 $0.011\ 4e^{-0.05\times 2.5}=0.010\ 1$。表 K-3 所示的所有预期收益的贴现值为 0.050 6 美元。

在最后一步中，我们计算违约发生时的应计付款，如表 K-4 所示。会产生应计付款是因为 CDS 利差 s 是延后支付的，因此当违约发生时，实际已经积累了一部分应该支付的利差。考虑第三年，有 0.019 0 的概率在这一年的年中会发生违约。到发生违约时，已累积了 0.5s 的应付款。因此，第三年年中的预期应计付款为 $0.019\ 0\times 0.5s=0.009\ 5s$，其贴现值为 $0.009\ 5se^{-0.05\times 2.5}=0.008\ 4s$。表 K-4 显示，所有应计付款的贴现总和为 0.042 2s。

由表 K-2 和表 K-4，预期付款的贴现总额为

$$4.072\ 8s+0.042\ 2s=4.115\ 0s$$

由表 K-3，预期收益的贴现总额为 0.050 6。二者应该相等，因此

$$4.115\ 0s=0.050\ 6$$

由此得出 CDS 利差 $s=0.012\ 3$，即 CDS 的市场中间价应为面值的 0.012 3 倍，或者每年 123 个基点（考虑 40% 的回收率和每年 2% 的风险率，由式（19-3）给出的关系，我们也可大致估算出这一利差为 $0.02\times 0.6=0.012$）。

设计这个例子的目的是说明 CDS 价值的计算方法。在实际中，我们常常会发现需要的计算量比表 K-2 ~ 表 K-4 中的大得多，这是因为：第一，CDS 付款的支付频率通常要比每年 1 次

大得多；第二，我们假设违约发生的频率会比每年 1 次要高。

对 CDS 进行盯市计价

在合约谈判结束时，CDS 的价值和其他大多数衍生产品一样，几乎为 0。一段时间过后，其价值可能为正或为负。假设我们例子中的 CDS 合约已经存在了一段时间，合约中的 CDS 利差为 150 个基点，买方付款的贴现值为 4.115 0 × 0.015 0 = 0.061 7，而预期回报为0.050 6。对 CDS 的卖方，其价值为 0.061 7 - 0.050 6，即 0.011 1 乘以面值。类似地，合约对信用保护的买方的市场价值为 -0.011 1 乘以面值。

本书附带的 RMFI 软件可从作者的网页上下载，其中有一个工作表包含了上述计算。

APPENDIX L

附录 L

合成CDO及其定价

合成债务抵押债券（CDO）由多个份额构成。在每个份额中，对于特定债券组合在一定范围内的损失，A方对B方提供补偿。相应地，B方同意向A方支付受保护的面值的一定比例，作为买入保护的费用。

假设，对某一特定份额，损失的范围为从 α_L 到 α_H。变量 α_L 和 α_H 分别被称为附着点（attachment point）和分离点（detachement point）。如果 α_L 为8%而 α_H 为18%，则当债券组合的损失介于面值的8%～18%时，A方向B方支付损失的数量。因此，最初8%的损失部分不对该份额产生影响。该份额只承担接下来10%的损失，而且其面值随损失的发生而减小（最初为面值的18% -8% =10%）。当损失超过18%时，B方向A方定期支付费用，其数量等于该份额对应的剩余面值的一定比率。这一比率被称作**份额利差**（tranche spread）。

通常，我们假设债券组合中所有债券在违约时间上的分布是相同的。定义 $Q(t)$ 为某一债券到 t 时刻时违约的概率。第11.6节中介绍的单因子高斯Copula违约时间模型是市场上对CDO份额进行定价的标准模型。由式（11-13）

$$Q(t\mid F)=N\left\{\frac{N^{-1}[Q(t)]-\sqrt{\rho}F}{\sqrt{1-\rho}}\right\} \tag{L-1}$$

其中，$Q(t\mid F)$ 为基于因子 F，第 i 个实体到 t 时刻时违约的条件概率。在计算 $Q(t\mid F)$ 时，通常假设风险率为常数。当CDS利差或其他信用价差存在时，我们可以采用附录K中的方法，结合一个搜索过程，来找出风险率。

假设风险率为 λ，则

$$Q(t)=1-e^{-\lambda t} \tag{L-2}$$

根据二项分布的性质，基于因子 F，到 t 时刻，恰好有 k 个实体违约的条件概

率为

$$P(k,t \mid F) = \frac{n!}{(n-k)!k!}Q(t \mid F)^k[1 - Q(t \mid F)]^{n-k} \tag{L-3}$$

定义

$$n_L = \frac{\alpha_L n}{1-R} \quad 和 \quad n_H = \frac{\alpha_H n}{1-R}$$

其中 R 为回收率（假设为常数）。同时，定义 $m(x)$ 为比 x 大的最小整数。此份额在违约数 k 小于 $m(n_L)$ 时不受损失；在 k 大于或等于 $m(n_H)$ 时，全部损失；在其他情况下，份额在 t 时刻的面值占初始面值的比率为

$$\frac{\alpha_H - k(1-R)/n}{\alpha_H - \alpha_L}$$

这一结果可以与式（L-1）、式（L-2）和式（L-3）结合起来，计算基于因子 F 的任意时刻的份额面值的条件期望。然后，我们可以对 F 积分，以求得份额面值的期望。这一积分通常采用高斯积分（Gaussian quadrature）法来完成（在作者的网页上提供了在正态分布上使用高斯积分法进行积分的软件）。

通常，我们假设违约发生在两次付款时间间隔的中间点上。与附录K类似，我们需要知道以下变量：

（1）A方收到的预期付款的贴现值。

（2）A方对份额损失的预期偿付的贴现值。

（3）A方收到的应计付款的贴现值。

在某特定时刻，A方收到的付款的数额与份额当时的面额呈线性关系。A方支付的份额损失赔付（假设损失发生在付款间隔的中点）等于该时间段内份额面值的变化值。A方收到的应计付款为份额损失赔付的一定比例。对任意假设的利差，上述3个数值都可由份额面值的期望值求出。然后，采用类似附录K中求CDS利差的方法，我们可求得使预期付款等于预期份额损失赔付的利差。

由市场对CDO份额的询价，衍生产品交易商可以计算出隐含Copula相关系数 ρ，然后他们会倾向使用 ρ 来询价，而不是使用份额利差本身。这和期权市场上，交易商以布莱克－斯科尔斯－默顿模型的隐含波动率，而不是以币值本身来询价的做法很相似。因此，CDO市场上也存在相关性微笑现象，这类似于期权市场上的波动率微笑现象。

本书附带的RMFI软件中，包含了一个工作表，可进行上述计算。[⊖]读者可从作者的网页上下载该软件。

⊖ 关于计算CDO价值的更多细节，请参阅J. C. Hull, *Options*, *Futures*, *and Other Derivatives*, 10th ed.（Upper Saddle River, NJ: Pearson, 2018）。

练习题答案

第1章

1.1 预期回报为12.5%，回报率的标准差为17.07%。

1.2 由式（1-1）及式（1-2）得出，预期回报为12.5%，回报率的标准差为

$$\sqrt{0.5^2\times0.1707^2+0.5^2\times0.1707^2+2\times0.15\times0.5^2\times0.1707}=0.1294$$

即12.94%。

1.3

w_1	w_2	μ_P (%)	$\sigma_P(\rho=0.3)$ (%)	$\sigma_P(\rho=1)$ (%)	$\sigma_P(\rho=-1)$ (%)
0.0	1.0	15	24.00	24.00	24.00
0.2	0.8	14	20.39	22.40	16.00
0.4	0.6	13	17.42	20.80	8.00
0.6	0.4	12	15.48	19.20	0.00
0.8	0.2	11	14.96	17.60	8.00
1.0	0.0	10	16.00	16.00	16.00

1.4 非系统性风险可以被分散，系统性风险不能被分散。系统性风险对于股票投资者更重要，两类风险均可以导致企业的破产。

1.5 我们假定投资者在预期回报与风险之间找到平衡，对于一个指定的预期回报，投资者想尽可能使回报率的标准差达到极小，所有人对于特定投资所求得的预期回报、回报率的标准差及回报之间的相关系数的估计均相等。再有，投资者均能够以无风险利率借入及借出资金，结果是投资者都想在图1-4所示的“新有效边界”之上，他们选择同样的有风险投资与以无风险利率为利息的借入或借出资金的组合。

1.6 (a) 7.2%；(b) 9%；(c) 14.4%。

1.7 资本资产定价模型假定只有一个单一因子决定回报，套利定价理论假定有多个因子。

1.8 在许多国家和地区，企业债券利息可用于减税，而股票股息则不行，公司利用债券融资可以节省税务费用，但是随着债券发行量的增大，破产概率也会增大。

1.9 风险分解是指将风险逐一处理的过程，而风险聚集是指将风险进行汇总并进行处理的过程。采用风险分解方法，我们需要对每一个风险都有深入了解，而采用风险聚集方法，我们需要了解风险间的相关性。

1.10 当潜在损失很大时，我们不能将损失进行聚集并假定损失会被分散，而是有必要将损失单独进行处理，在处理过程中我们可以利用保险合约以及内控等措施。

1.11 这对应于盈利不小于资产的 -4% 的概率，该盈利水平为4.6/1.5=3.067倍的标准差，因此银行股票为正的概率为 $N(3.067)$，其中 N 为标准正态分布，其解为99.89%。

1.12 银行有从存款人那里取得资金的特权，而零售及制造业公司不能做到这一点。

1.13 专业服务费用（每月为1 000万美元），销售量下跌（人们不愿意同正在重组的公司再打交道），重要高管的辞职（缺乏业务的连续性）。

1.14 alpha为0的对冲基金的回报为 $0.05+0.6\times(0.10-0.05)=0.08$，即8%。因为alpha等于4%，对冲基金回报为8%+4%=12%。

第2章

2.1 银行系统变得更加集中化，大银行占有巨大市场份额，银行数量由14 483家减至5 060家。

2.2 20世纪初，许多州纷纷设定法律禁止银行开启多于1家以上的分行，1927年的《麦克法登法案》禁止银行在不同的州开设分行。

2.3 风险是当利率升高时，如果存款被延期，银行必须支付更高利率，而收入的贷款利率不

变，从而会造成银行利差收入的降低，同时还有流动性风险。

2.4 DLC 的损失超出了其股权资本金，公司可能会解体，次优先级长期债券的 500 万美元投资会有损失，存款人会拿回全部资金。

2.5 银行的净利息收入等于利息收入减去利息支出。

2.6 信用风险主要影响贷款损失。非利息收入包括交易的盈亏，因此市场风险影响非利息收入，如果资产和负债不匹配，市场风险也会影响净利息收入；操作风险主要会影响非利息费用。

2.7 私募是指面向少数大型金融机构新发行证券的行为。公募是指面向公众新发行证券的行为。在非包销交易中，投资银行向投资者出售证券，但对证券是否可以售出并不保证；在包销交易中，投资银行以某个价格从发行证券的公司买入证券，并随后在市场上以更高价格出售。

2.8 从高到低，竞价排序为 H、C、F、A、B、D、E 和 G。竞标人 H、C 及 F 的竞标数量均为 140 000 股，A 的竞标数量为 20 000 股，竞标的清盘价格由 A 给出，即 100 美元，H、C 和 F 以这一价格买入 100% 的竞标数量的股票，A 以这一价格买入一半的竞拍数量的股票。

2.9 荷兰式拍卖潜在地吸引大批竞标者，如果市场上所有感兴趣的人均参与竞标，成交价格应与刚刚 IPO 之后的市场价格非常接近。因此在正常的 IPO 情况中，应避免出现价格远远低于市场价格的情形。另外，在荷兰式拍卖中，投资银行不能只销售给自己最好的当前和潜在客户。谷歌的 IPO 过程不同于标准荷兰式拍卖，在其 IPO 过程中，谷歌对发行股票数量有发言权，并且在看到竞标后，可以改变分配给竞标人的股票数量。

2.10 毒丸计划可以给管理人员提供谈判的工具，即使是当公司董事会有权推翻毒丸计划或使之失效时，这一点仍然正确。当管理人员与一个潜在的买方产生对抗时，管理人员可以采用毒丸计划来争取时间以得到一个更好的卖出价格，或寻找其他买方。但毒丸计划的存在，也可能导致其他投资者望而却步。

2.11 银行的经纪子公司可能会推荐银行的投行部卖出的证券，商业银行子公司可能将一些机密信息传给投资银行子公司。当一家银行与另外一家公司进行业务往来（或者想进行业务往来），银行可能会说服经纪子公司将这家公司的股票评级为“买入”。商业银行子公司可能会说服自己的贷款客户来发行债券，而银行这么做的实际动机是因为对客户贷款的信用产生担心（同时，银行可以让自己的投行部门来说服其客户买入这些债券，从而承担信用风险）。以上利益冲突是通过所谓的防火墙来处理的，防火墙可以防止银行不同部门之间的信息渗透。

2.12 交易账户包含那些出于交易目的而持有的项目，这些项目要进行每日的盯市计价。银行账户包括那些预期持有到期满的项目，例如对公司和个人的贷款。

2.13 根据《国际财务报告准则第 9 号》（IFR9）和类似美国财务会计准则委员会（FASB）的会计准则，银行必须在其财务报表中将预计贷款损失从贷款中扣除。

2.14 在发起 - 分销模式中，银行首先发放贷款，然后将贷款打包出售给投资者。在 2007 年 7 月以前的 7 年间，以上经验模式在市场上盛行。2007 年 7 月，投资者对证券化产品失去了信心，银行不得不放弃这种经验模式（至少是暂时）。

第 3 章

3.1 定期寿险持续一定的期限（例如 5 年或 10 年），投保人支付保费，如果投保人在寿险期限内死亡，保险收益人所得赔偿就等于保单的面值；终身寿险为投保人终生提供保险，投保人通常每年定期向保险公司支付保费（每年数量为恒定），在投保人死后，保险公司向受益人提供赔偿。在终身寿险中，有一定的投资成分，这是因为在保险初期，保费高于预期赔偿（在保险后期，保费低于预期赔偿），投资所得的税务可以被延迟到投保人的死亡时刻。

3.2 变额寿险是终身寿险的一种特殊形式，投保人可以指明在保险最初的年份里的盈余保费（即保费超出保险精算费用）的投资方式。在投保人死亡时的赔偿有一个最低数量保证，但如果投资表现好，赔偿数量会远远高于最低数量。万能寿险也是终身寿险的一种形式，在这种保险中，投保人可以将保费减至不造成保险失效的某个最低水平。盈余保费被保险公司投资（一般是固定收益产品），保险公司将担保最低回报率，如果投资表现良好，在投保人死亡时投保受益人回报可能高于最低的回报率。

3.3 年金产品对于长寿风险有风险敞口；人寿保险对死亡风险有风险敞口。

3.4 由累计价值所产生的终身年金由以下利率的最大一个来计算：(a) 市场利率；(b) 实现预定的最低利率。

3.5 女性在第1年死亡的概率为0.003 182，在第2年死亡的概率为$0.003\,473 \times (1-0.003\,182) = 0.003\,462$，假定持平保费为$X$，我们有

$$1\,000\,000 \times (0.003\,182 + 0.003\,462) = X + (1-0.003\,182)X$$

由此得出$X = 3\,327$，持平保费为3 327美元。

3.6 一个男性活到30岁的概率为0.975 19，活到90岁的概率为0.177 35。一个男性在活到30岁的条件下，活到90岁的概率为$0.177\,35/0.975\,19 = 0.181\,86$。一个女性在活到30岁的条件下，活到90岁的概率为$0.291\,04/0.986\,35 = 0.295\,07$。

3.7 最大的风险来源于类似于地震和飓风的灾难，以及一些责任义务（例如，美国关于石棉的索赔），这是因为大数定理不再给保险公司提供任何帮助，这些事件要么不发生，因此也没有任何索赔，但事件一旦发生，索赔数量会巨大。

3.8 CAT债券（巨灾债券）给承担灾难性风险（例如飓风及地震）的保险公司提供了一种再保险产品，通过这种产品，保险公司可将灾难性风险转嫁，CAT债券由保险公司发行，债券的券息比政府债券券息要高，当保险公司面临灾害索赔时，在实现确定的损失范围内，CAT债券持有者必须同意放弃将来券息甚至本金。

3.9 CAT债券没有太多的系统性风险，自然灾害的发生与市场回报无关，CAT债券的风险可以由投资组合的其他风险而分解。B级债券具有系统性风险，其系统性风险不可以被分散，因此CAT债券是投资组合的一个更好的附加投资。

3.10 在加拿大和英国，医疗服务由政府来提供；在美国，公共医疗非常有限，大多数人需要从某种类型的私立保险公司买入医疗保险。在英国，私立医疗系统与公共医疗系统并存。

3.11 道德风险和逆向选择均会产生潜在问题，保险的存在会造成投保人不再努力去保护自己的工作，确实出现过一些投保人故意地失去工作来获得保险赔偿的事件。还有，主动买入保险的投保人往往来自那些有高风险会失去工作的群体。

3.12 对财产险的赔偿比对人寿保险的赔偿的变动性更大，这是由于类似于地震和飓风的灾难，以及一些责任义务（例如，美国关于石棉的索赔）所触发赔偿的变动性而造成。

3.13 赔付率等于1年内赔偿数量与保金数量的比；费用比率等于1年内费用数量（如销售提成和为确认损失而付出的费用）与保金数量的比。以上说法不正确，因为投资收入一般都很大，保费是在年初收入，赔偿是在年中的任意时刻，甚至是在年末。

3.14 在一个养老金固定供款计划中，雇员的供款（包括雇主为雇员的供款）均以雇员的名义存入单独的账户并进行投资。当雇员退休时，累积供款和投资收益一般会转换

为年金产品。在固定收益计划中，所有雇员的供款被统一在一起来进行投资，雇员收到的养老金数量取决于雇员为公司服务的时间以及雇员的最终工资。在任意一个时刻，固定收益计划资金均可能会处于资金不足或资金盈余状态。

3.15 雇员工资按实值计算为常数，假定工资为每年 X（X 的单位与我们的计算无关），养老金为 $0.75X$，实际回报为 0，因为雇员工作年限为 40 年，所以雇员的供款的贴现值为 $40XR$，其中 R 为供款占工资的比率，雇员所得养老金福利的贴现值为 $20\times0.75X=15X$，比率 R 应保证养老金资金量充足，即

$$40XR = 15X$$

即 $R=0.375$。因此，雇员和雇主供款总和占工资的比率至少应为 37.5%。

第4章

4.1 开放式基金总数量在有更多的投资者买入基金时会增长，而当有更多的投资者卖出基金时会下降；封闭式基金类似于一家发行固定数量股票的公司。

4.2 共同基金的净资产价值是在每天下午 4 点定出，等于基金持有资产价值除以当前共同基金的数量。

4.3 投资者在 2018 年和 2019 年分别有 300 美元和 100 美元资本收益，在 2020 年，投资者有 200 美元的资本亏损。

4.4 指数基金的设计是为了跟踪特定的股票指数，例如标准普尔 500 指数。一种构造指数基金的做法是买入指数中的所有（或具有代表性的部分）股票，有时还会采用关于指数的期货。

4.5 前端收费是投资者首次买入基金份额时支付费用，这个费用按投资数量的比例计算；后端收费是投资者在赎回基金份额时支付的费用，这个费用也是以投资数量的比例为计量。

4.6 跟踪标准普尔 500 指数的交易所交易基金（ETF）的过程如下：机构投资者首先将一个用于跟踪标准普尔 500 指数的股票交易组合存入基金，作为回报，该机构投资者收到 ETF 份额。机构投资者可以在任何时候，在 ETF 份额和构成 ETF 的股票的份额间进行转换。与开放式基金相比，ETF 的优点在于投资者可以随时进行基金份额交易，也可以卖空基金，ETF 基金管理人并不需要卖出基金资产来应对赎回的基金份额，因此不必刻意保持基金的高流动性；与封闭式基金相比，ETF 的优点在于 ETF 份额价格与每个份额的净资产价值十分接近。

4.7 n 个数字的算术平均值等于这 n 个数字的和除以 n，几何平均值等于这 n 个数字的乘积再开 n 次方，算术平均值永远大于或等于几何平均值，将某项投资持有若干年，我们需要使用几何平均（而不是算术平均值）来计算年回报（过程为首先计算“1 加上每年回报”的几何平均值，然后再减去 1）。

4.8 延迟交易是一种违法交易行为，做法是在下午 4 点以后下单，并以下午 4 点的价格买入或卖出开放式基金份额；择时交易是指基金经理允许一些特殊的客户频繁地买入或卖出基金的份额来盈利，他们之所以可以这么做是因为在下午 4 点计算基金净资产价值时，有些股票价格没有被更新；抢先交易是某些人在大型金融机构进行可以影响市场变动的交易之前，抢先交易的行为；定向经纪涉及共同基金与经纪商之间的不当行为，其中经纪商向共同基金推荐客户，作为回报，共同基金将业务交给该经纪商。

4.9 共同基金必须披露他们的交易策略；共同基金使用杠杆时，会有限制；共同基金不能卖空；他们也不能使用衍生产品。

4.10 如果一个对冲基金通过交易可转换证券来盈利，则其利益所得一定是建立在其他交易对手损失的基础上。如果大多数交易员都是对冲基金的话，不可能所有的人都盈利。

4.11 门槛回报率是指只有在业绩超出这个最小回报率时，绩效费才适用；高潮位标记条款是

指前期损失必须在全部补齐的情况下，绩效费才适用；分红追回条款指投资者有权收回以前发出的绩效费来弥补将来的损失。

4.12 如果回报率为 $X(>2\%)$，投资者支付的费用为 $0.02+0.2(X-0.02)$，因此

$$X-0.02-0.2(X-0.02)=0.2$$

$X=0.27$，因此回报率在达到27%以上时，才能满足条件。

4.13 如果对冲基金杠杆很高，短期的收益就变得非常重要，短期损失会引发保证金催付，这可能会摧毁对冲基金。

4.14 机构经纪人对于对冲基金所能够持有的杠杆有决定权，这从而会影响对冲基金所能持有的风险头寸。

第5章

5.1 当交易员进入远期合约的多头时，他同意在将来一定的时刻以某指定价格买入标的资产；当交易员进入远期合约的空头时，他同意在将来一定的时刻以某指定价格卖出标的资产。

5.2 某交易员对某资产有风险敞口，如果他采用衍生产品来减少自己的风险敞口，这时他的行为被称为是对冲；在投机行为中，交易员最初没有需要减小的风险敞口，他是在对今后的资产价格变化进行赌博；在套利行为中，交易员进行两个或更多的市场交易以锁定盈利。

5.3 在第一种情形中，交易员有义务以50美元的价格买入资产（这时他没有其他选择）；在第二种情形中，交易员有权利以50美元的价格买入资产（他可以选择不行使期权）。

5.4 卖给某人看涨期权等于你给了期权持有者在将来以指定价格从你这里买入某种资产的权利，买入看跌期权给了你在将来以指定价卖给期权出售者某种资产的权利。

5.5 (a) 投资者在每英镑价值为1.290 0美元时，有义务以每英镑1.300 0美元的价格卖出英镑，因此收益为（1.300 0 − 1.290 0）× 100 000 = 1 000美元。(b) 投资者在每英镑价值为1.320 0美元时，有义务以每英镑1.300 0美元的价格卖出英镑，损失为（1.320 0 − 1.300 0）× 100 000 = 2 000美元。

5.6 (a) 交易员卖出价格为每磅50美分，资产的实际价格每磅48.20美分，收益 =（0.5 − 0.482）× 50 000 = 900美元。(b) 交易员卖出价格为每磅50美分，资产的实际价格为每磅51.30美分，损失为（0.513 0 − 0.5）× 50 000 = 650美元。

5.7 你卖出了一个看跌期权。当期权持有者决定行使期权时，你必须以每股40美元的价格买入100股，期权持有者只有在股票价格低于40美元的时候才会行使期权，假如在期权到期时股票价格为30美元，你必须以40美元的价格买入实际价格只有30美元的股票，这时你每股损失10美元，整体损失为1 000美元；如果价格为20美元时，期权得以行使，你每股损失20美元，整体损失为2 000美元；损失的最坏情形为在3个月内股票价格几乎为0，这种不太可能会发生的事件会使你损失4 000美元。作为对将来损失的补偿，你会从期权买入方收到期权的买入费。

5.8 场外交易是由电话及计算机将金融机构、基金经理及企业资金管理人结合在一起的网络系统。在这种网络系统中，有需求的交易双方能够达成令双方均满意的协议。场内市场是由交易所组织的市场，在场内市场交易员可以见面或进行电话交流，市场交易的产品由交易所定义。(a) 场外交易（OTC）；(b) 交易所交易；(c) 两者均可；(d) 场外交易；(e) 场外交易。

5.9 一种策略是买入200股股票，另外一种策略是买入2 000份期权，当股价上涨时，第二种策略会有更大的收益。例如，假如股票价格上涨为40美元，第二种策略的收益为2 000 ×（40 − 30）− 5 800 = 14 200美元，而第一种收益仅为200 ×（40 − 29）= 2 200美元，但是如果股票价格下跌，第二种策略所对应的损失更大，例如，如果股价跌为25美元，第一种策略的损失为200 ×（29 − 25）= 800美元，第二种策略会失去所有的投资，即

5 800美元。这一实例显示了期权的杠杆效应。

5.10 你可以买入5 000份看跌期权（或者50份合约），期权执行价格为25美元，到期期限为4个月，这种合约提供某种保险，如果在4个月时，股票价格低于25美元，那么你可以行使期权，这时你以每股25美元的价格卖出股票，这种策略的代价是需要支付买入期权的费用。

5.11 股票期权并不能给发行股票的公司带来任何资产，这种产品是交易员之间的交易，发行股票的公司并不介入。与此相比，股票在最初发行时要卖给投资者，因此这时会给公司带来资金。

5.12 忽略货币的时间价值，如果在3月时股票价格大于52.50美元，期权持有者会盈利，因为这时的期权回报超过了买入期权所付出的费用，即2.5美元，在期权到期时如果股价大于50美元，期权持有者会行使期权，注意如果股票价格介于50美元与52.50美元之间，期权会被行使，但期权持有者仍会蒙受损失。

5.13 忽略货币的时间价值，如果在6月股票价格大于56美元，期权的卖出方会盈利，因为这时向期权持有者支付的费用小于卖出期权所带来的收入，在到期时如果股价小于60美元，期权会被行使，注意当股票价格介于56美元与60美元之间时，期权的卖出方即使在期权被行使时也会盈利。

5.14 一个4个月期限的看跌期权的多头给期权持有者提供了保险，这一保险保证外汇的卖出价格不低于执行价格。

5.15 这家公司可以进入在6个月时买入100万加元的远期多头，这样做可以锁定将来的外汇利率，并使得其等于现在观察到的远期外汇利率。另一种做法是公司可以买入看涨期权，这一看涨期权给公司一个在6个月后以某指定汇率买入100万加元的权利，如果在6个月时加元强劲，这一权利就给公司提供了保险。如果在6个月时加元疲软，则公司仍然可以从中谋利。

5.16 ICON的回报是：（a）定期债券；（b）进入一看涨期权空头，期权面值为169 000日元，执行价格为1/169；（c）进入一看涨期权的多头，期权面值为169 000日元，执行价格为1/84.5的三种交易组合而成。本页下面的表格说明了这一点。

5.17 （a）交易员买入180天期限的看涨期权，并且同时进入180天期限的远期合约的空头。（b）交易员买入90天期限的看跌期权，并且同时进入90天期限的远期合约的多头。

5.18 进入5年期互换合约，在合约中支付3.30%固定利率，并且收入LIBOR利率，投资整体效应为LIBOR－0.30%。

5.19 进入5年期互换合约，在合约中收入3.26%固定利率，并且支付LIBOR利率，借入资金的净费用为LIBOR＋1.74%。

5.20 进入3年期互换合约，在合约中收入LIBOR浮动利率，并且支付3%固定利率，3年借入资金费用为每年4%。

5.21 假定天气不好，农场主的收成比期望的要差，其他农场主也会受到类似的天气影响，这时玉米产量整体来讲比较低，因此玉米价格会相对较高。同实际产量相比，农场主的对冲可能过了头。产量低的问题可能会因为期货空头而雪上加霜。这一问题强调在进行对冲时，我们一定要有一个宏观的概念。农场主应该仔细斟酌，只考虑对冲价格的风险而同时忽略其他风险肯定不会是一个好主意。

	一般债券的终端值	期权的空头的终端值	期权的多头的终端值	整体收益的终端值
$S_T>169$	1 000	0	0	1 000
$84.5\leqslant S_T\leqslant 169$	1 000	$-169\,000\times(1/S_T-1/169)$	0	$2\,000-169\,000/S_T$
$S_T<84.5$	1 000	$-169\,000\times(1/S_T-1/169)$	$-169\,000\times(1/S_T-1/84.5)$	0

5.22 公司蒙受损失或取得盈利的概率相等，这意味着用远期合约来进行投机就像赌硬币正反面一样。但是即使这样，航空公司利用远期合约来对风险进行对冲，而不对价格进行投机仍然是很有意义的事情，远期合约有减少风险的效果，在持有对冲合约的情况下，航空公司不会让股东承担将来油价所带来的风险。

5.23 微软公司选择交易组合的期权而不是期权的交易组合，交易组合的期权一定会比期权的交易组合价格更加便宜，这是因为某种资产的价格的增长可能会被另外一种资产的价格的下降而中和，现在让我们比较：(a) 一个交易组合的期权，执行价格为 20 美元，交易组合由两种资产组成，每个资产的价格均为 10 美元；(b) 两个期权组成的交易组合，每个期权的执行价格均为 10 美元，如果两个资产的价格同时增长或同时下降，(a) 和 (b) 的回报相同，但是如果一个资产价格下降而另一个资产价格上涨，则 (a) 的回报要比 (b) 低。亚式及一揽子期权特性均可以帮助微软减小期权费用，这是因为盈利及亏损有相互抵消的可能。

5.24 这意味着能源价格可升可降，但长期来讲，会趋向于长期平均水平，电力回归均值的速度最快，石油回归速度最慢。

5.25 当我们增大观察资产价格的频率时，观察到的价格达到障碍的概率会增大，敲出期权的价格会减小。

5.26 每一天的平均温度为华氏 75°，每一天 CDD 为 10，月累积 CDD 为 $10 \times 31 = 310$，看涨期权的回报为 $(310 - 250) \times 5\,000 = 300\,000$（美元）。

5.27 一个对于 2019 年 5 月的 5×8 合约是为了保证在一周的 5 天内非高峰期（晚上 11 点至早上 7 点）提供电力，如果合约注明是天行使方式，则期权持有者可以在一周的每一个工作日以某特定价格买入电力；如果合约是月行使方式，则期权持有者只有在月初有一次机会来阐明自己是否会在整个月以某指定价格买入电力，日行使方式显然价格更高。

5.28 需要进行两次计算来确定初始保证金。第一次计算：$500 \times (3.5 + 0.2 \times 57 - 3) = 5\,950$，第二次计算：$500 \times (3.5 + 0.1 \times 57) = 4\,600$。初始保证金是其中的较大者，即 5 950 美元。这其中的一部分可以来自卖出期权提供的 $500 \times 3.5 = 1\,750$ 美元。

5.29 股票的费用为 500×50，即 25 000 美元。卖空这些股票时，所得资金被用作保证金的一部分。在这个例子中，全部的保证金要求是 $1.6 \times 25\,000$，即 40 000 美元。因此，额外的保证金要求为 15 000 美元。这部分保证金可以现金或满足保证金要求的证券的形式提供。当股票价格上升到 S 时，标的股票的价值为 $500S$。如果满足以下不等式，则会产生保证金催付

$$40\,000 < 1.3 \times 500S$$

即 $S > 61.54$。

5.30 经纪商会设置初始保证金和维持保证金要求。当保证金账户的余额低于维持保证金水平时，经纪商的客户就需要将保证金余额恢复到初始保证金的水平。场内清算所在与其会员进行业务时，会将初始保证金和维持保证金要求设置在相同的水平上。客户每日的保证金余额必须维持在这个水平上。

第 6 章

6.1 按揭贷款常常被证券化，在证券化过程中，唯一保存的信息是按揭申请人的 FICO 分数及按揭的贷款与价值比率。发起人知道这种情况，因此他们只关心这些信息。

6.2 许多人被说服接受了他们并不能够承担的按揭，因此供需关系出现了一个短期的失调。

6.3 当按揭损失率为 5% 时，ABS 的中间档没有损失，因此 ABS CDO 的任何分档都没有损失；当按揭损失率为 12% 时，ABS 的中间档

损失为7/20，即35%，因此ABS CDO的权益档和中间档（夹层档）的损失为100%，ABS CDO的优先档的损失为10/75，即13.333%。

6.4 通常ABS分档比较单薄，其损失的概率分布和债券有很大不同。如果损失发生，ABS分档往往会100%损失，而债券全部损失的可能性很低。

6.5 ABS是由贷款、债券、信用卡应收款项所构成投资组合所生成的分档债券；CDO是由债券等固定收益资产所生成的一种ABS；ABS CDO是以不同ABS的特定分档（例如，由BBB级分档）作为资产所生成的ABS。

6.6 投资者低估了在市场受压情况下，抵押贷款违约相关性会变得非常高，他们也没有认识到ABS CDO的分档其实很单薄，因此其损失状态是要么不损失，要么全部损失。另外一个不幸的误判是，投资者将某一评级的分档等同于相同评级的债券。根据上面提到的原因，这一假设是不成立的。

6.7 代理成本是指两方利益不完全一致的情形。交易员、贷款发放者、估价者、结构化产品的创立者和评级机构的不同动机是造成代理成本的原因。

6.8 瀑布式现金流定义了来自标的资产的利息和本金现金流如何在不同的分档之间进行分配。在典型的合约中，利息收入被优先用于支付承诺给最高级分档的收益。剩余的部分（如果有剩余的话）被用于支付次优先级分档的收益，依此类推。本金的偿还类似，也是以分档的优先级排序。权益份额只有在其他更高级别的份额收到回报后才会产生利息和本金回报。

6.9 一般ABS CDO是由BBB级的ABS分档来生成的，这是因为在市场上很难找到愿意对ABS的BBB分档进行投资的投资者。

6.10 Mian和Sufi说明在美国1996年按揭申请遭到拒绝的比率最高的地区也是在2000～2007年，按揭增长速度尤其快的地区。

6.11 ABS或ABS CDO的中间档是处于分档优先级排序中中间部分的分档，它排在优先档之下、权益档之上，因此其承担损失的顺序先于优先档而晚于权益档。

6.12 当违约相关性增大时，ABS的优先档风险增大，这是因为优先档出现损失的机会增大；当违约相关性增大时，权益档风险变小。为了理解这一点，注意在极限情形下，即完全相关时（同时假定回收率为0），所有的按揭具有相同的损失，因为所有的公司要么同时违约，要么没有任何一家违约。因此，当完全相关时，按揭变得更相似，优先档的风险更高，权益档的风险更低。

6.13 年终奖一般仅仅反映一年的表现，交易员和银行其他雇员常常只关心自己的年终奖（而不是自己所做决策的长期后果），因此他们的决策往往是基于短期目标。目前已有将奖金变为延迟发放并可以收回的趋势，这有望改变这种局面。

第7章

7.1 由式（7-3），概率等于$N(d_2)$，其中

$$d_2=\frac{\ln\left(\frac{50}{70}\right)+\left(0.12-\frac{0.2^2}{2}\right)\times 2}{0.2\sqrt{2}}$$

$$=-0.4825$$

因此，概率等于$N(-0.4825)=0.315$。

7.2 由式（7-4）

$$50\times\exp\left[\left(0.12-\frac{0.2^2}{2}\right)\times 2-N^{-1}(0.05)\times 0.2\times\sqrt{2}\right]=97.25$$

即97.25美元。

7.3 风险中性定价理论认为，当我们对衍生产品定价时，假设投资者是风险中性的（即投资者并不为承担的风险而索要更高的预期回报），那么得出的结果对所有的世界都适用（包括真实世界）。

7.4 在真实世界中的价值会更高。更高的价值反映了投资者对承受风险所要求的补偿。

7.5 通过购买这两种衍生产品，一方在98美元

的初始投资时能获得 2 美元收益。因此，无风险利率为 2/98 = 2.04%（年复利）。违约的风险中性概率为 $100\pi/(1+0.0204)=3$，即 $\pi=3.0612\%$。

7.6 回报的风险中性概率由式（7-3）给出，其中 $V=30$，$S_0=25$，$\sigma=0.3$，$\mu=0.03$，以及 $T=0.25$。因此

$$N\left[\frac{\left(\frac{25}{30}\right)+\left(0.03-\frac{0.3^2}{2}\right)\times 0.25}{0.3\times\sqrt{0.25}}\right]$$

$=0.1074$

所以，期权的价值为 $100\times 0.1074\times e^{-0.03\times 0.25}=10.66$ 美元。对真实世界中回报的概率，我们设公式中的 $\mu=0.1$ 而不是 0.03，得出的值为 0.1305。

7.7 真实世界被用来模拟标的变量一年内可能出现的值。然后使用风险中性世界来计算每一次模拟试验中，组合在一年后的价值。

7.8 均值回归这一术语用来描述一个变量的值，例如利率和商品价格，有趋于一个中心值的趋势这样一种现象。当然，在回归均值的过程中会有随机不确定性。

7.9 哥萨诺夫定理告诉我们，当我们从真实世界变换到风险中性世界时（反之亦然），市场变量的预期变化率会改变，但是波动率保持不变。

第 8 章

8.1 交易组合价值减少 10 500 美元。

8.2 交易组合价值增长 400 美元。

8.3 两种情形下的增长量均为 $0.5\times 30\times 2^2=60$（美元）。

8.4 delta 等于 0.7 意味着在股票价格上涨一个小的数量的同时，期权价格的上涨大约是股价上涨的 70%，同时当股票价格下跌一个小的数量的同时，期权价格的下跌大约是股价下跌量的 70%，1 000 份期权的空头的 delta 等于 −700，我们可以通过买入 700 份股票的形式使交易组合达到 delta 中性。

8.5 一天的 theta 等于 −100 意味着在股价及波动率均没有变化的情况下，期权价格每天减少 100 美元，如果一个交易员感觉股价及隐含波动率都不会变化，他就可以卖出期权，这时期权的 theta 越高越好（在绝对值意义下），相对来讲，短期限的平值期权具有最高的 theta 值。

8.6 期权的 gamma 是期权的 delta 同资产价格变化的比率，例如 gamma 等于 0.1 意味着当资产价格上涨一定数量时，delta 增长的数量是资产价格上涨数量的 10%，如果一个期权承约人的 gamma 绝对值较大，gamma 本身为负，并且 delta 等于 0，这时期权承约人会在市场变动较大（或者上涨或者下跌）的情况下有很大的损失。

8.7 为了对冲期权风险，我们有必要构造相反方向的合成期权交易。例如，为了对冲看跌期权多头，我们应该构造合成看跌期权的空头，构造人工期权交易的过程也就是对冲期权风险的反过程。

8.8 看涨及看跌期权的多头都具备正的 gamma，由图 8-9 我们可以得出，当 gamma 为正时，对冲者在股票价格变化较大时会有收益，而在股票价格变化较小时会有损失，因此对冲者在（b）情形下收益更好，当交易组合包含期权的空头时，对冲者在（a）情形下收益会更好。

8.9 delta 的数值说明，当欧元汇率增长 0.01 时，银行头寸价格会增长 $0.01\times 30\,000=300$ 美元；gamma 的数值说明，当欧元价格增长 0.01 美元时，交易组合的 delta 会下降 $0.01\times 80\,000=800$，为了做到 delta 中性，我们应卖出 30 000 欧元。当汇率增长到 0.93 时，我们期望交易组合的 delta 下降 $(0.93-0.90)\times 80\,000=2\,400$，变为 27 600，为了维持 delta 中性，银行应该对欧元空头进行2 400欧元的平仓，这样可以保证欧元净空头量为27 600。如果一个交易组合的 delta 为中性，同时 gamma 为负，当资产价格有一个较大变动时会引发损失。因此我们的结论是银行可能会蒙受损失。

8.10 当采用书中所描述的方式时，我们需要假设波动率为常数。从理论上讲，我们可以实施一个静态期权复制机制，在这一机制下有三个维度：时间、股票价格以及波动率。我们要在这个三维空间中的曲面上进行价格匹配。

8.11 大约需要10个普通期权。对应于边界上任意一点我们都会有一个方程，总共有10个方程。

8.12 随着时间的推移，亚式期权的回报会越来越确定，因此在接近到期日时，我们需要对冲的不确定性会越来越小。

8.13 考虑与某单一资产有关的期权组合，无论交易组合的大小我们只需要进行一个交易就可以使得组合变得delta中性。

8.14 期权的价格、delta、gamma、vega、theta及rho分别是0.021 7、-0.396、5.415、0.002 03、-0.000 062 5及-0.001 19，当汇率变化0.001时，delta预测价格下降的数量为0.000 39，这正是我们求得的数值；当汇率增长到0.751时，期权价格下降0.021 3。

第9章

9.1 这时利率不匹配为100亿美元，在今后3年，银行的净利息收入会每年下降1亿美元。

9.2 如果长期利率仅仅反映了将来预期短期利率，我们会看到长期利率小于短期利率的情形与长期利率大于短期利率的情形一样频繁（这是基于投资者在一半情况下认为利率会上涨，而在另一半情况下认为利率会下跌的假设）。流动性偏好理论认为长期利率高于将来预期短期利率，这意味着长期利率在多数时间会高于短期利率，当长期利率低于短期利率时，市场会产生利率将急速下滑的预期。

9.3 有两个原因：①银行所需的为支持自己所持有的国债的资本金数量要比其他类似的低风险投资产品所需要的资本金数量低；②美国对于国债的税务处理比其他固定收益产品有利，这是因为持有国债产品无须缴纳州税。

9.4 在隔夜指数互换中，交易的一方支付美联储基准利率在某个时间段内（如3个月）的几何平均值，而收入某一事先确定的固定利率。

9.5 LIBOR-OIS利差可以衡量银行间相互拆借意愿的大小。

9.6 久期信息描述了收益率曲线小的平行移动对于债券价格的影响。交易组合价格减小的百分比等于组合久期乘以利率的小的平行移动的数量。其局限性是这一方法只适用于利率的小的平行移动。

9.7 （a）债券价格为86.80美元；（b）债券久期为4.256年；（c）久期公式估计当收益率减小0.2%时，债券价格上涨0.74美元；（d）对应10.8%收益率的债券价格为87.54美元，这与（a）及（c）大体一致。

9.8 （a）债券价格为88.91美元；（b）债券修正久期为3.843年；（c）久期公式估计当收益率下降0.2%时，债券价格上涨0.68美元；（d）债券价格对应10.8%收益率（以年复利）的价格为89.60美元，这与（a）及（c）大体一致。

9.9 债券价格为104.80美元，债券久期为5.35年，凸性为30.60，收益率增长1%对于价格的影响可由式（9-4）估算，其对应数值

$$104.80\times(-0.01\times5.35+0.5\times30.60\times0.0001)=-5.44$$

变化后的债券价格为99.36美元，这与我们的估算一致。

9.10 我们可以：（a）扰动收益曲线上的每一点（见图9-5）；（b）扰动曲线上的一段（见图9-7）；（c）扰动构造收益曲线产品的报价。

9.11 delta（当因子载荷以基点数衡量时，因子单位造成的投资组合价值变化）分别为-5.64及225.63。

9.12 对于组合的影响（占组合价值的比例）为

$$-(2.0\times0.001+1.6\times0.0008+0.9\times0.0007+1.6\times0.0006+2.0\times0.0005-2.1\times0.0003-3.0\times0.0001)=-0.00234$$

即投资组合减少0.234%。

9.13 绝对额久期等于组合的久期乘以其价格。绝对额凸性等于组合的凸性乘以其价格。

9.14 局部久期的和等于整体久期。DV01 等于整体久期乘以组合价值，再乘以 0.000 1。

第 10 章

10.1 $2\times\sqrt{3}$，即 3.46%。

10.2 每天百分比变化的标准差为 $25/\sqrt{252}$，即 1.57%，在 95% 置信度下所对应的置信区间为 -3.09% ~3.09%。

10.3 开市时的波动率比闭市时要大很多，交易员在计算波动率时往往采用交易天数而不是日历天数。

10.4 隐含波动率是使得由布莱克 - 斯科尔斯 - 默顿模型所计算出的期权价格等于市价时所对应的波动率，隐含波动率的求解方法通常是采用试错法的方式。因为不同期权对应于不同的隐含波动率，所以交易员实际上使用了与布莱克 - 斯科尔斯 - 默顿模型不同的假设（见第 25 章有关讨论）。

10.5 计算标准差的一般公式所给出的结果为每天 0.547%，由式（10-4）的简单方法得出的结果为每天 0.530%。

10.6 由幂律得出 $0.01=K\times500^{-2}$，因此 $K=2\,500$，（a）$2\,500\times1\,000^{-2}=0.002\,5$ 或 0.25%，（b）$2\,500\times2\,000^{-2}=0.062\,5\%$。

10.7 在第 $n-1$ 天结束时所估计的第 n 天的方差等于 λ 乘以在第 $n-2$ 天所估计的第 $n-1$ 天的方差加上 $1-\lambda$ 乘以第 $n-1$ 天的回报的平方。

10.8 GARCH（1，1）对 EWMA 模型进行了改进，对于长期平均方差设定了一定权重。EWMA 不具备回归均值的特性，而 GARCH（1，1）具备方差回归均值的特性。

10.9 在这种情形下 $\sigma_{n-1}=0.015$，$u_{n-1}=0.5/30=0.016\,67$，由式（10-8）我们可得出

$$\sigma_n^2=0.94\times0.015^2+0.06\times0016\,67^2=0.000\,228\,1$$

因此在第 n 天，波动率的估计值为 $\sqrt{0.0\,002\,281}=0.015\,103$，即 1.510 3%。

10.10 将 λ 由 0.95 减至 0.85 意味着对于近期的观察值 u_i^2 设定更大的权重，而对于更早的数据设定较小的权重。采用 $\lambda=0.85$ 所计算出的波动率对最新信息的反映较快，也会比采用 $\lambda=0.95$ 时所计算的波动率变动更大。

10.11 采用通常的符号，$u_{n-1}=20/104\,0=0.019\,23$，因此

$$\sigma_n^2=0.000\,002+0.06\times0.192\,3^2+0.92\times0.01^2=0.000\,116\,2$$

$\sigma_n=0.010\,78$，对于最新波动率的估计为每天 1.078%。

10.12 价格变化的比率为 $-0.005/1.500\,0=-0.003\,333$，当前每天的方差估计为 $0.006^2=0.000\,036$，对于每天方差的新估计为

$$0.9\times0.000\,036+0.1\times0.003\,333^2=0.000\,033\,511$$

波动率的新的估计值为以上数值的平方根，即 0.579%。

10.13 长期平均方差所对应的权重为 $1-\alpha-\beta$，长期平均方差率为 $\omega/(1-\alpha-\beta)$，增大 ω 会促使长期平均方差的增长。增大 α 会增大为近期数据所设定的权重，同时减小对长期平均方差所设定的权重，以及增大长期平均方差率。增大 β 会增大对于前一个方差所设定的权重，减小对于长期平均方差所设定的权重，并且增大长期平均方差的水平。

10.14 长期平均方差率为 $\omega/(1-\alpha-\beta)$，即 $0.000\,004/0.03=0.000\,133\,3$，长期平均波动率为 $\sqrt{0.000\,133\,3}=1.155\%$，描述方差回归长期平均的方程式为

$$E(\sigma_{n+k}^2)=V_L+(\alpha+\beta)^k(\sigma_n^2-V_L)$$

这时

$$E(\sigma_{n+k}^2)=0.000\,133\,3+0.97^k(\sigma_n^2-0.000\,133\,3)$$

如果当前波动率为每年 20%，$\sigma_n=0.2/$

$\sqrt{252}=0.0126$，在 20 天后预期方差为

$$0.0001333+0.97^{20}(0.0126^2-0.0001333)=0.0001471$$

因此 20 天后预期波动率为 $\sqrt{0.0001471}=0.121$，即每天 1.21%。

10.15 FTSE 用美元表达为 XY，X 为以英镑表达的价值，Y 为汇率（1 英镑所对应的美元的数量），定义 x_i 为 X 在第 i 天的价格百分比变化，y_i 为 Y 在第 i 天的百分比变化，XY 的比例变化大约为 x_i+y_i，x_i 标准差为 0.018，y_i 的标准差为 0.009，X 及 Y 变化的相关系数为 0.4，因此，x_i+y_i 的方差为

$$0.018^2+0.009^2+2\times0.018\times0.009\times0.4=0.0005346$$

因此 x_i+y_i 的波动率为 0.0231，即 2.31%，这就是以美元为计量的 FTSE 的波动率。注意，这一波动率比以英镑为计量的 FTSE 的波动率更大。这是由于正相关性的影响，当 FTSE 增长时，英镑与美元汇率也往往会增长，以美元为计量的 FTSE 会进一步增加。类似地，我们也可以讨论 FTSE 下降的情形。

10.16 这时 $V_L=0.0000003/0.02=0.00015$，式（10-14）给出了 30 天后的方差期望值为

$$0.00015+0.98^{30}\times(0.01^2-0.00015)=0.000123$$

波动率为 $\sqrt{0.000123}=0.0111$，即每天 1.11%。

10.17 这时 $V_L=0.000002/0.02=0.0001$，在式（10-15）中，$V_L=0.0001$，$a=0.0202$，$T=20$ 及 $V(0)=0.000169$，因此波动率为 19.88%。

第 11 章

11.1 你需要两个变量的标准差。

11.2 不严格地讲，相关系数是衡量两个变量的线性关联性的指标。它并不能反映关联性。当 $y=x^2$ 时，x 及 y 有一个完美的关联性（即完全相关），但是 $E(xy)=E(x^3)$。当 x 服从正态分布（或服从以 0 点为中心的对称分布）时，$E(x^3)$ 和 $E(x)$ 均为 0，因此 x 和 y 的相关系数也为 0。

11.3 在因子模型中，两个变量的相关性完全取决于它们与其他变量的相关性，这些变量被称为因子，因子模型减少了对大量变量进行相关性分析时所需的计算量。

11.4 一个半正定矩阵对所有的向量 $\boldsymbol{w}$ 均满足式（11-4）。如果一个相关矩阵不是半正定的，那么内部相关性一定不一致。

11.5 （a）由波动率及相关性所计算出的协方差为 $0.25\times0.016\times0.025=0.0001$；（b）假如在交易结束时，资产收盘价为 20.5 美元及 40.5 美元，资产价格百分比变化分别为 $0.5/20=0.025$ 及 $0.5/40=0.0125$，新的协方差估计为

$$0.95\times0.0001+0.05\times0.025\times0.0125=0.0001106$$

资产 A 的新的方差估计为

$$0.95\times0.016^2+0.05\times0.025^2=0.00027445$$

因此新的波动率为 0.0166。资产 B 的新的方差估计为

$$0.95\times0.025+0.05\times0.0125^2=0.000601562$$

因此新的波动率为 0.0245，新的相关性估计为

$$\frac{0.0001106}{0.0166\times0.0245}=0.272$$

11.6 X 和 Y 的最新回报分别为 $1/30=0.03333$ 及 $1/50=0.02$。协方差先前的值为 $0.01\times0.012\times0.50=0.00006$，新的估计为

$$0.000001+0.04\times0.03333\times0.02+0.94\times0.00006=0.00000841$$

X 的新的方差估计为

$$0.000003+0.04\times0.033333^2+0.94\times0.01^2=0.0001414$$

X 的新的波动率估计为 $\sqrt{0.00001414}=$

0.011 89，即1.189%；Y的新的方差估计为

$$0.000\,003+0.04\times0.02^2+0.94\times0.012^2=0.000\,154\,4$$

Y的新的波动率估计为$\sqrt{0.000\,154\,4}=0.012\,42$，即1.242%；对于资产相关性的估计为

$$0.000\,084\,1/(0.011\,89\times0.012\,42)=0.569$$

11.7 沿用练习题10.15中的符号，定义z_i为标准普尔500指数在第i天的百分比变化，x_i与z_i之间的协方差为$0.7\times0.018\times0.016=0.000\,201\,6$，$y_i$与$z_i$之间的协方差为$0.3\times0.009\times0.016=0.000\,043\,2$，$x_i+y_i$与$z_i$之间的协方差等于$x_i$与$z_i$之间的协方差加上$y_i$与$z_i$之间的协方差，即

$$0.000\,201\,6+0.000\,043\,2=0.000\,244\,8$$

由练习题10.15，x_i+y_i的波动率为2.31%。x_i+y_i与z_i之间的相关系数为

$$\frac{0.000\,244\,8}{0.016\times0.023\,1}=0.662$$

注意，标准普尔500指数的波动率在计算中没有出现。

11.8

V_1	V_2		
	0.25	0.5	0.75
0.25	0.095	0.163	0.216
0.50	0.163	0.298	0.413
0.75	0.216	0.413	0.595

11.9 公式为

$$\varepsilon_1=z_1,\quad \varepsilon_2=\rho_{12}z_1+z_2\sqrt{1-\rho_{12}^2},$$
$$\varepsilon_3=\alpha_1z_1+\alpha_2z_2+\alpha_3z_3$$

其中

$$\alpha_1=\rho_{13},\quad \alpha_1\rho_{12}+\alpha_2\sqrt{1-\rho_{12}^2}=\rho_{23},$$
$$\alpha_1^2+\alpha_2^2+\alpha_3^2=1$$

这意味着

$$\alpha_1=\rho_{13},\quad \alpha_2=\frac{\rho_{23}-\rho_{13}\rho_{12}}{\sqrt{1-\rho_{12}^2}},$$
$$\alpha_3=\sqrt{1-\alpha_1^2-\alpha_2^2}$$

11.10 尾部相关是描述两个或更多变量同时产生极值的趋势，Copula的不同选择会影响尾部相关性，例如学生t-Copula函数给出的尾部相关性比高斯Copula函数要大。

11.11 由二元学生t-分布得出的抽样被显示在图11-5中，将抽样以分位数对分位数的形式映射到正态分布。

11.12 $V_1<0.1$的概率为0.05，在$V_1<0.1$的条件下，$V_2<0.1$的条件概率为$0.006/0.05=0.12$；在$V_1<0.1$的条件下，$V_2<0.2$的条件概率为$0.017/0.05=0.34$，等等。

11.13 当$V_1=0.2$时，我们有$U_1=-0.84$，由二元正态分布的性质得出U_2的中值为$-0.5\times0.841\,6=-0.420\,8$。因此，条件中位数的百分位数为$N(-0.420\,8)=0.336\,9$，转换为$x$的$V_2$的中值，其中$2x^2=0.336\,9$，则对应的$V_2$的中值为0.410 5。

11.14 这时

$$\begin{aligned}&\text{WCDR}(T,X)\\&=N\left(\frac{N^{-1}(0.015)+\sqrt{0.2}N^{-1}(0.995)}{\sqrt{1-0.2}}\right)\\&=0.127\end{aligned}$$

“99.5%最坏情形”的损失绝不会超过12.7%。

11.15 最大似然估计法估算的违约概率和Copula相关系数分别为3.92%和11.18%。

第12章

12.1 VaR是指在一定的置信水平下损失不能超过的数量；ES是在损失超过VaR的条件下损失的期望值。ES永远满足次可加性（风险分散总会带来收益）条件。

12.2 谱函数型风险测度在测算风险时对损失分布的分位数设定一定的权重，满足次可加性条件的测度对于第q个分位数设定的权重一定是q的非递减函数。

12.3 有5%的机会你会在今后一个月损失6 000美元或更多。

12.4 在一个“糟糕的月份”，你的预期损失为6 000美元。糟糕的月份的定义是，该月的回报小于月回报分布的5%分位数。

12.5 （a）100万美元；（b）ES为$0.9\times10+0.1\times1=9.10$（百万美元）；（c）有$0.009^2=0.000\,081$的概率会损失2 000万

美元，$2\times0.009\times0.991=0.017\,838$ 的概率会损失 1 100 万美元，有 $0.991^2=0.982\,081$ 的概率会损失 200 万美元。置信度为 99% 时的 VaR 为 1 100 万美元；(d) ES 为 $(0.000\,081\times20+0.009\,919\times11)/0.01=1\,107$(万美元)；(e) 因为 $1+1<11$，所以 VaR 不满足次可加性条件。但是 $9.2+9.2>11.07$，所以 ES 满足该条件。

12.6 (a) $2\times1.96=3.92$(百万美元)；(b) $\sqrt{5}\times2\times1.96=8.77$(百万美元)；(c) $\sqrt{5}\times2\times2.33=10.40$(百万美元)。

12.7 (b) 变为 996 万美元；(c) 变为 1 182 万美元。

12.8 边际 VaR 是 VaR 随第 i 个资产增加而增长的比率；增量 VaR 是指第 i 个资产对于 VaR 的影响（含有第 i 个资产 VaR 与不含有第 i 个资产 VaR 的差）；成分 VaR 是指整体 VaR 对于第 i 个资产的分配（成分 VaR 的总和等于整体 VaR）。

12.9 总数为 17 或更多例外发生所对应的概率为

1 - BINOMDIST(16,1000,0.01,TRUE)

即 2.64%。在 5% 置信水平下我们应该拒绝这一模型。

12.10 聚束效应是指例外情形会以聚集的形式发生，而不是随机地分布在整体时间区间内。

12.11 我们希望计算 $\Delta P_1+\Delta P_2+\cdots+\Delta P_T$ 的标准差。其数量为

$$\sum_{i=1}^{T}\sigma_i^2+2\sum_{i>j}\rho_{ij}\sigma_i\sigma_j$$

其中 σ_i 为 ΔP_i 的标准差，ρ_{ij} 为 ΔP_i 与 ΔP_j 的相关系数。这时对于所有的 i，$\sigma_i=\sigma$，以及当 $i>j$ 时 $\rho_{ij}=\rho^{i-j}$。进一步进行运算，我们可以得出式（12-5）。

12.12 3 个月标准差为 $2\sqrt{3}=3.464$。$N^{-1}(0.98)=2.054$。3 个月展望期、置信度为 98% 的 VaR 为 $3.464\times2.054=7.11$（百万美元），相同展望期和置信度下的 ES 为 $3.464\times$

$$\frac{\exp\left(-\dfrac{2.054^2}{2}\right)}{\sqrt{2\pi}\times0.02}=8.39$$（百万美元）。

第 13 章

13.1 这里的假设为：决定明天市场变化的统计过程与决定过去 500 天市场变化的统计过程相同。

13.2 $$\frac{\lambda^{i-1}(1-\lambda)}{(1-\lambda^n)}=\frac{\lambda^{i-1}}{1+\lambda+\lambda^2+\cdots+\lambda^{n-1}}$$

因此当 λ 趋近于 1 时，权重趋向于 $1/n$。

13.3 估算的 VaR 的标准误差为

$$\frac{1}{0.01}\sqrt{\frac{0.05\times0.95}{1\,000}}=0.69$$

即 69 万美元。

13.4 (a) 1 天展望期、95% 置信度的 VaR 对应于第 25 大损失的情景，即 156 511 美元；(b) 1 天展望期、95% 置信度的 ES 为最大的 24 个损失的平均值，为 209 310 美元；(c) 1 天展望期、97% 置信度的 VaR 对应于损失中第 15 大损失的情景，即 172 224 美元；(d) 1 天展望期、97% 置信度的 ES 为最大的 14 个损失的平均值，即 240 874 美元。

13.5 在表单（名为“Scenarios”）中，交易组合头寸改变是将单元格 L2:O2 中的数据改为 2 500，将损失由大到小排序，1 天展望期、99% 置信度的 VaR 对应于第 5 个最大损失，即 238 526 美元。最大的 4 个损失的平均值为 372 872 美元。这是一天 99% 的 ES。

13.6 在表单 4(“Scenario with Weights”) 中，将单元格 F2 中的变量 λ 由 0.995 变为 0.99，将损失由大到小进行排序，最大损失 477 841 美元（情景 494）所对应的累计权重为 0.009 48。第二大损失 345 435 美元（情景 339）所对应的累计权重为 0.011 47。1 天展望期、99% 置信度的 VaR 对应于第二大损失，即 345 435 美元。一天的 ES 等于 $0.948\times477\,841+0.052\times345\,435=470\,917$ 美元。

13.7 将表单 9(“Loss Adjusted for Loss SD”) 中

单元格 K1 中的变量 λ 由 0.94 变为 0.96，将损失由大到小进行排序，第 5 大损失为 541 337 美元，该量即为 1 天展望期、99% 置信度的 VaR。前 4 大损失的均值为 707 146 美元。此为 1 天展望期、99% 置信度的 ES。

13.8 即为

$$\frac{22}{500}\times\left(1+0.436\times\frac{400-160}{35.532}\right)^{-1/0.436}$$

即 0.001 623。

13.9 VaR（以千计）等于

$$160+\frac{32.532}{0.436}\times\left[\left(\frac{500}{22}\times(1-0.97)\right)^{-0.436}-1\right]$$

$$=173.6$$

即 173 600 美元。

13.10 由最大似然估计得出的 ξ 及 β 分别为 0.353 及 34.05，1 天展望期、99% 置信度的 VaR 为 230 725 美元，1 天展望期、99.9% 置信度的 VaR 为 452 831 美元。1 天展望期、99% 置信度的 ES 为 327 336 美元，1 天展望期、99.9% 置信度的 ES 为 670 499 美元。

13.11 从波动率更新过程中所得出的损失排序后必须传到表单 11（“Extreme Val Theory”）中。当 $u=400$ 时，$n_u=17$ 时，由最大似然估计得出的 ξ 及 β 分别为 0.438 及 82.838，1 天展望期、99% 置信度的 VaR 为 534 100 美元。1 天展望期、99.9% 置信度的 VaR 为 1 096 661 美元。1 天展望期、99% 置信度的 ES 为 785 819 美元。1 天展望期、99.9% 置信度的 ES 为 1 786 335 美元。损失大于 600 000 美元的概率为

$$\frac{17}{500}\times\left(1+0.438\times\frac{600-400}{82.838}\right)^{-1/0.438}$$

$$=0.0065\,5$$

第 14 章

14.1 每一项资产投资的标准差为 1 000 美元，交易组合每天价格变化的方差为

$$1\,000^2+1\,000^2+2\times0.3\times1\,000\times1\,000$$
$$=2\,600\,000$$

交易组合的标准差为以上数量的平方根，即 1 612.45 美元，因此 5 天展望期、97% 置信度的 VaR 等于

$$1.880\,8\times\sqrt{5}\times1\,612.4=6\,781(\text{美元})$$

5 天展望期、97% 置信度的 ES 为

$$\sqrt{5}\times1612.45\times\frac{e^{-1.880\,8^2/2}}{\sqrt{2\pi}\times0.03}=817\,8(\text{美元})$$

14.2 如本章介绍的，以模型构建法计算 VaR 时，对利率的三种不同处理方法为：（a）应用久期模型；（b）利用资金流映射的方法；（c）利用主成分分析法。

14.3 10 年期顶点的敏感度为 30 000 美元，因为该比率每增加一个点，12 年期顶点的敏感度就会增加 0.6 个基点。类似地，15 年期顶点的敏感度为 20 000 美元。其他点则没有敏感度。

14.4 $\Delta P=3.9\Delta x$，ΔP 的标准差为 $3.9\times0.007=0.027$。因此交易组合 10 天展望期、99% 置信度的 VaR 等于 $0.027\times2.326\times\sqrt{10}=0.20$。

14.5 关系式为 $\Delta P=3.9\Delta x+0.5\times4.3\times\Delta x^2$，即 $\Delta P=3.9\Delta x+2.15\Delta x^2$。

14.6 一天内投资组合价值变动的方差为（以千美元计）为

$$(10\times7)^2+(8\times8)^2+2\times10\times7$$
$$\times8\times8\times0.8=16\,164$$

由于 $N^{-1}(0.98)=2.054$，ES 为

$$\frac{\sqrt{16\,164}\times5e^{-2.054^2/2}}{\sqrt{2\pi}\times0.02}=688.2$$

即 688 200 美元。

14.7 投资组合的风险度量（VaR 或 ES）等于投资组合的标准差乘以 β，风险因子的风险权重是风险因子的标准差乘以 β。投资组合的风险敏感度是投资组合因风险因子的 1% 或 1 个基点变化而变化的金额。

14.8 交易组合的每天的方差为

$$6^2\times20^2+4^2\times8^2=15\,424$$

每天标准差为 $\sqrt{15\,424}=124.19$ 美元，因为 $N^{-1}(0.9)=1.282$，5 天展望期、90% 置

信度的 VaR 为

$$124.19\times\sqrt{5}\times1.282=356.01(\text{美元})$$

14.9 (a) 2.0; (b) 43.9。

14.10 期权 delta 为期权价值变化同标的资产的变化比率。当标的资产上涨一个小数量时，期权价值的下降为标的资产变化的 30 倍。期权的 gamma 为期权 delta 变化同标的资产价格变化的比率，当资产价格增长一个小的数量时，期权的 delta 的下降为标的资产价格下降数量的 5 倍。delta 和 gamma 同比例的变化分别为：$-30\times20=-600$ 和 $-5\times20\times20=-2\,000$。

这时 $E(\Delta P)=-0.10$，$E(\Delta P^2)=36.03$，$E(\Delta P^3)=-32.415$。这意味着交易组合在一天内的变化为 -0.1，标准差在一天内的变化为 $\sqrt{36.03-0.1^2}=6.002$，偏态为

$$\frac{-32.415-3\times36.03\times(-0.1)+2\times(-0.1)^3}{6.002^3}=-0.10$$

采用前两阶矩，我们得出 1 天展望期、99% 置信度的 VaR 为 14.08 美元，当采用三阶矩并利用柯尼斯 - 费希尔展开时，我们求得的 VaR 为 14.53 美元。

14.11 定义 σ 为每年的波动率（百分比），ΔS 代表 σ 的一天变化量，$\Delta\sigma$ 为 σ 的一天内波动率的变化量，我们将 σ 计为 1% 的倍数，因此当前 σ 的价值为 $1\times\sqrt{252}=15.87$。delta-gamma-vega 模型为

$$\Delta P=-30\Delta S-0.5\times5\,(\Delta S)^2-2\Delta\sigma$$

或

$$\Delta P=-30\times20\Delta x-0.5\times5\times20^2\,(\Delta x)^2-2\Delta\sigma$$

其中 $\Delta x=\Delta S/S$。以上公式可简化为

$$\Delta P=-600\Delta x-1\,000\,(\Delta x)^2-2\Delta\sigma$$

交易组合的变化与两个市场变量有关。

14.12 期权的价值变化与标的资产的价值变化的关系并不是线性的。当标的变量为正态分布时，期权价格分布并不是正态的。线性模型假定期权价格服从正态分布，因此这一模型仅仅是一种近似模型。

14.13 这一合约由一个英镑债券的多头与一个美元债券的空头结合而成。英镑债券的价格为 $1.53e^{-0.05\times0.5}$，即 1.492（百万美元），美元债券价格为 $1.5e^{-0.05\times0.5}$，即 1.463（百万美元），合约价值每天变化的方差为

$$1.492^2\times0.000\,6^2+1.463^2\times0.000\,5^2-2\times0.8\times1.492\times0.000\,6\times1.463\times0.000\,5=0.000\,000\,288$$

相应的标准差为 0.000 537（百万美元），10 天展望期、99% 置信度的 VaR 等于 $0.000\,537\times\sqrt{10}\times2.33=0.003\,96$（百万美元），即 3 960 美元。

14.14 alpha 应变为 2 500。当波动率和相关性是由等权重模型估计时，1 天展望期、99% 置信度的 VaR 为 226 836 美元，ES 为 259 878美元；当采用 $\lambda=0.94$ 的 EWMA 模型时，1 天展望期、99% 置信度的 VaR 为 487 737 美元，ES 为 558 783 美元。

14.15 1 天展望期、99% 置信度的 VaR 由 471 025 美元变为 389 290 美元，ES 由 539 637 美元变为 445 996 美元。

14.16 一种方法是假设第一项结构的顶点和第二项结构的顶点之间的相关性相对于所有顶点都是相同的。另一种方法是分别计算各期限结构变化对投资组合的影响，并利用相关性将两种影响叠加。

第 15 章

15.1 竞争者的出局可能会对公司（非银行）有一定好处，但是银行之间有许多交易。当一家银行破产时，其他银行会因与这家破产银行进行的交易而蒙受损失。另外银行破产会使公众对银行系统失去信心，这也会给银行系统带来不利影响。

15.2 不论金融机构承担什么样的风险，存款保险会使存款人的利益得到保护。这会促使金融机构承担更大的风险，因为这时它们并不会为失去存款客户而担心。因此，这

样的措施可能会造成更多的银行破产，从而使存款保险系统的赔款量加大。监管部门要求银行必须持有与自己风险相匹配的资本金以避免破产的发生。

15.3 互换中的信用风险是指互换价格对银行为正价值时，对手违约的风险。

15.4 货币互换价值偏离 0 的趋势要大于利率互换价值偏离 0 的趋势，这一现象是由于货币互换中最终本金的交换，因此货币互换中因对手违约所造成的潜在损失会更高。

15.5 的确存在某种风险敞口。尽管对手现在违约，不会引发任何损失，但是利率可能会有所变化，因此在将来某时刻，这一互换对于金融机构可能具有正的价值，那时交易对手违约会给金融机构带来损失。在《巴塞尔协议Ⅰ》的要求下，由表 15-2 得出的资本金数量为互换面值的 0.5%。

15.6 三个交易的风险加权资产分别为：(a)187.5 万美元；(b) 200 万美元；(c) 300 万美元，整体为 687.5 万美元，资本金为 $0.08\times6.875=55$ 万美元。

15.7 NRR 为 $2.5/4.5=0.556$，等价信用量为 $2.5+(0.4+0.6\times0.556)\times9.25=928$ 万美元。风险加权资产为 464 万美元，资本金需求为 37.1 万美元。

15.8 这时净额结算不会提供任何价值。

15.9 这可将估算的资本金转换为风险加权资产，资本金数额为风险加权资产的 8%。

15.10 交易账户中的资产主要包括市场上交易活跃的并且每天盯市计价的产品。银行账户上的产品主要包括贷款，这些产品并不是每天都要盯市计价。变化的效应是将客户的贷款由银行账户转移到交易账户，这会减少资本金要求（但是第 16 章将要讨论的《巴塞尔协议Ⅱ.5》中的增量风险资本计提会将资本金要求提升回原有的水平）。

15.11 在《巴塞尔协议Ⅰ》中，企业贷款的资本金要求与企业的信用评级无关，这造成了银行在给高信用客户贷款业务的资本金回报相对较低的现象。在《巴塞尔协议Ⅱ》中，资本金的要求与借贷人的信用状况有紧密关系，因此给高信用客户贷款又可能成为一个吸引人的业务。

15.12 监管资本金套利会涉及进行一些完全是为了以减少监管资本金为目的的交易，这些交易通常不会对承担的实际风险产生影响。

15.13 EAD 为违约时对风险敞口的估计；LGD 为违约损失率的估计，其定义为违约损失与整体风险敞口的比率；WCDR 为每千年出现一次的不良年度的违约概率；PD 为一般年度的违约概率；MA 为期限调节量，其设定是为了考虑产品期限长于一年时，产品在一年内违约或降级可能会引发的损失。

15.14 在简单法中，对有担保品掩护的风险敞口部分，交易对手的权重会被担保品的权重所替代。在综合法中，敞口大小会被调整，调整时要考虑敞口增大的可能性和担保品价值减小的可能性。交易对手的风险权重被应用于经调整后的风险敞口与经调整的担保品的差额。

15.15 标准法采用外部信用评级来确定资本金的数额（但比《巴塞尔协议Ⅰ》更为复杂）。在 IRB 法中，我们需要采用《巴塞尔协议Ⅱ》的相关性模型来计算资本金，PD 参数由银行提供。在高级 IRB 法中，我们采用《巴塞尔协议Ⅱ》的相关性模型来计算资本金，其中 PD、LGD、EAD 及 MA 均由银行自己提供。

15.16 在基本指标法中，整体资本金为平均年毛收入的 15%。在标准法中，对于不同的业务类别要分别计算毛收入，不同业务类别采用不同的比例从毛收入数量中计算相应的资本金。在高级计量法中，银行采用内部模型来计算 1 年展望期、99.9% 置信度的 VaR。

15.17 $\rho=0.1216$，WCDR $=0.0914$，资本金

（以百万美元计）为 200 × 0.7 × (0.091 4 − 0.01)，即 1 139 万美元，这其中至少有一半必须是第一类资本。

15.18 发生 5 次或更多例外的概率为

1 - BINOMDIST(4,250,0.01,TRUE)

即 10.8%。我们可以认为监管机构是利用 10% 置信水平（而不是通常的 5%）来选择是否拒绝模型。

第 16 章

16.1 《巴塞尔协议Ⅱ.5》的 3 个主要组成部分是：压力 VaR 的计算、增量风险资本计提和对依赖信用相关性的产品的全面风险计量。

16.2 《巴塞尔协议Ⅲ》的 6 个主要组成部分是：资本金定义及要求、资本金留存缓冲、逆周期缓冲、杠杆率、流动性比率和交易对手信用风险。

16.3 一般定义下的 VaR 由最近一天一直到过去 4 年内的日数据计算得出。压力 VaR 的计算要选取历史上使银行当前投资组合的表现非常差的 250 天。

16.4 增量风险资本计提由交易账户上的信用产品在 1 年展望期内、99.9% 置信度下的 VaR 求得。计算过程中要考虑信用评级的变化和流动性区间，引入这个概念是因为过去交易账户上的产品所需的资本金少于银行账户上相应的产品。

16.5 一个 AAA 级的 ABS 的资本金要求是面值的 1.6%，而一个 AAA 级的 ABS CDO 的资本金要求是面值的 3.2%。

16.6 第一类股权资本金的要求由 2% 增加到 7%，而且股权资本的定义更加严格。

16.7 (a) 40%；(b) 20%。

16.8 在杠杆比率中，分母不是风险加权资产，而是资产负债表上无加权的全部资产加上一些表外项目，例如贷款承诺。

16.9 流动性覆盖比率是在 30 天承压期内，高质量流动性资产与净流出资金的比率。净稳定资金比率是资产负债表上“负债和净值”一侧项目的加权总和除以“资产”一侧的项目的加权总和。

16.10 稳定资金量变为 81.6，NSFR 变为 81.6/74.25 = 110%。

16.11 CVA 是衍生产品交易中，由于交易对手可能违约带来的预期损失而对收入进行的计提。新的监管规则要求，对信用价差的 CVA 敞口要被包含在市场风险资本金中。

16.12 CoCo 债券在银行资本金低于预先定义的触发条件时自动转换为股权。这类债券对银行具有吸引力，因为在转换前，它们对股本回报率不产生影响；这类债券对监管机构也具有吸引力，因为在市场受压的情况下，它们会成为吸收损失的资本金的来源。

第 17 章

17.1 当使用 ISDA 主协议时，场外衍生产品交易的双方都会承担对方违约的风险。当使用 CCP 时，CCP 充当双方的中介，因此双方都与 CCP 进行交易。

17.2 金融机构之间的标准交易必须通过 CCP 清算。对金融机构间双边清算的衍生产品，初始保证金和变动保证金都会需要。初始保证金的数额必须能有 99% 的把握抵御市场受压情况下 10 天内的损失。

17.3 金融机构需要为它们的衍生产品账户提供的担保品的数量（一般来说是现金或国债）会增加。

17.4 用于某金融产品的折减率是该产品用作担保品时所计的价值与其市场价格相比所减少的百分比。例如，如果某产品的价格为 100 美元，折减率为 10%，那么该产品用来满足 90 美元的担保品要求。

17.5 如果在衍生产品交易中，签署了 ISDA 主协议的双方中有一方不能缴纳担保品或按照要求付款，那么我们就认为发生了违约。违约发生后，会接着发生提前终止事件。未违约的一方会终止与违约的一方进行的所有未到期交易。

17.6 A方的风险敞口（包括对CCP的风险敞口）减至70，不包括对CCP的风险敞口保持为0。B方的风险敞口（包括对CCP的风险敞口）减至100，不包括对CCP的风险敞口减小到70。C方的风险敞口不受影响。三方平均的风险敞口，包括对CCP的敞口，由110下降到86.7，不包括CCP的风险敞口由70下降到53.3。

17.7 如果发生以下情况，公司将遭受损失：①CCP违约；②有某一方违约，并且没有向CCP缴纳足够的保证金和违约基金来抵御其交易被平仓所造成的损失。

17.8 所需担保品的数额一般是所有为完结交易的市场价值的净额。为确定结算额，价值为正的交易会与价值为负的交易净额结算。

17.9 再抵押的含义是，A方给B方提供的担保品，被B方用来满足C方对B方的担保品要求。

17.10 CCP的业务行为比银行简单得多。

17.11 计算方式如下：提前终止时交易对未违约方的市场中间价加上买卖价差的一半。

第18章

18.1 在《巴塞尔协议I》中，市场风险资本金由10天展望期、99%置信度的VaR求出，而该值又通过1天展望期、99%置信度的VaR乘以$\sqrt{10}$得出。在《巴塞尔协议Ⅱ.5》中，市场风险资本金由两部分组成，一部分是基于当前99%置信度的VaR（即《巴塞尔协议Ⅰ》），另一部分来自10天展望期、99%置信度的压力VaR。这两部分都假设等于相对应的一天VaR的$\sqrt{10}$倍。在FRTB中，资本金由置信度为97.5%的压力预期亏空得出，其展望期为一个依赖于投资组合流动性的可变量。

18.2 97.5%的ES为$\mu+\frac{\sigma e^{-\frac{1.96^2}{2}}}{\sqrt{2\pi}\times 0.025}=\mu+2.338\sigma$。

18.3 考虑历史模拟法是如何实现的。由第0日到第10日的变化有9天与从第1日到第11日的变化重合。因此，它们不是相互独立的。实际上，我们预期这两个变量在大部分模拟中会很相近。

18.4 ES与VaR相比，理论上的优点是它能满足第12.5节中讨论的次可加性（分散性）；从实用性上讲，它能更好地量化尾部风险。

18.5 交易账户包含那些出于交易目的而持有的项目，这些项目要进行每日的盯市计价。银行账户包括那些预期持有到期满的项目。除非遭遇严重不良，这些项目会以历史成本法计价。交易账户和银行账户的资本金计算方式有很大不同，而监管机构不希望银行能够通过自主决定项目所放账户的方式达到减少资本金要求的目的。

18.6 信用价差风险的处理方式和其他市场风险是一致的。突发违约风险的处理与银行账户中项目的信用风险的处理类似。

第19章

19.1 穆迪的10个投资级别为：Aaa，Aa1，Aa2，Aa3，A1，A2，A3，Baa1，Baa2，Baa3。

19.2 标准普尔的10个投资级别为：AAA，AA+，AA，AA-，A+，A，A-，BBB+，BBB，BBB-。

19.3 由式（19-2）得出，平均风险率$\bar{\lambda}$满足$1-e^{-\bar{\lambda}\times 1}=0.035\,73$，这一方程的解为$\bar{\lambda}=-\ln(0.964\,27)=0.036\,4$，平均违约密度为每年3.64%。

19.4 在前两年没有违约情况下，公司在第三年违约的概率为

$$(0.044\,92-0.025\,83)/(1-0.025\,83)=0.019\,60$$

将第三年平均违约密度记为$\bar{\lambda}$，我们有关系式$1-e^{-\bar{\lambda}\times 1}=0.019\,60$，因此$\bar{\lambda}$等于每年1.98%。

19.5 信用保护卖出方在0.5年、1.0年、1.5年、2.0年、2.5年、3.0年、3.5年及4.0年收入$300\,000\,000\times 0.006\,0\times 0.5=900\,000$美元，卖出方在违约发生时（4年

零2个月）会收到最终付款300 000美元（$=300\ 000\ 000\times0.060\times2/12$），信用保护卖出方在违约发生时的支付金额为$30\ 000\ 000\times0.6=180\ 000\ 000$美元。

19.6 有时交易双方会达成实物交割协议，有时会达成现金交割协议。如果在违约时为实物交割，则信用保护的买入方会以债券票面的价值将违约债券卖给信用保护的卖出方，可卖出债券的总面额等于信用互换的面额。如果在违约时为现金交割，这时会有一个第三方来计算在违约后一定天数之后最便宜可交割债券的价格，信用互换的现金回报等于违约债券的面值减去估算出的债券价格。

19.7 风险中性违约概率由信用互换及债券价格计算得出，真实世界违约概率是从历史数据中计算得出的。风险中性违约概率被应用于产品定价，真实世界违约概率被应用于情景分析及信用VaR的计算。

19.8 CDS的赔偿支付为$L(1-R)$，L为CDS面值，R为回收率。

19.9 由式（19-3），我们得出今后3年的平均违约密度为$0.005\ 0/(1-0.3)=0.007\ 1$，即每年0.71%。

19.10 由式（19-3），我们得出今后5年的平均违约密度为$0.008\ 0/(1-0.4)$，即每年1.333%。类似地，今后3年的平均违约密度为每年1.166 7%，这意味着4～5年的平均密度为

$$\frac{1}{2}\times(5\times1.333-3\times1.166\ 7)=1.58\%$$

19.11 真实世界违约概率应该用于计算信用风险VaR，风险中性违约概率应该用于对衍生产品价格进行信用风险调节。

19.12 债券的回收率等于在债券发行方违约不久后债券的价格与面值的比率。

19.13 表19-5第2列第1个数字的计算方法为

$$-\frac{1}{7}\ln(1-0.001\ 95)=0.000\ 28$$

即每年0.03%。表19-5第2列第2个数字通过类似的方法得出

$$-\frac{1}{7}\ln(1-0.005\ 25)=0.000\ 75$$

依此类推。最后的数字为

$$-\frac{1}{7}\ln(1-0.421\ 32)=0.078\ 14$$

表19-6中第4列等于将表19-5中第2列的风险率（以基点表示）乘以0.6。对Caa级别，结果为$781.4\times0.6=460$。

19.14 债券的无违约价值为

$$2e^{-0.03\times0.5}+2e^{-0.03\times1.0}+\cdots+102e^{-0.03\times4.0}=103.66$$

市场价格为96.16。一个类似于表19-3的分析说明，如果Q为每年违约概率，违约损失为$272.69Q$，隐含违约概率满足$103.66-96.16=272.69Q$，因此隐含违约率为每年2.47%。

19.15 如果Q_1为在时间0.5年、1.5年及2.5年的违约概率，类似于表19-3的分析显示第一个债券违约损失的贴现值为每100美元面值$178.31Q_1$。债券的无违约价值为

$$4\times e^{-0.035\times1}+4\times e^{-0.035\times2}+104\times e^{-0.035\times3}=101.23$$

市场价格为98.35。因此$178.31Q_1=101.23-98.35$，从而$Q_1=0.015\ 7$，即1.57%。令Q_2为时间3.5年及4.5年违约的概率，类似于表19-3的分析显示第二个债券违约损失的贴现值为$180.56Q_1+108.53Q_2$。这一债券的无违约价值为

$$4\times e^{-0.035\times1}+4\times e^{-0.035\times2}+\cdots+104\times e^{-0.035\times5}=101.97$$

债券的市场价格为96.24。因此$180.56Q_1+108.53Q_2=101.97-96.24$，代入$Q_1$求得$Q_2=0.026$，即2.60%。

19.16 我们假定在互换到期时有本金交换，这种假设并不会影响互换的价格。如果利差为0，浮动利率支付方对应于1美元本金现金流的贴现值为1美元。因此以LIBOR加利差计息的现金流的贴现值为$1+V$。1美元单位面值债券产生的现金流的当前价值

为 B^*。对应 1 美元单位面值，债券现金流支付方的最初付出费用为 $1-B$（如果这一数值为负，那么浮动利率的支付方必须首先付费 $B-1$），因为资产互换的最初价格为 0，我们得出

$$1+V=B^*+(1-B)$$

因而

$$V=B^*-B$$

19.17 由默顿模型得出债券价格为 V_0-E_0，即

$$V_0-V_0N(d_1)+De^{-rT}N(d_2)$$
$$=De^{-rT}N(d_2)+V_0N(-d_1)$$

令 s 为信用价差，以上数量等于 $De^{-(r+s)T}$，因此

$$De^{-(r+s)T}=De^{-rT}N(d_2)+V_0N(-d_1)$$

代入 $De^{-rT}=LV_0$，我们得出

$$Le^{-sT}=LN(d_2)+N(-d_1)$$

因此

$$s=-\ln[N(d_2)+N(-d_1)/L]/T$$

19.18 这时，$E_0=2$，$\sigma_E=0.50$，$D=5$，$r=0.04$，$T=1$。对两个方程求解得出 $V_0=6.80$ 及 $\sigma_V=14.82$。违约概率为 $N(-d_2)$，即 1.15%。

19.19 在前四年的每个季度结束时，卖出方收到 100 万美元付款。卖出方在 4 年零 2 个月之后支付 7 000 万美元。卖出方收到最终付款 666 667 美元。

19.20 信用违约互换提供对参照实体发行的企业债券的信用保护，其大致的作用是将企业债券转换为无风险债券。因此，信用违约互换的买入方实际上是将一个企业债券与无风险债券做交换。这意味着，买入方持有无风险债券的多头和企业债券的空头。

19.21 CDS 的回报取决于某公司是否违约，有人认为有些市场参与者对于公司的信用状态有更多信息（见业界事例 19-2）。

19.22 假定面值为 100 美元。如果债券是无风险的，其贴现值为

$$2.5e^{-0.06\times0.5}+2.5e^{-0.06\times1}+\cdots+2.5e^{-0.06\times5}$$
$$+100e^{-0.06\times5}=95.3579$$

因此，预期违约损失的贴现值为 95.357 9 - 90 = 5.357 9。构造资产互换时首先保证最初付费为 10 美元，然后每 6 个月支付 2.5 美元。作为交换，收入为 LIBOR 加上利差，互换的面值为 100 美元，固定利息付款的贴现值为

$$10+2.5e^{-0.06\times0.5}+2.5e^{-0.06\times1}+\cdots$$
$$+2.5e^{-0.06\times5}+100e^{-0.06\times5}=105.3579$$

因此，高于 LIBOR 的利差的贴现值为 5.357 9。每 6 个月支付 1 美元，连续支付 5 年的当前贴现值为 8.510 5。因此，每 6 个月收入的利差为 5.357 9/8.510 5 = 0.629 6 美元，资产互换的利差等于 2 × 0.629 6，即每年 1.259 2%，本题为练习题 19.16 的结果提供了一个说明。

第 20 章

20.1 一个新的交易在以下两种情形下会增大银行对于交易对手的风险敞口：第一种情形为现存的交易对于银行来讲价值为正，新交易价值也为正；第二种情形为现存的交易价值为负，新交易价值也为负。但是当新交易价格同现在交易价值有抵消作用时，新交易附加效应是减小信用风险。

20.2 一家公司本身的股票对这家公司的交易对手来说，不会是好的担保品。当与该公司的交易违约时，公司股票也可能不会太值钱。

20.3 （a）和（b）均正确，（c）不正确。假定 v_X 及 v_Y 分别是对 X 及 Y 的风险敞口，v_X+v_Y 的期望值等于 v_X 的期望值加上 v_Y 的期望值，但对应于 95% 置信区间的限制，以上结论并不正确。

20.4 假设违约只发生在远期合约的到期日。在无违约风险的世界，远期合约是一个欧式看涨期权的多头与一个欧式看跌期权的空头的组合，这里的两个期权的执行价格均等于远期合约交割价格，期权的到期日等于远期合约的到期日。如果无违约远期合约在到期时价格为正，看涨期权价格为正，

看跌期权价值为0，违约对于远期合约的影响与违约对于看涨期权的影响相同；如果无违约远期合约在到期时价值为负，看涨期权价值为0，看跌期权价值为正，这时违约不会有任何影响，在这种情况下，违约对于远期合约的影响也与远期合约对于看涨期权的影响等同。综上所述，我们得出远期合约的价值等价于一个与违约有关的看涨期权的多头以及与违约无关的看跌期权的空头。

20.5 布莱克－斯科尔斯－默顿模型得出的价格必须乘以 $e^{-0.012\times 3}=0.964$，该模型高估价格大概为3.6%。

20.6 当公司X与许多公司签有的合约中使用了同样的降级触发条件时，其效果可能会增加风险。如果公司被降级，降级触发条款被激活，那么持有对于X而言价值为负的合约的对手方会向X索取担保品。其结果是，公司X会面临流动性困难，甚至会造成公司破产。

20.7 当交易商和交易对手进入一个交易对手卖出信用保护的CDS合约或交易对手进行投机时，交易商容易产生错向风险。当交易商与交易对手进行的CDS合约中，交易对手从交易商买入了信用保护，或者新交易是为了部分地对冲交易对手的风险敞口时，交易商具有正向风险。

20.8 补救期是指在CVA计算中从违约事件发生到交易被终止的时间。

20.9 如果B方违约，那么A方与B方之间的所有未清偿交易都被当作一个交易来处理。因此，A方在计算损失时，会考虑所有与B方之间未清偿交易的价值。

20.10 当银行遭遇财务危机时，其违约可能性增大。这使得交易对手对银行违约的预期损失增大。对银行来说，这就是DVA，DVA会在账面上增加交易对银行的价值。

20.11 在《巴塞尔协议Ⅲ》中，与交易对手信用价差变化有关的CVA被包含在市场风险的计算中。

20.12 如果在提前终止事件前15天内，交易商与交易对手之间交易的价值朝向对交易商有利的方向变化500万美元，交易商的CVA模型会产生损失。假设交易商无法从对手方处获得额外抵押品，或交易对手无法归还从交易商处获得的抵押品。

第21章

21.1 在Vasicek模型及Credit Risk Plus模型中，信用损失在违约发生时发生。在CreditMetrics模型中，信用的降级及违约都会引发损失。Vasicek模型采用了违约时间的高斯Copula模型；Credit Risk Plus模型对每年的违约率的概率分布采用了某种假设；CreditMetrics模型采用了高斯Copula模型来定义信用评级的变化。

21.2 风险水平恒定假设中假定一段时间 t 之后，某产品X被另一产品Y替换，其中Y与X的初始评级相同。再经过另一段时间 t 之后，Y被Z替换，Z也具有和X的初始评级相同的评级，依此类推。

21.3 一家Aaa级的公司在两年后仍保持Aaa评级的概率为82.77%。其评级变为Aa的概率为15.12%。

21.4 一家Aaa级的公司在6个月后仍保持Aaa评级的概率为95.35%。其评级变为Aa的概率为4.40%。

21.5 所有公司的信用价差在下一天的变化可以被认为是过去500天的日变化中的一个随机抽样。该方法的缺点是公司违约的可能性为0，并且并不是所有的公司都有准确的每日信用价差数据。

21.6 使用二项分布，产生6个或更多损失的概率是0.000 5。

21.7 在这种情况下，我们必须求出对应于0.5%损失概率的二项累积分布和1.5%损失概率的二项累积分布的均值。有6个或以上违约事件发生的概率为0.002 1。这说明，引入相关性会造成尾部风险上升。

21.8 自相关性为0.546。这说明信用VaR的估计应考虑最近的违约记录。如果去年的违约率较高，则今年的违约率很可能也会较高。

第22章

22.1 我们可以由以下做法来产生情景：(a) 对类似利率、股票价格等核心变量进行较大扰动；(b) 令所有市场变量的扰动等于历史上某一天市场变量的剧烈变化；(c) 建立一个委员会来产生情形。

22.2 逆向压力测试是指利用算法来寻求会造成巨大损失的情形。通过这一做法，我们可以确定实施压力测试的恰当情形。

22.3 金融机构可能会认为如果所考虑的情景会引发巨大损失，则监管机构将提高资本金要求。

22.4 交通灯期权只有在保险业监管机构所规定的情景发生的情况下才产生回报。买入这一产品的危险是，当金融机构买入这种产品时，它们所得到的保护范围很窄。对某些与保险公司监管机构所考虑的情形相似，但并不完全相同的情形，金融机构并没有得到保护。

22.5 高管所处的位置对产生压力测试情景最有利。高管介入压力测试的产生过程，会使他们更认真地对待压力测试结果，并将这些结果实施于决策过程。

22.6 优点是不同银行都会考虑同样的情形，并且系统性风险也可以被评估。这些情形可能比银行自己考虑的情景更加恶劣（见练习题22.3)。缺点是在这种做法下，银行可能不再积极地开发自己的压力情景。

22.7 客观概率由数据来产生，主观概率具有一定的主观性，它反映了个人的判断。

22.8 压力情形的整体概率为1.5%，因此，历史情形所对应的概率为98.5%，每个历史情形所对应的概率为0.197。将这些情形及所对应的概率进行排序，在99%置信度下的VaR值为284 204美元（对于340 000美元的损失量，累计概率为0.009 43；对于284 204美元的损失量，累计概率为0.011 41)。

22.9 这时，头寸价值分别为941.34、-164.39、-1 349.94及-78.36，最糟糕的情形是资产价格为60、波动率为30%的情形，损失量为341.39美元。

第23章

23.1 这一定义包括所有的内部风险及外部风险，但不包括名誉风险及战略决策风险。

23.2 根据Shih所报告的结果，损失量为$100\times 3^{0.23}$，即1.287亿美元。

23.3 $\text{Prob}(v>x)=Kx^{-0.8}$，当$x=20$时，概率为0.1，这意味着$K=1.0986$。对于特定损失被超出的概率为：(a) 5.74%；(b) 3.30%；(c) 1.58%。

23.4 对于道德风险的处理方式包括设立免赔额度或者将保险费与过去索赔记录挂钩。对于逆向选择的处理是首先在同意承保前尽可能取得关于司机的信息，然后随着获得的信息越来越多，再适当对保险费进行调整。

23.5 公司的CEO一定要签署公司的财务报告来保证财务报表的准确性，如果财务报告出现重大问题并需要改动，CEO必须归还自己的奖金。

23.6 如果交易员在遵守自己额度的条件下蒙受了交易损失，这种风险属于市场风险；如果交易员超出额度交易并造成损失，这种风险属于操作风险。

23.7 (a) 即使存在人寿保险，一个人也不太可能不关心自己的健康。不过确曾发生过人寿保险受益人为获得保金而谋杀投保人的事件。(b) 寿命比较短的人往往会比寿命长的人更容易买人寿保险。

23.8 外部数据是与其他银行损失有关的数据，其取得方式是与其他银行达成协议来共享数据，或者银行可以从数据销售商处获取数据。外部数据用来决定相对损失程度。这些数据可以用来计算业务部门A的损失平均值同业务部门 B 的损失平均值的比率，或者计算业务部门 A 的损失标准差与业务部门 B 的损失标准差的比率。

23.9 泊松分布常常被用来描述损失频率，对数正态分布常常被用来描述损失程度。

23.10 几个重要的风险指标的例子包括：雇员的离职率、不成功交易的数量、临时雇员的数量、管理人员与雇员的比例、空置的职位和过去 12 个月中未连续休假 10 天的雇员比例。

23.11 当损失频率等于 3 时，整体损失的平均值为 3.3，标准差为 2.0，当损失频率增长到 4 时，整体损失的平均值大约为 4.4，标准差为 2.4。

23.12 关键的投入是业务指标和（对于业务指标超过 10 亿元的银行）过去 10 年的损失。业务指标是衡量银行规模的指标，与操作风险相关。

23.13 A 银行的损失（以百万欧元计）是 $7 \times 20 + 7 \times 20 = 280$，B 银行的损失是 $7 \times 20 + 7 \times 20 + 5 \times 20 = 380$。A 银行的内部损失乘数是 $\ln\left(e - 1 + \frac{280}{300}\right) = 0.975$，B 银行的内部损失乘数是 $\ln\left(e - 1 + \frac{380}{300}\right) = 1.094$。A 银行的 SMA 资本要求是 $110 + (300 - 110) \times 0.975 = 295$，B 银行的 SMA 资本要求是 $110 + (300 - 110) \times 1.094 = 318$。

第 24 章

24.1 投资者对产生分档的基础按揭资产并不了解，而且瀑布现金流非常复杂。

24.2 提供报价的公司及个人准备以 50 美元买入资产，并以 55 美元卖出资产，市场中间价为 52.5 美元，买卖价差比率为 5/52.5，即 0.095 2。

24.3 公司 A 的股票的买卖价差为 $0.01 \times 5\,000 = 50$ 美元，公司 B 的股票的买卖价差为 $0.02 \times 3\,000 = 60$ 美元，对组合进行平仓的费用为 $(50 + 60)/2$，即 55 美元。

24.4 对于第一家公司，在 95% 的置信区间下，买卖价差不会超出 $5\,000 \times (0.01 + 1.645 \times 0.01) = 132.24$ 美元。对于第二家公司，在 95% 的置信区间下，买卖价差不会超出 $3\,000 \times (0.02 + 1.645 \times 0.03) = 204.04$ 美元，在 95% 的置信区间下，平仓费用不会超出 $\frac{1}{2} \times (132.24 + 204.04) = 170.14$ 美元。

24.5 在接下来的几天中交易数量分别为 15.9、12.9、10.0、7.4、5.2、3.4、2.2、1.4、0.9 及 0.7。买卖价差为 13.4 美元（单位为百万），总方差为 36.6，因此，在 95% 的置信区间下的 VaR 为 $1.645 \times \sqrt{36.6} = 9.9$ 美元（目标函数的取值使得以上数量的和达到极小，即 23.3 美元）。

24.6 LCR 测试一家银行是否有足够的流动性来承受 30 天的极端压力（信用降级、存款损失、信贷额度减少等）。NSFR 测试资产和负债的到期匹配程度，防止过度依赖短期资金来满足长期需求。

24.7 在市场受压的条件下，批发存款更加容易消失。

24.8 它们的对冲交易产生损失，而被对冲的部分会产生盈利。问题在于，对冲交易的损失会引发保证金催付，而被对冲的头寸虽然价值增加，但这些产品的流动性并不好。

24.9 正反馈是指交易员的交易会加重市场价格的变动，即交易员在价格上涨时买入，在价格下跌时卖出；负反馈是指交易员的交易会减缓市场价格的变动，即交易员在价格下跌时买入，在价格上涨时卖出。正反馈会导致流动性问题。

24.10 这个 VaR 测度包括在对交易进行平仓时，因买卖价差造成的费用。

24.11 流动性黑洞产生于市场参与者均在市场同一侧的情况。监管规则对于流动性黑洞的产生有一定责任。因为金融机构所受的金融监管约束完全类似，所以它们对外部经济事件的反应也相似。

24.12 流动性黑洞的产生往往是由于众多的交易员采用同样的交易策略，当交易员采用不同的交易策略时，流动性黑洞出现的可能性不大。

第25章

25.1 盯市计价涉及利用交易市场上的同类或相似产品的价格来对头寸定价，按模型定价是指模型在决定价格时起决定性作用。

25.2 模型可能存在基本误差，或者使用不当。

25.3 模型开发人员可能会离开。此外，金融机构的其他工作人员及其监管者也可以了解已完成的工作。

25.4 对简单看涨期权及看跌期权进行定价时，交易员以布莱克 - 斯科尔斯 - 默顿模型作为插值工具。他们利用市场上交易活跃的期权来计算隐含波动率。通过对不同执行价格及期限进行插值，由此他们可以计算出其他期权的隐含波动率，这些波动率又被重新代入布莱克 - 斯科尔斯 - 默顿模型来计算这些期权的价格。但是在用于对冲时，布莱克 - 斯科尔斯 - 默顿模型就不再只是插值工具。

25.5 13.45%。我们可以采用以下两种方法得出同样的答案：(a) 先在执行价格介于1.00与1.05之间进行插值，然后在期限介于6个月及1年之间进行插值；(b) 先在6个月及1年之间进行插值，然后在执行价格1.00与1.05之间进行插值。

25.6 物理模型用于描述物理现象，而金融模型最终是为了描述人类的行为。

25.7 该机构可能会注意到，其某项业务的业务量很大，因为自己的报价与同业竞争者的报价有差别。另一种找出价格差别的方法是，将交易平仓并因而向同业竞争者询价。另外我们可以通过订购报价数据的形式来取得交易商提供的对于某些类别交易的月平均价格。

25.8 模型内对冲是指对模型所包含的随机变量进行对冲，模型外对冲是指对模型所假设的“常量”进行对冲。

25.9 布莱克 - 斯科尔斯 - 默顿模型假定股票在1个月内的价格的概率分布为对数正态分布，这里考虑的股票价格显然不是对数正态分布。一个合理的假设是分布可能是两个对数分布的迭加，这时的分布有两个峰值，显然布莱克 - 斯科尔斯 - 默顿模型不适用。

25.10 第1类交易是指活跃市场中相同交易中有报价的交易，第2类交易是指活跃市场中类似交易或不活跃市场中相同交易中有报价的交易，第3类交易是指需要模型假设。

25.11 过度拟合是指为了完美地拟合而匹配的东西过多。过度参数化是指通过引入额外的参数使模型变得过于复杂和难以使用。

25.12 执行价格为0.90、期限为1.5年的期权的隐含波动率为14.85%。执行价格为0.95、期限为1.5年的期权的隐含波动率为 $0.6 \times 14.85\% + 0.4 \times 14.20\% = 14.59\%$。

25.13 盯市计价是指在产品再定价（通常是每天）时，我们要保证产品的价格与市场价格一致，对于市场交易活跃产品计算出的价格通常反映了市场价格信息。这时模型仅仅是一个插值工具，因此盯市计价所得出的价格通常十分准确。而结构性产品价格通常与模型有关，因此这些产品是以模型定价的。

第26章

26.1 经济资本金是银行对自身所需要的资本金的一个估计，监管资本金是监管机构要求银行必须持有的资本金数额。

26.2 AA级公司一年内违约的概率。

26.3 业务风险包括与业务战略及名誉有关的风险。

26.4 对于市场风险及操作风险，计算经济资本金的模型与计算监管资本金的模型会比较类似。在计算信用资本金时，银行可能采用自认为更为合理，但与计算监管资本金不同的相关性模型以及相关性参数。

26.5 99.97%的置信水平所对应的最坏损失的对

数为 $0.5+4\times3.43=14.23$，因此 99.97%置信水平所对应的最坏损失为 151 万美元。由于对数正态分布的性质，我们得出预期损失为 $\exp(0.5+4^2/2)$，即 4 915 美元，因此资本金需求大约为 150.5 万美元。

26.6 部门 1 的经济资本金为 96.85，部门 2 的经济资本金为 63.87，整体资本金为 124.66。

26.7 部门 1 对于整体经济资本金的递增效应为 60.78，部门 2 对于整体经济资本金的递增效应为 27.81，这意味着 60.78/(60.78 + 27.81) = 68.61% 的经济资本金应该分摊到部门 1 及 27.81/(60.78 + 27.81) = 31.39% 的经济资本金应该被分摊到部门 2。将部门 1 的规模增大 0.5% 对于整体资本金的边际效应为 0.418 2，将部门 2 的规模增大 0.5% 对于整体资本金的边际效应为 0.205 6。欧拉定理得以满足，因为整体资本金大约等于 0.418 2/0.005 与 0.205 6/0.005 的和。

26.8 资本金为 3 800 万美元，税前收入为 700 万美元，税前 RAROC 为 18.4%（= 7/38）。在实践中，多元化可能会降低资本金数量，并使 RAROC 有所增加。

26.9 RAROC 可以用来比较不同业务部门的表现（绩效评估）及用于预测业务部门将来的预期表现（决定资本金分配）。

第 27 章

27.1 在自上而下法中，整个机构的风险限额由高管或董事会决定。在自下而上法中，风险限额针对各个业务部门来设定。在企业风险管理中，两种方法都需要，因为我们需要确保各业务部门的风险限额汇总后与整个企业的风险限额保持一致。

27.2 鲍曼悖论来源于对实证数据的观察，在企业制定重大战略规划时，承担高风险往往会造成更低的回报。

27.3 危险在于决策仅考虑短期效益，但是会导致长期的问题（例如，负面的公众曝光、声誉损失和法律诉讼）。业界事例 5-4、业界事例 27-1、业界事例 27-2 和业界事例 27-3 给出了相关实例。

27.4 年度奖金的一部分可以推迟发放，甚至可以被收回。

27.5 企业风险管理采用整体的方法（大图景）来进行风险管理，而不是单独考虑不同风险类别的管理（信用风险、市场风险、操作风险等）。

27.6 在式（27-1）中，我们设 $R=-0.2$，$R_F=0.03$，$R_M=0.1174$，$\sigma_M=0.1886$ 及 $p=0.9$。相对应的 beta 为 1.49。

27.7 从第二年后开始的每个季度，利率将增加 4%。16 个季度后，利息将高达 1.76 + 16 × 4% = 65.76%。

27.8 认知偏差的例子包括：（a）锚定效应（对最初的估计仅进行小的调整）；（b）可得性启发（最近的信息会获得过高的权重）；（c）代表性启发（过于依赖过去的有限的或对目前形势没有代表性的经验）；（d）条件倒置。

第 28 章

28.1 当先前通过中介相互作用的双方开始直接相互作用时，就会发生脱媒。当一种新的技术中介（提供与以前中介不同的服务）在非中介化之后进入市场时，就会发生复媒。

28.2 机器学习是人工智能的一个分支，计算机学习时不需要显示编程。分布式账本技术是一种诸如区块链的技术。在该技术中，数据库可以跨多台计算机共享和同步。

28.3 生物特征识别授权使用个人独特的生物学特征来验证他们是谁。指纹、视网膜扫描、面部识别、语音认证和心跳监控就是例子。

28.4 数字货币可能更容易控制货币供应量和管理通货膨胀。

28.5 在 P2P 贷款中，借贷双方使用技术公司提供的在线平台直接进行交易。股权众筹是一种允许广大投资者通过在线平台为初创企业提供资金的机制。

28.6 监管是金融科技进入的障碍。为了符合监管，金融科技公司有时不得不通过一家成熟的金融机构提供服务。

28.7 的确，如果每个人仅投资于指数基金，就不会有价格发现。我们需要一些投资者和基金经理关注新闻报道，并积极寻找应该买进或卖出的股票。

28.8 监管科技（RegTech）是指应对法规遵从性挑战的技术开发。例如，用于在线实时报道的系统，用于筛选客户和交易以避免合规性问题的系统，以及使金融机构可以轻松检索有关不同国家、不同主题法规信息的在线图书馆。

28.9 IBM 意识到不能依靠大型机销售，因此改变了文化与商业模式以反映市场变化。柯达没有像摄像市场变化那样改变其文化和商业模式。为了生存，银行将需要改变其文化和商业模式。

术 语 表

A

ABS 见资产支持证券（asset-backed securities）。

ABS CDO 由ABS不同分档生成的证券。

accrued interest **应计利息** 自上一次息票支付日至今为止债券所累积的利息。

additional tier 1 capital **附加第一类资本** 不能作为一类股权资本的项目，如非累积优先股。

add-on factor **附加因子** 在计算衍生产品交易中的等价信用量时，在当前的风险敞口之上附加的本金比例，其目的是反映衍生产品将来可能的价值变化。

adjoint differentiation **联合差分** 一种高效率的计算希腊字母的求导算法。

advanced measurement approach **高级计量法** 监管部门所允许的大多数管理成熟的银行用以计算《巴塞尔协议Ⅱ》操作风险监管资本金的方法。

adverse selection **逆向选择** 这种现象是指如果保险公司以同等的价格向所有人提供保险，其承保的往往是风险最大的客户。

agency costs **代理成本** 描述在某个商业行为中，两个不同参与者的利益不完全一致的情形。

alpha 投资组合回报高出由资本资产定价模型所预测的那一部分。

alternative investments **另类投资** 见对冲基金（hedge funds）。

American option **美式期权** 一种在期权期限内可以随时行使的期权。

analytic result **解析结果** 一种被某种方程式所表达的结果。

arbitrage **套利** 利用两种或多种证券定价的相对不一致来获利的交易策略。

arbitrage pricing theory **套利定价理论** 投资回报与若干因子相关的理论。

arbitrageur **套利者** 参与套利交易的个体。

ASF factor **可用稳定资金因子** 在计算净稳定资金率时对于资金来源进行加权的因子。

Asian option **亚式期权** 回报与一定时间段内标的资产的平均价格有关的期权。

ask price **卖出价** 交易商卖出资产的价格，也称为 offer price。

asked price **索要价** 见卖出价（ask price）。

asset swap **资产互换** 将约定的债券息票与LIBOR加一个利差进行互换。

asset-backed security **资产支持证券** 由债券、按揭贷款、信用卡应收款和其他资产的现金流所产生的证券。

at-the-money option **平值期权** 执行价格等于标的资产价格的期权。

autocorrelation **自相关** 变量本身与变量在 k 天后取值的相关性（k 被称为时滞）。

average price call option **均价看涨期权** 回报等于标的资产平均值超出执行价格之上的数量与0这两者之间较大值的期权。

average price put option **均价看跌期权** 回报等于执行价格超出资产平均值的数量与0这两者之间较大值的期权。

B

back-end load **后端收费** 基金份额被卖出时收取的费用。

back office **后台** 交易记账的场所。

back testing **回溯测试** 利用历史数据对VaR或其他模型进行检测。

backwards induction **倒推归纳** 一种由二叉树

的底端反向倒推到树的起始点来对期权进行定价的过程。

banking book **银行账户** 银行投资组合的一部分，这些账户中的资产预计会被持有到期满日。

bankruptcy costs **破产成本（费用）** 在宣布破产后由于销售的损失、主要管理人员的离职及专业服务费用的增加所带来的成本，这些成本与引发破产的不利事件无关。

barrier option **障碍期权** 回报与标的资产的价格是否达到一定的障碍水平（即事先约定的水平）有关的期权。

Basel Ⅰ **《巴塞尔协议Ⅰ》** 1988 年颁布的关于银行监管的第一个国际协定。

Basel Ⅱ **《巴塞尔协议Ⅱ》** 2007 年开始实施的计算银行资本的新国际协定。

Basel Ⅱ.5 **《巴塞尔协议Ⅱ.5》** 金融危机后，巴塞尔委员会于 2010 年引入的针对交易账户的额外监管资本金要求。

Basel Ⅲ **《巴塞尔协议Ⅲ》** 2010 年引入的涉及银行账户和流动性比率的国际银行资本监管规定。

Basel Committee **巴塞尔委员会** 由世界各地的银行监管机构组成的委员会，提出适用于所有国家的银行的标准。

basic indicator approach **基本指标法** 在《巴塞尔协议Ⅱ》中用来计算操作风险监管资本金的最简单方法。

basis **基差** 某种大宗商品现货价格与期货价格之间的差距。

basis point **基点** 在描述利率时，一个基点等于 1% 的 1%（即 0.01%）。

basis risk **基差风险** 在进行对冲时，由于基差的不确定性所产生的风险。

basket credit default swap **一揽子信用违约互换** 具有若干参考实体的信用违约互换。

basket option **一揽子期权** 标的资产为一投资组合的期权。

Bermudan option **百慕大期权** 该类期权的持有者在期限中的若干的时间点可以行权。

best efforts **非包销模式** 投行按自身的能力将新发行证券以一个固定价格在投资者中进行销售，在这种承销模式中，投行对证券最终是否可以卖出不提供保证。

beta 检测某项资产的系统性风险的一种测度。

bid-ask spread **买卖价差** 卖出价高出买入价的数量。

bid-offer spread **买卖价差** 见 bid-ask spread。

bid price **买入价** 交易商为买入某项资产而准备支付的价格。

bilateral clearing **双边清算** 场外交易市场的交易双方对交易进行清算的方式，该方式常常涉及 ISDA 主协议。

binary credit default swap **二元信用违约互换** 当某特定参考公司违约时会引发一个固定数量赔偿的信用互换。

binary option **二元期权** 具有不连续回报形式的期权。例如，现金或空手期权（cash-or-nothing-option）以及资产或空手期权（asset-or-nothing option）。

binomial model **二项式模型** 用于检测在某一小段时间内资产价格变化的模型，对于任意时间段，其假设价格的变化只有两个可能。

binomial tree **二叉树** 在二项式模型中描述资产价格变化的树型结构。

BIS Accord **《巴塞尔协议》** 在 1988 年由世界 12 个国家的中央银行所达成关于银行监管的协议。

bivariate normal distribution **二元正态分布** 用于描述两个服从正态分布的相关变量之间关系的分布。

Black's model **布莱克模型** 用于欧式期货期权合约定价的模型，这一模型是布莱克 - 斯科尔斯 - 默顿模型的扩展。在实际操作中，这一模型被广泛应用于资产价格在到期日服从对数正态分布的欧式期权定价中。

Black-Scholes-Merton model **布莱克 - 斯科尔斯 - 默顿模型** 由布莱克、斯科尔斯及默顿开发的用于欧式股票期权定价的一个模型。

blockchain 区块链 一种分布式的数据技术，安全数据库能在多台计算机上共享和同步。

bond option 债券期权 标的资产为债券的期权。

bond yield 债券收益率 保证债券所有现金流的贴现值总和等于债券市场价格的贴现利率。

bootstrap method 息票剥离方法 通过市场数据来计算零息利率的方法。也是一种通过实证数据确定分布后，计算置信水平的统计方法。

bunching 聚束效应 超过在险价值的大额损失在时间上聚集在一起的趋势。

business risk 业务风险 这一术语应用于银行时是指战略风险（与银行进入新市场和开发新产品的决策有关）及声誉风险。

buy and hold 买入并持有 一种交易策略，建立头寸后无后续的交易。

C

calendar days 日历天数 日历上的每一天。

calibration 校正 通过市场上交易活跃的期权价格来计算隐含的模型参数的方法。

callable bond 可赎回债券 允许发行者在债券期限内的特定时间里可以按特定价格将债券购回的债券。

call option 看涨期权 在将来某日可以按约定价格买入某种资产的期权。

cancelable swap 可取消互换 交易的一方可以在指定期限取消交易的互换。

cap 上限 见利率上限（interest rate cap）。

capital adequacy 资本充足率 银行或其他金融机构所持资本金的充足状态。

capital asset pricing model 资本资产定价模型 关于资产预期回报与资产的 beta 系数之间关系的模型。

capital conservation buffer 资本留存缓冲 在《巴塞尔协议Ⅲ》下设定的额外的股权资本，为了当市场环境较差时承受额外损失。

caplet 单区间上限 利率上限交易中的一个基础组成部分。

cap rate 上限利率 决定利率上限回报的利率。

cascade approach 级联方法 该方法描述了 FRTB 内部模型方法中的计算方法。

Case-Shiller index 凯斯－希勒指数 美国的住房价格指数。

cash flow mapping 现金流映射 为计算在险价值而将一种产品拆解为一系列零息债券的过程。

cash settlement 现金交割 以现金方式而不是以实物形式对合约进行交割的方式。

CAT bond 巨灾债券 一种利息甚至本金可能在特定的灾难保险索赔超出一定数额后被减免的债券。

CCP 见中央对手方（central counterparty）。

CDD cooling degree days 制冷天数 日平均温度超出华氏 65°的天数与 0 之中的较大者，这里日平均温度是指最高温度与最低温度的平均（子夜到子夜）。

COD 见债务抵押债券（collateralized debt obligation）。

CDO squared CDO 平方 在这种产品中一个 CDO 分档组合的违约风险以某种形式摊派给新的产品。

CDS 见信用违约互换。

CDS-bond basis CDS 债券基差 CDS 利差与资产互换利差之差。

CDX 描述由北美 125 个投资级公司所组成的信用质量指数。

central clearing 中央清算 通过 CCP 来清算场外衍生产品。

central counterparty 中央对手方 场外衍生产品的清算机构。

central limit theorem 中心极限定理 大量独立同分布变量的和近似正态分布。

cheapest-to-deliever bond 最便宜可交割债券 在期货或信用违约互换中，市场上可买到的最便宜的可用于交割的债券。

Chinese walls 防火墙 这一术语用于描述金融机构内部信息管理政策，当有些信息在金融机构内部传播会对客户不利时，金融机构内部的防火墙政策要阻止其传播。

Cholesky decomposition **Cholesky 分解** 从多元正态分布中进行抽样的一种方法。

clawback clause **奖金收回条款** 如果是对冲基金，该条款允许收回已发放的奖金的一部分来弥补投资者当前的损失；如果是延迟奖金，该条款可以在财务表现不佳的情况下，取消未发放的奖金。

clean price of bond **债券除息价格（洁净价）** 债券的报价，买入债券的现价（债券带息价格、脏价）等于这一报价再加上应计利息。

clearing house **清算所** 保证场内交易衍生产品的交易双方履行交易义务的实体（这一机构被称为清算公司）。

clearing margin **清算保证金** 由清算所会员缴纳的保证金数量。

closed-end fund **封闭式基金** 基金份额为固定的一种共同基金。

CoCo 见未定可转换债券（contigent convertible bond）。

cognitive bias **认知偏差** 一种不合逻辑的判断模式。

coherent risk measure **一致性风险测度** 满足一定条件的风险测度。

collar 见利率上下限（interest rate collar）。

collateral **抵押品** 在一个交易中，为了缓解交易对手对于信用风险的担忧，而存放于对手处的现金或有价证券。

collateralization **担保制度** 在衍生产品交易中，一方或双方须支付担保品的制度。

collateralized debt obligation **债务抵押债券** 一种将信用风险打包的方式，由一个债券组合派生出几种不同的债券（被称为分档），各种债券的违约成本摊派服从事先制定的规则。

commercial bank **商业银行** 吸收存款并发放贷款的银行。

component VaR **成分 VaR** 与交易组合的某一部分相对应的 VaR，成分 VaR 的定义确保了所有成分 VaR 的总和等于整个投资组合的 VaR。

compounding frequency **复利计息频率** 它定义了计算利息的时间间隔。

compounding swap **复利互换合约** 一种利率不是立即交换，而是以复利的形式累积到下一个执行日再行交换的利率互换合约。

compound option **复合期权** 期权的期权。

comprehensive risk measure **综合风险计量** 计算依赖于信用相关性的产品的资本金的风险计量手段。

conditional tail exception **条件尾部风险** 见预期亏空（expected shortfall）。

conditional value at risk（C-VaR） **条件 VaR** 见预期亏空（expected shortfall）。

confirmation **交易确认** 在场外市场用于确认交易双方口头协议的书面合约。

constant level of risk **恒定水平风险** 在计算风险度量时的一种假设，即金融机构将定期进行交易，以使其在每个期初的风险都与今天相同（可以与买入并持有策略联系）。

consumption asset **消费性资产** 用于消费而不是投资的资产。

contagion 见信用连锁反应（credit contagion）。

contigent convertible bonds（CoCo） **未定可转换债券** 在预先定义的指标表明债券发行方需要更多的股权资本时，会自动转换成股份的债券。

continuous compounding **连续复利** 利率报价的一种方式，当复利报价的时间跨度变得越来越小时，其极限形式就是连续复利。

convenience yield **便利收益率** 用于计量拥有某种资产而带来的便利，这种便利是期货合约的多头持有者所不拥有的。

conversion factor **转换因子** 将表外项目转换为等价信用量时要乘上的因子。

convertible bond **可转换债券** 可以在债券期限内的某个时刻转换为一定数量股票的公司债券。

convexity **凸性** 用来度量债券价格同收益率之间关系的曲线函数的曲率。

convexity adjustment **凸性调整** 这一术语的应用之处很多，例如它可以用以描述将期货利率转换为远期利率所需的调节量，它还可以用于描述对某些产品定价时对于远期利率的调节。

Cooke ratio **库克比率** 在《巴塞尔协议Ⅰ》中定义的资本金与风险加权资产的比率。

cooling degree days **制冷天数** 见 CDD。

Copula **Copula 函数** 定义已知分布的变量之间相关性的一种方式。

core tier 1 capital **核心第一类资本** 见第一类股权资本（tier 1 equity capital）。

Cornish- Fisher expansion **Cornish- Fisher 展开** 一种表达概率分布的分位数与其各阶矩之间的近似关系的式子。

correlation **相关性** 描述两个变量的线性关系程度。

correlation matrix **相关矩阵** 用矩阵来表达的市场变量之间的相关性。

cost of carry **持有成本** 存储成本加上购买资产所需的融资费用再减去资产的收益率。

countercyclical buffer **逆周期缓冲区** 在《巴塞尔协议Ⅲ》中，由各国监管部门决定的一部分额外资本金要求。

counterparty **交易对手** 金融交易中的另一方。

coupon **息票** 债券所付的利息。

covariance **协方差** 描述两个变量之间的线性关系（等于变量的相关系数乘以它们的标准差）。

covariance rate **协方差率** 描述两个日回报变量之间的协方差。

covered call **备兑看涨期权** 卖出看涨期权同时持有资产的多头的组合。

crashophobia **暴跌恐惧症** 人们对于类似 1987 年股票大跌的恐惧症，有人认为这一现象造成市场参与者提高了深度虚值看跌期权的价值。

credit contagion **信用连锁反应** 某公司的违约会引发其他公司也违约的倾向。

credit default swap, CDS **信用违约互换** 买入方有权在债券违约时以面值为价格将债券出售给卖方的一种工具。

credit derivative **信用衍生产品** 回报与某家或多家公司或国家的资信（creditworthiness）状况相关的衍生产品。

credit equivalent amount **等价信用量** 在《巴塞尔协议Ⅰ》中与某表外交易等价的贷款数量。

credit event **信用事件** 违约或其他可触发信用违约互换产生收益的事件。

credit indices **信用指数** 跟踪买入针对某组合内所有企业的信用保护所需费用的指数。

CreditMetrics 计算信用 VaR 的一个过程。

credit migration **信用转移** 公司由某一信用等级变为其他信用等级的事件。

credit rating **信用评级** 对债券发行方的资信状况进行度量的方式。

credit ratings transition matrix **信用迁移矩阵** 一种表现公司在一定时间里由某一信用等级变为其他信用等级概率的表格。

credit risk **信用风险** 在衍生产品交易中因为交易对手的违约而造成的风险。

Credit Risk Plus 计算信用在险价值的一种方法。

credit spread **信用价差** 买入信用保护的费用，该术语也用于描述可能会违约的债券的收益率与无风险利率之差。

Credit Support Annex **信用支持附件** ISDA 主协议的一部分，用于明确担保品的安排。

credit transition matrix 见信用迁移矩阵（credit ratings transition matrix）。

credit value adjustment **信用价值调整量** 衍生产品交易商根据交易对手违约的可能性而对衍生产品交易的价值进行的调整。

credit value at risk **信用在险价值** 对应于一定置信水平，信用损失所不会超出的数量。

crowdfunding **众筹** 利用在线平台为项目或公司提供众筹资金。

cryptocurrency **加密货币** 一种被设计用于提供安全交换媒介的加密数字货币。

CSA 见信用支持附件（Credit Support Annex）。

cumulative distribution function **累积分布函数** 变量小于 x 的概率与 x（为自变量）的函数关系。

cure period **补救期** 在双边清算的场外衍生产品交易中，从违约事件发生到将交易平仓所需要的时间。

currency swap **货币互换** 某种货币的本金及利息同另外一种货币的本金及利息进行交换的合约。

current exposure method **现期敞口法** 一种计算《巴塞尔协议Ⅰ》和《巴塞尔协议Ⅱ》中衍生工具违约风险敞口的方法，它将违约风险敞口设置为等于当前风险敞口加上一个附加数。

current VaR or ES **当前 VaR 或 ES** 使用最新数据而不是承压期数据计算的当前 VaR 或 ES。

curvature gamma。

CVA 见信用价值调整量（credit value adjustment）。

D

day count **计息天数** 为了计算利息而设定的用于确定天数的方法。

day trade **日内交易** 在某天进入并在同一天进行平仓的交易。

debit value adjustment **债务价值调整量** 衍生产品交易商因为自己本身违约的可能性而对衍生产品交易价值进行的调整。

default correlation **违约相关性** 用于计量两个实体同时违约的趋势。

default intensity **违约密度** 见风险率（hazard rate）。

deferred annuity **延迟年金** 在该年金合约中，为产生年金而进行付款的时间与年金开始的时间有一段距离。

defined benefit plan **固定收益计划** 在这种养老计划中，雇员在退休后所得到的养老金数量由该计划事先定义，通常计算方式是由一个与雇员为公司服务的时间以及雇员的工资有关的公式。

defined contribution plan **固定供款计划** 在这种养老计划中，雇主及雇员的供款均被存入专一账户并进行投资。当雇员退休时，账户内的资金数量转换为年金，有时雇员可以选择一次性支付。

deleveraging **去杠杆化** 个人和公司减少贷款的行为。

delivery price **交割价格** 在远期合约中收到或付出的价格。

delta 衍生产品价格变化同标的资产价格变化的比率。

delta hedging **delta 对冲** 可使衍生产品交易组合价格与标的资产价格变化无关的一种对冲机制。

delta-neutral portfolio **delta 中性交易组合** delta 为 0 的交易组合，这种交易组合的价格同标的资产价格的微小变化无关。

dependence **相关性** 如果已知变量 b 的取值会对变量 a 的概率密度产生影响，我们称变量 a 与变量 b 具有相关性。

deposit insurance **存款保险** 政府提供的当银行违约时，对存款人的存款资金提供保障的保险承诺。

DerivaGem 在作者网页上可以下载的可用于计算期权价值的软件。

derivative **衍生产品** 价格取决于另外一种资产价格的产品。

deterministic variable **确定性（非随机）变量** 将来的值可以确定的变量。

DFAST **《多德 - 弗兰克法案》压力测试** 美国对合并资产超过 100 亿美元的银行进行的压力测试。

digital currency **数字货币** 仅以数字形式提供的货币类型，不可用作钞票或硬币。

directed brokerage **定向经纪** 这是一种共同基金与经纪商之间的不当行为，其中经纪商向共同基金推荐客户，作为回报，共同基金将自己的交易通过该经纪商进行。

dirty price of bond **债券带息价格（脏价）** 债券的现价。

discount bond **折扣债券** 见零息债券（zero-coupon bond）。

discount instrument **贴现金融工具** 不提供息票的产品，例如短期国债。

discount rate **贴现率** 由国库券或类似工具的价格与面值的比率所得出的年回报率。

disintermediation **脱媒** 更少使用媒介的变化。

distance to default **违约距离** 会导致违约发生

的资产价格的变动量，该量以标准差的倍数表示。

diversification **分散化** 将交易组合分散到不同资产所带来的分散效应。

dividend **股息** 向股票持有者支付的现金回报。

dividend yield **股息收益率** 股息与股票价格的比率。

Dodd-Frank Act **《多德－弗兰克法案》** 信用危机后美国设立的新法案，其目的是保护消费者和投资者、避免未来对银行的救助、更加审慎地对金融系统进行监督等。

dollar convexity **绝对额凸性** 等于与利率有关的组合的凸性乘以组合的价值。

dollar duration **绝对额久期** 等于与利率有关的组合的久期乘以组合的价值。

down-and-in option **下跌敲入期权** 标的资产的价格下跌到一定水平之后，这一期权会生效。

down-and-out option **下跌敲出期权** 标的资产的价格下跌到一定水平之后，这一期权失效。

downgrade trigger **降级触发（信用扳机）** 当交易对手的信用级别低于一定水平时，交易商可以将现行交易进行平仓的条款。

duration **久期** 债券平均寿命的度量值，它也是债券价格变化同债券收益率变化的比率。

duration matching **久期匹配** 将资产与负债的久期进行匹配的一种做法。

Dutch auction **荷兰式拍卖** 在这种拍卖过程中，投资者表明希望买入的股票的数量及价格，假设所有被拍卖股票数量为 N，将市场清盘的最高价格为 P，其中 P 表示投资者愿意以这一价格或更高的价格买入 N 份股票；在竞标时出价高于 P 的投资者会得到满足，竞标价格等于 P 的投资者会得到申购股票数量的一部分。

DVA 见债务价值调整量（debit value adjustment）。

DV01 所有期限的利率变动 1 个基点所带来的影响。

dynamic hedging **动态对冲** 定期调节标的资产的数量以对冲期权头寸的过程，对冲的目的通常是保证交易组合的头寸保持风险中性。

dynamic scenarios **动态场景** 在考虑市场变量的不利情形时，包括了公司对不利情形的应对措施。

E

EAD 见违约敞口（exposure at default）。

early exercise **提前行权** 在到期日之前行使权利。

early termination event **提前终结事件** 由于交易对手违约而造成的场外交易的一方提前终止交易合约的事件。

economic capital **经济资本金** 银行自己计算的对资本金的需求量。

efficient frontier **有效边界** 投资者的预期回报与回报标准差之间的最佳替换关系。

efficient market hypothesis **有效市场假说** 该假说认为资产价格反映了有关信息。

electronic trading **电子交易** 通过计算机系统来匹配买卖双方的交易。

embedded option **内含期权** 作为其他产品中不可分割的一部分的期权。

empirical research **实证研究** 基于市场历史数据的研究方式。

endowment life insurance **储蓄寿险** 这类保险中的、事先约定的赔偿额是在投保人死亡或合同到期二者中较早的一个时间一次性支付。

enterprise risk management，ERM **企业风险管理** 从整体上管理企业风险的方法。

equity swap **股票互换** 股票组合的回报与固定利率或浮动利率进行交换的合约。

equity tranche **权益档** 标的投资组合派生出的分档资产中最早承担损失的一部分。

ERM 见企业风险管理。

ES 见预期亏空。

Eurocurrency **欧洲货币** 一种脱离货币发行国的货币当局正式控制的流动性货币。

Eurodollar **欧洲美元** 美国以外的银行所持的美元。

Eurodollar futures contract **欧洲美元期货合约**

以欧洲美元利率为标的的期货合约。

Eurodollar interest rate **欧洲美元利率** 欧洲美元存款的利率。

European option **欧式期权** 只能在期权到期日才能被行使的期权。

event of default **违约事件** 类似于破产、不能维持支付义务或不能支付抵押品的事件。

EWMA **指数加权移动平均**

exception **异常情况** 实际损失超出 VaR 估计的情况。

excesscost layers **额外损失层** 保险公司的某类业务的在一定范围之内的损失。

excess kurtosis **超额峰度** 用以描述与正态分布相比，某概率分布的尾部厚薄程度的测度。

excess spread **额外利差** 向分档持有者支付回报的总和小于标的资产收入利息的总和的情况。

exchange-traded fund **交易所交易基金** 允许机构投资者随时将基金份额转换为标的股票，或将股票转换为基金份额的基金。

exchange-traded market **场内交易市场（交易所交易市场）** 由交易所（例如纽约股票交易所及芝加哥期权交易所）组织的交易市场。

ex-dividend date **除息日** 当宣布股息时，除息日也被确定下来，在除息日之前买入股票的投资者可以得到股息。

exercise price **执行价格** 在期权合约中买卖标的资产的价格，也被称为敲定价格（strike price）。

exotic option **奇异期权** 非标准化的期权。

expectations theory **预期理论** 该理论认为远期利率等于预期的未来即时利率。

expected shortfall, ES **预期亏空** 在损失分布的 $(100-X)\%$ 尾部条件下，在 N 天内的损失期望值，N 为展望期，$X\%$ 为置信水平。

expected tail loss **预期尾部损失** 见预期亏空（expected shortfall）。

expected value of a variable **变量的期望值** 变量按出现概率为权重得出的加权平均值。

expense ratio **费用比率** 基金的费用与所管理的资产的比率。

expiration date **到期日** 合约期限的最终日。

exponentially weighted moving average model **指数加权平均移动模型** 按时间回溯时，对变量的历史数据权重以指数下降的方式进行加权平均来产生预测的模型，有时这种模型用来计算 VaR 求解过程中的方差及协方差。

exponential weighting **指数加权** 观察值的权重与数据的新旧有关的加权方式，对于 t 期观察值的权重等于 λ 乘以 $t-1$ 时刻的权重，其中的 $\lambda<1$。

exposure at default **违约敞口** 在违约发生时可能损失的最大数量（这里假设违约资产没有任何回收价值）。

extreme value theory **极值理论** 一种由某些数据来估计分布尾部形状的理论。

F

factor **因子** 不确定性的来源。

factor analysis **因子分析** 一种从描述变化的大量相关变量提取出少量的主要因子的分析方法，这一方法与主成分分析法（principal component analysis）类似。

factor Copula **因子 Copula 模型** 涉及多个变量的 Copula，其中以因子模型描述经变换后的变量的相关性结构。

factor loadings **因子载荷** 在因子模型中，当只有一个单位的特定因子，而其他因子的单位均为 0 时，变量的数值。

factor model **因子模型** 假定一组相关变量与一组相互独立变量存在线性关系的模型。

factor scores **因子得分** 在因子模型中，观测到的变量中某一因子的数量。

fair value accounting **公允价值会计准则** 以市场价格将资产计入账户的做法。

FICO **FICO 信用得分** 由 Fair Isaac 公司（Fair Isaac Corporation）研发出的信用评分。

financial intermediary **金融中介** 促进经济中不同主体之间的资金流动的银行或金融机构。

FinTch **金融科技** 技术在金融中的应用。

firm commitment 包销形式 投行对新发行证券的销售价格进行承诺，如果没有投资者买入证券，投行就必须自己买入。

fixed annuity 固定年金 年金的支付数额被事先约定。

floor 下限 见利率下限（interest rate floor）。

floor-ceiling agreement 上下限合约 见上下限期权（collar）。

floorlet 单区间下限 利率下限交易中一个组成部分。

floor rate 下限利率 在下限合约中所阐明的利率。

foreign currency option 外汇期权 有关汇率的期权。

forward contract 远期合约 规定持有者在将来某约定时刻按指定价格买入或卖出某种资产的合约。

forward exchange rate 远期汇率 一个单位外汇的远期价格。

forward interest rate 远期利率 由当前市场利率所得出的将来某时间的利率。

forward price 远期价格 远期合约中使得合约价值为0的交割价格。

forward rate 远期利率 参见远期利率（forward interest rate）和远期汇率（forward exchange rate）。

forward rate agreement, FRA 远期利率协议 交易双方达成的在将来某时刻按某种利率对一定本金计息的协议。

front-end load 前端收费 投资者首次买入基金份额时支付的费用。

front office 前台 金融机构中负责进行交易的部门。

front running 抢先交易 在基金进行大笔股票交易之前，提前在个人账户进行交易的行为。

FRTB 见交易账户基本审查（Fundamental Review of the Trading Book）。

Fundamental Review of the Trading Book 交易账户基本审查 巴塞尔委员会提出的新的计算市场风险资本金的方法。

funds of funds 基金的基金 投资于不同的对冲基金的基金。

futures contract 期货合约 一种规定持有者在将来某时刻按约定价格买卖资产的合约，此合约每天都要进行结算。

futures option 期货期权 一种关于期货的期权。

futures price 期货价格 期货合约中的当前交割价格。

G

G-30 Policy Recommendations 30人课题组报告 由一组非监管人员在1993年提出的关于衍生产品问题的建议。

gamma 产品的delta变化与资产价格变化的比率。

gamma-neutral portfolio gamma中性交易组合 gamma为0的投资组合。

gap management 缺口管理 保证资产和负债得到匹配的管理过程。

GARCH model GARCH模型 用于预测波动率的模型，此模型的方差具备均值回归特性。

Gaussian Copula model 高斯Copula模型 基于多元正态分布的Copula模型。

Girsanov's theorem 哥萨诺夫定理 该定理描述了当我们从具有一定风险偏好的世界转移到另外一个具有一定风险偏好的世界时，随机变量的漂移项将有所变化，而波动率项保持不变。

Glass-Steagall Act 《格拉斯－斯蒂格尔法案》 美国通过的关于商业银行与投资行分业经营的法案。

global systematically import bank, G-SIB 全球系统性重要银行

greek letters 见希腊值（greeks）。

greeks 希腊值 delta、gamma、vega、theta及vega等对冲参数。

gross income 总收入 净利息收入加上非利息收入。

group life insurance 团体人寿保险 通常由雇主

为其雇员安排的团体性人寿保险。

H

haircut 折减 计算担保品价值时，对用于担保的资产价格的折扣。

hazard rate 风险率 在没有前期违约的条件下，对较短一段时期内的违约概率的度量值。

heating degree days，HDD 取暖天数 日平均温度低于华氏65°的天数与0两者中的较大者，这里平均温度为一天中最高温度与最低温度的平均值（子夜到子夜）。

hedge 对冲 用于减小风险的交易。

hedge funds 对冲基金 这类基金所受限制要远少于共同基金，它们可以利用衍生产品，采用做空交易策略，但是不能向公众发行证券。

hedger 对冲者 开展对冲交易的个人。

hedge ratio 对冲比率 对冲产品的头寸与被对冲头寸的比率。

high-frequency trading（HFI） 高频交易 使用计算机算法产生的交易。

high water mark clause 高潮位标记条款 该条款阐明前期损失必须在全部补齐的情况下，业绩提成才适用。

historical default probabilities 历史违约概率 由历史数据估算出的违约概率。

historical simulation 历史模拟法 基于历史数据的模拟方式。

historic volatility 历史波动率 由历史数据估算出的波动率。

holiday calendar 假期日历 用于定义哪些天是假期的日历，这一日历的目的是确定金融交易的付款日期。

hurdle rate 门槛回报率 只有在业绩超出这个最小回报率时，绩效费才适用。

hybird approach 混合型方法 将不同类型经济资本金进行汇总的方法。

I

IFRS 9 国际财务报告准则第9号 一项新的会计准则，要求银行在考虑预期违约损失的情况下对贷款进行估值。

implied default probability 隐含违约概率 见风险中性违约率（risk-neutral default probability）。

implied volatility 隐含波动率 在布莱克－斯科尔斯－默顿模型（或类似扩展模型）的期权价格中隐含的波动率。

inception profit 起始盈利 由于衍生产品的卖出价格高于理论价值所产生的盈利。

incremental risk charge 增量风险资本计提 《巴塞尔协议Ⅱ.5》中增加的对交易账户上对信用敏感的产品的资本金要求。该资本金是为了改变银行账户上的产品需要的资本金数量比交易账户上同等风险的产品少的局面。

incremental value at risk 增量VaR 投资组合中包含某头寸的VaR与不包含某头寸的VaR之差。

independence 无关 如果已知变量b的取值对变量a的概率密度没有影响，则称变量a与变量b无关。

independent amount 独立金额 在双边场外衍生产品交易中，交易商要求的与现有交易价值无关的担保品的数额。

index fund 指数基金 基金的目的是跟踪某个股票指数。

initial margin 初始保证金 在最初期货交易时交易员需要付出的现金保证。

initial public offering，IPO 首次公开募股 指公司第一次面对公众发行股票。在IPO之前，一般只有公司的创立人、雇员及其他风险投资者（venture capitalist）持有公司的股权。

instantaneous forward rate 即时远期利率 对应将来某一很短时间段的远期利率。

interest rate cap 利率上限 在利率高于一定水平时，这种期权会产生回报，这里对应的利率为需要定期设定的浮动利率。

interest rate collar 利率上下限 一个利率上限及利率下限的组合。

interest rate derivative 利率衍生产品 衍生产品的回报取决于将来的利率。

interest rate floor 利率下限 在利率低于一定水平时，这种期权会产生回报，这里对应的利率为需要定期设定的浮动利率。

interest rate option 利率期权 回报取决于将来利率水平的期权。

interest rate swap 利率互换 固定利率与浮动利率的互换合约，双方用于计算利息的本金相同。

internal credit rating 内部信用评级 金融机构本身（而不是穆迪或标准普尔等评级机构）所给出的信用评级。

in-the-money option 实值期权 这种期权可为：①资产价格大于执行价格的看涨期权；②资产价格低于执行价格的看跌期权。

intrinsic value 内在价值 对于看涨期权，此价值等于资产价格超出执行价格的数量与0二者中的较大值；对于看跌期权，此价值等于执行价格超出资产价格的数量与0二者中的较大值。

investment asset 投资资产 出于投资目的而被大量个人拥有的资产。

investment bank 投资银行 为公司发行证券和股票的银行。

investment grade 投资级产品 信用级别高于BBB(BAA）的债券及金融工具。

IRB approach 内部评级法 《巴塞尔协议Ⅱ》中规定用于计算信用风险资本金的方法。

IRC 见增量风险资本金（incremental risk charge）。

ISDA 国际互换和衍生产品协会

ISDA Master Agreement ISDA主协议 场外衍生产品交易双方签署的规范交易的协议。

Isserlis'theorem Isserlis定理

iTraxx 由欧洲125家投资级公司所组成的信用指数。

J

jump-to-default risk 突发违约风险 某公司违约的风险，该风险与信用价差的变动风险相对，后者指公司在不违约的情况下，信用价差的变动。

junk bond 垃圾债券 非投资级债券。

K

key risk indicators 主要风险指标 跟踪操作风险水平的指标。

kurtosis 峰度 用于描述分布尾部肥瘦的度量值。

L

late trading 延迟交易 在下午4点以后下单，并以下午4点的价格买入或卖出基金份额的行为。

leveraging 杠杆化 个人或公司加大借贷力度的行为。

LGD 见违约损失（loss given default）。

liar loan 骗子贷款 这种贷款的申请人在填写贷款申请表时撒谎。

LIBOR 见伦敦银行间同业拆借利率（London interbank offer rate）。

LIBOR-in-arrears swap LIBOR后置互换 在该互换交易中，某天支付的利率取决于当日观察到的利率水平（而不是取决于前一个付款日所观察到的利率）。

LIBOR-OIS spread LIBOR-OIS利差 特定期限的LIBOR利率与隔夜指数利率之差。

LIBOR/swap zero curve LIBOR/互换零息利率曲线 由LIBOR利率、欧洲货币期货及互换利率所计算出的零息利率曲线，利率为时间的函数。

LIBOR zero curve LIBOR零曲线 见LIBOR/互换零息利率曲线（LABOR/swap zero curve）。

life insurance 人寿保险（寿险） 保险偿付取决于某人是否健在。

linear model 线性模型 在线性模型中，投资组合的价格与标的市场变量存在某种线性关系。

linear product 线性产品 价格与一个或多个标的资产变量有着某种线性关系的衍生产品。

liquidity-adjusted VaR 经流动性调节的VaR 包含交易平仓时买卖价差的VaR数额。

liquidity black holes 流动性黑洞 因所有投资者均处于市场同一侧所引起的流动性枯竭。

liquidity coverage ratio **流动性覆盖比率** 在受压情况下 30 天内，高流动性的资产对流出资金数额的比率。

liquidity funding risk **融资流动性风险** 融资来源枯竭的风险。

liquidity preference theory **流动性偏好理论** 这一理论的结论是远期利率会高于预期的将来即期利率。

liquidity premium **流动性利差** 远期利率超出预期的将来即期利率的数量。

liquidity trading risk **交易流动性风险** 一个资产的卖出价格不能达到其理论价格的风险。

living will **遗嘱** 对金融机构进行有序清盘，使其部分得以存续的计划。

lognormal distribution **对数正态分布** 一个变量服从对数正态分布是指当这一变量的对数服从正态分布。

London interbank offered rate **伦敦银行间同业拆借利率** 评级为 AA 的银行从同业银行借款所需支付的利率。

longevity bond **长寿债券** 这类债券事先定义一个人群，在某时刻，债券支付的票息与该人群中还健在的人数成正比。

longevity risk **长寿风险** 对保险公司而言，一个人活得比预期寿命更长所带来的风险。

long position **多头** 买入某项资产时所处的头寸。

long-tail risk **长尾风险** 长尾风险是指在财产及意外伤害险合同到期后经过很长时间出现索赔的可能性。

lookback option **回望期权** 在到期日的回报和资产价格在一段时间内的最大值或最小值有关的期权。

loss given default **违约损失** 在对手违约时的损失与风险敞口的比率。

M

MaCauley's duration **麦考利久期** 等于现金流的收入时间的加权平均，权重等于现金流的贴现值与整体现金流贴现总和的比。

machine learning **机器学习** 人工智能的一个分支，允许计算机在没有明确编程的情况下学习。

maintenance margin **维持保证金** 当交易员的保证金低于一定水平时，交易员会被要求增加保证金，以使得保证金恢复到初始保证金水平。

margin **保证金** 期货或期权交易员必须维持的现金（或存入的证券）余额。

margin call **保证金催付通知** 当保证金账户内的余额低于一定水平时，要求增加额外的保证金。

marginal distribution **边际分布** 随机变量的非条件分布。

margin period of risk 见补救期（cure period）。

marginal value at risk **边际 VaR** 随着投资组合中一个组成部分的增加出现的 VaR 的变动率。

market maker **做市商** 对一项资产同时给出买入价与卖出价这两种报价的交易员。

market model **市场模型** 被交易员广泛采用的模型。

market portfolio **市场投资组合** 包含所有可能投资的投资组合。

market risk **市场风险** 由市场变量变化所带来的风险。

market timing **择时交易** 择时交易是指基金经理允许一些特殊的客户频繁交易基金的份额，以从未及时更新的部分资产价格中渔利的行为，或进行延迟交易来牟利。

marking to market **盯市计价（逐市定价）** 为反映市场变量的当前市场价格，而对产品重新定价的过程。

marking to model **以模型定价** 利用模型来确定当前资产的做法。

maturity date **到期日** 合约的最终到期时间。

maximum likelihood method **最大似然估计法** 一种计算参数的方法，由这一方法得出的参数可以保证出现观察值的概率达到极大。

mean reversion **均值回归** 波动率或利率等市场变量，长期向平均水平回归的倾向。

Merton's model **默顿模型** 这一模型利用股票价格来估计违约概率（其他由默顿研发出的模

型也被称为默顿模型）。

mezzanine tranche **中间分档** 损失发生在权益档之后，但在高级档之前的分档。

middle office **中台** 银行中的市场风险管理部门。

minimum transfer amount **最小转移数量** 抵押协议中规定的最小的担保品支付数量。

model-building approach **模型构建法** 一种计算 VaR 的方法。

model risk **模型风险** 利用模型来对衍生产品定价时所带来的风险。

modified duration **修正久期** 一种对标准久期的修正，其目的是更加准确地描述债券价格变化同收益率实际变化的比率关系，修正久期考虑了收益率报价的计息频率。

money center banks **货币中心银行** 在世界范围内运营，并且资金主要来自批发市场的银行。

Monte Carlo simulation **蒙特卡罗模拟** 一种对市场变量进行随机抽样的过程。

moral hazard **道德风险** 某一受保主体因为保险合约的存在而改变自身行为举止所带来的风险。

mortality risk **死亡风险** 一个人比预期提前死亡而带来的风险。

multibank holding company **多银行控股公司** 即对多家银行进行持股的公司，设立控股公司的目的是绕过美国的一些银行监管规定。

multivariate normal distribution **多元正态分布** 多变量的联合分布，其中任意单一变量均服从正态分布。

mutual fund **共同基金** 为众多小型投资者提供的一种投资形式，在某些国家也被称为是单位信托（unit trust）。

N

naked position **期权裸空头** 一个不与标的资产多头相结合的看涨期权空头。

National Association of Insurance Commissioners, NAIC **美国保险监理官协会** 在美国为各州保险行业的监管机构提供服务的组织。

negative feedback trading **负反馈交易** 在资产价格上涨时卖出、下跌时买入的交易行为。

net asset value **净资产价值** 基金价值除以基金的份额所得的数量。

net interest income **净利息收入** 银行的利息收入与利息支出之差。

net replacement ratio **净替换比率** 对当前敞口进行轧差与不进行轧差所得的比率。

net stable funding ratio **净稳定资金比率** 可获得资金的加权平均与所需要资金加权平均的比率。

netting **轧差** 在对手违约时能够使具有正价值的交易与负价值的交易相互抵消的能力。

neural networks **神经网络** 一种机器学习工具，允许计算机识别模式。

NINJA **“忍者”** 没有工作、没有收入、没有资产的信用差的贷款群体。

node delta **节点 delta** 当期限结构为分段线性时，在保持其他点不变的情况下将一个顶点对应的利率改变一个基点对投资组合的影响。

non-investment grade **非投资级** 信用级别低于 BBB（BAA）的债券或其他产品。

nonlife insurance **非人寿保险** 见财产及意外伤害险（property-casualty insurance）。

nonlinear product **非线性产品** 产品的价值与标的变量不呈线性关系的衍生产品。

nonperforming loan **不良贷款** 利息拖欠已经超过了 90 天的贷款。

nonsystematic risk **非系统性风险** 可以被分散的风险。

normal distribution **正态分布** 统计上标准的钟形分布。

normal market **正常市场** 期货价格随着期限增大而增加的市场。

notional principal **名义本金** 用于计算利率互换付款额的本金数额，这里的本金是一种名义上的形式，因为它有时不被实际支付。

numerical procedure **数值方法** 在没有解析公式时所采用的计算方法。

O

objective probability **客观概率** 基于数据的概率。

offer price 见卖出价（ask price）。

OIS 见隔夜指数互换（overnight indexed swap）。

OIS rate **OIS 利率** 固定利率在 OIS 互换中转换为隔夜利率的几何平均值。

open-end fund **开放式基金** 开放式基金的份额数量随投资者买入或卖出基金份额而变化。

open interest **未平仓合约** 期货市场上存在的多头总量（等于市场上的空头总量）。

open outcry **公开喊价** 交易员在交易大厅相见并以喊价的形式报价的一种交易方式。

operational risk **操作风险** 指不完善或存在问题的内部程序、员工和信息科技系统以及外部事件所造成的风险。

option **期权** 买入或卖出资产的权利。

organized trading facility **有序交易设施** 标准场外衍生产品的电子交易平台。

originate-to-distribute model **发起－分销模式** 这一术语是指银行发行贷款、信用卡应收款等资产，然后将这些资产进行证券化来将信用风险转移给其他投资者的过程。

OTC market 见场外市场（over-the-counter market）。

OTF 见有序交易设施（organized trading facility）。

out-of-the-money option **虚值期权** 这种期权可以是：①资产价格低于执行价格的看涨期权；②资产价格高于执行价格的看跌期权。

outside-model hedging **模型外对冲** 对那些在模型中被假设为常数的变量进行对冲（与模型内对冲（within-model hedging）相对）。

overcollateralization **超额抵押** 抵押资产的面值比生成的分档证券的面值更高的情形。

overnight indexed swap **隔夜指数互换** 以一段时间内隔夜利率的几何平均交换某一固定利率的互换协议。

over-the-counter market **场外市场（柜台市场）** 交易员之间直接交易而不经过交易所的交易市场。交易方通常是为金融机构、企业或基金经理等。

P

P2P Lending **P2P 贷款** 在不涉及银行或类似中介机构的情况下通过在线平台向借款人借款。

P&L Attribution **日均损益原因分析** 对每天的收益和损失的原因进行的分析。

parallel shift **平行移动** 零息利率曲线上每一点移动相同数量的变动形式。

partial duration **局部久期** 零息利率曲线上某一点变化所引起的交易组合价值的百分比变化。

partial expected shortfall **局部预期亏空** 组合资产的一部分预期亏空。

partial simulation approach **部分模拟法** 一种计算 VaR 的方法，其中通过希腊值和泰勒展开来取得投资组合价值变化的近似值。

par value **面值** 债券的本金数量。

par yield **票面收益** 使得债券价格等于本金的息票。

payoff **到期收益** 期权或其他衍生产品的持有者在产品到期时所收到的付款。

peak exposure **峰值敞口** 将来某一时间预期风险敞口分布上较高分位数（如 97.5%）的值。

performing loan **良好贷款** 贷款的利息的拖欠时间没有超出 90 天。

permanent life insurance 见终身寿险（whole life insurance）。

physical default probability **真实世界违约概率** 见历史违约概率（historical default probability）。

plain vanilla **普通** 用于描述标准交易的术语。

poison pill **毒丸** 公司采取行动来使其他公司对其兼并变得更加困难的做法。

Poisson distribution **泊松分布** 在泊松过程中，在一定时间内一定数量的事件发生的概率分布。

Poisson process **泊松过程** 描述事件产生次数的一种随机过程，在任意时间段 Δt 内，事件产生的概率为 $\lambda\Delta t$，其中 λ 为过程的密度。

policyholder **投保人** 保险单的持有者。

portfolio immunization **组合免疫** 保证投资组合与利率相对不敏感的一种做法。

portfolio insurance **组合资产保险** 投资组合经理进行交易以保证组合的价值不会低于一定的水平的做法。

positive feedback trading **正反馈交易** 在资产价格下降时卖出，或在资产价格上升时买入的交易。

positive semidefinite **半正定** 确保方差 - 协方差矩阵有效的一个必要条件。

power law **幂律** 描述实际中遇到的概率分布尾部状态的一种法则。

predatory trading **掠夺性交易** 指市场参与者 A 预计另外一个市场参与者 B 将进行某一种交易，而这种交易一旦发生，将会对市场走势产生显著的影响，因此 A 决定提前进行与 B 的交易类似的交易。根据具体的情况，掠夺性交易可能是合法的，也可能是非法的。

premium **收费** 一般指买入期权或保险合同需要缴纳的金额。

prime broker **机构经纪人** 银行作为机构经纪人是指银行替对冲基金的交易进行清算、向对冲基金提供贷款及其他服务等。

principal **本金** 债务性工具的面额。

principal components analysis **主成分分析法** 一种从描述某种变化关系的大量的相关变量中提取少数主要因子的分析方法（与因子分析法类似）。

private placement **私募** 不向公众公开销售，而仅面对少数金融机构或个人的新发证券销售过程。

probability of default，PD **违约概率**

property-casualty insurance **财产及意外伤害险** 财产险为投保人的财产损失提供保险，意外伤害险为投保人的法律责任，以及对于第三者财物或身体的意外伤害提供保险。

proprietary trading **自营交易** 金融机构为自身账户进行交易，而不是替客户进行交易的行为。

public offering **公募** 向大众出售证券的过程。

put-call parity **看跌看涨期权平价关系** 具有同样执行价格以及期限的欧式看涨期权和欧式看跌期权所满足的关系式。

put option **看跌期权** 在将来某时刻可以按指定价格卖出某项资产的权利。

puttable bond **可提前退还债券** 持有此债券的投资者在将来某时刻以指定价格将债券卖给债券发行人。

puttable swap **可赎回互换** 一方有权提前中止的互换协议。

Q

QIS 见定量影响研究（quantitative impact study）。

quadratic model **二次型模型** 投资组合价值的变动与市场变量的百分比变化之间存在的二次型关系。

quantitative impact studies **定量影响研究** 巴塞尔委员会关于新规定对于银行资本金的影响的定量研究。

R

RCSA **风险控制和自我评估** 一种评估操作风险的方法。

real world **真实世界** 我们所生活的世界与风险中性世界相对。后者是我们对衍生产品定价时所用到的虚拟世界。

rebalancing **再平衡** 对交易头寸的调整，其目的是保证 delta 中性。

recovery rate **回收率** 违约时债券收回的价值与面值的比率。

reference entity **参照实体** 信用违约互换合约中违约保险所针对的公司或国家。

RegTech **监管科技** 金融机构使用技术来提高监管和合规性。

regulatory arbitrage **监管套利** 以减少金融机构的监管资本金为目的而进行交易的行为。

regulatory capital **监管资本金** 监管机构要求金融机构必须持有的资本金。

rehypothecation **再抵押融资** 以某一交易对手提供的担保品作为担保品来满足另外的抵押要求的做法。

reinsurance **再保险** 保险公司将风险转给其他公司的做法；当然，承接风险的公司会得到补偿。

reintermediation **复媒** 脱媒后新中介体的发展。

repo **回购** 回购协议的简称，这种协议的一方卖出证券借入资金并约定在今后以稍高价格购回。

repo rate **回购利率** 在回购协议中采用的利率。

required stable funding factor, RSF factor **所需稳定资金因子** 计算净稳定资金比率时用到的权重因子。

reserve requirement **准备金要求** 即将存款的一定比率存入中央银行的规定。

reset date **定息日** 在互换及上限/下限协议中，一个设定下一时间段内利率的日期。

retail banking **零售银行** 从零售客户吸收小额存款并向他们发放小额贷款的银行业务。

reverse stress testing **逆向压力测试** 通过算法来搜索导致重大损失的压力情形的做法。

reversion level **回归水平** 市场变量的值（例如波动率）回归均值的倾向。

reversion rate **回归率** 市场变量回归均值的变化率。

rho 衍生产品价格变化同利率变化的比率。

right-way risk **正向风险** 当交易商对某交易对手的风险敞口增大时，交易对手的违约风险反而降低的情况。

risk-adjusted return on capital, RAROC **风险调整后的资本回报率**

risk appetite **风险偏好** 金融机构关于自身能够承受的风险水平的声明。

risk culture **风险文化** 某机构中对待风险的态度。风险文化的一个重要方面是关于机构的雇员如何处理短期效益与长期风险之间的矛盾关系。

risk factor **风险因子** 随着时间变化的市场变量，如汇率、商品价格、利率。

risk weight **风险权重** 在加权敏感度法中是一个风险因子日标准差波动率的倍数。

risk-free rate **无风险利率** 不承担任何风险就可以得到的利率。

risk-neutral default probability **风险中性违约概率** 由信用价差隐含出的违约概率。

risk-neutral valuation **风险中性定价** 在期权及其他衍生产品定价中假设世界为风险中性，风险中性定价给出的价格不只是对于风险中性世界而言，在所有世界中均是正确的。

risk-neutral world **风险中性世界** 在这一世界中，投资者为所承担的额外风险不索取额外回报。

risk-weighted amount **风险加权量** 见风险加权资产（risk-weighted assets）。

risk-weighted assets **风险加权资产** 《巴塞尔协议Ⅰ》和《巴塞尔协议Ⅱ》中的一种计量资产数量的方式，其要求总资本至少是风险加权资产的8%。

robo-advisers **机器人投顾** 在线财富管理服务提供商。

robotics process automation **机器人流程自动化** 一种软件应用程序，计算机可以与现有计算机系统交互。

roll back **倒推** 倒退归纳法。

S

SA-CCR 一种在使用标准法时计算违约风险敞口的方法。

Sarbanes-Oxley Act **《萨班斯－奥克斯利法案》** 美国于2002年通过的法令，其目的是增加上市公司董事、首席执行官及首席财务官的责任。

scenario analysis **情景分析** 一种分析市场变量的不同变动对组合价值不同影响的过程，这一术语也用于生成操作风险的损失的不同情形。

scorecard approach **计分卡方式** 一种对操作风险的进行自我评估的方法。

SEC **美国证券交易委员会**

securitization **证券化** 通过将来的现金流来产生证券的过程。

SEF 见互换执行设施（swap execution facility）。

senior tranche **高级分档** 在标的资产违约时，最后承担损失的分档。

short position **空头** 交易员卖出自己并不拥有的证券。

short selling **卖空交易** 从其他投资者那里借入资产并在市场上变卖的交易形式。

SIFI 系统性重要金融机构（systemically important financial institution）。

SIMM 见标准初始准备金模型。

simulation **模拟** 见蒙特卡罗模拟（Monte Carlo simulation）。

skewness **偏态** 用来衡量概率分布的非对称性的指标。

Solvency Ⅰ **《偿债能力法案Ⅰ》** 欧盟从20世纪70年代开始实行的保险公司的监管规定。

Solvency Ⅱ **《偿债能力法案Ⅱ》** 欧盟设立的关于保险公司监管的新规定，于2016年开始实施。

solvency risk **偿还能力风险** 负债会大于资产的风险。

sovereign wealth funds **主权财富基金** 主权国家设立的投资基金。

specific risk charge **特定风险资本金** 对于交易账户中特定风险所设定的资本金。

spectral risk measure **光谱型风险测度** 对于风险分布的分位数设定不同权重的风险度量方式。

speculative grade **投机级** 见非投资级（non-investment grade）。

speculator **投机者** 市场上对资产价格的上涨或下跌下注，并据此开仓的交易者。

spot interest rate **即期利率** 见零息利率（zero-coupon interest rate）。

spot price **现货价格** 即期交割的资产价格。

spot volatility **即时波动率** 对利率上限定价时，需采用不同波动率对于单一区间上限定价，并以此取得以对整个利率上限定价的波动率曲线。

SR 11-7 美联储委员会提供的模型风险管理指南。

standard initial margin model **标准初始保证金模型** 由IDSA开发的一个模型，用于计算监管机构对双边清算衍生产品组合所需的初始保证金。

standard normal distribution **标准正态分布** 均值为0、标准差为1的正态分布。

standardized measurement approach **标准计量法** 巴塞尔委员会提出的一种计算操作风险资本的方法。

static hedge **静态对冲** 头寸在设定后无须调整的对冲策略。

static options replication **静态期权复制** 这种对冲方式是找出另一个交易组合使在某个边界上该交易组合的价值与被对冲产品的价值相等。

stochastic variable **随机变量** 将来取值不确定的变量。

stock index **股票指数** 用于跟踪股票组合的指数。

stock index futures **股指期货** 以股票指数为标的的期货产品。

stock index option **股指期权** 以股票指数为标的的期权。

stock option **股票期权** 以单个股票为标的的期权。

stop-loss rule **止损规则** 当某头寸的损失超出一定数量后，必须将头寸平仓的规定。

storage costs **储存费用** 储存某种商品的费用。

stressed ES **压力ES** 根据会对金融机构的投资组合价值造成严重影响的250天受压市场条件计算出的ES。

stressed VaR **压力VaR** 根据会对金融机构的投资组合价值造成严重影响的250天受压市场条件计算出的VaR。

stress testing **压力测试** 用于检验极端的市场变化对于投资组合价值的影响。

strike price **执行价格（敲定价格）** 期权合约中所规定的资产买入或卖出的价格。

structured product **结构性产品** 金融机构为了满足客户的特殊需求而设计的特殊衍生产品。

student *t*-Copula **学生*t*-Copula函数** 基于多元*t*-分布的Copula函数。

student *t*-distribution **学生 *t*-分布** 这一分布比正态分布有更肥的尾部分布。

subjective probability **主观概率** 反映了某个人观点的概率，该概率并不是基于数据得出的。

subprime mortgage **次级按揭贷款** 信用质量低于平均质量的按揭贷款。

supplement capital **附加资本金** 见第二类资本（tier 2 capital）。

survivor bond 见长寿债券（longevity bond）。

swap **互换协议** 以某指定的形式在将来交换现金流的协议。

swap execution facility **互换执行设施** 美国用来执行标准场外衍生产品交易的电子化平台。

swap rate **互换利率** 利率互换中保证互换价值为 0 的固定利率。

swaption **互换期权** 一种在将来某时刻可以将固定利率与浮动利率进行互换的期权。

swap zero curve **互换零息利率曲线** 见 LIBOR/互换零息利率曲线（LIBOR/swap zero curve）。

synthetic CDO **合成 CDO** 由卖出信用违约互换而创建的 CDO。

synthetic option **合成期权** 由交易标的资产而创建的期权。

systematic risk **系统性风险** 不能被分散的风险。

systemic risk **系统内风险** 由一家金融机构违约而引发其他金融机构违约，从而在整个金融体系内形成的风险。

T

tail correlation **尾部相关性** 两个分布尾部的相关性，用于度量极端事件同时出现的可能性。

tail dependence **尾部相关** 检验两个变量在同一时间同时呈现极端取值的频率。

tail loss **尾部损失** 见预期亏空（expected shortfall）。

Taylor series expansion **泰勒级数展开** 对于多元变量的函数，在变量变化较小时，这种级数展开将函数价值的变化与变量值的变化联系在一起。

teaser rate **前期优惠利率** 在按揭的最初 2 ~ 3 年的低利率。

temporary life insurance 见期限寿险（term life insurance）。

terminal value **终端价值** 在合约到期时产品的价值。

term life insurance **期限寿险** 在这种保险中，如果投保人在一定期限内死亡，保险公司将支付赔偿。

term structure of interest rates **利率期限结构** 利率与其期限的关系。

theta 随着时间的推移，期权或其他衍生产品价格的变化率。

threshold **起点金额** 在双边清算的场外衍生产品交易中，未完结交易的价值超过该额度，交易的一方就需要向另一方提供担保品。

tier 1 equity capital **第一类股权资本** 《巴塞尔协议Ⅲ》中重新定义的股权资本（也被称为第一类核心资本）。

tier 2 capital **第二类资本** 次优先级债务（期限大于 5 年）及其他类似来源的资本金。

tier 3 capital **第三类资本** 短期次优先级债券（期限介于 2 ~ 5 年）。

time decay **时间衰减** 见 theta。

time value **时间价值** 由于当前与到期日之间的时间而产生的期权价值（等于期权价格减去内在价值）。

total expense ratio **总费用比率** 财产保险公司的总费用与保费总和的比率。

total return swap **总回报互换** 在这一互换协议中，债券等资产的回报与 LIBOR 加上一个利差进行交换，资产的回报包括息票以及资产价值的变化。

tracking error **跟踪误差** 以跟踪股票指数为目标的交易策略产生的误差。

trading book **交易账户** 银行投资组合的一部分，持有这些资产的目的是准备变卖。

trading days **交易日** 市场开盘交易的日期。

tranche **分档** 由投资组合产生的证券的一部

分，例如 ABS 的分档。

transaction costs **交易费用** 进行交易而产生的费用（佣金以及取得的价格与产品中间价格的差值，产品中间价格等于买入价与卖出价的平均值）。

treasury bill **短期政府债券** 政府发行的用于融资的短期不支付利息的工具。

treasury bond **长期政府债券** 政府发行的用于融资的长期带息工具。

treasury note **中期国债** 期限不超过 10 年的政府债券。

tree **树** 为了给期权及其他衍生产品定价而做出的代表市场变量价值变化的树形结构。

U

uncleared trades **未清算交易** 双边清算而不是通过中央对手方清算的交易。

unconditional default probability **无条件违约概率** 今天观测到的，违约发生在将来某时段的概率，该概率可以与条件违约概率进行比较，条件违约概率是指在无前期违约的前提下，违约发生在某个时段的概率。

underlying variable **标的变量** 决定期权及其他衍生产品价格的变量。

unit trust **单位信托** 见共同基金（mutual fund）。

universal life insurance **万能寿险** 这是终生寿险的一种形式，其中保费数量每年可以有所不同，最终的保险赔偿取决于保费、投资表现及费用。

unsystematic risk **非系统性风险** 见非系统性风险（nonsystematic risk）。

up-and-in option **上升敲入期权** 标的资产的价格上升到一定水平之后，这一期权会生效。

up-and-out option **上升敲出期权** 标的资产的价格上升到一定水平之后，这一期权会失效。

V

value at risk，VaR **在险价值** 在一定的置信水平之下，损失不会超出的数量。

variable annuity **可变年金** 在这种合约中，受益人收到的年金（通常是终身的）数额取决于组合的投资表现。

variable life insurance **变额寿险** 这是终生寿险的一种特殊形式，投保人可以指定保费的投资方式。如果投资表现好，投资收入可用来支付保费，在投保人死亡时的赔偿有一个最低数量保证，但如果投资表现好，赔偿数量会远远高于最低数量。

variance-covariance matrix **方差－协方差矩阵** 用于表达一系列不同市场变量之间的方差及协方差的矩阵。

variance rate **方差率** 波动率的平方。

variation margin **变动保证金** 为使得保证金账户中的余额达到一定水平而额外支付的保证金。

Vasicek's model **Vasicek 模型** 基于高斯 Copula 函数的违约相关性模型（其他由 Vasicek 开发出的模型也被称为 Vasicel 模型）。

vega 期权或其他衍生产品价格的变化同波动率变化的比率。

vega-neutral portfolio **vega 中性交易组合** vega 为 0 的投资组合。

VIX index **VIX 指数** 关于标准普尔 500 指数股指波动率的指数。

volatility **波动率** 用于衡量资产所得到回报的不确定性的指标。

volatility skew **波动率倾斜** 用于描述非对称性波动率微笑的术语。

volatility smile **波动率微笑** 隐含波动率随着执行价格的变化。

volatility surface **波动率曲面** 揭示隐含波动率随着执行价格及期限而变的表格。

volatility term structure **波动率期限结构** 隐含波动率随不同期限的变化。

W

waterfall **瀑布现金流** 将由标的投资组合所产生的本金现金流和利息现金流进行分配的规则。在一个典型的合约中，利息现金流首先用于兑现对高级分档收益的承诺，然后剩余现金流

（如果有的话）将按分档的优先程度依次支付。本金现金流类似，也是高级分档先收回本金，然后按分档的优先程度依次赎回。权益分档总是最后收到本金和利息现金流。

weather derivative **天气衍生产品** 回报取决于天气的衍生产品。

weighted sensitivity **加权敏感度** 用于计算 delta 的术语。

whole life insurance **终身寿险** 这种保险合约为投保人终生提供保险，因此保险一定会支付赔偿。

wholesale banking **批发银行** 吸收大额存款并发放大额贷款的银行业务。

within-model hedging **模型内对冲** 对那些在模型中的随机变量进行对冲（与模型外对冲相对）。

worst case default Rate（WCDR） **最坏违约概率** 在某一置信水平下不会超过的违约概率。

writing an option **期权承约** 卖出一个期权。

wrong-way risk **错向风险** 对交易对手的风险敞口随着交易对手违约可能性的增大而增加的情况。

Y

yield **收益率** 由产品提供的回报率。

yield curve **收益率曲线** 见利率期限结构（term structure of interest rate）。

Z

zero-coupon bond **零息债券** 没有息票的债券。

zero-coupon interest rate **零息利率** 无息票债券所对应的收益率。

zero-coupon yield curve **零息利率曲线** 零息利率与其期限之间的函数图。

zero curve **零息曲线** 见零息利率曲线（zero-coupon yield curve）。

zero rate **零息利率** 见零息利率（zero-coupon interest rate）。

Z-score **Z-评分** 描述某公司违约可能性的一个数值。

RMFI 软件说明

该软件可在作者的网站（www-2. rotman. utoronto. ca/ ~ hull/software）上下载。

开始运行软件

第一次运行一个软件往往是软件使用中最困难的一步。下面，我们一步一步介绍如何在 RMFI 中对一个期权产品定价。

（1）打开 Excel 文件 RMFI. xls。

（2）如果你是 Office 2007 用户，单击屏幕上方的 Options（设置）按钮，然后选择“Enable this content”。如果你不是 Office 2007 用户，你应将 Excel Macros（宏）的安全等级设定为 Medium（中级）或者 Low（低级）。用户可在 Excel 中单击 Tools（工具），选择 Macros（宏），再选择 Security（安全），然后选择适当的安全等级。

（3）在窗口的底部，选择 Equity_FX_Index_Fut_Opts_Calc 工作表。

（4）选择 Currency 作为标的类型，Binomial American 作为期权类型，单击 Put 按钮。不要选择 Imply Volatility 选项。

（5）现在，你已经可以对一个外汇的美式看跌期权定价了。输入参数有 7 个：汇率、波动率、无风险利率（本币）、外币的无风险利率、剩余期限（以年计）、执行价格和时间步长。将这些参数分别输入单元格 D5、D6、D7、D8、D13、D14、D15，值分别是 1.61、12%、8%、9%、1.0、1.60、4。

（6）单击回车键，并单击 Calculate 按钮。你可以看到单元格 D20 中计算出的期权价格为 0.070 99。单元格 D21 ~ D25 显示了希腊值。

（7）单击 Display Tree 按钮。我们会看到用于计算期权价值的二叉树结构。

下一步

现在，你应该可以很容易地在该页面上对其他期权进行定价。如果要计算隐含波动率，选择 Imply Volatility，然后在单元格 D20 中输入期权价格。单击回车键，然后单击 Calculate 按钮。隐含波动率显示在单元格 D6 中。

软件可以显示各种图表。要显示一个图表，你必须首先指明在纵轴和横轴上要显示的变量，以及横轴的取值范围。接下来，单击回车键并单击“Draw Graph”按钮。

关于这个工作表，其他一些需说明的事项如下：

（1）对股票的欧式期权和美式期权，可以在一个弹出窗口中指定最多 10 次股息。在第一列中输入股息的支付日（从今天开始，按年计算），在第二列中输入股息的数量。股息的输入必须遵从时间顺序。

（2）对美式期权，最多可采用500步二叉树，但只有10步会被显示。

（3）除标准看涨期权和看跌期权外，其他期权的希腊值都是通过对输入参数进行扰动而求得的，而不是通过解析方式求出的。

（4）对亚式期权，Current Average 表示从开始到现在的均值。对新的交易（从开始到当前的时间间隔为0），这个值没有关系。

（5）对回望期权，在计算看涨期权时，使用 Minimum to Date 的值；在计算看跌期权时，使用 Maximum to Date 的值。对新的交易，这两个值都应设为标的资产的当前价格。

（6）利率是连续复利的。

CDS

CDS 工作表用来从 CDS 利差中计算风险率。用户必须输入利率的期限结构（连续复利）和 CDS 期限结构或风险率期限结构二者之一。初始的风险率用在从零时刻起到第一个风险率对应的时刻止的区间，第二个风险率用在从第一个风险率对应的时刻起到第二个风险率对应的时刻止的区间，依此类推。计算中假设违约只发生在两个付款日期之间的中点。这与附录 K 中展示的例子是一致的。

CDO

CDO 工作表按照用户输入的 CDO 份额的相关度计算份额的报价（见附录 L）。份额的附着点和分离点由用户输入。报价可以是基点数的形式或前端收费的形式。对后一种情况，以基点数计的利差是固定的，前端收费是份额面值的一定比例，来自用户输入或隐含地由计算得出（如 iTraxx Europe 或 CDX NA IG 股权份额的固定利差为500个基点）。积分点的数量决定了计算的准确度，一般来说10个就可满足大部分情况的需要（最多为30）。软件会显示预期损失占份额面值的百分比（ExpLoss）和预期收益的贴现值（PVPmts），其中利率为每年10 000个基点。利差为 ExpLoss × 10 000/PVPmts。前端费用为 ExpLoss-（Spread × PVPmts/10 000）。本工作表也可用来隐含地计算份额间的（复合）相关性（compound correlation），或根据用户输入的报价计算基础相关性（base correlation）。为计算基础相关性，第一个附着点应为0%，而且一个份额的分离点应为下一个份额的附着点。

股票期权功能

Equity Option Functions 工作表提供了对一系列不同期权估值的功能。这些函数可以与用户自己的工作表一起使用，以调查选项的属性。

VaR

VaR 工作表允许使用线性模型（基于初始时刻的模型）来计算单一股票的期权投资组合的在险价值，以及一种生成投资组合可能价值的分析方法。前两种方法基于第14章的内容。

希腊值

希腊值的定义分别为：

- delta：当标的资产价格增长 1 美元时，期权价格相应的变化量；
- gamma：当标的资产价格增长 1 美元时，期权 delta 相应的变化量；
- rho：当利率增长 1% 时（例如，利率由 5% 变为 6%），期权价格相应的变化量；
- theta：日历日往前提进一日时，期权价格的变化量；
- vega：当波动率增长 1% 时（例如，波动率由 20% 变为 21%），期权价格相应的变化量。

$x \geqslant 0$ 时 $N(x)$ 的数表

以下数表列出了对应于 $x \geqslant 0$ 时的 $N(x)$ 的取值，此数表应该与插值并用。例如：

$$N(0.6278)=N(0.62)+0.78[N(0.63)-N(0.62)]$$
$$=0.7324+0.78\times(0.7357-0.7324)$$
$$=0.7350$$

x	0.00	0.01	0.02	0.03	0.04	0.05	0.06	0.07	0.08	0.09
0.00	0.5000	0.5040	0.5080	0.5120	0.5160	0.5199	0.5239	0.5279	0.5319	0.5359
0.10	0.5398	0.5438	0.5478	0.5517	0.5557	0.5596	0.5636	0.5675	0.5714	0.5753
0.20	0.5793	0.5832	0.5871	0.5910	0.5948	0.5987	0.6026	0.6064	0.6103	0.6141
0.30	0.6179	0.6217	0.6255	0.6293	0.6331	0.6368	0.6406	0.6443	0.6480	0.6517
0.40	0.6554	0.6591	0.6628	0.6664	0.6700	0.6736	0.6772	0.6808	0.6844	0.6879
0.50	0.6915	0.6950	0.6985	0.7019	0.7054	0.7088	0.7123	0.7157	0.7190	0.7224
0.60	0.7257	0.7291	0.7324	0.7357	0.7389	0.7422	0.7454	0.7486	0.7517	0.7549
0.70	0.7580	0.7611	0.7642	0.7673	0.7704	0.7734	0.7764	0.7794	0.7823	0.7852
0.80	0.7881	0.7910	0.7939	0.7967	0.7995	0.8023	0.8051	0.8078	0.8106	0.8133
0.90	0.8159	0.8186	0.8212	0.8238	0.8264	0.8289	0.8315	0.8340	0.8365	0.8389
1.00	0.8413	0.8438	0.8461	0.8485	0.8508	0.8531	0.8554	0.8577	0.8599	0.8621
1.10	0.8643	0.8665	0.8686	0.8708	0.8729	0.8749	0.8770	0.8790	0.8810	0.8830
1.20	0.8849	0.8869	0.8888	0.8907	0.8925	0.8944	0.8962	0.8980	0.8997	0.9015
1.30	0.9032	0.9049	0.9066	0.9082	0.9099	0.9115	0.9131	0.9147	0.9162	0.9177
1.40	0.9192	0.9207	0.9222	0.9236	0.9251	0.9265	0.9279	0.9292	0.9306	0.9319
1.50	0.9332	0.9345	0.9357	0.9370	0.9382	0.9394	0.9406	0.9418	0.9429	0.9441
1.60	0.9452	0.9463	0.9474	0.9484	0.9495	0.9505	0.9515	0.9525	0.9535	0.9545
1.70	0.9554	0.9564	0.9573	0.9582	0.9591	0.9599	0.9608	0.9616	0.9625	0.9633
1.80	0.9641	0.9649	0.9656	0.9664	0.9671	0.9678	0.9686	0.9693	0.9699	0.9706
1.90	0.9713	0.9719	0.9726	0.9732	0.9738	0.9744	0.9750	0.9756	0.9761	0.9767
2.00	0.9772	0.9778	0.9783	0.9788	0.9793	0.9798	0.9803	0.9808	0.9812	0.9817
2.10	0.9821	0.9826	0.9830	0.9834	0.9838	0.9842	0.9846	0.9850	0.9854	0.9857
2.20	0.9861	0.9864	0.9868	0.9871	0.9875	0.9878	0.9881	0.9884	0.9887	0.9890
2.30	0.9893	0.9896	0.9898	0.9901	0.9904	0.9906	0.9909	0.9911	0.9913	0.9916
2.40	0.9918	0.9920	0.9922	0.9925	0.9927	0.9929	0.9931	0.9932	0.9934	0.9936
2.50	0.9938	0.9940	0.9941	0.9943	0.9945	0.9946	0.9948	0.9949	0.9951	0.9952
2.60	0.9953	0.9955	0.9956	0.9957	0.9959	0.9960	0.9961	0.9962	0.9963	0.9964
2.70	0.9965	0.9966	0.9967	0.9968	0.9969	0.9970	0.9971	0.9972	0.9973	0.9974
2.80	0.9974	0.9975	0.9976	0.9977	0.9977	0.9978	0.9979	0.9979	0.9980	0.9981
2.90	0.9981	0.9982	0.9982	0.9983	0.9984	0.9984	0.9985	0.9985	0.9986	0.9986
3.00	0.9987	0.9987	0.9987	0.9988	0.9988	0.9989	0.9989	0.9989	0.9990	0.9990
3.10	0.9990	0.9991	0.9991	0.9991	0.9992	0.9992	0.9992	0.9992	0.9993	0.9993
3.20	0.9993	0.9993	0.9994	0.9994	0.9994	0.9994	0.9994	0.9995	0.9995	0.9995
3.30	0.9995	0.9995	0.9995	0.9996	0.9996	0.9996	0.9996	0.9996	0.9996	0.9997
3.40	0.9997	0.9997	0.9997	0.9997	0.9997	0.9997	0.9997	0.9997	0.9997	0.9998
3.50	0.9998	0.9998	0.9998	0.9998	0.9998	0.9998	0.9998	0.9998	0.9998	0.9998
3.60	0.9998	0.9998	0.9999	0.9999	0.9999	0.9999	0.9999	0.9999	0.9999	0.9999
3.70	0.9999	0.9999	0.9999	0.9999	0.9999	0.9999	0.9999	0.9999	0.9999	0.9999
3.80	0.9999	0.9999	0.9999	0.9999	0.9999	0.9999	0.9999	0.9999	0.9999	0.9999
3.90	1.0000	1.0000	1.0000	1.0000	1.0000	1.0000	1.0000	1.0000	1.0000	1.0000
4.00	1.0000	1.0000	1.0000	1.0000	1.0000	1.0000	1.0000	1.0000	1.0000	1.0000

$x \leqslant 0$ 时 $N(x)$ 的数表

以下数表列出了对应于 $x \leqslant 0$ 时的 $N(x)$ 的取值，此数表应该与插值并用。例如：

$$N(-0.1234) = N(-0.12) - 0.34[N(-0.12) - N(-0.13)]$$
$$= 0.4522 - 0.34(0.4522 - 0.4483)$$
$$= 0.4509$$

x	0.00	0.01	0.02	0.03	0.04	0.05	0.06	0.07	0.08	0.09
0.00	0.500 0	0.496 0	0.492 0	0.488 0	0.484 0	0.480 1	0.476 1	0.472 1	0.468 1	0.464 1
-0.10	0.460 2	0.456 2	0.452 2	0.448 3	0.444 3	0.440 4	0.436 4	0.432 5	0.428 6	0.424 7
-0.20	0.420 7	0.416 8	0.412 9	0.409 0	0.405 2	0.401 3	0.397 4	0.393 6	0.389 7	0.385 9
-0.30	0.382 1	0.378 3	0.374 5	0.370 7	0.366 9	0.363 2	0.359 4	0.355 7	0.352 0	0.348 3
-0.40	0.344 6	0.340 9	0.337 2	0.333 6	0.330 0	0.326 4	0.322 8	0.319 2	0.315 6	0.312 1
-0.50	0.308 5	0.305 0	0.301 5	0.298 1	0.294 6	0.291 2	0.287 7	0.284 3	0.281 0	0.277 6
-0.60	0.274 3	0.270 9	0.267 6	0.264 3	0.261 1	0.257 8	0.254 6	0.251 4	0.248 3	0.245 1
-0.70	0.242 0	0.238 9	0.235 8	0.232 7	0.229 6	0.226 6	0.223 6	0.220 6	0.217 7	0.214 8
-0.80	0.211 9	0.209 0	0.206 1	0.203 3	0.200 5	0.197 7	0.194 9	0.192 2	0.189 4	0.186 7
-0.90	0.184 1	0.181 4	0.178 8	0.176 2	0.173 6	0.171 1	0.168 5	0.166 0	0.163 5	0.161 1
-1.00	0.158 7	0.156 2	0.153 9	0.151 5	0.149 2	0.146 9	0.144 6	0.142 3	0.140 1	0.137 9
-1.10	0.135 7	0.133 5	0.131 4	0.129 2	0.127 1	0.125 1	0.123 0	0.121 0	0.119 0	0.117 0
-1.20	0.115 1	0.113 1	0.111 2	0.109 3	0.107 5	0.105 6	0.103 8	0.102 0	0.100 3	0.098 5
-1.30	0.096 8	0.095 1	0.093 4	0.091 8	0.090 1	0.088 5	0.086 9	0.085 3	0.083 8	0.082 3
-1.40	0.080 8	0.079 3	0.077 8	0.076 4	0.074 9	0.073 5	0.072 1	0.070 8	0.069 4	0.068 1
-1.50	0.066 8	0.065 5	0.064 3	0.063 0	0.061 8	0.060 6	0.059 4	0.058 2	0.057 1	0.055 9
-1.60	0.054 8	0.053 7	0.052 6	0.051 6	0.050 5	0.049 5	0.048 5	0.047 5	0.046 5	0.045 5
-1.70	0.044 6	0.043 6	0.042 7	0.041 8	0.040 9	0.040 1	0.039 2	0.038 4	0.037 5	0.036 7
-1.80	0.035 9	0.035 1	0.034 4	0.033 6	0.032 9	0.032 2	0.031 4	0.030 7	0.030 1	0.029 4
-1.90	0.028 7	0.028 1	0.027 4	0.026 8	0.026 2	0.025 6	0.025 0	0.024 4	0.023 9	0.023 3
-2.00	0.022 8	0.022 2	0.021 7	0.021 2	0.020 7	0.020 2	0.019 7	0.019 2	0.018 8	0.018 3
-2.10	0.017 9	0.017 4	0.017 0	0.016 6	0.016 2	0.015 8	0.015 4	0.015 0	0.014 6	0.014 3
-2.20	0.013 9	0.013 6	0.013 2	0.012 9	0.012 5	0.012 2	0.011 9	0.011 6	0.011 3	0.011 0
-2.30	0.010 7	0.010 4	0.010 2	0.009 9	0.009 6	0.009 4	0.009 1	0.008 9	0.008 7	0.008 4
-2.40	0.008 2	0.008 0	0.007 8	0.007 5	0.007 3	0.007 1	0.006 9	0.006 8	0.006 6	0.006 4
-2.50	0.006 2	0.006 0	0.005 9	0.005 7	0.005 5	0.005 4	0.005 2	0.005 1	0.004 9	0.004 8
-2.60	0.004 7	0.004 5	0.004 4	0.004 3	0.004 1	0.004 0	0.003 9	0.003 8	0.003 7	0.003 6
-2.70	0.003 5	0.003 4	0.003 3	0.003 2	0.003 1	0.003 0	0.002 9	0.002 8	0.002 7	0.002 6
-2.80	0.002 6	0.002 5	0.002 4	0.002 3	0.002 3	0.002 2	0.002 1	0.002 1	0.002 0	0.001 9
-2.90	0.001 9	0.001 8	0.001 8	0.001 7	0.001 6	0.001 6	0.001 5	0.001 5	0.001 4	0.001 4
-3.00	0.001 3	0.001 3	0.001 3	0.001 2	0.001 2	0.001 1	0.001 1	0.001 1	0.001 0	0.001 0
-3.10	0.001 0	0.000 9	0.000 9	0.000 9	0.000 8	0.000 8	0.000 8	0.000 8	0.000 7	0.000 7
-3.20	0.000 7	0.000 7	0.000 6	0.000 6	0.000 6	0.000 6	0.000 6	0.000 5	0.000 5	0.000 5
-3.30	0.000 5	0.000 5	0.000 5	0.000 4	0.000 4	0.000 4	0.000 4	0.000 4	0.000 4	0.000 3
-3.40	0.000 3	0.000 3	0.000 3	0.000 3	0.000 3	0.000 3	0.000 3	0.000 3	0.000 3	0.000 2
-3.50	0.000 2	0.000 2	0.000 2	0.000 2	0.000 2	0.000 2	0.000 2	0.000 2	0.000 2	0.000 2
-3.60	0.000 2	0.000 2	0.000 1	0.000 1	0.000 1	0.000 1	0.000 1	0.000 1	0.000 1	0.000 1
-3.70	0.000 1	0.000 1	0.000 1	0.000 1	0.000 1	0.000 1	0.000 1	0.000 1	0.000 1	0.000 1
-3.80	0.000 1	0.000 1	0.000 1	0.000 1	0.000 1	0.000 1	0.000 1	0.000 1	0.000 1	0.000 1
-3.90	0.000 0	0.000 0	0.000 0	0.000 0	0.000 0	0.000 0	0.000 0	0.000 0	0.000 0	0.000 0
-4.00	0.000 0	0.000 0	0.000 0	0.000 0	0.000 0	0.000 0	0.000 0	0.000 0	0.000 0	0.000 0